"广州律智"法律服务丛书

国资国企法律制度与实务

广州市律师协会　编著

LEGAL SYSTEM AND PRACTICE OF STATE-OWNED ASSETS AND ENTERPRISES

法律出版社
LAW PRESS·CHINA
北京

图书在版编目（CIP）数据

国资国企法律制度与实务 / 广州市律师协会编著.
北京：法律出版社，2024. --（“广州律智”法律服务
丛书）. --ISBN 978-7-5197-9437-8

Ⅰ. D922.291.914

中国国家版本馆 CIP 数据核字第 2024QN7261 号

国资国企法律制度与实务

GUOZI GUOQI FALÜ ZHIDU YU SHIWU

广州市律师协会 编著

责任编辑 魏艳丽　宋佳欣

装帧设计 贾丹丹

出版发行 法律出版社
编辑统筹 法商出版分社
责任校对 晁明慧
责任印制 胡晓雅
经　　销 新华书店

开本 710 毫米×1000 毫米　1/16
印张 39.5　**字数** 605 千
版本 2024 年 11 月第 1 版
印次 2024 年 11 月第 1 次印刷
印刷 三河市龙大印装有限公司

地址：北京市丰台区莲花池西里 7 号（100073）
网址：www.lawpress.com.cn
投稿邮箱：info@lawpress.com.cn
举报盗版邮箱：jbwq@lawpress.com.cn

销售电话：010-83938349
客服电话：010-83938350
咨询电话：010-63939796

书号：ISBN 978-7-5197-9437-8
定价：138.00 元

凡购买本社图书，如有印装错误，我社负责退换。电话：010-83938349

“广州律智”法律服务系列丛书

总编辑委员会

本书编委会

主　编

唐健锋

副主编

肖硕彬　安　娜　李伟年

汤小花　周嘉芸　李容川

委　员

（排名不分先后）

廖　艳　汪　伟　彭　平　毕志标

周晶晶　刘　祎　易忠平　刁梓荣

习　宏　李洪明　王重平　古嘉敏

陈冠星　化中毅　彭　玥

编　辑

梁淑娴　陈向荣　张志钰　劳倩仪

前　　言

历时近 3 年的《国资国企法律制度与实务》编撰工作即将进入收尾，作为广州律协国有资产专业委员会主任，我很乐意接受编委会的委托为本书作序，对此也利用该机会与广大律师同行和法务朋友们进行分享与交流。

2021 年 3 月，国家“十四五”规划纲要提到，增强国有经济竞争力、创新力、控制力、影响力、抗风险能力，做强做优做大国有资本和国有企业；党的二十大报告指出，深化国资国企改革，加快国有经济布局优化和结构调整，推动国有资本和国有企业做强做优做大，提升企业核心竞争力。我们要深刻认识，国家同时提出“国有资本”和“国有企业”的做强做优做大具有深刻意义，它体现了党和国家对国资国有企业改革的基本判断：既要优化国有经济布局，发挥国有经济整体功能作用，又要提升国有企业核心竞争力，建立现代企业管理制度，创建世界一流的国有企业。

近几年，广东省内很多国有企业在混合所有制改革、企业合规等方面涌现出大量的法律服务需求，对广州律师的法律服务提出更高层次的挑战，也让我们有机会获得和总结出大量的宝贵经验。

在这样的历史机遇下，广州律协国有资产专业委员会组建工作组，整合近年来国资国企领域的专业文章和经典案例进行汇编，力求从国有资产监管和国有企业治理等方面反映广州律师法律工作中的亮点、重点和难点，在典型案例中找出关键问题，为提升广州律师在该领域法律服务的理论水平和实务经验贡献一份力量。

《国资国企法律制度与实务》作为律师案例分析和理论研究的参照书籍，有以下特点：

其一，具有较强的实务性。法律的生命在于经验，需要理论与实际相结合。本书总结广州律师多年省内国有企业法律服务的实务经验，涵盖国有企业出资设立、股东与股权、企业治理、破产清算和国有资产监管等方面，既具有较强的法律规范性，又具有较高的实践指导性，既可以作为各位律师法律工作的实务指导，也可以作为国有企业法务的参考书籍。

其二，具有较强的可操作性。本书选取国有资产领域典型案例，对其进行客观全面的剖析和点评，能帮助律师快速把握案件代理思路，优化策略，更好地为当事人服务。

其三，具有较强的时代性。国有资产和国有企业的深化改革，没有历史成熟经验借鉴，需要我们有创新思维，勇于探索国有资本的管理机制，归纳现代企业管理制度的突出特点，利用现有经验，走出一条成功之路。本书总结过去 10 年广东省内国有企业的发展与改革经验，承前启后，希望能为未来国有资本和国有企业的政策研究与制度发展提供一点力量。

本书在写作过程中，得到了各级领导、律师同行的大力支持和帮助，在此深表谢意。相信我，这里面总有一篇文章会有让你凝神的时刻，总有一个案例会让你在毫无头绪时柳暗花明。与此同时，由于时间仓促，难免有疏漏之处，但我始终相信，真正的法律工作者必然以追求真理为唯一导向，虚怀若谷，不囿己见，能够在专业上、实践上相互砥砺、切磋和交流，因此，敬请广大同行和读者，不吝赐教，批评指正！

唐健锋
广州市律师协会第十届国有资产法律专业委员会主任
2024 年 9 月 9 日

目　　录

第一章　国有企业出资与设立

第二章　国有企业股东与股权

第三章　国有资产监管

第四章　国有企业治理

第五章　国有企业经营

第六章　国有企业解散与清算

第一章　国有企业出资与设立

全民所有制企业出资人出资责任问题初探

——以某全民所有制企业被申请破产案为例

广东金桥百信律师事务所　廖　艳

一、当事人和代理人基本情况

申请人：某银行（香港）有限公司

委托代理人：刘某某，总经理

被申请人：某市国有化工（集团）公司（以下简称 HY 集团或被申请人）

委托代理人：廖艳，时任北京市北斗鼎铭（广州）律师事务所律师

二、案件基本情况

2006 年 10 月，申请人某银行（香港）有限公司向广东省高级人民法院起诉 HY 集团及法定代表人李某，要求两被告对 HY（集团）香港有限公司不能清偿某银行（香港）有限公司的债务合计折合人民币 104, 072, 523. 15 元承担担保责任。2012 年 1 月 17 日，最高人民法院终审判决 HY 集团、总经理李某对 HY（集团）香港有限公司不能清偿某银行（香港）有限公司的债务各自独立承担赔偿责任，具体判决如下：

1. HY 集团对 HY（集团）香港有限公司所欠某银行（香港）有限公司的债务 11, 489, 462. 15 美元及其中 7, 254, 722. 76 美元的利息（从 2006 年 9 月 1 日起至实际清偿之日止，按香港高等法院 HCMP20XX/20XX 号令确定的相应利率标准计算）中 HY（集团）香港有限公司不能清偿的部分，在 4200 万元港币和 300 万美元的范围内向某银行（香港）有限公司承担 1/3

的赔偿责任。

2. 李某对 HY（集团）香港有限公司所欠某银行（香港）有限公司的债务不能清偿的部分，在 4200 万元港币的范围内向其承担 1/3 的赔偿责任。

该案判决生效后申请人向法院申请强制执行，后案件由广东省高级人民法院指定由某市中院立案执行。经法院强制执行，HY 集团仍未能清偿申请人依据生效裁决确认的债权。2016 年 7 月，申请人以 HY 集团不能清偿到期债务以及资产不足以清偿全部债务为由，向某市中院申请 HY 集团破产。

HY 集团成立于 1984 年，系某市直属国有企业，至 1995 年已发展成为年销售 30 亿元、拥有 4000 名职工的塑料化工原材料特大型生产企业。受 1998 年金融风暴影响资金链断裂，HY 集团对外所有金融借款合同、买卖合同先后出现违约，HY 集团及其下属全资子公司、控股或参股多家公司的土地、资产被众多银行、客户查封，牵涉面广、遗留问题多。2014 年至 2016 年，某市政府为帮助解决 HY 集团职工安置和债务重组问题，专门安排由某市国有资产管理公司出资回购多家金融机构对 HY 集团的数亿元债权。

三、争议焦点

此次债权人某银行申请破产，起初双方争议的焦点为被申请人是否符合破产受理条件。因 HY 集团历经多年诉讼，对外负债基本上都经诉讼或仲裁进入了执行程序，对 HY 集团的负债情况各方均无争议。但就 HY 集团资产状况，各方争议较大，其中最突出的就是 HY 集团的出资问题。因 HY 集团属于尚未改制的全民所有制企业，其出资人为当地市人民政府，经国有资产监督管理部门审批，其注册资本经增资已变更为 39, 462 万元，如该集团注册资本已经实缴则 HY 集团的资产数额应不限于目前所有的财产，是否实缴直接影响到该集团的资产负债率。实际情况是出资人并未按照注资资本完全实际投入，且差额较大。本案法院如裁定进入破产程序，则市政府作为出资人的责任即将凸显。为此法院向 HY 集团及市政府了解相关情况，市政府提出，HY 集团结欠市财政局的借款金额约人民币 1. 5 亿元（尚未计息），可抵销 HY 集团注册资本中某市人民政府未实际出资的相应金额。后该案的实质争议演变为：

（1）某市政府作为 HY 集团的开办单位是否应承担出资责任；

（2）HY 集团结欠某市财政局的借款，是否可直接抵销某市人民政府对该集团注资不足的相应差额。

为此，HY 集团代理人查阅了该公司成立时及其后的相关审批及工商登记资料，并与其财务部门相关负责人进行了深入沟通。

四、双方意见或观点

（一）申请人观点：

1. HY 集团虽然名下仍有土地和其他资产未被处分，但均已被抵押或查封。不仅是申请人，还有众多债权人至今均未能获得清偿，HY 集团目前明显处于资不抵债的状态，符合破产条件。

2. 关于 HY 集团出资问题，应在破产受理后依照破产程序查明出资情况，如有不足额再予依法追缴。至于市财政局对 HY 集团的债权，不能直接抵销市政府未足额出资的资金。但是，不论如何处理，这些问题都不应在破产受理前予以考虑。

（二）被申请人观点：

1. HY 集团是某市人民政府全资设立的市属国有企业。某市人民政府负有对 HY 集团注册资金的出资责任，是 HY 集团的唯一出资人。

经查阅 HY 集团成立以来的工商备案审批文件，可明确 HY 集团是某市人民政府全资设立的市属国有企业。HY 集团设立后至今，其行政隶属关系、人事隶属关系、财税隶属关系，企业的名称、注册资金、经营范围等重大事项的变更变动，均由某市人民政府及行政主管机关决定。

《企业国有资产法》第 4 条规定：“国务院和地方人民政府依照法律、行政法规的规定，分别代表国家对国家出资企业履行出资人职责，享有出资人权益……其他的国家出资企业，由地方人民政府代表国家履行出资人职责。”《某市市属国有企业国有资产管理规定》第 3 条规定，某市人民政府代表国家对市属国有企业履行出资人职责，享有所有者权益，实行权利、义务和责任相统一，管资产和管人、管事相结合的国有资产管理体制。无论从客观事实还是法律规定来看，某市人民政府作为HY集团的出资人，其应当负有相应的出资责任。

2. 某市人民政府对HY集团注册资本金人民币39,462万元注资不足，尚欠人民币302,086,319.43元未实际出资。

经查阅核对，1995年10月，在HY集团申报的《企业申请变更登记注册书》中，某市经济委员会及某市国有资产管理办公室审批，同意HY集团将注册资本变更为39,462万元。同时，根据广东省工商行政管理局核发的190×××××-8号《企业法人营业执照》，HY集团注册资金人民币39,462万元。

2016年经中审亚太会计师事务所有限公司吉林分公司，对HY集团自设立以来实收资本的专项审计结论为，截至2015年12月31日，HY集团账簿记载实收资本为人民币92,533,680.57元。其中：某市财政局1997年起分批投入人民币91,176,442.00元，HY集团本身利润转增人民币1,357,238.57元。

综合上述情况，HY集团的出资人尚有人民币302,086,319.43元注册资本尚未实际缴付。

3. 如HY集团进入国有企业破产清算程序，作为HY集团唯一出资人的某市人民政府，则应承担对HY集团出资不足部分资金人民币30,208.6319万元及利息的出资责任。

虽然HY集团是全民所有制企业，但全民所有制企业的出资人未履行或未全面履行出资义务，是否应承担向企业补齐出资的责任？乍看这一问题似乎并没有直接的法律规定，但经梳理目前的司法实践中已有案例及法院的相关个案批复，笔者认为全民所有制企业的出资人，同样需要承担出资责任。

比如，最高人民法院在（2011）民提字第322号《民事判决书》中认定，藁城区人民政府应承担对河北省藁城市棉浆厂出资不实的责任，其后又在（2015）执申字第2号《执行裁定书》中认定，藁城区人民政府作为开办单位没有为河北省藁城市棉浆厂补足2800万元注册资金，应在注册资金不足的范围内承担出资不实的责任。

可见，最高人民法院在个案中所做的裁决及针对个案所做的一些回复，也反映了司法审判实践对全民所有制企业出资人未履行或未全面履行出资义务是否应承担法律责任的处理态度，即出资人应承担补齐出资的责任。据此，申请破产案中某市政府作为HY集团出资人，对未实际缴足的注册资本金及利息部分，应当承担相应的补足出资责任。

4. HY集团结欠某市财政局借款人民币152,034,743.14元，不得抵销某市人民政府对HY集团注资不足的人民币302,086,319.43元的部分债务。如HY集团破产，则某市财政局的债权在破产财产的偿债分配中不具优先权。

本案中某市政府对HY集团的出资，均是通过市财政局分批划入资金形成的。此外，市财政局因出借款项，也对HY集团形成了约1.5亿元人民币的借款债权。如将该笔债权视为某市政府的出资直接抵销，则实际是使股东对公司享有的债权得到了优先清偿，严重损害了其他债权人获得公平保护的权利。对此，早在1995年，最高人民法院在《关于破产债权能否与未到位的注册资金抵销问题的复函》（法函〔1995〕32号）中，就已明确否定了此等做法的合法性。最高人民法院《关于适用〈中华人民共和国企业破产法〉若干问题的规定（二）》第46条第1款第1项也规定："债务人的股东主张以下列债务与债务人对其负有的债务抵销，债务人管理人提出异议的，人民法院应予支持：（一）债务人股东因欠缴债务人的出资或者抽逃出资对债务人所负的债务。"可见，即使本案进入破产程序，某市政府也只能依法先补足对HY集团的出资，至于市财政局对HY集团享有的债权，只能依照破产清算程序获得受偿而不能直接主张抵销市政府的出资款项。

五、代理结果和裁判理由

本案最终法院裁定驳回了申请人要求HY集团破产的申请，虽然法院的理由是该案尚不符合《企业破产法》关于债权人申请债务人破产清算的条件，但笔者认为该案中法院裁定驳回的真实原因极可能是以下两个方面：一是法院采纳了我方代理人关于市政府出资责任的专项法律意见书，实际认可了市政府作为HY集团的出资人，对未实际出资到位的近3亿元注册资本金负有出资责任；而且市财政对HY集团的借款债权，不能直接抵销未足额出资部分的注册资本金。实际上作为股东的债权人，应当劣后于一般债权人进行清偿，对此，市政府向法院表示将逐步设法解决此问题，避免法院依诉讼程序向政府追索。二是市政府为处理HY集团的债务及职工安置问题，已经安排市属国有资产管理公司回购了几家债权人对HY集团享有的近2亿元债权，在此基础上HY集团仍具有债务重组的可能性。综合HY集团出资人可补缴的注册资本金及政府已实施的债权回购情况，加之现有HY集团名下的土地和其他资产尚未处理，整体来说，在未经最终审计清偿核资的情况下，法院确实无法判断HY集团是否已经达成资不抵债的破产条件。因此，法院最终驳回了申请人对HY集团的破产申请。

六、办案总结

本案实质涉及全民所有制企业出资人的出资责任问题。成立时间较长且并未完成改制的国有企业，其出资人大多为政府或政府国有资产监督管理部门，或者是由全民所有制企业再作为出资人设立的全民所有制企业。此类企业在设立时，往往存在以财政部门拨款或划拨资产形式注入出资的情况，可能只有一纸登记表，载明某政府机关同意出资若干数额的意见再加盖其公章，缺乏实物出资评估，甚至未办理权属变更登记等手续，也并未足额、实际缴足注册资本金。对可能引发的出资责任问题，国有企业的出资人尚未产生足够的重视。笔者认为律师如承办此类业务，有必要向委托人说明以下情况。

1. 国有企业出资人同样负有出资责任，如未足额出资须承担相应的法律责任。

全民所有制企业注册资金虽然与《公司法》规定的有限责任公司、股份有限公司的注册资本不相同，但实践中《公司法》关于股东履行出资义务相关规定所确立的保护公司资本维持、资本充实的原则，同样适用于全民所有制企业。

众所周知，对于尚未完成改制的国有企业，其对应适用的法律首选为《全民所有制工业企业法》（1988年8月由全国人民代表大会制定，2009年8月修正），该法第2条规定：“全民所有制工业企业……的财产属于全民所有，国家依照所有权和经营权分离的原则授予企业经营管理。企业对国家授予其经营管理的财产享有占有、使用和依法处分的权利。企业依法取得法人资格，以国家授予其经营管理的财产承担民事责任。”可见，全民所有制企业的注册资金以国家授予其经营管理的财产数额体现，国家是此类企业的出资人。而且，此类全民所有制企业，在注册资本问题上适用的一直是实缴制，不存在认缴的可能。

早在 1990 年，国务院发布的《关于在清理整顿公司中被撤并公司债权债务清理问题的通知》（国发〔1990〕68 号），其中第 4 条就规定：“公司虽经工商行政管理机关登记注册，但实际上没有自有资金，或者实有资金与注册资金不符的（国家另有规定的除外），由直接批准开办公司的主管部门或者开办公司的申报单位、投资单位在注册资金范围内，对公司债务承担清偿责任。”该通知颁布的背景应为清理整顿当时党政军全民（包括国家机关）开办公司的风潮，目的是实现政企脱钩。当时《公司法》尚未制订，文中的“公司”，指的就是全民所有制企业。而文中的“开办单位”“主管部门”“投资单位”等，指的就是出资人。因此，国务院这一纸通知，已经率先明确了全民所有制企业出资人未履行或未全面履行出资义务的法律责任，虽然该通知不是行政法规或部门规章，但也属于规范性文件，对众多国有企业具有约束力。

之后，最高人民法院先后在几个个案的批复中明确了全民所有制企业出资人未履行或未全面履行出资义务，应由出资人应承担补齐出资责任的态度。包括 2001 年最高人民法院曾颁布了一份《关于审理军队、武警部队、政法机关移交、撤销企业和与党政机关脱钩企业相关纠纷案件若干问题的规定》，其中第 2 条则明确规定：“……开办单位应当在该企业实际投入资金与注册资金的差额范围内承担民事责任。”该规定的适用范围虽然只限于军队、武警部队、政法机关移交、撤销企业和与党政机关脱钩企业，但也进一步表明了法院处理类似问题的态度和倾向。

2004 年，全国人大在全国人大常委会法制工作委员会《〈关于请予明确全民所有制企业承担民事责任和刑事责任有关问题的函〉的复函》（法工委复字〔2004〕1 号）中，再次明确：“全民所有制企业的出资人应以其出资为限承担有限责任，全民所有制企业清偿债务应以其经营管理的全部财产承担责任。”

至此，虽然没有法律层级的明确规定，但从国务院、法院以及人大的规范性文件、个案批复、司法解释等，均已明确了国有企业出资人的出资责任，这与《公司法》治下要求有限责任公司和股份有限公司股东须承担的出资责任并无二致。出资不足甚至抽逃出资的国有企业出资人，同样要承担相应的法律责任。2016 年，最高人民法院颁布了《关于民事执行中变更、追加当事人若干问题的规定》，其中第 17 条规定“作为被执行人的企业法人，财产不足以清偿生效法律文书确定的债务，申请执行人申请变更、追加未缴纳或未足额缴纳出资的股东、出资人或依公司法规定对该出资承担连带责任的发起人为被执行人，在尚未缴纳出资的范围内依法承担责任的，人民法院应予支持”。如此一来，在执行层面解决了追究全民所有制企业出资人出资责任法律依据的问题。在债权人主张权利的情况下，全民所有制企业的出资人补齐出资的责任将转化为对企业债务的补充赔偿责任。

2. 律师要建议国有企业出资人为解决和应对历史形成的出资不足问题提前做好预案，积极为出资人出谋划策，寻求法律服务机会。在实践中，国有企业出资人未足额出资问题的形成往往有较为复杂的历史原因，很多出资人本身就是国家机关或全民所有制企业，随着领导任期届满更换，问题犹如接力棒逐年下传，长期存在却一直没有得到解决。而此类国有企业一旦涉及被债权人通过诉讼程序追索，出资人的责任必将凸显，此时再强调历史原因，无助于实际问题的解决。出资人与其因前述原因面临大量的执行追加以及执行异议之诉，甚至是被追缴股东出资的诉讼，不如积极面对，提前安排解决方案，以避免此类事件对构建营商环境和维护政府机关的公信力可能造成的负面影响。

首先，2017 年 3 月 13 日，经习近平总书记主持召开中央全面深化改革领导小组第三十次会议后，财政部已专门出台了解决国有企业资本金注入问题的《中央国有资本经营预算支出管理暂行办法》。其中第 7 条明确：中央国有资本经营预算支出除调入一般公共预算和补充全国社会保障基金外，主要用于解决国有企业历史遗留问题及相关改革成本支出、国有企业资本金注入和其他支出等。其后，江苏、河南、江西、云南等省也相继出台了类似的地方国有资本经营预算支出管理办法，给此类国有企业资本金注入历史遗留问题的解决，提供了政策和法律依据。各级国有企业的出资人，完全可以利用此类政策寻求支持，积极解决出资不足问题。

其次，可通过地方各级国有资产管理公司，用收购、重组等不同方式，对有价值的国有企业进行盘活、重整。尤其是近几年土地资产价格呈上行趋势，政府规划调整后土地因功能转变而升值，其中可能需要缴交的部分费用也完全可以作为补足资本金。同时，此类国有企业大都存在职工安置问题，在资产不足的情况下，政府为处理职工安置问题垫付的费用亦可作为补足资本金。

最后，对于确实没有资产又有诸多负债的国有企业，出资人应当考虑通过破产程序实现退出，以清理对外债权债务，实现资源优化配置，淘汰落后产能，重构市场信用。

以上种种仅为笔者了解到的一些方式，律师完全可以根据企业的实际情况，制定提供可行的实施方案，帮助国有企业出资人解决出资责任问题。

关于国有资产出租是否需要“进场交易”问题的探讨

——以某央企大型物业出租项目为例

北京大成（广州）律师事务所　倪洁云　孙震寰

2018年，某央企在广州地区的下级子公司通过代建包租的方式取得广州市南沙区一村庄自留地的开发建设权，并约定该地块商业部分在竣工后由该央企子公司进行包租经营，并按年度向村集体缴纳租金。

2020年底，该地块商业部分建设已完成封顶，项目公司计划将该商业物业整体出租，交由专业的商业运营公司经营，并收取租金及项目经营利润分成。

问题：该项目的整体出租是否需要进入有资质的交易机构进行公开交易？

国有资产评估和进场交易是发展混合所有制经济的基础，也是防止国有资产流失的重要手段。通过资产评估和进场交易可以确保交易标的价值发现，保证交易价格公允，防止企业国有资产流失。近年来国务院国有资产监督管理委员会（以下简称国资委）以及各地方国有资产监管机构也在不断出台和完善政策，对企业国有资产的交易程序进行规制。在此背景下，律师参与企业国有资产交易的法律审查业务时，不仅要把控资产交易的法律风险，还要从合规的角度研究各级国有资产监管机构对公开交易、进场交易的要求。笔者最近参与了一宗中央企业控股公司下属公司大宗商业物业出租项目的法律审查，其中，国有资产的出租是否需要进场交易成为一个亟须论证和解决的问题，下文笔者将综合目前已经出台的相关政策和国有资产监管的相关原则，对企业国有资产出租进场交易问题进行探讨。

一、国有资产进场交易制度浅析

（一）企业国有资产的界定

1.《企业国有资产法》关于企业国有资产的定义

《企业国有资产法》第2条规定："本法所称企业国有资产（以下称国有资产），是指国家对企业各种形式的出资所形成的权益。"在这里企业国有资产仅包含国家对企业出资形成的权益，出资人将出资投入企业，企业使用出资人投入财产或企业运营收益所形成的土地使用权、房产、机器设备等企业具体财产，严格意义上不属于《企业国有资产法》中所界定的"企业国有资产"。

2.《企业国有资产交易监督管理办法》对企业国有资产定义的补充

《企业国有资产交易监督管理办法》第3条第3项规定，企业国有资产交易的行为包括国有及国有控股企业、国有实际控制企业的重大资产转让行为。《企业国有资产法》中对国有资产的定义作出了补充，将国有及国有控股企业、国有实际控制企业所有的财产也纳入了国有资产的涵盖范围之内。依据《企业国有资产交易监督管理办法》的规定，国有资产交易不仅包括国家作为出资人转让其对出资企业所享有的权益，也包括国家出资的企业对企业所有财产的资产转让或者处置。

（二）企业国有资产交易的主体界定

《企业国有资产交易监督管理办法》对监管对象也作出了明确的规定，第4条规定："本办法所称国有及国有控股企业、国有实际控制企业包括：

（一）政府部门、机构、事业单位出资设立的国有独资企业（公司），以及上述单位、企业直接或间接合计持股为100%的国有全资企业；

（二）本条第（一）款所列单位、企业单独或共同出资，合计拥有产（股）权比例超过50%，且其中之一为最大股东的企业；

（三）本条第（一）、（二）款所列企业对外出资，拥有股权比例超过50%的各级子企业；

（四）政府部门、机构、事业单位、单一国有及国有控股企业直接或间接持股比例未超过50%，但为第一大股东，并且通过股东协议、公司章程、董事会决议或者其他协议安排能够对其实际支配的企业。”

（三）什么情况下的企业国有资产交易需要“进场交易”

（1）《企业国有资产法》第54条第1款、第2款规定：国有资产转让应当遵循等价有偿和公开、公平、公正的原则。除按照国家规定可以直接协议转让的以外，国有资产转让应当在依法设立的产权交易场所公开进行。转让方应当如实披露有关信息，征集受让方；征集产生的受让方为两个以上的，转让应当采用公开竞价的交易方式。

（2）《企业国有资产交易监督管理办法》第2条规定：企业国有资产交易应当遵守国家法律法规和政策规定，有利于国有经济布局和结构调整优化，充分发挥市场配置资源作用，遵循等价有偿和公开公平公正的原则，在依法设立的产权交易机构中公开进行，国家法律法规另有规定的从其规定。

根据上述规定，企业国有资产的交易以公开进场交易为原则，以非公开协议转让方式为例外。在没有特殊规定的情况下，企业国有资产的交易均应当在依法设立的产权交易机构中公开进行。

另外，《企业国有资产交易监督管理办法》第3条明确规定了国有资产交易的以下3类行为：

（1）履行出资人职责的机构、国有及国有控股企业、国有实际控制企业转让其对企业各种形式出资所形成权益的行为（企业产权转让）；

（2）国有及国有控股企业、国有实际控制企业增加资本的行为（企业增资），政府以增加资本金方式对国家出资企业的投入除外；

（3）国有及国有控股企业、国有实际控制企业的重大资产转让行为（企业资产转让）。

（四）企业国有资产“进场交易”相关问题分析

1.《企业国有资产交易监督管理办法》规定的可以采取非公开协议转让方式进行交易的情况

根据《企业国有资产交易监督管理办法》第31条、第45条、第48条的规定，下列情况下的企业国有资产交易行为可以采取非公开协议转让方式，如表1－1所示：

表1－1 可采取非公开协议转让方式进行交易的情况

交易类型	采用非公开协议转让方式交易的条件
企业产权转让	1. 涉及主业处于关系国家安全、国民经济命脉的重要行业和关键领域企业的重组整合，对受让方有特殊要求，企业产权需要在国有及国有控股企业之间转让的，经国有资产监管机构批准，可以采取非公开协议转让方式； 2. 同一国家出资企业及其各级控股企业或实际控制企业之间因实施内部重组整合进行产权转让的，经该国家出资企业审议决策，可以采取非公开协议转让方式
企业增资	1. 因国有资本布局结构调整需要，由特定的国有及国有控股企业或国有实际控制企业参与增资； 2. 因国家出资企业与特定投资方建立战略合作伙伴或利益共同体需要，由该投资方参与国家出资企业或其子企业增资 （上述两种情况出现后均需报同级国有资产监管机构批准方可以非公开协议方式进行增资）
企业资产转让	涉及国家出资企业内部或特定行业的资产转让，确需在国有及国有控股、国有实际控制企业之间非公开转让的，由转让方逐级报国家出资企业审核批准

2. 2022年5月16日，国务院国资委发布了《关于企业国有资产交易流转有关事项的通知》（国资发产权规〔2022〕39号）（以下简称《企业国有资产流转通知》）

《企业国有资产流转通知》第1条规定，涉及政府或国有资产监督管理机构主导推动的国有资本布局优化和结构调整，以及专业化重组等重大事项，企业产权在不同的国家出资企业及其控股企业之间转让，且对受让方有特殊要求的，可以采取协议方式进行。进一步扩大了使用非公开协议的范围，增加了豁免进场交易的情形。

3. 国有企业正常生产、销售产品是否应当进场交易

《企业国有资产交易监督管理办法》第48条规定企业一定金额以上的生产设备、房产、在建工程以及土地使用权、债权、知识产权等资产对外转让，应当按照企业内部管理制度履行相应决策程序后，在产权交易机构公开

进行。但对于一定金额的确定，目前没有明确的规定。对于企业正常生产、销售产品是否应当进场交易，《企业国有资产交易监督管理办法》也并没有作出明确规定。从国有资产监管的原则来看，国有房地产企业开发的房产、设备生产商生产的机器设备等属于企业经营的主要产品，对上述产品的交易属于企业经营正常的销售行为，全部进场交易势必增加国有企业运营成本以及销售压力，因此不应当列入必须进场交易的范畴中。上海市国资委在2014年发布的《关于规范国有及国有控股企业资产转让管理有关问题的通知》中明确指出“本通知所称资产包括企业的房产、运输工具、生产设备、在建工程及土地使用权等，不包括企业正常生产销售的产品”。广东省国资委在2014年发布的《关于规范省属国有企业实物资产转让工作的通知》（已废止）第2条也明确指出：“本通知所称实物资产，是指企业拥有的符合下述三项条件之一的生产设备、房产、运输工具、物品等固定资产，不包括企业正常生产和销售的产品、半成品、原材料等。”

笔者认为对于国有企业正常生产销售的产品在满足下述两个条件的情况下可以不进入交易场所公开交易：（1）属于企业主要经营生产产品的正常销售行为；（2）存在明确的市场定价。

4. 国有企业自主确定进场交易金额标准以下的资产交易

《企业国有资产交易监督管理办法》第49条规定：“国家出资企业负责制定本企业不同类型资产转让行为的内部管理制度，明确责任部门、管理权限、决策程序、工作流程，对其中应当在产权交易机构公开转让的资产种类、金额标准等作出具体规定，并报同级国资监管机构备案。”该条规定赋予了国家出资企业对进场交易的资产种类和金额标准的自主确定权，但确定该标准需要向同级国有资产监管机构备案，在未制定该标准或未经同级国资监管机构备案的情况下，企业国有资产的转让交易仍需按照《企业国有资产交易监督管理办法》的规定进入产权交易机构公开交易。

二、企业国有资产出租进场交易问题分析

国有资产的出租是否属于《企业国有资产法》及《企业国有资产交易监督管理办法》所规定的必须进场公开交易的情形？

（一）国有资产的出租不属于《企业国有资产交易监督管理办法》所规定的必须进场交易的“三类行为”

如上文所述，《企业国有资产交易监督管理办法》对3种涉及企业国有资产交易的行为进行了明确规定，包括企业产权转让、企业增资、企业资产转让。严格来说，企业资产的出租不涉及资产所有权的转让，并不属于上述3种情况。

（二）目前企业国有资产出租相关监管在国家立法层面尚未作出统一规定

《企业国有资产法》《企业国有资产交易监督管理办法》均未对企业国有资产的出租作出明确规定，笔者对国务院国资委公开的规章文件进行了检索，亦未发现涉及国有资产出租交易方式的管理性规定。企业国有资产的对外出租是否需要通过公开方式进场交易，目前在国家层面尚无统一的规定。

（三）多地方国资监管机构出台了相关政策，将企业国有资产出租行为纳入产权交易市场公开交易

针对企业国有资产出租问题，国内多地区均出台了相关政策，对相关资产出租的交易方式进行明确规定。

如北京市人民政府国资委于2018年10月11日印发了《关于进一步规范市属国有企业京内土地房屋资产处置和房屋出租对外合作经营管理的通知》（已废止），该通知第7条规定：“企业将拥有或有控制力的面积超过1000平方米的房屋及面积不足1000平方米但招租底价每年在100万元以上的房屋资产出租或寻求合作经营方，出租项目应通过实施企业国有资产交易的产权交易机构以公开招租的方式广泛征集承租人……”

在广东省内，最早出台企业国有资产出租相关政策的是深圳市，深圳市人民政府国资委早在2015年5月29日就发布了《关于加强市属国有企业资源性资产租赁综合监管的指导意见（试行）》，其中第7条第1款规定：“有下列情形之一的，企业必须进场公开招租：1. 企业单宗资产或一次性招租

的资产租赁面积在500平方米以上；2. 企业单宗资产或一次性招租的资产招租底价每年在100万元以上。”

2019年5月28日，广州市人民政府国资委亦发布了《关于规范我市国有企业物业租赁管理的指导意见》，其中第5条第3款规定，有下列情形之一的，应委托依法设立的产权交易机构进行公开招租：（1）位于广州市内4区（越秀区、海珠区、荔湾区、天河区）内，建筑面积超过500平方米或土地面积超过1000平方米的物业；（2）位于广州市内上述4区以外，建筑面积超过1000平方米或土地面积超过2000平方米的物业；企业不得通过拆分物业面积规避进场公开招租。

广东省国资委于2020年12月11日发布了《广东省省属企业资产租赁管理暂行办法（试行）》，其中第9条规定：“符合下列情形之一的，原则上应通过省级国资委选择的产权交易机构进行公开招租，且招租信息披露期限不少于10个工作日：（一）资产位于副省级以上城市及省会行政区域，单宗资产或一次性招租的建筑面积在500平方米（含）以上，或土地面积在1000平方米（含）以上，或年租金底价在100万元（含）以上的；（二）资产位于其他行政区域，单宗资产或一次性招租的建筑面积在1000平方米（含）以上，或土地面积在2000平方米（含）以上，或年租金底价在100万元（含）以上的。公开招租结果应当通过产权交易机构网站对外公告，公告内容包括但不限于招租资产名称、租赁期限及租金等信息。企业不得通过拆分招租面积、化整为零等方式规避进场公开招租。”该办法第28条规定，属于企业主业投资经营的专业市场、商业综合体、产业园区等资产租赁事项，按照有关政策、市场规律、行业发展特点及企业投资管理规定执行，由省属企业自行制定实施细则。

自此，除《广东省省属企业资产租赁管理暂行办法（试行）》第28条规定外，在广东省内省属国有企业以及广州市、深圳市市属国有企业达到上述规定标准的资产出租行为均应进入产权交易机构公开交易。

此外，根据本团队律师在各省、自治区、直辖市国资委网站的查询，除上文所述北京、广东地区外，以下省级国资监管机构也出台了对企业国有资产出租相关的监管规定，将企业国有资产的出租纳入了产权交易市场公开交易的监管范畴，分别是：内蒙古自治区国资委《内蒙古自治区企业国有资产转让管理办法》、福建省国资委《所出资企业国有资产交易监督管理办法》、湖北省国资委《出资企业资产租赁管理暂行办法》、海南省国资委《机关国有资产管理办法》、四川省国资委《关于规范省属企业资产出租管理的意见》、云南省国资委《关于加强省属国有企业资产处置流转管理工作的通知》、新疆维吾尔自治区国资委《关于进一步做好监管企业资产出租进场交易有关事项的通知》、天津市人民政府国资委《关于进一步规范市属国有企业房产土地出租工作的若干规定（试行）》、黑龙江省国资委《关于加强和规范省国资委出资企业资产租赁管理有关事项的通知》、广西壮族自治区国资委《关于规范区直各企业资产出租管理的通知》、宁夏回族自治区国资委《关于规范自治区属国有企业资产租赁有关事项的通知》、新疆生产建设兵团国资委《关于监管企业资产出租进场交易有关事项的通知》。

（四）中央企业国有资产的出租是否需要进入产权交易市场进行公开交易

如前所述，国家层面尚无对企业国有资产出租进场交易的立法规定，各地出台的政策文件也均明确仅适用于当地国资委直接履行出资人职责的国有独资企业、国有独资公司、国有控股企业及其所属各级全资、控股企业，不包括中央企业及中央企业下属企业。是否中央企业及中央企业下属企业的资产出租就不需要进场交易了呢？

在国有资产出租问题国家监管层面，财政部于 2021 年 12 月 8 日发布了《关于规范国有金融机构资产转让有关事项的通知》（财金〔2021〕102 号）（以下简称《国有金融机构资产转让通知》），对国有金融机构资产转让做出了进一步的规范。《国有金融机构资产转让通知》第 1 条规定，“因开展正常经营业务涉及的抵（质）押资产、抵债资产、诉讼资产、信贷资产、租赁资产、不良资产、债权等资产转让及报废资产处置，以及司法拍卖资产、政府征收资产等，国家另有规定的从其规定”。根据该条规定，对于国有金融机构资产转让而言，开展正常经营业务涉及的租赁资产行为适用其他规定。如前文所述，目前国家层面尚未对国有资产出租行为的进场交易做出明确规定。同时，本文第一部分已提到，国有企业正常生产、销售行为不应纳入进场交易的范畴之内。

此外，国务院国资委网站互动交流问答选登，房地产开发类央企的商品销售界定问题与回复具体如下（发布时间：2018－12－28）：“房地产开发类央企，部分未售楼盘已转投资性房地产，自持租赁经营后，决定销售，是否为《企业国有资产交易监督管理办法》中国有资产交易行为?”国务院国资委对此问题的答复是：“如相关资产列入企业固定资产项下，应依据32号令中有关企业资产转让相关规定执行。”

根据国务院国资委的回复精神可以得出：房地产开发类企业开发的房屋并非均需根据《企业国有资产交易监督管理办法》进场交易，对于具有开发资质的国有房地产开发企业持有的以备出售的楼盘即存货，销售楼盘属于其正常经营业务，在出售时不需要进场交易。若相关房屋资产已列入国有房地产开发企业的固定资产项下，则应依据《企业国有资产交易监督管理办法》中有关企业资产转让相关规定执行，需进场交易。

综上，参考《国有金融机构资产转让通知》及国务院国资委回复精神，本文认为中央企业及中央下属企业的经营资产出租不需要进场交易。但是，需要注意的是，《国有金融机构资产转让通知》的规制对象是国有金融机构，且国务院国资委的回复不具有法律效力。同时，各省监管机构已发文明确国有资产出租需要进场交易。因此，在实践中，中央企业及中央下属企业资产出租是否需要进场交易仍然是一个没有明确答案的问题，是否履行进场交易程序还需根据个案综合考量。

在上述背景下，笔者认为，作为律师应当建议企业从审慎原则的角度出发，有条件可以进场交易的均应当进场交易。

首先，企业国有产权的出租虽然不是《企业国有资产交易监督管理办法》所明确规定的3种必须进场交易的行为，但是如果出租的资产属于相关法律、规范性文件界定的“国有资产”，那么出租行为严格意义上也属于资产交易的一种。依据《企业国有资产法》以及《企业国有资产交易监督管理办法》的规定，在不存在特殊情况的前提下，原则上企业国有资产的交易均应当遵循等价有偿和公开公平公正的原则，在依法设立的产权交易机构中公开进行。

其次，虽然现有的法律及规范性文件，没有明确规定国务院国资委直属的中央企业资产出租需要进入产权交易市场公开交易，但从各地方出台的政策来看，将企业国有资产出租行为纳入产权交易市场公开交易，已充分表明地方国资监管机构对企业国有资产监管的强化态势。作为中央企业的监管机构，国务院国资委对国有资产出租行为出台相关政策也将势在必行。

最后，企业国有资产进场交易的基本原理及意义在于：通过产权交易平台披露交易信息，公开征集并寻找更多的受让方或投资者，从而优中选优，实现国有资产的价值最大化。国有资产的出租往往具有资产规模大、出租期限较长的特点，通过产权交易市场公开招租，可以保证招租方严格执行产权交易规则，公平对待每一位符合租赁条件的承租人。企业国有资产进场交易可以最大限度地公开招租信息，最大限度地发现市场价值，也可以进一步完善资产出租的管理体系，提高国有资产的使用效益。

（五）结语

综上所述，由于国有资产监管制度尚未对国有资产出租进场交易问题做出统一、明确的规定，基于已出台的相关法律法规及实践经验，笔者认为：所在省监管机构已明确规定需进场交易的，应当按照规定履行进场交易程序；对于中央企业，虽然目前并无法律法规明确规定国有资产出租需进场交易，但是鉴于多省份已出台相关规定，从审慎的角度出发，具备条件的也应履行进场交易程序。

全民所有制企业划拨资产后未验资导致的出资纠纷[①]

广东连越律师事务所　林降雄　王　杨

一、当事人和代理人基本情况

原告：A 公司

被告：B 公司

委托代理人：林降雄、王杨，广东连越律师事务所律师

第三人：C 公司

二、案件基本情况

C 公司于 2017 年 11 月 16 日被广州市中级人民法院宣告破产，A 公司对 C 公司享有 31, 299, 295. 43 元的普通债权。B 公司持有 C 公司的 100% 股份，其中以划拨注册资金、流动资金的方式出资 1000 万元，以划拨房地产土地使用权的方式出资 15, 453, 163. 03 元。A 公司认为，B 公司以划拨房地产土地使用权的方式出资，不符合当时《公司法》对公司出资形式的规定，且未经过司法评估、验资、权利转移等程序，不能认定为合法出资，应当认定 B 公司并未履行该 15, 453, 163. 03 元出资义务，并应在未出资范围内对 C 公司不能清偿的债务承担连带责任。A 公司遂以 B 公司为被告提起诉讼，请求法院判令 B 公司向第三人 C 公司支付 15, 453, 163. 03 元及利息。

---

① 该案例被评为广东省律师协会 2019 年度律师典型案例。

三、争议焦点

1. A 公司的起诉是否违反一事不再理的规定?

2. B 公司是否应向 C 公司补缴出资 15, 453, 163. 03 元?

四、双方意见或观点

(一) 原告

1. 没有证据可以证明 B 公司对其应向第三人出资的金额中的 15, 453, 163. 03 元完成了合法出资。(2011) 粤高法民二执复字第 20 号《民事裁定书》对 B 公司是否完成了 15, 453, 163. 03 元出资这一问题并未作出实体上的认定,不能作为 B 公司如实出资的依据。广东省高级人民法院只是认为在该执行复议程序中,申请人并没有提交证据证明 B 公司出资不实,而并没有对 B 公司所谓的 15, 453, 163. 03 元出资行为予以直接认定或认可。

2. 审计机构以 B 公司的出资行为未办理评估、未办理验资手续为由,做出"无法对出资人是否足额出资发表审计意见"的结论,可见在第三人破产程序中的审计报告不能作为认定 B 公司完成了合法出资的依据。B 公司作为第三人的股东怠于履行义务,导致无法得出相应审计结论,应参照最高人民法院《关于适用〈中华人民共和国公司法〉若干问题的规定(二)》第 18 条第 2 款的规定,由 B 公司在无法下审计结论的范围内对债权人承担连带清偿责任。

3. 根据最高人民法院《关于如何认定开办单位投入注册资金的复函》(2007 年 9 月 20 日,〔2007〕执监字第 14 - 1 号)、《公司法》(1999 年修正)第 24 条规定,B 公司该次出资不符合《公司法》所规定的法定形式,出资无效。并且 B 公司及第三人都无法提供出资资产的相关评估报告,B 公司所谓的出资并没有经过法定验资程序,也没有办理权利转移手续,因而不能认定为合法出资。

4. 既然 B 公司对其所负有出资义务的 15, 453, 163. 03 元没有完成合法出资,其在破产程序中应当补缴 15, 453, 163. 03 元以完成其依法出资的法定义务。综上所述,B 公司应当向 C 公司支付 15, 453, 163. 03 元及利息。

（二）被告

1. A公司的起诉及法院对该案的受理，明显违反了一事不再理原则。A公司与第三人之间的债权债务纠纷此前已经由（2000）粤法经一终字第91号《民事判决书》、（2011）粤高法民二执复字第20号《民事裁定书》等生效裁判文书裁决并执行完毕，第三人破产程序中，已依法通知A公司申报债权参与分配，双方债权债务已经履行完毕，A公司的起诉违反法律规定，法院应当裁定驳回起诉。

2. 如法院坚持要进入实际审理阶段，A公司主张的事实和理由已经生效裁定、判决书进行认定并驳回，生效的裁定、判决书所确认的事实依法应作为认定该案的事实依据，并据此驳回A公司的诉讼请求。

3. 在第三人破产案件中，已经对第三人的资产情况作出了清算，A公司作为债权人也对该资产的清算进行了债权确认。在破产案件中，A公司在债权确认阶段并没有提出有关出资问题的异议，却在执行时提出异议，在异议被驳回后现又提出重复的诉讼，A公司自相矛盾的行为，是A公司不诚信的表现，法院应查明其前后主张、表述不一致的行为，驳回A公司的诉讼请求。

4. B公司与第三人均系由省委、省政府和省国有资产监督管理委员会批准成立的全民所有制企业，均属于省财政厅负责统管的企业。B公司与第三人的资产均来源于国家财政，其成立、出资、增资和注销，均受行政主管部门的严格管理。从B公司提交的《关于同意广东省工程C公司增资的批复》（2002年9月24日粤建集国资〔2002〕4号）、《划拨给广东省工程C公司房地产使用权构成情况》等证据可以看出，B公司对第三人的出资符合全民所有制企业的出资要求，并且均已实际出资到位，不存在出资不实的问题。至于认为成立全民所有制企业，出资必须验资，不验资就视为出资不实、违反《公司法》的相关规定，这明显属于法律适用错误。

五、代理结果和裁判理由

法院认为，该案的诉讼主体、诉讼标的、诉讼请求均与原生效裁判文书不同，因此并不违反一事不再理原则。但 B 公司提交的证据可以证明其如实出资，在没有其他证据证明 B 公司出资不实的情况下，A 公司的主张依据不足，因此判决驳回 A 公司的全部诉讼请求。

六、办案总结

1. 股东出资存在形式瑕疵，并不必然导致出资行为无效。

《公司法》（1999 年修正）第 24 条规定：对作为出资的实物、工业产权、非专利技术、土地使用权。必须进行评估作价，核实财产，不得高估或者低估作价。该规定属于管理性规范，而非效力性规范。换言之，即使股东以实物等方式出资未经过评估作价，但只要该出资行为已经事实上成就，就不适宜直接认定为无效，出资义务人可以通过重新评估等方式进行效力补强，并仅就过错范围内的损害后果承担赔偿责任。至于如何认定过错大小，应结合当事人举证以及案件事实综合判断。

该案中，B 公司 2002 年 9 月 24 日出具的《划拨给广东省工程 C 公司房地产使用权构成情况》记载，划拨房地产使用权 15, 453, 163. 03 元作为追加投资构成包括：（1）C 公司应当缴纳的办公场所及配套车位租金 3, 464, 187. 18 元；（2）C 公司向 B 公司承租的办公场地及配套车位 15 年租赁费 5, 916, 302. 32 元；（3）B 公司同意调剂部分住房给 C 公司，价值 6, 072, 673. 53 元，以上共计 15, 453, 163. 03 元。B 公司资产管理部 2002 年 9 月 24 日出具的《关于同意广东省工程 C 公司增资的批复》记载："根据广东省人民政府对我集团进行国有资产授权经营的权限，经研究，决定从我集团在授权经营的国有资产中划拨房地产使用权人民币 15, 453, 163. 03 元增加你司注册资金。"因此，B 公司的上述出资已经获得上级主管单位许可，并未违反法律效力性规范的强制性规定，且事实上已经履行完毕，A 公司主张 B 公司出资不实缺乏事实和法律依据。

2. 出资义务人就已经履行出资义务完成举证的，主张出资不实的一方需承担举证不足的责任。

目前《公司法》及相关司法解释尚未明确股东虚假出资诉讼中的举证责任应当如何分配，但如果直接适用《民事诉讼法》第 67 条规定，由当事人对自己提出的主张负举证责任，则可能出现当事人需要对出资义务人“没有实施出资行为”承担举证责任的情形，有违“证有不证无”的一般原理。根据当前法院的司法实践情况，法院要求出资义务人就自己是否已经履行出资义务承担举证责任的情况较为普遍。2008 年最高人民法院《关于民事诉讼证据的若干规定》第 5 条第 2 款规定：“对合同是否履行发生争议的，由负有履行义务的当事人承担举证责任。”因为公司章程约定了各方股东的出资义务、对公司经营享有的管理权利，所以股东出资属于典型的民事契约，因此，公司股东出资纠纷可以适用上述证据规定，由负有出资义务的股东就自己是否履行出资义务承担举证责任。

该案中，B 公司提交了《划拨给广东省工程 C 公司房地产使用权构成情况》《关于同意广东省工程 C 公司增资的批复》以及当年广州市政府出售共有住房的通知等证据，以证明 B 公司已经将有关房地产使用权移交给 C 公司，履行了出资义务。根据最高人民法院《关于民事诉讼证据的若干规定》以及民事诉讼的一般证明原理，举证责任在双方当事人之间交换，A 公司应当就 B 公司的上述证据举证反驳，否则法院可以认可该证据的证明力。从该案判决来看，虽然法院认为 B 公司的出资行为存在形式瑕疵，但 A 公司仍需为自己举证不足承担败诉的风险。

3. 全民所有制企业根据政策或者主管部门规划要求，以法定形式以外的方式进行增资、出资的，应当如何认定该行为的法律效力？

一方面，全民所有制企业资产来源于国家财政，其成立、出资、增资和注销，均受行政主管部门的严格管理，与一般私有制企业存在很大差别，不能适用《公司法》的有关规定认为全民所有制企业的成立、出资、增资和注销行为因形式不符合法律规定而无效。《企业法人登记管理条例实施细则（2002）》第 29 条第 2 款规定，“企业法人的注册资金的来源包括财政部门或者设立企业的单位的拨款、投资”。全民所有制企业出资形式及来源均与《公司法》要求有所区别，A 公司主张该案适用公司有关股东出资义务审查及出资不实的公司治理规则的理由和依据不足。

另一方面，在我国经济改革过程中，部分全民所有制企业直接由国家部门演变而来，是计划经济向市场经济过渡时期的特有历史现象，这部分全民所有制企业同样是市场经济的平等合法主体，实施成立、出资、增资和注销等法人行为时也应当符合现行法律规定，完善股东会决议等法人内部意思决策程序，依法进行资产评估、审计，并完成行政登记、行政审批等外部公示行为，充分履行法定义务，补强法律效力，避免法律风险。

新《公司法》视野下国有企业并购或转让未全额出资股权所涉法律风险

广东连越律师事务所　张　亮

2013年的《公司法》施行后，我国公司注册资本制度发生极大变化，包括由实缴制改为认缴制、放宽出资缴纳时间、出资形态限制减少、不再要求公司注册时必须提交验资报告等。在降低公司注册准入门槛的同时，立法及司法解释则强化了对诚信经营、过程监管的概念。2023年大幅度修订的《公司法》（下称"新《公司法》"）规定认缴注册资本需在5年内缴足，以及公司不能清偿到期债务的，公司或者已到期债权的债权人有权要求已认缴出资但未届出资期限的股东提前缴纳出资。

同时，最高人民法院于2019年11月发布《全国法院民商事审判工作会议纪要》，其中第6条规定："在注册资本认缴制下，股东依法享有期限利益。债权人以公司不能清偿到期债务为由，请求未届出资期限的股东在未出资范围内对公司不能清偿的债务承担补充赔偿责任的，人民法院不予支持。但是，下列情形除外：（1）公司作为被执行人的案件，人民法院穷尽执行措施无财产可供执行，已具备破产原因，但不申请破产的；（2）在公司债务产生后，公司股东（大）会决议或以其他方式延长股东出资期限的。"

由此可见，在新《公司法》的立法体系中，认缴制下出资期限尚未届满的股东，在特定条件下可以加速其出资义务到期，并向公司承担未出资责任。对于股东在出资期限未届满时已转让股权的，出资期限届满后由受让人承担缴纳该出资的义务，转让方股东对受让方股东未按期缴纳的出资承担补充责任。现结合2020年度最高人民法院公布的全国法院十大商事案例中的相关司法案例，对该问题进行分析探讨。

一、案例介绍

（一）案例来源

2020年度全国法院十大商事案例 | （2020）鲁02民终12403号

（二）案情摘要

2017年5月7日，A公司（卖方）与B公司（买方）签订造型机购销合同，B公司于同年7月14日接收设备，A公司即安排工作人员对设备进行了安装、调试。2017年9月29日，B公司的股东周某茹、庄某芬、通舜公司、吉瑞公司分别将其在B公司的全部认缴出资额900,000元、600,000元、900,000元、600,000元（以上出资均未到出资期限，尚未实缴）无偿转让给许某勤，许某勤成为B公司的唯一股东，B公司变更为自然人独资的有限责任公司。2018年5月15日，许某勤将B公司申请注销，2019年7月3日该公司注销。截至A公司向法院起诉许某勤、通舜公司、周某茹时，B公司尚欠245,360元购销款未付，如图1-1所示。

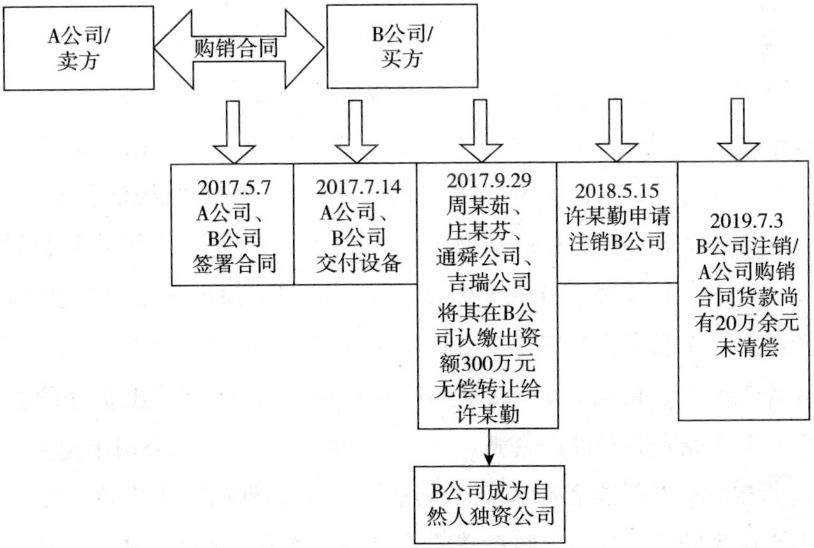

图1-1　本案当事人关系

（三）裁判要旨

青岛市中级人民法院认为，上诉人通舜公司、周某茹应在其出资范围内，对涉案欠款承担连带责任……。首先，从时间点来说，该案所涉合同之债发生于上诉人通舜公司、周某茹持股之时。该案通舜公司、周某茹是被上诉人与B公司发生涉案设备买卖合同之时的股东，两股东享有涉案买卖合同为目标公司所带来的利益，在涉案股权转让之时，其对于公司所欠债务应为明知。其次，在公司注销的情况下，上诉人通舜公司与周某茹因转让股权而免除的出资义务应予以回转。主要理由是：第一，股东出资的约定系股东与公司之间的契约；第二，在公司认缴制度下，股东出资义务系其对公司附期限的契约；第三，公司注销后，公司可依据《合同法》第65条（现为《民法典》第523条）的规定向前股东主张权利；第四，公司解散时，债权人可依据最高人民法院《关于适用〈中华人民共和国公司法〉若干问题的规定（二）》第22条第2款的规定，向前股东主张在其出资范围内承担连带责任。

二、学界及业界观点

（一）学界观点

学界中，对未届期股权转让的股东责任承担存在以下3类观点：

1. 肯定说。该类学者对新《公司法》第4条第1款［《公司法》（2018年修正第3条第2款］作扩大解释，将股东认缴出资义务视为公司法法定义务，并认为该义务不因股权转让而免除。

2. 否定说。该类学者从认缴制度下出资期限未届满状态的合法性出发，考虑转让人有无恶意逃避债务、股权受让方有无尽审慎义务等，从而认定转让人应否承担资本充实义务，即认为股东转让未届满期股权后并不必然需承担责任，需审查有关条件是否满足后方能确定。

3. 折中说。该类学者在原《合同法》框架下审视股东出资义务，将未届期出资视为股东与公司之间特殊的债权债务关系，从债权债务概括转让角度，借助债务承担规则确认转让股东的出资义务。如审查未届期出资义务概括转移所应履行的公司决策流程、变更登记流程、股权转让对价公允性等。如北京大学刘凯湘提出："转让股东出资义务尚未履行完毕而转让股权的，依照债法原理，只要转让行为合法，经过了公司和公司其他股东的同意，则其在出资协议项下的权利义务概括移转至受让方，无论是公司、公司的其他股东还是债权人，按理都不能要求转让方承担包括加速到期的出资缴纳义务。但是，基于公司的团体人格和资产性质，作为发起人的股东的出资义务不仅仅是合同法上的义务，同时也是公司法上的义务，在受让方未履行出资义务时，公司有权请求转让方继续承担出资义务，质言之，股权转让行为不当然免除转让方的出资义务。"

（二）业界观点

在司法实践中，对未届期股权转让的股东责任承担问题也存在不同的裁判思路。摘录如下：

1. 与学界第一种观点对应。如在（2018）豫0811民初963号判决中，法院认为股东的出资义务系法律规定的法定义务，不能因原告与股权受让人的约定而予以转移或免除，故原告郭某莹虽将其在被告青岛仲鼎润公司的股权全部转让，但其对被告青岛仲鼎润公司所负的出资责任并不能随之转移或免除。

2. 与学界第二种观点对应。如在（2014）普民二（商）初字第5182号判决中，法院判决以股权转让时间先于债权形成时间且股权转让经股东认可为由，不予支持债权人主张出让股东在认缴出资范围内对公司债务承担连带责任。这一观点中将"债权形成时间"作为判断依据实际是基于债权人对股东"信赖利益"的考虑。

三、律师评析

在（2020）鲁02民终12403号案中，二审法院所秉持的观点是，股东出资义务本质为股东与公司之间的契约，股东因认缴出资而对公司负有附期限合同义务。该观点比较接近于前文所述学界中的折中说，与将股东认缴出资视为公司法上的法定义务的学界肯定说显然基于完全不同的理论基础。关于转让股东的责任基础，合同法与公司法为两种完全不同的视角，简单来说，合同法视角为民事视角，倾向于保护债权人利益，而公司法视角为商事视角，在实缴制向认缴制转变的过程中，倾向于鼓励市场竞争。江苏某律师事务所律师并不认可（2020）鲁02民终12403号案例中，将出资义务等同为股东与公司之间附期限合同义务的观点，其认为“股东对公司的出资义务，是以章程形式确定的，股东与公司之间并无合同关系”。笔者认为，对出于以上两种截然不同视角所产生的争议，有以下问题需予以考虑。

（一）股东承担责任的法理基础

1. 商事思维下的出资责任

依据新《公司法》第4条第1款“有限责任公司的股东以其认缴的出资额为限对公司承担责任；股份有限公司的股东以其认购的股份为限对公司承担责任”的规定，认缴制下股东以其认缴的注册资本享受公司对应股权比例的权益。试想股东认缴出资未届履行期也未实际出资，但其行使了股东权利，享受了分红，股权转让后还取得受让股东的股权转让价款，实际上完整享受了股东权利。此种情形是否符合公司法对股东责任与股东权利的对等性规定。这是公司法商事思维下要求股东承担责任需考虑的问题。

2. 民事思维下的出资责任

民事思维下的出资责任包含两类，其中一类是扩张适用《民法典》第523条“当事人约定由第三人向债权人履行债务，第三人不履行债务或者履行债务不符合约定的，债务人应当向债权人承担违约责任”代位权的规定。代位权成立的条件有以下3点：（1）必须为到期债权且合法有效；（2）债权为金钱债权，不具有人身专属性质；（3）债务人怠于行使。显然，由于认缴期限没有届至，不符合到期债权这一条件限定，代位权的路径行不通。但该思维下的学者扩大适用代位权，认为为保障公司债权人的利益，贯彻诚实信用原则，当公司不能清偿到期债务时，股东的出资义务视为已经到期，公司债权人有权直接要求股东履行相应的义务。如此一来，就可以按照原有的法律条文，如果受让股东不“善意”，转让股东和受让股东应承担连带责任。（2020）鲁02民终12403号案裁判观点以及北京大学蒋大兴教授的案例评析就是站在这一角度进行分析的。

另外一类是将股权转让理解为合同权利义务的转让，从股东与公司之间订立的出资协议出发，试图厘清出资责任的承担主体。该观点立基于原《合同法》框架下，股东在认缴股份后通过公示即取得股东资格，其未届期出资在性质上为其与公司之间的一种特殊债权债务关系，这种特殊性使得公司可以通过正当程序合法限制股东行使部分股东权（如分红权），但这种特殊性不能改变债权的相对性质。对于公司而言，转让股东欠缴的出资，视为对公司的债务，公司认可并办理受让股东受让股权手续，系认可债务转让至受让股东，转让股东不再承担原债务。按照此逻辑，通过股权转让，转让股东可以顺利将出资义务移转至受让股东（以受让股东知道或者应当知道为限）。在此过程中，原《合同法》中关于债权债务概括转移所涉通知义务的履行也属必须。

（二）认缴资本制度改革意图

公司资本制度从实缴制向认缴制改变的初衷，在于通过放宽市场准入，让不同投资主体选择适合自己的投资方式，既可以资产参与市场竞争，也可以信用参与市场竞争。而未到期出资，使交易相对方产生信赖的，恰是附着于特定出资主体的实力和信用，不经债权人同意而变更出资主体，将使这种信赖落空。所有足以影响债权人选择出资义务的内容，包括出资的主体调整、出资的再延期、出资数额的调整（法律规定减资必须明确通知债权人），都应当知会债权人，尤其在确实已经影响到债权人受偿的情况下。依循公司资本制度改革意图，应当在保护债权人利益与鼓励交易中找寻平衡，通过具体的指标衡量股权转让一方及公司有无采取必要措施以免除股权转让对债权人的利益损害。

（三）新《公司法》修法明确转让方的责任

新《公司法》对股权转让过程中的股东责任作出了明确规定，第 88 条规定，股东转让已认缴出资但未届出资期限的股权的，由受让人承担缴纳该出资的义务；受让人未按期足额缴纳出资的，转让人对受让人未按期缴纳的出资承担补充责任。由此可见，本次新《公司法》部分采纳了（2020）鲁02民终12403号案的裁判观点。结合新《公司法》第54条规定“公司不能清偿到期债务的，公司或者已到期债权的债权人有权要求已认缴出资但未届出资期限的股东提前缴纳出资”可见，新《公司法》构建了对股东出资责任的完整制度，对司法实践中存在较大争议的“加速到期制度”以及“股权转让后的出资责任”在立法层面进行了明确。在本次修法过程中，上述规定历经多次修改、调整，一审稿未规定转让方股东需承担补充责任，二审稿、三审稿乃至最终条文则对转让方股东需对受让方股东未按期缴纳出资承担补充责任，对未届出资期限的股权转让后的出资责任制定了明确的分配规则。

四、对国有企业参与股权并购过程的风险提示及防范建议

按照《广东省省属企业合规管理指引（试行）》第14条“省属企业应结合本企业实际加强对以下重点领域的合规管理：……（二）投资管理。严格执行省属企业投资监管相关规章制度，建立健全事前、事中、事后管理工作体系，防止违规投资行为，强化违规投资责任追究”及《广州市市属企业合规管理指引（试行）》第18条“市属企业应结合本企业实际加强对以下重点领域的合规管理：……（三）投资管理。严格执行市属企业投资监管相关规章制度，建立健全事前、事中、事后管理工作体系，防止违规投资行为，强化违规投资责任追究”的规定，在国有企业合规风险管控工作中，应对投资领域进行重点合规管理。

鉴于新《公司法》对未届期股权转让的股东责任承担问题已作出明确规定，因此，国有企业在股权流转过程中，无论作为股权转让方、受让方，都应当在股权转让过程中采取切实、完备的风险管控措施以加强投资合规管理、充分降低法律风险。

（一）国有企业作为股权转让方的风险防范建议

对于作为股权转让方的国有企业而言，注册资本未届期并不免除国资股东的责任，在受让方股东未按期缴纳出资以及股东出资义务加速到期等情形

叠加影响下，国有企业（转让方）存在需就受让方未按期缴纳的出资承担补充责任的重大法律风险。

为有效控制风险，建议国资股东应当在设立公司及制定公司章程时结合投资人资金成本、标的公司发展规划等，对注册资本缴纳的期限和金额作合理安排，并依章程之约定按期足额缴纳注册资本。如需转让股权，建议国资股东可考虑在股权转让前足额缴纳注册资本并以合理对价完成股权转让。

（二）国有企业作为股权收购方的风险防范建议

对于作为股权收购方的国有企业而言，如所受让的股权属于未履行出资义务的权利，应当在股权转让协议中对有关未出资义务的承担事宜作出具体约定，以确保在股权转让当事人内部做好风险及责任切割。

同时，国有企业在收购股权时，应切实做好法律尽职调查，了解拟收购股权所存在的出资责任风险、原股东出资义务的履行情况，并充分评估有关标的股权的经济价值，包括对未出资义务可能产生的潜在债务等进行充分考量，并在此基础上确定公平、合理的交易对价。

此外，收购方在办妥股权变更登记手续后，在对标的公司进行资金安排及生产经营时，应充分考虑未出资义务的潜在法律风险。必要时，可通过缩短出资期限，尽快完成出资义务，将资金注入标的公司等措施使其投入正常生产经营。一方面既可降低标的公司的融资成本及资金压力，另一方面亦不再需要承担所受让股权未出资的责任与风险。

国有企业增资的进场交易若干程序问题

广东固法律师事务所　汪　伟

2016年6月24日，国务院国有资产监督管理委员会（以下简称国务院国资委）、财政部联合发布了《企业国有资产交易监督管理办法》（国务院国资委、财政部令第32号），该办法对国有及国有控股企业、国有实际控制企业（以下简称国有企业）的产权转让、增资、资产转让等国有资产交易行为作出了具体规定，并首次正式明确了国有企业增资的相关程序要求。其中第2条明确要求企业国有资产交易应当遵循等价有偿和公开公平公正的原则，在依法设立的产权交易机构中公开进行，国家法律法规另有规定的从其规定。而目前司法实践中，对于企业未按上述规定在依法设立的产权交易机构中公开进行企业国有产权交易，而是进行场外交易的，较普遍观点是其交易行为违反公开、公平、公正的交易原则，损害社会公共利益，根据《民法典》相关规定，应认定其交易行为无效。为避免国有企业增资因违反程序要求而产生效力瑕疵、民事争议或国有资产管理责任，有必要深入理解国有企业增资的相关程序性要求。在此，笔者就国有企业增资的进场交易相关程序性要求及其若干关键环节作简要分析，以其抛砖引玉。

一、国有企业增资进场交易的相关政策要求

《企业国有资产交易监督管理办法》第2条、第3条规定，企业国有资产交易应当在依法设立的产权交易机构中公开进行，国家法律法规另有规定的从其规定。企业国有资产交易包括企业产权转让、企业增资及企业资产转让。企业产权转让是指履行出资人职责的机构、国有企业转让其对企业各种形式出资所形成权益的行为；企业增资是指国有企业增加资本的行为，政府

以增加资本金方式对国家出资企业的投入除外；企业资产转让是指国有企业的重大资产转让行为。

《企业国有资产交易监督管理办法》出台前，国资监管法规中对于国有企业产权转让的规定主要为《企业国有产权转让管理暂行办法》（现已失效）及其配套的相关规定，但《企业国有产权转让管理暂行办法》颁布已有多年，规定本身已有一些不适应现有国有产权转让的内容亟待修改。特别是，《企业国有产权转让管理暂行办法》对国有企业增资是否需要进场交易并未明确，有关国有企业增资的程序性要求散见于各相关法律法规及政策文件之中，各地各企业对此把握尺度不一。部分地方国资委对于国有企业增资行为有进场交易的要求，但大多数国有企业增资并未履行进场交易的程序，而且具体操作要求各异，有的甚至成为规避进场规范交易的某种“特殊”通道。

国务院办公厅转发国资委《关于进一步规范国有企业改制工作实施意见的通知》（国办发〔2005〕60 号）第 1 条第 3 项，“……拟通过增资扩股实施改制的企业，应当通过产权交易市场、媒体或网络等公开企业改制有关情况、投资者条件等信息，择优选择投资者……”。而《企业国有资产法》第 39 条规定，“本法所称企业改制是指：（一）国有独资企业改为国有独资公司；（二）国有独资企业、国有独资公司改为国有资本控股公司或者非国有资本控股公司；（三）国有资本控股公司改为非国有资本控股公司”。因此，《企业国有资产交易监督管理办法》出台之前，较普遍的观点是，涉及企业改制的国有企业增资行为应当进场交易，不涉及企业改制的则鼓励进场交易而非必须。《企业国有资产交易监督管理办法》出台后，明确把增资作为国有资产交易的范畴，并细化了相关规则，并且将公开交易的范围由涉及改制的增资扩股情形扩大到符合条件的所有增资类型，无疑是完善国有产权变动管理和国资监管的重要举措。

二、国有企业增资的内部决策与外部审批

《企业国有资产交易监督管理办法》第 34 条至第 37 条对企业增资的审批权限予以明确：国资监管机构负责审核国家出资企业的增资行为。其中，增资致使国家不再拥有所出资企业控股权的，须由国资监管机构报本级人民

政府批准。国家出资企业决定其子企业的增资行为。其中，重要子企业的增资行为，须由国家出资企业报同级国资监管机构批准。企业增资应当由增资企业按照企业章程和内部管理制度进行决策，形成书面决议；增资企业为多家国有股东共同持股的企业，由其中持股比例最大的国有股东负责履行相关批准程序；各国有股东持股比例相同的，由相关股东协商后确定其中一家股东负责履行相关批准程序。

从上述规定来看，国有企业增资与产权转让的外部审批权限基本一致，主要区别在于内部决策，一方面，企业增资应当由增资企业按照企业章程和内部管理制度进行决策并形成书面决议，而产权转让是由转让方按照企业章程和企业内部管理制度进行决策并形成书面决议；另一方面，企业增资一般不涉及员工安置问题，而产权转让涉及职工安置事项的，安置方案应当经职工代表大会或职工大会审议通过。基于上述规定，在进场交易时，应注意国有企业产权转让与增资的内部决策机构向产权交易机构提交的决策文件的区别。

三、国有企业增资的审计与资产评估

（一）中介机构委托

《企业国有资产交易监督管理办法》第 38 条第 1 款规定：“企业增资在完成决策批准程序后，应当由增资企业委托具有相应资质的中介机构开展审计和资产评估。”而《企业国有资产交易监督管理办法》第 11 条规定：产权转让事项经批准后，由转让方委托会计师事务所对转让标的企业进行审计。

《企业国有资产交易监督管理办法》出台前，产权转让的中介机构主要由转让方负责委托，但相关文件未对企业增资的中介机构委托主体作出明确规定，实践中很多产权交易机构有的要求增资企业负责委托，有的要求增资企业的控股股东委托。《企业国有资产交易监督管理办法》出台后，对中介机构的委托机构予以了明确，即产权转让的中介机构由转让方负责委托，企业增资的中介机构由增资企业负责委托。但根据《企业国有产权向管理层转让暂行规定》（国资发产权〔2005〕78 号，现已失效）的相关规定，管理层有意参与增资的，在相关决策过程中应当予以回避，并不得参与方案制订、选择中介机构，以及清产核资、财务审计、离任审计、资产评估等重大事项。在此种情况下，产权交易机构一般会要求增资企业和其控股股东共同委托来兼顾增资企业管理层决策回避及中介机构委托之间的关系，或者由增资企业就中介机构委托、基准日等事项单独呈报其控股股东批复后执行。

（二）不需要审计或评估的例外情形

《企业国有资产交易监督管理办法》第 11 条规定，涉及参股权转让不宜单独进行专项审计的，转让方应当取得转让标的企业最近一期年度审计报告。第 12 条规定："对按照有关法律法规要求必须进行资产评估的产权转让事项，转让方应当委托具有相应资质的评估机构对转让标的进行资产评估，产权转让价格应以经核准或备案的评估结果为基础确定。"根据上述规定，对于参股权转让情形，考虑到审计的难度和成本，允许使用标的企业最近一期年度审计报告代替专项审计。并且，上述规定重点强调了"按照有关法律法规要求必须进行资产评估的产权转让事项"才需要评估，同时也列举了相关例外情况。如《企业国有资产交易监督管理办法》第 38 条第 2 款规定，以下情形按照《公司法》、企业章程履行决策程序后，可以依据评估报告或最近一期审计报告确定企业资本及股权比例：（1）增资企业原股东同比例增资的；（2）履行出资人职责的机构对国家出资企业增资的；（3）国有控股或国有实际控制企业对其独资子企业增资的；（4）增资企业和投资方均为国有独资或国有全资企业的。根据上述规定，在国有企业增资时，符合上述任何一种情形的，可以不进行专项评估而是以最近一期审计报告为增资依据。

四、国有企业增资的投资方条件设置

《企业国有资产交易监督管理办法》第 14 条规定："产权转让原则上不得针对受让方设置资格条件，确需设置的，不得有明确指向性或违反公平竞争原则，所设资格条件相关内容应当在信息披露前报同级国资监管机构备案，国资监管机构在 5 个工作日内未反馈意见的视为同意。"此前《企业国有产权转让管理暂行办法》第15条第1款规定转让方可以对受让方的资质、商业信誉、经营情况、财务状况、管理能力、资产规模等提出必要的受让条件。但在多年实践中，受让方资格条件设置也成为国有产权转让过程中限制竞争、内部人员控制和私下指定受让方的利器，一定程度上存在滋生腐败和造成国有资产流失的重大风险。后期部分地方国资监管部门也通过规范性文件形式，要求所设置的受让方条件不得存在国有和民营的所有制限制、地域限制、内外资和组织形式限制（法律另有规定的除外）等，但仍不能完全避免受让方条件设置的种种弊端。《企业国有资产交易监督管理办法》颁布后，在产权转让时如需设置受让方条件将非常困难，一方面根据国资监管层级要求，需要报送同级国资监管机构备案，首先要报送出资人企业审核，审核通过后方可再报送到同级国资监管机构，原则上并不能授权出资人企业来代行某些权力；另一方面是“确需设置的”方可以设置，一般把握原则是根据法律法规对受让方有要求的，方可视为“确需设置”。属于外商投资负面清单内的行业的，可能需要设置限制外商投资的内容等。

但与产权转让不同的是，《企业国有资产交易监督管理办法》不仅未明确禁止企业增资中对投资方设置资格条件，而且明确规定应在对外披露信息中公开投资方的资格条件。《企业国有资产交易监督管理办法》第39条规定：企业增资通过产权交易机构网站对外披露信息公开征集投资方，时间不得少于40个工作日。信息披露内容包括但不限于投资方的资格条件，以及投资金额和持股比例要求等。之所以在投资方条件设置要求方面企业增资与产权转让完全不同，是因为产权转让更多是一种“资产”标的的转让，应该遵从“价高者得”的市场原则。而企业增资则是新增股东，对有限责任公司股东之间的人合性要求较高，必然对股东之间有关公司发展方面、战略定位及重大决策的协同性及优势资源互补等有更高要求，以避免公司治理僵局和无效内耗。

《企业国有资产交易监督管理办法》一方面要求公告企业增资的“投资者条件”，另一方面对如何设置条件并不明确，对是否仍然参照适用“不得有明确指向性或违反公平竞争原则”或不得设置所有制、区域、内外资限制等的要求，也缺少相关指引，需要在实践中不断尝试和把握具体操作尺度和适当性。无论如何，企业增资进场公开征集投资方的相关机制，主要目的在于公开公平公正，即公示企业增资的相关情况，引入社会力量进行监督，其设置的投资者条件在总体上不应当违反公平竞争原则。

五、国有企业增资征集意向投资方的方式

关于国有企业增资的投资方选择方式，《企业国有资产交易监督管理办法》第42条规定："通过资格审查的意向投资方数量较多时，可以采用竞价、竞争性谈判、综合评议等方式进行多轮次遴选。产权交易机构负责统一接收意向投资方的投标和报价文件，协助企业开展投资方遴选有关工作。企业董事会或股东会以资产评估结果为基础，结合意向投资方的条件和报价等因素审议选定投资方。"而《企业国有资产交易监督管理办法》第22条关于产权转让的规定为："产权转让信息披露期满、产生符合条件的意向受让方的，按照披露的竞价方式组织竞价。竞价可以采取拍卖、招投标、网络竞价以及其他竞价方式，且不得违反国家法律法规的规定。"从上述规定可看出，在存在多个意向投资方或受让方的情况下，企业产权转让可采取拍卖、招投标、网络竞价以及其他竞价方式选择和确定受让方，而企业增资可以采用竞价、竞争性谈判、综合评议等方式进行多轮次遴选。

所谓"竞价"，较适合于以融资为主要目标、公司控制权相对不变而仍由原股东享有的增资项目。此类方式下，原股东对增资后的公司发展方向、业务领域、法人治理架构、股东权利划分、利益分配机制等享有完全或主要的决策权力，新增股东需通过增资协议、新章程等确认原股东的上述权利。所谓"竞争性谈判"和"综合评议"，更适合于需要新增投资者在认缴企业新增资本的前提下，为增资企业提供项目规划或方案、注入配套资源、提供发展动力或者最大限度保障原股东利益等综合条件的增资项目。此类方式下，一般由新增投资者来主导增资企业的未来发展，原股东需要评价新增投资者的相关设想或方案的可行性、实施力度及对原股东权利的保障程度等内容。

多轮次遴选机制对于进一步发挥产权交易市场的功能，保障增资企业和原股东的权益具有重要意义，也更适合于企业增资这一特定形式。但《企

业国有资产交易监督管理办法》对多轮次遴选机制的操作形式缺少具体安排。一般情况下，投资方资格审查通过后，在尊重资产评估结果（以现有所有者权益作价不低于资产评估结果为原则）的基础上，由产权交易机构协助增资企业围绕投资方的综合实力、投资方的意向方案和报价等因素，设计评议原则或谈判方案，组织增资企业或股东代表、行业专家等组成谈判小组或评审小组来实施，最大程度维护评议或谈判过程和结果的公开公平公正。与产权转让不同的是，企业增资经过竞争性谈判或综合评议后，谈判或评议小组一般仅形成推荐名单及优先顺序，具体名单由增资企业的董事会或股东会选择确定。

另外，在多轮次遴选机制下，如何保障原股东的优先认缴增资等法定或章程约定的权利，这也是一个值得专项深入研究的课题。

综上所述，由于国有企业增资的进场交易程序涉及众多环节，需要清楚把握与产权转让的进场交易程序差异。而且，企业增资的进场交易机制推出时间较短，对许多政策问题的把握及相关的法律机制安排、法律后果等仍然需要在企业国有产权交易和法律服务实践中予以探索、完善。

第二章　国有企业股东与股权

国有股权无偿划转与优先购买权的冲突解决

广东启源律师事务所　汤小花　陈立群

一、国有股权转让行为的规范与学理属性讨论

企业国有资产，是指国家对企业各种形式的出资所形成的权益，以及依法认定为国家所有的其他权益。根据现行法规规定，企业国有资产转让，即国有企业产权转让，系履行出资人职责的机构、国有及国有控股企业、国有实际控制企业转让其对企业各种形式出资形成的权益的行为。从学理上分析，企业产权具有经济学属性与法学属性。从经济学视角出发，产权泛指财产权利的价值属性；而从法学视角出发，就是指财产权利的排他性支配属性。

在有限责任制的现代企业法律框架内，出资人对企业所形成的产权，最直接的权利外观形式就是股权。因此，国有股权转让行为的规范在国有资产转让行为中具有重要的意义。

二、国有股权无偿划转与优先购买权的冲突分析

（一）简述国有股权无偿划转

一般而言，国有股权转让分为公开转让、非公开协议转让即无偿划转。依据《企业国有资产交易监督管理办法》（以下简称《国资交易管理办法》）第13条规定，产权转让原则上应当进入产权交易中心通过公开程序进行交易。根据《国资交易管理办法》第31条规定，以下两种情况，可以采用非公开协议转让方式：（1）涉及主业处于关系国家安全、国民经济命脉的重要行业和关键领域企业的重组整合，对受让方有特殊要求，企业产权

需要在国有及国有控股企业之间转让的，经国有资产监管机构批准，可以采取非公开协议转让方式；（2）同一国家出资企业及其各级控股企业或实际控制企业之间因实施内部重组整合进行产权转让的，经该国家出资企业审议决策，可以采取非公开协议转让方式。

1999年9月财政部印发了《关于企业国有资产办理无偿划转手续的规定》的通知，首次明确了无偿划转的行为特性，即指企业因管理体制改革、组织形式调整和资产重组等引起的整体或部分国有资产在不同国有产权主体之间的无偿转移。有学者通过实证数据研究得出，无偿划转作为国有资产监管部门直接参与国有企业治理的“有形之手”（相对于宏观经济调控的“无形之手”），能够用低交易成本的无偿划转方式对相应行业的企业进行调整，实现解决就业问题、提升社会福利的效果。另外，对企业而言，通过无偿划转方式调整国有产权结构可以降低交易成本，达到理顺管理体制、优化产业结构的目的。

（二）无偿划转与优先购买权的冲突及成因分析

虽然国有股权无偿划转的行为特征已得到明确，但对其行为属性却未能达成共识，一个明显的方面体现在无偿划转是否需要通知其他股东行使优先购买权。笔者检索得知，最高人民法院在（2017）最高法民终205号判决中明确指出甘肃汇能公司向酒泉汇能公司划转股权亦未约定对价，其实质是基于甘肃电力集团的决定对国有资产进行划拨，故该股权划转行为不应当适用关于股权转让的规定，一审法院认定天津鑫茂公司不存在行使优先购买权的基础正确。可见，司法部门在裁判意见中认为无偿划转行为不适用公司法法律体系的股权转让规定，其本质是国有资产进行划拨，不属于私法交易的范畴。但是，在实际办理工商变更登记时，工商登记部门通常要求被划转公司在办理时提供其他股东的放弃优先购买权声明，更有甚者要求其他股东在无偿划转协议中签字确认。行政登记管理要求所蕴含的逻辑是，工商登记部门将无偿划转仍然认定为公司股权转让的范畴，至少在形式要件上需要符合我国关于公司股权转让的法律规定。

行政管理与司法裁判对无偿划转属性的认识不一，正是因为成文法中缺少对无偿划转的法律属性界定或相对于现行法律规范更加细化并能够与公司法律规范接轨的操作细则。有学者提出，在未来市场体系成熟后，国有资产监管机构将由“管企业”向“管资本”转变，减少对企业产权结构的干预，逐渐取消通过无偿划转调整国有企业产权结构的行为方式。但对于我国现状而言，无偿划转仍是一种重要的国有资产管理手段，现阶段应当注重探索无偿划转的行政管理属性与商法属性的衔接。

三、无偿划转与优先购买权的规范协调思路

基于上述分析，本文将从公司自治规范思路与成文法规范思路提出对无偿划转与优先购买权的协调思路。

（一）公司自治规范思路

从（2017）最高法民终205号判例来看，如果公司章程中有预先设定公司股权无偿划转时股东不得行使优先购买权，法院将对公司章程予以认可，这也体现法院对公司自治原则的尊重。无偿划转与优先购买权的冲突首先可以在私法层面通过公司创始股东协商一致消除，此举也不违反现行法律规定，从宏观层面来看，大量采取该方式也可降低立法成本。因此，通过预先设定公司章程的方式消弭两者的冲突，是一种成本较低且易于操作的处理方式。

（二）成文法规范思路

我国属于大量适用成文法为裁判依据的国家，一部定义准确且具有可操作性的成文法，有利于我国司法判决结果的同一性，并且对行政管理规则的制定也具有可参照性。因此，通过成文法规范设定国有股权无偿划转时其他股东能否行使优先购买权，同样也是一种可行的协商思路。本文认为，无偿划转协议是否适用优先购买权，可参照《国资交易管理办法》第31条的规定，适用非公开协议转让的情形同样适用于无偿划转是否适用优先购买权，既能保证国有资本对涉及国家安全、国民经济命脉的重要行业和关键领域企业的控制，又能优化国有企业产业结构。

国有产权无偿划转下的优先购买权探析

广东启源律师事务所　苏　怡　李容川

一、当事人基本情况和案由

上诉人：鑫茂××科技有限公司（以下简称鑫茂公司）

被上诉人：汇能××发展有限责任公司（以下简称汇能公司）

被上诉人：酒泉汇能××有限责任公司（以下简称酒泉汇能公司）

被上诉人（一审第三人）：鑫汇××有限责任公司（以下简称鑫汇公司）

案由：股权转让纠纷

二、案件基本情况

××省电力集团为××省国有资产监督管理委员会（以下简称国资委）全资控股的企业。而汇能公司是××省电力集团的全资子公司，酒泉汇能公司又是汇能公司的全资子公司。

2009年9月8日，鑫茂公司与汇能公司共同出资设立了鑫汇公司。鑫汇公司注册资本××万元，其中，鑫茂公司占股60%，汇能公司占股40%。

2012年4月19日，鑫汇公司召开股东会，股东鑫茂公司同意将其持有的60%股权的20%转让给汇能公司，转让后双方持股比例变更为4∶6。

因贷款需求，鑫汇公司于2012年6月18日再次召开股东会，股东鑫茂公司同意将其持有的40%股权中的30%转让给汇能公司，转让后双方持股比例变更为1∶9。同日，双方还签订了《股权转让及购回协议》，除约定了上述股权转让事项外，还约定了鑫汇公司获得此次银行贷款审批及按计划时间放款，是该合同签订且生效的唯一先决条件；该合同签订并按上述条款约定生效之日起 24 个月内，鑫茂公司在满足银行贷款所必须条件下可随时要求汇能公司将其转让的 30% 股权转回给鑫茂公司。后鑫汇公司顺利取得贷款，上述贷款最后一笔资金实际到账日为 2014 年 8 月 28 日。

2014 年 9 月 1 日，××省电力集团召开党政联席会议，研究电投××股份有限公司（以下简称电投股份公司）非公开发行股票预案事宜，决定汇能公司将持有的鑫汇公司等股权转移至酒泉汇能公司，转移完成后，收购酒泉汇能公司 100% 股权为该次非公开发行股票的募集资金收购项目。2014 年 12 月 8 日，××省电力集团就该次非公开发行股票方案请示××省国资委。2014 年 12 月 16 日，××省国资委作出同意批复。

2014 年 9 月 4 日，汇能公司与酒泉汇能公司签订《股权划转协议》，约定汇能公司将持有的鑫汇公司 90% 的股权全部划转给酒泉汇能公司，两方应各自分别作出股东决议或公司决议，同意该协议项下的股权划转并修改鑫汇公司章程。同日，鑫汇公司作出股东会决议：（1）同意汇能公司将持有的鑫汇公司出资额变更为酒泉汇能公司持有；（2）根据上述变更内容，修改公司章程有关条款。此次股东会决议没有鑫茂公司签字。2014 年 11 月 28 日，鑫汇公司完成工商变更登记。

此外，鑫汇公司章程规定：股东不得将其股权无偿赠予他人，但根据国有资产无偿划拨规定的不在此限，且无偿划拨不适用关于股权转让的规定；其第 17 条规定：股东会行使职权作出决议时，应当经代表 1/2 以上有表决权的股东通过，但对修改公司章程等事项作出决议时，必须经代表 2/3 以上有表决权的股东通过。该章程第 21 条规定：董事长认为必要时，公司可直接制作股东会决议文本提交各股东分别签署，签字股东所代表表决权达到本章程规定的比例时，上述决议构成有效的股东会决议。

后鑫茂公司认为汇能公司与酒泉汇能公司关于鑫汇公司 30% 股权的转让行为损害了其回购权，应当认定无效，故诉诸法院。

三、争议焦点

1. 鑫茂公司主张股权转让行为损害其回购权是否成立？

2. 鑫茂公司主张股权转让程序违法，损害其优先购买权是否成立？

3. 汇能公司与酒泉汇能公司之间是否存在恶意串通、损害鑫茂公司利益的行为？

四、双方意见或观点

（一）上诉人的意见

1. 《股权转让及购回协议》的生效时间应为贷款合同约定的最后一笔贷款到账时间，即2014年10月25日，协议生效后24个月内即2016年10月25日前上诉人都享有回购权。被上诉人在此期间内转让股权，损害了上诉人的回购权。

2. 汇能公司与酒泉汇能公司股权转让程序违法，鑫汇公司未按公司章程规定召开股东会即形成股东会决议，未保障上诉人的优先购买权。

3. 汇能公司与酒泉汇能公司为关联企业，两企业在签订转让协议2个月后才办理工商变更，故意拖延时间，以规避、排除上诉人优先购买权的行使，两公司恶意串通，损害了上诉人的权益。因此，股权转让协议关于鑫汇公司30%股权转让行为应当认定为无效。

（二）被上诉人的意见

1. 《股权转让及购回协议》的生效时间应为首笔贷款发放时间2012年10月25日，鑫茂公司的回购权已于2014年10月25日消灭。

2. 汇能公司与酒泉汇能公司之间无偿划转股权的行为不违反法律的强制性规定。鑫汇公司章程已明确规定：“股东不得将其股权无偿赠予他人，但根据国有资产无偿划拨规定的不在此限，且无偿划拨不适用关于股权转让的规定。”

3. 案涉股权转让是属于公司章程规定及《企业国有产权无偿划转管理暂行办法》中的国有资产无偿划转，系经××省电力集团批准的同一国有企业内部的国有资产无偿划转行为，并未损害上诉人利益，股权转让完成后上诉人可向新的股权持有人主张权利。

4. 汇能公司与汇能酒泉公司之间的股权划转行为已经××省国资委确

认，股票非公开发行亦经中国证券监督管理委员会同意，如果案涉股权转让协议被认定无效，将引发新的纠纷。

五、裁判观点

二审法院认为：（1）关于股权转让行为是否损害上诉人的回购权。结合《股权转让及购回协议》上下文约定，可认定合同生效时间为鑫汇公司获得银行最后一笔贷款之日即2014年8月28日，因此上诉人享有购回权的期间为2014年8月28日起24个月内。被上诉人汇能公司与酒泉汇能公司签订《股权划转协议》时间为2014年9月4日，上述股权转让行为发生在上诉人享有回购权期间。但是，上诉人依据《股权转让及购回协议》享有的股权购回权属于相对权，必须经过被上诉人汇能公司履行合同义务后才得以实现。该案中上诉人并未请求被上诉人履行合同义务，其在股权购回权尚未得以实现的情况下，主张汇能公司与酒泉汇能公司之间的股权划转行为损害其购回权，缺乏依据，应认定无效。如被上诉人不能履行合同义务，应向上诉人承担违约责任。

（2）关于股权转让程序是否违法，是否损害鑫茂公司优先购买权。鑫汇公司2014年9月4日做出的股东会决议没有上诉人的签名。根据鑫汇公司章程规定：董事长认为必要时，可以直接制作股东会决议文本提交各股东分别签署，公司可直接制作股东会决议文本提交各股东分别签署，签字股东所代表表决权达到本章程规定的比例时，上述决议构成有效的股东会决议。该案签字股东汇能公司所代表表决权已达到鑫汇公司章程规定的比例，鑫茂公司虽然没有签字，但不能否定股东会决议的效力。未通知召开股东会、未提前告知股权划转只能证明鑫汇公司的股东会召开程序存在瑕疵，不能证明汇能公司与酒泉汇能公司之间的股权转让程序违法。

此外，鑫汇公司章程还规定，股东不得将股权无偿赠予他人，但根据国有资产无偿划拨规定的不在此限，且无偿划拨不适用关于股权转让的规定。该案汇能公司和酒泉汇能公司均系国有独资公司。2014年9月1日，××省电力集团召开党政联席会议，决定汇能公司将持有的鑫汇公司等股权转移至酒泉汇能公司，转移完成后，收购酒泉汇能公司等请求已取得××省国资委的同意。汇能公司向酒泉汇能公司划转股权亦未约定对价，其实质是基于××省电力集团的决定对国有资产进行划拨，故该股权划转行为不应当适用关于股权转让的规定。一审法院认定鑫茂公司不存在行使优先购买权的基础正确。

（3）关于汇能公司与酒泉汇能公司之间是否存在恶意串通、损害鑫茂公司利益的行为。如前所述，汇能公司与酒泉汇能公司之间的股权划转行为，其实质是基于××省电力集团的决定对国有资产进行划拨，并非汇能公司与酒泉汇能公司之间的串通行为，上诉人的上诉理由不能成立。

综上所述，二审法院最终驳回了上诉人的上诉请求。

六、案例分析

该案案情较为复杂，既涉及国有产权无偿划转时其他股东是否享有优先购买权问题，也涉及股权回购协议效力问题。通过该案，可以得知，企业国有产权“无偿划转”与“有偿划转”概念不同。无偿划转重点在于“无偿”，其主体特定，系国有资产转让的除外情形，如“无偿”情形下认定其他股东具备优先购买权，则存在国有资产流失的风险，与国有资产管理相关法律法规规定原则、目的背道而驰。

因此，企业间因进行国有产权无偿划转而签订《股权转让协议》，并已依据《企业国有产权无偿划转管理暂行办法》等规定办理相应报批手续的，应认定有效。同时，上述股权划转不适用《公司法》关于股东优先购买权的规定，被划转企业其他股东不享有优先购买权。

国有企业投资境外股权路径探讨

广东法制盛邦律师事务所　江安生

笔者根据当前的监管政策，对国有企业开展境外投资的路径进行梳理，以供读者参考。

一、ODI

（一）定义

ODI（Outbound Direct Investment）即境外直接投资，是指在中华人民共和国境内依法设立的企业通过新设、并购及其他方式在境外拥有非金融企业或取得既有非金融企业所有权、控制权、经营管理权及其他权益的行为。

（二）可投资项目范围

国务院办公厅于2017年8月发布了《国务院办公厅转发国家发展改革委商务部人民银行外交部关于进一步引导和规范境外投资方向指导意见的通知》，将境外投资项目分为鼓励开展、限制开展和禁止开展3类情况，通过“鼓励发展+负面清单”模式引导和规范企业境外投资方向，具体内容如表2-1所示：

表 2-1 境外投资项目分类

鼓励开展	限制开展	禁止开展
•有利于"一带一路"建设和周边基础设施互联互通的基础设施境外投资 •带动优势产能、优质装备和技术标准输出的境外投资 •与境外高新技术和先进制造业企业的投资合作，鼓励在境外设立研发中心 •参与境外油气、矿产等能源资源勘探和开发 •开展农林牧副渔等领域互利共赢的投资合作 •商贸、文化、物流等服务领域境外投资，支持符合条件的金融机构在境外建立分支机构和服务网络，依法合规开展业务	•赴与我国未建交、发生战乱或者我国缔结的双多边条约或协议规定需要限制的敏感国家和地区开展境外投资 •房地产、酒店、影城、娱乐业、体育俱乐部等境外投资 •在境外设立无具体实业项目的股权投资基金或投资平台 •使用不符合投资目的国技术标准要求的落后生产设备开展境外投资 •不符合投资目的国环保、能耗、安全标准的境外投资 （注：前 3 类须经境外投资主管部门核准）	•涉及未经国家批准的军事工业核心技术和产品输出的境外投资 •运用我国禁止出口的技术、工艺、产品的境外投资 •赌博业、色情业等境外投资 •我国缔结或参加的国际条约规定禁止的境外投资 •其他危害或可能危害国家利益和国家安全的境外投资

（三）申报流程

1. 商务部核准或备案：整体审批企业境外投资事项并颁发《企业境外投资证书》；

2. 国家发展和改革委员会（以下简称发改委）核准或备案：监管企业境外投资行业流向并颁发《境外投资项目备案通知书》；

3. 银行外汇登记：国家外汇管理局已于 2015 年将 ODI 的外汇登记下放至注册地银行办理，登记银行需要遵守国家外汇管理局随时出台的窗口指导意见，银行通常需要审核发改部门和商务委员会的境外投资备案文件，办理外汇登记及购汇。

在目前的境外投资实践中，商务部与发改委的审查原则上相互独立且互不冲突，不存在互为前提的情况，可以同时分别进行系统申报。

（四）常见问答

1. 事业单位境外投资可以备案吗？

答：可以。《境外投资管理办法》第 36 条规定：事业单位法人开展境外投资参照本办法执行。

2. 非企业法人境外投资可以备案吗？

答：非企业法人在境外投资设立企业，应按照《境外投资管理办法》办理；非企业法人在境外设立机构，不属于商务主管部门境外投资管理范畴，因此不能为其办理备案手续。

3. 国内自然人以个人名义境外投资可以备案吗？

答：不可以。自然人境外投资不属于商务主管部门管理范畴。

4. 国内金融企业境外投资可以备案吗？

答：国内金融企业境外投资非金融企业属于商务部管理范畴，可以备案，但应征求金融监管部门意见。

5. 国内企业可以跨行业境外投资备案吗？

答：可以。若境内外法律法规和规章对资格资质有要求，企业应当取得相关证明文件。

6. 国内两个以上投资主体，由哪一方办理境外投资备案？

答：《境外投资管理办法》第 14 条规定，两个以上投资主体共同开展境外投资的，应当由相对大股东在征求其他投资方书面同意后办理备案。如果各方持股比例相等，应当协商后由一方办理备案。

7. 中央企业在地方的下属企业如何办理境外投资备案？

答：中央企业在地方的下属企业应通过中央企业集团总部在商务部办理境外投资备案手续。

8. 中央企业参股地方企业如何办理境外投资备案？

答：若地方企业股份占比大，由地方企业在省商务厅或设区的市商务局（委）办理境外投资备案手续；若中央企业股份占比大，由中央企业在商务部办理境外投资备案手续。

9. 国内企业在境外设立分支机构需要备案吗？

答：需要备案。

二、QDLP

（一）定义

QDLP（Qualified Domestic Limited Partner）即合格境内有限合伙人，指境外投资机构在境内设立投资机构作为一般合伙人，发起设立合伙制私募基金，向境内投资者非公开募集人民币资金，购汇后或直接以人民币投资于境外市场。

（二）可投资项目范围

以海南省为例，根据《海南省开展合格境内有限合伙人（QDLP）境外投资试点工作暂行办法》，试点基金可以基金财产开展如下投资业务：

1. 境外非上市企业的股权和债券；
2. 境外上市企业非公开发行和交易的股票和债券；
3. 境外证券市场（包括境外证券市场交易的金融工具等）；
4. 境外股权投资基金和证券投资基金；
5. 境外大宗商品、金融衍生品；
6. 经国家有关部门批准的其他领域。

（三）设立流程

以海南省为例，设立流程如下。

1. 对于首批试点基金管理企业及试点基金：省金融监管部门收取全部申请材料，组织外汇管理、省市场监管、证券监管、发改和商务等部门共同审核，提出首批试点企业名单及首次试点额度建议。省金融监管部门将前述名单及额度建议报省政府同意后，向申请人出具同意开展首批试点、给予试点额度的书面意见。对于非首批试点基金管理企业或非首次试点额度的申请：省金融监管部门收取全部申请材料，组织外汇管理、省市场监管、证券监管、发改和商务等部门共同审核，决定是否给予试点资格和额度，由省金融监管部门向申请人出具同意开展试点、给予试点额度的书面意见。

2. 试点基金管理企业和试点基金取得获准试点书面意见后，应凭获准试点书面意见到省市场监管部门办理登记注册，并尽快到中国证券投资基金业协会办理登记备案手续。

3. 新设试点基金管理企业及试点基金应在注册设立后30个自然日内向省金融监管部门报送试点基金管理企业及试点基金的营业执照、公司章程/合伙协议、委托管理协议、托管协议、境内托管人与境外资产托管人签署的代理协议（如有），并抄送至外汇管理部门和证券监管部门。资本金缴足后30个自然日内提供实际缴付注册资本金凭证。

三、QDIE

（一）定义

QDIE（Qualified Domestic Investment Enterprise）即合格境内投资企业，是指经中国境内有关部门批准，面向中国境内投资者募集资金并投资于海外的投资管理机构。

（二）可投资项目范围

根据深圳市地方金融监督管理局于2021年4月30日发布的《深圳市开展合格境内投资者境外投资试点工作的管理办法》第8条规定，境外投资主体投资范围包括：境外非上市企业股权和债权、境外上市企业非公开发行和交易的股票和债券、境外私募股权投资基金和私募证券投资基金等。境外投资主体境外投资应遵守有关境外投资法律、法规、规章等相关规定，所投项目应符合国家政策导向，不得协助境内个人境外购房、转移资产等。

（三）试点工作推进单位

深圳市合格境内投资者境外投资试点工作由市地方金融监督管理局会同市商务局、前海深港现代服务业合作区管理局、中国人民银行深圳市中心支行、国家外汇管理局深圳市分局、中国证券监督管理委员会深圳监管局、深圳市市场监督管理局等单位建立联合会商工作机制，共同推进深圳市合格境内投资者境外投资试点工作，协调解决试点管理有关问题。

深圳市合格境内投资者境外投资试点工作联系部门设在市地方金融监督

管理局。注册或拟注册在深圳市前海深港现代服务业合作区、中国（广东）自由贸易试验区深圳前海蛇口片区的试点主体由前海地方金融监督管理局按《深圳市开展合格境内投资者境外投资试点工作的管理办法》协调推进相关试点工作，其余各有关单位根据各自职能负责相关管理工作。

国有企业进行境外投资，建议事先了解东道国的投资环境、投资准入规定、相关的产业政策、税收方面的规定等，并在实施阶段注意交易架构设计、尽职调查、拟定交易文件、交割等环节的风险。笔者建议对目标公司进行税务、财务、法律及政策环境等方面的尽职调查，并在审查交易文件时，对小股东权益保护、交易先决条件、法律适用及争议解决、退出机制等条款进行审慎考虑。

国有控股公司员工股回购的法律思考

广东合盛律师事务所　王重平

一、案情简介[①]

2021年1月，广州市某市属国有企业集团基于各方面的考虑，推动该集团下属的广州市某企业集团有限公司（以下简称广州公司）启动员工股回购工作，目标是回购完成后，广州公司重新成为全资国企。

广州公司目前登记的股东有两个：一个是国有股东，持股85%；另一个是广州公司工会委员会，代员工持股15%。广州公司的员工持股会在20世纪90年代末开展员工持股时制定了《持股会章程》。

广州公司按照指令开展了相关工作，设计了以下供决策选择的4个操作方案：

1. 按照员工持股会《持股会章程》的规定，如会员不在广州公司任职时，其股份可以转让企业内部人员或由企业回购，企业回购个人股的转让价格以上一年度审计报告的企业每股净资产值为依据，即由广州公司出资按照2020年度审计报告的企业每股净资产值强制回购持股人员的员工股。

2. 按照广州市人民政府国有资产监督管理委员会关于《监管企业投资监督管理暂行办法》第四章"投资事前管理规定"，由上级集团下属某一全资国有企业出资收购所有员工股。

3. 按照《公司法》（2018年修正）第142条规定，广州公司采用减资方式，向持股会持有人员回购本公司股权，即员工股退股，减少广州公司的

① 该案为实际发生的案件，文章中当事人名称、时间等信息均做了改编。

注册资本。

4. 持股会委托广州市产权交易所公开挂牌转让。

二、案件分析

上述 4 种操作方案各有利弊，具体如下。

方案 1 的优点：回购成本较低，年度审计工作已启动，审计报告预计可较快出具。缺点：（1）持股人员不接受按净资产回购，《持股会章程》的法律效力有疑问，可操作性低。根据前期股权确认和意愿摸查，绝大多数持股人员都希望按照评估价格退股。（2）持股人员不接受按净资产定价，存在维稳风险，强制回购不符合持股员工预期，极易引发持股员工的不稳定情绪，不利于企业正常生产经营。

方案 2 的优点：政策依据明确，股权投资（回购员工股）的价格按照资产评估确定，符合持股人员对回购价格的预期，有利于员工股退出工作的加快推进。缺点：收购方属于出资收购股权行为，需要按照广州市人民政府国资委《监管企业投资监督管理暂行办法》的规定落实有关工作流程，完成可行性报告、融资方案、风险评估报告等后上请示上级集团审议决策；经摸查，集团系统内的其他企业均无意向收购。

方案 3 的优点：（1）资金来源清晰，由广州公司自行筹集资金回购股份，无须上级集团或其他属下单位出资。（2）决策流程简单，按照《公司法》规定，企业减资只需要按广州公司公司章程，提交广州公司公司党委会、董事会、股东会审议，由广州公司的国有股东和广州公司工会委员会股东会决议通过后即可执行。缺点：减资的定价依据缺乏明确的政策指引，《公司法》对公司减资的规定比较原则，法律法规和政府部门目前就减资的定价依据和流程规范未有细化规定。

方案 4 的优点：公开招投标交易，程序和定价政策清晰可行。缺点：（1）收购方存在较大的不确定性，通过产权交易所公开招股，向不确定收购方发出转让意向后，该部分股权有可能被社会主体投得，不利于日后企业的事业部资产运作。（2）不符合上级集团设定的目标。（3）持股会是自治组织，没有工商登记，而股权是由广州公司工会委员会代持，在挂牌出让中可能存在主体上的瑕疵。

广州公司出具设计方案后向顾问律师进行了法律咨询，提出的法律咨询问题如下：

1. 广州公司拟通过减资的方式解决员工持股问题，请问法律对公司回购员工股的定价是如何规定的?

2. 广州公司可否按照《持股会章程》的规定，由广州公司出资按照2020年度审计报告的企业每股净资产值强制回购持股人员的员工股?

三、法律分析和法律咨询意见

（一）顾问律师就第一个问题的法律分析和咨询意见如下

《企业国有资产法》第30条规定：“国家出资企业合并、分立、改制、上市，增加或者减少注册资本，发行债券，进行重大投资，为他人提供大额担保，转让重大财产，进行大额捐赠，分配利润，以及解散、申请破产等重大事项，应当遵守法律、行政法规以及企业章程的规定，不得损害出资人和债权人的权益。”因此，广州公司减资时不得损害出资人和公司债权人的权益。

依照《企业国有资产法》第36条规定，国家出资企业投资应当符合国家产业政策，并按照国家规定进行可行性研究；与他人交易应当公平、有偿，取得合理对价，广州公司回购员工股时应当公平、有偿，对价合理。

依照《企业国有资产法》第43条、第44条的规定，广州公司回购员工股涉及关联交易的，不得以不公平的价格与关联方进行交易，关联交易不得损害广州公司利益。

《企业国有资产法》第43条：“国家出资企业的关联方不得利用与国家出资企业之间的交易，谋取不当利益，损害国家出资企业利益。本法所称关联方，是指本企业的董事、监事、高级管理人员及其近亲属，以及这些人员所有或者实际控制的企业。”

《企业国有资产法》第44条：“国有独资企业、国有独资公司、国有资本控股公司不得无偿向关联方提供资金、商品、服务或者其他资产，不得以不公平的价格与关联方进行交易。”

依照《企业国有资产评估管理暂行办法》（国务院国有资产监督管理委员会令第12号）第6条第10项、第22条的规定，广州公司收购员工股应当进行资产评估，并应当以经核准或备案的资产评估结果为作价参考依据。

《企业国有资产评估管理暂行办法》第6条规定，企业有下列行为之一的，应当对相关资产进行评估：

收购非国有单位的资产。

《企业国有资产评估管理暂行办法》第22条："企业进行与资产评估相应的经济行为时，应当以经核准或备案的资产评估结果为作价参考依据；当交易价格低于评估结果的90%时，应当暂停交易，在获得原经济行为批准机构同意后方可继续交易。"

综上所述，广州公司回购员工股应当进行资产评估，并应当以经核准或备案的资产评估结果为作价参考依据。

（二）顾问律师就第二个问题的法律分析和咨询意见如下

根据《持股会章程》第2条的规定，广州公司的持股会是持股员工共同管理所持股份，统一行使股东权利的自治性组织。

顾问律师认为：员工持股会是未经登记的组织。在我国现行法律框架下，该组织也无法进行登记。正因如此，广州公司前身在开展员工持股时，员工股均由广州公司的工会委员会代持，在工商行政管理局登记的代持股股东名称是广州公司工会委员会。持股会以工会社团法人名义从事与投资广州公司相关的活动，独立承担民事责任。

根据《持股会章程》第1条的规定，该规则是持股会的行为准则，全体会员须共同遵守。该《持股会章程》对持股员工具有法律约束力，对非持股员工不具有法律约束力。持股员工以外的第三人强制要求持股员工遵守或不遵守《持股会章程》的规定缺乏明确的法律和政策依据。

根据《持股会章程》第11条的规定，会员大会行使制定、修改持股会管理规则的职权，该《持股会章程》可由会员大会按照管理规则记载的议事规则进行修改。会员大会是否修改、如何修改均由持股会员依法自行决定。如果广州公司要求员工遵守《持股会章程》的规定，按照2020年度审计报告的企业每股净资产值计价回购，而绝大多数持股员工反对时，持股员工可召开会员大会修改《持股会章程》的规定。

广州公司大股东虽然可以依照公司章程单方面做出减资的股东会决议，但如果广州公司在未与持股员工就回购价格达成一致时强制回购，因涉及近850人的持股员工，强制回购可能引发不稳定风险。

四、律师办案心得

20世纪90年代末期，广州市不少国有企业开展了员工持股的改革。其目的在于通过员工持股，在企业和员工之间建立产权纽带关系，增强员工的主人翁意识，激励员工提高工作积极性和工作效率，同时也能为企业筹集一定的资本金。

笔者的常年法律顾问单位中一共有4家国有企业集团进行了员工持股试点，实施后各企业的情况各有不同。笔者深度参与了各企业员工股问题的决策或纠纷解决过程。

各企业的员工持股会章程均按照当年的政府指导文件的规定，要求持股员工必须具有企业员工的身份。持股员工离职时，其股份可以转让给企业内部人员或由企业回购，企业回购个人股的转让价格以上一年度审计报告的企业每股净资产值为依据。持股员工死亡时，其原持个人股首先由企业收购，企业回购个人股的转让价格以上一年度审计报告的企业每股净资产值为依据，所得转让款扣除国家规定税款后归其法定继承人所有。也有企业的员工持股会章程规定员工股不得继承、离职时企业按市值回购。还有企业规定持股员工内部可进行相互转让。

这些企业在后来都产生了一个问题：部分员工退休、离职后企业均未完全按员工持股会章程的规定收购员工持有的股份。该问题产生的主要原因是企业缺乏足够的资金，只有部分员工股被其他员工收购。另外的原因是在21世纪初的一段时间，国内存在“民进国退”的看法，国企领导层多数不愿意逆潮流而动。大约在2008年之后，“国进民退”的迹象似渐明显，国有控股股东也希望将企业变更为全资国企，一是解决分红难以达到持股员工期望的问题，二是出于提高企业决策效率的考虑，三是希望获得全资国企的政策优惠。

在收购员工股的实际操作过程中，一家顾问企业因整体搬迁获得了巨额的搬迁补偿款，有资金实力解决收购款的问题。但是在收购价格上与持股员工发生重大分歧，企业希望按照经审计的最近年度财务报告记载的净资产值计价，而持股员工坚持按照市场价值转让，其中最大的差异是：企业土地的市值在10多年后发生了非常大的升值。搬迁补偿款的总金额员工是非常清楚的。该企业的持股员工人数超过1600人，当年因此引发了重大维稳事件，震动了广州东部。

另外一家顾问企业同样因员工股计价时存在是否应考虑企业土地的市场评估值的问题，直到目前仍然未下定决心采取行动。

第三家企业则发生了国有大股东之外的、持股比例居第二的民营股东非法收购员工股的重大法律纠纷。案件既涉及刑事案件，也涉及众多民事案件，虽然国有大股东最终成功收购了全部员工股，实现了全资国有的目标，但是，该纠纷对企业经营的负面影响持续数年。

在员工股退股过程中，笔者认为核心争议是收购或回购的价格，持股员工都非常熟悉本企业的情况，不存在信息不对称的问题，收购方或回购方基本没有谈判优势。此外，收购方或回购方希望强制收购或回购员工股的愿望也是不现实的，在决策时除了要求方案必须严格符合法律法规和相关政策的规定，还必须充分考虑方案实施的维稳风险和现实可行性。

国有公司股东未进场交易是否视为放弃优先购买权

广东卓信律师事务所　陆　晖

股东优先购买权系公司法赋予股东的法定权利，在法律无明文规定且国有公司股东未明示放弃优先购买权的情况下，产权交易所以股东未进场交易得出其优先购买权丧失的结论，弱化了对享有优先购买权股东利益的保护，股东未到场不能当然视为放弃或丧失股东优先购买权，产权交易所亦不应以自行制定的规则作出股东是否享有优先购买权的法律认定。

本文通过对《最高人民法院公报》案例的分析，浅析产权交易所以未进场交易判定国有公司股东放弃优先购买权的合法性。

一、当事人基本情况

原告：中静×××有限公司（以下简称中静公司），住所地：××××××。法定代表人：×××，该公司董事长

被告：××电力实业有限公司（以下简称电力公司），住所地：××××××××。法定代表人：×××，该公司总经理

被告：××水利电力物资有限公司（以下简称水利公司），住所地：××××××××。法定代表人：×××，该公司董事长

第三人：××新能源环保工程有限公司（以下简称新能源公司），住所地：××××××。法定代表人：×××，该公司董事长

第三人：××联合产权交易所（以下简称产交所），住所地：××××××××。法定代表人：×××，该公司总裁

二、案件基本事实

原告中静公司与被告电力公司为第三人新能源公司股东，中静公司持股38.2%、电力公司持股61.8%。

2012年2月15日，新能源公司通过股东会决议，主要内容为：（1）同意电力公司转让其所持61.8%股权，转让价以评估价为依据；（2）中静公司不放弃优先购买权等。

2012年5月25日，新能源公司将股权公开转让材料报送产交所。产交所于同年6月1日挂牌该信息，挂牌期为2012年6月1日至7月2日，“标的企业股权结构”一栏载明老股东未放弃行使优先购买权。电力公司通过手机短信、特快专递、公证等方式通知了中静公司相关的挂牌信息。

2012年7月2日，中静公司向产交所发函称，根据新能源公司原股东之间的框架协议及电力公司与中静公司之间的补充协议，系争转让股权信息披露遗漏、权属存在争议，以及中静公司享有优先购买权，请求产交所暂停挂牌交易，重新披露信息。

2012年7月3日，产交所进行公开竞价拍卖，受让方被告水利公司与电力公司签订《产权交易合同》，中静公司未到场参与竞拍。次日，产交所发出不予中止交易决定书给中静公司称，经审核，股权转让程序符合产权交易相关规定，故决定驳回中静公司的申请。

2021年9月11日，新能源公司向水利公司出具出资证明书，并将其列入公司股东名册，但未能办理工商登记变更。

中静公司认为电力公司擅自转让股权侵害其股东优先购买权，水利公司和产交所以中静公司未进场交易为由认定中静公司放弃优先购买权没有法律依据，遂起诉要求对转让的股权在同等条件下行使优先购买权。

三、争议焦点

在法律无明文规定且中静公司未明示放弃优先购买权的情况下，享有优先购买权的中静公司未进场交易，产交所是否可根据其自行制定的“未进场则视为放弃优先购买权”的交易规则，决定中静公司丧失涉案股权的股东优先购买权。

四、各方意见或观点

中静公司认为，电力公司侵害了中静公司的股东优先购买权。电力公司自始至终未将拟转让的对象等股权转让的具体情况通知中静公司；中静公司已经在挂牌公告期间内向产交所提出了异议，要求产交所暂停挂牌交易，故中静公司并未放弃股东优先购买权。反而是产交所收到中静公司的申请后，未及时予以答复，仍然促成电力公司和水利公司的交易，明显侵害了中静公司的股东优先购买权。

电力公司认为，中静公司未在规定期限内进场交易积极行使股东优先购买权，故其已丧失该项权利；中静公司在涉案股权于产交所挂牌公告期届满最后一日提出暂停交易的理由违反诚实信用原则，不应得到法律保护。

水利公司认为，中静公司怠于向第三人产交所行使权利，已经放弃了优先购买权的行使。水利公司与电力公司的股权交易过程合法公平公正，且水利公司已经支付股权转让款并完成了股权转让的附随条件，其善意第三人的合法权利应当得到法律保护。

产交所认为，其完全遵循交易规则，项目信息披露真实、准确、完整。中静公司在挂牌截止的最后一天仅以被告电力公司提交材料存在重大遗漏和权属存在争议为由要求暂停交易，经核实其所述不实，水利公司取得股权合法有效。国有资产管理相关法律规定国有资产转让应在产权交易场所公开进行，中静公司行使优先购买权的前提条件是“在同等条件下”，既包括程序上的同等也包括实体上的同等，国有产权交易的程序是交易主体应当进场交易，中静公司拒绝进场交易，视为其放弃优先购买权，否则有违同等条件中程序同等的规定。

五、裁判结果和理由

一审、二审法院审理认定，中静公司并未丧失涉案股权的股东优先购买权。理由如下：

第一，考虑到有限公司的人合性特征，我国《公司法》等相关法律法规规定股东向股东以外的人转让股权的，应当向其他股东充分履行通知义务。其他股东在同等条件下享有优先购买权。此处所涉通知的内容，应当包括拟转让的股权数量、价格、履行方式、拟受让人的有关情况等多项主要的转让条件。结合该案，首先，在电力公司于新能源公司股东会议中表示了股权转让的意愿后，中静公司已明确表示不放弃优先购买权。其次，电力公司确定将股权转让给上诉人水利公司后，也并未将明确的拟受让人的情况告知中静公司。故而对中静公司及时、合法的行权造成了障碍。而权利的放弃需要明示，故不能当然地认定中静公司已经放弃或者丧失了股东优先购买权。

第二，中静公司在产交所的挂牌公告期内向产交所提出了异议，并明确提出了股东优先购买权的问题，要求产交所暂停挂牌交易。但产交所未予及时反馈，而仍然促成电力公司与水利公司的交易，并在交易完成之后，方通知中静公司不予暂停交易，该做法明显欠妥。需要说明的是，产交所的性质为经市政府批准设立，不以盈利为目的，仅为产权交易提供场所设施和市场服务，并按照规定收取服务费的事业法人。基于此，产交所并非司法机构，并不具有处置法律纠纷的职能，其无权对中静公司是否享有优先购买权等作出法律意义上的认定。故当中静公司作为新能源公司的股东在挂牌公告期内向产交所提出异议时，产交所应当立即暂停挂牌交易，待新能源公司股东之间的纠纷依法解决后方恢复交易才更为合理、妥当。故产交所不应擅自判断标的公司其余股东提出的异议成立与否，其设定的交易规则也不应与法律规定相矛盾和冲突。

第三，虽然电力公司已经与水利公司完成股权转让的交接手续，水利公司也已经登记入新能源公司的股东名册，但如若作为新能源公司股东的中静公司在法律规定的期限内依法行权，则前述登记状态并不能与法律相对抗，即股权转让并不存在不可逆的情形，仍然有回旋余地。

因此，法院判决：中静公司对电力公司与水利公司转让的新能源公司的股权享有优先购买权；中静公司应当在该判决生效之日起 20 日内行使优先购买权，否则视为放弃；中静公司优先购买权的行使内容、条件，与电力公司和水利公司签订的产权交易合同相同。

六、案例总结

股东优先购买权是《公司法》赋予股东的法定权利,《公司法》仅在第72条规定了在法院强制执行程序中,优先购买权股东被通知后法定期间内不行权,视为放弃优先购买权,《公司法》及其司法解释并未规定其他情形的失权程序。虽然国有产权转让应当进入产权交易所进行公开交易,但因产权交易所并不具有判断交易一方是否丧失优先购买权这类法律事项的权利,在法律无明文规定且股东未明示放弃优先购买权的情况下,享有优先购买权的国有股东未进场交易,涉及国家和集体利益,并不能根据产权交易所自行制定的“未进场则视为放弃优先购买权”的交易规则,得出该股东优先购买权已经丧失的结论。

国有公司股权转让过渡期间股权收益归属

广东卓信律师事务所　陆　晖

国有公司股权转让过渡期间的股东收益归属问题，在交易合同没有明确约定的情况下，应当从交易时间、股权价值以及股东权益几个方面分析来确定。同时，国有资产交易行为应当适用《企业国有资产交易监督管理办法》，该办法第23条规定，“受让方确定后，转让方与受让方应当签订产权交易合同，交易双方不得以交易期间企业经营性损益等理由对已达成的交易条件和交易价格进行调整”。

本文将通过笔者经办的案例，浅析国有公司股权转让过渡期间的股东收益归属问题。

一、当事人基本情况

原告：A公司，住所地广州市海珠区××路××号。法定代表人：×××，董事长兼总经理

被告：B公司，住所地中国（上海）自由贸易试验区××路××号

第三人：C公司，住所地广州市海珠区××路××号。法定代表人：×××，总经理

二、案件基本情况

第三人C公司系成立于1998年1月8日的有限责任公司。原告A公司原持有C公司31.593%的股权（标的股权）。

2016年1月30日，A公司对所持有C公司的股权委托第三方进行评估，评估基准日为2016年3月31日。完成前述评估事宜后，A公司就其持

有C公司的股权转让事宜在××产权交易所公开挂牌。2017年1月23日，被告B公司通过竞价的方式拍得涉案股权。

其后，双方签订《××产权交易所合同（2016版）》，并完成相应的股权变更手续。但股权转让合同中未约定评估基准日至股权交割日期间（过渡期间）C公司交易股权的股权权益归属事宜。现A公司以其应享有前述期间的股权权益款为由，提起诉讼。

三、争议焦点

股权转让过渡期间，在股权转让合同未明确约定目标公司（C公司）过渡期间损益归属的情形下，前述损益应当归属于股权转让方还是受让方所有。

四、双方意见或观点

A公司认为，A公司丧失股东身份的截止日为C公司完成股权交割之日。因此，在C公司过渡期间，A公司仍为其股东，理应享有前述期间的股东权益。过渡期间的股东权益款应当归属于其所有。

B公司认为，（1）根据《企业国有资产交易监督管理办法》第23条的规定，A公司要求B公司支付过渡期间的股东权益款没有法律依据。涉案股权评估基准日为2016年3月31日，2016年11月24日至12月21日为挂牌起止日。评估日期、评估方案以2016年3月31日为评估日。因A公司是教育部隶属企业，需要到教育部报批。报批完后开始在交易所挂牌，B公司于2017年1月23日经过网络竞价，取得了A公司交易标的。双方于2017年2月签订涉案合同，直至2017年3月14日目标公司才完成股权转让变更登记手续。（2）A公司要求B公司支付过渡期间收益没有合同依据。涉案合同并未约定A公司享有过渡期收益，A公司要求B公司支付该笔收益没有任何合同依据。（3）A公司向B公司主张所谓的股东权益款没有事实依据。（4）A公司的母公司认可转让的标的股权的过渡期间收益在转让后由受让方承接。（5）评估机构出具的资产评估报告的评估对象为标的公司于评估基准日的全部股东权益，采用了市场法的评估结果，已经体现了资产的获利能力，包含了对企业经营能力的评估。

C公司认为，（1）A公司要求B公司支付C公司过渡期间标的股权相应的收益无合同及法律依据。首先，双方股权转让合同中并无相关条款明确约定C公司过渡期间标的股权的收益归A公司享有。其次，根据《企业国有资产交易监督管理办法》第23条的规定，“受让方确定后，转让方与受让方应当签订产权交易合同，交易双方不得以交易期间企业经营性损益等理由对已达成的交易条件和交易价格进行调整”。B公司作为股权受让方与A公司签订《××产权交易合同》，双方已明确股权转让价格，并已完成股权的交割。A公司现要求B公司支付C公司过渡期间标的股权收益，实际上是将对双方达成的交易条件和交易价格进行更改，明显违反了前述规定。最后，上海联合产权交易所《产权转让公告规范表述指引（试行）》第2条第5款规定，期间损益的处理要求为：期间损益，一般是指评估基准日至产权交接日期间，标的企业因经营活动产生的盈利或亏损而导致净资产及相关权益的增加或减少及相关权益由受让方按持股比例承接。（2）参照买卖合同风险负担规则，C公司过渡期间标的股权的收益也应当归B公司所有。股权作为买卖标的，在交易过程中会因为市场价格的波动、供求关系的变化、政治经济法律环境的变化等因素发生浮动。而资产评估的作用在于预见或者应当预见交易双方公司正常经营产生的盈利和亏损以及可能引发的股权价值变化，从而通过评估方式确定标的股权相对的、双方认可的估值。本次股权交易采用市场法的评估方法得到标的股权相应的估值，已包含C公司在过渡期间正常经营可能产生的盈利或亏损。

五、代理结果和裁判理由

A公司系国有企业，转让其所持有的C公司股权属于《企业国有资产交易监督管理办法》第3条所列的企业国有资产交易行为，当然适用该办法的相关规定。该办法第23条规定：“受让方确定后，转让方与受让方应当签订产权交易合同，交易双方不得以交易期间企业经营性损益等理由对已达成的交易条件和交易价格进行调整。”就该案而言，A公司与B公司签署股权转让合同时已明确约定交易价格，根据上述规定，原B公司双方签署合同后不应再对交易价格进行调整，现 A 公司要求支付过渡期间的股东收益款，于法无据。

关于股权转让过渡期间的股东收益权属问题，首先，从时间上讲，虽然涉案股权的评估基准日为 2016 年 3 月 31 日，但直至 2016 年 8 月 23 日才出具评估报告，A 公司根据相关法律规定依照法定程序完成相应审批手续，于 2016 年 11 月 24 日在上海联合产权交易所挂牌转让涉案股权，考虑到评估、报批等流程所需时间，挂牌时间与评估基准日之间必然存在一定的时间差，评估报告亦载明报告从评估基准日起 1 年内有效，A 公司在报告有效期内参照评估基准日时点的价格确定挂牌价格具有合理性。其次，从股权价值上讲，A 公司根据《公司法》及《企业国有资产交易监督管理办法》的相关规定，在拟转让其持有的 C 公司股权时已自行委托评估公司对该股权的市场价值进行评估。评估公司分别采用基础法和市场法对 C 公司的股东全部收益进行评估，得出的股权价值相距甚远，最终评估机构采用市场法确认 C 公司股东权益，说明评估结果已经充分考虑了 C 公司的成长空间以及盈利能力，故该价格虽是评估基准日的价格，但 A 公司以该价格进行转让并未使自己的权益受损。最后，从股东权益上讲，根据《公司法》第 4 条的规定，资产收益权作为股东的一项重要权利，在原、被告双方未作出明确的意思表示确认评估基准日至产权交易合同签署日的资产收益归属 A 公司所有的情况下，B 公司有理由相信其受让的 C 公司股权系包含收益权在内的全部的完整的股东权益，A 公司出让其股权后再以其享有评估基准日到股权转让合同签订日的股东收益权为由要求 B 公司支付该期间的股东权益款，明显有违诚信原则，亦有悖于交易稳定性。基于以上几点，法院认定 A 公司将涉案股权转让给 B 公司后再以其享有评估基准日至股权交割日的股东权益为由要求 B 公司支付该部分股东权益款于法无据，法院不予支持。

六、办案总结

国有股权转让过渡期间的股东收益权属，应适用《企业国有资产交易监督管理办法》，在交易合同没有明确约定的情况下，通过对交易时间、股权价值以及股东权益几个方面的分析，在受让方确定后，从评估基准日至股权交割日的股东权益应当归受让方所有。

另外，虽然国有产权交易须经产权交易所挂牌转让，并按照产权交易所的版本签订《股权转让合同》，但建议交易双方仍应对产权交易所的格式合同进行严格审查，针对约定不明或明显偏袒一方的条款应当及时修订，另行签订补充协议加以约定，以免产生争议。

评估程序瑕疵转让国有资产的合同效力

北京大成（广州）律师事务所　刘振茹

一、当事人和代理人基本情况和案由

再审申请人：A 公司

再审申请人：A 公司北某路加油站

共同委托代理人：刘振茹

再审申请人：B 公司

再审被申请人：C 公司

案由：确认合同无效纠纷

二、案件基本情况

B 公司系国有企业，批准用地面积为 12680.06 平方米，土地性质为国有划拨工业用地。2000 年 5 月，B 公司开始进行改制工作。2000 年 12 月 19 日，B 公司与 C 公司签订第一份产权转让协议书，因双方在债务偿还等问题尚未达成一致意见，双方于 2001 年 9 月 18 日签订第二份产权转让协议书，约定 C 公司对 B 公司实行“产权接收，全面托管”。与第一份协议相比，此协议约定的转让资产的范围、转让价格的依据有所变更。2001 年 8 月 4 日，B 公司职工代表大会通过了第二份协议和职工安置方案。因双方对第二份协议仍存在不同意见，该协议未能全面履行。2001 年 6 月，某会计师事务所对 B 公司占有使用的资产价值进行了评估，其中 19 亩土地使用权价值评估为 1421.75 万元（75 万元/亩），净资产为 -6660 万元。

2001 年 11 月 16 日，区企业改革领导小组针对 B 公司改制中的有关问题召开会议，会上确定采取“部分资产出售，人员全面托管”的改制形式，同意将企业资产出售给C公司。2001年12月20日，B公司在未经职工代表大会决议的情况下与C公司签订第三份资产出售协议书，其主要内容为将B公司19亩国有土地使用权（以实测面积为准）及地面附着物出售给C公司。出售价格上，双方同意以评估价每亩75万元为基础，优惠8%出售，即每亩69万元，共计1311万元。付款方式及时间，房屋、土地“两证”过户后，C公司即支付现金930万元（用于B公司安置职工）；在B公司职工基本安置完后再付200万元，余款在半年内付清。

上述协议签订后，区企业市场部门于2001年12月26日向区经济体制改革委员会（以下简称体改委）提交《关于B公司部分资产出售的报告》，认定资产出售行为符合文件规定，双方在市场办完一切手续，并请区经济体制改革办公室审批。区体改委作出批复，同意B公司向C公司出售部分资产。2003年9月12日，区国有资产监督管理办公室（以下简称国资办）作出批复，同意B公司将厂房和土地使用权转让给C公司，实现公司改制。

2002年5月，市国土局、市房管局向C公司颁发了房屋所有权证、国有土地使用证。2002年6月，C公司全面接管B公司的物业，并陆续将资产转让款用于B公司职工安置工作。截至2002年8月底，C公司共支付资金900余万元用于安置职工和偿还部分银行贷款。B公司后期的职工安置等工作，由相关政府部门办理完毕。

另外，市国有资产管理办公室于2003年11月18日作出《调查报告》，载明：区有关部门参与了企业改制工作，改制过程基本符合武汉市人民政府《关于促进中小型国有企业改制的若干实施意见》（武政办〔2000〕102号，以下简称102号文件）的政策和程序。市监察局于2004年4月8日作出《调查报告》，其中“改制中存在的主要问题”载明：（1）企业违规改制。B公司变造了职工代表大会决议，向有关部门申请办理相关手续。（2）有关职能部门存在乱作为的行为。

2015年C公司以A公司、A公司北某路加油站为被告，B公司为第三人，提起租赁合同纠纷之诉，要求A公司、A公司北某路加油站腾退案涉场地，B公司提起反诉要求确认《资产出售协议书》无效。因案情复杂，本文仅就《资产出售协议书》效力的认定展开讨论。

三、争议焦点

争议焦点一：市监察局发布的《关于对B公司违规改制问题处理情况的通报》中认定《资产出售协议书》未通过职工代表大会决议、有关部门乱作为，是否可以认定《资产出售协议书》无效？

争议焦点二：签订《资产出售协议书》时资产评估报告已失效，是否可以据此认定《资产出售协议书》无效？

四、双方意见或观点

（一）针对争议焦点一，双方观点如下：

观点一：根据《湖北省国有资产产权交易管理暂行办法》第23条规定，有下列情形之一的，产权交易无效：（1）未在依法设立的产权交易机构内进行的国有资产产权交易；（2）交易双方故意串通，提供虚假文件，违背公平交易原则，造成国有资产损失的；（3）政府有关部门工作人员违反国家有关规定，在产权转让活动中滥用职权，收受贿赂，造成国有资产重大损失的。因违反前述3项规定，故《资产出售协议书》应认定无效。

观点二：（1）市监察局发布的相关通报中认定的事实不能作为认定《资产出售协议书》无效的事实依据。监察通报的事实与市国有资产管理办公室《调查报告》中认定的事实不一致，《调查报告》认定，企业改制过程基本符合102号文件的政策和程序，市国有资产管理办公室作为代表政府履行出资人职责的机构以及国有企业改制的主管部门，所认定的事实更具有专业性、权威性、客观性。（2）行政通报、刑事判决中认定的事实不能直接作为民事案件认定事实的依据，更不能作为认定民事合同是否有效的依据。

（二）针对争议焦点二，双方观点如下：

观点一：C公司受让B公司名下国有产权时，并未依法履行相应的报批手续，其转让价款也远低于评估价，并且签订协议书时资产评估报告已失效，属于违反国务院办公厅《关于加强国有企业产权交易管理的通知》、

《国有资产评估管理办法》等规范性文件、法规关于国有企业产权交易强制性规定的规定,《资产出售协议书》应被认定无效。

观点二:国务院办公厅《关于加强国有企业产权交易管理的通知》、《湖北省国有资产产权交易管理暂行办法》、《企业国有产权转让管理暂行办法》既非法律,也非行政法规,不能作为确认合同效力的依据。

五、代理结果和裁判理由

该案经过一审、二审、抗诉及再审程序,法院均认定《资产出售协议书》有效。

针对争议焦点一,法院认为:B 公司经政府相关职能部门批准进行改制后,与 C 公司协商一致,先后签订了 3 份改制协议,前两份协议约定实行“产权接收,全面托管”的改制形式,第 3 份协议约定实行“部分资产出售”的改制形式,但从第 3 份协议的实际履行情况看,C 公司实际全面接管了 B 公司,并负责对职工进行安置,其改制形式实质上与前两份合同基本相同。《资产出售协议书》对双方的权利和义务进行了约定。合同签订后,区体改委、区国资办等相关政府职能部门对合同进行了审批,合同内容在很大程度上得到履行。虽然 B 公司在签订《资产出售协议书》前未召开职工代表大会对协议书进行表决,在改制程序上存在一定问题,B 公司负责人以及相关政府职能部门人员也存在一定的乱作为行为,但以此为据否定协议书的效力,没有法律、行政法规依据。

针对争议焦点二,法院认为:2000 年 11 月,B 公司取得资产评估立项通知书后,委托会计师事务所对 B 公司资产进行评估。2001 年 6 月,会计师事务所作出了评估(评估有效期 1 年,从评估基准日 2000 年 10 月 31 日至 2001 年 10 月 30 日)。2001 年 12 月 20 日,B 公司与 C 公司签订《资产出售协议书》,B 公司改制时的资产评估报告及《资产出售协议书》均经过政府相关职能部门确认和批准。依据最高人民法院《关于审理与企业改制相关的民事纠纷案件若干问题的规定》,参照政府有关企业改制的文件,认定《资产出售协议书》没有经过资产评估程序从而否定其效力没有法律依据。

六、办案总结

单从该案讲，法院虽然也认定存在程序问题，但最终从政府部门已作出批准、国资办部门认定改制过程基本符合政府文件的政策和程序，以及协议的履行程度较高等方面，综合认定资产转让的协议有效，为闹得沸沸扬扬的A公司企业改制画上了句号。企业改制政策性较强，在基本经过政府部门审批，不存在违反国家利益的情形下，法院一般会确认协议的效力。实践中，应严格遵循地方政府的相关政策，确保符合政策及相关程序。

国有资产转让未经评估时，转让合同的效力问题裁判观点并未完全统一，有的认为无效，有的认为有效。最高人民法院多数案例倾向于认为国有资产转让须经评估的规定属于管理性强制性规定，未经评估并不必然导致合同无效。如山西能源产业集团煤炭有限公司与山西嘉鑫煤化工科技有限公司项目转让合同纠纷申请案［（2013）民申字第2036号］，中国华电集团财务有限公司与天津国恒铁路控股股份有限公司股权转让合同纠纷案［（2015）民申字第715号］，海城市西洋民政镁质材料厂、中钢集团洛阳耐火材料有限公司破产管理人买卖合同纠纷案［（2017）最高法民申4605号］，柯某翔、柯某翔与被上诉人上海康大房地产公司股权转让纠纷二审案［（2018）最高法民终313号］等，法院主要观点包括以下几种。

1. 强制性规定没有对合同行为本身进行规制，没有规定当事人不得就未经评估的国有资产订立转让合同，更没有规定未经评估，转让合同无效。进行资产评估是国有资产占有单位的义务，而不是受让人的义务，如果认定合同无效，则受让人在无义务的情况下也承担了法律后果。

2. 未经评估而转让国有资产不必然导致国家利益或者社会公共利益受损害。规定国有资产转让须经评估，目的是防止恶意低价转让国有资产，以保护国有资产。但是，未经评估，不一定就意味着贱卖，也可能实际转让价格高于实际价值。

3. 资产未经评估转让的，国有资产管理机构有权责令国有资产占有单位改正，依法追认转让行为。认定有关规定是效力性的，进而一概认定转让合同无效，当事人（包括受让人）在资产贬值后就可能据此恶意抗辩，违背诚实信用原则，就会危及交易安全和交易秩序。

4. 如果出现国有资产占有单位与他人恶意串通，故意压低资产转让价格的情形，则可按照《合同法》第52条（《民法典》第153条）的规定，以恶意串通，损害国家利益为由认定合同无效，这同样能达到保护国有资产的目的。

同理，国有资产转让时若评估报告已过期，并不必然导致转让行为无效，应进行全面实质性审查，综合作出判断。比如审查是否进场交易、有无《民法典》第153条规定之情形等，否则，应认定转让行为合法有效。《民法典》第207条规定，"国家、集体、私人的物权和其他权利人的物权受法律平等保护，任何组织或者个人不得侵犯"。平等保护所有民事主体的合法权益，是我国一切民事法律共同确认的基本原则，《民法典》更是重申了这一观点。

值得一提的是，2022年6月14日国务院国有资产监督管理委员会在其网站中答复"关于国有企业股权转让中资产评估结果有效期的问题"时，明确"根据《企业国有资产交易监督管理办法》（国资委财政部令第32号），国资监管机构、国家出资企业批准企业国有产权非公开协议转让时，相应资产评估报告应在使用有效期之内。企业国有产权进场转让的，首次正式信息披露时资产评估报告应在有效期之内，首次正式披露信息之日起超过12个月未征集到合格受让方的，应当按规定重新履行相关工作程序。"针对国有企业如何减少因评估行为产生的合规风险，笔者认为还需从国有企业本身及其监管方面着力。

一方面，国有企业应当保证评估行为的合法合规性，加强内部决策机构治理，严格依照行政法规、部门规章等规定，对国有企业应当进行资产评估的各种情形，必须进行评估，一旦出现应评估而不评估、先定价再评估、先签署合同再评估、不正当使用评估报告等现象，责任人将受到行政警告、处分，情节严重的将承担刑事责任；另一方面，应当加强监管，及时按照规定程序逐级书面报告人民政府或国有资产监督管理机构。

2020年10月27日，财政部在官方网站发布了《国有资产评估管理办法（公开征求意见稿）》，距国务院1991年颁布上一版《国有资产评估管理办法》已近30年，该征求意见稿重新明确、界定了国有资产评估业务的监管体系并整合新增“监督管理与法律责任”章节，征求意见稿基于当前的国有资产监管体系、资产评估管理体制重新明确、界定了国有资产评估业务中的监管体系。期待在未来的立法中，可以对诸如内部审计、外部监管等制度进行优化，一方面要防止国有资产流失，另一方面要完善国有资产审批制度、监管制度，以提高效率、增强活力。

国有股权交易中的过渡期盈亏归属之争

广东合盛律师事务所　王重平

一、案情简介 ①

2016年3月，中国某电力集团有限公司批准该集团广东公司出让其持有的广东省某市燃气发电有限公司（标的公司）51%的股权（标的股权）。

广东公司随后依法委托具有合法资质的会计师事务所开展了审计、资产评估工作。《资产评估报告书》的评估基准日为2016年4月30日。

广东公司以评估结果为挂牌转让价格，于2016年6月10在北京产权交易所公开披露股权转让信息，公开征集受让方。A公司有限公司依法参与竞价，并最终成为合格受让方。

为实施燃气发电项目，广东公司在标的公司成立之前已经实施了大量的项目开发前期工作，包括以广东公司的名义向国家开发银行、交通银行、农信社办理了人民币1亿元的项目贷款。银行贷款到账后，广东公司已将贷款资金全部用于项目征地、基坑开挖和边坡维护、发电设备采购等项目工作中。依照银行贷款合同，广东公司转让标的公司股权需要获得债权银行的同意。经协商，债权银行均同意广东公司转让股权，同意将借款方置换为新股东，但要求新股东提供令贷款银行满意的贷款担保。

项目前期，地方政府向广东公司承诺：如广东公司实施该项目将获得一定金额的财政资金支持，土地出让金的支付时间可适当延长。新股东担心以中国某电力集团有限公司为背景的广东公司退出后，地方政府是否继续给予

---

① 该案为实际发生的非诉讼案件，文章中当事人名称、时间和金额均做了调整。

项目公司上述政策倾斜具有不确定性，而且，因为项目实施的确存在时间上的拖延，国土部门有可能要求项目公司支付相应的土地闲置费。这需要广东公司给予协助。

A公司有限公司摘牌时，项目公司尚拖欠当地环境保护部门一笔人民币400多万元的款项。当地环境保护部门对原业主具有充分信心，但民营背景的新股东入主可能引起当地环境保护部门的注意，其可能要求项目公司立即支付该笔款项。

项目公司其他4家股东虽然已签署了放弃股权转让时优先购买权的股东会决议，但是，各小股东均系当地有雄厚实力的企业，各自具有落实项目的相关资源。新股东要在完成股权收购后继续推进发电项目，需要广东公司进行协调。

上述协调工作花费了较长时间，广东公司与A公司有限公司拖延了一段时间后于2016年7月25日最终签署《产权交易合同》，实际的股权交割日期为2016年8月19日。交割时，标的公司为维持运作支出了一定的费用，因此存在亏损。A公司有限公司认为，评估基准日至股权交割前，标的公司仍然在广东公司的控制之下，产生的亏损应由广东公司承担；广东公司则认为中标通知书发出后，双方已经确立了合同关系，交易价格已经确定，其后标的公司产生的亏损应由A公司有限公司负担。广东公司为此向顾问律师提出法律咨询：此亏损依法应由哪一方负担？

二、案件焦点

该案争议的焦点在于过渡期内，标的公司产生的盈亏应由谁负担？

三、经办律师意见

根据《企业国有资产交易监督管理办法》（国务院国有资产监督管理委员会、财政部令第32号，2016年6月24日发布）第23条“受让方确定后，转让方与受让方应当签订产权交易合同，交易双方不得以交易期间企业经营性损益等理由对已达成的交易条件和交易价格进行调整”的规定，A公司有限公司成为合格受让方之后，应与广东公司按照已达成的交易价格进行交易，不得以交易期间企业经营性损益为由调整交易价格。评估基准日至股权交割前，标的公司并没有进行正常经营之外的交易，交易期间正常经营产生的亏损应由A公司有限公司承担。

四、法律问题探讨

国务院国有资产监督管理委员会产权管理局部志宇、王伟和中国证券监督管理委员会重组委委员朱军、赵强等共同发表的《评估基准日至产权交易（割）日期间盈亏归属问题初探》（《中国资产评估》2012年第12期）一文指出：在产权交易机构的挂牌转让，适用的是市场直接交易要约原则，应以交易摘牌价和交易竞价价格为交易价格。相对方（买方）一旦出价并发出要约，即是对转让标的市场价格的认同或接受，其成交价格内涵自然已考虑交易成立前的所有影响因素，包括企业可能发生的盈利与亏损，所以不涉及评估基准日至产权交易（割）日期间的盈亏归属问题。其结论是：国有产权的产权交易机构挂牌转让，由于适用市场直接交易要约原则，应以交易摘牌价和交易竞价价格为交易价格，不需考虑评估基准日至产权交易（割）日期间的盈亏情况。应该说，国有资产监管部门的态度比较明确。

在实际的产权交易中，过渡期或长或短都会存在。如果转让方在过渡期内采取不当行动可能会损害受让方的利益。因此，在过渡期内，受让方会要求转让方促使目标公司按与过去惯例相符的经营方式开展正常的业务经营；保持员工原有薪酬待遇不变，未经受让方同意不作出任何保证在将来提高任何员工的薪酬或福利待遇的承诺；以维持目标公司正常经营为标准确定采购范围，维护目标公司生产经营、资产、人员等情况的稳定；不得进行与正常生产经营无关的资产收购或处置、对外担保、增加重大负债及或有负债和其他减损公司资产价值的行为。

为平衡交易双方的利益，北京产权交易所的《产权交易合同》范本第8条规定了过渡期安排：第8.1款规定，本合同过渡期内，甲方对标的企业及其资产负有善良管理义务。甲方应保证和促使标的企业的正常经营，过渡期内标的企业出现的任何重大不利影响，甲方应及时通知乙方并作出妥善处理。第 8.2 款规定，本合同过渡期内，甲方及标的企业保证不得签署、变更、修改或终止一切与标的企业有关的任何合同和交易，不得使标的企业承担《资产评估报告书》之外的负债或责任，不得转让或放弃权利，不得对标的企业的资产做任何处置。但标的企业进行正常经营的除外。第 8.3 款规定，除非甲方未尽足够的善良管理义务，标的企业有关资产的损益均由乙方承担。

该条款的核心是要求出让方在过渡期内对标的企业尽善良管理人义务，维持标的企业的正常经营。过渡期内，标的企业正常经营产生的盈亏均由受让方承担。

不过，在上市公司的并购重组交易中，标的公司过渡期盈亏归属的确定规则与此略有不同。

《关于上市公司监管法律法规常见问题与解答修订汇编》（中国证监会 2015 年 9 月 18 日发布，现已失效）规定，“十、上市公司实施重大资产重组中，对过渡期间损益安排有什么特殊要求？答：对于以收益现值法、假设开发法等基于未来收益预期的估值方法作为主要评估方法的，拟购买资产在过渡期间（自评估基准日至资产交割日）等相关期间的收益应当归上市公司所有，亏损应当由交易对方补足”。

在标的资产采用收益法评估的情况下，对于过渡期间盈亏，证券监管部门的审核政策与国有资产监管部门的监管理念存在一定的差异。按照《关于上市公司监管法律法规常见问题与解答修订汇编》的规定，此种情况下，应约定过渡期间收益归上市公司所有，亏损应当由交易对方补足。

证券监管部门的意图很明确，就是要保护上市公司的利益，保护众多投资者，特别是中小投资者的利益。在笔者执业过程中，也遇到过上市公司与国有企业进行股权交易时就过渡期内的盈亏归属发生意见分歧的情况，该国有企业经请示上级国有资产监管部门后接受了上市公司的意见。

鉴于《企业国有资产交易监督管理办法》（国务院国有资产监督管理委员会、财政部令第 32 号）对股权交易期间企业经营性损益的归属已有定论，北京产权交易所在 2022 年 6 月最新的《产权交易合同》（适用于整体产权或控股股权转让的示范文本 G320220601）版本中已删除原示范合同文本第 1. 11 条关于过渡期的定义、原第 8 条过渡期安排，而将关注的重点转向产权转让的交割事项。但是，新版《产权交易合同》中仍然强调出让方对标的企业及其资产负有的善良管理义务。

非上市股份有限公司国有股权转让若干实务问题探究

北京金诚同达（广州）律师事务所　刘　祎

国有股权转让历来是国有资产监管的重点。我国关于国有股权转让的法律法规以及国有资产监管部门的相关制度众多，新规也不断涌现，但部分已不符合实践的规定又未及时废止，导致律师在开展法律服务时存在法律适用上的困惑。加之现行《公司法》对“非上市股份有限公司股东对外转让股权”、《公司登记管理条例》对“非上市股份有限公司股东工商变更登记”等较少有详实的规定，导致律师在办理非上市股份有限公司国有股权转让项目时难度加大。

本文将从实操角度，结合笔者经办某非上市股份有限公司国有股权转让项目的有关经验，对非上市股份有限公司国有股权转让的若干问题进行分析。需要特别声明的是，本文论述的非上市股份有限公司均指非上市非公众公司，非上市公众公司的股权转让行为不在本文论述范围内。

一、非上市股份有限公司国有股权转让的审批权限

根据《财政部关于股份有限公司国有股权管理工作有关问题的通知》（财管字〔2000〕200号，以下简称《国有股权管理工作通知》）第1条、第2条的规定，非上市股份有限公司国有股权发生转让的，应经省级财政部门批准。

《企业国有产权转让管理暂行办法》（国务院国有资产监督管理委员会、财政部令第3号，以下简称《国有产权转让办法》）第26条规定“所出资

企业决定其子企业的国有产权转让”，但同时第 27 条第 2 款也规定“对非上市股份有限公司国有股权转让管理，国家另有规定的，从其规定”。可见，虽然《国有股权管理工作通知》是国有资产监督管理委员会成立（其成立于 2003 年）之前的规定，但《国有产权转让办法》并未否定《国有股产管理工作通知》的效力。

《企业国有资产交易监督管理办法》（国务院国有资产监督管理委员会、财政部令第 32 号，以下简称《国资交易监管办法》）第 8 条第 1 款虽然对国有产权转让的规定做了调整，但基本上延续了国家出资企业对其子企业产权转让的管理权限。《国资交易监管办法》是在新一轮国企改革精简监管事项、增强企业活力的原则要求下出台的，第 67 条明确规定“……，现行企业国有资产交易监管相关规定与本办法不一致的，以本办法为准”。值得注意的是，《国资交易监管办法》第 63 条对上市公司的国有股权转让明确了“国家另有规定的，依照其规定”，但并未保留对非上市股份有限公司国有股权转让的“国家另有规定的，依照其规定”。《国有股权管理工作通知》对非上市公司国有股权转让的审批规定，显然与《国资交易监管办法》存在冲突。笔者认为，这种冲突正印证了随着国企改革的日渐深入，相关法律、法规、制度、政策等的调整也存在一定“时差”。

笔者经办项目系集团公司对外转让所持有的子公司（性质属非上市股份有限公司）股权，依据上述分析，该集团公司有权决定子公司股权转让事宜。但有观点认为，该项目应依据《国资交易监管办法》第 7 条、《国有产权转让办法》第 25 条的规定，由对集团公司履行出资人职责的机构（国有资产监管机构）负责审批。持该观点的人士认为，针对国有股权转让项目，《国有产权转让办法》第 26 条规定的“所出资企业决定其子企业的国有产权转让”应理解为所出资企业有权决定其子企业持有的子企业股权的对外转让事宜，《国资交易监管办法》第 8 条第 1 款规定的“其子企业产权”亦作同样理解，应为其子企业持有的子企业股权；而对于所出资企业自身所持有的子企业股权对外转让事宜，其审批主体应为国资监管机构。笔者认为，上述理解存在合理性，但前一种分析和理解更符合目前国企改革“精简监管事项、增强企业活力”的原则。

此外，在笔者经办项目的过程中，转让方就转让股权事宜请示其上级主管部门（国有资产监管机构）意见时，其上级主管部门答复称，由转让方自行履行该项目审批程序，无须报该上级主管部门批准。

由于国有企业改革的法律、法规以及国有资产监管部门的相关制度总在不断循环更替之中，笔者建议办理同类项目时，不仅应注重对相关法律法规的把握，亦应协助转让方积极沟通、请示，尽量取得有关上级主管部门对项目审批权限的确认。

二、非上市股份有限公司国有股权转让是否应履行标的企业内部决议程序

我国《公司法》第 71 条明确规定有限责任公司股东对外转让股权应履行的法定程序。但对于股份有限公司的股权转让，《公司法》仅在第 137 条中规定“股东持有的股份可以依法转让”，并于第 138 条中对股份转让的方式作出限制，于第 141 条中对发起人和公司董事、监事、高级管理人员的股权转让作出了转让时间和转让比例的限制，未明确股份有限公司股权对外转让的其他限制要求，亦未规定股份有限公司股东对外转让股权须履行公司内部决议程序。

虽然现行法律法规未明确要求非上市股份有限公司国有股权转让应履行标的企业内部决议程序，但考虑到原工商局可能要求非上市股份有限公司在股东变更后办理相应的变更登记，并提供标的企业内部决议文件作为办理变更登记的必要文件之一，故笔者在办理该项目过程中曾与广州市工商行政管理局核实。该局反馈称，非上市股份有限公司的股东变更不属于工商变更登记事项（详见本文“三、非上市股份有限公司股东变更是否应办理工商变更登记手续”），无须就股东变更事宜向工商局提供标的企业内部决议文件。

同时，根据《国资交易监管办法》第 2 条，企业国有资产交易，应当在依法设立的产权交易机构进行。在笔者经办项目过程中，转让方选定的广州某产权交易机构曾向转让方发出《企业国有、集体产权（股权）转让提交文件目录（转让方）》，目录中包含“标的企业内部决议（股东会决议/董事会决议）”，后经进一步向该产权交易机构核实，其反馈称该项目无须提

供标的企业内部决议文件。这亦印证非上市股份有限公司国有股权对外转让无须履行标的企业内部决议程序。

笔者建议，办理同类项目时，应提前与标的企业所在地的市场监督管理局、产权交易机构进行沟通，核实办理工商登记（备案）手续（如需）、挂牌手续是否须提供标的企业内部决议文件。

三、非上市股份有限公司股东变更是否应办理工商变更登记手续

首先，对《公司法》关于公司办理变更登记事项的相关规定进行分析可以得出，《公司法》在营业执照记载事项变更、经营范围变更、法定代表人变更以及公司合并、分立、增加或减少注册资本等事项上并未对公司类型进行区分，即不区分有限责任公司或股份有限公司，一旦发生上述事项的变更均须办理相应的变更登记，而对公司类型进行区分的事项分别是有限责任公司股东的变更以及股份有限公司发行新股募足股款。因此，《公司法》没有对股份有限公司股东变更作出办理变更登记的规定。

其次，《公司登记管理条例》（现已失效）第 9 条规定的公司登记事项包括：名称；……有限责任公司股东或者股份有限公司发起人的姓名或者名称。另外，《公司登记管理条例》第 34 条明确规定有限责任公司变更股东的，应当自变更之日起 30 日内申请变更登记。而针对股份有限公司股东变更事项，仅明确股份有限公司的发起人改变姓名或者名称的，应当自改变姓名或者名称之日起 30 日内申请变更登记。由此可以得出，《公司登记管理条例》依旧没有对股份有限公司股东的变更登记作出规定，仅明确股份有限公司发起人改变姓名或者名称时须进行变更登记。

最后，笔者在办理该项目过程中曾就该项目股权转让完成后是否须办理股东工商变更登记事宜咨询广州市工商行政管理局意见，该局工作人员亦向笔者明确非上市股份有限公司的股东变更不属于工商变更登记事项。鉴于各地相关部门的规定可能有所不同，笔者建议办理具体项目时应咨询标的企业所在地的工商主管部门意见。

四、结语

律师在办理具体业务时，除了要注重对相关法律法规的理解和梳理，更

要积极与相关方进行沟通，尤其是在现行法律法规对某个问题规定不清、存在法律适用困惑的情况下，更应及时通过咨询有关政府部门意见、向委托方的上级主管部门请示等多种方式进行论证，避免理论与实践脱节。唯有将理论和实践紧密结合，才能更好地把握住国有产权转让的关键和重点，确保法律风险控制为实现国有资产监管起到良性的促进作用。

股份合作制企业章程约定“离职退股”法律问题简析

广东君信经纶君厚律师事务所　李伟年

依据原国家经济体制改革委员会（以下简称原国家体改委）颁布的《关于发展城市股份合作制企业的指导意见》（现已失效）及地方性法规将全民所有制企业改制为股份制企业的，一般均根据《关于发展城市股份合作制企业的指导意见》第5条“不吸收本企业以外的个人入股。职工离开企业时其股份不能带走，必须在企业内部转让，其他职工有优先受让权”的规定，在章程中规定职工入股不能退股。但遇有职工死亡、退休、调离、辞职或企业辞退、除名、开除等情况，由职工持股管理委员会根据当年股值收购持有的股份。

司法实践中，一般认为股份合作制是兼有合作制与股份制两种经济形态特点，实行劳动合作和资本合作相结合的一种新型公有经济组织形式。股份合作制企业不同于有限责任公司和股份有限公司，也不属于合伙企业，不适用《公司法》及《合伙企业法》。在我国立法机关尚未制定规范股份合作制企业组织和行为的法律、法规的情况下，企业的股份合作制改造和运作具有较强的政策因素。股份合作制企业章程作为全体发起人就企业的设立与经营管理达成的协议，对全体发起人、董事会、监事会成员以及高级管理人员、企业本身具有法律约束力。除企业章程约定的事项违反法律、行政法规的强制性规定，或者与原国家体改委有关指导意见中的强制性规定相抵触以外，法院一般不轻易认定章程约定事项无效。为此，企业章程中约定因辞职、调离、辞退、除名或协商解除劳动合同等离开本企业的股东，其不再享有企业股东资格，应当退股的，法院一般会依据股份合作制企业具有劳动合作与资本合作相结合的特征，认定企业职工因退休、调离、辞职或被除名等情形离开企业后，其不再具有企业劳动者的身份，相应也不再享有企业股东的资格，故其原持有的股权应当按照章程约定予以退让，由企业或其他职工受让。对原持股职工在离开公司后提起诉讼，请求确认其为原企业股东并享有股权的，法院不予支持。

企业改制，除改制为股份制企业外，部分还直接依据《公司法》改制为有限责任公司或股份有限公司，改制为股份制企业后，部分也依据《公司法》变更企业性质为有限责任公司。这些公司，如在公司章程或政府批复的改制文件中规定经改制取得股权的原国企员工，因辞职、调离、辞退、除名或协商解除劳动合同等离开本企业后，其不再享有企业股东资格，应当退股。本文试简要分析该等规定是否符合《公司法》及退股行为的法律关系。

一、改制后职工持股的几种主要方式

《公司法》规定有限责任公司的股东上限为 50 人，股份有限公司的股东上限是 200 人。为此，改制时，如职工人数未超过股东人数上限，一般均登记为股东，并办理相关手续。如职工人数超过股东人数上限，还存在委托代持股、工会代持股、职工持股会代持股等模式。为求简略，本文仅探讨在职工实际登记为有限责任股东的情形下，章程约定职工辞职需退股时，由公司回购职工股权的情形。

二、《公司法》有关有限责任公司回购股权的规定

1. 股权回购是平衡股东权益、健全股东退出机制的重要途径。针对有限责任公司，《公司法》（2018 年修正）第 74 条［《公司法》（2023 年修订）第 89 条］赋予了异议股东股权回购请求权。

《公司法》（2018 年修正）第 74 条第 1 款规定，有下列情形之一的，对股东会该项决议投反对票的股东可以请求公司按照合理的价格收购其股权：（1）公司连续 5 年不向股东分配利润，而公司该 5 年连续盈利，并且符合本

法规定的分配利润条件的；（2）公司合并、分立、转让主要财产的；（3）公司章程规定的营业期限届满或者章程规定的其他解散事由出现，股东会会议通过决议修改章程使公司存续的。

2.《公司法》（2018 年修正）第 142 条（《公司法》2023 年修订，第 162 条）确立了股份有限公司“原则禁止，例外允许”的股权回购规则，但这一规则是否同样应该适用于有限责任公司则存在争议。

有一种观点认为，《公司法》虽未明文禁止股东与公司之间的“合意”回购，但这种性质的回购行为存在，仍需法律事先授权。公司回购规则属于强制性规范，强制性规范具有规范公司治理结构，维护公司及债权人利益，保障市场交易秩序稳定的目标。在现有立法框架下如果任意扩大回购范围，允许股东与公司“合意”回购股权，则与《公司法》的立法精神相违背。

另一种相反的观点是，《公司法》（2018 年修正）第 142 条所确立的股份有限公司“原则禁止，例外允许”的回购规则不适用于有限责任公司。《公司法》就股份有限公司的股权回购，先规定了“公司不得收购本公司股份”的规则，随后采用但书方式规定了包括异议股东回购等在内的例外情形。从第 142 条在《公司法》中的位置来看，其仅仅针对股份有限公司是非常明确的，同时，也不存在有限责任公司应当“适用”或“准用”的规定，因此认为有限责任公司也要遵循第 142 条“公司不得收购本公司股份”规则的观点，违背了法律适用的规则，缺乏法律依据。对于有限责任公司，《公司法》不存在“禁止回购自身股权”的规定。

三、章程规定员工离职由公司回购股权的约定有效

司法实践虽对《公司法》（2018 年修正）第 74 条规定之外的情形，在章程约定一定条件成就后，公司回购股权条款是否有效存在争议，但对于企业改制为公司后，章程规定职工离职需退股，由公司回购股权的规定，基本都是支持的。

司法实践中判决公司章程约定股权回购条款无效的理由主要是其为《公司法》（2018 年修正）第 74 条明文规定的 3 种情形以外的股权回购，不符合《公司法》关于有限责任公司股权回购的立法精神及法律规定，违反

公司资本维持原则，损及公司及债权人利益，应属无效。

支持的判决一般认为，有限公司的股东通过公司回购股份退出公司，并不仅限于《公司法》（2018 年修正）第 74 条规定的情形。《公司法》规定股东不得抽逃出资，但《公司法》并不禁止股东在公司成立之后以合法方式退出公司，包括以公司回购股权的形式退出公司。

对于改制后公司章程规定持有公司股份的职工在离开公司时可以把持有的公司股份转让给公司现有股东或者由公司回购的，法院的判决一般认为该条款有效。

四、股东离职退股一般认定为股权转让

股东离职退股，涉及股东持有股权的变化，根据《公司法》规定，公司在存续经营期间，股东的股权变动的方式主要有股权转让、减资及增资。司法实践中，对于有限责任公司离职退股的行为，法院极少认定股东退股行为为公司回购股份，一般认定为股权转让。现举以下两案例说明。

1.（2010）渝一中法民终字第 2496 号案，二审法院认为改制企业职工退股应认定为特殊的股权转让形式。

（1）基本案情。

雷某平（原告，被上诉人）系原璧山县百货公司职工。1994 年，璧山县百货公司改制成立璧山县百货有限责任公司（被告，上诉人），雷某平等 152 名公司职工和工会成为公司股东，选举董事会，制定公司章程。该公司章程明确规定："公司是经璧山县人民政府授权部门批准，在璧山县工商行政管理部门注册登记，有职工个人股 152 名和工会股股东出资额，并以其缴纳的出资对公司承担有限责任的企业法人。""本公司设立职工个人股和公司工会股，一经出资，不得退股。""股东已缴纳的出资只能内部转让或依法继承。股东转让出资需有股东会讨论通过，转让出资必须到公司指定部门办理转让登记手续，否则无效。"同年 7 月 1 日，璧山县体制改革办公室以璧体改办（1994）19 号文件印发《关于同意成立重庆市璧山百货公司的批复》，该批复明确公司股本由公司工会股 188, 209 元和职工个人股 489, 000 元构成，合计 677, 209 元作为公司的注册资本。股本总额经会计师事务所验

证确认，但验资报告中未明确工会股与职工股的具体金额，工商登记中无股东花名册。1996 年，公司召开股东大会，将公司章程的第 17 条修改为："凡以后退休或者调离的股东，如有内部职工接股的就由内部职工接，如没有就由公司收购。股东已缴纳的出资只能内部转让和公司收购（仅指退休、工作调离的股东）或依法继承。股东转让出资需由股东会讨论通过。转让出资必须到公司指定部门办理转让登记手续，否则无效。"1997 年，董事扩大会议通过"凡是退休的和调离的可以退股（退股后作为公司的集体股）"的决议。1998 年 9 月，股东大会将公司章程的第 4 条和第 14 条分别修改为：公司注册资本为 1,831,460 元人民币，系股东缴纳的股本总额。股东、持股会会员向股东以外的股东转让出资时，必须经全体股东过半数同意，不同意转让的股东应购买该转让的出资，如果不同意转让的视为同意转让。经股东同意转让的出资，在同等条件下，其他股东、持股会会员对该出资有优先购买权。股东、持股会会员的出资可依法继承或转让。转让或继承必须到公司指定部门办理转让登记手续，否则无效。

原告雷某平于 1997 年 10 月 1 日退休，同年 10 月 8 日，便申请退还并最终领取股金 3000 元。雷某平以公司董事会对其实行单方面的强制性的退休必退股行为严重侵犯其合法权益为由提起诉讼，要求法院依法判令百货公司立即恢复其在公司中应当享有的股权，并确认璧山百货公司的退休必退股的行为无效。璧山百货公司辩称，原告雷某平申请退股，符合公司章程，且当时公司效益不好，出现亏损，因此员工积极退股。原告雷某平退出的股份已被工会购买，资本金未发生变化。对于原告雷某平确认退股无效的请求，公司章程未被宣布无效，原告雷某平不能以个人名义宣告其无效。

（2）一审、二审判决结果。

重庆市璧山县人民法院一审经审理认为，被告璧山百货公司改制时，由 152 名原璧山县百货公司职工和工会出资成立。由于改制的特殊性，对被告璧山百货公司内部股东关系纠纷处理时，应当依据公司章程进行。原告雷某平曾参加 1996 年的股东大会，并同意此次股东大会制定的公司章程。该条款明确退休、工作调离的股东只能内部转让股份和公司收购，其实质是股份或股权转让，并非强制退股规定。公司章程未有职工股东退休必退股的具体规定，而是有关股份的转让或继承的规定。因此，该公司章程的规定未违反当时《公司法》的强制性或禁止性规定。然而，对于被告璧山百货公司于1997年10月8日向原告雷某平退还的股金是否是按照公司章程规定进行的股份或者股权转让，以及原告雷某平的股份是否有明确具体的受让人或者受让人出资均证据不足。同时，也无证据证明璧山百货公司对原告雷某平退股后的资本金依法进行公司资本减资。因此，原告雷某平与被告璧山百货公司之间的退股行为实质为抽逃出资，不仅违反1993年、1999年、2004年《公司法》第34条股东在公司登记后不得抽逃出资的强制性的规定，而且亦违反2005年修订的《公司法》第36条“公司成立后，股东不得抽逃出资”的规定。据此认定被告璧山百货公司退还股金行为无效，原告雷某平返还股金，被告璧山百货公司立即恢复其股东身份。重庆市璧山县人民法院依照《民事诉讼法》第128条和《公司法》（2005年修订）第36条的规定，判决璧山百货公司于1997年10月8日向雷某平支付股金3000元的退股无效；在判决生效后10日内，雷某平向璧山百货公司返还所退股金3000元后，璧山百货公司应立即恢复其股东身份；驳回雷某平的其他诉讼请求。

宣判后，被告璧山百货公司不服，提起上诉称：原告雷某平退股时写的申请，经公司财务部门审核，由公司出资收购，这一程序符合公司章程规定。尽管对于原告雷某平的股份未有明确的内部自然人受让，但是公司章程规定公司可收购。公司注册资本由工会股和个人股组成，实际上，公司以工会持股会名义收购原告雷某平的股份，工会持股会就是明确的受让人，公司未减资并不能证明未转股或退股，且更进一步证明工会持股会为受让人的事实。如果按照一审判决执行对现有股东不公平，因1997年公司不景气，固定资产不值钱，面临倒闭，所有股东纷纷要求退股，特别是退休和调离人员，该案应尊重上述历史背景，且该案已过诉讼时效。

重庆市第一中级人民法院经审理认为，原告雷某平退股后，被告璧山百货公司的股东名单中已无雷某平的名字。从当时的工商登记来看，被告璧山百货为有限责任公司，由国企改制而来。由于改制的特殊性和不规范性，当时的被告璧山百货公司并不是公司法意义上真正的有限责任公司，在一定程度上带有股份合作制企业的特征。按照1997年国家体改委《关于发展城市股份合作制企业的指导意见》第5条股份合作制企业职工离开企业时其股份不能带走，必须在企业内部转让的规定，即取得股东身份的前提是具有在职职工的身份，被告璧山百货公司1996年公司章程的规定并未违反公司法的禁止性规定，也与《关于发展城市股份合作制企业的指导意见》的精神不相冲突。因此，对纠纷的处理应按公司章程进行。被上诉人雷某平退股虽然没有明确的受让人，且无转让协议，也未履行相应的减资手续，但可以理解为一种特殊的股权转让形式。一方面，公司资产没有减少，这符合股权转让的行使要件；另一方面，大多数地方的地方行政规范都规定股东退股后由企业收回股东股份，再由企业分配给其他职工，如公司有集体股，可暂时归入集体股。从该公司2002年工商变更登记来看，工会股增加了115万余元，因此可以认定被上诉人雷某平所退出的股份已由工会承接、受让。尽管公司未减资，但是被上诉人雷某平的名字已从公司的股东名单中删除，因而其已不再是公司股东，且其亦未再参与过公司事务，被上诉人雷某平退股行为亦不符合抽逃出资的要件。事实上，公司最终是否履行减资手续，是公司与现有股东的问题，与被上诉人雷某平的转股或退出行为效力无关。因此，重庆市第一中级人民法院认定雷某平的退股行为有效，遂作出撤销一审判决，驳回雷某平的诉讼请求的终审判决。

二审判决为了论证其判决的合法性，根据案件的特殊事实，将该案比照改制为股份合作制类型处理的同时，不将员工离职退股行为视为公司回购股份，而理解为特殊的股权转让。其特殊性在于，被上诉人雷某平退股虽然没有明确的受让人，且无转让协议，也未履行相应的减资手续，但可以理解为一种特殊的股权转让形式。

2.（2016）苏06民终310号案认定职工离职后退股给公司，公司再分配给现有股东，属于离职员工与新股东之间的股权转让关系。

（1）基本案情。

A公司成立于1989年，2000年进行改制，由贾某炳、陆某萍、蔡某妹、王某、丁某、张某和朱某谦等人共同出资认缴600万元。其中，朱某谦认缴44万元，丁某认缴4万元。

2010年5月10日，丁某向A公司提出“将投股的钱全额退出”的申请。次日，A公司法定代表人贾某炳批示“同意退出”。2010年5月12日，丁某向A公司出具领条，载明领款事由为“领股份的钱”，金额为“肆万元”，丁某在经领人处签名。同日，丁某从A公司领取现金支票一张，存根联记载“收款人：A公司”“金额：40,000元”“用途：丁某退股”，第三人在下方签名。2010年5月14日，A公司记账凭证记载“丁某退股40,000元”，借方科目为“其他应收款——股权”，贷方科目为“银行存款”。

2010年9月21日，朱某谦分别通过交通银行和工商银行向A公司缴存了20万元和11.5万元。同日，A公司向朱某谦开具收据一份，载明收到31.5万元，收款事由为“股本金”。同年9月24日，A公司第0064号记账凭证记载“朱某谦股本金31.5万元”，借方科目为“银行存款”，贷方科目为“其他应收款——股权”。2010年A公司三栏明细账股权账户、其他应收款科目记载：股东退转集体股28万元（含张某11万元），股东退股转差额0.6万元，调整2月5日凭证3.9万元（贷方），朱某谦缴纳股本金31.5万元（借方），账面余额为0。

根据A公司提供的股东名册、2014年6月11日股东会签到记录和股东会决议，贾某炳、陆某萍和朱某谦等27人系股东名册记载的股东，张某和丁某、王某、蔡某妹不在其列。此时，A公司在工商行政管理机关备案登记的股东名册仍然是2004年时备案登记的股东名册，该股东名册中有张某、丁某、王某、蔡某妹。

原告（被上诉人）朱某谦诉称，其与原审第三人（上诉人）丁某均系A公司股东。2008年2月，丁某将所持股权退给被告A公司，A公司根据公司章程接受了丁某的退股，并向其支付了全部退股金，丁某不再是A公司股东。后A公司与朱某谦协商，由朱某谦接受丁某转出的股权，朱某谦同意接受并于2010年9月向A公司支付了包括丁某在内的退股股东的全部退股金31.5万元，丁某的原股权为朱某谦所有。现朱某谦请求法院确认丁某原持有的股权属其所有；判令A公司办理股权变更登记手续，丁某予以协助。

丁某认为朱某谦与A公司所述并非事实，其仍系A公司合法股东，依法持有股权证，并被记载于A公司股东名册。其与朱某谦并不存在股权转让关系，也从未向A公司申请退股。朱某谦所诉侵犯了其合法权益，也违反了相关法律规定。丁某请求法院驳回朱某谦的诉讼请求。

（2）一审、二审判决结果。

一审法院认为，丁某在A公司改制时出资成为A公司股东，2008年2月，丁某办理领款手续，其签署的领条表明丁某向A公司领取的款项为股权转让金。事后，A公司银行存款日记账、实收资本明细账、三栏明细账亦如是记载。丁某和A公司的行为，足以说明丁某就退股问题已与A公司达成了一致意见，并已实际履行。上述行为，实质上是公司收购股东股份的行为。尽管我国《公司法》规定公司成立后，股东不得抽逃投资，以维持公司资本，但我国《公司法》并不禁止股东在公司成立后以合法方式退出公司，也规定公司可以在特定情况下与股东协商收购股份，只是公司收购股份后需要减资或进行转让。事实上，A公司收购丁某股份后转让给朱某谦，朱某谦也向A公司足额缴纳了股权转让款，A公司也按相应的会计准则要求进行了相应的账务处理。根据有限责任公司人合性的特征，公司内部进行股权转让并不需要征求公司股东会或其他股东的同意。因此，A公司直接将其收购的股份转由朱某谦受让，符合我国《公司法》的规定。据此，A公司收购丁某股份并转由朱某谦受让的行为，没有破坏公司资本维持制度，也没有损害公司和其他股东的合法权益，前述行为合法有效。丁某在办理退股并领取退股款后，即不再是A公司股东，其原持有的股权应当归朱某谦所有。

现丁某认为，其只是领取了部分退股款，其仍然是工商行政管理部门备案登记的股东，还曾持有A公司股权证持有卡（现已遗失），故其仍系A公司股东。但该主张不能成立，理由为：第一，虽然丁某与A公司没有签订书面股权收购协议，但双方以实际行为表示就退股事宜达成一致意见并付诸履行。丁某主张其只领取了部分退股款，对此应当承担举证责任，证明其与A公司商定退股款的实际金额。在丁某不能举证证明的情况下，对其主张碍难支持。退一步讲，即便上述主张成立，丁某与A公司之间也只是债权债务关系，即由A公司继续向丁某支付尚欠退股款，而非股东与公司间的股权关系。第二，根据我国《公司法》的规定，股东资格泯灭的效力，应当以公司置备的股东名册记载为准，而不是以向工商行政管理部门进行备案登记为前提，也不以是否收回股权证持有卡为判断条件，只是未经工商行政管理部门备案登记不得对抗第三人。A 公司提交的股东名册、2014 年 6 月 11 日股东会签到簿及股东会决议，表明丁某已不记载于 A 公司股东名册，亦未参加股东会。一审中法院已向丁某释明，除工商登记资料外，是否有证据证明其在退股后仍享受股东权利并履行股东义务，但丁某未能提供证据予以证明。在此情况下，法院只能认定 A 公司提交的股东名册具有法律效力。因此，丁某主张其仍然是 A 公司股东的请求不能成立。

综合上述分析可以认定，丁某原持有 A 公司的股权属朱某谦所有，A 公司和丁某均负有依法向工商行政管理机关办理变更登记之义务。朱某谦的诉请符合法律规定，应当予以支持。根据《公司法》第 32 条、第 35 条、第 71 条第 1 款、第 73 条①，《公司登记管理条例》第 34 条，《民事诉讼法》第 64 条的规定，判决如下：①确认丁某原持有 A 公司的股权（股权金额为 4 万元）属朱某谦所有；②A 公司于判决发生效力后 30 日内至工商行政管理机关办理股权变更登记手续，丁某予以协助等。

第三人丁某不服提出上诉，二审法院认可一审法院的理由，更进一步阐述称朱某谦虽未与丁某直接洽谈商讨股权转让事宜，但 A 公司确定由其受让丁某股份，未减少公司资本，符合股权转让的形式，亦符合改制企业中股东退股后由企业收回股份，再由企业分配给其他职工受让的惯常做法。故二审法院认定朱某谦已实际受让取得丁某原持有的 A 公司股权，有权要求办理股权变更登记手续。

五、司法实践中将员工离职退股行为认定为股权转让行为，难以用公司法及相关理论进行解释

如前所述，考虑到企业改制行为的历史背景及其特殊性，司法实践将改制后公司章程中类似于职工离职退股等规定优先于《公司法》适用，但将该等行为定性为股权转让行为，实际上是与现行的《公司法》规定不相容的，也难以用公司法及相关理论进行解释。

---

① 《公司法》（2023 年修订）第 56 条、第 53 条、第 84 条第 1 款、第 87 条。

1. 将职工离职退股行为界定为股权转让行为，若收购主体为公司时，实际上存在公司持有自己的股份，本质上属于公司的减资，公司股东收回出资。这不符合公司法理论中的资本确定、资本维持与资本不变原则。若公司相应地减少注册资本，则需遵循《公司法》有关减资规定及程序，只有符合规定的减资才是合法的，不存在“先上车再补票”的特殊待遇。

可以从第一个案例看出法院对此的解释，法院认为员工离职退股行为是一种特殊的股权转让，受让方不是公司，而是此后增资的工会，否则，没有转让合同，没有受让方，何来股权转让?

2. 将职工离职退股认定为股权转让行为，无可避免地否定了我国合同法确定的合同相对性原则。

股权转让是股东间以股权为标的的买卖合同，合同的成立要件为要约与承诺，要约与承诺都是针对特定方式做出的。按照上述案例，不存在买卖双方要约与承诺的程序。该等判例实际确认了我国合同法规定的要约与承诺的合同成立方式外的其他合同成立方式。

3. 从公司章程规定的职工离职需退股的本义而言，其是公司的股权回购行为。如司法实践认可该等规定，应要求公司遵循减资的规定注销该部分注册资本，这不但符合公司法的规定，而且已考虑到保护公司债权人的利益的需求。

国有企业“混改”优化股权结构研究

广东广信君达律师事务所　肖硕彬

国有企业是在我国社会主义市场经济体系中占据核心地位的存在，具有典型的中国特色社会主义特征，在我国的很多领域都占据着主导地位，在一定程度上彰显着社会主义制度的优越性。但是随着时代的发展，相较于私营经济来说，国营企业因为缺少忧患意识，不注重创新与发展，所以生产经营体制逐渐僵化，在市场经济中的弊端日益显现，因此“混改”可谓是依势而进。只有采取市场化的手段，通过引进私人资本或者是民间资本，给国有企业输入新的血液和活力，采用新的科学的管理方式，优化国有企业股权结构，才能够使国有企业焕发新的生机与活力。

一、国有企业“混改”中股权结构存在的问题

（一）国有企业股权结构处于不平衡的状态

从国有企业的股东上看，国有企业的股东分为 3 大类，一是自然人股东，二是法人股东，三是相关政府部门。而从股权的份额上看，占据股份最多的是政府部门，因此从这个角度来看，政府作为国有企业的大股东在企业的生产经营管理与决策上占据着重要的主导地位。自然人股东多为“散户”投资，在国有企业公开发售股份的时候购买获得股份。法人股东多为机构投资者和民间资本，相较于自然人股东来说拥有更多的资金流量，有动力也有实力参与投资。而且法人股东的主要目的在于盈利，相较于政府部门来说有更大的动力开展生产与经营活动。在政府部门处于主导地位的股权结构下，企业很难真正地实现自身的发展以市场为导向，很多时候在决策方面也存在

一定的不科学、不合理之处。

（二）尚未建立健全科学有效的组织机构

在我国的国有企业中，国有股占据主要地位，可以说是国有股“一家独大”。国有企业通过“混改”吸引民营资本入股，设立了股东会、董事会以及监事会，在一定程度上促进其完善运行制度。国有企业虽然从形式上看逐步向现代化市场化的方向发展，但是事实上并没有真正地采取高效的公司治理体系和治理模式，国有企业在进行决策的时候，仍然难以通过科学合理的决策机制进行，而且缺乏对政府主导部门的有效监督，私人资本很难在决策过程中掌握话语权，往往只是形式上的参与，难以深入决策层。部分行业以及部分地区的国有企业领导班子成员是直接由相关政府工作部门安排任命的，这样一种领导成员任命方式给私人资本造成了很大的影响，导致私人资本没有机会参与企业的经营与管理，在一定程度上影响私人资本的资产效益，也不利于国有企业经营管理水平的提高。

（三）尚未建立起完善的法律法规制度

虽然近年来，我国陆陆续续出台并修订了很多关于企业设立、经营以及上市的法律法规，但是在很多方面依然存在不足甚至是法律空白，例如，在公司的董事、监事的提名和选举上，仅规定了具体条件，并没有就具体程序进行规定，而这一点不足就很容易导致公司的董事以及监事的提名和选举不规范，甚至是不科学。此外，对于监事来说，因为监事本身行使的是监督权，但是从《公司法》及其配套司法解释的规定来看，监事无权直接采取措施纠正其所发现的有待改变的行为，这在很大程度上导致监事所具有的监督权沦为表面功夫，更多还是由股东大会行使权力。可以说，不完善不健全的法律法规制度不利于优化国有企业“混改”后的股权结构。

（四）缺乏严格且高效的监管体制

国有资产监督管理委员会，简称国资委，是国家主管部门，负责管理国有企业，任命企业领导班子成员，授权其他部门及人员对国有企业的生产经营以及管理活动进行监督，并定时定期考核，而且就其监督来说，有一整套完整的监管制度。但是事实上，从目前国有企业的状况来看，监管效果不太明显，无论是政策的生产经营还是日常决策，都没有完善的监管体制。此外，私人资本难以获得话语权，现行监管体制难以与市场化的监管体制相匹配，从而难以实现国有企业的股权结构优化。

二、国有企业“混改”优化股权结构的具体措施

（一）建立健全股东股权制衡的股权结构，推动股权结构的优化

因为国有企业存在“一股独大”的特点，所以要想优化股权机构，其中的一项重点工作为建立健全股东股权制衡的股权结构，只有这样才能激发国有企业的活力和创造力，才能真正地适应市场化的发展，实现企业利润的最大化。积极引导私人资本进入国营企业，提高私人资本在国营企业中的话语权，实现股权的分权与制衡。现代社会股权结构一般有 3 种典型的形式，其一是集中型的股权结构，比较典型的表现就是“一枝独秀”；其二是分散型股权结构，比较典型的表现就是“企业内部人控制”；其三是制衡型股权结构，比较典型的表现就是“相对控股”。集中型的股权结构虽然比较稳定，但是不利于企业的长期发展与创新；分散型股权结构虽然不至于“一股独大”，但是在内部人控制下仍然会导致公司的运行机制逐渐僵化；制衡型股权结构能够平衡大股东之间的权利，有利于在平等互利的基础上实现企业的长远发展。

要想建立健全全方位多元化的股权结构，其中一项比较关键的举措就是放弃国有资本的绝对控股，给予私人资本更大的发展空间以及在决策方面的话语权，保障私人资本的权利不被侵害，进而实现利润的最大化。在优化股权结构方面，可以根据国有企业的不同性质和领域采取不同的措施，对于部分领域，比如国有资本必须占据控股地位的混合所有制企业，可以在保障国有控股的前提下，采取较为平缓的方式，逐步过渡，逐渐引进私人资本，在保障国有资本主导地位的同时给予私人资本生存与盈利的空间。对于经济效益不好的国有企业甚至是僵尸企业，可以采取资源重新配置、机构整合、债务重组甚至是债务清算等手段进行处理。对于代表未来发展方向的高新技术

产业领域，可以增强国有企业“混改”的程度和深度，推进其朝着现代化和市场化方向发展。

（二）完善企业内部的管理模式

现阶段，国有企业“混改”的一大工作内容就是引进私人资本，但是因为私人资本难以拥有话语权，所以很难真正地吸引私人资本的融入。长远来看，私人资本也就缺乏动力参与到国有企业之中。因此，国有企业更加需要改造其内部的管理模式，积极学习全社会公司治理的优秀模式，引进独立董事制度，提高监事或者监事会的监督作用，并且强调民主，推行科学的选举和决策机制，简政放权，实现国有企业的市场化。政府应放弃全面监管和操控的手段，做好宏观调控工作，让国有企业加入市场化竞争当中，使引入的民间资本股东在国有企业内部有一定的职位和管理权，这样才能促进国有企业的长远发展。国有企业作为一种特殊的经济运行组织，还要加强党建工作，充分发挥党委组织的政治核心作用，确保国有企业资产保值增值。国有企业内部还要把工会制度进行完善，与市场化接轨，维护国有企业职工的合法权益，给广大职工对国有企业的发展和存在的问题提供一个发声的渠道和途径。事实上，“混改”就是要求国有企业在与多种经济成分交叉持股的基础上实现股权多元化，进一步完善公司治理结构，打破企业已形成的权利、利益格局，真正实现市场化的企业经营、决策等体制机制，逐步实现真正意义上的政企分开。

（三）逐步提高国有企业流通股的比重

国有企业的股权事实上大部分都由政府掌控，出于对国家财产的保障，在流通上会比较谨慎。现阶段市面上国有企业的流通股数量很少，即使已经处于市场化的状态下，也很难有大幅度的增值，而且由于所占资金额较小，私人资本对其关注度也并不高。随着国有企业“混改”的推进，政府部门在逐渐实现国有企业股份的流通。提高国有企业流通股的比重，不仅可以保护中小投资者的利益，而且还有利于资金的募集，提高股票的流动性，获得更多的利益，甚至可以反过来促进国有企业改革的进一步发展与完善。

（四）建立健全法律法规规章体系

《公司法》《证券法》《企业破产法》以及其配套的司法解释和行政法规的相继出台，都代表了法律法规在不断完善与发展。但是在新时代下，随着社会主义市场经济的不断完善和发展，现代化、市场化已经不再是一个空洞的名词，而是代表了未来的发展方向，部门法律的规定需要不断与时俱进，因此，现阶段仍然需要加强法律法规的修订与出台，建立健全企业的设立、生产、管理、经营等全领域体系，促进国有企业“混改”后实现股权结构等优化，进而实现企业的健康发展。

推进国有企业混合所有制改革的直接目的是未来妥善解决国有企业内部存在的发展问题，并进一步提高资源配置的效率，进而增强国有企业的市场竞争力和活力，培养和创造世界一流企业，提高国有企业的国际化程度，优化股权结构，从制度着手，建立国有企业特有的符合实际情形的经营管理制度，实现国有资本和私人资本的协同发展，进而更好地获得长久的发展与进步。

三、结语

国有企业“混改”从提出到现在已经过多年发展，各地各国有企业的改革也在不断深入推进，优化股权结构是国有企业“混改”的一大重点工作，只有采取合理且科学的股权结构，才能够提高国有企业的经营管理水平，增强国有企业的活力和创造力，使得国有企业在社会主义市场经济中焕发出更大的生机与活力，进而实现国有企业的现代化和市场化。

股权转让期间损益处理

广东正平天成律师事务所　唐健锋　吴春爽

一、案情简介

本次股权转让项目中的目标公司是转让方广州市某区国有资产经营公司的全资水务公司，受让方广东省某水务公司拟通过其在香港设立的全资子公司收购目标公司49%的股权，通过境内全资子公司收购目标公司11%的股权。本次收购完成后，目标公司变更为中外合资企业，转让方仍保留持有目标公司40%的股权。笔者所在律所为转让方提供本项目的法律服务。

二、项目关注重点

本次股权收购涉及的重点问题很多，包括债权债务处理、员工安置、期间损益及原股东为保障项目后续顺利推进所提供的股权质押担保等。为此，经办律师在收购双方就项目进行实质性洽谈前，已先行根据经验并结合目标公司的实际情况提出项目收购的法律建议与意见，并在后续的交易文件中，协助转让方将相关意见在交易文件中落实。

三、办案总结

由于受让方是广东省属国有企业，目标公司是广州市某区国有企业，本次收购是广东省和广州市两级政府从社会公益角度统一对某区辖内的水务企业进行整合，因此转让方在项目收购时明显处于天然的弱势地位。围绕上述项目关注的重点问题，经办律师从法律与公平角度与受让方据理力争，期间虽几经搁置，但其最终还是尽最大努力维护了转让方的合法权益。而本项目对期间损益的处理，可以说非常有力地平衡了相关各方的利益。

（一）期间损益的时间期限定义及承担主体

本项目是一个相对比较复杂的收购项目，收购方需对管网、在建工程、设备等各项资产进行盘点，需对员工进行分离安置和对目标公司债权债务进行清理等，而且目标公司仍持续正常经营，因此在交易文件签署后至股权交割日有一段较长的期限。项目公司虽然已经完成前期投入，但仍需继续投入资金对在建工程进行建设，且目标公司也需持续承担原金融机构所提供借款及利息。因此，目标公司在股权交割日时的资产值与评估基准日时的资产值相比会发生比较明显的变化。该期间资产值的损益即为期间损益。在2016年6月24日国务院国有资产监督管理委员会（以下简称国务院国资委）、财政部令第32号文《企业国有资产交易监督管理办法》出台之前，法律法规对期间损益未做出统一的规定。实务操作中，基本上是通过交易双方在相关股权并购合同中予以明确约定。在本项目中，受让方提出需对期间损益进行协商或审计，并由转让方享有和承担。

《合同法》第163条（现《民法典》第630条）规定，标的物在交付之前产生的孳息，归出卖人所有，交付之后产生的孳息，归买受人所有。《企业公司制改建有关国有资本管理与财务处理的暂行规定》（财企〔2002〕313号）第8条规定，“资产评估结果是国有资本持有单位出资折股的依据，自评估基准日起一年内有效。自评估基准日到公司制企业设立登记日的有效期内，原企业实现利润而增加的净资产，应当上缴国有资本持有单位，或经国有资本持有单位同意，作为公司制企业国家独享资本公积管理，留待以后年度扩股时转增国有股份；对原企业经营亏损而减少的净资产，由国有资本持有单位补足，或者由公司制企业用以后年度国有股份应分得的股利补足。企业超过有效期未能注册登记，或者在有效期内被评估资产价值发生重大变化的，应当重新进行评估”。国务院办公厅转发国资委《关于进一步规范国有企业改制工作的实施意见的通知》（国办发〔2005〕60号）第3条第3款规定，“国有独资企业实施改制，自企业资产评估基准日到企业改制后进行工商变更登记期间，因企业盈利而增加的净资产，应上交国有产权持有单位，或经国有产权持有单位同意，作为改制企业国有权益；因企业亏损而减少的净资产，应由国有产权持有单位补足，或者由改制企业用以后年度国有股份应得的股利补足。国有控股企业实施改制，自企业资产评估基准日到改制后工商变更登记期间的净资产变化，应由改制前企业的各产权持有单位协商处理”。根据上述规定，经办律师认为受让方要求对期间损益进行界定并补偿的意见可以接受，而且也不存在违背当时有关法律法规规定的情形。

另外，双方对将评估基准日与股权交割日期间界定为本项目的损失计算期间均不持任何异议。

在2016年6月24日国务院国资委、财政部令第32号文《企业国有资产交易监督管理办法》出台之后，该办法第23条规定，“受让方确定后，转让方与受让方应当签订产权交易合同，交易双方不得以交易期间企业经营性损益等理由对已达成的交易条件和交易价格进行调整”，即期间损益由受让方享有和承担。

（二）期间损益的界定范畴

首先，正常来说，期间损益包括期间损失与期间收益，由于本项目属于市政项目，在现时阶段不具备很高的盈利能力，且目标公司仍需继续投入资金进行建设以及承担原有融资款项的财务费用，故本项目产生期间收益的可能性不大，更大的可能性是转让方需就期间损失对目标公司进行补足。由于本项目是省、市政府推进的项目，受让方提出的要求若转让方不予以合理满足，则受让方有可能放弃收购本项目，所以在项目谈判时，转让方还承担着巨大的政治压力，这也就是我们前文所说的，转让方在本项目中处于弱势地位的一个表现。

其次，基于前述转让方不得不对期间损失进行补足的原因，经办律师能够做到的是尽量减少期间损失的补偿金额。经过艰难的拉锯谈判，受让方最终同意了我们提出的期间损失应仅限于账面净资产损失，但受让方没有同意我方提出的期间损失不应包含期间的固定资产折旧部分的意见。

（三）期间损益金额的确定

收购双方均同意本着平等、自愿的民事契约精神，根据目标公司在损益期间的财务状况，协商确定期间损失的金额。

若双方无法就此达成一致意见，双方约定在股权交割后的一定期限内共同选定一家会计师事务所，由该事务所依据会计准则对期间损失进行审计确定。而且，双方还约定如双方无法就共同选定会计师事务所达成一致意见，则由双方各推荐一家有资质的审计单位，通过抽签方式选定。而对于会计师事务所依法对期间损失作出的审计结果，双方均不得拒绝接受。

（四）期间损失的承担方式

期间损失的承担，通常都是以现金方式。基于该项目属于公共市政项目，由区政府属下的国有资产管理公司投资，因此在本项目中若以现金方式直接对目标公司的期间损失进行补偿，可能会造成国有资产的直接减值。因此，收购双方经协商，一致同意首先由转让方以目标公司需使用的场地使用权作价进行补偿，同时免除目标公司的部分债务。另外，为避免目标公司期间损失金额过大，双方约定对超过一定限额的期间损失，由转让方以现金方式进行补偿。

国有股权转让对国有小股东管理权等事项的特殊安排

广东正平天成律师事务所　唐健锋　吴春爽

一、案情简介

本次项目中目标公司的国有股东是区属资产管理公司，该资产管理公司与一家港资企业于1992年合资成立了房地产开发企业A公司，A公司由港方负责开发经营，由于港方内部股权之争，原已取得的较多土地未能如期开发。内地与香港双方经友好协商，对A公司原已取得的土地进行分地开发，以加快地块的开发速度。本次项目所涉及的地块是内地与香港分地项目开发的“试验田”。然而，该资产管理公司在房地产开发行业中经营管理经验不足，以及缺乏专业的团队和充足的资金，难以快速启动项目开发工作。因此，该资产管理公司拟通过公开市场积极寻找优秀的战略合作者，吸取先进的房地产开发行业经营管理经验及引入项目开发资金，既能解决上述问题，又能有力地保障项目土地开发工作的有效实施。同时，引入战略合作者能为该资产管理公司带来可观的股权转让收入，盘活该司存量资产，实现资金回收。

该资产管理公司属下已设有一家房地产开发企业B公司，但B公司未有实际经营业务，本次项目拟通过将B公司的部分股权转让给投资者后，再由B公司按A公司的分地约定向A公司购入该资产管理公司所有的土地。本次转让的股权对价不低于B公司股权转让评估基准日的资产评估价值，以及B公司计划购买A公司项目土地资产评估价值溢价部分（扣除购地成本）和B公司各股东需补缴注册资本金部分折算后的总价值。

本次股权转让完成后，新进投资者持有 B 公司 85% 的股权，原股东仅保留 B 公司 15% 的股权。

二、项目关注重点

本次股权转让涉及的重点问题包括理顺 B 公司与其股东资产管理公司、新进投资者之间的债权债务关系，对 B 公司作为空壳公司在股权转让时对购入土地的资金安排、投资者未能顺利摘牌时原有债权的处理问题，以及原股东作为小股东对 B 公司在项目开发过程中的监督管理等问题作出处理和明确约定。

三、办案总结

（一）国有股东作为只持股 15% 的小股东，在董事会中实质性取得一票否决权

由于本次项目所涉地块是履行 A 公司分地协议的“试验田”，在股权转让后国有股东成为未来开发主体 B 公司的小股东，在此情形下如何确保本次项目地块的顺利开发是关键。投资者作为民营企业，逐利是其本性，但 B 公司的原股东作为国有企业，有责任稳定房地产行业并保证国有资产尽快地保值增值。因此，B 公司的原有国有股东要在将绝大部分股权出让给民营投资者以实现资金回收来补充流动资金时，保证该项目可以按照政府的规划和思路顺利地尽快开发。

在股权转让合作谈判时，笔者协助 B 公司设计董事会架构，董事会成员合计 5 名，其中原国有股东推荐 2 名董事，新进投资者推荐 3 名董事。但在审议董事会职责权限时，则首先要求普通事项需经 2/3 以上董事同意（至少 4 名董事），特殊事项则需全体董事同意。董事会在审议事项时至少需有原国有股东推荐的 1 名董事投赞成票，方能审议通过事项。也就是说，原国有股东在董事会中实质性取得一票否决权，这样的话，也就达到了原国有股东对 B 公司日常经营事项的监督和管理的目的。

（二）确保拟转让股权可按既定方向进行挂牌转让

B 公司原国有股东为了补充其资金需求，在投资者取得 B 公司拟转让股权前，即已通过 B 公司向投资者借入款项。因此，本次股权转让挂牌条件的设置就极为关键，既要满足国有股权转让的挂牌要求，同时又要让新进投资者能够符合要求，并确保新进投资者可顺利摘牌。

因此，笔者在设置挂牌条件时，除了一些符合法律基本要求，还要求投资者具备快速开发项目土地的综合实力。如现金存款额、净资产、净利润、销售额等条件，并要求投资者具有良好的商业信誉，且无不良信用，严重违反土地出让合同，拖欠土地出让金、土地税费、闲置土地及挪用已售房屋购房人预付的办证税费等不良记录，同时不存在任何严重影响受让方履行本项目合同项下义务的重大诉讼、仲裁、行政处罚以及其他潜在障碍等。

另 2016 年 6 月 24 日国务院国有资产监督管理委员会、财政部令第 32 号文《企业国有资产交易监督管理办法》出台后，该办法第 14 条规定，“产权转让原则上不得针对受让方设置资格条件，确需设置的，不得有明确指向性或违反公平竞争原则，所设资格条件相关内容应当在信息披露前报同级国资监管机构备案，国资监管机构在 5 个工作日内未反馈意见的视为同意”。该条表明产权转让原则上不得针对受让方设置资格条件。

（三）投资者垫资以及债权债务的理顺

由于 B 公司原国有股东转让股权的目的是盘活资金，因此股权转让的对价是按 B 公司股权转让评估基准日的资产评估价值，以及 B 公司计划购买 A 公司项目土地资产评估价值溢价部分（扣除购地成本）和 B 公司各股东需补缴注册资本金部分折算后的总价值。而 B 公司本身并无足够的资金用于支付购买 A 公司的地价和后续土地开发，因此在设置股权转让条件时，就要求投资者必须向 B 公司提供股东借款，以满足购地和开发的资金需求。

同时，由于在股权转让前，原国有股东已通过 B 公司向新进投资者借款，倘若该新进投资者未能顺利摘牌，则对该借款及其利息的支付也需做妥善安排。若该新进投资者顺利摘牌，则相关债权债务通过三方协议约定进行抵销。而且，A 公司提供给 B 公司的土地是股东双方的分地约定，B 公司实质上无须向 A 公司支付购地款，因此也需要通过债务转让的形式，由 B 公司将其对 A 公司的债务转让给 B 公司的国有股东。由此，B 公司的国有股东可以通过上述安排取得购地款，极大地解决了该股东的资金需求。

国有股权转让中的股东优先购买权

广州金鹏律师事务所　陈　军

股东优先购买权，是指股东在同等条件下对其他股东对外转让的股权享有优先购买的法定权利。其设立主要是为了限制有限责任公司的股东对外转让股权，维护有限责任公司的人合性。而国有股权转让则以国有经济布局和结构的调整优化为主，同时需维持国有资产的保值增值，因此在制度设计上国有股权的转让一般需到产权交易所进行公开交易。基于两者的立法价值和取向不同，因此，在国有股权转让中，企业其他股东如何在股权公开交易的情况下行使优先购买权，理论上存在较大争议，实践中也有不同的处理方式。本文拟对国有股权转让中股东优先购买权的行使进行浅析。

一、现行法律法规、司法解释的规定

《公司法》（2023 年修订）第 84 条第 2 款（2018 年《公司法》第 71 条第 2 款、第 3 款）规定，股东向股东以外的人转让股权的，应当将股权转让的数量、价格、支付方式和期限等事项书面通知其他股东，其他股东在同等条件下有优先购买权。股东自接到书面通知之日起 30 日内未答复的，视为放弃优先购买权。两个以上股东行使优先购买权的，协商确定各自的购买比例；协商不成的，按照转让时各自的出资比例行使优先购买权。《公司法》（2023 年修订）第 85 条规定，人民法院依照法律规定的强制执行程序转让股东的股权时，应当通知公司及全体股东，其他股东在同等条件下有优先购买权。其他股东自人民法院通知之日起满 20 日不行使优先购买权的，视为放弃优先购买权。

而关于“同等条件”的理解，最高人民法院《关于适用〈中华人民共和国公司法〉若干问题的规定（四）》第18条规定，“人民法院在判断是否符合公司法第七十一条第三款及本规定所称的‘同等条件’时，应当考虑转让股权的数量、价格、支付方式及期限等因素”。

除上述规定以外，关于国有股权的优先购买权行使问题，最高人民法院《关于适用〈中华人民共和国公司法〉若干问题的规定（四）》第22条第2款专门作出规定：在依法设立的产权交易场所转让有限责任公司国有股权的，适用《公司法》（2018年修正）第71条第2款、第3款或者第72条规定的“书面通知”“通知”“同等条件”时，可以参照产权交易场所的交易规则。根据该规定，各地产权交易所的交易规则［例如，北京产权交易所的《企业国有产权转让股东行使优先购买权操作细则》、上海联合产权交易所的《股权转让项目中股东优先购买权行使操作办法（试行）》（现已失效）、南方联合产权交易中心《资产交易规则》（2017年修订）］等可作为国有股权转让中股东行使优先购买权的重要参考依据，该等交易规则成为法律法规规定的重要补充。下文将结合北京、上海、广东3地的产权交易所的交易规则对国有股权转让中股东优先购买权的行使问题进行分析。

二、国有股权转让中其他股东行使优先购买权是否需要进场

一般而言，国有股权的公开转让包括4道程序：第一，转让方进行内部决策，形成书面决议；第二，根据企业的层级由国有资产监管部门或上级企业等对转让事项进行审批；第三，转让方委托会计师事务所对转让标的企业进行审计，同时委托具有资质的评估机构对转让标的进行资产评估；第四，根据《企业国有资产法》第54条第2款规定，除按照国家规定可以直接协议转让的以外，国有资产转让应当在依法设立的产权交易场所公开进行。因此，国有股权公开转让中股东优先购买权的行使，关键在于股东行使优先购买权是否必须进场，进场后如何行权。

根据北京产权交易中心出台的《企业国有产权转让股东行使优先购买权操作细则》第3条的规定，北京产权交易所认为股东行使优先购买权并非必须进场（包括场内、场外行权两种方式）。关于场内行权方式，首先在非股东意向受让方之间产生最高竞价，场内行权的股东表态是否就最终报价

行使优先购买权。如果场内行权的股东表示放弃优先购买权，则转让方应在3日内通知场外行权的股东。场外行权的股东需在30日内通知北京产权交易所，交纳交易保证金，以最高竞价等同等条件受让股权，即场外的股东可不参与竞价，但应以竞价中的最后报价作为行权价格。

上海联合产权交易所认为其他股东要行使优先购买权，必须进场，并提供了3种方式供转让方与其他股东协商选择。第一种：由普通竞买人首先进行一次报价、多次报价、网络动态报价或其他公开竞价方式，优先权人需到场，但可以不报价，而以普通竞买者竞价中的最后报价作为行权价格；第二种：以普通竞买人的竞买方式同等参与多次报价，以此行权；第三种：参与多次报价或拍卖，并按照最高人民法院《关于人民法院民事执行中拍卖、变卖财产的规定》[①] 中关于在拍卖中行权的规定行权，受让方的产生方式为：普通竞买人有最高报价时，其他股东竞买人可以该最高报价应价，如无更高报价，则其他股东竞买人为受让方；如有更高报价，而其他股东竞买人不作表示，则该最高报价人为受让方。

南方联合产权交易中心发布的《南方联合产权交易中心资产交易规则》并未规定股东行使优先购买权必须进场交易。该交易规则的第30条至第33条主要区分以下两种股东行使优先购买权的情形。

1. 未放弃优先购买权且未按转让信息公告要求向南方产权办理受让申请手续的股东。

根据《南方联合产权交易中心资产交易规则》第32条，转让方应当在交易结果确认之日起3个工作日内通知相关权利人行使优先购买权。优先购买权人行使优先购买权的，应在收到转让方通知文件之日起15日内向南方产权提交受让申请及交纳保证金，逾期未提交受让申请及交纳保证金的，视为放弃行使优先购买权。换言之，一开始未按要求办理受让申请的股东，只需根据转让方通知文件中最终确定的交易结果及通知日期及时向产权中心提

---

① 参见最高人民法院《关于人民法院民事执行中拍卖、变卖财产的规定》第11条："人民法院应当在拍卖五日前以书面或者其他能够确认收悉的适当方式，通知当事人和已知的担保物权人、优先购买权人或者其他优先权人于拍卖日到场。优先购买权人经通知未到场的，视为放弃优先购买权。"

交受让申请及交纳保证金来行使优先购买权。

2. 未放弃优先购买权且已按转让信息公告要求向南方产权办理受让申请手续的股东。

按照《南方联合产权交易中心资产交易规则》第 30 条、第 31 条，产权交易中心根据意向受让方的数量最终确定是否进行竞价。根据《南方联合产权交易中心资产交易规则》第 30 条的规定，若符合条件的意向受让方只有一家的，则不存在竞价问题，可以协议转让。若出现两家以上符合条件的意向受让方，则根据该交易规则的第 31 条规定，优先购买权人需按照南方产权相关交易制度及规则、竞价方案等文件与其他意向受让方一同竞价。如优先购买权人与其他意向受让方同时为最高报价者，则优先购买权人即为受让方；如其他意向受让方为最高报价者，且优先购买权人未以同等价格作出报价，即视为优先购买权人放弃优先购买权，最高报价者即为受让方。

综上所述，从各地产权机构交易规则看，优先购买权是否需场内行权，各地交易所的操作并不一致。笔者认为，无论是场内行使或是场外行使，皆有其合理性。坚持场内交易，首先，能从程序上避免不公开竞价及“暗箱操作”的弊端。其次，股东可以作为参与方参与竞价活动，第一时间获知竞价情况。有观点认为，在拍卖成交后才允许股东行使优先购买权，不但牺牲了竞买人的最高应价成交权，最终还削弱了拍卖制度的公信力。而未强制性要求进场交易，可能是出于以下考虑：首先，《企业国有资产法》虽然规定国有产权转让需要进场交易，但并没有规定股东行使优先购买权，必须在交易场所内行使，进场交易属于国有股权转让合同合法有效的前提条件，但却不属于行使优先购买权“同等条件”要求的范畴；其次，无论是在场内还是以其他意向受让方公开竞争给出的价格和转让方，以正式披露的转让信息中确定的交易条件为同等条件，并不会造成国有资产的低价转让，不会损害国家利益。

三、保障国有股权转让中股东优先购买权的相关建议

笔者从优先保护进场交易制度的角度出发，考虑如何最大限度保护其他股东优先购买权的行使，寻求双方利益的最大化，提出以下建议。

（一）明确国有股权转让方的通知义务

国有股权转让事项首先需经过内部决策形成决议，若股东在会议上明示同意转让或放弃行使优先购买权，则后续不涉及股东行使优先购买权的问题。若股东未与会或没有作出意思表示，则转让方需履行相应的通知义务进行书面通知。书面通知的内容应包括但不限于转让股权的类型、数量、挂牌价格、转让方式、受让资格条件、履行期限及方式和挂牌产权交易机构，并写明具体的回复期限。若存在相关的产权交易规则，则以相应的产权交易规则所规定的通知内容为准。同时，建议转让方提示其他股东及时关注产权交易中心官方网站，了解查阅项目公告信息，以督促相关股东积极行使优先购买权。

（二）通过公司章程明确优先购买权的行使

《公司法》对优先购买权没有具体规定的，可以在公司章程中对优先购买权的实现进行具体规定，包括对其行使的条件、方式、期限、程序等作出明确约定，供全体股东共同遵守。例如，在公司章程中约定“国有股权转让时股东优先购买权的行使应当依照国有资产监管的法律法规和交易所交易规则通过依法设立的产权交易场所进场交易，根据交易规则行使”等内容。

（三）严格遵守行使优先购买权的程序

尽管有学者认为，交易所产权交易的程序规则不属于优先购买权“同等条件下”含义的范围。但在司法实践中，法官一般以各地产权交易机构的交易规则为准。在案号为（2016）湘0703民初2316的民事判决书中，法官认为原告慈溪天圆公司没有按照被告浙江建材公司的出让程序在浙江产权交易所报名参与转让程序，故其不符合《公司法》（2018年修正）第71条第3款规定的“同等条件”，不能仅凭同价格认为是“同等条件”再要求行使优先购买权。该案例说明股东在行使优先购买权时，应遵守各地产权交易机构已制定的相关交易规则。因为不同地区在具体的项目上可能会存在很大差异，所以在具体实施方式上应根据具体项目由交易机构与转让方、不放弃优先购买权的标的公司股东协商一致后确立，采用合理的方式保障标的公司原股东优先购买权的行使。

新三板挂牌过程中涉及的国有股权转让问题

广东卓信律师事务所　陆　晖

随着近年来新三板市场的迅速发展，截至 2017 年 1 月 19 日，一共有 10,329 家企业成功挂牌新三板。因新三板挂牌成本较低、效率高，且挂牌后可以帮助企业建立现代企业制度，提升企业知名度，增强企业的融资能力，加速企业的资本运作，所以不少国有企业纷纷选择挂牌新三板。国有产权是国有资产，企业在新三板挂牌过程中所涉及的国有资产出资、国有产权转让等问题是新三板挂牌审核的重点。本文针对新三板挂牌过程中，企业国有股权转让瑕疵问题展开讨论，挂牌企业在历史沿革过程中，存在的涉国有股权转让问题，以及主办律师如何引导企业进行整改以获得全国中小企业股份转让系统审批通过是本文探讨的重点。

一、企业国有股权的界定及其转让的具体流程

对于国有股权，我国并没有法律法规对其概念作出明确界定，参照《股份有限公司国有股权管理暂行办法》（现已失效）对国有股份概念的界定可知，企业国有股权是指有权代表国家投资的机构或部门向企业出资形成或依法定程序取得的股权。在企业股权登记上记名为该机构或部门持有的股权。根据《企业国有产权转让管理暂行办法》（现已失效）第 2 条第 3 款规定，该办法所称企业国有产权，是指国家对企业以各种形式投入形成的权益、国有及国有控股企业各种投资所形成的应享有的权益，以及依法认定为国家所有的其他权益。

企业国有产权转让直接关系到国有资产的保护，为了防止国有资产流失，明确企业国有产权的转让流程，国务院国有资产监督管理委员会、财政

部共同出台《企业国有产权转让管理暂行办法》，对国有产权转让的流程作出详细规定。因企业国有股权属于国有产权，故企业国有股权转让同样需严格按照该规定执行。

企业国有股权转让的具体流程可以概括为以下7个步骤：第一，书面决议。当企业将要发生国有股权转让时，企业应当对此次国有股权转让事项做好可行性研究，并按照内部决策程序进行审议，并形成书面决议。第二，清产核资和审计。企业国有股权转让事项经批准或者决定后，转让方应当组织转让标的企业按照有关规定开展清产核资，编制资产负债表和资产移交清册，并委托会计师事务所实施全面审计。第三，资产评估。在清产核资和审计的基础上，转让方应当委托具有相关资质的资产评估机构依照国家有关规定对所转让股权的价值进行资产评估。第四，信息公示。转让方应当将股权转让公告在规定的媒体上进行发布，广泛征集受让方。第五，组织实施交易。根据征集受让者数量，转让方可采取拍卖、招投标以及协议转让的方式与受让方进行交易。第六，价款支付。受让方根据其与转让方签订的股权转让合同的约定支付股权转让价款。第七，产权过户登记。企业国有股权转让成交后，转让和受让双方凭产权交易机构出具的产权交易凭证，前往企业注册地市场监督管理部门办理股权变更登记手续。

二、新三板挂牌过程中涉及国有股权转让的主要问题及案例分析

《全国中小企业股份转让系统股票挂牌条件适用基本标准指引（试行）》明确规定：申请挂牌前存在国有股权转让的情形，应遵守国资管理规定，即如果挂牌企业在挂牌前存在国有股权转让，那么全国中小企业股份转让系统有限责任公司（以下简称股转公司）将会对其国有股权转让的流程进行严格审核。

在国有股权转让过程中，虽然《企业国有产权转让管理暂行办法》对转让流程作出了详细规定，但仍有部分企业在国有股权转让过程中并未严格按照《企业国有产权转让管理暂行办法》规定的具体流程来进行交易。在企业申请新三板挂牌过程中，若企业历史沿革过程中存在国有股权转让程序瑕疵，股转公司一般会要求主办律师就企业国有股权转让是否合法合规、是

否存在潜在法律纠纷等问题作出反馈。通过分析已挂牌案例，笔者认为国有股权转让程序瑕疵主要包括以下 3 种。

（一）国有股权转让行为在国资主管部门审批程序上存在瑕疵

国有股权企业历史沿革过程中，如存在国有股权转让行为未向国资主管部门提出申请的情况，则在企业申请挂牌新三板过程中，需向国资主管部门申请事后确认，以弥补之前股权转让的瑕疵。如广信担保（832228），在其申请挂牌过程中，因其历史上存在国有股权转让只取得股权受让方国资主管部门的同意批复，但没有获得股权出让方所属地的国资主管部门同意批复的情况，所以在国有股权转让过程中存在程序瑕疵。股转公司要求主办律师就该公司历次股权转让是否合法合规、是否存在潜在纠纷问题作出多次反馈。广信担保在向股转公司反馈意见的过程中取得了国资主管部门的批复文件，最终成功挂牌新三板。

对于国有参股企业所持有的国有参股股权对外转让是否需要取得国资主管部门审批同意的问题，因我国相关法律法规并未对其作出直接规定，故在新三板挂牌审核过程中存在一定争议。笔者认为，根据《企业国有资产法》第 2 条及第 5 条对于国有资产及国家出资企业的界定，企业国有资产，是指国家对企业各种形式的出资所形成的权益，国家出资企业，是指国家出资的国有独资企业、国有独资公司，以及国有资本控股公司、国有资本参股公司，即国有参股股权也属于国有资产，其转让同样需要取得国资主管部门审批同意。但对于某些特定行业，如存在法律法规对其国有参股股权转让作出特别规定，企业国有参股股权转让依照特别规定执行，同样可以获得股转公司的审核通过。在哲达科技（430470）申请新三板挂牌案例中，浙江大学通过浙江大学投资控股有限公司（2009 年更名为浙江大学圆正控股集团有限公司）、浙江浙大圆正集团有限公司及浙江浙大高新科技开发有限公司（以下简称浙大高新）参股哲达科技前身杭州浙大人工环境工程技术有限公司（以下简称浙大环境），在浙大高新向浙大环境另一股东转让其所持有的股权时，浙大高新虽履行了内部决议、评估、工商登记等手续，但并未取得国资主管部门的审批同意。在哲达科技申请新三板挂牌的过程中，股转公司要求主办律师就有限公司阶段浙大高新的股权变更程序的合法合规性发表意见。主办律师根据《教育部直属高等学校国有资产管理暂行办法》第 35 条第 2 款的规定，高校直接持有出资企业国有股权转让，按照《企业国有产权转让管理暂行办法》、《财政部关于企业国有资产办理无偿划转手续的规定》和《企业国有产权无偿划转管理暂行办法》等规定执行。从而推定高校间接持有出资企业国有股权转让，无须按照《企业国有产权转让管理暂行办法》相关规定执行，此外，浙大高新在转让其所持有的浙大环境 20% 的股权过程中，也已依法履行内部决议、评估、工商登记等程序。结合哲达科技控股股东、实际控制人作出的承诺，经办律师认为，此次股权转让行为合法有效。该反馈意见同样获得股转公司审核通过。

（二）国有股权转让未在产权交易机构公开进行

企业国有股权转让未在产权交易机构公开进行，而是直接与股权受让方协议进行转让的情形是国有股权转让过程中最为常见的问题。如企业在历史沿革过程中存在该类问题，在申请挂牌之前，主办律师需对企业国有股权转让时所作出的内部决议、评估、批准等程序进行详细确认，并请求国资主管部门对企业历史沿革过程中存在的国有股权转让瑕疵作出批复。如苏大明世(430388)，其国有股东苏州工业园区创业投资有限公司出让其所持有的苏大明世前身苏州苏大明世光学有限公司（以下简称明世有限）股权时，直接与另一股东进行协议转让，并未严格按照《企业国有产权转让管理暂行办法》规定的流程公开进行。主办律师在苏大明世申请挂牌过程中，对此次股权转让公司内部决议、评估、批准及工商登记等其他程序进行了详细说明，并在申请挂牌前取得苏州工业园区国有资产监督管理办公室出具的《关于苏州苏大明世光学股份有限公司历史沿革中苏州工业园区创业投资有限公司投资及退出问题的批复》，该批复对 2002 年苏州工业园区创业投资有限公司设立明世有限及 2004 年以评估价协议转让方式退出明世有限的结果予以确认，同时确认相关股权不存在争议。最终，股转公司在审核苏大明世申报材料的过程中，并未要求主办律师就此次国有股权转让瑕疵作出反馈。

（三）国有股权转让未经评估及审批程序

因《企业国有产权转让管理暂行办法》于2004年2月1日起实施，但部分企业国有股权转让发生在《企业国有产权转让管理暂行办法》实施之前，该部分企业在国有股权转让过程中存在未经评估或审批程序瑕疵的问题。在该部分企业申请挂牌过程中，主办律师需对存在程序瑕疵的原因及该程序瑕疵是否会对国有资产造成流失进行说明。此外，在申请挂牌前，企业可就国有股权转让瑕疵请求国资主管部门作出批复。如红星药业（832045）在2003年3月发生国有股权转让，但此次转让并未经评估及审批程序。主办律师要求公司控股股东及实际控制人对此次股权转让作出《情况说明》，之所以会发生国有股权转让是因为考虑到合资经营存在难度，因国有股东转让股权与前次受让股权间隔时间较短且企业在此期间也未实现盈利，所以该次股权转让的价格仍按照国有股东受让时的价格进行。最终，红星药业此次国有股权转让程序瑕疵并未对其挂牌造成实质影响，其于2015年1月30日成功挂牌新三板。

三、新三板挂牌过程中涉及的国有股权转让问题的整改建议

股转公司针对申请挂牌企业国有股权转让的关注重点在于其转让行为是否合法合规、是否存在潜在的法律风险。如挂牌企业在历史沿革过程中，国有股权转让严格依法进行，那么企业在此情况下，仅需对国有股权转让的流程作出说明，并提交相关股权转让决议文件、评估报告及审批文件，证明股权转让合法合规，并且不存在国有资产流失情况即可。

如挂牌企业在国有股权转让过程中存在程序瑕疵，例如，未经国有资产主管部门审批、未进行评估、未在产权交易机构公开进行等。由于立法对国有股权转让的流程作出严格规定的立法目的主要是防止国有资产流失。因此企业在申请挂牌过程中首先需要说明存在瑕疵的国有股权转让行为并没有造成国有资产流失；其次企业需向相关负责审批国有股权交易部门（一般为地方国有资产监督管理委员会）确认并开具证明该瑕疵并不会对挂牌造成实质性影响的相关批复文件；最后确认企业符合《全国中小企业股份转让

系统业务规则（试行）》所规定的6项挂牌条件中的“股权明晰，股票发行和转让行为合法合规”。

四、结语

国有股权转让直接关系到国有产权利益，国有股权转让如存在程序瑕疵还可能会影响到股权转让的法律效力。在企业申请新三板挂牌过程中，如存在国有股权转让程序瑕疵，股权公司一般会要求主办律师对国有股权转让是否合法合规，是否存在潜在的法律风险等问题进行反馈。主办律师需在详尽调查的基础上还原国有股权转让程序瑕疵的真相，对国有股权转让程序瑕疵是否会造成国有资产流失，是否存在潜在法律风险发表专业意见，并尽量取得国资主管部门的批复确认，以帮助企业成功挂牌新三板。

国有股权转让未经国资监管机构批准和资产评估导致股权转让合同未生效

北京金诚同达（广州）律师事务所　安　娜

一、当事人基本情况

原告：汉某公司，在A市注册的民营企业，海某公司100%股权的受让方

被告：深某公司，在深圳注册的国有控股公司［深某公司的股东为外某集团（持股70%）、王某（持股30%）。外某集团是国有独资公司，出资人为B市人民政府］，持有海某公司95%股权，股权转让方

被告：李某，自然人，持有海某公司5%股权，股权转让方

第三人：海某公司，注册地为A市

二、案件基本情况

案由：股权转让纠纷

案情介绍：2005年3月25日，海某公司经A市工商局核准登记成立，注册资本100万元，股东深某公司出资95万元，出资比例为95%；股东李某出资5万元，出资比例为5%，法定代表人王某。

2006年12月29日，深某公司、李某作为甲方与汉某公司（乙方）签订《股权转让协议》，约定甲方将其持有的海某公司的100%股权转让给乙方，其中深某公司出让95%、李某出让5%；甲方将海某公司名下的全部资产作价2500万元转让给乙方（含注册资本金100万元）。海某公司资产包括A市东部开发区南八小区国（用籍）字102号用地使用权及项目和工程

所有权，甲方保证对上述权益拥有完整的所有权，其转让合法有效；双方约定该协议生效后，乙方须根据国土、税务部门对海某公司的交税通知，先行将相关税款支付给甲方，以配合办理土地证；海某公司在取得项目土地使用权证后，乙方支付剩余转让资金至共管账户，同时甲方须将上述土地证原件交银行保管；转让资金共管后，甲乙双方应共同到A市工商局办理海某公司股东变更和法定代表人变更手续，双方办完手续并领取新的营业执照且公示1个月后，将新的营业执照及公章及项目前期资料一并交付银行，甲乙双方按转让资金共管协议的约定办理汇款；转让资金支付后，乙方同时拥有对海某公司及其名下全部资产无可争议的全部权益，包括土地使用权和项目及工程所有权。

《股权转让协议》签订后，汉某公司依约分期向海某公司支付部分转让款项，用于办理海某公司土地使用证的各项税费。2007年1月24日，海某公司取得了A市东部开发区南八小区30,000余平方米的国有土地使用权证。

2007年，深某公司、李某作为出让方，与案外人杨某签订了《股权转让合同书》，约定将海某公司全部股权和海某公司名下的全部资产以3000万元转让给杨某。2007年4月4日，双方办理了工商变更登记手续，将海某公司股东由深某公司、李某变更为杨某。

2007年11月5日，李某以上述工商变更资料中的李某签名不是其本人所签，属伪造为由，向A市所在的省工商局举报。省工商局经查实，当事人在2007年4月4日申请办理股权、法定代表人变更登记时，提交的股东会决议、股权转让合同书上的股东李某的签名系假冒李某本人的签名，撤销了上述变更登记，并责令海某公司按真实情况重新办理变更登记。

2007年，深某公司的控股股东外某集团的上级主管部门B市某局出具函件称“由于相关工作调整，决定整体出让海某公司，全部转让手续已按国家有关法规办理完毕”。

因深某公司和李某拒不配合办理股权过户手续，汉某公司于2009年6月25日提起民事诉讼，要求深某公司、李某继续履行2006年12月29日与汉某公司所签订的《股权转让协议》，将海某公司的股东变更为汉某公司。

该案历经10年诉讼，经过多家法院审理判决、发回重审、指定再审等程序，深圳市中级人民法院于2015年作出一审判决，认为深某公司与汉某公司之间的《股权转让协议》未生效，李某与汉某公司之间的股权转让合同关系依法成立。判决：李某继续履行其与汉某公司于2006年12月29日签订的《股权转让协议》，将李某所持有的海某公司5%股权变更至汉某公司名下；驳回汉某公司的其他诉讼请求。

汉某公司不服上诉至广东省高级人民法院。广东省高级人民法院确认了一审法院查明的事实，认为深某公司转让海某公司股权未报有关国资监管机构批准及进行资产评估，违反《国有资产评估管理办法》等规定的要求，且自一审法庭辩论终结前仍未办理相关批准手续，案涉股权转让合同依法未生效，遂于2018年初作出二审判决，维持原判。

三、争议焦点

该案的主要争议是深某公司、李某与汉某公司签订的《股权转让协议》的效力问题。

深某公司的股东为外某集团（持股70%）、王某（持股30%）。外某集团是国有独资公司，其出资者为B市人民政府。深某公司的大股东为外某集团，深某公司属于国有控股企业。深某公司出让所持有的海某公司95%股权属于国有资产占有单位出让国有资产的行为。深某公司与汉某公司之间的股权转让合同关系成立于2006年12月29日，适用当时生效的《国有资产评估管理办法》等规定。需要讨论的问题是如何认定是否办理股权转让批准手续，如未办理相应的资产评估及审批手续，是否导致合同未生效。

四、当事人各方意见和观点

原告汉某公司认为：2006年12月29日，深某公司、李某作为甲方与汉某公司（乙方）签订的《股权转让协议》合法有效。《股权转让协议》第6条规定甲方（深某公司和李某）保证其转让合法有效，第14条规定甲方不能提供股权变更相关文件，视为违约。深某公司和李某为了获取更大利益而将海某公司股权及名下财产又以更高的价格转让给案外人杨某并完成工商过户手续，说明案涉股权符合转让条件。且2007年深某公司的控股股东外某集团的上级主管部门 B 市某局已出具函件称“由于相关工作调整，决定整体出让海某公司，全部转让手续已按国家有关法规办理完毕”，说明案涉股权转让经过深某公司上级部门批准同意，转让的全部手续已办妥应当理解为包括评估手续也已办妥，且评估手续属于国资内部管理程序，无须公示公开。海某公司与案外人杨某之间转让案涉股权的行为属于恶意违约，已被工商行政管理部门撤销，因此，应当继续履行 2006 年 12 月 29 日签订的《股权转让协议》，将海某公司的股东变更为汉某公司。

被告李某认为：李某与汉某公司签订的《股权转让协议》手续完备，该协议合法有效，应当继续履行。在与汉某公司签订《股权转让协议》后，深某公司于 2007 年又与案外人杨某签订《股权转让合同书》，不是李某的真实意愿，非其本人签名，从召开股东会、签订《股权转让合同书》，到之后的工商变更登记，李某都未参与。

被告深某公司认为：涉案《股权转让协议》因为深某公司转让海某公司股权没有履行国有资产的审批、评估、转让手续而无效。《企业国有产权转让管理暂行办法》（现已失效）第 25 条规定国有资产监督管理机构决定所出资企业的国有产权转让，其中，转让企业国有产权致使国家不再拥有控股地位的，应当报本级人民政府批准。《企业国有资产法》第 47 条规定转让国有产权应当委托有资质的评估机构对资产进行评估。《企业国有资产法》第 54 条第 2 款、《企业国有产权转让管理暂行办法》第 4 条均规定除按照国家规定可以直接协议转让的以外，国有资产转让应当在依法设立的产权交易场所公开进行，而该案的股权转让并不属于按国家规定可以直接协议转让的情形。该案中的《股权转让协议》没有经过任何内部决策、批准、评估、公开交易程序，也没有安置职工、接续社会保险关系，更重要的是双方约定的股权转让价格会造成国有资产的流失。

第三人海某公司认为：深某公司出让股权应经深某公司股东会表决通过，该案中的《股权转让协议》并没有通过深某公司的控股股东外某集团决议，没有经过内部审批手续及外部审批手续，在合意达成上有瑕疵，所以《股权协议协议》是无效的。

五、代理结果和裁判理由

深某公司、李某与汉某公司签订的《股权转让协议》包含深某公司与汉某公司之间的股权转让合同关系、李某与汉某公司之间的股权转让合同关系，两个股权转让合同关系各自独立，是各方当事人真实意思表示，应认定为依法成立。

关于李某与汉某公司签订的《股权转让协议》的效力问题。工商登记资料显示李某持有海某公司5%的股权，是法律认可的海某公司股东，李某与汉某公司签订《股权转让协议》，将其所持有的海某公司5%的股权转让给汉某公司，是其真实意思表示。汉某公司请求继续履行与李某签订的股权转让协议的诉讼请求，一审、二审判决均予以支持。

关于深某公司与汉某公司签订的《股权转让协议》的效力问题。深某公司将案涉股权转让给汉某公司的合同签订于2006年12月29日，当时已生效且对该行为予以规范的法律法规有1991年11月16日《国有资产评估管理办法》、1992年7月18日《国有资产评估管理办法施行细则》、2003年5月27日《企业国有资产监督管理暂行条例》、2005年9月1日《企业国有资产评估管理暂行办法》等。一审、二审法院认为深某公司转让海某公司股权未报有关国资监管机构批准及进行资产评估，违反《国有资产评估管理办法》等规定要求，且在一审法庭辩论终结前仍未办理相关批准手续，案涉股权转让合同依法未生效，判决驳回了汉某公司请求继续履行与深某公司签订的《股权转让协议》的诉讼请求。

六、办案总结

（一）关于国有股权转让的批准问题

《企业国有资产监督管理暂行条例》第23条规定“国有资产监督管理机构决定其所出资企业的国有股权转让。其中，转让全部国有股权或者转让部分国有股权致使国家不再拥有控权地位的，报本级人民政府批准”。第24条规定“所出资企业投资设立的重要子企业的重大事项，需由所出资企业报国有资产监督管理机构批准的，管理办法由国务院国有资产监督管理机构另行制定，报国务院批准”。

该案中，一审、二审法院根据上述规定，认为深某公司是国资监管机构所出资企业投资设立的重要子企业，其转让海某公司95%股权将令国家对海某公司不再拥有控股地位，故该转让股权的事项属于深某公司的重大事项，应报有关国资监管机构批准。

笔者认为，《企业国有资产监督管理暂行条例》第23条所述的国有资产监督管理机构所出资企业，应指国资监管机构直接出资的企业，即通常所说的“一级监管企业”。该案中，国有独资公司外某集团持有深某公司70%的股份，深某公司持有海某公司95%的股份，因此，如果将外某集团理解为国资下属一级监管企业，则深某公司为下属二级控股子企业，海某公司则为下属三级企业。那么，如何判断哪个子企业属于“重要子企业”，是否需要书面证明文件？目前缺乏相应的文件指引，该案中深某公司也并未对此举证，此问题仍值得探讨。从该案判决来看，法院更倾向于从保护国有资产的角度出发，认定深某公司转让其下属公司95%的股权的行为应当报国资监管机构批准。

（二）关于国有股权转让的评估问题

《国有资产评估管理办法》第3条规定“国有资产占有单位（以下简称占有单位）有下列情形之一的，应当进行资产评估：（一）资产拍卖、转让；……”

《国有资产评估管理办法施行细则》第4条规定“《办法》第三条所说的国有资产占有单位包括：……（二）国营企业、事业单位；（三）各种形式的国内联营和股份经营单位；……（六）其他占有国有资产的单位”。

《企业国有资产评估管理暂行办法》第6条规定“企业有下列行为之一的，应当对相关资产进行评估：……（五）产权转让；（六）资产转让、置换……”

《民法典》第502条第1款、第2款规定，依法成立的合同，自成立时生效。法律法规规定应当办理批准、登记等手续生效的，依照其规定。

最高人民法院《关于适用〈中华人民共和国合同法〉若干问题的解释

(一)》(现已失效，但有参考意义) 第9条第1款规定，依照《合同法》第44条[①]第2款的规定，法律、行政法规规定合同应当办理批准手续，或者办理批准、登记手续才生效，在一审法庭辩论终结前当事人仍未办理批准手续的，或者仍未办理批准、登记手续的，人民法院应当认定该合同未生效。

根据上述规定，国有资产转让应当进行资产评估。但对于"应评估而未评估"的法律后果，相关规定中并未明确认定为转让行为或转让合同无效，仅明确"由国有资产监管部门批评并责令改正，确有必要时，由国有资产监管部门向法院起诉确认经济行为无效"。因此，在司法实践中，也有二审法院判决认为"《国有资产评估管理办法》第3条'关于国有资产转让的，应当进行评估'的规定虽属强制性规定，但未进行评估不应等同于未经有关部门审批，因而不应当作为合同未生效的法定事由，即便该案所涉资产未经评估，也不应依据《国有资产评估管理办法》第3条和《合同法》第44条认定合同不符合法定生效要件"，理论界也有观点认为"国有资产转让未经评估，并不必然导致国有资产被低价转让，不能与国有资产流失画等号，不能直接导致合同无效"。

笔者认为，《国有资产评估管理办法》第3条关于国有资产转让的，应当进行评估的规定属强制性规定，该案一审、二审法院认为案涉国有股权转让未报有关国资监管机构批准及进行资产评估，违反《国有资产评估管理办法》等规定的要求，且在一审法庭辩论终结前仍未办理相关批准手续，案涉股权转让合同依法未生效，这一判决结果对于我国的国有资产保护及国有资产处置具有积极的借鉴意义和一定的指引作用。

(三) 合同无法履行之后的赔偿责任

该案中，深某公司先与汉某公司签订《股权转让协议》，后又与杨某签订《股权转让合同书》，"一股两卖"，且其在《股权转让协议》中保证"其转让合法有效"，深某公司有义务办理案涉股权转让的批准及资产评估

---

① 现《民法典》第502条。

手续，但其没有履行此义务，又在诉讼中以此为由主张合同无效，显然存在明显过错。那么，在案涉股权合同因未生效而不能履行的情况下，汉某公司应如何主张其权利救济？深某公司的赔偿责任如何承担？在该案判决中法院并未作出处理，这仍是下一步应当探讨的法律问题。

国有股权转让涉及的股东优先购买权的法律实务

北京市中伦（广州）律师事务所　容　融

一、案件基本背景

A 公司是有限责任公司，共有 5 位股东，持股比例分别为股东甲持股 20%，股东乙持股 18%，股东丙持股 25%，股东丁持股 12%，以及股东戊持股 25%。其中，股东甲是一家国有控股企业，拟在南方联合产权交易中心（以下简称南方产交所）通过公开挂牌交易的方式公开转让其持有的 A 公司 20% 的股权。该案中，笔者接受了 A 公司的委托，办理股东甲在南方产交所转让其所持有的 A 公司 20% 的股权相关事宜。

二、争议焦点

（一）国有企业这一特殊主体资格是否会对股东优先购买权产生影响？

股东优先购买权，是指在同等条件下股东优先享有购买其他股东拟转让股权的权利。这一权利在一定程度上维护了公司的和谐与稳定，体现了有限责任公司人合性的特点。关于股东优先购买权的规定散见于下述法律法规之中。

《公司法》（2018 年修正）第 71 条规定："有限责任公司的股东之间可以相互转让其全部或者部分股权。股东向股东以外的人转让股权，应当经其他股东过半数同意。股东应就其股权转让事项书面通知其他股东征求同意，其他股东自接到书面通知之日起满三十日未答复的，视为同意转让。其他股东半数以上不同意转让的，不同意的股东应当购买该转让的股权；不购买的，视为同意转让。经股东同意转让的股权，在同等条件下，其他股东有优先购买权。两个以上股东主张行使优先购买权的，协商确定各自的购买比例；协商不成的，按照转让时各自的出资比例行使优先购买权。公司章程对股权转让另有规定的，从其规定。”①

《企业国有资产交易监督管理办法》第15条：“转让方披露信息包括但不限于以下内容：……（七）企业管理层是否参与受让，有限责任公司原股东是否放弃优先受让权……”

《企业国有产权交易操作规则》第13条：“转让方应当在产权转让公告中充分披露对产权交易有重大影响的相关信息，包括但不限于……（三）有限责任公司的其他股东或者中外合资企业的合营他方是否放弃优先购买权……”

《企业国有产权交易操作规则》第32条：“……涉及转让标的企业其他股东依法在同等条件下享有优先购买权的情形，按照有关法律规定执行。”

上述条款中，《公司法》（2018年修正）第71条对有限责任公司的股东优先购买权做了概括性规定，《企业国有产权交易操作规则》第32条表明国有股权的交易与其他法律法规的相容性。但《企业国有资产交易监督管理办法》和《企业国有产权交易操作规则》仅规定转让方应当披露有限责任公司的原股东是否放弃股东优先购买权。笔者的理解是，如果原股东不放弃优先购买权，其应同时进场交易，在进场交易的同等条件下，原股东有优先购买权。

（二）公司章程对股东优先购买权的规定应适用国有股权转让的特殊规定

公司章程是公司运营活动和组织架构的基本准则，是股东共同意志的体

① 现为《公司法》（2023年修订）第84条，内容有改动：“有限责任公司的股东之间可以相互转让其全部或者部分股权。股东向股东以外的人转让股权的，应当将股权转让的数量、价格、支付方式和期限等事项书面通知其他股东，其他股东在同等条件下有优先购买权。股东自接到书面通知之日起三十日内未答复的，视为放弃优先购买权。两个以上股东行使优先购买权的，协商确定各自的购买比例；协商不成的，按照转让时各自的出资比例行使优先购买权。公司章程对股权转让另有规定的，从其规定。”

现。《公司法》（2018 年修正）第 71 条第 4 款：“公司章程对股权转让另有规定的，从其规定。”因此，在涉及非国有股权的转让时，可以首先参考公司章程的约定，但涉及国有股权的转让，应根据国有股权转让的相关规定，国有股权的转让必须通过公开拍卖的方式进行。

关于股权转让，A 公司的公司章程有如下约定：

“股东可以向股东以外的第三方转让公司的全部或部分股权：

1. 股东向公司股东以外的第三方转让其全部或部分股权的，应当经其他股东过半数同意。股东应就其股权转让事项书面通知其他股东征求同意，其他股东自接到书面通知之日起满三十日未答复的，视为同意转让。其他股东半数以上不同意转让的，不同意的股东应当购买该转让的股权；不购买的，视为同意转让。

2. 股东向公司股东以外的第三方转让其全部或部分股权的，在同等条件下，其他股东有优先购买权。两个以上股东主张行使优先购买权的，协商确定各自的购买比例；协商不成的，按照转让时各自的出资比例行使优先购买权。股东不得通过其实际控制人间接转让股东权益的方式损害其他股东的优先购买权。”

在该案中，A 公司的章程虽然对股东优先购买权的规定基本与《公司法》一致，但没有对国有股权转让需适用的特殊程序有特殊规定。因此，在涉及国有股权转让时，其应适用南方产交所对股权转让中股东优先购买权的特殊规定。

（三）国有股权转让时股东优先购买权的实务问题

鉴于现行法律法规对国有股权转让时的股东优先购买权暂无特殊规定，而且 A 公司的公司章程也没有详细约定股权转让的具体流程。因此，股东甲拟转让 A 公司股权时涉及一系列的具体操作问题。例如，在通知其他股东行使优先购买权的期限内，若其他股东未明示是否放弃优先购买权，此时可否视为其他股东放弃优先购买权？又如，其他股东要求行使优先购买权，是否需要进场交易并参与竞价？

对于上述一系列问题，最高人民法院《关于适用〈中华人民共和国公司法〉若干问题的规定（四）》第 22 条第 2 款规定，在依法设立的产权交易场所转让有限责任公司国有股权的，适用《公司法》（2018 年修正）第 71 条第 2 款、第 3 款或者第 72 条规定的“书面通知”“通知”“同等条件”时，可以参照产权交易场所的交易规则。据此，本所根据法律法规的规定，结合南方产交所的具体操作要求，为客户提供了较为完整的操作方案。

1. 行使股东优先购买权的通知和意思表示。

该案在南方产交所进行股权转让交易，《南方联合产权交易中心网络竞价实施办法》第 34 条规定：“依法享有优先购买权的竞买人可以在同等条件下行使优先购买权。具体行权方式由转让方在《竞价方案》中约定。”

南方产交所的规则对如何通知行权缺乏详细具体的规定，但是根据上述条款，经办律师可以在《竞价方案》中约定如何行权。为此，经办律师对股东明示或默示行使优先购买权的方式都作出了约定，以防因为股东接受或放弃优先购买权的意思表示不明确产生纠纷，从而弥补法律上的空白。具体条款如下：

“受让方根据本竞价须知第 9.8 条前述网络竞价成交确认书后，组织方应向除股东甲外的 A 公司的其他现有股东（下称非转让方股东）发送书面通知（下称《行权通知》），该通知上应载明最高报价竞买人的受让条件（包括但不限于报价金额、付款方式等内容），非转让方股东应自收到《行权通知》后的 30 日内，书面回复组织方其是否行使优先购买权；如非转让方股东自收到《行权通知》之日起的 30 日内不予回复是否行使优先购买权，则默认该非转让股东放弃优先购买权；如非转让方股东自收到《行权通知》后的 30 日内回复行使优先购买权，则该等股东可按照同等条件优先受让转让标的；如不止一个非转让方股东行使优先购买权，则按该等股东目前在 A 公司的相对持股比例进行受让。”

经办律师协助转让方准备了向其他股东发出的《行权通知》，其他股东收到上述通知后未书面回复行使优先购买权，据此其他股东默认放弃行使优先购买权。

值得注意的是，各产权交易场所对行使股东优先购买权的意思表示的规定并不一致，如上海联合产权交易所《股权转让项目中股东优先购买权行使操作办法（试行）》（现已失效）第10条规定："其他股东同意股权转让，但未表示放弃优先权的，视为不放弃优先权。"因此，如国有股权在上海联合产权交易所进行转让，转让方不能自行约定股东行使优先购买权的意思表示，且其他股东未明示放弃优先购买权即视为保留优先购买权。

2. 如何行使股东优先购买权。

国有股权交易需在产权交易场所进行，也会产生其他股东是否需要进场竞价和交易，以及行权的价格如何确定等实际操作问题。虽该案因其他股东均放弃行使优先购买权未涉及上述问题，但在此笔者摘录以下几家产权交易所的规则供参考。

（1）《北京产权交易所企业国有产权转让股东行使优先购买权操作细则》。

第8条，信息披露期满后同时征集到其他股东和非股东意向受让方的，则按下列情形处理：①产生一个非股东意向受让方，且只有一个其他股东场内行权的，由非股东意向受让方在转让底价的基础上，再进行一次报价，该报价即为最终报价。场内行权的其他股东，就最终报价在同等条件下当场表态是否行使优先购买权。场内行权的其他股东当场未表态的，视为放弃优先购买权。②产生两个或两个以上非股东意向受让方，且只有一个其他股东场内行权的，则由非股东意向受让方按照信息披露公告确定的竞价方式进行竞价。场内行权的其他股东，就竞价产生的最终报价在同等条件下当场表态是否行使优先购买权。场内行权的其他股东当场未表态的，视为放弃优先购买权。③若场内行权的其他股东为两个及两个以上的，就①、②所述情形，由非股东意向受让方先行产生最终报价后，场内行权的其他股东，就最终报价在同等条件下当场表态是否行使优先购买权。两个及以上其他股东当场表态行使优先购买权的，应协商确定各自的购买比例，协商不成的，按照各自的出资比例行使优先购买权。

第9条："选择场内行权的其他股东已受让或行使优先购买权的，转让方不再征询未进场的其他股东意见。"

第10条："信息披露公告期满，征集到符合条件的非股东意向受让方，但未产生场内行权的其他股东或者场内行权的其他股东均放弃行权的，转让方应在标的企业非股东意向受让方的最终报价结果产生后3个工作日内，以书面形式向未选择场内行权的其他股东征询其是否行使优先购买权，并告知要求行权的股东在规定的期间内应向北交所办理行权事宜。”

（2）《广州产权交易所交易项目网络动态报价实施办法》（2023年2月修订）。

第12条：若项目有优先权人且优先权人场内事后行权的，报价程序如下：①最高报价的意向方追加报价阶段：最高报价的意向方须在限时报价阶段结束后的规定时间内，对其所报的最高价格进行确认或在该价格的基础上对价格进行增价修改，其他意向方无权参与该操作。追加报价时段结束，系统锁定的最终报价作为优先权人的行权价格。②行使优先权阶段：优先权人须在追加报价阶段结束后（以系统计时为准）的规定时间内，对是否行使优先权作出决定，且须在系统上进行确认。③若自由报价阶段至限时报价阶段没有产生有效报价的，则视为意向方放弃受让交易标的，本所将以挂牌价格提请优先权人确认是否行使优先权。优先权人应在规定时间内以书面方式确认是否行权。④如优先权人行使优先权，应当在规定时间内提交行使优先权的文件。否则，视为其放弃行使优先权。

第13条：若项目有优先权人且优先权人场外行权的，报价程序如下：①最高报价的意向方追加报价阶段：最高报价的意向方在限时报价阶段结束后的规定时间内，对其所报价格有一次增价修改的机会，若没有提高报价，则视当前报价为最高报价意向方的最终报价，其他意向方无权参与该操作。②行使优先权阶段：本所将以网络报价系统确定的最终报价提请优先权人确认是否行使优先权。优先权人应在规定时间内以书面方式确认是否行权。否则，视为其放弃行使优先权。③若自由报价阶段至限时报价阶段没有产生有效报价的，则视为意向方放弃受让交易标的，本所将以挂牌价格提请优先权人确认是否行使优先权。优先权人应在规定时间内以书面方式确认是否行权。否则，视为其放弃行使优先权。④如项目有两个或以上优先权人行使优先权的，本所可根据项目情况另行规定行权方式和程序。

三、小结

在该案例中，经公开挂牌，产生了一个意向受让方且各股东均放弃了优先购买权，最后意向受让方成功受让了国有标的股权。通过该案例可见，在国有股权转让的情形下，原股东根据法律法规及章程的规定也享有并可依法行使其股东优先购买权。

至于行使股东优先购买权的具体操作流程和要求。首先，如前文所述，行权价格方面，在上述多家产权交易场所的交易规则中，一般而言，行权价格为报价的最终价格。这也体现了各大产权交易所对“同等条件”的阐释，即购买价格相同。其次，在确认行权价格后，未放弃优先购买权的其他股东还需再次确认是否行使优先购买权。但各大产权交易所对其他股东是否需要进场交易和行权的具体操作规定稍有差异，在实践中还需结合个案的具体情况并根据实际交易场所来确定具体的行权流程。

非上市[①]国企员工股权激励的困境与出路

北京大成（广州）律师事务所　陈莎莎

一、国有企业员工股权激励的起源

员工股权激励是指通过预先设定的条件和价格向员工授予一定数量公司股权，使员工享受到公司股权价值增值收益的一种激励方式。员工股权激励的直接目的是让员工直接享受到公司业绩增长、股权价值增值的收益，深层目的是平衡员工短期利益与公司股东长期利益之间的关系，激发员工积极性、能动性，推动公司持续发展。

1. 伴随股份制改造的职工持股试点阶段。

员工股权激励兴起于20世纪50年代的美国，我国员工股权激励最早从国有企业开始，且伴随国有企业的改革而发展，当时未使用“股权激励”的概念，而是使用“职工持股”的概念。20世纪80年代，“职工持股”伴随着股份制改造开始试点，1992年5月15日，原国务院生产办发布的《股份制企业试点办法》对股份制企业内部职工持股作出规定，明确不向社会公开发行股票的股份制企业内部职工持有的股份，采用记名股权证形式，不印制股票，严格限定在本股份制企业内部，在公司转为向社会公开发行股票时，其内部职工持有的股权证，应换发成股票，并按规定进行转让和交易；在公司转化为有限责任公司时，内部职工所持股份可以转为“职工合股基金”。继该文件之后，电力行业、外经贸行业等也发文试点股份制改革下的职工持股。

---

① 本文的“非上市”，指未在国内外证券交易所挂牌及未在国内中小企业股份转让系统挂牌。

超范围、超比例发行内部职工股，在报纸上公开向全国范围募股，通过法人股发放给个人，内部职工股权证非法交易等违规行为盛行，给股份制改革试点造成不利影响。1993 年 4 月 3 日，国务院办公厅转发原国家体改委等部门《关于立即制止发行内部职工股不规范做法意见的紧急通知》，要求对新要求成立内部职工持股的定向募集股份有限公司暂缓审批。1994 年 1 月 25 日，国务院《关于继续加强固定资产投资宏观调控的通知》明确在规范化管理办法出台前，暂停内部职工股的审批和发行工作。

1993 年 7 月 3 日，原国家经济体制改革委员会出台规范化管理办法《定向募集股份有限公司内部职工持股管理规定》，重启了员工持股试点，并对不向社会公开发行股份的公司内部职工持股的持股范围、持股凭证、审批管理、转让等作出规定，明确持股凭证不交付职工个人，统一管理，并且限制内部职工股配售 3 年内不得转让，3 年后也只能在内部职工之间转让，不得在社会上转让交易。

由于不按规定发行内部职工股的行为仍然大量存在，更出现名为内部职工持股，实为非法集资，扰乱金融秩序的行为，1994 年，原国家经济体制改革委员会发布《关于立即停止审批定向募集股份有限公司并重申停止审批和发行内部职工股的通知》，正式通知停止审批定向募集股份有限公司，停止内部职工股的审批和发行。又由于内部职工股逐渐成为管理层获利的工具，甚至出现了权力股、利益股，不利于公司长远发展，且发行与转让内部职工股以获得高额利润的行为，对二级市场存在冲击。1998 年 11 月 25 日，中国证券监督管理委员会（以下简称中国证监会）规定停止发行公司职工股。2000 年，民政部开始停止对员工持股会的社团登记，中国证监会复函确定职工持股会及工会不能作为上市公司股东，已经作为上市公司股东的，在上市公司再次融资前需要清理。由于存在严重的利益输送漏洞，2003 年 8 月 6 日，国务院国有资产监督管理委员会等部门联合下发《关于继续贯彻落实国务院有关精神暂停电力系统职工投资电力企业的紧急通知》（现已失效），对电力系统职工持股等方面紧急叫停。

2. 由职工持股到员工股权激励的规范阶段。

2005 年 12 月 31 日，中国证监会发布《上市公司股权激励管理办法

（试行）》（现已失效），正式将“股权激励”以法律形式引入中国。国务院国有资产监督管理委员会、财政部先后于2006年1月27日发布《国有控股上市公司（境外）实施股权激励试行办法》，于2006年9月30日发布《国有控股上市公司（境内）实施股权激励试行办法》。上述文件系统规定了国有控股上市公司实施股权激励的规范，并对股权激励的激励方式、激励对象、激励条件、授予数量、授予价格及其确定的方式、行权时间限制或解锁期限，股权激励计划的申报、考核及管理等作出了详细规定，继2005年《公司法》第143条规定公司可以收购股份用于奖励给本公司职工后，规范化重启了国有上市公司员工股权激励制度。

2008年9月16日，国务院国有资产监督管理委员会发布《关于规范国有企业职工持股、投资的意见》，规范了非上市国有独资和控股企业职工持股、投资的有关问题。

3. 乘着混合所有制改革东风的员工股权激励发展阶段。

2015年8月24日，中共中央、国务院印发的《关于深化国有企业改革的指导意见》，规定“探索实行混合所有制企业员工持股”。2016年8月2日，国务院国有资产监督管理委员会、财政部、中国证监会发布《关于国有控股混合所有制企业开展员工持股试点的意见》，对国有控股混合所有制企业开展员工持股试点提出规范性意见。

二、非上市国有企业员工股权激励的困境

员工持股是为了激发员工积极能动性，激发国有企业活力，而国有企业股份制改造、混合所有制经济改革，也是为了搞活国有企业经济，提高国有企业资本运行效率，规范国有企业内部管理，促进国有企业的飞速发展。基于同一目的性，国有企业员工股权激励随着国有企业改革而出现，随着国有企业改革的深入而发展。上述起源分析呈现，从试点到规范，再到发展，国有企业员工股权激励发展方向是前进的，发展道路是曲折的。国有企业员工股权激励的制度是好的，问题在于执行，更在于管理和监督，相较于国有控股上市公司而言，非上市国有企业的管理和监督问题更为突出，也因此非上市国有企业员工股权激励的发展面临诸多困境，对此概括如下。

（一）实施范围几乎仅限于混合所有制改革的试点企业

自2015年8月24日，中共中央、国务院发布《关于深化国有企业改革的指导意见》以来，先后3批公布实行混合所有制改革的试点企业合计50家，其中第一批9家，第二批10家，第三批31家，各省也相继公布了省内试点企业。但是相对于全国数量庞大的国有企业而言，该类试点企业的范围仍然很窄。在吸取股份制改造中员工持股带来国有资产流失、产生利益输送等巨大负面影响的教训后，此次国有企业混合所有制改革中发展的员工股权激励主要限定于试点范围内的企业，适用面窄。

（二）监督管理不足，实施规范不完善

国有控股上市公司经过券商督导，律师事务所、会计师事务所的审核及规范，证监会上市审查后，企业管理机构更规范，管理制度更健全，且同时接受国有资产监督管理部门、证监会、交易所、券商及公众股东的多重监管，重大事项还需要董秘、证代把关，并参考律师事务所、独立董事、监事会的意见，管理和监督比非上市国有企业更规范、更严格。且上市公司股份有公开透明的交易价格，员工股权激励更容易得到监管，而根据相关规定，非上市国有企业目前仍然主要通过国有资产监督管理机构实施监管，监督管理不足，导致不规范执行风险较大。

国有控股上市企业的员工股权激励已经有国务院国有资产监督管理委员会、财政部印发的《国有控股上市公司（境外）实施股权激励试行办法》《国有控股上市公司（境内）实施股权激励试行办法》等相对完善的规范。而对于非上市国有企业，2008年9月16日，国务院国有资产监督管理委员会发布《关于规范国有企业职工持股、投资的意见》，基于前期职工持股试点中存在的问题进行了必要的规范，如基于存在大量向职工持股企业输送利益的情况，规定职工入股原则限于持有本企业股权，不得直接或间接持有本企业所出资各级子企业、参股企业及本集团公司所出资其他企业的股权。科研、设计、高新技术企业科技人员确因特殊情况需要持有子企业股权的，须经同级国资监管机构批准，且不得作为该子企业的国有股东代表。针对借职

工持股名义行非法集资之实的现象，规定职工投资持股应当遵循自愿、公平和诚实守信、风险自担的原则。针对各种不规范职工持股行为，国务院国有资产监督管理委员会、财政部、中国证监会于2016年发布《关于国有控股混合所有制企业开展员工持股试点的意见》，对实施员工股权激励的员工范围、员工出资、入股价格、持股比例等均作出原则性规定，同时通过试点开展员工股权激励，便于跟踪管理。但是相对于国有控股上市公司员工股权激励的细致规范，非上市国有企业的规范仍然是原则性的，不够细致，不够完善。

（三）实施审批难

虽然没有规定试点范围外的非上市国有企业不能进行员工股权激励，但在没有法律法规明文规定的情况下，即使是在引入民营企业的过程中实施员工股权激励，无论集团公司，还是国有资产监督管理机构，为了避免承担国有资产流失的风险，为了避免被认定为乱作为，也不敢、不愿对非上市国有企业股权激励计划进行审批，导致该类国有企业的员工股权激励，在正常流程下实质上无法开展。笔者曾代理的某国有三级公司混合所有制改革中的员工股权激励项目，即遇到无法通过审批的问题。即使通过民营企业先行实施股权激励的变通方式，也难以对原国有企业员工实施激励。

（四）方案设计难，实施推进难

员工股权激励计划要得以推行，需要综合考虑公司所有权人的利益及员工的利益，以各方达到利益共赢，或者是利益平衡为成功实施该计划的必要条件，员工股权激励原本就是股东利益与员工利益之间的让渡与平衡，而在国有企业下，严格意义上来说，保障员工利益与避免国有资产流失之间似乎存在天然的矛盾，具体表现如下。

1. 股权激励定价难

非上市企业没有直观的股权价格，即使民营企业，定价也存在困难。《关于国有控股混合所有制企业开展员工持股试点的意见》规定员工入股价格不得低于经核准或备案的每股净资产评估值。在股权激励方案设计中，若净资产值低于注册资本额时，按照低于注册资本额的净资产值计算的每股价格作为员工入股价格，是否构成国有资产流失难以界定。

在每股净资产值低于每股注册资本额时（特别是对于实业企业或重资产企业），若按照注册资本额定价，员工可能不愿入股，股权激励将难以推进；若定其他价格，更是没有依据。如果按照每股净资产值定价，则可能被审计认定为国有资产流失，也因此导致国有资产监督管理机构或集团公司不敢审批。

2. 股权激励实施方式变通难

《关于国有控股混合所有制企业开展员工持股试点的意见》规定员工持股“主要采取增资扩股、出资新设方式开展员工持股，并保证国有资本处于控股地位。”该规定是为了防止借用员工股权激励名义侵占国有企业资产。在国有企业混合所有制改革实践中，新设合资企业，同时将由作为员工持股平台的合伙企业认购公司股权，并待公司成立后，根据股权激励计划授予股权给员工的情形，是否属于该意见规定的以增资扩股、出资新设的方式开展员工持股有待界定。在此种情况下，当以一定折扣价格（不低于公司净资产值）授予员工股权时，相应的员工股权激励成本由国企股东承担，或者由国企股东及民营股东共同承担，是否构成国有资产流失？若民营股东主动承担全部股权激励成本，又可能导致激励对象倾向于考虑民营股东的利益。

此时，员工持股平台合伙企业持有的公司股权，应当由国有股东代持，还是由民营股东代持，也没有明确规定。如果由国有股东代持，实际代持人的确存在个人道德风险，由国有股东直接作为合伙企业普通合伙人，又可能存在制度障碍。如果由民营股东代持，则股权激励计划的实施，均需要民企代持人配合，不利于国企股东对股权激励计划实施的控制，也将对国企股东对公司控制权的大小产生影响。

3. 员工认股资金筹措难

《关于国有控股混合所有制企业开展员工持股试点的意见》第3条第2项规定：“……试点企业、国有股东不得向员工无偿赠与股份，不得向持股员工提供垫资、担保、借贷等财务资助。持股员工不得接受与试点企业有生产经营业务往来的其他企业的借款或融资帮助。”该规定一方面避免员工通过垫资、担保、借贷等财务资助侵占国有企业利益，另一方面是为了防止持股员工接受关联企业借款或融资帮助后，为关联企业输送利益。因为员工只能以自有资金或自行借贷资金认购股权，鉴于国有企业员工薪酬标准统一，近年来薪酬不升反降，员工认购股权的积极性不高。

4. 退出制度严松把握尺度难

为了防止国有企业员工持股上市后短期抛售获利，《关于国有控股混合所有制企业开展员工持股试点的意见》第4条第3项规定，上市前的员工持股应自上市之日起锁定36个月，且经过锁定期后董事、高管持股每年可转让股份不得高于所持股份总数的25%。该规定与对上市公司发起人持股、董事、高管持股的限制性规定接轨。同时为了便于管理，该意见规定员工离开公司必须在12个月内将所持股份内部转让。转让给持股平台、符合条件的员工或非公有资本股东的，转让价格由双方协商确定；转让给国有股东的，转让价格不得高于上一年度经审计的每股净资产值。

该意见规定员工持股退出转让给国有股东的，不得高于上一年度经审计的每股净资产值，限制了员工股权退出的收益，打击员工参与股权激励的积极性，该类转让方案难以执行，且转让给持股平台中的国有代持股东，是否认定为该规定中的转让给国有股东待界定。为了提高员工积极性，退出员工的股权只能转让给非公有制资本股东，如此可能影响国有股东的股权控制权大小。

三、非上市国有企业员工股权激励的出路

非上市国有企业员工股权激励困境表面上是政策限制造成的但根本原因在于：第一，国有企业所有权人及管理经营者不同，存在经营管理者侵占国有资产，造成国有资产流失的道德风险；第二，历史上不规范实施员工持股造成的各种问题；第三，非上市国有企业监管不足的现状；第四，现代化相互监督制约的公司管理体制、员工考核机制缺失的现状。针对上述原因，非上市国有企业员工股权激励应当从以下几个方面寻求出路。

（一）总结研究，完善法规，由试点到推广

非上市国有企业混合所有制改革及其员工股权激励文件，并未向社会公开，建议国有资产监督管理机构组织力量对相关试点企业的混合所有制改革及股权激励案例进行调查研究，研究内容为混合所有制改革及股权激励模式的创新、政策贯彻情况、存在的困难及解决方式、激励对象反馈、其他亮点等，并根据相关案例研究、分析、总结关于非上市国有企业员工股权激励现行规定中的不足、不合理之处，提出相应的修改建议。在此基础上，逐步将混合所有制改革中试点的员工股权激励，通过负面清单的方式推广实施，扩大非上市国有企业员工股权激励可实施的范围。

（二）信息披露，明确责任，加强监管

非上市国有企业监督管理机构主要为国有资产监督管理委员会或者国有文化资产监督管理办公室，而监督对象众多，特别是对二级企业，三级以下的企业，难以做到全面有效的监管。因此可以考虑增加监管主体，或者改变监管方式，比如参考上市公司的信息披露制度，对国有企业规定相应的信息披露义务，由公众对国有企业的经营、管理等进行监管，加强监管，避免侵占国有资产、非法转移国有资产、利益输送行为的出现，从而也避免借员工股权激励名义实施该类行为的情况。同时也可以借助社会中介机构的力量，要求对国有企业的重大事项，出具法律审查意见、审计机构意见等。

（三）细化规则，明确要求，化解审批难

在调研总结经验教训的基础上，细化非上市国有企业实施员工股权激励的制度要求，特别是对员工股权激励制度定价、确定实施方式、激励成本负担等方面是否界定为国有资产流失进行细化；同时细化规定实施股权激励的流程，特别是信息披露的流程、审批的流程、中介机构审核的流程等，从而明确审批要求及规则，让审批机构可以依据相关规则进行审批，避免滥用职权嫌疑，化解审批难。

对于定价方面，严格执行根据评估定价的方式，并结合国有资产评估备

案制度，对涉及混合所有制改革和员工股权激励的国有企业资产进行评估，严格执行备案制度，防止出现不合理操纵评估价格的情况。关于股权激励实施过程中的成本承担，属于股权激励实施过程中的成本，依照市场规则处理，但是应当对成本的构成及限额作出细化的限制性规定。通过细化规则，加强监管，逐步由事前限制或禁止，变更为事中监管，事后追责，解决矛盾，推定实施。

（四）结合职业经理人制度等解决资金筹措难的问题

2016 年 3 月 16 日，《国民经济和社会发展第十三个五年规划纲要》提出“建立国有企业职业经理人制度，完善差异化薪酬制度和创新激励”。2018 年 7 月 14 日，国务院《关于推进国有资本投资、运营公司改革试点的实施意见》规定，国有资本投资、运营公司所持股国有控股企业中，符合条件的可优先支持同时开展混合所有制改革、混合所有制企业员工持股、推行职业经理人制度、薪酬分配差异化改革等其他改革试点，充分发挥各项改革工作的综合效应。国有企业相对固化均衡的薪酬体系，导致国有企业人才流失严重，如西安航天动力研究所（航天六院十一所）研究人员张小平，在国企仅拿 12 万元年薪，而一到民企则可以拿百万元薪酬，可见国企相对固化均衡的职务层级、薪酬体系，限制了企业发展的活力，严重制约了企业发展，但放开薪酬体系又可能导致国有企业利益对员工不当输送，在此基础上，职业经理人制度改革应运而生。国有企业对职业经理人实施市场化管理，给予职业经理人市场高薪，同时逐步建立职业经理人库及完善评价机制，形成能进能出的制度。目前职业经理人制度已经成为国有企业留住人才的救命稻草，员工股权激励可以结合职业经理人制度的改革推进，职业经理人的高薪和奖金，一定程度上也可以解决资金筹措难的问题。

另外在混合所有制改革中，民营企业一方提供融资等方式也是解决资金筹措难的一种途径，只是在制度设计中应当预防激励对象被民营企业招揽，甚至成为民营企业的代言人。

通过提取奖励基金，延期支付股权认购资金的方式，也可以部分解决资金筹措难的问题。

（五）完善市场化治理结构及人才考核制度

完善市场化治理结构是国有企业混合所有制改革的目的，也是混合所有制改革的需要，只有市场化治理结构才能发挥民营企业对公司业务发展的能动性，才能激发民营企业的活力，只有市场化的治理结构，才能给民营企业信心和安心，确保民营企业的利益不被蚕食。市场化的治理结构，强调相互监督、有效监管，从而避免非法输送、转移公司利润的情况。员工股权激励的授权、行权及退出，均有赖于对激励对象的考核，因此只有完善人才考核制度，根据企业特征，制定详细的关键绩效指标（KPI）、360 度考核法等考核制度及对考核结果运用，公平、公开进行考核并公布考核结果，形成能进能出、能上能下的人才管理体制，才能确保股权激励有效实施，并形成员工对制度公平的内心确信，最终发挥激励作用。

综上所述，我国员工股权激励起源于国有企业股份制改造，从 20 世纪 80 年代以来，经历了兴盛、限制、停止、重启、规范的阶段，而囿于非上市国有企业所有权和管理权完全分离且监管不足的固有弊端，非上市国有企业员工股权激励的实施面临重重困境，需要通过案例研究、规则细化、制度完善，结合国有企业混合所有制改革、职业经理人制度改革的深入发展，发挥激励作用。

企业国有产权无偿划转的主体资格问题

广东金桥百信律师事务所　黄顺华

一、当事人基本情况

某市某投资集团有限公司（以下简称城投集团）系于2008年设立的一家有限责任公司，主营业务为从事城市固体废弃物处理设施的投资、建设和运营以及相关环保高端设备制造。

城投集团注册资本6.5亿元人民币，由4名法人股东出资，其中城阳集团出资比例为67%，城发集团出资比例为20%，城重集团出资比例为10%，民投集团出资比例为3%。工商登记信息显示：城阳集团和城发集团均为某市人民政府作为出资人设立的国有独资公司，城重集团由城电集团作为唯一股东设立，城电集团由某市国有资产管理局作为唯一股东出资设立。城阳集团、城电集团和城发集团均为某市国有资产监督管理委员会（以下简称国资委）直接监管企业。经穿透审查股东结构，民投集团为非全国资有限公司。

二、项目基本情况

2006年，某市决定投资建设第一个大型固体废弃物焚烧处理厂，并通过建议—经营—转让（bot）的方式引进世界领先行业巨头公司进行合作。某市城市某工程有限公司（以下简称城建公司）于2009年由城建集团（国有独资公司，唯一出资人为某市人民政府）独资设立，该公司主营公共设施管理业务。城建公司成立后，某市政府将上述固体废物焚烧处理厂产权整体移交给城建公司。

2013 年 3 月，某市国资委和某市财政局发文决定城建公司由城建集团出资变更为某市政府出资，并纳入某市国资委监管。

某市政府进行投融资体制改革，2012 年下发文件，明确依托城投集团成立城市固体废弃物处理投资主体，将其打造成具有处理设施投资、建设和运营及处理技术研发能力的主体，全面负责和筹划、统筹管理、统一实施该市固体废弃物处理工作。根据上述文件，某市政府 2013 年决定自 2014 年 1 月 1 日起，由城投集团托管城建公司。

三、问题的提出

2016 年 3 月，考虑到自身经过多年发展，已经投资建设和运营了多个大型固体废弃物处理厂，公司经营模式较为成熟，经营收入逐年上升，取得不错的经营利润，公司管理逐渐规范，城投集团拟将公司上市列入公司发展规划，并着手进行前期准备工作。虽然城建公司由城投集团托管，实际上行使出资人权利和承担出资人责任，但二者产权关系并未厘清，这一问题不解决，不利于公司的长远发展。2016 年 7 月，就上述问题，城投集团聘请律师作为专项法律顾问，提供专项法律意见和建议，协助公司拟定解决方案并协助方案的实施。

四、争议焦点

某市国资委和城投集团法务提出托管改出资的解决思路，即（1）解除城投集团对城建公司的托管关系。（2）某市政府以增资的方式，将其对城建公司的出资权益按比例成建制无偿划转至城投集团三股东，城阳集团占比 70%、城发集团占比 20%、城重集团占比 10%；再由该三股东定向无偿划转至城投集团。其中基于城重集团为城电集团二级企业，对城重集团的投资通过城电集团逐级进行。

律师经过研究分析，认同托管改出资的解决思路，但建议放弃企业国有产权无偿划转的路径，改为采用企业增资的路径。

由此，各方对托管改出资的实现路径存在分歧。

五、各方理由与最终结果

某市国资委和城投集团法务认为应当采用企业国有产权无偿划转的路径，理由如下：

1. 无偿划转的路径无须通过产权市场公开进行，可以避免公开市场竞争，确保城建公司股权顺利由城投集团取得。

2. 采取无偿划转的方式便于作财务处理以及税务处理。

律师认为采用无偿划转的方式无法保证方案的合法合规性，建议考虑企业增资的路径，具体理由如下：

1. 根据《企业国有产权无偿划转管理暂行办法》（国资发产权〔2005〕239 号）第 2 条“本办法所称企业国有产权无偿划转，是指企业国有产权在政府机构、事业单位、国有独资企业、国有独资公司之间的无偿转移”的规定，《关于印发〈企业国有产权无偿划转工作指引〉的通知》（国资发产权〔2009〕25 号）第 2 条第 1 款“国有独资企业、国有独资公司、国有事业单位投资设立的一人有限责任公司及其再投资设立的一人有限责任公司（以下统称国有一人公司），可以作为划入方（划出方）”的规定，以及《关于促进企业国有产权流转有关事项的通知》（国资发产权〔2014〕95 号）第 3 条：“国有全资企业之间或国有全资企业与国有独资企业、国有独资公司之间，经双方全体股东一致同意，其所持股权可以实施无偿划转……”的规定，企业国有产权无偿划转的划入方和划出方都应该是上述规定中的特殊主体，而本项目的划入方城投集团并非政府机构或事业单位，且其股东由 4 个法人股东组成，其中包含有非国资股东，即城投集团并非国有独资企业或国有独资公司，也非国有全资企业，并不符合法定的无偿划转划入方的主体资格。

2. 根据《企业国有资产交易监督管理办法》第 3 条“本办法所称企业国有资产交易行为包括：……（二）国有及国有控股企业、国有实际控制企业增加资本的行为（以下称企业增资），政府以增加资本金方式对国家出资企业的投入除外；（三）……”的规定，第 45 条“以下情形经同级国资监管机构批准，可以采取非公开协议方式进行增资：（一）因国有资本布局结构调整需要，由特定的国有及国有控股企业或国有实际控制企业参与增资；（二）……”的规定，以及第46条“以下情形经国家出资企业审议决策，可以采取非公开协议方式进行增资：……（三）企业原股东增资”的规定，城投集团通过非公开协议方式向城发集团、城阳集团、城重集团定向增资具备合法合规性。

3. 某市政府向城发集团、城电集团和城阳集团以及城电集团向城重集团以城建公司名义增资也不存在不合法合规的障碍。

经过讨论，城投集团采纳了律师的意见，由城投集团准备方案，并获某市国资委及政府批准。实施过程中，律师进行法律尽职调查时，发现城建公司的国有产权虽然在国资部门国有产权登记资料里显示产权人已由城建公司变更为某市政府，但未完成股东变更的工商备案登记，遂提出整改意见，建议立即完成变更登记手续。2016年12月，城投集团根据《企业国有资产交易监督管理办法》的要求完成增资方案的报批，待获得正式批复后，将办理相应的备案登记手续，城建公司将成为城投集团全资子公司，由城投集团持股100%。

六、总结

本项目托管改出资的实现路径之所以发生重大分歧，根源在于相关方对企业国有产权无偿划转的主体资格的理解存在分歧。关于此问题，相关规范性文件历经以下3个阶段。

第一阶段：2005年《企业国有产权无偿划转管理暂行办法》（国资发产权〔2005〕239号）

《企业国有产权无偿划转管理暂行办法》第2条规定：“本办法所称企业国有产权无偿划转，是指企业国有产权在政府机构、事业单位、国有独资企业、国有独资公司之间的无偿转移。”该文件本身对“国有独资公司”的准确定义并未予以明确，此时应当参照相关法律法规和其他规范性文件的规定以及工商部门的实践做法进行理解。

《公司法》（2005年修订）第64条第2款规定：“本法所称国有独资公司，是指国家单独出资、由国务院或者地方人民政府授权本级人民政府国有资产监督管理机构履行出资人职责的有限责任公司。”《关于印发〈企业国有产权无偿划转工作指引〉的通知》第2条（见上文）也强调股东的单一性，因此股东单一性为国有独资公司的基本特征。而从工商部门的实践来看，凡是各级政府或其授权的履行出资人职责的机构单独投资设立的公司，在“企业类型”一栏均注明为“有限责任公司（国有独资）”，而由多个国有企业共同投资设立的公司，“企业类型”一律为“其他有限责任公司”，即使其全部股东均为国有独资公司。本项目中的城投集团的工商登记资料也显示“企业类型”为“其他有限责任公司”。

第二阶段：2014年《关于促进企业国有产权流转有关事项的通知》（国资发产权〔2014〕95号）

随着2014年7月11日《关于促进企业国有产权流转有关事项的通知》（国资发产权〔2014〕95号）的出台，无偿划转的主体范围由政府机构、事业单位、国有独资企业和国有独资公司扩大至国有全资企业。根据《关于促进企业国有产权流转有关事项的通知》（国资发产权〔2014〕95号）第1条的规定，国有全资企业是指全部由国有资本形成的企业。

第三阶段：《关于企业国有资产交易流转有关事项的通知》（国资发产权规〔2022〕39号）

值得注意的是，2022年5月16日，国务院国资委出台《关于企业国有资产交易流转有关事项的通知》（国资发产权规〔2022〕39号）。根据该文第5条“国有控股、实际控制企业内部实施重组整合，经国家出资企业批准，该国有控股、实际控制企业与其直接、间接全资拥有的子企业之间，或其直接、间接全资拥有的子企业之间，可比照国有产权无偿划转管理相关规定划转所持企业产权”的规定，无偿划转的主体在特定条件下，再次扩大至国有控股、实际控制企业。关于此处“国有控股、实际控制企业”的涵盖范围应当与《企业国有资产交易监督管理办法》（国务院国资委、财政部令第32号）第4条的规定所确定的范围一致。

国有参股企业重大事项审批的决策流程辨析

广东金桥百信律师事务所　廖　艳

一、当事人基本情况及案由

原告：HY 投资发展有限公司（以下简称投资公司）

被告：HY（集团）公司（以下简称 HY 集团）

第三人：RO 公司

案由：债权转让合同纠纷

二、案件基本情况

1. HY 集团为某市市属全民所有制企业；投资公司系 HY 集团原 1065 名职工作为投资人出资成立的有限责任公司；RO 公司为中外合资的有限责任公司，中方股东为 HY 集团的全资子公司，占股份 20%，外方股东为某化工（集团）有限公司，占股份 80%。

2. 2006 年 12 月 25 日，投资公司与 RO 公司签订《债权转让协议书》，约定 RO 公司将其享有的 7 笔债权打包转让给投资公司，其中包括 RO 公司对 HY 集团享有的债权 2.7 亿余元。协议签署后，债权人向债务人 HY 集团发出了《债权转让通知》，HY 集团对此无异议。

3. 就《债权转让协议书》一事，HY 集团未书面正式向某市国有资产监督管理委员会（以下简称国资委）报告备案。

4. 为追索债务，投资公司向一审法院起诉要求判决 HY 集团偿还债权转让中部分债务共计人民币 1983.1 万元及利息。

5. 该案诉讼中，一审法院发函向某市国资委了解涉案债权交易的审批情况。该市国资委复函称，该案债权转让涉及国有资产，HY 集团未依《企业国有资产法》的规定报市国资委备案，且该宗债权转让未经评估和公开转让，又属关联交易，显失“三公”、等价交易原则，国有股东虽只有 20% 的股份，但股权的实际价值明显缩水，该项债权转让行为应属无效。

三、争议焦点

本案为债权转让而引发的纠纷，债权转让方为国有参股公司，涉案债权转让金额较大，该事项依照国有资产监督管理相关规定应履行何种审批流程，是否影响到涉案债权转让协议的效力。

四、双方意见或观点

原告投资公司观点：

涉案债权转让协议有效的理由如下：（1）RO 公司作为中外合资经营企业，其转让债权的行为依法无须向市国资委报备。中方持股份 20%，外方持股份 80%，依照《中外合资经营企业法》（现已失效）规定及 RO 公司《公司章程》约定，RO 公司设董事会，董事会拥有表决权，RO 公司向投资公司进行的债权转让经过其董事会的表决，合法有效。（2）RO 公司的中方股东虽为国有企业，但这并不影响公司的独立经营权。RO 公司属于国有参股公司，即使涉及关联交易，依照《企业国有资产法》第 46 条的规定，也只需依照《公司法》和有关行政法规及公司章程的规定，由公司股东会、股东大会或董事会决定。（3）某市国资委如以国有资产管理人身份主张涉案债权转让协议无效，应以第三人身份参加诉讼并提出主张。

被告 HY 集团观点：对债权转让行为无异议，涉案债权转让是否需要政府批准，应依照当时法律规定来认定。

五、裁判结果和理由

该案一审、二审法院均认定涉案债权转让协议无效，判决驳回原告投资公司的诉讼请求，但两级法院认定的理由及适用法律有所不同。

一审法院认为，债权转让方系中外合资企业，占 20% 股份的中方代表系国有全资子公司，即该债权转让涉及国有资产。债权受让方部分股东同时担任债务人高管，交易各方有关联关系。因债务人 HY 集团未依《企业国有资产法》的规定报市国资委备案，且该债权转让涉嫌关联交易，未经评估和公开拍卖，转让价格偏低，使国有参股的股权价值明显缩水，使国有资产严重受损，该宗债权转让行为应属无效。一审法院依据《合同法》第 52 条第 2 项，《企业国有资产法》第 13 条、第 43 条、第 46 条、第 72 条的规定，判决驳回原告诉讼请求。

二审法院认为，首先，HY 集团为全民所有制企业，涉案债权转让的双方当事人均与债务人 HY 集团有关。转让方 RO 公司系中外合资企业，占 20% 股份的中方股东为债务人的全资子公司。根据《企业国有资产监督管理暂行条例》第 2 条、第 3 条、第 4 条和第 23 条规定，RO 公司系国有参股企业，其转让债权的行为应依法履行相关报备手续。但该案交易没有履行相关审批手续，市国资委向法院的复函中亦明确，HY 集团对该宗转让未向该委报告、请示、备案，也未经该委批准同意。其次，根据 1991 年 11 月 16 日施行的国务院《国有资产评估管理办法》第 3 条第 1 项、第 3 项的规定，RO 公司作为国有资产参股公司，其资产转让应当进行资产评估，但证据显示，该案的转让并未经过评估程序。根据《合同法》第 52 条第 5 项的规定，该案的债权转让协议因违反了法律法规的强制性规定，应认定为无效。一审法院对涉案债权转让行为认定无效并无不妥，但适用法律有误，二审法院对此予以纠正。综上所述，二审法院驳回上诉，维持原判。

六、办案总结

该案涉及的其实是国有出资企业的子企业参股的公司，在资产交易过程中，国有资产监督管理的相关法律、行政法规对此如何进行规制的问题。这一问题要从监督主体、程序两方面来分析：

（一）监督主体

1. 相关法律规定

关于国有资产监督管理的主体如何确定，《企业国有资产法》第 11 条、

第 13 条、第 21 条、第 33 条已进行了明确。

2. 国有出资企业的子公司所参股公司的监督主体

依据前述规定，该案中的 HY 集团系某市属国有出资企业，某市国资委根据授权依法代表人民政府履行出资人职责。RO 公司作为国有参股企业，代表出资人履行监督职责的应为该公司的股东，即 HY 集团的全资子公司。

笔者认为，首先，因国有企业的子企业参股的企业并不属于国家直接出资的企业，国资委不能直接对该企业履行出资人的监管职责，而应当通过国有出资企业对其所投资企业的重大事项行使出资人权利。其次，企业国有资产是国家对企业各种形式的出资所形成的权益，而非某项特定、具体资产的产权，出资人通过对企业出资后，作为出资的财产依法变更至企业名下，此时出资人对企业享有的不再是物的权益，而是出资人权益，国有资产也由原来的物权转化为股权或其他相应的权益。最后，根据《公司法》第 3 条的规定，公司作为企业法人，享有独立的法人财产，公司自然有权自行处分其依法取得的财产。对此类子公司的参股公司的资产处置，国有资产监督管理应当针对的是国有股东是否依照公司章程对该资产处置事项行使表决权的问题，而不能越过公司的股东会或董事会直接决定资产处置事项。

因此，就该案债权转让，应由国有出资企业代表出资人对其参股企业履行监督职责。

（二）监督程序

1. 资产评估

依照《国有资产评估管理办法》第 3 条及国家国有资产管理局《国有资产评估管理办法施行细则》第 3 条的规定，国有资产占有单位（包括参股、控股）在资产转让时，必须进行评估。

可见，凡是涉及国有资产投资形成的权益，在处置时，都是以评估为原则，不评估为例外（国家国有资产管理局《国有资产评估管理办法施行细则》第 5 条）。

该案中，虽然原债权转让协议是 HY 集团为资产重组而签署，但其并未履行资产评估的程序，确实存在影响效力的重大瑕疵，二审法院据此认定该转让协议违反行政法规的强制性规范，应为无效。

2. 审批或报备

涉案的债权转让行为，到底是应当向履行国有资产出资人管理职责的主体报备还是请求审批?

如前所述，国有出资企业的子公司所参股公司的监督主体应为国有出资企业，在该案中就是 HY 集团的全资子公司树脂厂。树脂厂应按照其母公司 HY 集团的指示，在参加 RO 公司股东会或董事会时，就债权转让事项发表意见、行使表决权，并将其履行职责的情况和结果及时报告 HY 集团。

因此，就该案债权转让一事出让方 RO 公司并没有向市国资委报告、请求批准的义务，而是应由 RO 公司的国有出资方树脂厂向其母公司即 HY 集团请示、报告。HY 集团在对其子企业就其所参股的公司资产交易行为应如何行使表决权做出指示后，再将该情况和结果向某市国资委报告即可。此处的报告，应为报告备案，而不是请求审批。

客观上来说，对于国有出资企业的子公司参股的企业，如果其子公司持股比例没有达到控股地位，代表国有出资的股东即使表示不同意见，也无法控制该参股企业的资产处置行为。2016 年国务院国资委和财政部共同制订颁布的《企业国有资产交易监督管理办法》，也仅是对政府部门、机构、事业单位直接出资的国有企业、国有控股企业、国有实际控制企业的资产交易行为（包括产权转让、增资、资产转让）进行规制。

总结：对于国有资产的处置，关键在于程序合法、价格公平、交易公开。第一，依据现有法律规定，此类交易要先进行资产评估已是必不可少的程序，以保证价格公平；第二，有必要区分清楚国有出资企业/公司、国有控股公司、国有实际控制企业、国有参股企业，来确定其资产交易监督的相应主体和程序应如何处置；第三，按照现有国有资产交易管理以进场公开交易为原则，协议转让为例外的要求，还必须考虑交易的平台、方式；承办此类业务的律师，要全面考虑以上三方面的问题，以保证交易的合法、有效。

第三章　国有资产监管

国有资产监督机制的广东模式

上海中联（广州）律师事务所　杨　闰　刘心宇

一、问题的提出

《民法典》开创了我国法典编纂立法的先河，为规范各类民事主体间财产关系与人身关系提供了中国智慧与中国方案。为顺应党中央完善产权保护制度的要求，《民法典》进一步健全了归属清晰、权责明确、保护严格、流转顺畅的现代产权制度和产权保护法律框架。[①] 当下国有企业已发展成为国有经济的中流砥柱，企业国有资产在社会主义市场经济中正发挥着前所未有的重要作用，应当通过行之有效的监督机制对国有资产进行监督，以充分保障全体人民的利益福祉。本文拟从《宪法》有关国家机构权力配置出发，根据《企业国有资产法》《企业国有资产监督管理暂行条例》等法律、行政法规及广东省内国有资产监管地方性法规，结合十八大以来日益完善的党和国家监督体系，探索符合当前经济态势的国有资产监督机制。

二、国有资产监督机制路径梳理

2018 年《宪法修正案》颁布后，国家监察委员会（以下简称国家监察委）正式成为独立行使国家监察权的国家机关，形成了一般监督机关、专责监督机关和专门监督机关并立的国家监督机构配置。一般监督机关即全国人大及其常委会，有权监督宪法法律的实施及“一府一委两院”的工作。专责监督机关即国家监察委，有权调查和处置国家公职人员职务违法和职务

---

① 参见 2016 年中共中央、国务院《关于完善产权保护制度依法保护产权的意见》。

犯罪。专门监督机关主要有作为专门法律监督机关的人民检察院和作为审计监督机关的政府审计机关,[①] 此外，国务院国有资产监督管理委员会（以下简称国资委）作为国务院直属特设机构，代表国家对国有资产运营状况进行专门监督。上述3类监督相互分工协作，实现了国家公权力监督体系的完善与重构。

党的十九大报告指出，要完善各类国有资产管理体制，促进国有资产保值增值，推动国有资本做强做优做大，有效防止国有资产流失。目前在国有资产监督领域已经形成以党内监督和监察监督为重心，以人大监督、审计监督、国资委监督相配合的监督机制。

（一）党内监督——以巡视巡察为重点[②]

习近平总书记在全国国有企业党的建设工作会议上指出，国有企业是中国特色社会主义的重要物质基础和政治基础，坚持党的领导、加强党的建设，是国有企业的“根”和“魂”，是我国国有企业的独特优势。[③] 巡视巡察全覆盖是中国共产党加强党内监督的重要保障，在国有资产监督领域，各级党委既要对各级国资委进行巡视巡察，又要对经营国有资产的国有企业进行巡视巡察，各级国资委及国有企业既要接受上级党委巡视巡察，又要在内部统筹开展巡视巡察，实现上下联动，体现全国一盘棋。

对国资委及国有企业开展巡视巡察具有鲜明的政治属性，通过重点检查被巡视巡察单位坚持党的领导情况、贯彻落实中央“八项规定”、反“四风”等路线方针政策情况以及“三重一大”决策事项，推动党中央关于国有企业党建、供给侧结构性改革、国有资产保值增值等决策部署落地。[④] 2019年，广东省委第八巡视组对省国资委党委进行巡视，暴露出了省国资

---

① 参见朱福惠、刘心宇:《监察监督与审计监督衔接机制研究》，载《山东警察学院学报》2018年第6期。

② 除巡视巡察外，国有资产领域党内监督还包括各级纪检委向各级国资委及国有企业派驻纪检组等纪检监督方式，鉴于纪检、监察机关合署办公，派驻监督将主要在本文第3部分进行论述。

③ 参见《习近平在全国国有企业党的建设工作会议上的讲话》，载共产党员网2016年10月11日，http://www.12371.cn/special/xjpgqdjjh/。

④ 参见戴国华:《把握财务重点内容 充分运用财务手段 助推国有企业巡视巡察工作》，载《财务与会计》2019年第23期。

委关于推进省属企业实施创新驱动战略力度不够、推动省属企业资产保值增值不力、推动省属企业上市工作滞后等问题。省国资委积极落实整改，制定《广东省省属企业资产租赁管理暂行办法》，修订《广东省省属企业投资监督管理办法（试行）》《广东省省属企业加强债务管理严控债务风险暂行办法》等规范性文件，旨在进一步发挥国有资产效用，防范国有资产流失，推动国有资产保值增值。[①]

目前各级国资委及国有企业仍然存在政治理论学习不深入、重经营、轻党建、国有资产保值增值不力等问题，[②] 通过深化巡视巡察这一党内监督的重要方式，把政治建设与业务经营工作紧密结合，着力从政治上认识问题、查找问题、分析问题，有利于推动国资委和国有企业巡视高质量发展，保障国有资产平稳运营，充分保障全体人民福祉和利益。[③]

（二）监察监督——国有资产监察全覆盖

2018 年《宪法修正案》及《监察法》的颁布标志着监察监督成为党和国家监督体系中的重要一环。党的全面领导，监察机关依法独立行使监察权、监察机关实行对公职人员监察全覆盖为构建集中统一、权威高效的反腐败体制、机制提供了重要保障。[④] 监察全覆盖对于推进国有资产领域反腐败工作、促进国有资产保值增值、预防国有资产流失具有重要意义。

1. 国有资产领域监察监督的对象

（1）《企业国有资产法》第 11 条规定各级国资委代表本级人民政府对国家出资企业履行出资人职责，因此，各级国资委公职人员应当属于国有资产领域被监察的对象。

（2）《监察法》第 15 条将“国有企业管理人员”纳入监察对象的范围，

---

① 参见《中共广东省国有资产监督管理委员会关于巡视整改进展情况的通报》，载南粤清风网，https：//www. gdjct. gd. gov. cn/xszg52/content/post_ 30450. html。

② 参见王晓文：《以问题为导向提高国有企业巡视工作成效》，载《中国党政干部论坛》2020 年第 8 期。

③ 参见杨巨帅、宋广奇：《坚决落实全面从严治党主体责任　推动国资委和中央企业巡视高质量发展》，载《中国纪检监察》2019 年第 7 期。

④ 参见姜明安：《论监察法的立法目的与基本原则》，载《行政法学研究》2018 年第 4 期。

但《监察法》并未界定“国有企业管理人员”的具体范围。2018年国家监察委在成立后，颁布了《国家监察委员会管辖规定（试行)》（国监发〔2018〕1号）对“国有企业管理人员”予以明确。《国家监察委员会管辖规定（试行)》第4条第3款规定：“国有企业管理人员，包括国有独资、控股、参股企业及其分支机构等国家出资企业中，由党组织或者国家机关、国有公司、企业、事业单位提名、推荐、任命、批准等，从事领导、组织、管理、监督等活动的人员。”

国家监察委对“国有企业管理人员”的界定体现了国有资产领域监察监督全覆盖的立法指引，将国有独资、控股、参股企业均纳入监察监督范围。目前我国正稳步推进国有企业混合所有制改革，将国有独资、控股企业纳入监察监督范围在学界并无异议，但对国有参股企业是否纳入监察监督范围，学界存在不同观点。第一种观点认为，对于国有参股企业，政府只是普通参股者，不应认定其为国有企业。[①] 第二种观点认为：“从避免国有资产流失的角度出发，有国资成分的企业中的管理人员都应当属于监察对象。[②]”

首先，笔者支持第二种观点，认为国有参股企业因国有资产投资而承载着部分公共利益，为避免国有资产流失，充分保障全民利益，应当将国有参股企业纳入监察监督范围。

其次，国有企业管理人员的产生方式包括由党组织或者国家机关，国有公司、企业、事业单位提名、推荐、任命、批准等。有观点认为，国有资产属于全民所有，但全体人民不可能直接经营、控制国有企业，只能委托给政府行使所有者权力，因而国有企业管理人员事实上系接受政府委托，代为行使管理国有资产的公权力。[③] 因此，国有企业管理人员无论是通过委任、聘任或是选任产生，均应视为行使公权力人员，进而被纳入监察监督范围之中。

最后，国有企业管理人员包括从事领导、组织、管理、监督等活动的人

---

① 参见秦前红、石泽华：《〈监察法〉派驻条款之合理解释》，载《法学》2018年第12期。

② 参见马怀德：《再论国家监察立法的主要问题》，载《行政法学研究》2018年第1期。

③ 参见明星星：《国有企业监察对象的界定——兼论监察法对“内部控制人”的控制》，载《研究生法学》2019年第6期。

员。笔者认为，《国家监察委员会管辖规定（试行）》将“管理”扩大解释为“领导、组织、管理、监督”等活动，覆盖了国有资产的占有、使用、处分、收益各个方面，符合国有资产监督的本质要求。

综上所述，国有资产领域监察监督的对象既包括国有资产监管部门公职人员，又包括国有企业管理人员，国家监察委对国有企业管理人员的认定标准，符合《监察法》“国家监察全面覆盖”之规定，为构建权威高效的国有资产监督体系提供了充分保障。

2. 国有资产领域监察监督的主要形式——派驻全覆盖

《中国共产党章程》第45条第4款规定党的中央和地方纪律检查委员会向同级党和国家机关全面派驻党的纪律检查组。《监察法》第12条第1款规定各级监察委员会可以向本级国家机关、国有企业等派驻或者派出监察机构、监察专员。根据纪检监察机关合署办公原则，各级纪检监察机关向本级国资委及国有企业派驻纪检监察机构（派驻纪检监察组），履行纪检、监察两项职能，实现监督全覆盖已经成为国有资产领域纪检监察的主要形式。有学者认为：“向党政机关和国有企业派驻纪检监察部门和人员是中国特色反腐倡廉体系的重要组成部分，也是一种特殊的制度安排。”①《监察法》第13条规定派驻监察机构根据授权，依法对公职人员进行监督、调查、处置，因此，派驻纪检监察机构主要在被派驻的国资委及国有企业中通过对监察对象进行日常监督、专门调查和最终处置，履行专责监督机关的职责。有关派驻纪检监察机构如何履行监督职责，将在本文第3部分“国有资产监督机制的衔接”进行详细论述。

（三）人大监督——国家权力机关监督

习近平总书记在十九届中央全面深化改革领导小组第一次会议上指出：“建立国务院向全国人大常委会报告国有资产管理情况的制度，是贯彻党的十九大强调的加强国有资产监督管理的一个重要举措。”②《企业国有资产

---

① 过勇：《中国纪检监察派驻制度研究》，载《国家行政学院学报》2014年第2期。

② 习近平：《推进国有资产管理的公开透明》，载国务院国有资产监督管理委员会网2020年1月7日，http://www.sasac.gov.cn/n4470048/n10286230/n11567072/n11567077/c13437211/content.html。

法》第 4 条第 1 款规定："国务院和地方人民政府依照法律、行政法规的规定，分别代表国家对国家出资企业履行出资人职责，享有出资人权益。"国有资产属于全民所有，国务院和地方人民政府代表全体人民享有国有企业出资人权益。因此，加强人大监督，建立健全国务院和地方人民政府向全国人大常委会及地方各级人大常委会报告国有资产管理情况的制度，是管理全民共同财富、加强人大依法履职、实现人民当家作主的重要表现。

在中央层面，中共中央于 2017 年 12 月出台《关于建立国务院向全国人大常委会报告国有资产管理情况制度的意见》，要求全国人大常委会"把国务院关于国有资产管理情况报告纳入年度监督工作计划，精心组织审议，推进公开透明，实行全方位监督"。[①] 2018 年 10 月，十三届全国人大常委会第六次会议首次审议《2017 年度国有资产管理情况的综合报告》，重点听取和审议了国务院关于《2017 年度金融企业国有资产的专项报告》，听取了全国人大常委会预算工作委员会、全国人大财政经济委员会提出的关于金融企业国有资产管理情况调研报告，基本实现了国有资产管理情况的报告、审议监督、存在问题整改问责全流程各环节有效衔接。[②]

在地方层面，广州市委于 2018 年 9 月出台《关于建立市政府向市人大常委会报告国有资产管理情况制度的意见》，要求广州市政府采取综合报告和专项报告相结合的方式向市人大常委会报告国有资产管理情况。其中，由广州市财政局牵头负责年度综合报告、金融企业国有资产专项报告、行政事业国有资产情况起草和报告工作，广州市国资委和广州市国土资源和规划委员会分别负责非金融企业国有资产和自然资源国有资产情况的起草工作。[③] 2019 年 11 月，广州市第十五届人民代表大会常务委员会第二十九次会议审议了市政府《关于 2018 年度广州市国有资产管理情况的综合报告》。该综合报告显示：2018 年，广州市政府不断推进国有企业战略性重组，实现城

① 中共中央《关于建立国务院向全国人大常委会报告国有资产管理情况制度的意见》第 4 条。

② 参见史耀斌：《学习贯彻习近平新时代中国特色社会主义思想　努力开拓人大预算决算审查监督、国有资产监督工作新局面》，载《中国人大》2019 年第 4 期。

③ 参见邝艳华：《地方人大国有资产监督研究——以广东省广州市为例》，载《财政监督》2019 年第 14 期。

投集团重组广州基金、广州国发重组工业发展等资源重组整合；深化混合所有制改革，支持170户企业引进非国有全资投资额233.7亿元。[①] 广州市人大常委会针对上述报告事项提出审议意见，指出市政府应持续推动混合所有制改革，以产业链、价值链、创新链为主线，进一步推进资源整合重组，支持民间资本参与国企改制重组，激发企业内生动力。[②]

（四）审计监督——财政经济领域专门监督

中共中央《关于全面推进依法治国若干重大问题的决定》指出："完善审计制度，保障依法独立行使审计监督权。对公共资金、国有资产、国有资源和领导干部履行经济责任情况实行审计全覆盖。"[③] 由此确立了国有资产领域审计监督全覆盖的监督机制。审计监督作为财政经济领域的专门监督，"属于财政收支、财务收支和经济责任方面的监督，通过审计发现国家重大决策部署执行中存在的突出问题和重大违纪违法问题线索，维护财经法纪，促进廉政建设"。[④]

1. 国有资产领域审计监督的对象

第一，《审计法》（2021年修正）第22条规定审计机关对国有企业的资产、负债、损益进行审计监督，此处国有企业特指国有独资企业。第二，《审计法实施条例》第19条规定的两类国有资本占控股地位或者主导地位的企业、金融机构包括（1）国有资本占企业、金融机构资本（股本）总额的比例超过50%的；（2）国有资本占企业、金融机构资本（股本）总额的比例在50%以下，但国有资本投资主体拥有实际控制权的。第三，国有企

---

① 参见广州市人民政府《关于2018年度广州市国有资产管理情况的综合报告》，载广州市财政局网站2019年11月20日，https://czj.gz.gov.cn/zwgk/zfxxgkml/czyjs/czyjs/content/post_5618867.html。

② 参见《广州市人大常委会关于〈广州市人民政府关于2018年度广州市国有资产管理情况的综合报告〉和〈广州市人民政府关于2018年度广州市企业（不含金融类企业）国有资产管理情况的专项报告〉的审议意见》，载广州市人大常委会网2019年11月27日，http://www.rd.gz.cn/rdhy/cwhhy/syyj/content/post_160373.html。

③ 中共中央《关于全面推进依法治国若干重大问题的决定》，载国务院网2014年10月28日，https://www.gov.cn/zhengce/2014-10/28/content_2771946.htm。

④ 朱福惠、刘心宇：《监察监督与审计监督衔接机制研究》，载《山东警察学院学报》2018年第6期。

业领导人员，即《党政主要领导干部和国有企业领导人员经济责任审计规定实施细则》第9条所明确的国有和国有资本占控股地位或者主导地位的企业的法定代表人，以及上述企业中不担任法定代表人但实际行使相应职权的董事长、总经理、党委书记等企业主要领导人员。第四，国有资产相关监管机构，主要指国务院及地方各级国资委。

2. 国有资产领域审计监督的主要内容

第一，检查国有资产管理、使用和运营过程中遵守国家法律法规情况，纠正被审计对象违法行为，严肃查处重大违法违纪违规问题，对被审计对象正在进行的违反国家规定的财政收支、财务收支行为予以制止，责令限期缴纳应当上缴的款项、退还被侵占的国有资产和违法所得；[①] 第二，检查国资委及国有企业贯彻执行国家重大政策措施和宏观调控部署情况，跟踪审计政策落地执行情况；第三，检查国有资产真实完整和保值增值情况，国有资产重大投资决策及投资绩效情况，资产质量和经营风险管理情况，促进加强国有资产经营管理。[②]

（五）国资委监督——从“管企业”向“管资本”转变

《企业国有资产法》第11条规定各级国资委根据本级人民政府的授权，代表本级人民政府对国家出资企业履行出资人职责。因此，各级国资委因其“出资人”的身份，有权对国有企业经营国有资产进行监督。

1. “管企业”行政化监管机制

《公司法》（1999年修正）第67条规定“国有独资公司监事会主要由国务院或国务院授权的机构、部门委派的人员组成，并有公司职工代表参加”，在立法层面首次明确国有独资公司监事会人员构成。此后，国资委先后设立监督一局、二局、三局，其中，监督一局（又称国有企业监事会工作办公室），承担国有企业监事会的日常管理工作。

针对国有企业监事会的监督功能，有学者认为外派监事会以财务监督为

---

① 参见朱福惠、刘心宇：《监察监督与审计监督衔接机制研究》，载《山东警察学院学报》2018年第6期。

② 参见《完善国有企业审计监督制度专题研讨会观点摘要》，载《审计研究》2016年第3期。

中心，以行政监督为本质，认为外派监事会“并未实现与公司内部治理的嵌套，此种监督方式因有强力的行政资源作后盾，对企业的监督效果明显，但其与公司内部治理的不协调以及相互的不协调也甚为明显”。[①] 笔者认为，外派监事会在一定时期代表国家对国有企业进行监督，规范国有企业经营国有资产，发挥了重要的作用。然而，伴随着经济领域改革的不断深入，尤其是国有企业混合所有制改革的不断推进，旧有的外派监事会制度已经不适用于新的经济形势，亟须作出改革。

2. “管资本”市场化监督机制

2018 年中共中央《深化党和国家机构改革方案》指出，将国务院国资委的国有企业领导干部经济责任审计和国有重点大型企业监事会的职责划入审计署，不再设立国有重点大型企业监事会。为响应党中央决策部署，2019 年 7 月，广东省国资委国有企业监事会职能划入省审计厅，监事会 34 名成员一并整体划归省审计厅，并建立省审计厅派驻省管企业审计专员制度。[②] 放眼党和国家监督体系全局，笔者认为此次调整基于双重考量：其一，外派监事会监督与审计监督存在部分重叠，将外派监事会职能划转审计机关，为进一步发挥审计监督作为经济领域专门监督之优势，深化国有企业、国有资产审计监督铺平道路。其二，党的十八大以来，党和国家强调国有资产监管部门“管资本”职能，党的十九届四中全会进一步提出要形成以管资本为主的国有资产监管体制，有效发挥国有资本投资、运营公司的功能和作用。为顺应管资本监督转变，既有的外派监事会制度已不适应国资委最新战略决策部署。

如何实现以“管资本”为主的国有资产监督机制？以广东省为例，广东省人民政府于 2018 年下发《广东省国资委以管资本为主推进职能转变方案的通知》（粤府办〔2018〕30 号），强调省国资委专司国有资产监管，不行使社会公共管理职能，不干预企业依法行使自主经营权，以管资本为主加

---

① 参见蒋大兴：《国资监管职能的重组——如何应对国企外派监事会的取消?》，载《南开学报（哲学社会科学版）》2019 年第 3 期。

② 参见《广东省审计厅召开省管企业监事会成员划转欢迎大会》，载广东省审计厅网 2019 年 7 月 18 日，gdaudit. gd. gov. cn/tpxw/content/post_ 2539916. html。

强国有资产监管。有关广东省国有企业监督的主要方式如下：第一，将省属企业分为公益基础类、市场竞争类、金控投资运营类 3 大类，根据不同企业类型特色予以分类监督，充分发挥企业国有资产实力。第二，通过制定投资负面清单、重大投资项目后评估等制度，引导企业聚焦实体经济，防止重大违规投资，优化国有资本投资方向。第三，规范公司治理，建立健全权责对等、运转协调、有效制衡的决策执行监督机制。广东省国资委加强董事会建设，推行外部董事制度，进一步提升董事会科学决策水平。2019 年 6 月，广东省国资委聘任 18 名省属企业外部董事，人员构成包括企业高级管理人员、律师、会计师、物流师等专业人员、机构研究人员，充分体现了外部董事来源的多元性。[①]

三、国有资产监督机制的衔接

党和国家监督体系下，国有资产监督主要涉及党内监督、监察监督、人大监督、审计监督、国资委监督。为充分发挥国有资产在社会主义市场经济中的基础作用，应当实现各监督方式之间的衔接与贯通，通过建立健全高效协同的国有资产监督机制，形成监督合力，提高监督效能。本章节将重点论述国有资产监督机制中纪检监察与党法衔接机制以及监察监督与审计监督衔接机制。

（一）纪检监察与党法衔接

前述论及国有资产纪检监察层面主要通过向国资委及国有企业“派驻纪检监察机构”对国资委及国有企业进行监督，在纪检委、监察委合署办公的背景下，如何实现纪检监察与党法衔接，充分发挥党内监督与监察监督之监督合力优势？笔者认为应当从监察体制改革后监察机关监督、调查、处置 3 项职能方面开展论述。

第一，纪检监察监督职能。纪检监督主要对广大党员遵守党的纪律情况

---

① 参见《外部董事任前公示》，载广东省国资委网 2019 年 6 月 19 日，gzw. gd. gov. cn/tzgg/gyldryglc02/content/post_ 2508854. html。

进行监督，对党的组织和党员领导干部履行职责、行使权力进行监督，受理处置党员群众检举举报，开展谈话提醒、约谈函询。[①] 监察监督主要对公职人员开展廉政教育，对其依法履职、秉公用权、廉洁从政从业以及道德操守情况进行监督检查。[②] 首先，从监督对象来看，纪检监督与监察监督并不完全重合。纪检监督主要面向党员领导干部（各级国资委及国有企业党委中的党员领导干部），监察监督则面向公职人员（国资委公务员及国有企业管理人员），纪检监察通过合署办公，实现了对国有资产管理人员的监督全覆盖。其次，从监督内容来看，纪检监督主要监督党员，尤其是党员、领导干部遵守党的政治、组织、廉洁、生活纪律情况，监察监督则主要针对监察对象是否依法履职用权，二者将党纪与国法衔接，体现了党领导下的依法治国方略。

第二，纪检监察调查职能。《监察法》第 11 条第 2 项规定监察委员会对涉嫌贪污贿赂、滥用职权、玩忽职守、权力寻租、利益输送、徇私舞弊以及浪费国家资财等职务违法和职务犯罪进行调查。有学者认为在纪检监察机关合署办公的背景之下，此处调查实际系党纪调查、职务调查、刑事调查之结合。纪检监察人员通过一次统一的调查，既要认定公职人员违反政纪的事实，又要对那些涉嫌职务犯罪的公职人员的犯罪事实作出认定，还要对那些具有中共党员身份的公职人员违反党纪的事实一并作出认定。[③] 笔者认为，在国有资产监督领域，纪检监察调查需面向国有资产运营、党政管理人员廉洁等政治的、经济的调查事项，纪检监察人员通过统一调查，有利于节约调查资源，提高调查效率。

第三，纪检监察处置职能。《公职人员政务处分法》自 2020 年 7 月 1 日起施行，进一步规范了监察机关对违法公职人员给予政务处分之处置职能。《公职人员政务处分法》第 2 条第 3 款规定：本法所称公职人员，是指《监察法》第 15 条规定的人员。因此，在国有资产监督领域，国资委公职人员及国有企业管理人员作为《监察法》第 15 条规定的人员，均被纳入政务处

---

① 参见《中国共产党章程》第 46 条。

② 参见《监察法》第 11 条第 1 项。

③ 参见陈瑞华：《论国家监察权的性质》，载《比较法研究》2019 年第 1 期。

分的范围。

《公职人员政务处分法》施行后，国有资产监督领域纪检监察处置将主要分两步走：首先，如果违纪违法的国资委公职人员及国有企业管理人员是党员，则必须先由纪检部门按照《中国共产党纪律处分条例》作出党纪处分，再由监察部门按照《公职人员政务处分法》给予政务处分。其次，“公职人员的职务违法构成犯罪，需要追究刑事责任的，在党纪处分和政务处分之后，应当将案件移送人民检察院审查起诉，由人民检察院适用《刑事诉讼法》追究刑事责任”。[①]

综上所述，在国有资产监督领域，派驻纪检监察组通过日常监督、统一调查、分别处分，实现了纪检、监察监督之衔接，为国有资产平稳运营保驾护航。

（二）监察监督与审计监督之衔接

监察监督通过实现公职人员国家监察全覆盖，深入开展国家反腐败工作。审计监督对国资委、国有企业及其公职人员遵守财政经济纪律情况进行监督，具有反腐败职能。监察监督与审计监督的反腐败职能在目标上具有一致性，实现监察监督与审计监督之衔接，对加强国资领域反腐工作，推动国有资产监督具有重要意义。

1. 监察、审计监督衔接机制

《审计法实施条例》第 40 条第 3 项规定审计机关对依法应当追究有关人员责任的，向有关主管机关、单位提出给予处分的建议；对依法应当由有关主管机关处理、处罚的，移送有关主管机关；涉嫌犯罪的，移送司法机关。《监察法》第 4 条规定监察机关在调查职务违法和职务犯罪及开展日常工作的过程中，其他国家机关必须予以协助和配合。

监察体制改革后，监察机关作为专责监督机关，不仅行使原行政监察机关的职权，而且行使原属于人民检察院的职务犯罪调查职能，原有的审计机关与其他机关的衔接机制亦产生新的变化：审计机关在审计过程中发现依法

---

① 朱福惠：《论监察法上政务处分之适用及其法理》，载《法学杂志》2019 年第 9 期。

应当追究有关人员责任的，应将审计结果及处理建议移送监察机关作出政务处分决定，监察机关应当依法律和党内法规作出是否处分的决定。对于审计机关发现涉嫌职务犯罪的案件，应当将案件移送监察机关立案调查。①

2. 监察、审计衔接机制之完善

《监察法》颁布后，《审计法》并未就国家监察体制改革后审计机关与监察机关之工作衔接机制予以明确，为推动监察监督与审计监督衔接贯通，需要进一步探索完善监察、审计协作机制。

第一，要建立大数据时代监察、审计数据共享机制，通过构建信息共享平台，充分实现监察、审计机关间监督结果共享，实现监督全覆盖。第二，监察机关要加强对审计结果的分类运用，对审计监督中发现的问题、提出的建议及时研究，对审计机关移送的问题线索，依规依纪依法严肃处理。② 第三，鉴于监察体制改革后《审计法》有关审计机关与其他国家机关间的衔接规定已经与《监察法》不协调，因此后续需要对《审计法》进行修改。笔者认为《审计法》后续修订应体现监察机关“为主调查”原则，如要求审计机关发现职务违法和职务犯罪线索必须移送监察机关调查；审计机关在审计过程中所获得证据与监察机关共享之机制；审计机关应当配合监察机关进行专案审计等。③

---

① 参见朱福惠、刘心宇：《监察监督与审计监督衔接机制研究》，载《山东警察学院学报》2018年第6期。

② 参见孙现富：《推动纪检监察监督和审计监督有机贯通》，载《中国纪检监察报》2020年6月23日，第002版。

③ 参见朱福惠、刘心宇：《监察监督与审计监督衔接机制研究》，载《山东警察学院学报》2018年第6期。

国有资产管理的困境及对策

广东南国德赛律师事务所　钟旭娜

国有资产在国家整体建设中发挥着中流砥柱的作用，无论是《中共中央关于坚持和完善中国特色社会主义制度　推进国家治理体系和治理能力现代化若干重大问题的决定》，还是《国务院关于改革和完善国有资产管理体制的若干意见》，都强调要求加强国有资产的管理及监管，形成以管资本为主的国有资产管理体制。党的十九大提出要完善各类国有资产管理体制，更是彰显了国有资产管理工作的重要性和必要性。然而，随着市场经济不断深化改革，国有资产管理过程中遇到的问题日益凸显，需要对此总结并探讨国有资产管理的改进和提升办法。

一、国有资产管理的内涵及意义

国有资产是全体人民的共同财产，是保障党和国家事业发展、维护人民利益、实现人民美好生活的重要物质基础。国有资产管理就是指国家对国有资产所有权的行使，管理权限的划分，资产的保值增值，收益的享有、处分等进行的监督。加强国有资产管理才能有效保证国家财产的安全性、完整性及统一性，才能降低国有资产闲置率进而实现效益最大化，是保障国家政权高效运转和事业蓬勃发展的必由之路。

二、国有资产管理的实践困境

（一）缺乏规范有效实用的信息管理系统

国有资产涉及的体量庞大，难以计数的卡账、台账不相符等问题直接导致了对资产存量的错误判断。中国尽管在互联网信息技术等方面处于世界前排，但是在国有资产管理方面，并没有做到数据信息化，而只是简要地建立资产台账，提供简单的查询、统计等功能，仍然停留在初始的信息管理阶段。对资产的交易未能做到追踪溯源，交易的效率也较为缓慢，难以适应现代市场经济的步伐。

（二）国有资产管理制度不明确，执行不到位

对于国有资产管理，我国虽然有相应的法律法规及政策，但是在实际执行过程中，因为制度不够完善，具体内容比较模糊，甚至存在部分国有资产单位简单随意套用现有国有资产管理制度模式的现象，所以在实际管理过程中缺乏针对性及有效性。

部分国有资产管理人员缺乏责任意识，思想观念较为传统，认为管理制度只是流于表面的工作形式，缺乏对国有资产管理的细致理解。

面对目前管理过程中存在的问题，也没有细致的可操作的国有资产管理制度一一对应，即使有，个别国有资产管理人员也没有严格按照规章制度解决，直接影响到管理制度作用的体现。

（三）工作体制复杂、部门职权内容交叉

国有资产系统庞大，涉及国有资产管理的部门较多，主要有机关事务部门、财政部门和国有资产监管部门、公共基础管理部门等。在实践中存在资产管理主体不明确、职责不清晰，部门与部门之间相互交叉行使权力的情况，如公共基础设施的管理就涉及多个部门。在职责方面，以财政部门为例，在该部门内部，分别有资产管理、经济建设、教科文、金融等内设机构代表政府履行国有企业出资人职责。有些内设机构在上下级财政部门之间也不统一，如在省、市两级财政部门大都设立工贸发展处，但在财政部并未设立工贸司，相关职能分别由资产管理司、经济建设司承担。

三、国有资产管理的对策建议

（一）建立智慧化信息管理系统

一个完整高效运行的国有资产信息管理系统是现代财富的引擎，对国有资产管理能起到事半功倍的作用。建立智慧化信息管理系统可以实现对国有资产的动态管理。通过科学统计、有效分析、精准预测，推动国有资产保持先进性和科学性。

首先，建立在线平台和实现资产数据化，从根本上完成资产信息由静态数据向动态管理转变。据此可以对国有资产管理实施全过程的管理和监管，既可以有效防止国有资产流失，又能对闲置资产进行合理分配，从而有效提高国有资产的利用率。

其次，将内部审核、资产管理、预算管理和国库进行有效结合，为国有资产单位履行单位职能、社会职能、公共服务职能，提高自身管理效率奠定坚实的平台服务基础。

（二）完善国有资产管理制度的顶层设计

习近平总书记曾指出，科学规划是最大的效益，规划失误是最大的浪费。[①] 这二者皆充分说明了国有资产管理制度顶层设计的重要性。这要求我们在完善国有资产管理制度的同时需要考虑整个制度的整体性、系统性、协同性、可操作性，如此一来才可以使这一顶层设计既能从宏观上突出国有资产制度的统领，又能在微观上兼具落地实施的可能性。

首先，要加强国有资产管理制度的整体性建设，必须在国有资产制度建设中明确规范的具体主体和具体内容。主体应当涵盖国有资产的各个相关责任主体，包括但不限于机关事务部门、财政部门和国有资产监管部门、公共基础管理部门、相关项目的主管部门、使用单位和具体使用者。在内容上则应该注重国有资产管理的全过程所涉及的方方面面，包括资产配置、资产存

---

① 新华社：《规划科学是最大的效益》，载新华网2017年9月27日，http：//www.xinhuanet.com/politics/2017-09/27/c_1121735098.htm。

量、资产使用等。只有全面规范国有资产的内容，才能够确保国有资产单位在管理过程中做到科学规范、合理有效。

其次，要加强国有资产管理制度的系统性建设。国有资产管理是一个庞大的、复杂的、有多个齿轮运转的系统工程。国有资产单位无论是纵向发展，还是横向发展，都牵一发而动全身。各个管理内容盘根交错、相互联系、相互影响、相互作用。基于该现实状况，拆东墙补西墙的制度建设解决不了现行国有资产管理制度中存在的诸多问题。故更加需要进一步加强国有资产管理制度的系统性建设，只有这样才能做到二者兼顾。

再次，要加强国有资产管理制度的协同性建设。管理国有资产的过程，不仅涉及管理制度，与其他有关制度也有很大的关联性。故在完善顶层设计的时候，必须使国有资产管理制度能够与其他制度形成有效衔接，共同发力。

最后，要加强国有资产管理制度的可操作性。一项不具有可操作性的制度，只是纸上谈兵。只有具备实施可能性的制度，才是一项完美的制度。在国有资产管理制度的设计上，只有坚持问题导向和目标导向相结合，瞄准管理过程中的短板和可能存在的风险，对症下药，才能真正实现国有资产的有效管理。

（三）厘清部门职责分工、资产管理责任到人

国有资产管理必须对目前存在的部门职能交叉、责任主体不明予以有效规范，优化各项管理机制。

第一，应当对国有资产管理的组织机构予以细化明确，特别是要对部门及人员的职能范围予以确认，确保各个部门及人员在其位谋其职，承担应有的责任与义务。

第二，要加强管理工作流程的清晰度。许多部门及人员存在“踢皮球”的情况，就是因为工作流程界限不明确，所以其不敢也不想“揽上身”。只有工作流程清晰，才能使管理责任落实到具体的部门及个人，才能在管理工作遇到问题时有切实可行的解决方案，保证国有资产的管理效果和管理效率。

四、结语

综上所述，国有资产管理具有庞大的复杂性，必须牢牢把握问题导向和目标导向两个标准，从完善顶层设计、创新智慧化管理系统、厘清部门职责 3 个方面入手，才能实现国有资产安全完整和保值增值，才能使国有资产有效发挥作用，进而促进社会、经济的发展。

私分国有控、参股企业资产是否构成私分国有资产罪

广东启源律师事务所　李容川

一、双方主体情况

公诉人：某县人民检察院

被告人：童某、温某、张某

二、案件基本情况

被告人童某、温某、张某皆为某银行神木支行的员工，2010 年 11 月，被告人童某担任被告单位工行神木支行行长后，为解决经费不足和职工福利问题，授意该支行办公室主任被告人张某采取虚构项目的方式，向上级行榆林分行套取经营性费用。2010 年，张某以虚构的维修费、燃料费、绿化费等名目套取资金 22 笔，合计 65 万余元。后经行长办公会决定，将其中 22 万元以春节过节费的名义发给该行全体职工。2011 年 2 月，被告人温某出任某银行神木支行副行长，分管财务和市场营销。童某、温某继续指使张某套取资金。2011 年，张某以上述方式向榆林分行套取费用 73 笔，合计 303 万余元。经行长办公会决定，将其中 38.6 万元以春节福利费的名义发放给全体职工，以第三、四季度奖励和专项奖励的名义发放给职工 62.69 万元。

某县人民检察院以被告单位某银行神木支行构成私分国有资产罪，应当追究被告人童某、温某、张某直接负责主管人员和其他直接责任人员的刑事责任，向某县人民法院提起公诉。

三、争议焦点

1. 国有控、参股企业是否属于国有企业？
2. 三被告人私分涉案单位资产是否构成私分国有资产罪？

四、裁判观点

某县人民法院审理认为，依据《刑法》及相关司法解释规定，私分国有资产罪中的“国有公司、企业”不包括国有控股、参股公司、企业。某银行改制后属于国有控股公司，神木支行作为某银行的分支机构，不具备私分国有资产罪的主体要件，因此被告单位神木支行和被告人童某、温某、张某的行为不构成私分国有资产罪。被告人童某、温某、张某作为国有控股公司的主管人员，对该公司的资产严重不负责任，损公肥私，集体违法研究决定以所谓福利费和奖金的名义发放给全体职工，致使国家利益遭受重大损失，其行为均已构成国有公司人员滥用职权罪，依法应予处罚。公诉机关指控的事实成立，唯有指控罪名不当。鉴于三被告人的行为亦是为激励调动本单位全体职工的工作积极性，提高工作效率，并非谋取个人私利，其主观恶性较小，犯罪情节轻微，均可依法免予刑事处罚。依照《刑法》第168条第1款、第25条第1款、第37条、第64条规定，判处被告人童某、温某、张某犯国有公司人员滥用职权罪，均免于刑事处罚。

五、案例分析

该案例为《刑事审判参考》第112集第1234号指导案例。一直以来，法律实务界对性质为国有控股、参股的企业、人员私分单位资产是否应认定为私分国有资产罪的讨论从未停息。但从笔者收集的案例情况来看，审判人员多数倾向于私分国有参股的公司、企业的财产构成私分国有资产罪。私分国有资产罪的客体是国有财产的所有权和国家廉政建设的制度，犯罪对象是国有资产。从以上分析，基于对国有资产的保护而设立了私分国有资产罪，其中国有资本控股公司、国有资本参股公司中的国有资产也同样应该被保护。故从设立私分国有资产罪立法历程、立法本意以及该罪法益分析，私分国有资产罪的犯罪主体应包含国有出资企业。上述观点，在全国法院系统推选的优秀案例“吴××贪污、私分国有资产案”一案中，亦有着较鲜明的体现。该案中，法院认为：私分国有资产罪是单位犯罪，犯罪主体是国有公司、企业等，其直接负责的主管人员和其他直接责任人员承担刑事责任，侵犯的客体是国有资产的管理制度及其所有权。根据《企业国有资产法》第2条、第5条的规定，国有资产是国家对企业各种形式的出资所形成的权益，国有出资企业是指国家出资的国有独资企业、国有独资公司，以及国有资本控股公司、国有资本参股公司。从设立私分国有资产罪本意来看，国有出资企业能够成为私分国有资产罪的犯罪主体，而侵犯国有出资企业中的国有资产应该按照国有出资比例来认定。

而财政部在2003年4月23日发出并施行的《关于国有企业认定问题有关意见的函》（财企函〔2003〕9号）中，对“国有公司、企业”认定的分析意见如下：“1、从企业资本构成的角度看，‘国有公司、企业’应包括企业的所有者权益全部归国家所有、属《企业法》调整的各类全民所有制企业、公司（指《公司法》颁布前注册登记的非规范公司）以及《公司法》颁布后注册登记的国有独资公司、由多个国有单位出资组建的有限责任公司和股份有限公司。2、从企业控制力的角度看，‘国有公司、企业’还应涵盖国有控股企业，其中，对国有股权超过50%的绝对控股企业，因国有股权处于绝对控制地位，应属‘国有公司、企业’范畴；对国有股权处于相对控股的企业，因股权结构、控制力的组合情况相对复杂，如需纳入‘国有公司、企业’范畴，须认真研究提出具体的判断标准。”函件同时指出：“对《刑法》中‘国有公司、企业’的解释问题，涉及具体经济活动中犯罪主体的认定问题，建议在广泛征求社会各界意见的基础上，尽快由最高人民法院做出司法解释。”总结财政部的观点如下：国有独资或绝对控股的公司、企业毫无疑问属于国企，国有相对控股或参股的公司、企业需具体情况具体分析，但《刑法》中国有公司、企业的概念应在刑法体系中单独定性。

该案中，童某等3人涉嫌私分国有资产罪一案的裁判结果则给了我们另一种启发。区别于民事法律关系中但凡存在国有出资，皆视为国有企业、公司的处理方式，在刑事法律关系中，对国有公司、企业的概念及范围应进行严格限制，即仅有在私分国有独资、企业财产的情况下才应认定为私分国有资产罪。

根据《公司法》的相关规定，公司具有独立的法律人格，当股东出资后，其出资的财产也就成为了公司的财产。但国有独资企业、公司与国有控股、参股企业、公司的不同在于，国有独资企业、公司实际上仅有一个股东即国家，即便公司具有独立的法人财产权，公司的财产也仍是国家财产，可谓是“血统纯正”。而国有控股、参股企业、公司中，除国家外还有其他资本方作为股东，当股东完成各自出资后，出资的财产都成为公司的资产，而此时的公司资产作为一个整体已难以区分哪些属于国家，哪些属于其他股东，继而不宜直接认定公司的资产属于国有资产。此外，根据2001年最高人民法院《关于在国有资本控股、参股的股份有限公司中从事管理工作的人员利用职务便利非法占有本公司财物如何定罪问题的批复》、2003年最高人民法院《全国法院审理经济犯罪案件工作座谈会纪要》、2005年最高人民法院《关于如何认定国有控股、参股股份有限公司中的国有公司、企业人员的解释》的规定精神，国有控股、参股公司从事管理工作的人员，只有受国有公司、企业委派从事公务的，才能认定为国家工作人员，其他人员不能认定为国家工作人员。从上述文件内容对国家工作人员的定性和具体划分，亦可得出国有独资企业、公司与国有控股、参股企业、公司非同一属性的结论。

因此，笔者认为在目前《刑法》及其司法解释未对私分国有资产罪中的国有资产明确定性的情况下，根据刑法“法无明文规定不为罪，法无明文规定不处罚”的罪刑法定基本原则，私分国有资产罪中的“国有公司、企业”应仅限于国有独资企业、公司，而不包括国有控股、参股公司、企业。在此情况下，严格限制国有公司、企业的主体范围与保护国家、集体、公民财产的立法本意也并不冲突，即便国有控股、参股公司、企业私分单位资产的行为不能认定构成私分国有资产罪，但根据其具体表现，仍有可能构成诈骗、职务侵占等其他类型的犯罪，仍能受刑罚所调整。反之，扩大打击范围，在政府资本与民间资本交流日益活跃频繁的当下，私分国有资产罪这一刑事风险将较大影响民间资本主体与政府主体进行交流合作与资金融通的积极性，同时也将对国有控股、参股公司自身开展经营活动产生一定的抑制效果。

国有企事业单位违规发放奖金补贴的法律风险

——基于有关私分国有资产案例的分析

广州市公职律师事务所　李敏慎

市场经济条件下，一些国有企事业单位为弥补正常激励机制的不足，充分调动工作人员的积极性，往往会在规定的工资福利之外，利用各种名目发放一些奖金补贴。这种行为虽然大多不完全合法合规，但却有一定的现实合理性。因此，只要是利益均沾、数额不大、内部公开，大多数国有企事业单位的领导和职工往往将其视为理所当然，甚至其上级主管部门也会对此睁只眼闭只眼，至多也只会认为这种行为可能违反了一般的财经纪律。但实际上，我国对国有资产采取极其严格的保护主义立场，这种行为不仅仅是一般的违纪违规那么简单，很可能会构成私分国有资产罪，从而使其行为主体面临牢狱之灾的严重法律风险。近些年来，实践中大量发生因对这一问题的法律风险“无知”或“侥幸”而触犯刑律，国有企事业单位负责人锒铛入狱的案例。对此，本文结合有关典型案例试作分析。

一、何为私分国有资产罪

私分国有资产罪是1997年修订《刑法》时新增的一个新罪名。此前，对于以单位名义将国有资产集体私分给单位成员的行为，通常是作为一般财经违纪行为来处理。显然，私分国有资产行为首先是一种违反财经纪律的行为，但并不意味着此类财经违纪行为都应该作为犯罪处理。在司法实践中，集体私分国有资产行为一般都以单位的名义进行，因此往往打着合法的幌子，通过发奖金，发补助、岗位津贴、分红或者发放福利商品等各种形式公开进行。如何正确区分私分国有资产行为特别是方式方法上表现为发放奖金、津贴、福利补贴等变相私分行为与一般财经违纪行为的界限，在理论和实务上都容易产生分歧。

《刑法》第396条第1款规定："国家机关、国有公司、企业、事业单位、人民团体，违反国家规定，以单位名义将国有资产集体私分给个人，数额较大的，对其直接负责的主管人员和其他直接责任人员，处三年以下有期徒刑或者拘役，并处或者单处罚金；数额巨大的，处三年以上七年以下有期徒刑，并处罚金。"根据《最高人民检察院关于人民检察院直接受理立案侦查案件立案标准的规定（试行）》"（十一）涉嫌私分国有资产，累计数额在10万元以上的，应予立案"的规定，"数额较大"是指"累计数额在10万元以上"。据此，私分国有资产罪所侵害的客体是国家的财产所有权，犯罪对象是国有财产，犯罪主体是国有单位，其客观方面是违反国家规定，将数额较大（累计10万元以上）的国有资产以单位名义集体私分给个人。

根据其罪状要求，对该犯罪构成的把握，主要是把握客观要素方面中的"违反国家规定"和"国有资产"。一般而言，"违反国家规定"指违反国家有关管理、使用、保护国有资产方面的法律、行政法规、国务院有关部委发布的规章等规定。"国有资产"包括应当上缴国家的税款、费款、罚没财物、国家专项拨款、补贴款、生产经营性贷款、固定资产等，且累计数额达10万元以上。私分的行为是以单位名义私分给个人，私分给每个人数额的多少不影响私分的性质。此外，如果不是分给单位的所有个人，而是单位几个负责人暗中私分，则以贪污罪认定；有的单位将上述属于国有的资产套取为单位小金库管理的财产，再进行私分的，也属私分国有资产行为。

二、何为违反国家规定

《刑法》第96条规定"本法所称违反国家规定，是指违反全国人民代表大会及其常务委员会制定的法律和决定，国务院制定的行政法规、规定的行政措施、发布的决定和命令。"故有观点认为，私分国有资产罪中的"违反国家规定"即指违反全国人大及其常委会制定的法律和决定，国务院制定的行政法规、规定的行政措施、发布的决定和命令中有关国有资产管理方面的各项规定。

但笔者认为，将“国家规定”仅从字义上狭义地理解为全国人大及其常委会和国务院制定的规范性文件不仅望文生义，而且明显不符合现实。目前，我国有关国有资产管理的规定绝大部分是国务院部委等机构制定的行政规章，或者对有关问题的通知、解答等，而且一些地方也根据本地区实际情况制定了地方性的规定。这些规定在实践中是行之有效的。当然，上述规定的确效力层次不高，而且有的相互冲突，内容也缺乏稳定性，有待进一步规范化，但并不能因此就否定这些规定在规范管理国有资产方面的效力。此外，在形式上，这些“国家规定”除正式制度外，也应包括很多非正式的惯例、规则。上级主管机关认可的惯例、规则，也可以考虑作为下级单位行为正当性的依据，但前提是这些规则应当从《刑法》第 96 条中包括的各种上位规范中获得相应授权，并与这些上位规范的内容相符，否则便不能成为行为人行为正当性的依据。因此，在界定“国家规定”时，我们不能生搬硬套《刑法》第 96 条的条文，而应对其进行广义的理解，只要是国家机关、国有公司、企业、事业单位、人民团体，违反了其上级主管部门根据国家法律法规的内容、精神制定的关于国有资产管理的具体规定，都应当属于“违反国家规定”。

换一个角度来说，私分国有资产必须是不合规定的，如果经允许，符合国家规定的分配当然就不构成此罪。例如，如果上级公司制定的具体办法对公司的业绩考核和奖励制度有明确规定，且这些规定有助于国有资产做大做强，符合国家方针、政策，那么就是法律允许的，下级公司当然可以照此执行。这些具体的规定可以理解为国家规定内容的具体办法，下级公司是否“违反国家规定”，可以根据上级单位的这些规定来进行判断。

例如，2005 年至 2010 年，时任某粮食收储公司（系某粮食局下属国有独资公司）经理、副经理的黄某某等人经商议，将下属粮站仓库出租的部分租金截留进公司工会，以节日补贴的名义私分给全体职工，金额共计 50 余万元。该案在审理过程中，法院查明粮食局作为主管单位对黄某某等人的上述行为是明知并默许的，从未提出任何纠正意见。因此，辩护人提出，上级机关的明知、默许表明黄某某等人没有违反其主管单位的规定，不具有违法性。但法院判决认为，粮食局作为上级机关予以默许的潜规则不仅无法从上位规范中找到相应授权，且与我国财政收支政策、工会经费使用的相关法律法规相违背，因此，不能作为黄某某等人行为正当性的依据，只能作为量刑情节予以考虑。

三、何为国有资产

一般来说，广义上的国有资产通常可划分为3类：一是由国家对企业的出资所形成的权益，即企业国有资产或经营性国有资产；二是由国家机关、国有事业单位等组织占有、使用和管理的行政事业性国有资产；三是依法属于国家所有的土地、矿藏、森林、水流等资源性国有资产。经营性国有资产是资本形态的国有资产，国家资本投入到企业后，国家并不对所出资企业的具体财产享有所有权，而是以出资人的身份享有出资人权益。经营性国有资产的主要功能是盈利，国家一般要求其保值增值。国家向企业出资后，只能以出资人的身份对其出资企业进行监管，不能直接对企业的财产进行处分，需要有出资人代表行使出资人权利、维护出资人利益。行政事业性国有资产作为非投资性资产，由国家机关和事业单位占有、使用，主要是要求占有、使用单位按照国家有关规定节约和合理使用，避免损失和浪费，通常并无保值增值的要求，也不发生需设立出资人代表的问题。资源性国有资产即国家所有的自然资源，作为国家所有的财产，应直接适用《民法典》物权编关于物权的规定以及有关自然资源保护和合理开发利用的法律规定；如果国家以土地使用权或者探矿权、采矿权、海域使用权等自然资源的使用权作价出资，因该项出资而形成的经营性国有资产，适用企业国有资产的有关规定。对经营性国有资产的管理，主要适用《企业国有资产法》。对行政性国有资产的管理，适用国务院及国务院财政、机关事务管理等部门制定的相关行政法规、规章和有关规范性文件。有关国有自然资源的权属及其保护和开发利用等，除《民法典》物权编外，由土地管理法、矿产资源法、森林法、水法、海域使用管理法等相关的专门法律调整。

本文所讨论的国有企事业单位中的国有资产，一方面是指财政部2006年发布2019年修改的《事业单位国有资产管理暂行办法》（财政部令第100

号）第 3 条规定的“事业单位国有资产”，即“事业单位占有、使用的，依法确认为国家所有，能以货币计量的各种经济资源的总称，即事业单位的国有（公共）财产。事业单位国有资产包括国家拨给事业单位的资产，事业单位按照国家规定运用国有资产组织收入形成的资产，以及接受捐赠和其他经法律确认为国家所有的资产，其表现形式为流动资产、固定资产、无形资产和对外投资等”。另一方面是指《企业国有资产法》第 2 条规定的“企业国有资产（以下称国有资产），是指国家对企业各种形式的出资所形成的权益”。

实践中，除对法定概念的理解外，主要应把握国有资产的本质属性，也就是国有性。具体而言，国有性应着重体现在“实然的来源”和“应然的去向”两方面。最初来源于国家，最终应归于国家的，应属国有资产，如事业单位置办的各类实物财产及固定资产租赁收益等；最初非来源于国家，但最终应归于国家的，也应视为国有资产，如国有企业的经营收入、记录在账上的回款、按固定比例收取的各种名义返还款等。对此，应具体情况具体分析，即应该用于单位公务开支的各类经费，应认定为国有资产；但若经过行政审批或其他正当程序，已确定为个人福利部分的资金，不宜再认定为国有资产，因该资产本质上已不具有国有性。

例如，毛某某在担任杭金衢高速公路常山超限检测站（属于事业单位性质）站长期间，将本单位 2005 年 1 月至 2006 年 9 月，拨入食堂的伙食经费结余及外单位人员搭伙费、开荒种植蔬菜所得合计 17 万余元以食堂节余奖名义分给本站职工。应该说，该单位研究确定每月 1.5 万元作为食堂补贴与单位职工 70 余人的实际需要是相符的。因此，该 17 万余元食堂结余的应然去向是职工而非国家，毛某某的私分对象已属于集体福利的性质，而非国有资产，其行为最多只能作为违反财经纪律处理，而不能用私分国有资产来评价。

但在张某清私分国有资产一案中，法院审理查明：1997 年 12 月至 2004 年 9 月，被告人张某清在担任财贸干部学校法定代表人、副校长期间，违反国家规定设置财务账外账，并陆续将本应列入该校正式账目的办学收入予以截留，累计金额达人民币 275 万余元。其间，财贸干部学校以调动教职工积极性、兑现奖励等为名，违反国家规定，从上述账外资金中列支各种名目的奖金及劳务费，进行集体私分，从1999年2月至2004年3月，累计私分金额达人民币95万余元。虽然被告人辩称，用于发放兑现奖励的资金是基于财政补助不足情况下的学校自主创收，而不是国家拨款，因此不属于国有资产，财贸干部学校有权自主决定兑现奖励，不是私分国有资产。但法院经审理认为，被集体私分的钱款是全额拨款的国有事业单位财贸干部学校收取的培训费、学历费等收入，其来源利用了崇文区财贸干部学校的名义、场所、人员、设备、资金等条件，系事业单位按照国家规定运用国有资产组织收入形成的资产，故属于国有资产，依法认定其构成私分国有资产罪。

相对来说，上述两种情况比较容易判断，实践中争议的难点在于，对来源于国家，但最终非应归属于国家的资产的定性。例如，司法实践中经常会遇到某些效益好的国有企事业单位，以发奖金、津贴、福利等名义，私分国有资产。这些企事业单位被发现并接受调查时，常辩称其单位对所分资产具有支配权，所分资产是单位的经营收益，或是上缴利税后的剩余利润，其出发点是调动职工的积极性，使职工更有效地参与市场竞争而将其他税后利润用于发放工资、奖金，这完全是企业经营自主权范围内的事情，不属于私分国有资产犯罪。上述企事业单位的根据是国务院在2011年修订的《全民所有制工业企业转换经营机制条例》第6条规定：企业对国家授予其经营管理的财产享有占有、使用和依法处分的权利；第14条规定：企业在保证实现企业财产保值增值的前提下，有权自主确定税后留用利润中各项基金的比例和用途，报政府有关部门备案。《公司法》第46条也规定：公司董事会有权决定公司的利润分配方案。

上述辩解看似合法合理，但在“企业经营自主权”的具体把握上，笔者认为，体现“企业经营自主权”的关键是看其可自主支配的资产有没有超过规定的限度，即其对企业资产的自主支配只能在上级授予的权限和范围内进行。在实际操作中，应以是否超出上级为其核定的工资总额来认定是否超越权限。国务院国有资产监督管理委员会为深化国有企业工资制度改革，已对其直属的大型国有企业核定了工资总额，并已同经济效益挂钩。这些大型国有企业对其下属的二级、三级企业也参照有关规定核定了工资总额。

《全民所有制工业企业转换经营机制条例》第 19 条规定：企业的工资总额依照政府规定的工资总额与经济效益挂钩办法确定，企业在提取相应的工资总额中，有权自主使用、自主分配工资和奖金。第 24 条规定：企业职工的工资、奖金、津贴、补贴以及其他工资性收入，应当纳入工资总额。取消工资总额以外的一切单项奖。原劳动和社会保障部（现人力资源和社会保障部）有关文件也明确规定：实行工资总额包干的企业，按劳动部门核定的工资总额包干数提取工资并自主使用。因此，国有企业在上级为其核定的工资总额内，可以自由提取，并有权自主决定分配时间、分配方式。即使企业经济效益再好，也不能超出上级核定的工资总额的范围发放工资、奖金，企业只在上级核定的工资总额的范围内享有相对自主权。如果超出工资总额发放工资、奖金，那就是越权行为，超发工资、奖金达到一定数额标准，即构成私分国有资产罪；超发工资、奖金没有达到一定数额标准，则构成违纪，属于滥发福利、奖金的行为。从有利于提升经营效率的角度看，如果企业是在上级核定的工资总额的范围内发放工资、奖金，那么即便比其他单位多发数倍工资、奖金，也无可非议。

如在牛某某、刘某某私分国有资产一案中，一审法院认为，牛某某、刘某某分别作为国有公司河南中储粮新港直属库直接负责的主管人员和直接责任人员，受其直接负责的主管人员杜某某的指使，违反国家规定，以单位名义将国有资产套取出来，采用召开中层以上会议的方式，以单位名义，将该套取出来的资金部分用于集体私分给个人，数额巨大，其二人的行为均已构成私分国有资产罪。但对于上诉人及其辩护人关于托市收购补助是职工应得的报酬，应从犯罪数额中扣除，2011 年向新郑库在编职工发放的加班费也应从犯罪数额中扣除的辩解意见，二审法院认为：（1）有关证据证实，新郑直属库有权发放托市粮收购补助，但应按照标准发放，由于河南分公司未下达新郑直属库的托市粮收购补助数额，比照各直属库 2009 年度工资总额预算表中河南公司发放托市粮收购补助占河南公司工资总额计划比例，确定新郑直属库应发放托市粮收购补助 122, 393. 31 元，该数额应从犯罪数额中扣除。（2）中国储备粮管理总公司河南分公司于 2011 年 12 月 7 日下发《关于发放加班费的紧急通知》，明确可向每位在岗员工发放 2000 元加班补助，当时新郑直属库在岗 51 人应发放加班补助 102,000 元，该数额应从犯罪数额中扣除。

在认定私分国有资产犯罪中，将符合有关规定的数额予以扣除说明，在国有企事业单位上级主管部门核定的工资总额范围内，其可以自行决定发放奖金补贴的数额和方式，超过这一范围的发放，即有可能属于私分国有资产。

四、结论

表面上看，从私分国有资产罪的犯罪构成来说，违反“国家规定”和私分“国有资产”都有各自明文规定。实际上，从我国是社会主义国家、公有制是国家的基本经济制度、严格保护国有资产是国家法律政策的基本立场来看，违反“国家规定”和私分“国有资产”是一个硬币的两面，二者是互相统一的，均应对其作广义上的理解和认定。

从《宪法》第 9 条：矿藏、水流、森林、山岭、草原、荒地、滩涂等自然资源，都属于国家所有，即全民所有以及《民法典》第 318 条自发布招领公告之日起 1 年内无人认领的遗失物归国家所有、《民法典》第 319 条拾得埋藏物、隐藏物，参照适用拾得遗失物有关规定等相关法律规定的立法精神来看，我国立法对国有财产的界定采取最宽泛的总括性规定的立场，个人（包括企事业单位等法人）、集体除根据明确法律依据取得的相应私有财产所有权外，其他权属不明或在国有资产基础上增殖出来的财产均应属于国有。也就是说，与对待一般的私权利“法无明文禁止即自由”的原则相比，对待国有资产，“法无授权（划归私有）即国有”。因而，要将国有企事业单位在运营中取得的收益发放给其员工，实现这部分国有资产的“私有化”，前提是要取得相应的授权。当然，这种授权的方式是多种多样的，既可以是根据相应的法律法规、具体的上级有关工资福利的管理规定，也可以是在其主管部门核定的工资总额范围内自行决定其数额和分配方式。但是，却不能在缺乏相应授权的情况下，仅根据企事业单位所谓内部集体决定——无论这种决定打着什么样的幌子和旗号来进行直接分配，否则即有可能构成私分国有资产罪。

简言之，企事业单位在发放奖金补贴时，第一，必须取得法律法规、有关规定或者其上级的充分授权；第二，总的数额不能超过其主管部门核定的工资总额范围，如果这两个前提都不符合，那么在目前的立案标准下，其私自分配的奖金补贴累计金额不能超过 10 万元。否则，即有构成私分国有资产罪的巨大法律风险，企事业单位的相关决策和主要经办人员对此应当慎之又慎。

广州某文化中心资产划拨移交实务

广东广信君达律师事务所　陈冠星

一、我方当事人及代理人情况

广州市某文化局

项目：广州某文化中心资产划拨移交专项项目

承办律师：广东广信君达律师事务所　陈冠星律师

二、项目背景

广州市政府办公厅印发的《关于推进市属经营性国有资产统一监管的实施方案》（穗府办函〔2013〕108 号），明确由市政府授权市国有资产监督管理委员会（以下简称国资委）对市属经营性国有资产履行出资人职责，实施统一监管，建立“大国资”的监管体系。

同时，为落实广州市政府关于将广州某文化中心项目移交给有实力的市属全资国有企业的意见，广州市某文化局组建并成立了某文化中心划拨移交项目工作小组，受该局委托，承办律师加入该工作小组，配合并协助有关本资产项目移交的有关工作，把控法律风险。

本资产项目标的某文化中心于 2012 年建成，2013 年估价市值为 240, 662 万元。

三、项目分析及办理情况

承办律师对项目作相关法律分析后认为：本项目的难处在于，要把本资产项目全面移交至广州某国企集团，并以书面协议形式确认将文化局在某文化中心的权利、义务（含债权、债务）、法律风险等全部转移至该国企集团承继。因此，划拨移交的权利义务及法律风险的转移均需一步到位，全面转移。本资产项目不存在债权，因此本资产项目对文化局最大的隐患在于债务及法律风险的承担，包括土地出让金、相关税费、应付未付工程款、材料供应商货款、工程质量责任风险、工人工资、工伤事故赔偿、劳动争议纠纷等，要完全使文化局从上述债务及法律风险中免责，必须由文化局、国企集团及某文化中心所属企业三方以书面协议形式将所有行政程序固定下来，并依法依规完成所有的行政程序。

随后，承办律师仔细审查相关资料，包括某文化中心的基本情况资料、市政府相关批文、会议纪要、各相关行政部门的往来函件、此前各方签订的相关合同、估价报告，以及相关的法律依据等，拟写了本项目的法律意见书，并起草《某文化中心项目权利义务转移协议》，《某文化中心项目权利义务转移协议》涵盖了债权债务公示公告、公建配套移交、国有资产评估、本项目程序合法性、债权债务登记公告及产权登记公告、《某文化中心项目权利义务转移协议》报批程序等重要条款，国有资产项目资产划拨移交涉及的所有法律风险和相关条款，均在《某文化中心项目权利义务转移协议》中有所体现。

在广州市国有资产监督管理委员会（以下简称国资委）的牵头，以及文化局、国企集团及某文化中心所属企业的共同努力下，文化中心顺利完成资产划拨移交的全部程序，文化局基本规避了所有法律风险。

四、案例总结

企业国有产权无偿划转，是指企业国有产权在政府机构、事业单位、国有独资企业、国有独资公司之间的无偿转移。无偿划转是国有企业资产重组的一种常用手段，作为一种特殊的国有产权的流转方式，由于其涉及国有资产的无偿转移，因此在实施过程中有必要进行严格的管理与审批。

根据《企业国有产权无偿划转管理暂行办法》第 4 条的规定，企业国有产权的无偿划转需要符合国家有关法律法规的规定及产业政策，符合国有经济的整体布局及结构调整的需要，要有利于优化产业结构提高竞争力并且划转双方要协商一致。

在国有资产划拨转让过程中，每一个程序和流程都有可能伴随潜在的法律风险，如划转各方签订的相关协议、报请国资委批准、债务处置方案、审计和清产核资、产权登记等，需要专项律师对国有资产划转领域有相当专业的法律知识和实务能力。

针对本项目的国有资产划拨工作，承办律师需要审查的法律文件数量非常庞大，包括市政府文件，各方出具的法律文件、协议、会议纪要、评估报告、财务报告等，而且涉及的法律风险点除了上文提到的部分以外，还包括一些费用的分摊问题，如综合开发费、市政建设费、排污费、人防费、消防费、绿化费、水电报装费等；合同各方当事人的资信调查情况；是否需要对国有资产进行评估。

值得注意的是，根据《广州市政府合同管理规定》，以市政府工作部门为一方当事人订立的标的额在 1 亿元以上（含 1 亿元）的合同在签订前应当送市司法行政部门进行审查，送审材料包括送审函、合同文本、与合同有关的情况说明、背景材料，包括草拟的过程、风险论证的情况、合同对方当事人的资信调查情况以及需要重点说明的问题等和部门内设法制机构或者监察、审计机构提出的审查意见以及市政府法制机构认为需要提供的其他材料。由于本项目涉及标的额在 1 亿元以上，因此在文化局与国企集团、文化中心所属企业签订权利义务转移协议前还应报送市政府法制机构进行合法性审查。

五、办案心得

本项目的成功办理，促使委托人把法律风险降到最低，对此，承办律师有以下办案心得和建议，可供参考：

（1）国有资产划拨涉及的法律、法规、部门规章纷繁复杂，包括《民法典》《税收征收管理法》，国务院《国有资产评估管理办法》《企业国有资产监督管理暂行条例》，国务院国资委《企业国有产权无偿划转管理暂行办法》，原对外贸易经济合作部《国有资产产权登记档案管理暂行办法》，财政部《关于企业国有资产办理无偿划转手续的规定》《行政单位国有资产管理暂行办法》《国有资产评估管理若干问题的规定》，还有省、市的一些地方性法规。因此，律师在接受委托前，应尽快熟悉涉及的法律法规，明确所涉项目的资产划拨是否符合相关的法律法规及法律程序；

（2）国有资产划拨涉及法律项目审查内容众多，包括房产确权、合同及文件审查、公建配套移交、税费及其他费用承担、劳动人事关系、建筑施工及质量责任风险、规划调整和规划报建、资产评估、债权债务公示、产权变更公示等，因此，承办律师需要在若干法律领域内均具备较专业的能力，不能偏科；

（3）国有资产的划拨项目不可能一朝一夕就能完成，一般情况下，要通过多方的博弈和多轮的协商谈判才能敲定划拨方案并最终落实，因此，承办律师应积极参与资产划拨项目的相关谈判及各种会议，代表委托人清晰阐明本方立场，并努力促成各方推进资产划拨项目的进程；

（4）国有资产划拨涉及的法律文件和合同非常多，因此，在保障委托人合法权益的前提下，承办律师应审慎审查涉及委托人的相关法律文书和划拨协议，及时向委托人反映资产划拨协议的法律风险，必要时作相应修改，把委托人的法律风险降到最低；

（5）承办律师应出具国有资产划拨项目的专项法律意见书，专项法律意见书应载明资产项目概况、资产项目划拨背景、资产划拨各方主体的基本情况和资质情况、资产划拨的相关法律依据、资产划拨的政府部门意见、资产划拨程序合法性问题、资产划拨法律程序及工作步骤、相关债权债务及法律风险问题、法律结论、审查文件目录明细等，一份完整、专业的法律意见书是资产划拨项目能顺利完成的重要参考，同时也是报送上级主管部门进行审批的必要法律文件；

（6）必要时，承办律师还应与国有资产监管机构、税务部门、财政部门、土地及房地产行政部门、会计师事务所、评估公司等相关部门或机构进行对接，全方位把控国有资产划拨项目的流程、进度及法律风险，并适时向委托人汇报工作进度，提供适当的法律建议，另外，应把个人的工作内容制成律师工作日记，做好案件档案管理。

国有资产产权界定实务

广东环宇经茂律师事务所　邹耀明

一、当事人基本情况

原告方：罗某等29名陆河县第二运输公司（以下简称陆河二运公司）联营经营者

代理人：邹耀明，广东环宇京茂律师事务所律师

被告方：陆河二运公司

第三人：陆河县国有资产经营管理公司

第三人：原陆河县交通局

第三人：汕尾市人民政府国有资产监督管理委员会

第三人：汕尾市粤运汽车运输有限公司

二、基本案情

陆河二运公司成立于1988年9月9日，开始登记为集体所有制，1992年重新登记为全民所有制，经营范围为市际班车客运、县际班车客运、县内班车客运，市际包车客运（凭道路运输经营许可证有效期经营），注册资金人民币5万元（实际并未到位），公司的章程载明，陆河二运公司为陆河县交通局所属的全民所有制预算外企业，实行独立核算，自负盈亏，经营范围为对集体、个体营运车辆的统一管理，机动车辆驾驶员的代培，兼营招待所、餐厅。

1988年至1992年，陆河二运公司（甲方）与车主（乙方）签订协议书，约定甲方同意乙方加入陆河二运公司，甲方协助办理车辆入户、年审、

营运证、许可证、代缴税收，其一切费用由乙方负责；乙方车辆如发生行车事故，甲方可协助处理，其一切费用由乙方负责；乙方每月应向甲方上缴管理费 70 元等。

1992 年 8 月 20 日，陆河县公安局与陆河县交通局联合下发陆河公交字（1992）21 号《关于“私挂公”和个体营运客车实行归口管理的通知》，要求清理的“私挂公”客运车辆以及个体客运车辆，接到市镇发的《营运客车归口管理通知书》后，必须在规定的时间内到指定的归口管理单位（陆河二运公司运输服务站）报到，办理双方经济责任，运输生产、安全和违约责任合同，并经县公证处公证。凭《营运客车归口管理通知书》和归口单位证明分别到公安车管部门办理行车执照名称变更手续，到交通运管部门办理营运牌证变更手续，到其他部门变更其他手续。

陆河二运公司运输服务站为陆河二运公司申请设立，隶属陆河二运公司领导，业务范围为对个体营运客车进行统一管理服务。

1992 年 10 月至 1997 年 4 月，陆河二运公司运输服务站（甲方）与车主（乙方）签订了《个体营运客车归口管理协议书》，并办理了公证。双方协议约定，乙方在归口管理期内应向甲方上交管理费用 300 元；乙方的车辆所有权属个人所有；甲方协助乙方办理有关证件，如营运证、行驶证，按政策办理跨区证、路线牌证工商营业执照、税务牌证、车票等（办理证照一切费用由乙方负担）；甲方协助乙方处理交通事故，主动配合有关部门做好交通事故善后工作，其经济赔偿除保险公司按规定赔偿外，其余责任和经济及处理事故经费开支由乙方负担；乙方享有依法依章营运的独立自主权等。

1993 年 6 月 21 日，广东省经济委员会、交通厅联合发布《广东省公路汽车客运线路标志牌有偿使用实施办法》，规定凡从事营业性公路汽车旅客运输的车辆的线路牌均实行有偿使用。

1995 年 11 月，陆河二运公司运输服务站与汕尾市交通局签订了有关本案 26 块长途线路牌的《汕尾市现有客运线路牌有偿使用协议书》，费用均为各部车辆车主各自支付。而本案 34 块短途线路牌其中 6 块是车主自带线路牌归口管理，8 块是车主从陆河二运公司购买所得，其余 20 块及 3 块旅游包车线路牌是车主向公司申请所得，由公司出具申请材料，车主向原市交通局办理手续并支付相关费用。

1998 年 11 月和 2001 年 1 月，陆河二运公司运输服务站与汕尾市交通局先后签订了《一九九八年底到期客运标志牌有偿使用协议书》《广东省现有跨市公路客运线路标志牌续期有偿使用协议书》，相关费用也均是由车主各自支付。

2000 年 4 月 27 日，陆河县交通局、陆河二运公司与陆河县国有资产经营管理公司三方签订了《党政机关脱钩企业交接协议书》，由陆河县交通局将所属企业陆河二运公司整体移交陆河县国有资产经营管理公司。

2002 年 12 月 13 日，陆丰市嘉信合伙会计师事务所对陆河二运公司的验资报告证实陆河县交通局缴纳新增注册资本人民币 1500 万元，其中货币出资人民币 200 万元，实物出资人民币 1300 万元，变更后累计注册资本人民币 1505 万元。实物资产投入移交验收清单载明，实物价值总额人民币 1300 万元包含了 27 辆客车和客运大楼一座。验资完成后，经陆河县国有资产经营管理公司同意，陆河二运公司于 2002 年 12 月 24 日到陆河县工商局办理了法人营业执照增资变更手续，把公司原有 5 万元的注册资金变更为人民币 1505 万元。陆河县交通局缴纳的人民币 200 万元在验资后被抽出。上述 27 辆客车实为个体车主所有，而客运大楼及土地使用权也均登记在陆河县汽车客运站名下，始终并未变更权属登记。

全国企业信用信息公示系统显示，陆河二运公司的股东为陆河二运公司，认缴出资额为人民币 1505 万元，实缴出资额为 0 元。

2003 年 4 月 3 日，原交通部发布《清理整顿道路客运挂靠经营工作安排（征求意见稿）》，对道路客运车辆挂靠经营做了界定，要求对客运车辆挂靠经营进行清理整顿。原广东省交通厅于 2003 年 6 月 25 日发布《关于进一步促进我省道路客运业发展的意见》，明确客运标志牌的所有权归政府，经营权在规定期限内归具有相应资质的企业，企业可授权其全资或控股公司使用其客运标志牌，即授予使用权；企业对其全资或控股公司在服务质量、经营行为和安全事故等方面承担相应责任。不具备经营资质的企业，其现有客运标志牌经营权应在规定期限内调出或划归其具备相应资质的母公司。鼓励企业间各种方式的联合、重组、兼并，组建的新公司资质按《广东省客运企业资质等级评定办法》申报评定。对于产权不属于企业的非自营车辆，车辆所在企业应在2004年12月31日前将客运标志牌收回，采取出资收购或车辆作价入股的形式，将车辆产权转为企业所有，实行自营管理；如企业不愿或无力将客运标志牌收回，可由车辆产权人自行选择其他符合资质的企业入股，在办理变更手续后，车辆和客运标志牌归新企业所有，也可由不同车辆产权人自行联合，组成符合经营资质要求的新公司，车辆和客运标志牌归属新公司。

2003年之后，原归口在陆河二运公司运输服务站名下的车辆及客运线路牌均被变更至陆河二运公司名下，但陆河二运公司并未依照原广东省交通厅《关于进一步促进我省道路客运业发展的意见》进行出资收购或折价入股。

2004年之后，车主陆续与陆河二运公司签订《客运经营承包合同》，约定车主所承包车辆的线路经营权、车辆产权等权属不变，承包期间实行定额固定上缴，实行单车核算，自负盈亏。合同每年一签。

2008年3月1日，陆河二运公司被广东省道路运输协会评定为道路旅客运输三级企业。

陆河二运公司的道路运输经营许可证和车辆的道路运输证上关于企业的经济性质均注明是联营，其于2012年2月26日向广东省交通运输厅申请换发道路运输经营许可证，并于2012年9月12日申请市际道路客运班线续期，在其续期申请表上关于企业的经济性质也注明是联营。续期后的客运班线经营权使用期限为6年，自2013年1月1日起至2018年12月31日止。

2015年2月3日，罗某等29名原告向法院起诉，请求判令确定29名原告是陆河二运公司的共同出资人，出资的金额为人民币5100元（暂定）。法院依法予以受理。

2015年5月14日，罗某等29名原告申请向法院追加陆河县交通运输局和陆河县国有资产经营管理公司为本案第三人参加诉讼。法院依法予以追加。

陆河二运公司名下共有70辆客运车辆，其中3辆属市际待营运车辆，其他67辆对应有27块长途客运线路牌、35块短途客运线路牌和5块旅游包车线路牌。陆河二运公司名下除了上述70辆客运车辆及67块客运线路牌之外，没有其他财产。本案29名原告是陆河二运公司现名下70辆客运车辆中66辆的实际产权人及所对应的26块长途客运线路牌、34块短途客运线路牌及3块旅游包车线路牌共63块客运线路牌的实际经营者。以上63块线路牌的经营期限均续至2018年12月31日。

陆河县人民政府（甲方）与汕尾市人民政府国有资产监督管理委员会（乙方）、陆河二运公司（丙方）、陆河县汽车客运站（丁方）于2015年1月27日签订了《陆河县第二运输公司与陆河县汽车客运站划转协议》，约定丙方与丁方的资产（客运站场、客运站场对应的土地以及房产）和负债由甲方收回处置，丙方和丁方的人员和运输线路经营权移交给乙方。依据汕尾市人民政府国有资产监督管理委员会汕国资〔2015〕11号《关于划入陆河县第二运输公司和陆河县汽车客运站的通知》，陆河二运公司的全体员工和运输线路经营权被划归给汕尾市汕运汽车运输有限公司。2015年2月2日，汕尾市汕运汽车运输有限公司变更名称为汕尾市粤运汽车运输有限公司。

三、争议焦点

政府投资为0元，原告出资购买的车辆及线路经营权被工商注册验资登记在陆河二运公司名下，省交通厅、原汕尾市交通局及陆河二运公司均在其道路运输许可证中确认陆河二运公司性质为联营，而工商登记将陆河二运公司登记为全民所有性质。

争议焦点：

1. 陆河二运公司是国有企业还是联营企业？
2. 公司的出资人是谁？

四、双方观点

（一）原告观点

第三人弄虚作假、虚假出资，对被告陆河二运公司实缴出资额为0元；按照《企业国有资产法》第2条、第5条的规定，陆河二运公司没有国有资产成分，不属于国有企业。而登记在被告名下的原告出资购置的66辆客运车辆及线路经营权从2004年按规定已属被告所有。所以，按照《企业国有资产法》《国有资产产权界定和产权纠纷处理暂行办法》关于“谁出资，谁拥有产权”的原则规定，29名原告是被告陆河二运公司的出资人。

（二）被告观点

企业性质以工商登记为准，所以，陆河二运公司是国有企业；原告出资购买的车辆被验资登记在陆河二运公司名下，是挂靠关系。

五、法院审理情况

一审判决认为，该案系企业出资人权益确认纠纷。国家、集体和私人所有的不动产或者动产，投入到企业的，由出资人按照约定或者出资比例享有资产收益、重大决策以及选择经营管理者等权利并履行义务。该案29名原告出资购买车辆，将车辆登记在被告陆河二运公司名下，并以陆河二运公司的名义申请办理客运线路经营权的有偿使用及续期手续，从事道路客运经营活动，但其出资购买的车辆及客运线路经营权均由车主各自占有、使用和支配，并未投入公司进行整体经营，双方应是挂靠经营合同关系。29名原告要求确认其为被告陆河二运公司出资人的主张，没有事实和法律依据，法院不予支持。陆河二运公司未依照广东省交通厅《关于进一步促进我省道路客运业发展的意见》，将客运标志牌收回，采取出资收购或车辆作价入股的形式，将车辆产权转为企业所有，实行自营管理，而是采取假增资与假承包的方式继续挂靠经营，明显违反国家和该省上述意见的有关规定，但属另一法律关系，当事人可循其他途径解决。综上所述，一审法院依照《物权法》第67条和最高人民法院《关于适用〈中华人民共和国民事诉讼法〉的解释》第90条的规定，判决驳回原告诉讼请求。

六、笔者认为

一审法院没有按照《国有资产产权界定和产权纠纷处理暂行办法》和《企业国有资产法》关于“谁出资，谁拥有产权”的原则判决，判非所诉，原告诉求是确认原告是陆河二运公司的出资人身份，一审法院应查清公司的出资来源是谁，进而确认谁是出资人及企业性质，而一审法院不查明公司的出资来源，仅以根本不存在的挂靠关系为由，判决驳回起诉，属于适用法律错误。

企业国有产权形成的规范性对产权转让的法律影响及解决方案

——以宝成公司股权转让项目为例

广东固法律师事务所　汪　伟

一、项目概述

宝成公司于2006年进行工商注册登记，原为民营企业广东宝卫的全资子公司。后国有企业长华公司经其出资人集团批准，以岭南路土地使用权评估作价增资入股宝成公司。2017年长华公司将其所持的宝成公司全部股权通过产权交易市场公开挂牌方式予以转让。

这一案例中，由于长华公司增资入股宝成公司，即取得企业国有产权过程不规范，导致对后续的企业国有产权转让行为构成重大法律障碍。根据笔者等提出的法律解决方案并经省国有资产监督管理委员会确认和各方有效协商，宝成公司最终依法依规并圆满完成企业国有产权的挂牌转让工作。

二、案件基本情况

经所隶属的出资人集团批准，长华公司于2007年5月9日与宝成公司签订了《合作开发房地产合同》，约定由长华公司提供岭南路土地使用权，宝成公司提供项目资金并负责项目开发、建设所有手续及建设、销售等全部工作，双方按约定比例分享项目利益。后为进一步理顺合作双方的项目权益和合作关系，经所隶属的出资人集团批准，2010年5月24日长华公司及其股东、宝成公司及其股东共同签订了《协议书》，约定长华公司以岭南路土地使用权评估作价增资入股宝成公司，从而改变原来的房地产合作开发模式。

在长华公司以岭南路土地使用权作价对宝成公司进行增资前，宝成公司注册资本为5500万元，原股东已全部实缴到位。为确定增资后的双方股权比例，2010年长华公司委托评估机构就岭南路土地使用权出具了《土地估价技术报告》，估价基准日为2010年8月1日，估价结果为2584.13万元，并于2011年5月30日获得所隶属出资人集团备案。同时，长华公司也委托另一评估机构对增资前的宝成公司全部资产价值进行评估，评估结果为5373.53万元，但该评估结果因为种种原因并未及时报经出资人集团备案。

由于长华公司以岭南路土地使用权作价对宝成公司进行增资入股事宜涉及的土地使用权过户手续迟迟未能办理（主要涉及宝成公司的土地增值税缴纳问题），原持有宝成公司100%股权的股东广东宝卫遂向阳州市中级人民法院提起诉讼，要求长华公司按协议书约定及时办理土地使用权过户手续。经法院强制执行，2011年2月案涉土地使用权完成过户手续，且《协助执行通知书》要求长华公司按评估价值2584.13万元将岭南路土地使用权作价入股宝成公司。虽然该土地使用权由此完成过户手续，但应当同步实施的长华公司入股宝成公司的股东变更登记手续却未同步开展。另外，在宝成公司工商登记的股东仍是广东宝卫100%持股的情况下，为推动上述土地使用权开发建设，广东宝卫对宝成公司又先后单方追加投资3000万元和2000万元的注册资本，并办理了验资手续。

2014年6月10日，宝成公司就长华公司增资入股事宜办理了工商变更登记，其中，原股东广东宝卫认缴出资额为10,500万元（以其累计出资金额为依据，未评估），占80.25%股权；新股东长华公司认缴出资额为2584.13万元（以原土地使用权评估价值为依据），占19.75%股权。

2017年长华公司因拟转让所持宝成公司股权的需要，委托笔者等作为转让方的专项法律顾问提供相关法律服务。在核查项目资料过程中，笔者等对长华公司增资入股宝成公司的规范性提出了质疑，包括但不限于广东宝卫单方增资的合法性及长华公司所持股权比例的准确性等，并就此向委托人提出了合理、合规的解决方案建议，最终推动本项目挂牌转让工作于2017年度内顺利完成。

三、焦点问题

（一）长华公司以土地使用权作价增资入股宝成公司时，未按规定对宝成公司原有股权价值进行评估及备案，《协议书》法律效力如何？

1. 长华公司以土地使用权作价增资入股宝成公司时，应当按照规定对有关资产进行评估，经备案后方可作为依据。

根据《企业国有资产法》第47条的规定，国有独资企业、国有独资公司和国有资本控股公司以非货币财产对外投资的，应当按照规定对有关资产进行评估。根据《国有资产评估管理办法》（国务院令第91号）第3条规定，联营、股份经营的企业进行资产评估时，应对联营及合股各方投入的资产进行全面评估。

资产评估是由专门的评估机构和评估人员按照一定的程序和标准对被评估资产的市场价值进行评定的活动。在有关国家出资企业的资产流转、交易等过程中，合理评估相关资产的价值，是国有资产管理的一项重要基础性工作，是促进公平交易、防止国有资产损失的重要手段。因此，长华公司以土地使用权作价增资入股宝成公司时，应当按照规定对土地使用权的价值及增资入股时宝成公司的原有股权价值进行评估，并依据“谁批准、谁备案”的原则，在报经其隶属出资人集团备案后方可作为本次增资的依据。

2. 长华公司以土地使用权作价增资入股宝成公司时，即使未按规定对宝成公司的原有股权价值进行评估及备案，《协议书》并不当然无效。

《合同法》第52条第5项规定，“违反法律、行政法规的强制性规定的合同无效”。最高人民法院《关于适用〈中华人民共和国合同法〉若干问题的解释（一）》第4条规定，“合同法实施以后，人民法院确认合同无效，应当以全国人大及其常委会制定的法律和国务院制定的行政法规为依据，不得以地方性法规、行政规章为依据”。最高人民法院《关于适用〈中华人民共和国合同法〉若干问题的解释（二）》第14条进一步规定，“合同法第五十二条第（五）项规定的‘强制性规定’，是指效力性强制性规定”。

根据上述规定，未进行评估或未进场交易的企业国有资产交易行为的效力，取决于要求进行评估、要求进场交易的规定的性质。该规定若属于效力性强制性规定，则合同无效；若属于管理性强制性规定，则并不必然无效。有关国有资产评估的强制性规定是效力性的还是管理性的，需要通过综合分析来确定。首先，有关国有资产评估的强制性规定约束的应当是国有资产占有单位，违反国有资产评估规定的责任应当由国有资产占有单位及其责任人员承担。如果认定合同无效，则受让人在无义务的情况下也承担了法律后果。其次，有关国有资产评估的强制性规定没有对合同行为本身进行规制，没有规定当事人不得就未经评估的国有资产订立转让合同，更没有规定未经评估则转让合同无效。最后，未经评估而转让国有资产不必然导致国家利益或者社会公共利益受损害。如果认定有关规定是效力性规定，进而一概认定转让合同无效，那么当事人（包括受让人在资产贬值后）就可能据此恶意抗辩，违背诚实信用原则，将会危及交易安全和交易秩序。因此，从法律条文的文义和立法宗旨来看，都应认定关于国有资产转让须经评估的强制性规定是管理性的，而非效力性的。

综上所述，长华公司以土地使用权作价增资入股宝成公司时，虽未按规定对宝成公司的股权价值进行评估备案，但《协议书》已生效。

（二）本案应如何确定长华公司以土地使用权作价增资入股宝成公司时，宝成公司的资产评估基准日？

1. 选择评估基准日取决于特定的评估目的

如上文所述，长华公司以土地使用权作价增资入股宝成公司时，所签订的《协议书》已生效；但为确保国有资产的保值增值，应当对宝成公司的资产进行评估。那么在评估时，是以《协议书》签订时为资产评估基准日？还是以土地使用权办理过户时为资产评估基准日？还是以后来办理工商变更登记时为资产评估基准日？

关于资产评估基准日的选取，法律并未对此作出明确规定。资产的价格随时间的变化而变化，不同的评估基准日将产生不同的评估结果。资产评估是为特定的经济行为服务的，选择的评估基准日应有利于评估结果有效地服务于评估目的，避免由于评估基准日选择不当给当事人造成不必要的损失。因此，选择何时作为评估基准日，取决于特定的评估目的。

2. 本案中评估的目的是确定双方的股权比例，应据此确定评估基准日

本案双方签订的《协议书》已生效，但《协议书》签订时双方并未对认缴的注册资本进行任何的约定，属于合同约定不明的情形。根据《合同法》第61条（现《民法典》第510条）的规定，“合同生效后，当事人就质量、价款或者报酬、履行地点等内容没有约定或者约定不明确的，可以协议补充；不能达成补充协议的，按照合同有关条款或者交易习惯确定”。本案当事人双方虽未达成补充协议，但长华公司已于2011年2月28日通过实际履行合同的方式，办理了土地使用权过户手续，并以当时的土地使用权作价入股宝成公司。长华公司通过实缴注册资本的方式，已于2011年2月28日实际成为宝成公司股东。因此，以该时点作为资产评估基准日从而确定双方的股权比例，符合本案的评估目的。

（三）广东宝卫的单方增资是否有效？

根据《公司法》（2018年修正）第37条第1款第7项［《公司法》（2023年修订）第59条第1款第5项］规定，公司增加或者减少注册资本需由股东会作出决议。股东会决议作为公司的意思表示，其本质是透过会议形式由多数派股东所作的意思决定。因此，只有股东会决议程序包括股东会的召集和决议方法，内容均合法、公正，才能发生法律效力，如果决议程序或内容有瑕疵，就不能认为是正当的公司意思表示。公司增资以后依据原注册资本出资比例确定股权比例，稀释了原股东的股份，导致股东原有的利润被稀释，该行为以隐蔽的方式侵犯了原股东的财产利益。

关于未经有效股东会决议通过的公司增资行为，《最高人民法院公报》2015年第5期“黄伟忠诉陈强庆等股东资格确认案”中也予以明确：未经公司有效的股东会决议通过，他人虚假向公司增资以稀释公司原有股东股份，该行为损害原有股东的合法权益，即使该出资行为已被工商行政机关备案登记。仍应认定为无效，公司原有股东股权比例应保持不变。

本案中，在土地使用权完成过户手续后至股东变更登记前，宝成公司原股东广东宝卫单方增资人民币5000万元，该增资行为并未经股东会决议通过。股东广东宝卫未经公司决策程序，自行决定增资，该行为应当认定

无效。

四、代理结果和裁判理由

根据律师建议的方案，宝成公司各股东于2016年7月25日召开会议确认，在土地使用权过户后，长华公司开始享有宝成公司股东权益、承担股东义务；股东广东宝卫后续单方增资的5000万元调整为股东借款，借款利息按银行同期贷款利率和实际用款时间计算，调整后宝成公司的实收资本清查值为8084.13万元。

为确定上述土地使用权作价增资后各股东对宝成公司的持股比例，长华公司委托评估机构以土地使用权过户之日，即2011年2月28日为基准日对被评估企业宝成公司在增资前的原股东全部权益进行追溯评估，评估结果为5378.37万元。该评估结果亦顺利获得出资人集团的备案通过。

长华公司原以2010年8月1日为评估基准日对岭南路土地使用权进行评估，评估价值为2584.13万元，该评估结果已获得出资人集团备案，且因为土地使用权过户时仍在1年有效期内，所以被过户时的执行法院确认为过户依据，经出资人集团同意，这一评估结果仍可被采用。

综上所述，长华公司以2010年8月1日为评估基准日对岭南路土地使用权评估价值为2584.13万元，以2011年2月28日为基准日进行追溯评估的原股东全部权益为5378.37万元。据此计算，长华公司实际持有宝成公司32.45%股权。

另外，经双方友好协商，宝成公司在2011年后因项目手续等原因迟迟未启动开发建设工作造成的约445万元亏损则由股东双方按照实际享有的股权比例分担。

这一解决方案得到了省国有资产监督管理委员会的确认，并组织召开针对长华公司以土地增资入股宝成公司相关历史遗留问题的专题会议部署实施。该股权转让项目已在2017年于产权交易机构公开挂牌，并顺利实现成交。

转让未经评估的国有资产的合同效力问题

北京市炜衡（广州）律师事务所　符　瑜

一、案例导读

2021 年 1 月 1 日施行的《民法典》第 153 条规定，违反法律、行政法规的强制性规定的民事法律行为无效。但是，该强制性规定不导致该民事法律行为无效的除外。在司法实践中，关于国有资产转让未经评估是否影响合同效力的问题，裁判规则尚不统一，各级法院乃至最高人民法院的具体判决也均认识不一。本文所引用的两则案例，体现了最高人民法院对关于国有企业重大资产转让必须进行评估并办理审批手续的规定在性质上属于管理性规范或效力性强制规范，持有不同的认定标准。

二、案例一

（一）案情简介

海业公司、远业公司因与发展公司、珠江公司间建设用地使用权转让合同纠纷一案，不服省高级人民法院二审判决，向最高人民法院申请再审。海业公司、远业公司请求：改判支持海业公司、远业公司在原审中提出的全部诉讼请求。事实及理由摘要如下：案涉合同严重违反行政法规、规章中关于国有资产转让必须取得地方人民政府或者国有资产监督管理部门批准、按法定程序进行评估、采取公开竞价交易、进入产权交易场所交易等强制性规定。上述规定属于效力性强制性规定，违反这些规定的合同必然无效。

发展公司、珠江公司则认为：生效法律文书已反复确认案涉《项目转让合同书》及其《补充协议之一》合法有效，该案的诉讼请求实质上否定了先前多份生效判决的裁判结果。《项目转让合同书》及其《补充协议之一》经审批、评估，交易程序合法有效。

（二）最高人民法院的裁判要点

该案的争议焦点是原审法院对案涉合同效力的认定是否妥当的问题。根据《合同法》第52条、最高人民法院《关于适用〈中华人民共和国合同法〉若干问题的解释（二）》（现已失效）第14条的规定，人民法院应根据法律、行政法规的效力性强制性规定来认定合同效力。海业公司和远业公司主张其与发展公司、珠江公司在进行案涉土地及地上建筑物转让时，未按照国务院《关于加强国有资产管理工作的通知》（现已失效）等规定进行国有资产评估、在产权交易所公开交易等，所以交易双方签订的《项目转让合同书》和《补充协议之一》无效。原审法院认为行政法规中的有关规定并非合同效力性强制性规定，如《企业国有产权转让管理暂行办法》《广东省土地使用权交易市场管理规定》等系规章制度，因此，违反上述规定并不必然导致合同无效。海业公司和远业公司对案涉转让相关事宜已向当地国有企业改革领导小组办公室请示；海业公司和远业公司的上级主管部门市农业局对案涉转让也作出了批复；发展公司和珠江公司已支付转让款，海业公司和远业公司也已将大部分土地和房屋移交，双方已完成大部分合同义务的履行。因此，原审法院对海业公司和远业公司要求确认案涉合同无效的诉请不予支持，并无不妥。

三、案例二

（一）案情简介

老鹰地公司成立于2000年9月4日，注册资本为4000万元，永昌公司占股权76.2%，旅游公司占股权23.8%。2008年5月17日，某江县人民政府作出关于同意转让本县旅游公司持有老鹰地公司股权的批复，同意将旅游公司持有的老鹰地公司23.8%的股权以1万元价格转让给澄阳公司。

根据上级部门委托，评估公司对旅游公司持有的老鹰地公司23.8%的股权价值进行评估确认，以2008年6月30日为基准日，在不考虑其他因素的情况下，旅游公司持有的老鹰地公司23.8%的股权价值为4409.95万元。

经该市中级人民法院出具的裁判文书认定，2007年至2008年，被告人李某某在任某江县人民政府常务副县长等职务期间，明知旅游公司持有的老鹰地公司23.8%的股权系国有资产，仍违反规定，将旅游公司持有的该股权以1万元的价格转让给澄阳公司，该股权经评估价值人民币4409.95万元，给国有资产造成重大损失。

（二）省高级人民法院的裁判要点

该案焦点为旅游公司未经评估将其持有的老鹰地公司23.8%的股权以1万元价格转让给澄阳公司，是否违反了法律法规的强制性规定，以及旅游公司与澄阳公司签订的《股权转让协议书》是否因此无效。

1. 未经资产评估转让旅游公司股权的行为违反了国有资产转让应当评估的强制性规定。根据国务院《国有资产评估管理办法》第3条的规定，旅游公司为全民所有制企业，其所持有的老鹰地公司23.8%的股权属于国有资产，股权转让时应当进行资产评估。旅游公司与澄阳公司签订《股权转让协议书》，将其持有的老鹰地公司23.8%的股权以1万元对价转让给澄阳公司，违反了上述行政法规和部门规章的强制性规定。

2. 澄阳公司在对老鹰地公司股权进行整体并购的过程中，与澄江县人民政府的经办人之间恶意串通，不经评估以极低价格受让旅游公司持有的股权，造成国有资产流失，是《合同法》第52条第2项规定的损害国家、集体或第三人利益的行为。

四、实务经验总结

从上述两个案例可知，各级人民法院对未经评估和审批程序而进行的国有资产转让的效力问题均有不同认定，分歧的焦点集中于《国有资产评估管理办法》中有关国有资产转让应履行评估程序的规定，是否属于效力性强制性规定。第一个案例中，最高人民法院认为，“原审法院认为前述行政法规中的有关规定并非合同效力性强制性规定；而《企业国有产权转让管理暂行办法》《广东省土地使用权交易市场管理规定》等系规章制度，因此，违反上述规定并不必然导致合同无效，理据充分”，该案例中的观点系支持国有资产转让未经评估不影响合同的效力。恰恰相反，第二个案例中，最高人民法院明确“不经资产评估转让旅游公司股权的行为违反了国有资产应当评估的强制性规定”。在此案例中，最高人民法院认可《国有资产评估管理办法》中有关国有资产转让应进行评估的规定在性质上属于效力性强制规定，即国有资产转让未经评估影响合同效力。

综上所述，笔者认为，拟转让的国有股权原则上应经过资产评估。如在实际转让中不履行评估程序，将会给企业及其经办人员带来重大法律风险。结合现今广州市属国有企业全面加强合规管理的趋势，笔者提出以下建议：

首先，国有企业资产转让或者处置，必须严格履行在公开交易平台上交易的审批、资产评估、审计等法定程序。无论是签订资产转让的备忘录或意向书，还是在签署正式资产交易合同时，对相关的资产转让的法定程序都应进行充分的调查，对交易或转让需要履行的审批流程、审批时间等，应提前准备并制作进度表。积极与交易的审批权主体、上级单位（或股东）沟通并了解上级单位的立场和态度，根据上级单位的指示履行程序，避免经过大量时间研讨、协商并投入资金后，因交易无法审批通过而陷入僵局。

其次，国有企业的经营管理人员应树立法律意识、责任意识，忠实勤勉，合规经营，发现问题及时解决和上报，避免国有资产受损。

最后，在涉及国有资产处置等重大项目的交易结构设计、交易文件起草等问题时，国有企业应聘请专业法律机构进行尽职调查、出具法律意见书，聘请专业的评估机构和审计机构进行资产评估和审计，严格把关、减少风险、防止国有资产流失。

未经国家出资企业审批重大事项的合同效力问题

广州金鹏律师事务所　化中毅　杨友妹

一、当事人基本情况和案由

上诉人（原审被告）：捷报公司

被上诉人（原审原告）：发电公司

原审第三人：发电厂

案由：确认合同无效纠纷

二、案件基本情况

2014 年 12 月 25 日，发电公司与捷报公司签署《合资协议》和《增资扩股协议》，约定发电公司将其拥有的发电厂 60% 股权转让给捷报公司。2015 年 1 月 12 日，发电公司与捷报公司对发电厂进行增资扩股，发电厂注册资本由 1000 万元变更为 2500 万元，投资人由发电公司出资 1000 万元占出资比例 100%，变更为发电公司出资 1000 万元占出资比例 40% 和捷报公司出资 1500 万元占出资比例 60%。

2017 年 11 月 30 日，发电公司申请恢复发电厂原有股权登记，当地工商局作出《关于企业登记情况调查结果告知的函》，认为发电公司 1997 年 8 月 22 日成立时实属国有企业，2006 年 9 月 13 日在其国有股东国信公司将 30% 的股权转让给一家私营企业的变更登记中，未发现有任何企业改制登记材料及主管部门的批准文件；2006 年 9 月 22 日，发电公司设立一家全民所有制性质的发电厂，即现存的发电厂具有国有成分，但仍未发现有主管部门批文，且出资者的类型决定企业性质，该发电厂成立时应当是具有国有成分的有限责任公司。故而该函要求发电公司 30 日内补充材料、完善企业登记资料。

2018年5月31日，经发电公司申请，一审法院作出裁定，冻结捷报公司持有的发电厂60%股权。

2018年10月26日，国信总公司出具《情况说明》：国信公司的股权登记在国信总公司体现为长投，由于历史原因自2011年2月以后，国信总公司未向该公司委派管理人员，也未对其进行财务和资产的管理，对该公司的对外投资、资产负债等情况均不了解，对方不向国信总公司做情况汇报。

2018年11月12日，发电公司向当地工商局发出落款时间为2018年1月16日的《〈关于企业登记情况调查结果告知的函〉的回函》，表示其股东国信公司不同意增资扩股。

后发电公司以捷报公司为被告、发电厂为第三人向法院提起诉讼，请求判决如下：依法确认发电公司与捷报公司2014年12月25日签订的《合资协议》《增资扩股协议》无效，恢复原状，将发电公司持有的发电厂的股权恢复到100%。

三、争议焦点

案涉《合资协议》《增资扩股协议》的效力问题。

四、诉讼各方的意见

（一）原告发电公司的意见

涉案的《合资协议》和《增资扩股协议》违反法律、行政法规的效力性强制性规定，协议无效。根据《企业国有资产法》第42条，《企业国有资产监督管理暂行条例》第21条、第23条，《企业国有资产交易监督管理办法》第6条、第7条，《国有资产评估管理办法》第3条，《企业国有产权转让管理暂行办法》（现已失效）第4条、第8条、第22条、第25条、第32条的规定，国有资产和国有企业股权转让应当履行清产核资、评估、审计和报批、核准程序，而该案涉及的发电厂股权转让事项未履行上述法律法规强制性规定的清产核资、评估、审计和报批、核准程序，未按规定在产权交易机构中进行交易，欠缺国有资产转让合同生效应具备的形式要件，违反的是效力性的强制规范。

该案增资扩股事项既未得到发电公司上级主管部门国信公司的认可，也未经国有资产管理部门的审批，而发电厂的上级主管部门发电公司和国信公司已明确表示不批准该事项，即该事项不可能完善相应的审批手续。故涉案合同明显违反上述法律、行政法规的强制性规定，同时损害了社会公共利益，属于《合同法》第52条第4项、第5项规定的情形，应被认定无效。如果判决合同有效继续履行将侵害发电公司的合法权益，并导致国有资产的不当流失，损害国家利益和社会公共利益。

（二）被告捷报公司的意见

案涉协议并未违反法律的禁止性规定，合法有效。首先，《合同法》第52条规定，违反法律、行政法规的强制性规定的合同无效。此处的强制性规定系指效力性规定，而非管理性规定。《企业国有资产交易监督管理办法》中关于清产核资、审计、评估等的程序性规定均为管理性规定，并非效力性规定。因此，即使2014年《增资扩股协议》《合资协议》的签署未经清产核资、审计、评估等程序，也不会导致合同无效的后果。

其次，国务院《国有资产评估管理办法》以及《全民所有制工业企业转换经营机制条例》关于国有企业重大资产转让必须进行评估并办理审批手续的规定，在性质上属于管理性规范而非效力性强制规范。况且前述文件其实并没有相关资产转让合同须经政府主管部门批准后方才生效的具体规定。最高人民法院作出的（2018）最高法民终313号民事判决书亦依法明确上述原则。

最后，根据《企业国有资产交易监督管理办法》第35条、第37条等相关规定，上级企业决定下级子企业的增资事宜。企业增资应由增资企业按照内部管理和企业章程进行决议，然后由国有股东委派的代表向委派单位履行报告义务。具体到发电厂，其国有股东为发电公司，发电厂的增资事宜应该由发电公司委派到发电厂的股东代表向发电公司履行报告义务。同时，发电公司自身就是《合资协议》和《增资扩股协议》的签约主体，发电公司上级公司国信公司的法定代表人刘某就是谈判主体。

因此，捷报公司与发电公司签署股权合作协议时，即同时取得了发电公司和国信公司两级上级企业的认可。在捷报公司投资款到位后，刘某还指使其委派到发电厂的相关人员非法挪用了发电厂的巨额投资款及其他款项，为国信公司所用，从另一角度以客观事实充分证明了作为上级公司的国信公司对发电公司与捷报公司合作是知情和认可的。所以，即使按照国有企业的管理规范，捷报公司对发电厂增资扩股一事也已经取得了有权单位的同意和认可。

（三）第三人发电厂的意见

关于涉案协议是否违反效力性规范的问题，发电公司提供的法条的适用对象是国有独资公司，适用主体不对且已失效，与该案增资行为也无关。关于相关参考案件的适用，首先，最高人民法院在（2018）最高法民终 313 号判决中确认《国有资产评估管理办法》以及其他的规定都属于管理性的规范而不是强制性的规范。所以不能够依据这些规定作出案涉协议无效的结论。其次，最高人民法院（2018）最高法民终 313 号判决确认该案中的两个协议无效是因为双方没有履行，这一点与该案不同，因此，发电厂请求支持捷报公司的请求。

五、裁判结果和理由

（一）一审判决认为

根据国务院《国有资产评估管理办法》第 3 条、《企业国有资产交易监督管理办法》第 6 条“国家出资企业负责其各级子企业国有资产交易的管理”和第 7 条“国有资产监管机构负责产权转让事项，产权转让致使国家不再拥有所出资企业控股权的，须由国有资产监管机构报本级人民政府批准”的规定，涉案增资扩股事宜应当经过评估以及发电公司上级主管单位国信公司的审批决定，并报国有资产监管机构审核及人民政府批准。评估与审批的程序要求是国有资产转让合同生效的形式要件，其意义和价值在于保障交易公平、防止恶意低价转让国有资产。依据《合同法》第 44 条及最高人民法院《关于适用〈中华人民共和国合同法〉若干问题的解释（一）》

第 9 条规定，该案增资扩股并未得到发电公司上级主管部门国信公司的认可，也未得到有关国有资产管理部门的审批，时至一审法院庭审终结前，仍未完善相应的审批手续，欠缺国有资产转让合同生效应具备的形式要件，依法应认定涉案《资产及股权转让协议》未生效。故发电公司诉请涉案《合资协议》《增资扩股协议》无效有法律依据，应予支持。

（二）二审判决认为

只有违反法律规定效力性强制性的合同，才能被认定为无效合同。发电公司起诉请求确认《合资协议》《增资扩股协议》无效，其主要理由是上述两份协议签订时未按照《企业国有资产法》第 42 条，《企业国有资产监督管理暂行条例》第 21 条、第 23 条，《企业国有资产交易监督管理办法》第 6 条、第 7 条，《国有资产评估管理办法》第 3 条，《企业国有产权转让管理暂行办法》（现已失效）第 4 条、第 8 条、第 22 条、第 25 条、第 32 条的规定在产权交易机构中进行交易，也没有履行有关涉及国有资产转让的清产核资、评估、审计和报批、核准等程序，违反了上述法律、行政法规的强制性规定。但发电公司所列举的上述相关法律法规中仅有《企业国有资产法》《企业国有资产监督管理暂行条例》以及《国有资产评估管理办法》属于法律、行政法规，《企业国有资产交易监督管理办法》《企业国有产权转让管理暂行办法》则属于部门规章。且《企业国有资产法》《企业国有资产监督管理暂行条例》以及《国有资产评估管理办法》中虽然规定了国有企业重大资产转让应当进行评估并办理相关的审批手续，但并没有相关资产转让合同须经政府主管部门批准后方才生效的规定，也没有相关资产转让合同如未经政府主管部门批准则合同无效的具体规定，在性质上应属于管理性规定而非效力性强制规定。而从涉案《合资协议》《增资扩股协议》的内容来看，双方之间属于增资扩股关系，捷报公司系通过增资方式获得发电厂的 60% 股权，发电厂名下资产的所有权主体并没有发生变化，亦没有相关法律、行政法规规定涉及国有企业增资扩股的协议应当经审批方能生效或者未经审批即无效的明确规定。因此，涉案《合资协议》《增资扩股协议》不存在《合同法》第 52 条规定的合同无效的情形，发电公司关于上述两份协议无效的主张，于法无据，二审法院不予支持。《合同法》第44条系关于合同生效的法律规定，生效与无效系不同的法律概念，一审判决适用该条认定涉案合同无效，属适用法律错误，二审法院予以纠正。

六、讨论与建议

国有企业作为具有国有成分的企业法人，拥有一定的特殊性，其在享受一定程度上自治自由的同时，在分立、合并、破产、解散、增减资本、股权转让、发行公司债券等重大事项上还需接受国有资产监督管理机构对其的监管。根据《企业国有资产监督管理暂行条例》第21条、第23条，《企业国有资产交易监督管理办法》第6条、第7条等规定，国家出资企业增减资本、股权转让等国有资产交易行为应经国有资产监督管理机构决定，其他国有企业增减资本、股权转让等国有资产交易行为应经国家出资企业决定。至于何为“国家出资企业”，理论界的主流观点认为：国家出资企业不同于一般的国有企业，国家出资企业仅限于国务院、地方政府或其代表机构履行直接出资人职责设立的企业，其他带有国有成分的企业则不属于国家出资企业范畴。另外，股权转让行为致使国家不再拥有控股地位的，还需本级人民政府批准。

实际操作中经常出现的情况是，国有子企业在增减注册资本、股权转让等过程中仅经其上一级母公司审核决定，未经国家出资企业审核决定。对于未经国家出资企业审核决定而签署的合同的效力如何，我国并无相关法律予以直接规定。只有违反效力性强制性法律规定的合同，才能被认定为无效合同。未经国家出资企业审核决定而签署的增减资本或者股权转让合同，虽违反《企业国有资产监督管理暂行条例》《企业国有资产交易监督管理办法》，但由于《企业国有资产交易监督管理办法》属于部门规章，且《企业国有资产监督管理暂行条例》中虽有规定应当办理审批等手续，但却没有关于未办理审批手续而无效的规定，也没有审批手续系合同生效条件的规定，因此该条例在性质上属于管理性规定，故未履行审批程序签署的合同不属于法律规定的合同无效情形，不能因此认定合同无效。

但如系法律、行政法规规定应当办理批准、登记等生效手续的事宜，例如“转让全部国有股权或者转让部分国有股权致使国家不再拥有控股地位的”应当由本级人民政府批准等规定，则审批程序是合同生效的形式要件，根据《民法典》第 502 条规定，未办理批准、登记等手续的合同虽不属于无效合同，但其为未生效合同。

因此，笔者建议国有企业在进行增减注册资本、股权转让、分立、合并、破产、解散等重大事项决策时，应依据国家法律规定履行相关决定、审批、登记等程序，避免程序瑕疵、错误等导致相关合同无效或未生效。同时，根据 2021 年 1 月 1 日生效的《民法典》第 502 条“应当办理申请批准等手续的当事人未履行义务的，对方可以请求其承担违反该义务的责任”的规定，确保合同程序完整可避免承担相关违约责任。

第四章　国有企业治理

国企混改形势下公司法人治理完善

广东正平天成律师事务所　唐健锋

一、背景：何为“混改”？为何“混改”？

2002年，党的十六大决定将“发展混合所有制”写入执政党的纲领性文件。2003年，十六届三中全会明确“大力发展国有资本、集体资本和非公有资本等参股的混合所有制经济”。2013年，十八届三中全会提出“积极发展混合所有制经济”。从“发展”，到“大力发展”，再到“积极发展”，措辞的细微变化，可见中央对混合所有制改革的力度和决心。

何谓“混改”？引入各种所有制资本，实现股权多元化，为“混”；完善公司法人治理，实现所有权与经营权的有效制衡，为“改”。“混改”的逻辑前提在于：与其他所有制相比，国有企业因代理层级过多，代理成本较高，集中表现为缺乏效率。在股权架构方面，国资股东“一股独大”，容易导致国有资本流动性和收益性不足；在公司治理方面，也普遍存在治理体制不健全和经营机制僵化等问题。而从过往实践来看，不触及所有制的改革难以有效提高国企的运营效率，直接引进各种社会资本则带来了极大的不确定性，对国企负责人而言也存在难以承受的“利益输送”风险。混合所有制改革，既对所有权进行了改革，也有利于降低改革的不确定性和剧烈变化导致的负面效应。

发展混合所有制经济，“混”是手段，“改”是目的。混改的目标在于以“混”促“改”，而非“为混而混”，也非“一混就灵”。在“混”的基础上大刀阔斧地“改”，在优化股权结构的基础上完善公司法人治理，辅以配套的激励机制和用人机制，才能实现市场化机制与国有企业规范化体制的有机结合，提高国有资本运营效率和企业经营效率。

二、案例："混"什么？"改"什么？

中石化加油站系统就是混改能够借助资源对接推动国企成长的有力印证。2014 年，中石化加油站系统重组成立中石化销售公司，引进了 20 余家外部股东。依靠外部股东带来的资源，通过非油品销售，在同期外部石油价格持续下跌的情况下，中石化销售公司实现了高达 40% 的年增长率，实现了显著的业绩提升。

另一个常被提及的案例是中国联通。2017 年 8 月，中国联通通过定向增发，引入了包括腾讯、百度、京东、阿里巴巴、苏宁在内的 9 大战略投资者，募资近 780 亿元。联通集团的国有股权也从 63.7% 下降为 36.67%，从绝对控股变成了相对控股。

其后，为进一步激活内部机制，联通启用了"五大工程"，具体包括：建立市场化用人机制、精简机构、全生产场景划小承包改革、"双创"改革和员工持股等。

在董事会建设方面，混改后联通的国企董事与民企董事首次平起平坐。新任的 13 位董事会成员中，非独立董事 8 人，其中 3 人来自联通，5 人来自混改后引入的战略投资者：百度、阿里巴巴、腾讯、京东和中国人寿。董事会下设提名专门委员会、审计专门委员会、发展战略专门委员会、薪酬与考核专门委员会等，提高董事会组成的多元化和决策的专业化。

在选人用人方面，联通面向全集团推行了管理人员首次选聘工作。截至 2017 年底，管理人员平均退出率在 14.3% 左右，退出合同制员工 1071 人。各级聘任人员签订《业绩任务责任书》，落聘人员则参加下级岗位选聘，易岗易薪。在精简机构方面，联通还积极推行了"瘦身健体"改革，力图打造精简高效的组织机构，解决人浮于事的问题，部门数量、机构数量、人员编制和管理人员职数大幅减少。

在激励机制方面，联通于 2018 年 4 月完成了首次股权激励，授予员工限制性股票 79,386.1 万股，囊括了中高层管理人员、核心管理人才、专业人才在内的 7000 余人，打造资本所有者和劳动者利益共同体，激发企业内部的生机与活力。

联通混改的成功，不在于股权让渡的比例、员工激励的力度、战略投资人的实力以及完成了多大比例的混改任务，而体现在混改后企业业绩的变化、股东回报的多少以及公司的经营活力和潜力状况。起初，联通因错失4G先机，落后于中国移动和中国电信。混改后，联通的机制体制更加灵活，财务状况逐步改善，经营业绩大幅好转，经营活力显著提高，改革红利初步显现，有望扭转通信行业的竞争格局，真正实现了以“混”促“改”。

三、完善：如何“混”？如何“改”？

从联通的案例可以看出，逐步实现股权结构多元化、法人治理规范化和运营市场化是混合所有制改革成功的重要举措。而完善公司法人治理的关键，则在于以公司章程为核心，通过公司章程个性化设计等途径，规范各主体职权，平衡相关方利益，确保企业平稳高效运行。

（一）规范出资人身份

目前，国有资产监督管理委员会（以下简称国资委）同时肩负着社会公共管理和国有资产出资人双重职能，既要对不同企业进行共性化管理，又要履行个性化的股东职能，角色定位有待明确。从《国务院国资委以管资本为主推进职能转变方案》（国办发〔2017〕38 号）、《国务院国资委出资人监管权力和责任清单（试行）》（国资发法规〔2018〕25 号）、《国务院关于推进国有资本投资、运营公司改革试点的实施意见》（国发〔2018〕23 号）、《改革国有资本授权经营体制方案》（国发〔2019〕9 号）、《国务院国资委授权放权清单（2019 年版）》等一系列简政放权的改革文件来看，出现了国资委从逐步剥离行政监督职能向“干净出资人”转变的趋势。

如何规范出资人的身份，避免出现出资人、董事会、经理层相互争夺公司控制权的乱象，是公司法人治理的一大问题。目前国有企业主要可分为两类：一类是以经济效益最大化为主要目标的“竞争类企业”，另一类是以实现社会效益为主要目标的“公共性企业”。因所处领域和自身功能迥异，国资股东在以上两类企业中的身份地位也应有所不同。

对于竞争类企业，可建立完善类别股制度，将国家股作为表决权列后、分红权在先的类别股，同时通过《公司法》规定的公司人格否认制度、股东监督权和股东代表诉讼等制度，切实保障国家股东权利。而对于公共性企业，则可通过股权架构设计（如双层股权结构），赋予国家股东一定范围内的超级表决权，同时辅以完善相应的配套机制（如强化信息披露、提高中小股东的话语权、完善股东权益救济及董监高的责任追究等机制），对国家股东滥用控制权问题进行有效规制和事后补救，实现权力的有效制衡。

（二）完善董事会建设

加强董事会建设，是完善公司治理的重中之重。当前，仍有部分混改企业的董事会形同虚设，未能发挥应有作用，难以承担起国有资本授权经营的重任。规范董事会构成，优化董事会组成结构，改善国资股东“一股独大”的局面，可以从以下几个方面入手：

1. 企业可以与外部投资者约定 3 年的锁定期和一定的运营参与度，允许外部投资者委派人员进入公司董事会参与经营决策。

2. 积极发挥外部董事的作用，打破内部人控制的局面，确保外部董事在董事会中占据多数席位，原则上公司外部董事人数应超过董事会全体成员的半数；拓宽外部董事来源渠道，扩大专职外部董事队伍，与内部执行董事形成制衡，对企业进行有效的制衡和监督。

3. 在董事会下设提名委员会、薪酬与考核委员会、审计委员会（或审计和风险管理委员会）、战略与投资委员会等专门委员会，各专门委员会为董事会决策提供意见和建议，促进科学决策。上文所述的中国联通即设立了提名、审计、发展战略、薪酬与考核专门委员会，协助董事会履职。另外，根据《董事会试点中央企业董事会规范运作暂行办法》（国资发改革〔2009〕45 号）第 29 条的规定，提名委员会中外部董事应占多数，薪酬与考核委员会、审计委员会应全部由外部董事组成。《广州市市属国有企业董事会管理暂行办法》（穗府办〔2009〕29 号）第 9 条规定，提名、薪酬、考核审计等专门委员会须由外部董事担任召集人。

（三）推动经理层去行政化、专业化

国企高管既享受丰厚待遇，又享有一定的政治级别，高管管理是当前国企改革的一大难题，因此有必要推行国企领导人员去行政化，确保企业自主经营权依法正常行使，杜绝权力寻租和腐败。对此湖南省、山西省做出了有益的探索。在湖南省，对于公共性企业，省管企业董事长、党委书记、总经理由省委管理，其余省属企业由国资监管机构党委管理；对于竞争类企业，则建立市场化选人用人机制，省委只任免党委书记、提名董事长人选，其余省属企业的董事长、党委书记由国资监管机构党委管理。《山西省人民政府关于深化国资国企改革的实施意见》（晋政发〔2014〕17号）明确："对董事会运作规范、制度健全、权责明确等条件具备的企业，逐步将经理层选聘、考核评价、薪酬管理等权力交由董事会负责管理。"

在推动经理层专业化方面，应采用市场化选人用人机制，增加市场化选聘比例，通过职业经理人制度为企业输送高质量人才，通过实行市场化薪酬和探索配套激励机制，激发管理层活力。

（四）加强监事会监督职能

监事会在公司法人治理结构中处于监督地位，对完善法人治理结构有着举足轻重的意义。然而，尚有部分国有企业由内部人员担任监事，其对监事职权了解不足，在职权行使上流于形式，未能充分行使《公司法》、公司章程赋予的职权。因此，要增强监事会的独立性，树立监事会的权威，提高专职监事的比例，确保监事会能够对企业财务、重大决策、企业运营中可能出现的国有资产流失问题及董事会、经理层的履职情况进行监督，对损害公司利益的行为及时进行纠正。同时，也要改进监事会的监督方式，建立可追溯、可量化、可考核、可问责的监事会履职记录制度，真正将监督落到实处。

（五）全面加强党建工作

目前，部分国有企业的党建工作走向了两个极端，不仅出现了党建工作

流于形式的问题，也出现了以“党政联合会”代替董事会决策、架空董事会职能的做法。如何在发挥党组织政治核心作用的同时，确保党组织合法合规地参与到企业的经营管理决策中去，可以从以下两个方面考虑：

一方面，有必要将党建工作的总体要求写进公司章程，明确党组织在企业中的权责边界和工作方式，落实党组织在国有企业法人治理结构中的法定地位，发挥国有企业党组织的核心作用，确保党和国家政策方针的顺利施行。

另一方面，党组织参与国有企业经营管理决策，应当坚持和完善党管干部原则和市场化用人机制的有机统一，坚持和完善双向进入、交叉任职的领导机制，促进人才的双向流通。对于重大经营管理事项，应当确立党委决策前置程序，重大经营事项应由党委做前置审议，充分发挥党组织把方向、管大局、保落实的作用。

最后，应当充分发挥纪检监察的监督作用，董事、监事、高级管理人员中的党员干部，要每年定期向党组织或党委报告个人履职及廉洁自律情况，为混改企业的发展提供政治、组织和人才的三大保证。

（六）充分发挥法律顾问的作用

法律顾问，可分为内部法律顾问和外聘法律顾问。作为公司决策的辅助者和风险的防范者，法律顾问在公司法人治理体系中地位独特。专业性、中立性、全局性的要求，使得法律顾问独立于出资人、董事会、经理层和监事会，依靠自身专业知识和经验作出判断、提供服务。

在2018年修订的《公司法》中，任意性规范比重有所上升，公司治理自由度有所扩大。在公司设立初期，法律顾问可以通过公司章程的个性化设计等法律设计，初步构建起符合法律规定和公司实际情况的公司法人治理结构，为公司合法、合规、高效运行打下坚实的基础。在公司运转过程中，可以在合同管理、知产管理、公章管理、劳动保障、商业秘密保护等方面进行事前的风险防范，对重大决策的合法性、可行性及潜在风险进行评估，对公司相关人员提供有针对性的法律培训，及时、有效地识别、分析和规避风险；在公司面临纠纷时，可以通过诉讼、仲裁等纠纷解决方式维护公司的合法权益。公司也应在制度、职务和物质等各方面为法律顾问提供必要保障，使其更好地发挥自身职能。

四、结语

总而言之，混改企业要规范出资人、董事会、经理层、监事会和党组织的权责关系，充分发挥法律顾问的作用，按章程行权，依规则运行，靠市场选人，给员工激励，形成定位清晰、权责对等、运转协调、制衡有效的公司法人治理结构，让资本所有者和劳动者共享劳动成果。

当然，混改作为一项系统性工程，不能一味地按图索骥、照葫芦画瓢。本文仅为混改企业及拟混改企业提供框架性思路，企业仍应根据自身实际进行参考、设计和调整，有的放矢，因地制宜，量体裁衣，提高企业的可持续发展能力和市场竞争能力。

国有企业合规体系落地五步走

广东正平天成律师事务所　唐健锋

2018 年是“中国合规元年”，合规管理在这一年有了官方明确的定义。国务院国有资产监督管理委员会（以下简称国务院国资委）2018 年 11 月 2 日发布的《中央企业合规管理指引（试行）》明确，央企合规是指央企及其员工的经营管理行为符合法律法规、监管规定、行业准则和企业章程、规章制度以及国际条约、规则等要求。2018 年 12 月 26 日，国家发展和改革委员会等 7 部门联合发布的《企业境外经营合规管理指引》，还要求开展“走出去”相关业务的中国境内企业及其境外分支机构及其员工的经营管理行为应符合商业惯例、道德规范等的要求。相较于其他企业，国有企业及其党员干部、员工还应当严格遵守党内法规、政策等特殊合规规范。2020 年，广州市国有资产监督管理委员会开始推进首批企业合规管理体系建设试点工作，广州市属国有企业迎来“合规元年”。

元为始者，始于体系建设。考虑到不少国有企业对于合规管理这一崭新的管理学科仍然陌生，对于合规体系的建立更是无从下手、不得章法，有必要为上述处于合规体系初建期的企业提供一套切实可行的落地清单。借鉴合规管理体系建设试点中央企业以及国内外大型企业集团的宝贵经验，本文提炼出以下“五步走”落地方案。

一、强保障

合规体系建设起步和探索阶段，合规管理资源有限，人财物方面的保障必不可少。

人力资源方面，中国中铁股份有限公司在初建合规管理体系试点时，

2016年至2017年增设合规管理岗位200多个。大型跨国企业集团如西门子股份公司，专职合规管理人员已超600人。对于证券公司而言，《证券公司合规管理实施指引》第27条对合规管理已有明确规定，要求证券公司总部合规部门中具备3年以上证券、金融、法律、会计、信息技术等有关领域工作经历的合规管理人员数量占公司总部工作人员比例应当不低于1.5%，且不得少于5人；这些合规管理人员不包括从事法务、稽核、内部审计及风险控制岗位的工作人员。

资金投入方面，目前国际重要金融机构的合规成本约占其经营成本的3%~5%，全球金融行业需要为此投入800亿美元，未来5年内还将上升到1200亿美元。SCCE《2015合规官薪资调查》显示，全球企业合规管理的成本花费平均约为每年50万美元。

合规科技方面，企业可以借鉴国外金融机构的现行做法，利用人工智能、机器学习和自然语言处理等合规科技来为企业提供合规管理服务。从2017年起，西南政法大学、北京大学、中国政法大学等国内院校也在培养人工智能法学方向的人才。

二、组机构

万事伊始人当先。合规管理体系的实施和落地，需要专门的机构和人员承接。在公司治理层面，具体可以采取下列措施。

（一）设立合规委员会

建议由企业董事长或法定代表人担任合规委员会负责人，赋予合规管理委员会一票否决权，并聘请外部专家。

实践中，国务院国资委中央企业合规管理体系建设试点单位招商局集团专门成立了由主要领导担任负责人的合规管理委员会，起到了良好的示范作用。“企业一哥”担任合规第一责任人（相当于“消防第一责任人”的概念），带头作出表率，能够把合规提到最高级别，大大提高员工的重视程度，有力提升各级领导干部的合规意识。另有中兴通讯，在交出天价“学费”后，专设合规管理委员会并赋予其具体业务一票否决权，对企业进行严格把关。

鉴于合规体系建设初期人才资源非常有限，合规委员会可以聘请外部专家（如财务、会计、资深律师等），与企业合规管理人员密切配合。外部专家具有独立性、专业性、可持续性，可以在制度建设、风险评估、尽职调查、合规培训、合规咨询等方面为企业快速搭建合规管理体系提供帮助，兼顾成本、效率。

（二）设置大合规部

为最大限度确保合规部门的独立性和权威性，企业应当设置大合规部，对各个业务环节进行合规管控。

大合规部应当由合规总监（CCO）领导，合规总监与首席执行官（CEO）、首席财务官（CFO）并列，作为企业高级管理人员。这不仅是欧美跨国公司的惯例，也是《中央企业合规管理指引（试行）》“中央企业相关负责人或总法律顾问担任合规管理负责人”规定的应有之义，更是提升合规部门地位的有力保障。

（三）引进、培养合规人员

合规岗位职责与原有的法务工作职责完全不同，合规人员履职能力要求也高于法务人员。合格的合规人员需要具备法律、业务、管理、商务等多元化知识背景。法务人员转变为合规人员，观念和思维上也应作出相应改变。

1. 树立法商思维。“法无商不兴，商无法不稳。”合规部门与业务部门“要相爱不要相杀”，合规人员不能“管合规不管业务”，在确保企业合规的同时，也要促成交易。这对于合规人员的专业能力、沟通能力、说服技巧等综合能力提出了更高的要求。

2. 有为才有位。雀巢大中华区首席合规官艾毅说过，合规的基本特点就是主动。合规管理人人有责，各级管理层都要以身作则、积极主动，合规人员更应如此。

目前，随着合规管理在我国央企、国企的迅速铺开，知法律、晓管理、懂业务的合规管理人才更显匮乏。为解燃眉之急，各企业可以通过从专业院校引进相关专业人才、从企业相关部门调配合适人选、组织第三方机构对合规人员进行专项培训、聘请外部专家进行合规专项指导等方式，加强合规人才的引进和培养，以提高合规管理人员的履职能力。

（四）充分发挥党委、纪委作用

国有企业推行合规管理有其特殊优势。党委、纪委人员参与到合规管理之中，是国有企业合规工作特有的中国化探索。

公司党委在公司合规管理过程中发挥着领导作用，可以统筹把握合规管理工作的方向和原则，履行党风廉政建设主体责任。公司纪委则能起到监督与再监督的作用，履行党风廉政建设监督责任，调查和处理违规行为，维护党内法规和公司规章制度的权威。

三、建制度

建立合规管理制度的第一步，就是明确合规义务，有针对性地建立企业专属的合规义务库。

法律法规数量庞杂是合规义务库的一大特性。截至 2019 年底，我国有超 270 部法律，超 700 部行政法规，超 12,000 部地方性法规，超 500 部司法解释，超 10,000 件部门规章和地方政府规章，以及超 37,000 个国家标准。此外，还有国际条约，行业准则，商业惯例，企业章程、规章制度和规则，道德规范以及党内法规政策等若干规定。如果国有企业按照上述标准建立合规义务库，合规管理将漫无边际。

合规体系建设要考虑现实性、经济性和实用性，不可以也没必要从零开始、推倒重来，而应当补足盲区、克服短板，集中火力、重点突破。企业在合规体系建立初期，应当将更多精力放在重点领域、重点环节、重点人员，量身定制贴合企业自身特性的专项合规义务库。西门子股份公司针对反海外贿赂问题建立的专项合规体系之所以能成为企业合规的样本，也不在于大而全，而在于小而精。

不同行业的国有企业，侧重点有所不同。如高科技企业需要密切关注知识产权等领域的合规义务，身处服务行业的企业还需关注自身在商业信息安全、竞业禁止与利益冲突等领域的合规义务，身处制造业的企业还需关注销售环节的合规义务。

四、控风险

合规风险的判断往往源于经验，源于交易循环中可能违反合规义务的情形。要准确识别企业存在和可能存在的合规风险，则不仅要对合规义务有一定的认识，也要对业务流程有清晰的掌握，建立合规风险库。

合规风险库的建立，需要业务人员和合规人员通力合作，即通过业务部门与合规部门的协同配合，识别交易循环中的合规风险，并对已识别的合规风险清单进行整理分析、量化排序，形成一套有体系、有取舍的合规案例汇编。

当然，天下没有无风险的生意，合规也不等于无风险。对于发生概率低、影响小的风险，可以考虑承担；对于发生概率高、影响大的风险，建议密切监控，规避、转移；对于其他的合规风险，严格控制即可。

五、育文化

制度的建设离不开文化的土壤。合规文化培育是合规管理保障体系不可或缺的一环，主要措施包括：发布合规倡议，发放合规手册，签订合规承诺书；合规培训常态化，开展专项合规培训；加强法制宣传教育，通过视频、宣传展板、网络课堂等多元方式普及合规文化；等等。

国务院国资委开展中央企业合规管理体系建设的试点单位在合规文化建设方面做出了积极探索。归纳而言，一是抓“关键少数”，如中国移动在试点合规管理体系建设时，由公司领导班子集体签署合规倡议，并专门对领导干部提出了人均年度学法不少于40小时的要求；二是普及全员合规，如招商局集团在2016年至2019年，组织拍摄了“合规驶得万年船”“合规管理情景篇”“合规2019”等系列合规宣传片，进行了丰富多彩、有声有色的合规宣传。合规从高层做起，带动全员合规，才能为自上而下培育合规文化提供坚实土壤。

结语

很多企业认为，合规管理投入高、产出少，没有必要。但实际上，合规管理在风险防控、公司治理、企业形象方面均具有重大价值。

对于风险防控，合规不是万能的，但不合规是万万不能的。前有雀巢公司因有完备的合规体系而免责的“合规抗辩第一案”，后有中兴通讯被罚14亿美元、巴西石油公司被罚11亿美元、西门子股份公司被罚8亿美元，可见，合规不仅能让企业免于刑事责任，还能避免企业直接经济损失，防止企业社会声誉受损、被剥夺特许经营资格或吊销营业执照，进而规避其对企业上市资格、参与政府招投标、获得银行贷款等方面的不良影响。

对于企业形象，合规可以创造价值，合规就是生产力。通过承担更大的社会责任，企业能树立起良好的社会形象和长久的商业信誉，为公司品牌增加无形价值，确保基业长青。

对于公司治理，通过在传统董事会、监事会、经理层三角治理结构之外设置合规委员会、合规总监、合规部门等相对独立的合规管理组织来建设合规体系，将对公司治理结构产生显著影响。

企业认同合规价值，员工“内化于心，外化于行”，合规才能作为制度创新的驱动，转化为企业新的竞争力。

过度控制的分析与建议

广州金鹏律师事务所　化中毅

一、当事人基本情况和案由

申请人：某股份有限公司（以下简称 A 公司）

被申请人：某销售服务有限公司（以下简称 B 公司）

听证参与人：何某（B 公司股东之一）

案由：申请破产清算

二、案件基本情况

A 公司为国有全资子公司。B 公司于 2011 年 1 月 24 日登记成立，注册资本为 1200 万元。A 公司对 B 公司持股 51%、何某持股 49%。B 公司工商登记档案显示，该公司法定代表人为陈某，董事长为李某，董事为何某、张某，监事会主席为欧某，监事为刘某、钟某，经理为李某。听证过程中，B 公司举示的人员信息显示，董事长李某同时在 A 公司任副总经理，董事张某在 A 公司任部长职务，法定代表人陈某在 A 公司任部长职务，监事会主席欧某在 A 公司任主任职务，监事刘某在 A 公司任总监职务，监事钟某在 A 公司任财务经理职务。B 公司举示的 A 公司《关于杨某职务任免的通知》显示，2013 年 5 月 11 日，A 公司聘请杨某任 B 公司总经理，杨某不再担任 A 公司副部长职务。

何某于 2016 年 10 月 22 日以 B 公司、A 公司拒绝向何某提供 B 公司相关信息为由，向某人民法院提起知情权纠纷诉讼，该人民法院 2016 年 12 月 27 日作出（2016）某 0107 民初＊＊＊号民事判决，判处 B 公司于判决生效之日起15日内将2012年至今的股东会会议记录、董事会会议决议、监事会会议决议和财务会计报告提供给何某查阅、复制，将会计账簿提供给何某查阅。判决生效后，B公司未履行判决确定的义务，何某申请了强制执行。

2018年，申请人A公司以B公司未清偿到期债务、资产不能清偿全部债务为由，向某中级人民法院申请对B公司破产清算。听证过程中，A公司举示了以下证据材料：(1)《贷款合同》，拟证明A公司对B公司的债权债务依法成立，债务履行期限已经届满；(2) 银行转账凭证，拟证明A公司依据贷款协议向B公司发放了贷款；(3)《债权确认书》，拟证明B公司不能清偿到期债务；(4) B公司2017年度审计报告，拟证明B公司资产不能清偿全部债务。

三、争议焦点

由于A公司对B公司是否享有债权决定了A公司是否具备申请人的主体资格，因此，该案的争议焦点为A公司是否对B公司享有真实有效的债权。

四、双方意见或观点

B公司的代理人质证后对前述证据均予以认可，并陈述：(1) 从2011年B公司开始亏损，后续资金均为A公司提供，对A公司的债权无异议。(2) 审计报告显示B公司已资不抵债，与A公司签订劳动合同的职工已于2016年7月全部遣散，现B公司已无工作人员且停止营业，应进入破产清算程序。(3) 在内部管理上，B公司对外支付的每笔费用，均需通过内部系统由A公司审批，B公司的盈余也均归集到A公司。此外，B公司的印章现由A公司保管。(4) B公司委托诉讼代理人王某现与A公司签订劳动合同，工资由A公司发放，专门负责B公司的遗留工作事项。

何某质证认为，《贷款合同》真实性无法确认，对《债权确认书》证据“三性”均不认可，对银行转账凭证的真实性无异议，但对关联性有异议。何某认为《贷款合同》《债权确认书》都是伪造的，请求司法鉴定，理由是何某在2016年向法院起诉主张股东知情权，胜诉后通过强制执行看到了部分账簿，但没有看到前述《贷款合同》和《债权确认书》。B公司的委托诉讼代理人王某的人事关系在A公司，其工资也由A公司发放，王某对债权债务关系的认可不能当然地等同于B公司的认可。A公司与B公司人格高度混同，B公司不是独立法人，其财务、财产、人员都由A公司控制，不应由A公司来证明B公司不能清偿到期债务和资不抵债。

五、裁判结果和理由

一审法院认为，A公司对B公司的债权未经生效法律文书确认。虽然B公司对A公司的债权无异议，但除何某外，B公司的公司管理人员均为A公司的工作人员，而何某作为B公司的股东、董事对债权提出异议。关于A公司是否对B公司享有债权，目前最高人民法院《关于适用〈中华人民共和国企业破产法〉若干问题的规定（一）》第7条第2款规定，“人民法院收到破产申请后应当及时对申请人的主体资格、债务人的主体资格和破产原因，以及有关材料和证据等进行审查，并依据企业破产法第10条的规定作出是否受理的裁定。”由于A公司与B公司之间的债权不确定，不能确定A公司具备申请人的主体资格。A公司对B公司的破产清算申请，不应受理。

二审法院认为，最高人民法院《关于适用〈中华人民共和国企业破产法〉若干问题的规定一》第7条第2款规定，“人民法院收到破产申请后应当及时对申请人的主体资格、债务人的主体资格和破产原因，以及有关材料和证据等进行审查，并依据企业破产法第10条的规定作出是否受理的裁定。”该案中，A公司以B公司的债权人身份提出破产清算申请，其前提为A公司对B公司享有真实有效的债权，即两公司之间的债权债务关系依法成立。一般而言，在债务人不否认债权债务关系，或者无正当理由否认债权债务关系，或者债务已经生效法律文书确定的情况下，可以认定债权债务关系依法成立。但在当事人对债权债务关系存在争议并提出合理异议时，应通过诉讼程序予以解决。该案中，A公司对B公司的人事任命、财务审批、印章管理乃至委托诉讼代理人的指定均具有决定性作用，B公司的股东、董事何某也对上述债权债务关系的真实性提出了合理怀疑。基于上述原因，在

A 公司与 B 公司之间的债权未经实质审查与确认之前，不宜在该案中直接认定两公司之间的债权债务关系依法成立。一审法院以 A 公司与 B 公司之间的债权不确定，不能确定 A 公司具备申请人的主体资格为由对 A 公司破产清算申请不予受理并无不当，故裁定驳回上诉，维持原裁定。

六、分析与建议

（一）A 公司对 B 公司控制/管理行为的分析

在大多数申请破产清算案件中，当债权人提交证据材料证明债权债务关系而债务人不否认债权债务关系时，人民法院往往直接认定债权债务关系成立，从而确定债权人具备申请破产清算的主体资格。但该案中，当事人提供的证据使审判人员的内心对债权债务的真实性产生了怀疑，进而要求另案起诉，由法院对债权债务关系进行实质审查。本文要讨论的是，案涉国有母公司对子公司的控制和管理等一系列行为，包括 A 公司长期向 B 公司提供贷款供其运营，能否成为债权人“刺穿公司面纱”的事由？有何法律后果？

在我国法律正式规定“刺穿公司面纱”原则之前，我国的司法审判实践中就有法院参照国外审判机构关于否认公司独立人格的案例，裁判股东滥用公司有限责任以及独立地位而对公司的债务承担责任。我国在 2005 年修订的《公司法》中加入了“刺穿公司面纱”的规定，给司法实践中债权人提出“刺穿公司面纱”要求股东承担责任提供了明确的法律依据，顺应了社会经济发展的需要，打击了不诚实守信而滥用公司法人地位和股东有限责任逃避债务的行为。但是，从 10 多年来该规定的适用情况来看，公司法规定较为笼统，实践中不同地域的法院对于同类案件作出了不同认定和裁判结果。2019 年 11 月，最高人民法院印发《全国法院民商事审判工作会议纪要》（以下简称《九民纪要》），其中第 10 条至第 12 条规定了 3 种主要的否认公司独立人格的情形，即“人格混同”、“过度支配与控制”以及“资本显著不足”。

以下依照《九民纪要》所规定的 3 种否定公司独立人格的情形，同时参考国外有关的司法裁判经验，对该案国资母、子公司的行为进行讨论分析，希望给国有企业未来的经营与决策提供有益参考。

1. 人格混同

《九民纪要》第 10 条规定，认定公司人格与股东人格是否存在混同，最根本的判断标准是公司是否具有独立意思和独立财产，最主要的表现是公司的财产与股东的财产是否混同且无法区分。该条同时规定了在认定是否构成人格混同时，应当综合考虑的因素。[①]

该案例中，根据裁定书的描述，案件审查过程中并未涉及 A 公司的财产与 B 公司的财产是否存在混同，B 公司的其他股东通过股东知情权诉讼的方式查阅公司章程等财务资料，也没有发现 A 公司占有或使用 B 公司财产的情形，至于 B 公司是否具有独立意思，由于其他案件当事人没有相关主张或陈述，该案亦不得而知。笔者认为，即使案涉 B 公司的股东声称 B 公司完全由 A 公司控制而不具有独立的意思表示能力，也不能仅因此认定为人格混同，因为该案中的 A 公司为持股 60% 的控股股东，对 B 公司的日常经营管理事项本身就具有决策权，A 公司的意志通过一定的程序和形式对外表示为 B 公司的意思，是大股东行使股东权利的主要表现形式，因此，如果 B 公司的其他股东认为 B 公司丧失了独立的意志，那么其完全可以根据《公司法》和子公司章程的规定，通过提议召开临时股东会、诉请撤销瑕疵公司决议等方式，维护 B 公司的独立意思以及自身的股东权利。

2. 过度支配与控制

该案中，法院之所以没有认定债权债务关系成立，原因在于 A 公司对 B 公司过度支配与控制，动摇了审判人员的内心判断，使其对案涉债权债务的真实性产生怀疑，从而在该案中不直接确认案涉债权债务关系。

何为过度支配与控制？目前我国的法律法规中并没有相关正式条文，仅在《九民纪要》第 11 条作了规定，指公司控制股东对公司过度支配与控

① 《九民纪要》第 10 条："……（1）股东无偿使用公司资金或者财产，不作财务记载的；（2）股东用公司的资金偿还股东的债务，或者将公司的资金供关联公司无偿使用，不作财务记载的；（3）公司账簿与股东账簿不分，致使公司财产与股东财产无法区分的；（4）股东自身收益与公司盈利不加区分，致使双方利益不清的；（5）公司的财产记载于股东名下，由股东占有、使用的；（6）人格混同的其他情形。在出现人格混同的情况下，往往同时出现以下混同：公司业务和股东业务混同；公司员工与股东员工混同，特别是财务人员混同；公司住所与股东住所混同。人民法院在审理案件时，关键要审查是否构成人格混同，而不要求同时具备其他方面的混同，其他方面的混同往往只是人格混同的补强。"

制，操纵公司的决策过程，使公司完全丧失独立性，沦为控制股东的工具或躯壳，严重损害公司债权人利益，应当否认公司人格，由滥用控制权的股东对公司债务承担连带责任。据此，对照《公司法》第 20 条第 3 款规定，“过度控制”属于股东“滥用”公司独立地位和股东有限责任的行为，在严重损害债权人利益的情况下，债权人有权诉请否定公司的人格，要求行为股东对公司债务承担连带责任。

《九民纪要》第 11 条列举了“过度支配与控制”的常见情形，认定某固定的行为是否构成过度支配与控制，最根本的判断标准还是公司是否具有独立意思和独立财产。案涉裁定书载明：B 公司的管理人员均为 A 公司的工作人员，A 公司对 B 公司的人事任命、财务审批、印章管理，乃至委托诉讼代理人的指定上均具有决定性作用，B 公司的股东、董事也对上述债权债务关系的真实性提出了合理怀疑。基于上述原因，在 A 公司与 B 公司之间的债权未经实质审查与确认之前，不宜在该案中直接认定两公司之间的债权债务关系依法成立。据此，笔者推测，该案 A 公司对 B 公司的行为使 B 公司的股东会、董事会/执行董事等治理机构丧失独立性，主要的管理事项完全由 A 公司一方支配与控制，胜似“一人有限公司”，B 公司已不再具有“独立意思”，符合“过度支配与控制”的部分特征。

3. 公司资本金显著不足

《九民纪要》第 12 条规定，资本显著不足是指公司设立后在经营过程中，股东实际投入公司的资本数额与公司经营所隐含的风险相比明显不匹配。股东利用较少资本从事力所不及的经营，表明其没有从事公司经营的诚意，实质是恶意利用公司独立人格和股东有限责任把投资风险转嫁给债权人。根据案涉裁定书，B 公司注册资本为 1200 万元，成立于 2011 年 1 月，从 2011 年开始亏损，后续资金均为 A 公司通过贷款的方式提供，至 2018 年末还贷款达 5400 多万元。

B 公司从成立的第一年就开始亏损，“后续资金均为 A 公司通过贷款的方式提供”表明 B 公司第一年就已将注册资本 1200 万元使用完毕，需要通过 A 公司持续贷款以维持经营活动。很明显，B 公司的注册资本与其从事经营活动所蕴含的风险差距较大。如果 A 公司未持续给 B 公司提供贷款，B

公司就很可能没有流动资金，达到《企业破产法》所规定的破产条件：不能清偿到期债务，明显缺乏清偿能力。但是，A 公司及其他股东并没有向 B 公司增加注册资本、赋予其自身持续经营的能力，而是通过股东 A 公司长期提供贷款的外部手段“续命”，此行为已给现有和潜在市场交易主体提供虚假的“信号”即 B 公司自身具有持续经营的能力，从而诱使市场主体与 B 公司进行交易，具有欺骗性。同时，A 公司没有通过增资的方式而是以借贷等方式维持 B 公司的经营活动，其目的常常被认为是利用公司的独立人格和股东的有限责任，在 B 公司破产的情况下，A 公司对 B 公司的债权可以作为破产债权从 B 公司的剩余资产中获得清偿，避免以增资的方式注入资本最后无法取回投资的结果，从而降低其他债权人的清偿比例，将股东的投资风险转嫁给其他债权人。据此，案涉 B 公司存在资本严重不足的情形，假使 B 公司的债权人能完成相关举证，有权要求负责经营管理的股东 A 公司对债务承担连带责任。

4. 深石规则——股东债权降级/劣后

深石规则又称衡平居次，指在从属公司的清算、和解或重整等程序中，控制公司对从属公司的债权，无论其有无别除权、优先权，在法定条件下次于或者自动次于其他债权人受清偿，这是劣后债权的一种。该规则起源于美国联邦最高法院 1938 年的判例[①]，之后美国在 1978 年联邦《破产法》第 501（c）条规定，经过通知与听证，法院可以根据公平降级原则，将某些已经准许的债权降到其他已经准许的债权之下。

目前我国《企业破产法》中只规定了“优先债权”和“普通债权”，并没有“劣后债权”的规定，但最高人民法院在 2018 年印发的《全国法院破产审判工作会议纪要》第 39 条规定，关联企业成员之间不当利用关联关系形成的债权，应当劣后于其他普通债权顺序清偿，且该劣后债权人不得就其他关联企业成员提供的特定财产优先受偿。重庆高级人民法院于 2017 年印发的《关于审理破产案件法律适用问题的解答》第 5 条明确规定了何种情形下可以将公司股东或实际控制人对公司享有的债权确定为劣后债权并安

① See Taylor v. Standard Gas & Electric Co. , 306 U. S 307（1939）.

排在普通债权之后受偿。其中第（二）项规定了在“公司注册资本明显不足以负担公司正常运作，公司运作依靠向股东或实际控制人负债筹集，股东或实际控制人因此而对公司形成的债权”的情况下，公司股东或实际控制人对公司享有的债权为劣后债权，并且不得行使别除权、抵销权。

具体到该案例，B公司成立于2011年1月，从2011年开始B公司已经亏损，后续资金均为A公司通过贷款的方式提供，因此，B公司的注册资本明显不足以负担公司的正常运作，需要依靠A公司的负债筹集。参照以上法律文件的规定，如果B公司进入破产程序，A公司对B公司所享有的债权很可能被认定为劣后债权，即顺位介于普通债权与股东剩余财产分配权之间。

（二）给国有企业对下属公司管理的建议

保值增值是国有企业经营的第一要务，因此，为了确保国有资产不流失，国有企业对其下属公司的管理和控制大多都比较严格，在国有独资公司中如此，在混合所有制的企业中往往也不例外。常见的要求有拥有控股地位、业务财务关键人事的控制权以及财务审批权等，更有甚者架空公司的股东会和董事会，使得公司的治理机构形同虚设，公司的事务完全听命于国资股东方，导致合作股东方的不满甚至引发公司控制权的争夺。该案合作方股东出庭质疑国资股东方的债权，并陈述了一系列国资股东方过度控制的行为，实际上就是对国有资本过度控制不满的表现。基于以上分析，我们从公司法的角度出发，给国有企业提出以下管理建议。

1. 保持公司的独立意志

公司作为企业法人，依法具有独立人格，应根据法律和章程的规定，经过一定的程序，作出独立的意思表示。有限公司一般设立股东会、董事会/执行董事、监事会/监事以及经理等治理机构，这些机构根据法律以及章程的规定各司其职，代表公司作出相关决定和行为，其意志视为公司的意志。如果股东过度控制公司，架空了公司的治理结构，使其形同虚设、丧失独立意志，以股东的意志替代公司的意志，公司则最终成为股东的工具，直接的结果就是损害公司债权人和少数股东的利益。因此，是否保持公司的独立意志，就成了股东是否过度控制公司的主要考量因素。我们建议，为了保持公司的独立意志，股东特别是控股股东，应当保证公司治理机构正常运转，特别是作出重大决定或者关联交易时，应当依照法律以及公司章程规定的程序，召开股东会或者董事会进行讨论决议，以免形成过度控制。

2. 保证公司的财产独立

《九民纪要》归纳了实践中常见人格否认的三种主要情形，该三种主要情形均从公司财产是否独立出发，围绕公司财产是否被不当流失或减少展开，故可以认为，公司财产的独立是认定公司独立人格的最重要因素。据此，国有企业在对下属公司的管理中，应严格依照有关公司财务的规定和会计准则，在公司账簿真实记载公司的财产与交易；母、子公司之间不能进行利益输送或者进行不公平的关联交易损害一方的利益，更不得无偿占有、使用下属公司的财产，甚至直接抽走公司的资金等，以保持公司的财产独立。

3. 投入与公司经营风险匹配的资本

"资本显著不足"原则在司法实践中属于新鲜事物，由于我国法律没有明文规定，之前多见于学界讨论，司法裁判中鲜有突破采用。《九民纪要》发布后，有关"资本显著不足"的规定可在司法裁判中直接引用，如果公司的资本数额与经营所隐含的风险相比明显不匹配，公司的面纱就可以被刺穿，负责公司经营管理的股东则应对公司债务承担连带责任。故部分国有企业过去以较低资本数额设立一家公司，通过向母公司借款以满足该公司日常运营的资金需求，一旦该公司破产，母公司作为债权人申报债权参与分配的做法不再行得通，即不但不能认定借贷为破产债权，还可能导致公司的人格被否定，由母公司对该公司的债务承担连带责任。因此，国有企业应当改变过去陈旧的经营方式，从公司所从事的行业性质和该行业容易发生的风险事件的性质来看资本额是否足以支付风险损失，并据此决定所投入下属公司的资本金额，以免最终因小失大。

关于董监高的勤勉忠实义务

广州金鹏律师事务所　化中毅　区颖妍

一、当事人基本情况和案由

上诉人（一审原告）：陕西西厦电力房地产开发有限公司（以下简称西厦公司）

上诉人（一审被告）：鲁能集团有限公司（以下简称鲁能集团）

上诉人（一审原告）：西安鲁能置业有限公司（以下简称鲁能置业）

被上诉人（一审被告）：丁某，鲁能置业董事长

被上诉人（一审被告）：殷某，鲁能置业董事兼总经理

被上诉人（一审被告）：王某成，鲁能置业董事

被上诉人（一审被告）：王某，鲁能置业监事

被上诉人（一审被告）：刘某星，鲁能置业监事

被上诉人（一审被告）：伊某泽，鲁能置业副总经理

被上诉人（一审被告）：刘某，鲁能置业财务部经理

案由：损害公司利益责任纠纷

二、案件基本情况

（一）鲁能置业情况

鲁能置业成立于2004年6月15日，股东为鲁能集团（认缴5385.71万元、实缴5385.71万元）与西厦公司（认缴2900万元、实缴2900万元），法定代表人为丁某，董事会成员有丁某、殷某、王某成、姚某东、陈某南，监事会成员有刘某星、王某、李某。其中，丁某为董事长，姚某东为副董事

长，殷某为总经理，伊某泽、李某为副总经理，刘某为财务经理。

（二）案涉争议债权

在鲁能置业取得西安浐灞生态区面积为91,949.7平方米的土地使用权后，鲁能集团为了合作开发上述土地，2010年12月与西厦公司、陕西省电力公司签订了《关于合作开发浐灞项目相关事宜的协议》，约定鲁能集团负责筹措鲁能置业一期项目开发启动资金、二期土地出让金和开发资金，所有资金本息由鲁能置业承担。在二期项目前期准备阶段，鲁能置业委托鲁能集团向中国建设银行股份有限公司济南泉城支行贷款1.5亿元，用于二期土地招拍挂的诚意金，并向西安浐灞生态区管理委员会（以下简称浐灞管委会）交纳。后因鲁能置业未参与以上土地的招拍挂程序，1.5亿元诚意金至今未退还。

西厦公司向一审法院起诉，请求：（1）各被告共同向鲁能置业赔偿二期土地诚意金1.5亿元所产生的利息损失69,777,367元（按照〔2012〕鲁商初字第28号判决书，暂计算至2018年10月29日，具体金额以山东执行法院执行金额为准）；（2）各被告共同赔偿鲁能置业土地使用税损失9,462,548.95元（暂计算至2018年6月）；（3）各被告共同向鲁能置业赔偿其将要承担的山东省高级人民法院案件受理费814,733元，财产保全费5000元；（4）各被告共同向鲁能置业赔偿其将要承担的西安市中级人民法院案件受理费1,462,515元，执行费317,400元；（5）各被告共同向鲁能置业赔偿其将承担的鲁能置业人员工资及福利损失3,583,104.2元（暂计算至2016年6月）；（6）各被告共同向鲁能置业赔偿其将承担的为看管项目场地等聘请保安的保安服务费损失36万元（暂计算至2017年12月）；（7）各被告共同向鲁能置业赔偿其将承担的鲁能置业房租损失2,697,967.13元（暂计算至2015年3月）；（8）以上各项共计88,480,635.28元，由各被告对上述赔偿共同承担连带责任。

三、争议焦点

丁某、殷某、王某成、王某、刘某星、伊某泽、刘某应否共同赔偿鲁能置业逾期利息、诉讼费、财产保全费损失。

四、双方意见或观点

1. 西厦公司起诉理由：丁某在担任鲁能置业董事长期间未组织召开董事会，就报名参加二期土地拍卖及债务清偿进行决议，其作为首要责任人，应承担鲁能置业所受的全部损失。同时，在董事殷某、王某成不到会的情况下，董事会无法形成决议。公司章程对总经理、监事、财务负责人等所负义务进行了规定，但王某、刘某星、伊某泽、刘某等人不但不履行职责还擅离职守。鲁能集团的行为直接导致鲁能置业陷入瘫痪、产生损失，被上诉人丁某、殷某、王某成、王某、刘某星、伊某泽、刘某作为高级管理人员，存在过错，应承担赔偿责任。故该案中，各被上诉人对鲁能置业的损失承担连带赔偿责任。

2. 丁某（董事长）、殷某（董事兼总经理）、王某成（董事）辩称：（1）鲁能置业无法继续经营的根本原因是股东之间存在重大意见分歧，并非其三人原因。鲁能置业是否参与土地竞拍属于公司经营方针和投资计划，应由鲁能置业股东会决策。（2）鲁能集团是国有全资公司，持鲁能置业65%股权，鲁能置业属于国有资本控股公司。依据《企业国有资产法》第26条及相关法律、行政法规和公司章程规定，其三人作为鲁能集团公司推荐到鲁能置业的董事，应当维护鲁能置业以及鲁能集团公司作为国有资产出资人的权益，不得超越职权或违反程序决定重大事项。（3）其三人不存在损害鲁能置业利益的过错和行为，不应承担赔偿责任。（4）鲁能置业根据委托贷款合同和法院生效判决所支付的利息和诉讼费用不应认定为鲁能置业的损失，且上述利息和诉讼费用支付与其三人履职行为之间不存在因果关系。鲁能集团与鲁能置业之间委托贷款经股东同意并经董事会决议，上述委托贷款并不损害鲁能置业利益。因鲁能置业并无还款来源，未执行法院生效判决，所产生利息和诉讼费用与其三人履职行为不存在因果关系。

3. 王某（监事）、刘某星（监事）对丁某（董事长）、殷某（董事兼总经理）、王某成（董事）答辩意见的补充：其二人作为监事未发现鲁能置业董事丁某、殷某、王某成以及高级管理人员伊某泽、刘某损害公司利益的行为，但其二人自身不存在损害公司利益的过错和行为，不应承担任何赔偿责任。

4. 伊某泽（副总经理）、刘某（财务部经理）对丁某（董事长）、殷某（董事兼总经理）、王某成（董事）答辩意见的补充：其二人作为公司的副总经理、财务部经理，根据公司章程规定，主要职责为组织实施董事会决议，其二人不存在损害公司利益的过错和行为，不应承担任何赔偿责任。

五、裁判结果和理由

（一）关于董事长丁某是否应承担责任

2011 年 3 月 12 日，经鲁能置业董事会决议，丁某被选举为董事长。2012 年 4 月 10 日，鲁能置业 2012 年第一次临时股东会会议决议，免去丁某及王某成两名董事的职务。关于董事长的职权，鲁能置业章程第 20 条规定：“召集和主持董事会会议；检查董事会会议的实施情况，并向董事会提出报告；……”该案中，鲁能置业就是否参与二期土地的拍卖活动，应召开股东会或董事会讨论决议；鲁能置业就是否应从浐灞管委会取回缴纳的 1.5 亿元诚意金，应召开董事会决议。但丁某在任董事长期间，未组织召开股东会或董事会就上述事项提交董事会讨论、决议，未尽到董事长的职责，存在未尽忠实和勤勉义务的行为。

在关联仲裁案件中，西厦公司于 2012 年 5 月 17 日向仲裁委提出仲裁申请，请求依法裁决被申请人鲁能集团继续履行 2010 年 12 月和申请人西厦公司签订的《关于合作开发浐灞项目相关事宜的协议》，采取补救措施依法取得浐灞房地产项目二期土地，并承担一、二期土地出让金和开发金。此时浐灞管委会向鲁能置业退还诚意金条件尚未成就，后西厦公司于 2015 年 4 月 9 日变更仲裁请求，撤销前述仲裁请求，即不再要求取得二期土地时，方可要求浐灞管委会退还诚意金。但此时丁某已从鲁能置业离职，故西厦公司所主张的损失与丁某的行为间不存在因果关系，对西厦公司要求丁某赔偿损失的请求不予支持。

（二）关于董事殷某、王某成是否应承担责任

2011 年 3 月 12 日，经鲁能置业股东会决议，殷某、王某成被选举为董事，殷某还任职总经理。董事在公司的主要职责是审议董事会议题。鲁能置业章程第 24 条规定总理的职责为：“主持公司的生产经营管理工作，组织实施董事会的决议；组织实施公司年度经营计划和投资方案；……”该案中，就二期土地是否参加拍卖活动及 1.5 亿元保证金如何处置的问题，股东会、董事会均未作出决议，在此情形下，殷某、王某成作为董事及总经理，不存在未尽职责的行为，故对西厦公司要求殷某、王某成承担赔偿责任的请求不予支持。

（三）关于监事刘某星、王某是否应承担责任

2011 年 3 月 12 日，经鲁能置业股东会决议，刘某星、王某被选举为监事。关于监事职权，鲁能置业章程第 26 条第 3 项规定：“当董事和总经理的行为损害公司的利益时，要求董事和总经理予以纠正；……”该案中，鲁能置业就是否参与土地拍卖活动，董事长丁某未及时提议召开股东会或董事会，作为监事的刘某星、王某未及时提出意见予以纠正，也未提议召开股东会，存在未尽勤勉义务的情形。但如前文所述，1.5 亿元诚意金被占用的原因是鲁能置业股东就 1.5 亿元是否要求返还未达成一致意见及浐灞管委会未及时退还；案件受理费、保全费等支出，系公司经营费用的支出。因此，西厦公司主张的损失与作为公司监事的刘某星、王某的行为间不存在因果关系，对西厦公司要求刘某星、王某赔偿损失的请求不予支持。

（四）关于副总经理伊某泽、财务部总经理刘某是否应承担责任

2011 年 3 月 12 日，经鲁能置业董事会决议，伊某泽被选举为副总经理，聘任刘某为财务经理，其二人职责是在总经理的领导下，负责鲁能置业的日常经营活动及财务管理。西夏公司主张 1.5 亿元诚意金被占用的损失及案件受理费、保全费等支出不属于其二人职责范围内决定的事项，与其二人行为不具有因果关系，故伊某泽、刘某不承担赔偿责任。

六、讨论与建议

该案中，法院对有关董事、监事和高级管理人员（以下简称董监高人员）是否尽忠实勤勉义务与鲁能置业利益损失是否存在因果关系进行分析，从而判决各董监高人员无须承担赔偿责任。由此可见，国有企业董监高人员承担着防止国有资产流失的责任，同时也应当严格履行我国《公司法》所规定的忠实和勤勉义务，如果因未尽忠实和勤勉义务而给公司造成损失，则应承担相应的赔偿责任。据此，笔者提出以下几点建议，供读者参考。

1. 董监高人员应熟悉现行法律法规对忠实义务和勤勉义务的具体规定，主要规定如下。

（1）《公司法》第 21 条、第 112 条、第 147 条、第 148 条、第 149 条。

（2）《企业破产法》第 125 条。

（3）《企业国有资产法》第 26 条。

（4）《董事会试点中央企业董事会规范运作暂行办法》第 62 条、第 63 条。

2. 如公司董监高人员被诉未尽勤勉或忠实义务，可考虑从以下方面举证抗辩以避免相关赔偿责任。

（1）举证证明其对相关违法事项曾提出具体异议并投出反对票，可提交相应的董事会、监事会、公司办公会会议记录等相关材料予以证实。

（2）举证证明违法事实所涉及期间，由于不可抗力、失去人身自由等无法正常履行职责。

（3）举证证明其对被控违法行为不负主要责任，且在公司实施违法行为后已及时向公司和相关机构报告。

（4）提交其他可证实其不存在过错或公司违法行为与其无因果关系的证据材料。

3. 充分利用第三方机构专业服务，降低自身在专业领域经验不足所引致的任职风险。

（1）借助法律顾问力量，合法合规履行职责。董监高人员要与法律顾问或法务部门建立紧密的沟通机制，借助其所出具的专业法律意见，为自身合法履职“保驾护航”。

（2）购买职业责任保险，降低自身诉讼及赔付成本。董监高人员责任险是一种职业责任保险，购买了该类保险的公司董监高人员在履行公司管理职责过程中，因被指控工作疏忽或行为不当而被追究其个人赔偿责任时，可由保险公司代为赔偿。因此，国有企业可考虑购买该类保险，为公司董监高人员在履职过程中可能产生的赔偿责任提供保障，更有利于公司治理与决策。

国资企业法治创新案例

——广汽本田“云合规”业务探索

广汽本田法务监察室公司律师　吴　俊　陈　春

一、“云合规”概念提出的背景及相关概念

（一）“云合规”概念提出的背景

1. 大数据时代要求有一种相适应的治理模式——“云治理”

党的十八届三中全会提出“完善和发展中国特色社会主义制度，推进国家治理体系和治理能力现代化”的全面深化改革总目标，而快速成长的信息技术在很大程度上为治理体系和治理能力现代化提供了方法创新。云平台、大数据、区块链、AI、5G等成为近年来的热词，这些新技术的快速发展和运用，推动着各行各业展开前所未有的变革。汽车行业“新四化”（电动化、网联化、智能化、共享化）成为全球汽车产业的共识和发展的重要方向，新的业务场景和新业态将开启第四次工业革命。在这样的时代背景下，合规管理工作值得深入反思如何主动适应或推动发展，而不是固守传统方式止步不前。国家治理体系和治理能力现代化的大方针下，企业和社会同样需要推动治理体系和治理能力现代化。

当今世界已经步入大数据时代，数据渗透在人们生活、工作的方方面面，数据的价值得到各行业各领域的认识。大数据时代来临，社会的发展要求有一种新型的治理模式与之相适应，“云治理”应运而生。“云治理”是国家治理发展的最新趋向，其治理主体、治理对象和治理逻辑等已大大超越传统国家治理的范畴，增添了虚拟治理、数据治理、流动治理、开放治理等

新内容。充分认识并开展“云治理”，是推进国家治理现代化的内在要求。①

2. 对合规体系搭建的要求

2018 年 11 月 2 日，国务院国有资产监督管理委员会发布《中央企业合规管理指引（试行）》，首次提出“大合规”理念，用以指导和规范企业合规管理。该指引从合规的规范、合规管理原则、合规组织及管理职责、合规管理的重点/运行/保障等方面进行阐述，全面指导企业合规管理的开展，要求合规管理从领域上要覆盖企业各业务领域、各部门、各级子企业和全体员工，贯穿决策、执行、监督等各个环节；从合规管理体系建设上必须涵括合规组织、合规制度、合规风险管理、合规审查、合规考核评价、合规培训、违规举报、调查和问责、合规报告、合规管理信息系统、企业合规文化、重点合规领域等。2020 年，广州市人民政府国有资产监督管理委员会（以下简称广州市国资委）发布《关于在监管企业开展合规管理体系建设试点工作的通知》，决定用 3 年左右的时间，以“试点带动、分批管理”的形式，在监管企业全面推进合规管理体系建设工作，目的是通过开展合规管理试点工作，在试点企业建立比较完善的合规管理体系，基本实现合规管理体系健全、合规制度体系完备、合规工作流程规范、合规文化深入人心。同时探索可复制、可借鉴的做法，以点带面，为在监管企业全面推进合规管理体系建设提供经验、奠定基础。试点内容涵括合规管理的工作内容、组织体系、制度流程、培训和教育、保障体系、企业文化及对海外经营、知识产权、商业伙伴等重点领域的合规管理。上述规定和文件体现了大合规在国家建设和社会发展中的必然趋势及国家对大合规管理的重视和决心，作为广州市国资委监管企业，继续提升合规管理意识，加快推进合规管理体系的搭建和完善势在必行。

3. “云治理”与合规的结合下衍生的“云合规”

云技术指在广域网或局域网内将硬件、软件、网络等系列资源统一起来，实现数据的计算、储存、处理和共享的一种托管技术。“云”有 5 个显

---

① 李振：《关注“云治理”》，载人民网 2017 年 1 月 20 日，http：//theory. people. com. cn/n1/2017/0120/c40531－29037417. html。

著特点：其一，“云”是公共的，它在空间和时间上使用动态的资源池和共享的基础设施；其二，“云”的位置是独立的，在地理上是分散的，无论用户和客户在哪里都可以访问云服务；其三，“云”是在线的，没有网络就没有“云”，网络也必须具备安全性和可用性，并有能力支撑终端和云端互动——正是这种互动才产出价值；其四，“云”是有效用的，可以创造价值并按使用量收费；其五，“云”是按照需求提供适量的资源。①

关于“合规”的解释，一是广义的“合规”，有三层含义，第一层是企业在生产经营过程中要遵守法律法规，即企业要遵守公司总部所在地和经营所在地的法律规定及监管规定；第二层是企业经营要遵循企业内部规章制度，包括企业商业行为准则和规章；第三层是企业员工要有良好的职业操守，遵守道德规范等。二是狭义的“合规”，指企业遵守反对商业贿赂方面的规定。②

对广汽本田来讲，“云合规”可以理解为，通过联合技术部门与业务部门，以云技术为手段，向公司业务部门提供合规管理的支持，确保公司合法高效运营。

（二）相关概念

“云审计”是基于云计算技术，对传统审计技术进行升级的一种新的审计手段。简单理解就是利用大数据时代的云计算技术，通过数据挖掘、处理和储存，集合包括审计人员、程序和硬件设备的各种审计资源，通过云平台协同完成审计工作，以便为审计人员提供更高效、更合理的审计程序。③

传统审计作为一种监督机制已经有很悠久的历史，“云审计”理论是近些年在互联网技术发展的基础上慢慢形成的。“云审计”是在传统审计的基础上，对审计技术进行升级而出现的审计手段，二者在审计目标上是一致的，在经济社会中都承担着审计监管的作用。相较于传统审计，“云审

---

① ［美］乔·韦曼：《云端时代》，赛迪研究院专家组译，人民邮电出版社2015年版。

② 王志乐：《企业合规管理操作指南》，中国法制出版社2017年版。

③ 周迟：《云审计在社会审计中的运用研究——基于风险导向审计的视角》，载《中国内部审计》2015年第1期。

计”的特点也很明显。首先，“云审计”可以提高工作效率，打破审计时间和地点的约束，其数据挖掘能力和处理能力可以节省大量时间，还可以在任何地点通过互联网进行审计工作，在节约成本的同时也提高了审计工作的效率。其次，“云审计”可以提高审计的质量，很大程度地降低企业财务人员弄虚作假的可能性，也可以减少审计人员主观删减、改变审计程序的机会；另外，审计的监管部门和风险控制部门也可以通过“云审计”平台实时监督、指导审计人员的工作，让整个审计过程公开透明，保证审计工作的客观性和公开性，从而提高审计的质量。最后，“云审计”还可以降低审计成本，实现财务和审计系统的融合，由云计算服务商统一提供财务软件和审计程序的设计、维护和升级的服务，避免了要学习不同企业不同财务系统的要求，可以降低审计的运营成本和技术成本，同时还可以避免审计风险。

二、广汽本田的合规现状及面临的课题

（一）广汽本田的合规现状

广汽本田成立于1998年7月，是由广州汽车集团股份有限公司（以下简称广汽集团）、本田技研工业株式会社和本田技研工业（中国）投资有限公司按50∶40∶10的股比共同投资建设和经营的企业。广汽本田从年销量1万辆汽车起步到年销量77万辆汽车高速发展，由一款车型发展到低、中、高，再到豪华的细分，做到了市场全覆盖。广汽本田的法治工作紧紧围绕企业的经济建设工作，强化管理，统一部署，坚决贯彻企业依法治理基本方略。

一是组织机构健全，人员素质不断提升。广汽本田重视合法合规保障，从成立伊始就配备了法务和审计岗位，2005年成立了法律审计科，2008年升级为部级机构法务监察室，作为负责全公司法务和审计工作的部门，直属总经理和执行副总经理管理。法务监察室专职从事法务工作的有12人，全部毕业于法学高等院校，其中有9人拥有法律职业资格并已注册成为公司律师；专职从事审计工作的有7人，有中国注册会计师、国际注册内审师、审计师和会计师等职业资格。专业化的法务和审计管理团队，使广汽本田成为广东省司法厅授予的首批“公司律师试点企业”之一。为了更高效、便捷

地与业务部门展开联络，2017 年法务监察室建立了各部门挂点律师、审计顾问制度，为各部门提供点对点的法律和审计咨询服务，为相关业务开展提供合规流程指引，并及时提供相关培训，为各部门业务合规提供保障。

二是合规风险防范走在前，开展全领域业务合规检证。在合同管理领域，广汽本田在广汽集团系统内率先导入了先进的合同管理系统，通过信息化、科技化的手段，实现对合同立项流程、招投标及采购评价流程、合同签署全流程的有效监控，不断强化合同审核监督体制，从而有效杜绝了违规行为。法务监察室作为公司的企业治理事务部门，每年组织开展依法治理检查活动，检查结果需获得总经理和执行副总经理的签字承认，并上报股东方。通过企业治理自查自纠与来自股东方的检查监督，广汽本田能够及时发现违法漏洞，针对发生的事态采取补救措施。法务监察室还十分注重举一反三，及时从相关执法调查案例中查找公司经营的合规风险点，制作发行合规风险指引，推动业务部门进行合规风险排查和整改对应。每年安排专人团队针对年度商务政策、阶段性营销方案进行书面审核、提出审核要点，与业务部门充分沟通进行整改。每年派出法务和审计专员在特约店大会和片区会议、售后服务技术交流会议上开展销售以及服务领域的合规宣传贯彻活动。在防腐保廉方面，法务监察室十分重视对各级管理人员的反贪污反商业贿赂警示宣传教育，预防职务犯罪风险，筑牢廉洁思想防线。

三是善于创新，匠心铸造“法治广本”品牌。广汽本田一直坚持“年初有计划、年中有落实、年底有总结”，有重点、有针对性地开展普法工作。近年来，每年开展 4 场以上普法讲座、开展领导干部学法考试、开展“12 · 4”法制宣传日普法，除了做好这些之外，法务监察室还突破固有思维，结合广汽本田既有国企背景又有外资背景的现代大型制造业企业实际，不断创新普法形式，利用丰富的载体，灵活多样地开展工作。广汽本田自 2016 年起提出“法治广本”品牌口号，以增强全员法治意识为出发点，打造了一系列品牌活动：2016 年法治小品大赛；2017 年普法宣传节、模拟法庭展演；2018 年“法治广本”20 年表彰暨法治展演活动，达到了“法治广本”品牌效应的新高度，并将影响力辐射至集团、黄埔区、广州市、广东省，得到广东省司法厅领导的高度赞赏。2018 年，由广州市国资委选送的以广汽本田等企业依法治企实际推进成果案例为基础制作的“打造法治国资国企广州模式”成功入选广州市法治化营商环境建设十大案例。2019年，广汽本田作为广州市国资委的下属企业代表接受2019年广州市国家机关“谁执法谁普法”履职报告评议的实地考察，最终助力广州市国资委获评2019年度广州市国家机关“谁执法谁普法”履职报告评议优秀单位。

四是多年积淀，法治建设显成效。在广州市委、市政府及广汽集团的领导下，广汽本田积极配合省市法治工作部门、广汽集团组织的各项工作，开展了扎实、有效的法治工作，并且结合合资企业实际进行了创新。广汽本田已经建立了一套较为完善的法律风险防范机制，为广汽本田快速健康发展提供了法律保障，进一步促进了法治与企业经营管理的深度整合，法治工作取得了积极效果。2017～2018年，公司先后获得“广东省依法治省先进单位”“广东省法治文化建设示范企业”的荣誉称号；2019年建成的“员工法律援助工作站”，被广州市总工会评定为“广州工会法律服务点”；2019年法务监察室获得由中国第一法务协会颁发的“外商投资企业优秀法律合规团队”荣誉，展现了“法治广本”依法守法企业公民的良好形象。

（二）短期及长期面临的课题

1. 短期面临的课题

2020年一场突如其来的新型冠状病毒肺炎疫情，对广汽本田各项业务的正常运行带来了严重的冲击。广汽本田一方面要坚持依法防控、依法治理，确保疫情防控工作在法治轨道上顺利开展；另一方面要在减少人员接触的情况下依法开展招投标项目，确保项目的合规高效开展。疫情期间，如何做好普法宣传贯彻工作、做好招投标项目审计监督工作是短期面临最紧迫的课题。

2. 长期面临的课题

一是国家和社会发展的法治趋势，要求合规管理在企业全方位渗透和不断强化。国家层面的相关指引和省市相关通知进一步把合规理念带入大众视野，把合规内涵和外延进行拓宽，对企业合规建设提出明确清晰的指导和要求，进一步促使企业从文化、体制、架构、制度、执行、评价等各层面渗入合规管理理念及机制。如何在当下及更长远的发展进程中，在不断强化合规管理意识的同时，不断促进合规管理体系的可视化、全面化、可传承化，使合规管理全面渗透到企业成长的方方面面，将成为企业长期课题。

二是企业快速发展壮大，业务量剧增，对服务提出更高的要求。随着广汽本田车型的不断丰富，生产规模的不断扩大，海内外市场的不断拓宽及各项管理的不断纵深化，其运营需要更合法合规、更高质量的服务作为支撑和保障，进而对服务响应的及时性、效益性、全面性提出更高的要求。探索如何为飞速发展的企业提供相匹配甚至更具引领性的高质健全的服务，是企业必须不断思考和践行的重要课题。

三是业务产生的海量数据待发挥价值。伴随近年来广汽本田业务量的扩大和新技术的发展，各类数据系统不断上线，并迅速积累大量运营数据和信息；加之线下经营数据的不断增容，庞大的数据库正在企业形成和堆积。但线上与线上之间、线上与线下之间、线下与线下之间、各职能领域之间、企业与行业之间、海内外市场之间的数据信息关联薄弱甚至孤立，庞大的数据没有在更高层面形成规范、迅速、精密的联动，数据资源被空置被浪费，无法为企业生产运营提供更有检验价值、指导价值、前瞻价值的助推力。如何使海量数据的价值被挖掘、被发挥，亟待企业关注、重视和解决。

四是汽车“新四化”对合规支持提出新的需求。汽车行业迈入智能化、电动化、共享化和网联化，智能化对汽车技术的迭代升级提出契合时代特征的革命性要求，电动化在短中期内将深刻影响汽车产业布局和资源流向，共享化则要求企业与其他技术的发展保持敏捷的动态同步，互联网化将在短期内改变消费者对汽车的体验需求。可以预见，汽车“新四化”要求企业更快速地掌握和领会国家与行业新规，更势必要求汽车企业对产品研发、产品品质与服务质量、市场交易、安全环保、劳动用工、财务税收、知识产权、商业伙伴关系等各领域的管理作出更契合“新四化”趋势的变革，在此大势下，搭建和强化合规体系，助力企业巩固和完善管理体制、不断提升核心竞争力成为必然。

三、课题对策及效果分析

（一）中期规划方针

广汽本田法务监察室于2020年4月制定了部门规划方针：数字化创新，专业化服务，推动公司合规治理体系与治理能力现代化。从4方面提出了指引，分别是：（1）数字化创新——建立公司法务、审计数字化平台；（2）专业化服务——升级“新四化”业态下的法律、审计服务模式；（3）合规治理体系——强化公司治理体系各部门间的协同效应；（4）合规治理能力——优化合规治理人才结构、数量与质量。

（二）短期课题的对策与效果

1. 云普法

新冠疫情期间，如何在最大程度防范人员聚集、接触带来疫情风险的同时做好普法宣传贯彻工作，确保防控依法、业务合规，成为公司急需解决的难题。广汽本田法务监察室运用信息化、云技术、大数据等，成功实现疫情下“零接触”的云普法模式，通过积极探索线上云课堂的创新路径，充分发挥挂点律师的专业职能，利用企业信息资源和云平台资源，实现云技术与普法工作的优化结合。

一是多措并举开发云课程，大数据挖掘助力精准普法。在研究开发云课程的筹备阶段，开展云调查与线下调研相结合，充分挖掘大数据信息，匹配员工需求，强化公司治理体系各部门的联动和协作，同时多渠道了解外部优秀课程资源，在普法课程开发前充分做好课题调研，充分保障普法课题满足业务部门需求，利用云技术和大数据助力精准普法，支持公司业务发展。

二是借力公司自有资源，打造专属云普法平台。加强与公司技术部门人员的沟通，借助公司自有资源，依托公司专有技术，开发线上普法课堂平台。广汽本田微门户作为云平台的“集成”，云平台资源丰富，为云普法的上线运行提供强大技术支持。同时，通过实时监测云平台的普法视频点击率与学习进度，获取用户的真实需求，解决信息不对称的问题，互动反馈更为及时、全面，带来了良好的普法效果。

三是充分利用“互联网+”资源，实现线上线下资源互动共享。一方面，云课堂打破了时间和空间的限制，利用“互联网+平台”的运作，实现了多人同时在线的普法和学法。2020年广汽本田法务监察室自主开发录制视频导入云课堂的首场《传染病防治法》主题云讲座，报名学习人数3日内便达到9262名，取得了非常好的培训效果。另一方面，云普法的实现并不意味着线下互动会被完全取代，恰恰相反，云课程与挂点律师的对点服务相结合，可以实现线上和线下更充分、更灵活的资源互补、资源要素流动。广汽本田挂点律师充分发挥窗口职能，业务部门可随时在线预订挂点律师线下授课服务，亦可挑选“课程套餐”，实现“一对一”的专场线下服务，挂点律师线上线下及时做好“课后”答疑解惑工作，从而实现线上与线下的无缝对接。

2. 云招标

云招标目前还是一个概念，但其实现路径和场景化是可以描述和期待的，相信在未来5~10年将会普遍推广和应用。云招标的1.0版是电子招投标，全流程在线上进行，其效果是降低招投标活动成本，缩短招投标工时，整个流程透明公开，有效地确保业务合规高效。云招标的2.0版则加入了大数据和智能化等信息技术，使流程更加精简高效，招标人将在更大的范围内获得更好的品质和更低的成本；云端大数据将信息不对称的壁垒夷为平地，资源将得到最优的配置，可将其理解为智能招标。例如，招标人发出一个采购需求到云端，云计算会找出全世界最匹配的质量、成本、交付（QCD）综合最优的多家供应商，最终通过后台竞争对比，招标就结束了。云招标2.0版是未来中长期的构想，1.0版则是短期的措施。

云招标1.0版电子招投标势在必行，但由于难题多，很多领域仍难以实行。2013年国家8部委联合发布《电子招标投标办法》以来，招投标市场一直在尝试从传统模式转为电子模式。虽然现在市面上出现了很多覆盖业务比较广泛的电子招投标平台，但是却面临许多亟须解决的问题，如业务信息混乱、不能实时共享、招投标过程得不到全面的安全保障等。这些问题都制约了电子招投标系统向更深层次方向的发展和运用，在汽车企业内部的运用就更少有现成的成功案例。

汽车企业涉及的招标项目涵盖领域多、标准不一，有建设工程、设备采购、软件采购、服务采购等。从广汽本田现状来看，一年大约有上千个招标项目，推进电子招投标的难度极大。广汽本田成立了课题小组，由审计、采购、技术和业务部门共同推进，克服重重困难，从无到有，从有到精，初步实施云招标1.0版，经过半年多的摸索，与专业IT系统开发团队反复论证和测试，于2018年6月成功上线电子招投标系统。该系统整合优化了公司内部邀请招标项目的工作流程，把原来大部分在线下进行的招投标业务搬到了线上，统一规范了标准流程，从业务的立项到合同签署全流程实现电子化，减少人为操作失误，整个流程高效、专业、规范、安全、低成本，在公司内营造了一个公平、公正、公开的招投标平台，90%以上项目都实现了线上招投标。由于项目特点，约10%的项目继续线下招投标，其主要是需要多方整合、谈判的复杂项目。在疫情期间，这些项目的推进遇到了难题，法务监察室对此果断启动应对和研究，深化审计顾问专业职能，与业务部门人员充分沟通，并提供解决方案。把线下的程序搬到线上，测试各个环节的监控点，以确保流程合规；利用公司的云资源成功实现了在无须接触的情况下，在线开展所有招投标项目。在2020年1~3月广汽本田完成了143个招投标项目，全部实现“0接触”，确保了公司招投标项目顺利开展，没有受到疫情的影响。

（三）长期课题的对策

1. 合规管理体系建设

广汽本田合规管理体系建设的目标是建立起架构完善、制度完备、要素齐备、流程规范、深入人心的合规管理体系，使广汽本田及员工行为符合外部规范（法律法规、监管规则、合同协议等）、内部规则（公司章程、规章制度、守则指引等）、商业道德伦理（社会责任、广本哲学等）的要求，并最终实现公司合规经营、合规管理有序统筹、合规风险有效防控。

（1）建设企业合规管理组织体系

合规管理体系需要建设从上至下、职责分明、全面覆盖的公司合规管理组织体系，来保证合规管理工作的全面落实。首先，明确专门工作机构，设置合规管理委员会，由总经理、执行副总经理担任委员长，负责批准合规管理计划、定期听取合规管理汇报、及时制止并纠正不合规的经营行为。其次，明确专职工作机构，由法务监察室牵头，联合采购、劳动人事、财务、安全环保、营销等领域部门组成合规管理事务局，并配备专业的专职工作人员，负责编制合规管理的制度、计划，组织开展合规检查与考核、培训，处理公司内的违规举报。最后，明确各领域合规管理职责，由各相关部门领导担任各自业务领域开展合规工作的职责，增加相关部室在业务范围内开展合规管理工作的职能。

（2）完善企业合规管理制度体系

为了确保合规工作的开展有规可循，需要制定《广汽本田合规管理办法》，明确合规管理的工作方针、职责分工，各领域的合规管理职责、工作要求、运行机制等。同时，结合公司实际情况，对广汽本田反垄断、知识产权、广告管理等合规重点领域，有计划、有针对地开展重点领域合规工作，建立对各领域、下属企业、分支机构的专项合规指引。

（3）强化企业合规风险的数字化管理

为加强合规管理的深度广度、提升工作效率，结合“大数据”的时代背景，以外规内化为切入点开展合规风险的数字化管理。一是建设外规内化智能管理系统，研究探讨通过大数据、人工智能的手段实现法律、法规、政策等外部规范的定期检索、更新、推送、反馈，并动态开展公司相关制度的制定、修订和删废等内化工作，实现全流程管理。二是建立合规风险管理机制，有效识别、防控、应对合规风险、防控应对合规风险事件，强化下属企业、分支机构的合规管理，确保合规全覆盖。

（4）推动合规管理的云建设

在云治理、数字化、5G时代的背景下，合规管理需要打破时间、空间的隔阂，加快信息流动，简化流程，提升效率。一是建设合规管理数字化平台，集成各合规工作模块，各领域、各条线及重点专项进行资源整合、实现大数据管理、实时监控合规管理落实情况。二是打造云普法舒适体验，将普法工作进行云端与线下交互，开展高效直达目标的云课程、建设线上普法课堂平台，有序合理实施线下授课预定，保证公司随时随地落实普法工作。三是深化合规文化建设，结合互联网传播特点，深化打造“法治广本”的品牌形象，建立视觉识别系统，通过线上、线下活动扩充“法治广本”品牌内涵。

2. 云审计

有别于传统审计，云审计最大的特点是依托社会“云”概念和互联网新技术，对审计理念、目的、方法等进行根本性创新和改革，以达到提高工作效率、提升审计质量、确保审计过程规范以及降低成本的目的。彻底理解和实践云审计，与充分发挥新技术力量密不可分。

（1）把握国家与行业云审计技术准则与指南，建立健全企业云审计理念、体制与行动指南。云审计概念是新颖的，也是社会发展的必然需要，国家与行业必然跟随社会发展新形势不断制定云审计发展所需要的技术准则与指南，对全社会践行云审计进行科学规范的指导。企业将进一步对应运而生的准则、指南保持敏锐的同步学习与吸收，将科学规范的概念、技术、指引内化成符合企业现状与发展需要的云审计理念、体制与行动指南，指导企业云审计建设与实践科学、清晰、有的放矢，提升企业云审计持续管理水平。

（2）充分依托新技术，搭建成熟的云审计技术平台，全面提高审计效率及标准化。互联网技术、5G技术、区块链技术的不断发展，为云审计技术平台的搭建提供强有力的技术支撑。通过不断完善企业审计的软硬件设施，提高审计数据处理能力，线上与线下业务全方位联动，对各类数据进行收集、储存、分析、审计、监控，并生成相关风险响应和报告。通过审计业务从“经验依赖”向“数据依据”转化，进一步提高审计规范化、公式化、自动化及标准化，帮助审计人员迅速地从海量数据中发现问题，提出审计建议，规避企业经营风险。

（3）强化体制管理，实现云审计的落地和可传承化。云审计的实现和可持续发展，需要强有力的审计管理体制作为支撑。一方面，建立明确的从上至下、自内而外、全面覆盖的审计管理架构，使云审计的落地有清晰明确的目标、分工和时间表，确保云审计全面落实。另一方面，不断建立和完善符合企业云审计需要的人才培养体制，提高审计人员的综合能力。在云审计过程中，企业的审计理念发生根本性变化，科技代替部分人力物力来完成烦琐的传统审计工作，因此对审计人员的新概念学习能力、数据分析能力、风险发现能力等提出更高的要求，需要通过不断建立和完善符合企业云审计需要的人才培养体制，确保云审计的可持续发展。

四、结语

国家全面启动的新型基础设施将为企业转型升级带来前所未有的机遇，包括5G、特高压、城际高速铁路和城市轨道交通、新能源汽车充电桩、大数据中心、人工智能、工业互联网7大领域，涉及诸多产业链，大部分与汽车产业息息相关。广汽本田依法防控、依法治理，在稳定基本盘的同时，积极探索和创新，把疫情的“危”化为“机”。广汽本田法务监察室顺应“云技术”等新兴趋势，围绕国家发展政策和企业的发展目标，贡献自身力量，为企业创造价值，争做引领行业发展的标杆。

国企改革法律意见书与资产评估时间的先后问题

广东合盛律师事务所　王重平

一、案情简介①

2017 年 10 月，广州市人民政府国有资产监督管理委员会监管的广州某企业集团有限公司决定对该集团下属的三级企业——广州云山企业公司进行公司制改制，改制后仍然由广州某企业集团有限公司 100% 持股。广州某企业集团有限公司要求广州云山企业公司依法制定公司制改制方案。

广州云山企业公司系广州市人民政府出资，于 1985 年 6 月 15 日在广州成立的全民所有制企业，注册资本人民币 1000 万元。该公司资产总额较小，债权债务清晰，无担保，无金融债权，无诉讼、仲裁、行政处罚，公司职工共 35 人。接到指令后，广州云山企业公司立即委托会计师事务所开展了清产核资、财务审计工作，并于 2017 年 11 月召开了全体职工大会，高票通过《职工安置方案》。

根据国务院办公厅《关于进一步完善国有企业法人治理结构的指导意见》（国办发〔2017〕36 号）的规定，2017 年年底前，国有企业公司制改革要基本完成。广州云山企业公司希望在 2017 年年底前完成改制工作，因此迅速拟定了公司制改制方案。该改制方案按照文件要求，包含公司制改制的目的及必要性；改制后企业的资产、业务、股权设置和产品开发、技术改造等；改制的具体形式；改制后形成的法人治理结构；企业的债权、债务落

---

① 该案为实际发生的非诉讼案件，文章中当事人名称、时间和金额均做了调整。

实情况；职工安置方案；改制的操作程序；财务审计、资产评估等中介机构和产权交易市场的选择；等等。

广州云山企业公司向律师咨询资产评估、土地使用权评估工作无法在近期完成，是否可以在资产评估报告出具之前就其改制方案出具法律意见书，随同其他相关文件一并上报上级集团审批。

二、案件焦点

该案焦点在于：国企公司制改制方案的法律意见书是否可以在资产评估报告之前出具。

三、经办律师意见

经办律师认为该案可以在资产评估报告出具之前针对国企公司制改制方案出具法律意见书。

四、法律问题探讨

2014 年 3 月 1 日施行的《公司法》将注册资本实缴登记制改为认缴登记制，公司登记不再需要验资报告。[①] 此前 2005 年修订的《公司法》第 27 条第 2 款规定："对作为出资的非货币资产应当评估作价，核实财产，不得高估或者低估作价。法律、行政法规对评估作价有规定的，从其规定。" 原国家工商行政管理总局 2005 年《公司注册资本登记管理规定》（该文件已失效）第 17 条规定："非公司企业按《公司法》改制为公司、有限责任公司变更为股份有限公司时，折合的实收股本总额不得高于公司净资产额。有限责任公司变更为股份有限公司，为增加资本公开发行股份时，应当依法办理。原非公司企业、有限责任公司的净资产应当由具有评估资格的资产评估机构评估作价，并由验资机构进行验资。" 企业净资产额经评估确定后，可以容易地确定改制审批流程，制定改制方案。

《中华全国律师协会律师业务操作指引》（中华全国律师协会编，北京

---

① 2023 年修订的《公司法》已规定认缴注册资本需在 5 年内缴足。

大学出版社2009年版）中的《律师办理国有企业改制与相关公司治理业务操作指引》第15条规定："律师可以对改制企业的清产核资、财务审计、资产评估工作提供法律服务。律师对所涉及的核准或备案程序问题提供咨询意见时，应注意下列操作规范：15.1 产权持有单位出让国有产权的，应在清产核资和财务审计的基础上委托具有资质的资产评估机构进行资产评估。评估报告依法报经核准或者备案后，作为确定企业国有产权转让价格的参考依据。在产权交易过程中，当交易价格低于评估结果的90%时，应当暂停交易，在获得相关产权转让批准部门同意后方可继续进行。……"该业务操作指引没有涉及资产评估与法律意见书的时间先后问题。

国务院国有资产监督管理委员会《关于进一步规范国有企业改制工作的实施意见》（国办发〔2005〕60号）要求"企业改制必须对改制方案出具法律意见书"，没有限定法律意见书必须在资产评估报告出具之后才能出具。

《企业国有资产法》第41条规定"企业改制应当制定改制方案，载明改制后的企业组织形式、企业资产和债权债务处理方案、股权变动方案、改制的操作程序、资产评估和财务审计等中介机构的选聘等事项"，也没有限定法律意见书必须在资产评估报告出具之后才能出具。

国务院国有资产监督管理委员会《关于规范国有企业改制工作的意见》（国办发〔2003〕96号）规定："向非国有投资者转让国有产权的底价，或者以存量国有资产吸收非国有投资者投资时国有产权的折股价格，由依照有关规定批准国有企业改制和转让国有产权的单位决定。底价的确定主要依据资产评估的结果，同时要考虑产权交易市场的供求状况、同类资产的市场价格、职工安置、引进先进技术等因素。"广州云山企业公司改制后为国有独资公司，不涉及向非国有投资者转让国有产权，不涉及企业国有产权转让定价问题。

国务院办公厅《关于印发〈中央企业公司制改制工作实施方案〉的通知》（国办发〔2017〕69号）第2点"规范操作"中规定："改制为国有独资公司或国有及国有控股企业全资子公司，可以上一年度经审计的净资产值作为工商变更登记时确定注册资本的依据，待公司章程规定的出资认缴期限届满前进行资产评估。”同时，该文件规定“各省级人民政府参照本实施方案，指导地方国有企业公司制改制工作”，因此，该文件对地方企业的公司制改制具有参照实施的意义。根据该文件的规定，可以在资产评估之前出具法律意见书。但是，当国企公司制改制涉及企业国有产权转让时，存在如下实操上的问题。

国务院国有资产监督管理委员会《关于规范国有企业改制工作的意见》（国办发〔2003〕96号）规定：国有企业改制方案需按照《企业国有资产监督管理暂行条例》（国务院令第378号，已被修改）和国务院国有资产监督管理委员会的有关规定履行决定或批准程序，未经决定或批准不得实施。国有资产监督管理机构所出资企业改制为国有股不控股或不参股的企业，改制方案需报同级人民政府批准。

另外，《企业国有资产法》第40条规定：“企业改制应当依照法定程序，由履行出资人职责的机构决定或者由公司股东会、股东大会决定。重要的国有独资企业、国有独资公司、国有资本控股公司的改制，履行出资人职责的机构在作出决定或者向其委派参加国有资本控股公司股东会会议、股东大会会议的股东代表作出指示前，应当将改制方案报请本级人民政府批准。”

综上所述，非国有资产监督管理机构所出资企业的改制，不需要报同级人民政府批准。但是，广州某企业集团有限公司对下属企业一定金额以下的企业改制具有审批权限，在企业改制过程中，如果资产评估报告尚未出具，拟改制企业的资产金额不确定，则企业不确定应该由谁对改制方案进行审批。改制方案一般来说应当包含改制的操作程序，在不确定审批单位时，改制的操作程序就存在不确定性，改制方案只能含糊其词。公司注册资本改为认缴登记制后，改制企业可将上一年度经审计的净资产值作为工商变更登记时确定注册资本的依据，在公司章程规定的出资认缴期限届满前进行资产评估是合理的。

公司在股东代表诉讼中的地位辨析

——对一起股东代表诉讼案的思考

广东金桥百信律师事务所　廖　艳

现代公司制度下，由于公司是具有独立人格的主体，股东即便出资投入公司也不能直接支配公司的行为和财产，而只能按照法定程序，通过行使股权间接参与公司事务，以实现股东权益。

众所周知，股东行使股权的方式一般是通过参加股东会行使知情权等。若控股股东不当控制股东会，小股东就可能丧失行使股权的机会，他们的合法权益往往容易受到侵害。此外，若控股股东通过其任命的董事、监事、高级管理人员（以下简称董监高）在公司治理层面实际控制公司，即公司被控股股东或内部人员（管理层）操控，则公司的正常运转治理可能失灵，董监高越权实质损害公司利益的行为无法在公司内部得以制止，进而损害小股东利益。为制止董监高损害公司利益的行为，《公司法》第 151 条创制股东代表诉讼制度，被誉为解决股东与控制股东、董事与公司高级管理人员之间的利益冲突，使公司不同利益主体间的权利得以平衡的良方。

笔者认为，在此背景下，股东代表诉讼表面上是小股东代表公司行使诉权，实质上是其对自身权益的救济，是中小股东行使股权的一种方式。虽然公司的诉讼权利在股东代表诉讼中被小股东所代表，但此类诉讼的裁判结果最终由公司承受。因此，最高人民法院《关于适用〈中华人民共和国公司法〉若干问题的规定（四）》第 24 条第 1 款规定："符合公司法第一百五十一条第一款规定条件的股东，依据公司法第一百五十一条第二款、第三款规定，直接对董事、监事、高级管理人员或者他人提起诉讼的，应当列公司为第三人参加诉讼。”笔者认为，最高人民法院规定将公司列为第三人参加股东代表诉讼，主要是为了有利于法院查明事实、降低诉讼成本。但是，在股东代表诉讼案中被代表的公司毕竟是享有实质诉权的主体，其作为第三人参加诉讼，与《民事诉讼法》第59条所界定的第三人在本质上还是有很大的区别的。那么，股东代表诉讼案中的公司到底是有独立请求权的第三人，还是无独立请求权的第三人？公司在股东代表诉讼中是否能够提出与代表其提起诉讼的原告相悖的诉讼主张？

笔者代理过一起股东代表诉讼案件，本文试图通过对这起案件的分析和思考，求教于业界同行，以期有抛砖引玉之效。

一、案情简介

2009年4月28日，原告A公司与B公司为合作投资建设某燃煤热电项目，共同出资设立了C公司，并以C公司为主体筹建运营该项目。其中，A公司持股35%，B公司持股65%。2011年6月，B公司又收购了A公司部分股权，最终持股达90%。

2009年4月28日C公司制订公司章程，并通过股东会选举了包括被告武某在内的6人为公司首届董事（被告武某原系B公司下属子公司工作人员，经B公司调派至C公司工作）。2009年7月，被告武某经董事会聘任为C公司董事、总经理。

C公司章程第25条规定：“股东会行使以下职权：决定公司的经营方针和投资计划，选举和更换非由职工代表担任的董事、监事，决定有关董事、监事的报酬事项等。”第41条规定：“经理对董事会负责，主持公司的生产经营管理工作，组织实施董事会决议；在董事会授权范围内对外代表公司处理业务等。”第42条规定：“总经理在行使职权时，不得变更董事会决议，不得超越授权范围。”

2012年12月24日，被告武某未经C公司董事会授权，而依B公司的指令，以C公司的名义向某地方政府报送《关于建设C公司燃气热电能源项目的报告》，内容主要为B公司根据地方政府有关规划要求，综合考虑项目环保、煤炭贮运等主要情况，在原燃煤热电项目前期工作的基础上将其改为燃气热电能源项目。

2013 年 1 月 15 日，被告武某同样未经 C 公司董事会授权，再次以 C 公司的名义向某地方发展规划局发送《关于开展 C 公司燃气热电能源项目前期工作的请求》，就前述燃煤热电项目改为燃气热电能源项目请求相关部门同意开展项目前期可行性研究工作。

关于燃煤热电项目改为燃气热电能源项目一事，C 公司并未形成股东会或董事会决议。原告 A 公司就此提出异议，C 公司暂停该项目工作。2014 年 7 月，C 公司燃煤热电项目因未获国家能源局核准，经股东会决定终止并进行清理。

2016 年，经被告武某签署批准，C 公司与某省技术经济研究发展中心签署了《热电冷联规划修编合同》，委托该中心修编《某市东区热电联产规划》，并为此支付了人民币 23 万元。2017 年，经被告武某签发，C 公司向原告 A 公司发出《关于继续开展 C 公司燃气热电项目前期工作的函》，决定继续开展燃气热电能源项目的前期工作。

2017 年 5 月 10 日，A 公司依《公司法》（2013 年修正）第 151 条第 1 款的规定，向 C 公司两名监事分别发出《关于追究武某侵害公司利益的法律责任函》，称被告武某未经公司股东会、董事会决议，多次擅自签发文件，报送政府主管部门，误导政府主管部门对燃气热电能源项目进行审批，并在 C 公司开展该项目前期工作，给公司和股东造成重大经济损失。A 公司要求监事依法以公司的名义向法院起诉，追究武某损害公司利益的法律责任。2017 年 6 月 6 日，C 公司监事函复 A 公司，称由于 C 公司监事会尚不健全，无法依公司章程召开监事会会议，因而其无法行使监事职责，请 A 公司另循法律程序解决。

2017 年 6 月 20 日，原告 A 公司依《公司法》（2013 年修正）第 151 条第 2 款的规定，提起对被告武某的股东代表诉讼案，称武某未经股东会或董事会授权，擅自开展燃气热电能源项目的前期工作。原告 A 公司认为被告武某的上述越权行为已损害公司利益，经向 C 公司监事会提出要求起诉制止武某行为，但 C 公司监事会未有举动，故向法院起诉请求：（1）判令武某立即停止实施损害 C 公司利益的越权行为；（2）确认被告武某越权签发的关于开展C公司燃气热电能源项目前期工作的两份文件无效。

被告武某在该案答辩中提出，其系大股东B公司安排进入公司工作并经股东会任命的C公司总经理，案涉其本人关于燃气热电能源项目的前期工作，都属于正常的履职行为，并经过了董事会同意；在工作过程中，其也就相关情况向股东汇报过，尤其是大股东B公司对此是知情的；2012年后公司双方股东持股比例调整为9∶1，根据公司章程规定，2/3以上表决权的股东可以决定公司的投资计划，而大股东B公司对其签发文件开展燃气热电能源项目的前期工作是支持的。同时被告武某提交了2013年C公司的董事会决议，以证明其开展燃气热电项目的前期工作已得到C公司的授权。

C公司经一审法院通知后，作为第三人参加了该案诉讼。C公司在答辩中提出，被告武某作为公司总经理签发案涉燃气热电能源项目文件，是行使公司职权的行为，不存在越权情况：大股东B公司对开展燃气热电能源项目是支持的，即使原告A公司作为小股东不同意，其持股比例仅为10%，实际上也无法反对和否定大股东的意见；大股东B公司意见即可代表C公司的意见，被告武某依照大股东B公司的指令签发涉案文件及签署涉案合同，并不越权。在该案中，作为第三人的C公司直接发表了与代表其提起股东代表诉讼的A公司相左的诉讼意见。

一审法院经审理认为，根据《公司法》（2013年修正）第147条第1款“董事、监事、高级管理人员应当遵守法律、行政法规和公司章程，对公司负有忠实义务和勤勉义务”的规定，被告武某作为C公司的董事、高级管理人员，应当遵守法律、行政法规和公司章程，在行使职权时必须以公司利益为标准，不得有疏忽大意或者重大过失，应当采取适当的方式并尽合理的谨慎和注意义务，履行自己的职责。C公司章程明确规定经营计划和投资方案由股东会、董事会决定，总经理主持公司的生产经营管理工作、组织实施董事会决议，在行使职权时不得变更董事会决议，不得超越授权范围。被告武某作为C公司总经理，在具体操作时应当尽到勤勉、谨慎的义务，严格遵守《公司法》和C公司章程的规定。据此，一审法院判决支持了原告的诉讼请求。一审判决后，被告武某及第三人C公司均不服，分别提出了上诉。

二、问题的提出

该案的事实并不复杂，实际就是常见的公司大股东（控制人）委派的高管唯大股东之命是从，视公司章程如无物，直接将大股东的意志等同于公司意志。小股东在涉及公司重大投资项目的表决权（哪怕是形式上的）被剥夺之后，被迫提起股东代表诉讼维护自己的权益。

在股东代表诉讼案件中，被代表的公司作为第三人参加诉讼后，通常会出现一种十分矛盾的现象：公司作为第三人参加诉讼时往往仍处于大股东控制之中，因此，作为第三人的公司在诉讼中经常“倒戈”，与被告联手共同对抗提起股东代表诉讼的原告（小股东）。这就产生了一个悖论，在大股东操控的公司高管越权损害公司利益的情况下小股东为寻求权益救济而启动股东代表诉讼，被大股东控制的公司又以第三人的身份参加诉讼并作出同意被告抗辩的意见。

问题由此产生，即在股东代表诉讼中，被股东（原告）所代表的公司（第三人）处于何等诉讼地位？享有何种权利义务？此类第三人是否有权提出独立的诉讼主张？若公司（第三人）诉讼主张与原告诉讼主张发生冲突，如何处理？若法院判决支持原告小股东的诉请，而公司对此不服，是否有权上诉？这些都是目前股东代表诉讼中所要解决的现实问题。

三、笔者的意见

要研究公司在股东代表诉讼中的地位，就有必要厘清股东代表诉讼的权利（法理）基础。在股东代表诉讼中，受到损害的是公司的利益，股东并不是直接利害关系人，为何股东可以代表提起诉讼？对此解析如下。

（一）应厘清第三人的诉讼地位

股东代表诉讼实质上基于“诉讼担当理论”赋予股东启动诉讼程序的权利。诉讼担当指实体法上的权利主体或法律关系以外的第三人以自己的名义，为了他人的利益或者代表他人的利益，以正当当事人的地位提起诉讼，主张一项他人享有的权利或他人法律关系所引发的争议，法院判决的效力及于原来的权利主体。[①] 从实体权利的角度来看，股东代表诉讼是在公司自治失灵即虽然形式上仍保持法律地位的独立性，但实质上已经沦为控制股东或内部人员的工具和傀儡，[②] 无法制止公司内部人员的侵害时，赋予小股东的一种特殊权利。小股东可以暂时代表公司行使诉讼权利，通过诉讼制止公司内部人员对公司利益的越权侵害。在有限度的前提下，这种权利的行使可以超越公司内部控制，其目的是完善公司自治，帮助公司恢复真正的主体行为能力和意思能力。

当小股东取得原告的地位时，公司就应当同时丧失诉权，否则诉讼程序中就会同时存在两个独立的原告。股东代表诉讼本身只发生在公司被实际控制人把持、不能正常自主表达意思的情况下，公司参加诉讼的意思表示往往仍代表着大股东或实际控制人的意见，而非真正为公司利益而发声。此时若保留公司独立提出主张的权利，其很容易以撤诉、变更诉讼请求甚至与被告和解等方式干扰诉讼。如此一来，恐怕股东代表诉讼会沦为虚设。因此，不应赋予作为第三人参加诉讼的公司实体的诉讼请求权，否则有悖《公司法》第 151 条的立法原旨。

（二）公司应为无独立请求权之第三人

小股东实际是在法律规定的特殊情形下，因公司怠于行使权利或公司自治失灵、无法自主表达意志，才取得了代表公司行使诉讼权利的机会。在股东代表诉讼中，公司虽然由他人（原告股东）代表行使权利，但最终的裁判结果仍由公司承受，因此，公司理应也必须有权利参与到这样的诉讼程序中来。公司作为原告的诉权既然已依《公司法》第 151 条的规定被他人所代表，公司就应当成为原告方的辅助人，以无独立请求权的第三人的身份出现比较合适。

公司参加股东代表诉讼，应当向法院提供相关证据材料，支付股东代表诉讼的正当费用，必要情况下承担证明责任。小股东对公司的控制力普遍较

---

① 参见王甲乙：《当事人适格之扩张与界限》，载《法学丛刊》1995 年第 1 期。

② 参见蔡立东：《公司自治论》，北京大学出版社 2006 年版，第 172 页。

弱，对于公司实际控制人或高级管理人员等侵害公司利益的举证存在困难，而诉讼涉及的重要资料一般都掌握在公司手中，因此公司应当承担协助举证的义务，或者在原告向法院申请及法院要求时，向法庭提供其所掌握的证据材料。在前述案件中，法院为核实被告武某所举证董事会决议的真实性，曾要求第三人C公司提供相关的股东会决议，结果C公司并未提供。如果原告未从工商部门查询调取相关资料，法院恐怕也要费点周折才能查明相关的事实。

（三）股东代表诉讼中各方当事人的权利平衡

股东代表诉讼中的小股东并非天然的正义化身，其利益与公司利益不一致时，存在恶意诉讼的可能。对于小股东是否能够代表公司正当、合理地行使诉权的问题，笔者认为可以通过提起股东代表诉讼的前置程序（以阻止不当诉讼）、对败诉股东行使损害赔偿请求权等途径解决。在对于公司大股东、实际控制人及高级管理人员等滥用公司控制权缺乏有效监督的现实环境下，我们面临的困境并不是股东代表诉讼被滥用，而是股东权益保护机制失灵、不顺畅。笔者认为，优先考虑保障中小股东利益更具现实意义，至少要优先保障中小股东有获得及时救济的司法途径。公司在股东代表诉讼中的地位，应当以尽量减少中小股东在此类诉讼中可能遇到的障碍和阻力为出发点来考虑和设计。

法院在此类案件中还应当注意审查公司在诉讼中意思表示的真实性、合法性。公司参加股东代表诉讼，必须向法院表明其对涉案事实的相关意见。公司作为组织，自身无法作出意思表示，只能通过公司代表人、代理人对外作出意思表示。公司的法定代表人往往都是大股东或内部控制人委派的，甚至就是大股东本人或者被控侵害公司利益的被告，这些人难以真正代表公司的意见。股东代表诉讼本质上属于公司内部纠纷，就公司内部而言，股东会才是公司最高的决策机关，股东会的决议才是公司的真实意思表示。因此，笔者认为，法院在此类案件中，还应当审查核实公司所委派的参加诉讼的代表是否经过公司股东会的授权，否则很容易出现参加股东代表诉讼的公司实际仍然处于傀儡状态，名为第三人，实为被告分身的情况，增加小股东在诉讼中行使正当权利的障碍。

预防国企负责人违规决策之管见

——基于公司治理的视角

广东胜伦律师事务所　汪　翊

2016年8月2日，国务院办公厅出台了《关于建立国有企业违规经营投资责任追究制度的意见》（以下简称《国企违规责任追究意见》），明确规定国有企业经营管理有关人员违反国家法律法规和企业内部管理规定，未履行或未正确履行职责造成国有资产较大或重大损失以及其他严重不良后果的，应当追究责任；实行重大决策终身责任追究制度，将国企经营管理有关人员违规决策的后果提到了前所未有的高度。该意见引起极大的关注，从风险管控的视角来看，违规决策就是法律风险，那么如何才能防范这一风险的发生？尽管详细的实施细则尚未出台（或者本无实施细则之类的文件，因该意见本身已十分明确），但是笔者认为依据现有的法律法规及国有资产管理的相关规章制度，是可以防止发生“违规决策”的。为此，笔者从公司治理法律风控的角度提出管窥之见，并就教于各位专家学者。

一、深化国企改革的预先制度安排

随着供给侧结构性改革的推进，作为其主体的国企改革进一步深化，特别体现为其对政企关系的调整。正如中国农业银行首席经济学家向松祚在《供给侧改革的本质与政策建议》一文中所言，“供给侧改革绝非简单地从需求管理转向供给管理，本质上是从政府主导和管理经济彻底转向市场主导和调节经济”[①]。国有企业改革从 20 世纪 80 年代起步，经过 40 多年的历程，政企关系发生了很大的变化；随着《公司法》的出台，全民所有制工业企业完成了公司化改制，有了独立法人资格，“公司”成为当今我国企业的主要形态。但是国有企业改革不仅远未结束，而且已经步入“深水区”，在以市场为导向的前提下，各种体制上的矛盾还有待解决。中国企业研究院首席研究员李锦在谈到供给侧结构性改革对国企改革的指导意义时认为，中共中央、国务院《关于深化国有企业改革的指导意见》的核心体现了供给侧管理思维，即“放松管制、对内搞活、加强监督、转型升级”[②]。

新一轮国企改革涉及混合所有制经济、资本运营平台的设立及国有资产监督管理部门“负面清单”管理诸方面，体现了国有资本管控模式的变化。因此，未来重构后的政企关系可以表述为“有效市场 + 有为、有限政府”。“放松管制”对国企而言是一把双刃剑，一方面，其有了更大的经营投资决策权，各项生产经营活动只要不在“负面清单”范围之内就可以自主决策，能够更好、更快地接上市场的“地气”；另一方面，不受约束的权力容易产生腐败，绝对的权力产生绝对的腐败，这里所说的“腐败”不仅指贪污受贿问题，决策的“任性”也是一种腐败，相较于前者而言，它对国企乃至国有资产安全的损害更大，甚至是灭顶之灾。因此，从法律风控管理的角度来说，《国企违规责任追究意见》是防患于未然的顶层设计，其针对以往国有企业投资巨亏相关人员全身而退而国家买单的情形。作为 2015 年国务院办公厅《关于加强和改进企业国有资产监督防止国有资产流失的意见》的配套文件，以及新一轮国企改革“1 + N”方案的重要组成部分，《国企违规责任追究意见》体现了对违规决策的零容忍，是依法治国思想、“把权力关进制度的笼子”在国企改革中的贯彻，是深化国企改革的预先制度安排。

二、决策风险是一切风险的源头

决策是一个管理学术语，指确立目标并在许多备选方案中选择一个满意

---

① 吴敬琏、厉以宁、林毅夫等：《解码“供给侧改革”：2016—2020 中国经济大趋势》，群言出版社 2016 年版。

② 吴敬琏、厉以宁、林毅夫等：《解码“供给侧改革”：2016—2020 中国经济大趋势》，群言出版社 2016 年版。

方案。诺贝尔经济学奖获得者、美国现代决策理论学派创始人西蒙说“决策程序就是全部的管理过程”；另一位著名的美国学者伯法也说“管理的首要任务是能够做出决定公司今后短期和长期行动路线的决策”。

《中央企业全面风险管理指引》给“企业风险”所下的定义是“未来的不确定性对企业实现其经营目标的影响”；《企业法律风险管理指南》更明确“法律风险”是“基于法律规定或者合同约定，由于企业外部环境及其变化，或者企业及其利益相关者的作为或者不作为导致的不确定性，对企业实现目标的影响”。上述两个文件都谈到了决策风险问题，强调“企业所有决策都要综合考虑风险，以便将风险控制在企业可以接受的范围内”。笔者认为在此可以对决策风险的内涵作适当的扩大解释，如此决策风险就有了两种含义：一种是决策事项所无法避免、无法克服的风险，或者决策者在决策时所推演的防控措施在实际执行的过程中因为客观情况发生了较大的变化而产生的风险；另一种是指决策者“任性”决策所带来的风险，在国企中体现为违规决策，更进一步说，国企经营管理有关人员在决策时不遵守国有资产监管的相关程序及企业的规章制度，造成了国有资产损失以及其他严重不良后果。

违规决策是与民主决策、科学决策背道而驰的，由此产生失误的概率是很大的。《追究制度》防患于未然地划定了“责任追究范围”，针对国企违规决策明确了9大方面54种需要追责的情形，追责范围涉及集团管控、购销管理、工程承包建设、转让产权及上市股权和资产、固定资产投资、投资并购、改组改制、资金管理、风险管理诸方面，包括了国企各种重大的投资经营行为。

决策风险是企业一切风险的根源，《国企违规责任追究意见》的制定者显然已经认识到这一点，因此着眼于让企业获得充分自主权，同时从制度上保证决策的民主化与科学化，保证决策程序的合法、合规性，防止国企经营决策者因权力过大而“任性”决策。

三、完善法人治理是防范决策风险的利器

《国企违规责任追究意见》以提高国有企业运行质量和经济效益为目

标，通过严格问责、完善机制，构建权责清晰、约束有效的经营投资责任体系，提高国有资本效率、增强国有企业活力、防止国有资产流失，实现国有资本的保值增值。《国企违规责任追究意见》明确地设定了追责的前置条件，因此，国有企业经营管理有关人员完全有可能通过建立与完善相关的制度与机制使决策合法合规。笔者的基本思路是企业在完善法人治理结构的基础上，通过制度规范决策流程，积极培育尊法守法的企业法律文化及法律思维，使违规决策无生存的土壤。

（一）完善国企法人治理是决策的基础

按照供给侧结构性改革的理论，这场改革就是要以市场化为导向，在改革现行的国有资产管理体制、完善公司法人治理结构的基础上形成具有自生能力、市场竞争能力的公司治理结构，从而实现企业真正的自主化经营。纵观国有企业改革的历程，完善国有企业法人治理结构一直是重头戏，特别是党的十八大以来，其成为国家层面所采取的一系列改革措施之一。2013 年国务院国有资产监督管理委员会（以下简称国务院国资委）启动了国有经济改革的 4 项试点，其中完善国有企业法人治理结构是试点内容之一；[①] 2015 年国务院国资委出台《关于全面推进法治央企建设的意见》。2016 年在深化国企改革大背景下出台的《国企违规责任追究意见》，在“总体要求”中明确提出要健全协调运转、有效制衡的法人治理结构。

企业法人治理或者说公司治理是一个多角度、多层次的概念。吴敬琏教授认为：“所谓公司治理结构，是指由所有者、董事会和高级执行人员即高级经理三者组成的一种组织结构。在这种结构中，上述三者之间形成一定的制衡关系。通过这一结构，所有者将自己的资产交由公司董事会托管；公司董事会是公司的决策机构，拥有对高级经理人员的聘用、奖惩和解雇权；高级经理人员受雇于董事会，组成在董事会领导下的执行机构，在董事会的授权范围内经营企业。”这是狭义的公司法人治理概念，而广义的公司法人治理则不局限于股东对经营者的制衡，而涉及广泛的与公司利害相关者，包括

---

① 黄群慧等：《新时期全面深化国有经济改革研究》，中国社会科学出版社 2015 年版。

股东、债权人、供应商、雇员、社区和政府等。本文采取狭义说。

决策是公司治理的集中体现，从某种意义上说，企业的治理结构与治理机制设计最终都是为了科学与合理的决策，使企业更好地维护出资人的利益、创造更多的价值。企业法人治理即通过一种制度安排，来合理地配置所有者与经营者之间的权利与责任关系，以保证股东利益的最大化，防止经营者对所有者利益的背离；包括设计正式或非正式的、内部的或外部的制度或机制来协调公司与所有利害相关者之间的利益关系，从而保证公司决策的科学化，最终维护公司各方面的利益。

随着供给侧结构性改革的深入，国资监管部门“负面清单”的出台将使“两权分离”更彻底，国企将获得更多的经营自主权，表现为国企负责人将取得更大的决策权与决策的空间，在这种情况下，为避免内部人员操控企业、任性决策从而造成国有资产严重流失的风险，就必须在“松绑”的同时，通过一系列制度安排进行监督。然而，企业法人治理并不是为了制衡而制衡，而是为了公司更有效运行，换言之，是为了保证公司科学决策的方式和途径。因此，在构造法人治理结构的同时，还要设计好与国有企业规模、业态、管理层级相适应的具体的治理机制。2016 年 10 月，习近平总书记在全国国有企业党的建设工作会议上指出，中国特色现代国有企业制度，“特”就特在把党的领导融入公司治理各环节，把企业党组织内嵌到公司治理结构之中，明确和落实党组织在公司法人治理结构中的法定地位。可见，法人治理结构及运作机制的完美结合正是国企法人治理的内涵，它们是国企经营管理有关人员民主与科学决策的基础与保障。

（二）充分发挥董事会的集体决策作用

现代企业法人治理的核心是董事会，在进一步完善“三重一大”等决策制度时，要充分发挥董事会的作用。现代公司法理论告诉我们，无论是既有的产权模式还是未来的多元化产权模式抑或设立国有投资公司的管控模式，都离不开委托—代理（信托关系）这个基础法律关系，换言之，无论是哪一种模式，产权的持有者（出资人）均通过其代理人即董事来发挥作用。董事会是董事的“集合体”，完善国有企业法人治理要切实保障董事会的实际自主权，将中共中央、国务院《关于深化国有企业改革的指导意见》作为新时期指导和推进国有企业改革的纲领性文件，强调健全公司法人治理结构，重点推进董事会建设。据人民网 2016 年 9 月 1 日报道，新一轮国企改革进入了“施工期”，已有 20 多个省份出台了国企改革方案，落实董事会职权是其主要内容之一。

董事会职权落实之后，还必须有相应的机制保障它的作用得到发挥。董事会是通过会议的形式发挥作用的，它能够博采众家之长，集思广益，达到科学决策与民主决策的目的，在一定程度上有效地防止内部人操纵表决、任性决策。规范董事会建设是在国企分类改革的基础上展开的，外部董事超过内部董事的设计，可以在形式上避免内部人员操控。同时，设立相关专业委员会作为决策的辅助，发挥各专门委员会特别是投资决策委员会及财务委员会的作用，可以从根本上保障决策的科学化。因此，要避免违规决策，就要充分看到规范董事会建设在企业风险防控中的重要作用；完善企业法人治理不仅应保障董事会决策自主权，还应保障董事会不流于形式、不成为经营型董事会；要明确董事会是以会议形式集体作出决策的最高决策机关，董事会要按照《公司法》的规定严格执行表决程序，特别是重大投融资事项，必须按照 2/3 以上多数决定的规定进行。

我们必须注意到，国有资产监管部门将权力下放给董事会的同时，也加大了董事会（董事）的责任和压力，导致有些董事在董事会议上不敢表决，随意投反对或者弃权票，以此为未来免责之抗辩，如此将使董事会的作用大打折扣。对此，域外的做法是引入商业判断规则或称经营判断规则，作为董事免责的法定理由。虽然我国没有这方面的现成法律法规可循，但是也不是束手无策，笔者认为既然国资监管部门（国有独资公司的唯一股东）已经放权给企业，就意味着放权给董事会，董事会可以依据现有的法律法规、政策，在公司章程及董事会议事规则中建立董事风险内控机制、制订相应的规则，作为认定、评价董事责任的重要制度安排。

（三）完善相应的制度配套

杜绝违规决策，除了要充分发挥董事会会议决策平台作用以外，还必须有相应的配套制度，否则董事会的决策就成了无水之鱼、无本之木，笔者认为，为保证决策不流于形式，应从以下方面入手。

首先，建章立制。追究国有企业经营管理有关人员责任的前置条件是其违规决策，这里的“规”既包括法律法规，也包括企业的规章制度。为此，要根据法律法规及国有资产管理的相关规定，完善《国企违规责任追究意见》所列举重点领域和关键环节的规章制度，特别要重视企业章程，突出企业章程在规范各治理主体权责关系中的基础性作用。规范董事会建设的首要验收标准就是看企业有无建章立制，企业法人治理最重要的法律文件就是企业章程，它规定了企业能够在多大的程度上自主经营、哪些事项只需要一般表决、哪些事项属于必须特别表决的重大事项，它不仅关系决策的程序与效力，更关系决策的合法合规性。因此，企业章程的制订绝不能马虎，其内容特别是关键性条款，要结合企业自身的特点及国有资产监管部门“负面清单”来制订，这样才能使决策者有章可依，这也是依法治企的根本性要求。建章立制是规范企业行为、规范企业经营管理相关人员行为的重要保障。

其次，充分发挥法律顾问、企业法务工作者在决策中的作用。合法合规的决策除了相应的程序保障之外，还要完善重大决策合法性审查机制，对重大改革事项进行法律论证，以确保各项决策于法有据。2015 年广东省法学会法律风险管理研究会上，笔者提交了一篇关于充分发挥律师在企业“走出去”前期作用的论文，主要观点是律师要提前介入，参与商务考察与顶层设计。在此，笔者想将其导入国有企业经营管理有关人员的决策中，其在作出重大决策时应当有相关律师（包括但不限于企业法律顾问）参与，充分听取律师的意见与建议，如果对决策事项有重大分歧，还应进行论证，找出决策的法律盲点、风险节点。

最后，要重视法律意见书。笔者作为公司律师从事大型国企法务工作多年，参加了集团公司各种重要的会议并列席董事会，深知法律意见书在保证依法决策中的重要性。因此，笔者认为一份有价值的、负责任的法律意见书必须言之有物，也就是必须有针对性，不能为论证而论证，而要充分运用法律思维，以法律人的视角看问题，必须要有充分的法律依据及法理上的说服力。最重要的是，法律意见书不仅要提示法律风险，更要找出防范法律风险、降低法律风险的办法，作为决策的重要依据。广东省人民政府国有资产监督管理委员会《关于实施法律意见书制度的指导意见》从加强企业重大经营决策和重大经济活动的法律审核论证，推进企业法律风险防范机制建设，维护出资人和企业的合法权益出发，在附件中列明了法律意见书应当着重论证的事项，涵盖改制、产权或重大资产处置、核销资产损失、重大投融资、重大法律纠纷、增减资、公司章程等诸方面。法律意见书是进行法律审查、分析法律风险、提出法律建议或解决方案的法律文书，笔者认为如果国企经营管理有关人员高度重视其作用，那么其对于预防违规决策将起到积极作用。

中国企业改革与发展研究会副会长、国企改革专家周放生说，国有资产流失有两种，一种是交易性流失，还有一种是体制性流失。① 违规决策是导致国有资产体制性流失的主要原因，只有科学论证并按照相关程序民主决策，才能防止违规决策及由其产生的法律风险。

① 林远、杨烨：《国企违规经营投资追责制度建立：对管理人员实行重大决策终身追责制》，载《经济参考报》2016年8月24日，A03版。

从法定董事会到决策董事会

——关于国有独资公司规范董事会建设的观察

广东胜伦律师事务所　汪　翊

党的十九大结束后，《人民日报》专访国务院国有资产监督管理委员会（以下简称国务院国资委）相关人员，其在谈到国有企业将重点从哪些方面突破时表示，国有企业在形成有效制衡的公司法人治理结构、灵活高效的市场化经营机制方面，还有很长的路要走，为此要全面推进规范董事会建设，使董事会真正成为企业的决策主体。那么，怎样才能使董事会真正成为企业的决策主体呢？笔者将分三个部分，谈谈自己的看法。

一、关于规范董事会建设的回顾

2004 年 6 月，国务院国资委出台了《关于国有独资公司董事会建设的指导意见（试行）》[国资发改革〔2004〕229 号（现已失效）]，提出依据《公司法》《企业国有资产监督管理暂行条例》等法律法规，指导并选择了部分大型中央企业开展国有独资公司建立和完善董事会试点工作，加强董事会建设；2009 年 3 月，国务院国资委又制定了《董事会试点中央企业董事会规范运作暂行办法》，正式拉开了规范董事会建设工作的序幕。

国务院国资委原副主任邵宁认为规范董事会建设有两个主要目的，一方面是建立现代企业制度，另一方面则是要解决现实问题。他所说的“现实问题”归纳起来就是政资不分、内部人员控制。因此，规范董事会建设，就是结合国有资产监管的法律、法规，按照监管部门的规范要求，在企业内部完善相应的制度建设，特别是企业决策与风险控制的制度建设后，地方国有资产监督管理委员会通过制订权责清单的形式，重新调整其与监管企业之间的关系，真正达到授权与放权经营。按照规范董事会建设的设计，国有资产监督管理委员会“放权”之后，除了法律、法规规定需报出资人审批的事项外，可授权董事会按照公司章程对相关决策制度作出全面、明确、具体的规定。

通过10多年的努力，从国务院国资委到地方国有资产监督管理委员会，规范董事会建设取得了初步成绩①，在完成规范董事会建设工作的企业中形成了制衡机制，决策更加趋于科学化，决策的质量也明显提高。

二、实现由法定董事会到决策董事会的转变

规范董事会建设既然取得了前述成绩，为何国务院有关部门还要反复强调使董事会成为真正的决策主体呢？显然，规范董事会建设只是在制度层面上完成了国企的公司治理的要素，这一点相关政策的制定者看得很清楚。此外，随着供给侧结构性改革的深入，占国有企业重大比例的国有独资公司，在法人治理方面（无论是结构还是机制）还需要向前迈出一大步。

笔者在《关于国有独资公司董事会建设的思考》一文中，主要从规范董事会建设的立法、改革国有资产管理体制、细化对董事的考核标准等方面，提出了管窥之见：规范董事会建设的实质是打造决策董事会，仅完成了法定董事会的构建还不能满足决策董事会的要求。笔者认为，要完成从法定董事会向决策董事会的转变，应一手抓董事会治理、一手抓风险控制。

（一）完善董事会治理

2017年4月24日，国务院办公厅《关于进一步完善国有企业法人治理结构的指导意见》针对“一些董事会形同虚设，未能发挥应有作用”，提出要加强董事会建设。何谓“董事会形同虚设”？笔者的理解是董事会在企业中只是一个摆设，与规范董事会建设的要求还存在很大的差距；董事会此时

① 参见《关于国有独资公司董事会建设的思考》，载广州市律师协会编：《问道：广州律师论文集》，中国法制出版社2017年版。

只是法律意义上的经营最高决策层，实际决策权力仍然在经理层手中，这就是 SusanF－ShuLtz 所说的“法定董事会”[①]。慕凤丽认为：“中国的董事会制度是在 20 世纪 90 年代初由国外引进的，用到第一批进行股份制造的上市公司，很快就在《公司法》中以法律的规定确立下来。所以相对来说，中国的董事会更像法定董事会。”[②] 就笔者观察，现实中的确存在法律上对董事会重视，而在实操中董事会起不了什么作用的问题。不起作用的董事会就是失效的董事会，在规范董事会建设开展之前，由于地方国有资产监督管理委员会所扮演的角色是“老板加婆婆”，董事会的作用对企业决策影响不大；但是在供给侧结构性改革下，伴随企业法人治理的深入，董事会将成为对企业生存与发展最重要的决策机构，国内外无数鲜活的例子都证明，董事会的失效将给企业乃至社会造成灾难性的后果。

在对公司治理的研究中，有一个课题研究公司治理风险，按照英国学者 David Crichton－Miller 与 Philipb Wormun 的观点，公司治理风险指公司治理机制设计不合理或运行机制不健全给公司持续经营带来的不稳定性及对公司总价值的影响；[③] 因为董事会在公司治理中处于核心地位，因此，企业风险管理成功与否与董事会建设息息相关。

作为公司治理的一种制度安排，完善董事会治理就是要在已完成的国企的公司治理要素的基础上，进一步在“机制”上下功夫，正如徐向艺所说“董事会的有效性更多地取决于其运行机制与行为，良好的公司治理不仅需一套完备的治理结构，更需要若干具体的超越结构的治理行为”。笔者认为，完善董事会治理应当着眼于以下几个方面。

1. 明确董事特别是外部董事的积极任职资格

美国商业圆桌会议关于公司治理的声明指出，有效的董事会由各领域经验丰富的人组成，他们的知识、背景与判断力对公司都是有益的，董事必须

---

① 参见 SusanF－ShuLtz：《董事会白皮书》。转引自慕凤丽：《董事会的本质》，经济管理出版社 2016 年版，第 25 页。

② SusanF－ShuLtz：《董事会白皮书》。转引自慕凤丽：《董事会的本质》，经济管理出版社 2016 年版，第 26 页。

③ 参见徐向艺：《公司治理前沿问题研究》，经济科学出版社 2015 年版，第 12 页。

有能力且愿意了解公司事务，发表个人意见；[①] 英国董事协会更进一步提出董事应该具备的个人品质与知识，这就是我们通常所说的“董事的积极任职资格”。我国《公司法》对董事只有消极任职资格的规定，无积极任职资格的要求，这是造成董事会发展良莠不齐的重要原因。因此，建议对《公司法》进行修订，细化董事准入的积极任职资格。笔者认为，董事至少应具备会计、法律、市场、商务、管理经验或行业知识，以及战略洞察、决策制定、信息分析等方面的能力，而外部董事应更多地从律师中选择；现阶段各级国有资产监督管理委员会在其主导的规范董事会建设中，可以根据各监管企业的主要业态，为其量身定制选聘董事的条件，将董事的专业化、外部董事的专职性作为首选。

2. 细化董事的勤勉义务

董事会是否优秀，在很大程度上取决于董事会成员的个人特征。公司治理的好坏，固然有各方面的因素，但是董事会治理水平肯定是重要因素之一，而董事会治理的好坏又与董事是否忠诚、勤勉有关。有学者在谈到董事会内部的责任主体时说“即使董事会内部，也找不到明确的责任人，更无法明确责任的大小”；换言之，董事所负的义务并没有相应的条文予以细化，同时现有的公司章程又多采用格式文本，出于各种原因，很难做出个性化的约定，因此我们看到有限责任公司的章程均大同小异。然而，正是缺少法律规定且公司章程对此规定空白，导致了部分董事（特别是与公司无利益关系的外部董事）只“视事”而不“董事”，长此以往，即使完成了规范董事会建设，外部董事占了多数，也有可能导致董事会失效，这样的董事会只是在形式上完成了“规范”，实质上仍然逃脱不了“法定董事会”[②] 的樊篱。笔者认为，明确董事会内部的“责任主体”是由法定董事会向决策董事会转变的重中之重，董事会应当建立定期考核董事业绩的机制，对董事出席会议等建立相应的考核标准。从“关键投入”与“流程”两个变量来考察董事会的绩效，董事的“勤勉”投入是其中一个重要的指标，而“勤勉”

① 参见徐向艺：《现代公司治理》，经济科学出版社2013年版，第131页。

② 又称“底限董事会”“形式董事会”。参见慕凤丽：《董事会的本质》，经济管理出版社2016年版。

又可以细分为4个参量。①

3. 规范董事会议事规则

很少人关注董事会的开会问题，依笔者所见，董事会会议开得如何事关董事会的作用能否发挥，董事会运作的关键是董事会会议。董事会的特性是“集体决策个人负责”，董事会会议是董事会履行职能最重要的形式，也是董事会运作的核心所在。正如学者所言，董事会会议为企业决策提供事实前提和价值前提，董事会决策能否有效，很大程度上取决于集体决策优势的发挥程度。② 广州市人民政府国有资产监督管理委员会《关于进一步完善市属国有企业法人治理结构的实施意见》对规范董事会建设作了进一步细化，提出“构建战略型、风险管控型董事会”的设想，并提出规范董事会要进行基础管理，“严格规范董事会议事规则，严格实行集体审议、独立表决、个人负责的决策制度，平等充分发表意见，一人一票表决，建立健全规范透明的重大事项信息公开和对外披露制度，保障董事会会议记录和会议资料的完整性”，建立董事会决议跟踪落实以及后续评估制度。董事会会议是一项富有挑战性与创造性的工作，尽管《公司法》已经对董事会会议的召开作了程序上的规定，但笔者认为这还不够，对于召开董事会的次数、流程、会前的准备等这些事关会议效率的内容，法律并无明文规定。虽然开董事会是企业内部的问题，但是作为决策型董事会，应充分考虑相关的决策风险，并以此为导向设计适合企业的会议规则。诚如《罗伯特议事规则》的作者亨利·罗伯特所言：“一个会议组织拥有适合的规则很重要，但拥有用于决定其会议程序的规则更加重要。”

（二）加强风险管控

关于董事会与风险控制的关系，目前在学术界已经达成共识，徐向艺在谈到“有效董事会治理的特征”时，以2008年金融危机为例，认为该危机产生深层次的原因在于董事会未能在风险规避与风险控制方面有效地发挥作

---

① 参见［美］M. J. 爱波斯坦、［美］K. O. 汉森主编：《公司治理》，聂佃忠、张悦译，北京大学出版社2014年版，第181页。

② 参见慕凤丽：《董事会的本质》，经济管理出版社2016年版，第125页。

用，进一步说是未充分强调董事会的风险控制职责。鉴于此，2009 年，国务院国资委在《董事会试点中央企业董事会规范运作暂行办法》中提出，由董事会负责公司的风险管理。按照地方国有资产监督管理委员会权责清单的设定，其与监管企业的关系越来越清晰，而经过规范董事会建设的企业，将实现董事会自主决策并承担相应的风险。规范董事会建设有以下两个特点。

1. 在权力下放董事会的同时加重了其责任

2016 年 8 月，国务院办公厅《关于建立国有企业违规经营投资责任追究制度的意见》出台，明确对国有企业经营管理有关人员 9 大方面 54 种情形的重大违规决策终身追责，旨在通过缜密的制度性安排防范国有资产流失。其中，国有企业经营管理有关人员一旦被认定要对发生的资产损失负责，不仅将面临从“批评教育”到“免职”等不同程度的组织处理，还可能同时面临经济上的严惩。2017 年 4 月，国务院办公厅《关于进一步完善国有企业法人治理结构的指导意见》明确提出：“坚持权利义务责任相统一，规范权力运行、强化权利责任对等……完善履职评价和责任追究机制，对失职、渎职行为严格负责，建立决策、执行和监督环节的终身责任追究制度。”上述文件是在国企改革全面攻坚的背景下，作为国企改革“1 + N”的文件出台的，其目的在于让制度真正落地，从文件的内容来看，规定明确具体、可操作性强、威慑力大，关键一环则在于让高级管理人员对国企“视如己出”。笔者专门对相关文件的精神作了解读，其是一把“双刃剑”，在放手让企业自主经营的同时，为避免国有资产流失而设立相应的制度约束。

2. 对董事会决策的合法、合规性要求更高、更严

董事会是公司的最高经营决策机关，决策的风险在国有企业不仅表现为经营决策风险，还表现为违规经营决策风险；为此，董事会既要控制好经营风险，又要防止违规决策风险。在中国尚未普及董事责任保险的情况下，董事面临的压力是可想而知的，因此，不排除其在行权时，出现投弃权票或者“附和性”的现象，无论是哪一种情况，都不利于决策董事会的建设；长此以往，还将动摇董事会决策的权威性，因为“董事会的本质意义在于解决企业自身系统的内外部平衡的相关问题”，否则就不是一个“有效”的董事

会，而仍然是一个“失效”的董事会。

在国有企业改革大背景下，一方面是监管部门权力下放，另一方面是决策者风险剧增，怎么办？笔者的思路是在加强企业法人治理（核心是董事会治理）的同时，重视风控体制机制的建设与完善。

（1）设立风险管理委员会

2009年国务院国资委出台的《董事会试点中央企业董事会规范运作暂行办法》将风险管理与审计合并在一个委员会中，之后不少学者都认为董事会在传统的管理与监督职能之外，应加入风险控制职能。因此，笔者建议参照交通银行的做法，即董事会承担全面风险管理最终责任，在国有独资公司规范董事会建设5个专门委员会之外，单独设立风险管理委员会，并把它的设立作为一个硬性指标，董事会风险管理委员会定期对风险管理规划、风险政策制度、风险偏好等执行情况进行检查评价，形成风险管理委员会、总法律顾问“双雄”并举的风控新格局，成为决策董事会健康运转的核心。同时，与其他委员会由外部董事负责不同，风险管理委员会由内部（执行）董事负责，这种安排一方面可以使执行董事随时了解企业的风险情况，另一方面也便于风险管理委员会与其他机构（如与总法律顾问）的沟通。

（2）全面推行总法律顾问制度

“改革与法治双轮驱动”是新时期国有企业改革的特点。国务院国资委政策法规局有关负责人认为，无论是推进混改、组建两类公司，还是加快建立现代企业制度、完善公司治理结构，都将带来利益格局的调整与法律关系的重构，都将带来防范各类风险和维护资产安全更大的责任，这对中央企业法治工作提出了新的更高要求。其实，这也是对国有企业特别是正在进行规范董事会建设的国有企业的更高要求。近年来，国家出台了一系列关于国有企业法治建设的文件，强调了设立总法律顾问的必要性，总法律顾问在国有企业中正在按照计划逐步推进，笔者建议总法律顾问由专业人士担任（不赞成为了完成某种指标由非专业人士担任总法律顾问的过渡形式）；同时，在有一定规模的国有一、二级企业中全面推行总法律顾问制度，形成集团内的上下联动。

综上所述，不仅要将总法律顾问制度和法治工作要求纳入公司章程，而且要持续深化法律风险防范机制，突出法律审查的重要性，这是开好董事会的保障。为更好地帮助董事会防控风险，总法律顾问应在董事会开会前，应就重大议题的风险防控与风险管理委员会及法务部门共同研究后，提出法律审查意见。

三、从法定董事会到决策董事会要因企施策

目前笔者还未能找到关于有限责任公司董事会失效的案例，但是关于上市公司董事会失效的例子却不断出现，这主要是由于上市公司的信息公开透明。笔者认为公司治理相对完善的公众公司都有这样的问题，那么作为非公众公司的有限责任公司，其类似的情况肯定也不会少。有效的董事会治理不仅要达到合规性要求，而应达到更高的要求，包括合理的规模与结构、有效的独立董事参与治理、规范而高效的董事会运作、合理的董事会激励、有效分离董事长与首席执行官、正确的董事会思考方式与决策工具、充分参与公司的战略、致力于风险管理、完善董事会治理的信息系统以及构建参与式的董事会治理文化。①

国有独资公司规范化的董事会要成为真正的决策董事会，不仅要健全结构，而且要做好相应的制度安排，如参照美国的董事会备忘录制度，建立健全符合中国国情的董事会备忘录制度，② 作为董事履行勤勉义务的督促。现阶段，可以由国资监管部门与工商登记部门达成共识，由企业将细化后的董事勤勉义务载入公司章程之中。

董事会在公司治理中处于核心地位，企业风险管理成功与否取决于董事会。2017 年 6 月 26 日，中央全面深化改革领导小组第三十六次会议审议通过《中央企业公司制改制工作实施方案》，明确以推进董事会建设为重点，完善公司法人治理结构，实现权利与责任对等。决策董事会应当是战略型与风险管控型董事会，按照广州市人民政府国有资产监督管理委员会《关于进一步完善市属国有企业法人治理结构的实施意见》，要“强化董事会战略

---

① 参见徐向艺主编：《现代公司治理》，经济科学出版社 2013 年版，第 140 页。

② 参见高明华：《国企完善公司治理重在健全制衡机制》，载《经济参考报》2017 年 7 月 31 日，A08 版。

意识、战略谋划和战略引领能力，认真履行决策把关、内部管控、风险防范、深化改革等职责”；要“构建以董事会为核心的全面风险管理体系，加强董事会对经理层执行董事会决议的监督和对企业重大决策、重点领域的风险把关”。考虑我国国有企业的实际情况，笔者认同将改造董事会分为有效管理、高效管理、科学管理、成功管理四个台阶并对每个台阶均设定不同目标的观点。[①] 国有企业可以参照这个步骤，根据企业的实际情况设定由法定董事会向决策董事会转型的路径。

① 参见慕凤丽：《董事会的本质》，经济管理出版社2016年版。

第五章　国有企业经营

政府代建工程中代建单位的法律责任问题

北京德恒（广州）律师事务所　贾　喆

一、当事人和代理人基本情况及案由

原告：小志（化名）

被告：广旭公司

被告：A 市妇儿中心

被告：A 市建管中心

委托代理人：贾喆，北京德恒（广州）律师事务所律师

第三人：陈某

第三人：郑某

案由：建设工程施工合同纠纷

二、案件基本情况

2017 年 12 月 1 日，A 市建管中心在其官方网站上发布施工招标公告，就“妇儿中心装修改造工程”项目进行公开招标。该公告显示，项目业主为 A 市妇儿中心，代建单位为 A 市建管中心。广旭公司于 2017 年 12 月 22 日就上述项目参加了招标并中标。2018 年 1 月 4 日，A 市妇儿中心、A 市建管中心、A 市建设监理公司和 A 市交易中心联合向广旭公司出具《中标通知书》，中标价为 3, 656, 281 元。广旭公司与 A 市妇儿中心、A 市建管中心于 2018 年 1 月 12 日就上述项目签订《施工合同》。

2018 年 1 月 17 日，原告小志与广旭公司签订《工程项目部管理责任书》，约定广旭公司将其中标的上述项目发包给原告，并就相关的工程事项

作出约定。《工程项目部管理责任书》签订后，原告于 2018 年 1 月 22 日向广旭公司支付工程履约保证金 182, 814. 05 元（该款项付至广旭公司分公司的法定代表人），于 2018 年 5 月 31 日向广旭公司支付工人工资保证金 182, 814, 05 元。此后，原告联合第三人郑某、陈某对涉案工程组织施工，竣工后三被告会同建设监理公司和设计公司等对涉案工程进行验收，并于 2018 年 10 月 12 日出具《单位（子单位）竣工验收报告》。该报告显示，涉案工程的工程质量符合要求，同意竣工验收，涉案工程竣工结算价为 3, 551, 582. 12 元。

截至 2019 年 6 月 17 日，原告认为广旭公司仅向原告支付工程款 2, 064, 993. 83 元和退回的工程履约保证金 182, 814. 05 元，余下工程款 1, 486, 588. 29 元和工人工资保证金 182, 814. 05 元共 1, 669, 402. 34 元尚未支付。

原告以此提起诉讼，请求法院判令：（1）广旭公司立即向原告支付工程款 1, 486, 588. 29 元并返还工人工资保证金 182, 814. 05 元；（2）A 市妇儿中心和 A 市建管中心在尚未支付的工程款范围内对第一项诉讼请求中广旭公司应向原告支付和返还的款项承担连带支付责任；（3）该案诉讼费、保全费由被告承担。庭审中，原告在第一项诉讼请求中增加利息请求。

三、争议焦点

1. 原告是否有权主张支付工程款 1, 486, 588. 29 元。
2. 原告是否有权主张退回工人工资保证金 182, 814. 05 元。
3. 原告主张的利息问题。
4. A 市妇儿中心、A 市建管中心的责任问题。

四、双方意见或观点

原告认为：（1）广旭公司应当向原告支付工程款 1, 486, 588. 29 元并返还工人工资保证金 182, 814. 05 元，共计 1, 669, 402. 34 元；（2）A 市妇儿中心和 A 市建管中心应在尚未支付的工程款范围内对广旭公司应向原告支付和返还的款项承担连带支付责任；（3）被告应承担欠付工程款的利息。

被告广旭公司答辩称：（1）第三人郑某与原告共同承建涉案工程，并由原告小志作为代表与广旭公司签订《工程项目部管理责任书》，责任书中对施工责任、管理费、税费等作了约定，原告小志在工地参与了实际事务管理，第三人郑某是实际施工人；（2）广旭公司已通过第三人陈某账户向实际施工人郑某支付工程款，并未拖欠工程款。广旭公司与原告小志签订合同后，广旭公司、原告小志、第三人陈某、第三人郑某达成口头协议，一致同意收到工程款后通过陈某账户支付。在施工过程中，广旭公司收到发包方工程款后依据约定通过陈某账户向实际施工人小志、郑某支付。原告小志通过这种支付方式已收到退回的履约保证金，并且没有提出任何异议。广旭公司认为已向实际施工人支付全部工程款，并没有任何拖欠。

被告A市妇儿中心答辩称：广旭公司一共向其申请支付5次工程款共计3, 196, 423. 9元，其如期支付，至今广旭公司还没有和其结算，其多次催促无果；经过其财政部门初步结算，广旭公司还要向其退款。

被告A市建管中心答辩称：（1）原告小志提交的证据未能证明其实际施工人身份，根据A市妇儿中心、A市建管中心与广旭公司签订的施工合同，尚未达成发包人向承包人支付结算款的条件；（2）该案现有证据并不反映存在实际施工人，A市妇儿中心、A市建管中心不应在欠付工程款范围内承担支付责任，原告小志无权向A市妇儿中心、A市建管中心主张权利；（3）即使该案存在实际施工人，A市妇儿中心亦已按照合同价款约定支付大部分工程款，原告的主张与事实明显不符。根据原告提交的发票，广旭公司在办理支付手续期间已向A市妇儿中心出具了合共3, 196, 423. 90元的增值税发票，而对应金额已由财政资金向广旭公司支付。

第三人陈某答辩称：（1）陈某与涉案工程无关，广旭公司称陈某是涉案工程的实际施工人与事实不符，不应追加陈某作为该案的第三人；（2）涉案工程实际上是原告与第三人郑某合作施工，事实上原告与第三人郑某曾向陈某借款用于涉案工程的资金周转。

第三人郑某答辩称：与原告口头上约定为合作伙伴，向陈某借款仅为工程资金周转，而后原告没有参与工地事项管理。在工程验收后申请第四笔进度款，因需缴纳增值税发票的税收，未能按时提供发票给广旭公司，故先向广旭公司借款支付材料费用和工人工资。

五、代理结果和裁判理由

1. 被告广旭公司应于判决发生法律效力之日起 10 日内向原告小志支付工程款 352, 253. 1 元。

原告在工程中参与施工、款项结算等工作，可认定为该案的实际施工人，广旭公司与原告签订的《工程项目部管理责任书》虽因非法转包无效，但工程质量经验收合格，原告可以向未履行支付义务的承包单位请求支付工程款。根据原、被告方提供的证据，广旭公司应向实际施工人支付剩余工程款 352, 253. 1 元，关于原告主张的工人工资保证金 182, 814. 05 元，被告提供流水、收据等证明已退回相应款项。

2. 被告广旭公司应于判决发生法律效力之日起 10 日内向原告小志支付上述第一判项的利息（从 2019 年 11 月 6 日起以 352, 253. 1 元为本金，按照中国人民银行同期同类贷款利率计算至付清之日）。

由于工程验收合格后，广旭公司未在约定时间内支付剩余工程款，由广旭公司对此期间内的欠付款项支付对应利息。

3. 被告 A 市妇儿中心应在未付工程款 197, 809. 21 元范围内承担责任；A 市建管中心不需要对未付工程款承担连带责任。

根据最高人民法院《关于审理建设工程施工合同纠纷案件适用法律问题的解释（一）》第 43 条规定："实际施工人以转包人、违法分包人为被告起诉的，人民法院应当依法受理。实际施工人以发包人为被告主张权利的，人民法院应当追加转包人或者违法分包人为本案第三人，在查明发包人欠付转包人或者违法分包人建设工程价款的数额后，判决发包人在欠付建设工程价款范围内对实际施工人承担责任。"A 市妇儿中心作为发包方已按照申请实际支付累计 3, 196, 423. 9 元，故 A 市妇儿中心应在欠付工程款 197, 809. 21 元范围内承担责任。而 A 市建管中心是涉案工程的代建单位，受 A 市妇儿中心委托对涉案工程进行监督管理，即实质上涉案工程的发包人应为 A 市妇儿中心，原告主张 A 市建管中心在未付工程款范围内承担责任缺乏理据。

（说明：该案一审判决之后，原告小志及被告广旭公司均上诉，二审判决对涉案工程款支付金额等事项作出调整，但对代建单位A市建管中心的处理与一审法院一致，即A市建管中心无须承担责任。）

六、办案总结

在该案中，笔者代理的当事人A市建管中心身份较为特殊，其以代建单位的身份为A市妇儿中心的装修项目对外招标，名义上属于发包方，中标单位广旭公司与A市妇儿中心、A市建管中心于2018年1月12日就上述项目签订建设工程施工合同，由A市建管中心对涉案工程进行监督管理，A市妇儿中心承担工程款项支付义务。后承包单位广旭公司将工程转包，与该案原告签订《工程项目管理责任书》，工程验收后因款项结算问题引起纠纷。在处理A市建管中心对实际施工人的责任承担问题时，一审法院认为A市建管中心只是名义上的发包方，作为代建单位受A市妇儿中心委托对工程进行监督管理，没有实际履行发包方义务，并且案涉建设工程施工合同由A市建管中心、A市妇儿中心与承包方广旭公司三方签订，在实践过程中由A市妇儿中心支付工程款项，A市妇儿中心是实际发包方。因此，A市建管中心作为代建单位不需要对未付工程款项承担责任。

该案中涉及的法律问题即政府代建工程中的代建单位是否需要承担合同责任，值得研究。在我国，关于工程代建的法律法规并不完善，代建单位的法律地位及法律责任存在争议。在司法实践中各地对代建单位的法律责任承担处理各异，本文主要介绍广东省高级人民法院及最高人民法院的实践做法：

广东省高级人民法院于2017年发布的《关于审理建设工程合同纠纷案件疑难问题的解答》（现已失效）涉及委托代建问题的处理："对于非经营性政府投资项目根据法律强制实行委托代建，代建单位作为项目建设法人，全权负责项目建设的组织管理、招投标和工程款支付义务的，其属于发包人。承包人依据《合同法》有关委托合同的规定主张委托人承担责任的，不予支持。对于其他委托代建工程建设项目，依据《合同法》有关委托合同的规定处理。"在该案中，A市建管中心不承担工程款支付义务，不属于实际发包方，按照委托关系来处理；A 市妇儿中心作为委托方与代建单位 A 市建管中心及承包方共同签订建设工程施工合同，承包方订立合同时知道该委托关系，因此由委托人 A 市妇儿中心直接承担责任。

最高人民法院在（2016）最高法民终 128 号民事判决书中指出，委托代建应当参照委托合同处理，即第三人在签订合同时知晓委托人、代建单位之间的委托关系，则由委托人直接承担责任；如第三人签订合同时不知晓委托关系，则第三人可以选择代建单位或者委托人承担责任。

笔者认为，政府代建工程中代建单位是否需要承担合同责任需要视情况而定，委托人与代建单位之间关系、代建人与承包方（第三人）之间关系属于两种法律关系，通常分别签订协议。根据合同相对性原则，一般情况下由代建单位而非委托人对第三人承担法律责任；但如果委托关系向第三人披露或者委托人、代建单位、第三人签订协议，则可以突破合同相对性，由委托人直接向第三人承担责任。当然，根据意思自治原则，当委托人直接向第三人承诺支付款项时，委托人应按承诺承担责任。

国有资产出租合规分析

北京德恒（广州）律师事务所　贾　喆

一、当事人和代理人基本情况及案由

上诉人（原审被告、反诉原告）：五行公司

被上诉人（原审原告、反诉被告）：珠江公司

委托诉讼代理人：贾喆，北京德恒（广州）律师事务所律师

案由：房屋租赁合同纠纷

二、案件基本情况

2013 年 12 月 31 日，珠江公司（甲方）与五行公司（乙方）签订《物业租赁合同》，双方同意就广州市海珠区某物业达成合同条款：甲方将其合法拥有的上述租赁物按现状出租给乙方依法使用。该合同同时也约定了双方权利义务与租金规定。

2018 年 10 月 6 日，珠江公司向五行公司发出《关于物业公开招租的通知函》，主要内容为：珠江公司与五行公司在 2013 年 12 月 31 日签订的《物业租赁合同》期满后，按照有关政府的相关规定，需要重新公开挂牌招租。

2018 年 12 月 18 日，五行公司向珠江公司发出《关于签订续租合同的申请函》，根据《物业租赁合同》第 2.3 条的约定，提出续租该场地的申请。但由于广州市人民政府办公厅《关于规范我市国有企业物业出租管理指导意见》（穗府办函〔2017〕147 号，现已失效）中“单次出租的期限原则上不超过 6 年”的规定，双方续签合同存在一定障碍，五行公司提出续

签合同的理由如下：（1）对该物业投入巨大；（2）该物业已成为广一电商园区有机组成部分；（3）因政府贯通河涌相关权益受损。

2019年1月11日，珠江公司向五行公司发出《对“关于签订续租合同的申请函”的回函》，不同意申请，其主要内容为：按照穗府办函〔2017〕147号文件的要求，合同到期后，需要重新公开招租；双方签订的租赁合同文本中，也没有合同到期后必须续租的约定。

2019年3月5日，珠江公司向五行公司发出《关于敦促将物业移交给我司的函》；2019年5月13日，珠江公司再次向五行公司发出《关于再次敦促将物业移交给我司的函》，主要内容为要求五行公司在接到函后的5个工作日内将物业移交并支付产生的实际租金等。2019年3月5日，五行公司签收该函。

2019年5月15日，五行公司向珠江公司发出《关于物业移交问题的回函》，五行公司愿意出具一份物业移交单，但实物移交暂时无法履行；另因五行公司对该物业升级改造投入较大，且该项目属于政府产业引导项目，符合租赁期可适当延长范畴，五行公司希望此次上平台招投标能将该物业的租赁期适当予以延长。

2019年6月13日，珠江公司向五行公司发出《“关于物业移交问题回函”的答复》，珠江公司表示双方于2013年12月31日签订的《物业租赁合同》不存在续租的承诺，特别根据穗府办函〔2017〕147号文件规定的要求，租赁合同到期后，应进行物业资产评估，按新评估标准重新公开招租。五行公司没有遵守合同的约定，私下与部分入驻企业签订了租赁合同期超过双方合同的约定期限，应由五行公司与部分入驻企业协商解决，而不应成为其不返还物业的理由。

三、争议焦点

五行公司主张按照《物业租赁合同》约定的递增租金标准继续履行合同是否成立，以及涉案物业应否由五行公司腾退返还给珠江公司。

四、双方意见或观点

（一）五行公司主张

首先，涉案《物业租赁合同》已约定明确的续约条件，且五行公司按照约定向珠江公司发送了续约函件，续约条件已成就，合同租赁期限已经变更，双方应继续履行合同。五行公司认为一审法院无视合同约定，认定合同自2018年12月31日后转为不定期租赁关系，事实认定及适用法律错误，应当依法予以改判：（1）涉案《物业租赁合同》第2.3条规定了相关续约事项。根据《民法总则》第158条的规定，附生效条件的民事法律行为，自条件成就时生效。[①] 涉案《物业租赁合同》第2.3条的规定应当被视为附条件变更合同期限及价格的续约条款，其内容含有明确的续约条件及续约后的主要内容，双方当事人应当遵守履行。五行公司依约在2018年12月18日向珠江公司发送了《关于签订续租合同的申请函》，且租赁合同履行期间五行公司无重大违约行为，因此合同续约条件成就，续约条款生效；（2）“不定期租赁关系”的认定以“合同租期约定不明”为前提，即使一审法院认定“续约条款缺乏明确内容”，也应当优先适用合同漏洞填补规则来补全合同，不宜直接认定涉案《物业租赁合同》为不定期租赁合同。

其次，五行公司为涉案场地投入大量改造成本，不续约对五行公司明显不公平。涉案物业已经通过五行公司分租至次承租人，二审法院应当考虑五行公司前期投入巨大、维护正常市场经营秩序等因素，判决继续履行涉案《物业租赁合同》。

最后，退一步讲，即使一审法院认定五行公司应当交还涉案物业，但是疫情期间，五行公司受疫情影响也无法实际交还物业。国资监管规定不应当作为珠江公司不履行续约条款的理由，且相关规定已经明确若承租方对物业升级改造需投入较大的，租赁期限可适当延长但最长不得超过12年，涉案租赁合同租赁期限依约延长符合国资监管规定。该案中，根据续约条款的约定，涉案租赁合同的合同期限即使经过变更增加5年，总租期也未超过12

---

① 现规定于《民法典》第158条。

年，因此珠江公司所述因国资监管规定而不能续约于法无据，涉案租赁合同租赁期限依约延长5年符合国资监管规定。此外，上述国资监管文件为政府部门出台的行政指导性文件，不能成为珠江公司违反《合同法》不履行合同义务的依据。

（二）珠江公司主张

首先，五行公司所称完全与客观事实相悖：（1）先要有合同成立，方有合同生效之说，而五行公司所谓的“续租合同”尚未成立，根本谈不上合同生效，更谈不上“附条件生效”；（2）如一审判决所查明，涉案租赁合同中并未对合同到期后5年内新的租赁关系的各项要素、内容、权利义务等进行约定，也未约定所谓“第二阶段”的租赁合同条款，在《物业租赁合同》到期时，租赁物的数量等都发生了根本性的重大变化，《物业租赁合同》的约定内容也完全不适用于所谓的“第二阶段”；（3）《物业租赁合同》第2.3条根本不是五行公司所谓“附条件生效法律行为”，五行公司无权以其单方意思决定续租合同的成立或生效；（4）五行公司于2018年12月18日向珠江公司提交《关于签订续租合同的申请函》，提出续租涉案物业的申请，足以证明五行公司已在先明确知晓涉案物业的出租必须遵守国有物业出租管理、国有资产经营交易的相关规定（须经公开招投标程序），双方客观上不可能直接自行订立合同。

其次，退一步讲，因在合同期内存在多次重大违约行为，五行公司已不满足向珠江公司申请续租涉案物业的先决条件，更谈不上“续租条件成就”。《物业租赁合同》第2.3条约定，五行公司可以申请续租合同的前提为五行公司在租赁合同期内无重大违约；第8.1条约定，在合同期限内，五行公司将自行承担对租赁物进行装修的费用，五行公司对租赁物进行改建或加建、扩建及新建建筑物，须向珠江公司提交详细的书面方案（包括图纸），方案须经珠江公司书面同意方可施工，并聘请具有资质的公司施工，取得消防机关的验收合格证，并保证一切施工不影响租赁物的主体结构。而在合同期内，五行公司多次违约，已丧失了申请续租的资格。

再次，五行公司在合同期内的改造投入系其自主经营行为，珠江公司没有义务因此而必须将物业违法续租给五行公司。五行公司作为涉案物业的承租方，已经通过承租、经营涉案物业获得了其经营收益及商业机会，至于其在合同期内对涉案物业的改造投入情况及经营收益状况，不足以构成阻却珠江公司依法行使合同权利、物权权利、保护国有资产的合法、合理事由。

复次，《物业租赁合同》到期之前，珠江公司已书面告知五行公司不再与之续租，五行公司应在合同到期后的合理期限内将租赁物业返还。但五行公司非但不诚信履约，反而擅自、恶意超出其承租期限、承租权限，将涉案物业转租给次承租人，该转租行为依法也属无效。五行公司在珠江公司多次催告之下仍拒绝交还涉案物业，其行为已经构成违法占有，并不构成续租或者不定期租赁关系。在五行公司不具备合法租赁关系且已处于违法侵占国有资产的状态之下，其要求享受广州市关于扶持中小微企业的优惠政策理据不足。

最后，涉案物业系国有资产，对该物业的出租必须遵守国有企业物业出租管理、国有资产经营交易的明文规定。

（三）裁判结果

该案一审判决支持了珠江公司主张，支持珠江公司要求五行公司归还物业并支付物业占有使用费的诉讼请求，并驳回了五行公司全部反诉请求；五行公司不服一审判决提起上诉，二审判决支持一审观点，维持原判。

五、办案总结

该案关键点即国有资产的出租与管理问题。指导全案的核心思想是：必须遵循国有物业出租管理规定、国有资产经营交易的相关规定。

第一，整体而言，目前国家层面的国有资产监管文件中缺少对国有资产租赁的规定，而一些地方政府国资监管部门各自根据本地区实际制定了本地区监管适用的规范性法律文件，导致了全国范围内对于这一事项还并没有统一的标准。因此在实际操作中，各地国有企业应当按照其所在地区国资监管部门的具体政策或规范进行决策和交易，作出符合监管要求的行为，否则易被认定为违反规定、逃避监管的行为，进而有造成国有资产流失的风险。

第二，从相关地方性法规角度，分析国有资产的出租与管理问题。2017

年6月29日,广东省人民政府办公厅发布《关于规范我市国有企业物业出租管理的指导意见》（穗府办函〔2017〕147号，现已失效）。自此，从严格监管、防止国有资产流失的角度，广州市国有企业物业出租行为需遵守穗府办函〔2017〕147号文件对招租要求的明确规定：企业物业出租应当采取公开招租的方式进行，到期后应重新公开招租；鼓励通过符合资质要求的产权交易机构、拍卖机构等或企业自行组织进行公开竞争招租，承租人及出租价格由公开竞争招租择优确定；租赁合同到期后，应进行物业资产评估，按新评估标准重新公开招租。

根据北京市人民政府国有资产监督管理委员会《关于规范国有企业房屋出租管理工作的意见》，企业对外出租房屋应当遵循“合法经营，规范操作”“健全制度，明确权责”“高效利用，合理定价”的原则；履行出资人职责的企业作为规范房屋出租管理工作的责任主体，应制定完善房屋出租管理办法，指导督促子企业健全房屋出租管理制度，全面掌握本企业及其子企业的房屋出租情况，加强对房屋出租管理工作的监督检查，规范房屋出租行为。可以看出，规范国有企业的房屋出租行为，指导企业建立健全管理制度，应当成为现在的实务工作重点。

第三，结合该案进一步总结该问题。珠江公司作为国有企业，必须按照规定严格执行，而五行公司主张的“协议续租”本身即违法违规，客观上不具备可行性，珠江公司作为国有企业也没有明知违法违规而仍然与之续约的义务。在确认五行公司在先明确知晓涉案物业的出租必须遵守国有物业出租管理、国有资产经营交易的相关规定（须经公开招投标程序）后，双方客观上不可能直接自行订立合同。国有企业物业租赁管理的政策要求早已施行，公开招租系国有企业物业租赁管理的基本原则。五行公司提出的协议续租要求本身就因违反国资监管的明确要求而无客观可能性，其不法利益本身不应得到司法保障与确认。

总而言之，为确保国有资产的保值、增值，各国有企业应该严格遵循国有资产公开招租的实施办法和竞投规则，细化资产租赁工作方案，减少不规范的“协议招租”，加大对于国有企业资产租赁工作的统筹监管，保障国有资产管理工作朝规范化、科学化、法制化方向发展。

办理公司变更登记的义务主体辨析

广东金桥百信律师事务所　廖　艳

一、当事人和代理人基本情况及案由

申请仲裁人：A电力公司

被申请仲裁人：B发电厂，系外商独资企业

委托代理人：廖艳，时任北京市北斗鼎铭（广州）律师事务所律师

案由：公司工商变更登记纠纷

二、案件基本情况

2009年4月28日，双方当事人签订《合资合同1》，约定设立合资经营的有限责任公司（目标公司），公司注册资本约为5.6亿元，其中目标公司首期注册资金为人民币1000万元，甲、乙双方出资比例和认缴出资如下：甲方（A电力公司）占注册资本的65%，认缴出资为650万元；乙方（B发电厂）出资占注册资本的35%，认缴出资为350万元。

2011年4月21日，双方当事人签署《合资合同2》，约定B发电厂将现有土地等不动产按双方共同委托评估单位评估总值14,000万元，作为出资注入目标公司。该资产注入后，双方在目标公司的持股比例调整为A电力公司90%，B发电厂10%。B发电厂将其资产注入目标公司后，注入的出资额超出公司总资本金10%的部分，由A电力公司受让。该合同第5.6条还约定："甲、乙双方缴纳出资后，由公司聘请国内注册会计师事务所验资并出具验资报告，然后由公司根据验资报告向甲、乙双方出具出资证明书。"

2012 年 1 月 6 日，目标公司召开股东会，双方股东参加会议并形成股东会决议："根据 2011 年 4 月 21 日双方签署的《合资合同 2》，双方决定调整各自的股比，即 A 电力公司占公司 90% 的股权，B 发电厂占公司 10% 的股权，此次增资及股权转让调整后，A 电力公司认缴出资额人民币 19,402.35 万元，占变更后注册资本的 90%，B 发电厂认缴出资额人民币 2155.82 万元，占变更后注册资本的 10%"；"授权林某某先生代理向公司登记机关办理注册资本和实收资本的变更登记"。后双方当事人就增资一事与目标公司签订了《补充协议书》，进一步明确了双方增资数额及股权比例。

2012 年 8 月 21 日，双方当事人及目标公司签订了《修订协议书》，约定 A 电力公司向目标公司增资人民币 6555.08 万元，B 发电厂以土地及部分建筑物按评估值人民币 14,003.09 万元增资注入目标公司，增资后，双方股东对目标公司的出资总额为人民币 21,558.17 万元。目标公司增资后，A 电力公司实际出资人民币 7205.08 万元，占目标公司总出资额的 33.42%；B 发电厂实际注入目标公司的资产及现金共计人民币 14,353.09 万元，占公司实际出资额的 66.58%。为此，双方约定由 B 发电厂出让公司 56.58% 的股权作价人民币 12,197.27 万元给 A 电力公司。后双方按照《修订协议书》之约定履行了增资及股权转让。

2014 年 7 月 9 日，目标公司召开 2014 年第 2 次股东会，双方形成会议决议：(1) 决定将目标公司股权按 90% 与 10% 进行工商变更；(2) 决定终止目标公司项目并进行清理；(3) 决定执行双方之前签订的合作合同和补充协议的有关约定；(4) 成立项目清理工作领导小组开展清理工作。

2014 年 9 月 28 日，双方签署《股权比例确认书》，确认 A 电力公司出资及占目标公司股权 90%，B 发电厂出资及占目标公司股权 10%。

2015 年 10 月 10 日，目标公司《资产清查专项审计报告》载明：公司尚未完成 2012 年的增资验资、股权转让的审批以及工商变更登记手续。

合同的国有股东原为某电投集团，后将该目标公司的权益划转给其下属南方分公司，后南方分公司又变更为某电投集团南方电力公司，至 2017 年某电投集团与另一国有企业合并后才经工商变更登记更名为现有名称即 A

电力公司，此前与B发电厂所签署的一系列合同、协议均所列主体先后为“某电投集团”“南方分公司”“南方电力公司”。

2019年9月14日，A电力公司致函B发电厂，提议召开目标公司股东会研究“关于修订目标公司章程的议案（名称变更、增资、股权比例调整）等”，B发电厂提出“对于增资和股权变更有异议”。

2020年12月，A电力公司以B发电厂拒绝配合办理目标公司股权变更登记为由提出该案仲裁申请。

三、争议焦点

该案中，双方合资成立的目标公司发生了增资和股权转让，注册资本和股权比例都发生了变化，只是尚未办理目标公司相应的工商变更登记，对此事实双方股东均无争议，双方就增资和股权转让都已形成股东会决议（先后有两次）和其他形式的书面文件予以确认。对于目标公司没有完成股权工商变更登记的状况，双方争议焦点是其是否因B发电厂所致，以及B发电厂是否因此负有消除障碍、协助配合办理变更登记的义务。

四、双方意见或观点

（一）申请人A电力公司意见

1. 根据公司章程、双方股东《合资合同》以及双方形成的股东会决议，申请人要求被申请人配合办理增资和股权变更登记有事实依据。

2. 《公司登记管理条例》（现已失效）第31条第1款规定：“公司增加注册资本的，应当自变更决议或者决定作出之日起30日内申请变更登记。”该条例第34条第1款规定：“有限责任公司变更股东的，应当自变更之日起30日内申请变更登记，并应当提交新股东的主体资格证明或者自然人身份证明。”可见，申请人要求被申请人配合办理变更登记也有相应的法律依据。

3. 经向工商部门询问，原被申请人签署的现有文件，不符合当地工商部门对目标公司进行增资、股权变更登记的要求，故被申请人仍负有配合义务。

4. 验资不是工商变更登记的前置条件。即便要求验资，目标公司也于2018年6月5日完成了一份验资报告。验资报告显示，双方股东的增资实缴均已完成。

（二）被申请人B发电厂意见

B发电厂已经与A电力公司签署形成了关于增资、股权变更事项的相关股东会决议，股东会决议也已授权安排公司相关人员负责办理变更登记，作为股东其已经履行了配合义务。

按照双方股东《合资合同》的约定，增资应当由公司聘请注册会计师事务所进行验资，这是办理工商变更登记的前置条件。因此，B发电厂才对A电力公司在2019年发函再次要求配合办理变更登记一事提出异议。

事实上自2013年之后，A电力公司与其他公司分立、合并等导致合同主体、目标公司的股东主体发生多次发生变化，目标公司迟迟未办理相关工商变更登记手续，以至于5年后再办理出现原股东会决议主体名称与现今不一致的情况，影响工商变更登记。

因此，B发电厂已履行办理变更登记之配合义务，该案目标公司工商登记至今未能完成并非B发电厂所造成，A电力公司的请求应予驳回。

五、代理结果和裁决理由

该案仲裁庭最终裁决支持了申请人A电力公司要求被申请人B发电厂配合办理目标公司注册资本变更登记和股权变更登记的请求。理由如下。

根据法律规定和双方约定，目标公司发生增资和股权转让，注册资本发生了变化，应办理相应的工商变更登记，目标公司及双方均有办理及配合办理登记之义务。申请人称办理登记时被申请人不配合导致登记未能完成，据此要求被申请人给予配合的要求是合理的。

关于目标公司的注册资本和股权转让一直未能完成变更注册登记的原因，双方各执一词。根据2019年双方往来函件，可以确认双方就增资和股权变更方面有不同意见，该意见可能是被申请人配合登记的主要障碍。但无论如何，鉴于目标公司双方投资及股权转让的实际情况，申请人提出办理其相应变更登记也是法律允许的。

关于被申请人提出验资报告是办理工商变更登记的前置条件问题，仲裁庭仔细审议了双方提交的相关材料并听取了双方的观点，一是在相关合同和协议中没有直接表明验资与办理变更登记之关系，仲裁庭在已有的证据材料基础上无法确认其前置关系的存在；二是双方均没有确认在工商登记中需要提交该类材料，2014 年施行的《公司法》以认缴制替代实缴制后更无须提交。由于申请人增资和股权受让已实质性完成且已被目标公司董事会决议和《股权比例确认书》所认可，所以双方因验资报告产生的纠纷，不应影响目标公司办理变更登记的正常程序。

六、办案总结

该案事实其实比较简单，涉案增资、股权转让时，双方通过股东会已形成多次决议及公司章程修正案，并指定了办理工商变更登记手续的责任人。实际上一方股东主体变更没有及时办理变更登记，拖延数年之后导致股东名称与当时的名称已经不一致，需要重新再作出相关文件以办理变更手续。那么诸如公司股东信息、股权比例、注册资本、注册地址等公司登记信息的变更登记，到底应是哪一方主体的责任？对此，笔者梳理相关法律规定如下。

《公司法》（2018 年修正）第 7 条第 2 款、第 3 款规定："公司营业执照应当载明公司的名称、住所、注册资本、经营范围、法定代表人姓名等事项。公司营业执照记载的事项发生变更的，公司应当依法办理变更登记，由公司登记机关换发营业执照。"该法第 32 条第 3 款规定："公司应当将股东的姓名或者名称向公司登记机关登记；登记事项发生变更的，应当办理变更登记。未经登记或者变更登记的，不得对抗第三人。"

《公司登记管理条例》（现已失效）第 27 条第 1 款、第 2 款规定："公司申请变更登记，应当向公司登记机关提交下列文件：（一）公司法定代表人签署的变更登记申请书；（二）依照《公司法》作出的变更决议或者决定；（三）国家工商行政管理总局规定要求提交的其他文件。公司变更登记事项涉及修改公司章程的，应当提交由公司法定代表人签署的修改后的公司章程或者公司章程修正案。"

最高人民法院《关于适用〈中华人民共和国公司法〉若干问题的规定(三)》第23条规定:“当事人依法履行出资义务或者依法继受取得股权后,公司未根据公司法第三十一条、第三十二条的规定签发出资证明书、记载于股东名册并办理公司登记机关登记,当事人请求公司履行上述义务的,人民法院应予支持。”

综合上述法律、行政法规及司法解释的规定,可明确办理变更登记的义务主体应是公司而不是股东。但是,对于股权转让而发生的变更,转让方既然收取了转让价款,也应负有相应的协助受让人办理股权变更登记手续的义务。笔者认为,股东在此环节要承担的应是配合办理变更登记的附随义务,即签署相关的股东会决议、章程修正案等资料,配合形成、签署办理股东变更登记所需的文件。实践中公司一旦产生变更公司登记纠纷,往往是因为公司股东内部包括董事等管理机构之间产生了矛盾,甚至可能出现了公司管理僵局。因此,如果仅以公司为被告要求变更工商登记可能解决不了问题,在这种情况下,可能还需要公司相关股东的配合。在此类公司变更登记纠纷中,笔者建议可视具体情况将公司作为主义务人、相关股东作为配合义务人列为共同被告,以保障原告的诉讼目的实现,也便于法院后期执行。

具体到该案中,B发电厂提出其在公司增资及股权转让环节的所有义务已经完成,不存在因其不配合而影响办理相关工商变更登记的答辩是有法律依据的。涉案证据及双方均已确认就公司增资、股权转让等事项双方已经形成并签署了股东会决议、相应的公司章程修正案,并明确授权安排公司的工作人员具体办理登记。但公司经过长达5年的时间都未办理相关登记,造成这种后果的出现不应归责于股东。

但是,基于公司增资及股权转让已实质完成却一直未能办理工商登记的客观情况,仲裁庭还是应当支持一方提出的办理登记的请求。笔者理解该案仲裁庭更多的是从解决问题出发,因此才作出了实质上没有区分责任的裁决,即认定不论此前是谁导致这样的情况,作为股东及项目公司均负有办理完成工商登记的义务,直至完成登记。但从给律师后续为客户处理类似事务提供规范指引的角度出发,我们还是有必要对办理登记的义务主体和相关的责任范围予以明确。

综上，办理涉及公司变更登记相关交易的法律业务时，为避免交易完成且实际履行后一方的原因使得目标公司工商变更登记不能完成的情况出现，笔者建议在相关的交易文件、协议中将股东各方及项目公司均列为主体，明确公司负有办理相关工商变更登记的合同义务，以减少后续纠纷。

国有关联公司间的滚动付款交易的对账问题

广东法制盛邦律师事务所　蒋凌霞

一、当事人和代理人基本情况及案由

原告：广州A集团有限责任公司（卖方）

诉讼代理人：蒋凌霞，广东法制盛邦律师事务所律师

被告：广东B股份有限公司（买方）

第三人：广州C有限公司（被告经营管理人、原告的全资子公司、被告小股东）

案由：买卖合同纠纷

二、案情介绍

原告是国有持股100%的国有企业，原告持有第三人100%股份，第三人持有被告19.87%的股份（其余股份由民营企业持有）。

2012年2月至2015年11月（以下简称交易期间），原、被告双方进行大量纸浆、纸张买卖交易，陆续签订高达上百份的买卖合同，合同金额超过8亿元。同期，被告由原告的全资子公司派出的管理团队负责经营管理。

双方签订的《工业品买卖合同》条款基本一致，合同对交易标的物名称、规格、数量、价款、交货时间、交货方式和地点、质量标准、包装标准、运输方式、检验标准和方法、结算时间、违约责任及合同争议的解决方式等内容作出约定。由于双方之间的交易只是销售链条中的其中一环，通常买家需要在收到下家的货款后才能支付上家的货款，因此，被告基本上采取滚动付款的方式向原告支付货款，且部分货款在转账时并未注明是纸浆货款

还是纸张货款。由于交易期间主要由第三人负责被告的生产经营，故被告在交易前期收到货款后基本都能按时付款。

2015 年，被告收回经营权自行管理，并开始拖欠货款。2016 年初，双方终止一切交易，被告也完全停止支付货款，累计拖欠货款 1420 万元。原告在起诉前将其中的债权 454 万元转让给第三人，并就剩余债权 966 万元向法院提起该案诉讼。

该案一审时，原告仅就尚未收到货款的最后几份合同提起诉讼，但被告付款一般延后，导致被告在签订合同之后的付款金额甚至高于合同金额，被告坚决否认拖欠欠款。虽然双方对是否存在拖欠货款有较大争议，一审法院仍支持原告的诉请。被告上诉后二审法院裁定将该案发回重审，并指出因第三人与原告存在利害关系，其确认的对账金额不能作为认定拖欠货款的直接证据，一审法院未能查明拖欠货款的金额，存在事实不清等问题。

重审阶段接受原告委托后，代理人向原告详细了解双方的交易情况，分析了原审提交证据的不足之处，最终向法院提交了交易期间发生的纸浆和纸张的全部交易合同、送货单、发票、银行凭证以及第三人与被告制作的对账单等，最大程度还原双方的交易，并向法院申请追加 C 公司为该案的第三人。在大量的证据面前，一审法院综合审计单位的企业询证函（向法院申请调查取证所得）及第三人与被告的对账单，最终确定被告未支付货款的金额，支持了原告的全部诉讼请求。

三、争议焦点

围绕被告拖欠原告的纸浆交易货款金额如何确定这一问题，双方主要争议焦点如下。

1. 审计单位向原告发出的《企业征询函》对被告是否有效。

2. 第三人管理被告期间，第三人代表原告与被告确认的对账结果是否有效。

3. 案涉纸浆买卖是否真实存在或者是否存在部分虚假交易。

4. 交易期间，原告是否通过第三人对被告进行操纵管理。

四、双方意见

（一）原告意见

1.《企业征询函》由被告委托的第三方审计单位根据被告提交的财务资料制作并发给原告确认，可以证明被告拖欠货款的金额。

2. 虽然第三人与原告为母、子公司关系，但交易期间被告及被告的其他股东并未就买卖的真实性及对账单提出任何异议。

3. 原告已按被告的要求将纸张货物直接交付给被告指定的收货人，被告员工已在送货单上签名，原告提交的纸张买卖的合同、送货单、发票移交清单及被告已向原告支付的货款，已足以证明双方之间存在纸张交易。

4. 第三人只持有被告 19.87% 的股份，对被告的经营管理没有决策权。第三人虽然对被告进行经营管理，但公司副总经理及财务经理均为被告大股东指派，原告不可能通过第三人对被告进行操纵管理。

（二）被告意见

1. 双方之间不存在真实的纸张交易，部分送货单上的签名并非公司指定收货人签名，部分送货单的单日货物数量已远远超过运输及仓储能力。

2. 交易期间担任被告总经理的谭某同时在原告及第三人处担任高管，原告提交的纸张买卖合同、纸张送货单均是谭某操控被告的结果，被告从来没有收到原告交付的纸张货物，双方之间的纸张买卖是虚假买卖。

3. 交易期间，第三人作为原告的子公司，无法代表被告真实意思，更无法排除存在利益输送，第三人经手的《对账单》、《企业询证函》及审计报告等不能作为被告拖欠货款的证据。

五、裁判结果

一审法院支持原告的全部诉讼请求，判决被告向原告支付拖欠的货款 966 万元及利息等。

六、裁判理由

1. 关于企业询证函的效力。企业询证函是企业在财产清查中为了核实往来款项的真实性而寄送往来单位的一种核对函件。作为确认企业之间债权债务的审计文书，虽系会计师事务所发出，但该事项系被告委托其进行，所发函件上盖有被告公章，表明被告已经对往来账项及债权债务予以核对。被告认为该案企业征询函不具有真实性且不能作为证据使用，但未能提供证据否定企业询证函的证明效力，故法院对案涉企业征询函予以采信。

2. 关于对账单的效力。首先，虽然部分账单中注明原告的纸浆情况最终以被告对账单为准，但原、被告均未提供证据证明双方存在另行对账的事实，在没有充分证据反证的情况下，该案对账单应当作为原、被告交易往来的结算依据；其次，结合对账单及第三人的陈述，可以认定被告累计未付的纸浆货款的金额；最后，第三人自 2013 年起就代表原告就该案三方的交易往来进行对账，若被告对合同实际履行不予认可，应及时向原告和第三人提出，不应在对账单盖章确认，且其未为自己的主张向法庭提出证据，这进一步说明被告在双方交易过程中，对对账单上所载内容予以认可。

3. 关于纸浆买卖是否真实存在的问题。首先，原告提供纸张交易《工业品买卖合同》、送货单、增值税发票移交清单等证据以证明双方存在真实的纸张交易。虽然案涉部分送货单在收货单位及经手人处存在瑕疵，但不能由此否定所有的送货单均为不真实的；被告仅以“高某华”签名存在两种笔迹及莫某琴非其本人亲笔签名认定所有的送货单都是虚假的，法院不予采信。其次，案涉送货单并非双方存在纸张交易的孤证，原告向法院提交双方 2012 年至 2016 年期间签订的纸张交易《工业品买卖合同》、送货单、增值税发票移交清单，从上述证据的名称、内容及履行情况看，其均符合买卖合同关系的法律特征。上述证据虽不能单独作为定案依据，但是这些证据不是彼此孤立的，送货单记载的内容可以与原告提供的买卖合同、增值税发票移交清单相互印证，形成较完整的证据链条，可以证明原、被告之间存在真实的纸张买卖合同。再次，在被告提交的部分证据中，呈现大量购买方均为被告、销售方均为原告的增值税专用发票，发票注明的货物名为水纹纸、双胶纸、染色原纸、特殊纸等成品纸。增值税发票是一般纳税义务人缴税及申报抵扣的凭证，增值税专用发票的开具应以真实的交易为基础。若双方不存在真实的纸张交易而被告仍开具大量纸张交易增值税发票，与常理不符。最后，在我国当前的商贸往来实践中，存在“走单、走票、不走货”的交易模式，此种交易模式不为我国现行法律、行政法规明确强制性禁止。“走单、走票、不走货”交易根本上还属于商品货物买卖行为。就该案而言，即使如被告所主张，双方不存在直接、真实的货物交付，但原、被告签订买卖合同并移交增值税发票，不能仅以双方未实际发生货物交付为由，否定双方当事人之间已形成的买卖合同关系。

4. 关于原告是否通过第三人对被告进行操纵管理的问题。首先，根据被告章程的规定，第三人持有被告 19.87% 的股权，在被告董事会中也仅占一席，而决定聘任、解聘公司总经理及其报酬、奖励事项系被告董事会决定，该章程规定符合《公司法》相关规定。被告未提供证据证明第三人或被告违反法定程序和公司章程，直接控制被告公司总经理的任免，应当承担举证不能的责任。其次，被告总经理谭某同时担任原告及第三人的董事兼经理，此“三重职务身份”并不为《公司法》及相关法律法规所禁止，不应仅因公司的董事、经理为同一自然人，便认定公司之间存在操控的事实。最后，关联公司在未损害公司利益的情况下，可以进行关联交易。在此情况下，原、被告之间的交易结算行为属于正常经营活动，不能据此认定构成个人操控或财务混同。被告未能提供充分证据证明原、被告及第三人之间存在合同签订、资金审批、对账审计等造成被告财产实质损失情形，其这项辩称意见，法院不予采纳。

七、案例评析

该案中，原告及第三人均为国有持股 100% 的国有企业，且原告为第三人的母公司。第三人持有被告公司 19.87% 的股份，是被告公司的小股东，对公司没有决策权。

交易期间，由于第三人组成的管理团队参与被告的经营管理，故在双方持续交易、被告滚动付款的情况下，虽然第三人定期与被告进行对账，但原、被告双方却没有直接进行对账。第三人退出对被告的管理后双方纠纷产生，由于第三人具有原告的全资子公司、被告的股东及被告的管理团队等多重身份，使得既有企业询征函、对账单的效力大打折扣，给了被告可乘之机，提出大量抗辩意见，一审、二审法院也不接受其作为被告未支付货款的直接证据。所幸原告完好保存了双方交易期间的全部合同、送货单等，代理人最终连同相关的银行凭证、增值税发票、企业询征函、对账单以及审计报告等作为证据提交，形成完整的证据链，且企业询征函、对账单中被告未支付货款的金额也可以相互印证。最终在事实面前，法院确认了企业询征函的效力，直接依此认定未支付货款的金额，支持了原告的诉讼请求。

我国经营者集中反垄断审查制度问题

北京市天元（广州）律师事务所　邓海涛　王　婧

导言

我国《反垄断法》2007年8月30日颁布，2008年8月1日正式施行；2022年6月24日修正，修正后于2022年8月1日施行。为了对《反垄断法》规定的三大垄断行为之一“经营者集中”进行有效的管制，国务院及其直属机关颁布了一系列行政法规、部门规章，综合构建了较为完整的经营者集中反垄断审查制度。经营者集中反垄断审查制度在保护市场公平竞争，促进社会主义市场经济健康发展方面具有重要意义，但是该制度在实施过程中也暴露出一些问题。因此，本文结合经营者集中反垄断审查的现状，旨在对经营者集中反垄断审查制度中存在的问题提出完善建议。

一、我国经营者集中反垄断审查的现状

经营者集中作为在较短时间内整合不同经营者的资金、物质、人员、技术、销售渠道等的有效手段，受到了企业的一致青睐。自2018年起，我国经营者集中申报的立案数量相较于之前年份有了较大增长，如2016年360件、2017年353件、2018年468件、2019年462件、2020年481件。其中，附条件批准的案件数量分别为2016年2起、2017年7起、2018年4起、2019年5起、2020年4起；无禁止案件、附条件批准案件的数量约占立案案件总体数量的1%。[①] 通过分析上述数据，可以总结出我国经营者集

① 参见《中国反垄断年度执法报告（2020）》，载国家市场监督管理总局网，https：//www.samr.gov.cn/xw/zj/art_ c339a6851fa6479a8fa9ed7756d17a83.html。

中反垄断审查的几点现状。

第一，集中交易主体对于集中交易的合规性意识增强。我国经营者集中案件申报数量呈现逐年递增的趋势，这一数据的增加反映出我国市场交易主体在进行集中交易的过程中，已经逐步意识到交易的合规性，愿意按照有关法律的要求积极履行申报义务。

第二，申报案件行业分布广泛，但个别领域的案件申报比重仍较小。通过对近几年经营者集中的申报情况分析，我国经营者集中申报涵盖各类市场主体，既包括制造业、采矿业、交通运输、仓储和邮政等传统行业，也涵盖互联网、半导体、光通信等高新技术行业。但从行业分布来看，实体经济仍为并购主体，申报总量稳中有升，涉及互联网领域的经营者集中申报案件虽有增长，但申报占比仍较低。

第三，绝大多数经营者集中申报案件都可以获得无条件批准。2016 年至 2020 年，被附条件批准的集中申报案件数量仅占国家市场监督管理总局立案审查全部案件的 1% 左右，即约 99% 的集中申报案件都能获得无条件批准，体现出我国政府助力企业优化重组和经济转型升级的决心。

二、我国经营者集中反垄断审查制度存在的问题

自《反垄断法》实施以来，我国反垄断法治水平不断提高，经营者集中反垄断审查领域取得重要成绩，经营者集中反垄断审查申报案件数量逐年增加，但审查制度在施行过程中暴露的问题，亦值得我们深思。

（一）经营者集中“控制权”概念的抽象性

《反垄断法》第 25 条[①]定义的经营者集中是指经营者通过某种方式取得对其他经营者的控制权或对其产生决定性影响的行为，“取得控制权”是界定经营者集中的关键所在。关于何种情形构成“取得对其他经营者的控制

① 《反垄断法》第 25 条规定：“经营者集中是指下列情形：（一）经营者合并；（二）经营者通过取得股权或者资产的方式取得对其他经营者的控制权；（三）经营者通过合同等方式取得对其他经营者的控制权或者能够对其他经营者施加决定性影响。”

权”，《关于经营者集中申报的指导意见》第3条[①]对控制权的范围以及取得控制权的判断标准作出了规定，但对该问题的解释仍存在不足。[②] 一方面，就申报主体而言，该条款对控制权的解释不够具体，集中主体无法直接凭借客观详细的标准对是否需要申报进行准确的判断，从而导致实践过程中出现过度申报或规避申报的现象。另一方面，从执法主体的角度来看，通过检索国家市场监督管理总局作出的行政处罚决定发现，有些收购方取得被收购方的股权比例低于30%，同样被认定为集中行为，如2019年新希望投资集团收购兴源环境科技23.6%股权案和安博凯直接投资基金收购上海思妍丽23.5%股权案。针对收购方持有50%及以上股权的行为，尚可依据《公司法》中对“控制权”的界定，表明经营者取得控制权；但是对于持股比例低于50%甚至不足30%同样被认定为“取得控制权”，现有的法律法规并未作出明确解释，从而导致执法机关作出的处罚决定缺乏充足的法律依据。[③]

（二）申报标准的不完善

根据国务院《关于经营者集中申报标准的规定》第3条[④]所确定的标

---

① 《关于经营者集中申报的指导意见》第3条规定：“经营者集中所指的控制权，包括单独控制权和共同控制权。判断经营者是否通过交易取得对其他经营者的控制权或者能够对其他经营者施加决定性影响（控制权和决定性影响以下统称为“控制权”），取决于大量法律和事实因素。集中协议和其他经营者的章程是重要判断依据，但不是唯一的依据。虽然从集中协议和章程中无法判断取得控制权，但由于其他股权分散等原因，实际上赋予了该经营者事实上的控制权，也属于经营者集中所指的控制权取得。判断经营者是否通过交易取得其他经营者的控制权，通常考虑包括但不限于下列因素：（一）交易的目的和未来的计划；（二）交易前后其他经营者的股权结构及其变化；（三）其他经营者股东大会的表决事项及其表决机制，以及其历史出席率和表决情况；（四）其他经营者董事会或监事会的组成及其表决机制；（五）其他经营者高级管理人员的任免等；（六）其他经营者股东、董事之间的关系，是否存在委托行使投票权、一致行动人等；（七）该经营者与其他经营者是否存在重大商业关系、合作协议等。控制权取得，可由经营者直接取得，也可通过其已控制的经营者间接取得。”

② 参见陈轩禹、徐涛：《“互联网+”经济形态下我国经营者集中申报制度问题探析》，载《新疆财经大学学报》2019年第2期。

③ 参见黄莹：《经营者集中控制权标准研究》，南京大学2020年硕士学位论文。

④ 国务院《关于经营者集中申报标准的规定》第3条规定：“经营者集中达到下列标准之一的，经营者应当事先向国务院反垄断执法机关申报，未申报的不得实施集中：（一）参与集中的所有经营者上一会计年度在全球范围内的营业额合计超过100亿元人民币，并且其中至少两个经营者上一会计年度在中国境内的营业额均超过4亿元人民币；（二）参与集中的所有经营者上一会计年度在中国境内的营业额合计超过20亿元人民币，并且其中至少两个经营者上一会计年度在中国境内的营业额均超过4亿元人民币。营业额的计算，应当考虑银行、保险、证券、期货等特殊行业、领域的实际情况，具体办法由国务院反垄断执法机关会同国务院有关部门制定。”

准，我国以“营业额”为标准确定申报义务；但是该标准不够明确，存在来源界定的不确定性以及在互联网领域的局限性两方面问题，亟须解决。

1. “营业额”来源界定的不确定性。《关于经营者集中申报标准的规定》所确定的两个标准中都涉及营业额界定的问题，即“在中国境内”这一来源的界定。对于“在中国境内”这个特定营业额来源的界定，《经营者集中申报办法》虽然作了进一步的细化规定（“在中国境内”是指经营者提供产品或服务的买方所在地在中国境内），但是细化后的规定对于“营业额”来源的界定依然不够明确，需要再进一步细化说明，主要表现在：第一，“中国境内”涵盖的范围，即目前我国经营者集中反垄断审查的市场范围是否包含港澳台地区。就现有的法律法规而言，其并没有对“中国境内”指向的范围作出明确的规定，而对这一问题的不同理解将直接影响对申报标准的判断。[①] 第二，“买方所在地”指向的范围。买方所在地的理解多元化，可以是买方购买行为所在地等，不同的理解将直接影响营业额的大小。但从市场范畴与反垄断执法机构所关注的竞争问题涉及的地域来看，更倾向于“买方所在地”将理解为买方购买行为的发生地，但是这一理解具有推断性，难以保证完全准确。

2. “营业额”标准在互联网领域的局限性。我国现有的“营业额”标准具有便捷性和可操作性的特征，有利于参与集中经营者的自我判断以及反垄断执法机构的评判；但是仅依靠营业额这种单一的申报标准，已经无法满足互联网领域下的经营者集中。相较于传统行业的企业集中，互联网领域参与集中企业的营业额往往较低，集中前一般难以达到当前固定的经营者集中申报标准，[②] 但是该类企业在完成集中后，往往会占据较大的市场份额，如美团收购大众点评后使其很快成为外卖行业的领军企业。因此，现有的单一申报标准已经难以对互联网等新兴领域的经营者集中形成有效的管制，需要在“营业额”标准的基础上进一步增加新的标准。

---

① 参见王婷：《互联网产业经营者集中审查制度研究》，西南政法大学2019年硕士学位论文。

② 参见叶明、梁静：《我国互联网领域经营者集中反垄断审查的不足与改进》，载《西南政法法学学报》2021年第1期。

（三）审查程序的不健全

我国《反垄断法》及相关法规、规章对经营者集中反垄断审查程序作出了一系列规定，但是从现有案件看，经营集中反垄断审查程序在实际操作过程中，仍有以下两方面的不足。

1. 审查时间过长。按照《经营者集中审查暂行规定》第 19 条①的要求，经营者集中反垄断审查分为两个阶段：第一阶段为 30 日的初步审查；第二阶段为 90 日的进一步审查。在第二阶段中，反垄断执法机构认为需要进一步审查的，可以延长审查期限，但最长不得超过 60 日。虽然我国经营者集中申报的法定审核期限最长不超过 180 日，而在实务操作中，一个经营者集中案件从准备申报材料到最终通过审核，所需要耗费的时间可能远超过 180 日。长时间的审查过程给参与集中的企业带来较高的时间成本，不利于其后续流程的开展。

2. 审查过程的透明度不足。经过长时间的移植发展与融合，透明度原则逐渐成为各国加强反垄断执法程序的共识，② 而我国经营者集中反垄断审查程序的透明度仍有待提升。以经营者集中审查的听证程序为例，听证会的召开及参会人员一般由国家市场监督管理总局确定，外界人士对于听证会的启动、召开、参会人员的选取标准等信息无从知晓，仅能从国家市场监督管理总局官方网站获知最终的结果。不透明的审查程序容易引发公众质疑最终结果，减损反垄断执法机构审查决定的权威性与公信力。

（四）违法行为的便利性

我国经营者集中反垄断审查执法资源有限、违法成本低廉的现状，为违法者的行为提供了便利条件。

---

① 《经营者集中审查暂行规定》第 19 条规定："市场监管总局应当自立案之日起三十日内，对申报的经营者集中进行初步审查，作出是否实施进一步审查的决定，并书面通知经营者。市场监管总局决定实施进一步审查的，应当自决定之日起九十日内审查完毕，作出是否禁止经营者集中的决定，并书面通知经营者。符合反垄断法第二十六条第二款规定情形的，市场监管总局可以延长本款规定的审查期限，最长不得超过六十日。"

② 参见徐瑞阳：《论经营者集中申报标准实施机制的完善》，载《法学家》2016 年第 6 期。

1. 执法资源有限。徒法不足以自行，《反垄断法》效力的发挥相当程度上取决于反垄断执法机构的效率，反垄断执法机构的效率则相当程度上取决于它的执法资源。[①] 根据国务院机构改革方案，反垄断执法职责整合后由国家市场监督管理总局承担，执法人员数量相较于之前有所减少，但经营者集中反垄断审查案件的数量却呈现递增状态。在这一背景下，国家市场监督管理总局将较多的注意力放在集中申报案件的审核阶段，难以对经营者集中的情况进行全方位的关注，进而导致部分违法者有机可乘。

2. 违法成本低廉。我国对于没有按照规定进行经营者集中申报的，依照《反垄断法》第 58 条进行处理。通过分析违法实施经营者集中申报的行政处罚决定书发现，2022 年《反垄断法》修正以前，反垄断执法机构对于未依法申报的经营者，绝大多数根据 2007 年《反垄断法》第 48 条[②]处 50 万元以下罚款。因此，违法成本的低廉性使得部分违法者在权衡时间成本和违法成本后，选择以接受处罚换取项目的快速完成。

三、完善我国经营者集中反垄断审查制度的建议

（一）明确经营者集中“取得控制权”的界限

“取得控制权”作为判定经营者集中的核心要素，只有明确地界定，才能在经营者集中申报反垄断审查过程中发挥作用。因此，针对这一问题，笔者认为可以借鉴域外的做法，增设申报比例。例如，德国规定股权比例达到 25% 或者 50% 时构成集中；《加拿大合并实施指南》规定如果超过交易规模的标准或者集中各方规模的标准又或者在股权收购情况下超过有限公司 35% 比例、股份公司 20% 比例的表决权时，需要进行申报。[③] 增设申报比例的刚性规定，在一定程度上有助于申报当事人更加清晰地判断自身是否符合申报条件，同时也有利于反垄断执法机构提升执法的权威性和规范性，使得

---

① 参见王晓晔：《我国反垄断法中的经营者集中控制：成就与挑战》，载《法学评论》2017 年第 2 期。

② 2007 年《反垄断法》第 48 条规定：“经营者违反本法规定实施集中的，由国务院反垄断执法机构责令停止实施集中、限期处分股份或者资产、限期转让营业以及采取其他必要措施恢复到集中前的状态，可以处五十万元以下的罚款。”

③ 参见綦书纬：《加拿大合并实施指南》，载《经济法论丛》2013 年第 1 卷。

处罚决定有法可依。

（二）完善集中申报标准

我国现有的“营业额”申报标准存在来源界定的不确定性以及在互联网领域的局限性两方面的问题，为了使申报标准更加贴合我国经营者集中反垄断审查的实践，笔者建议从以下两方面予以完善。

1. 界定“营业额”的来源。《反垄断法》以及经营者集中相关法律法规并未对“营业额”来源中涉及“中国境内”以及“买方所在地”的基础问题作出详细的解释，而对这些问题的不同理解则会直接影响实际申报过程中申报主体对申报标准的判断。因此，笔者建议国家市场监督管理总局结合经营者集中申报反垄断审查的实操现状，针对上述问题作出进一步解释和说明，以便申报企业准确地判断。

2. 增加市场份额标准。互联网领域的特殊性使得现有的单一申报标准已难以满足实际需要，这一领域的企业往往具有集中前营业额小、集中后市场份额大的特征。因此笔者建议，借鉴我国台湾地区的做法①，将营业额和市场份额同时作为申报标准。换言之，即使并购企业集中前的营业额达不到申报标准，但若集中完毕后的市场份额达到一定数值，也应当进行申报。

（三）健全集中审查程序

实体和程序共同构成了法律的主要内容，二者担负不同的功能。如果说实体规则是以权利（力）与义务表现出来的利益，程序无疑是实现这些利益的手段和步骤。② 因此，完善的审查程序是保障审查结果准确、公正的最佳利器。就目前而言，可以从以下两处着手对经营者集中反垄断审查程序进行完善。

1. 缩短审查期限，提升审查效率。经营者集中的审查效率不仅影响交

① 台湾地区“公平交易法”第11条规定：“事业结合时，有下列情形之一者，应先向主管机关提出申报：一、事业因结合而使其市场占有率达三分之一；二、参与结合之一事业，其市场占有率达四分之一；三、参与结合之事业，其上一会计年度销售金额，超过中央主管机关所公告之金额者……”

② 参见焦海涛：《论现代反垄断法的程序依赖性》，载《现代法学》2008年第1期。

易成本和交易进度，某种程度上也代表了反垄断执法机构的能力和水平。[1]为提升审查效率，我国设立简易案件申报制度，但是该制度并没有明确适用简易程序时申报案件的审查时限；同时，对于不适用简易程序的经营者集中案件，审查时间依然过长，尤其是附条件批准集中案件，这些案件的审查时间远远超出180日。因此，反垄断执法机构需要在这一问题上继续改进。

2. 推动审查过程的信息公开。在经营者集中反垄断执法过程中，透明度至少应当体现在反垄断执法机构的决策程序和实质审查的原则和标准上。[2] 就我国目前而言，经营者集中反垄断审查的透明度仍然不足。针对这一问题，反垄断执法机构在审查经营者集中案件的过程中，在保障集中企业商业秘密的前提下，要重视审查过程的信息公开，进一步拓展信息公开的范围，提升信息公开的质量，以回应现实需要，最终使得公众对集中案件的了解不再仅限于结果。

（四）强化对集中违法行为的处罚

强化违法行为的处罚有助于增强集中企业的合规意识，切实维护我国《反垄断法》的权威性，为此，可以从以下方面入手。

1. 优化执法资源。国家市场监督管理总局作为我国进行经营者集中反垄断审查以及作出处罚决定的唯一部门，因人力资源的不足而对集中企业的关注度有限，对那些没有按照规定进行集中申报企业的处罚存在滞后性。为缓解反垄断执法机构的压力，一方面，可以考虑增加国家市场监督管理总局反垄断执法人员数量，充实执法队伍。另一方面，可以考虑将相关反垄断执法权下放，赋予省、自治区、直辖市的反垄断执法机构进行区域内经营者集中反垄断审查的权力，使得经营者集中反垄断审查的不再局限于国家层级。

2. 提高违法行为的处罚标准。我国2007年《反垄断法》对未按要求集中申报经营者的处罚标准较低，不利于对违法行为的惩处以及对其他经营者

---

① 参见《国家市场监管总局：提高经营者集中案件的审查效率》，载中国政府网，https：//www. gov. cn/xinwen/2018 -11/16/content_ 5341118. htm。

② 参见袁日新：《经营者集中反垄断执法的透明度：域外经验与中国选择》，载《理论界》2015年第7期。

的警示。因此，有必要提高对相关违法行为的处罚力度。令人欣慰的是，2022年8月1日施行的《反垄断法》第58条[①]已经作出修改，明确经营者违反该法规定实施集中且具有或者可能具有排除、限制竞争效果，罚款限额由50万元改为上一年度销售额的10%。处罚标准的修改强化了对违法集中的制裁力度，从而维护我国《反垄断法》的权威性，提升经营者的守法意识。

结语

我国《反垄断法》实施10余年来，反垄断执法机构在经营者集中申报反垄断审查领域取得了显著成就，尤其在我国成为世界第二大经济体，经营者集中申报反垄断审查案件数量不断攀升的背景下，此类案件的审查质量与审查效率相较于之前均得到进一步提升。经营者集中申报反垄断执法在取得显著进步和成绩的同时，也暴露出一些亟须解决的问题，如经营者集中“控制权”概念的抽象性、申报标准的不完善、审查程序的不健全以及违法成本的低廉性。因此，我国《反垄断法》及相关法律法规有必要针对经营者集中反垄断审查制度作出进一步完善，以适应新兴领域的反垄断要求，回应反垄断执法的迫切需要。

---

① 《反垄断法》第58条规定：“经营者违反本法规定实施集中，且具有或者可能具有排除、限制竞争效果的，由国务院反垄断执法机构责令停止实施集中、限期处分股份或者资产、限期转让营业以及采取其他必要措施恢复到集中前的状态，处上一年度销售额百分之十以下的罚款；不具有排除、限制竞争效果的，处五百万元以下的罚款。”

国有独资公司的治理结构问题及应对

广东洛亚律师事务所　谭慧仪

一、国有独资公司的治理结构现状

（一）国有独资公司概述

国有独资公司指国家单独出资、由国务院或者地方人民政府授权本级人民政府国有资产监督管理机构履行出资人职责的有限责任公司。国有独资公司属于国家出资的有限责任公司，可将其视为特殊的一人公司。国有独资公司以其所有财产承担无限责任，股东以出资为限承担有限责任。现有的国有独资公司除新建设立，还有部分是国有企业改制而来，国有独资公司正是为了改善国有企业政企不分的现象而出现的。国有独资公司作为法人，国有股东履行出资后财产即归公司所有，公司具备独立意思表示能力。如果依旧政企不分，那么设立一个有独立人格的法人也就没有意义了。因此，要确实做到股东人格与公司人格分离。①

（二）公司治理结构

公司治理结构指一组联结并规范所有者（股东）、经营者（董事会、经理）、职工相互权力和利益的制度安排，旨在解决公司内部不同权利主体之间的监督、激励和风险分配等问题。公司具有独立性，股东人格与公司人格分离，股东财产不得与公司财产混淆，公司决策须由股东会、董事会经法定程序决定。公司制度中所有权与经营权相分离，其技术上的做法是设置股东

---

① 参见李立新：《国有独资公司治理结构的完善》，中央民族大学2017年硕士学位论文。

与公司间的财产区隔机制以及划分股东与公司、公司管理层之间的权限。《公司法》在股东与公司、公司管理层之间确立的这套制衡机制，就是我们所说的公司治理结构。一般情况下，公司治理结构需要解决或缓解存在于股东与董事会、董事会与管理层之间的所有权与有效的控制权相分离的问题。

公司制度旨在保证公司法人相对于股东的独立性，将经营权交给董事会可能能够更好地保证公司法人人格的独立性。公司制度的出现是为了优化市场资源配置，股东并不一定有良好的经营能力，对市场的了解程度与决策眼光也因人而异，因此，除涉及增资、改制等重大事项，将日常经营中的决策权交给更具专业知识与能力的董事会与职业经理人可以将公司利益最大化。股东作为公司所有者，因其出资而享有利润分配请求权、剩余财产分配权等从公司财产中获益的权利；而经营者的董事会所拥有的是对公司财产行使法人财产权的权利。所有者和经营者的利益并非完全一致，如果不通过制度加以约束协调，经营者的经营方向就容易偏离所有者的利益。因此，通过制度来约束经营者的权力十分必要。公司治理结构就是关于所有者与经营者权力分配的制度。

公司治理结构的基本模式，由权力机构、决策机构和监督机构三个机构组成，通过这三者间的权力相互制约，最终实现公司权力分配的平衡。其中，股东会为权力机构，决定公司的重大事项，其经程序作出的一致决议能够形成公司的意思表示；董事会为决策机构，决定公司经营事项，除法定的权利外，股东会还可将部分权利授权给董事会行使；监事会为监督机构，对公司董事、经理的执行业务情况以及公司的财务情况进行监督。

一般的有限责任公司中，公司股东与董事会为委托代理的关系，股东将公司的财产委托给董事会，董事会则作为代理人获得对股东投资所形成的法人财产行使法人财产权的授权。由此可见，一般有限责任公司的治理结构是两层委托代理关系。在此关系链条中，公司董事会并不直接参与公司日常经营，而会将事务交由经理负责。经理一般拥有很大的自主权，使得在日常事务中容易出现经理自主权与委托人目标、利益相冲突的情况，因而需要建立激励、监督机制以调整达到利益方向的一致。

（三）国有独资公司的治理结构

国有独资公司的股东只有国家单一主体，可以将其看作特殊的一人公司。国有独资公司无须设立股东会，股东会职权由国有资产监督管理机构行使。国有企业改制的目的就是促使政企分开，减少行政对企业、公司事务的直接干预。

国有独资公司同样具有一般有限责任公司的委托代理关系。一方面，国有独资公司主要由董事会进行决策和管理，而董事会成员由国有资产监督管理机构派遣，机构可将部分股东会的职权授权给董事会行使。[①] 国家授权国有资产监督管理机构代为行使股东权利，即国有资产监督管理机构与董事会形成了委托代理的关系。另一方面，被派遣的董事会成员又隶属于国有资产监督管理机构；监事会的监事也由国有资产监督管理机关直接任命，监事的职权范围与一般有限责任公司监事的职权范围基本一致。国有独资公司的特殊之处在于，行使股东权利的国有资产监督管理机构由国家授权，形成了国家委托国有资产监督管理机构、国有资产监督管理机构委托董事会、董事会委托经理的三层委托代理关系。

（四）现有结构的弊端

国有独资公司的治理结构在设计之初是为了实现国有资产的增值保值，但实践中这一治理结构尚有不足，其与一般有限责任公司相区别的特殊治理结构也带来了普通公司未出现的特殊问题。

1. 决策机关独立性不足

董事会作为决策机关，其人员组成除了职工代表大会推选的董事，还有部分董事由国有资产监督管理机构直接委派，部分董事会的成员为外部董事；董事长通常由国有资产监督管理机构直接任免。这样一来，国有资产管理机构就不仅是权力机构，而且与决策机构的人员组成密不可分，权力机构与决策机构的界限模糊，董事成员可能会出于这层任免的利害关系而直接听

---

① 参见张璇：《我国国有独资公司治理结构完善研究》，东北林业大学2016年硕士学位论文。

任于国有资产监督管理机构，董事会的独立性被大大削弱，公司治理机构中分离所有权与经营权的目的也就难以达成。国有资产监督管理机构作为国家机关部门过多地干预公司决策，会使得政府对公司的影响过深，背离了设置国有独资公司以改变政企不分弊端的目的。[①] 被派遣的董事因其身份与一般有限责任公司的董事不同，会更多地以政府官员的思维、立场而非为盈利的公司经营者的思维进行决策，不利于发挥董事在公司经营中的积极作用，容易出现过于追求保险、安稳的经营方针，从而减弱国有独资公司增加国家资产、推动市场经济发展的作用。

现国有公司中推行外部董事制度，对外部董事的任职条件作出一定要求，以确保外部董事有足够精力和时间履行职务。外部董事制度一定程度上能够起到制衡其他国有资产监督机构委派的董事的作用，但外部董事很多时候不了解相关业务及运作模式，其信息获取依赖公司管理层，即便接收到管理层提供的错误信息也较难辨别。若外部董事人数占董事会人数 1/3 以上，当外部董事弃票或投反对票时，董事会决议往往无法通过，相关事项无法推进并执行。

从专业性上看，董事应当具备法律、金融等知识，以帮助他们更好地作出专业的决策。但实践中，多数董事来源于改制之前的国有企业，思维还未脱出传统的经验主义，专业知识也有所欠缺。一些董事作为外部董事，会同时任职于几个公司，不会集中于一个公司的业务，对公司经营情况了解也流于表面，难以实际发挥董事应有的作用。

2. 缺乏有效监督

监事会在公司治理结构中主要履行监督职责，与董事会存在一些相似的问题。首先，监事会成员中的监事由国有资产监督管理机构进行委任，部分监事由职工代表大会选举产生。监事需要监督公司财务等经营情况，需要具备专业的会计、法律、金融等知识。实践中，多数监事都并未具备这类专业知识能力。其次，董事与监事同样受国有资产监督管理机构的委派，二者源

---

① 参见年志远、夏元琦、史册：《国有独资公司治理结构重构研究》，载《经济体制改革》2015 年第 5 期。

于相同的机关部门，不可避免地会出现个人之间的联系，监督制度容易变成形式而落不到实处，成为腐败滋生的温床。实践中，出现过部分监事与董事、高级管理人员相勾结，侵吞国有资产的案例。①

一般有限责任公司中，监事属于公司内部成员，对公司内部的组织结构、人员组成、经营情况也更为了解。现国有独资公司实施外派监事制度，由政府派出人员进行监督，使得监事会容易带有政府官员的色彩，并容易造成信息知悉不深、信息更新不及时等障碍。

3. 缺乏激励与约束机制

国有独资公司中，对于董事和经理人这些公司管理人员所采取的都是较为固定的年薪制。如前所述，董事等经营者与所有者的利益并非完全一致，其所能得到的薪水与公司收益不成正比，他们在作出决策时很难完全为公司利益考虑而可能懈怠于此，如果待遇不理想，也容易出现高级管理人员勾结贪污或与其他有关联的公司串通的情况，损害公司、国家利益。国有独资公司中监督制度的不到位，将使得董事与其他高级管理人员的行为得不到有效约束，容易导致实践中出现公款吃喝、铺张浪费的现象；在决策上，如果管理层不重视风险，投资与消耗超出合理限度，则会极大浪费国有资产。

4. 职工参与制度未充分发挥价值

职工参与企业管理是民主思想的体现。职工的切身利益与公司息息相关，他们也是公司运行的基础，是在一线落实、执行公司决策的人；让职工参与决策和监督，能够让决策更具有可行性，监督更加到位。国有资产监督管理机构委派的董事、监事主要从国家利益、自身利益出发，可能会忽视职工利益，甚至牺牲职工应得的利益；职工代表的存在能够加强董事会、监事会对职工利益的重视。依据《公司法》中对国有独资公司董事会与监事会的规定，董事会成员与监事会成员中必须有职工代表，监事会中的职工代表比例不能低于1/3，职工代表由职工代表大会推选。除此规定外，《公司法》并未对任董事、监事的职工代表的资格进行规定。党的十五届四中全会报告对于企业开展民主管理工作提出完善职工代表大会制度，组织职工进入公司

① 参见杨开林：《完善国有独资公司治理结构的法律研究》，暨南大学2008年硕士学位论文。

治理之中，参与公司的改革和管理，可见职工代表参与在公司治理中的重要性。

二、完善国有独资公司治理结构的建议

（一）完善董事会相关制度

董事会作为决策机关，决定了公司日常经营的具体方案、执行方式。要充分发挥董事会决策的积极作用，就必须首先保证董事会的独立性，使国有资产监督管理机构不会过多介入、干预董事会决策，以使董事会在决策过程中能够客观、理性、专业地维护公司利益。国有资产监督管理机构作为唯一代国家行使股东权利的部门，没有其他部门、机构与之互相制衡，如不保证董事会的独立性，可能出现董事会被架空的状况，公司治理结构分离所有权与经营权的功能也就不复存在。要确保董事会的独立性，就要保证国有资产监督管理机构的权力不实际把控董事会决策，做好监管者的角色。应当制定相应的规章制度，避免国有资产监督管理机构非必要的直接介入。

国有独资公司掌握着国有资产，对涉及民生的重要行业有很大影响，对董事的选任也需要有确定、详细的标准，确保所选派的人选能够真正以国家利益、人民利益为出发点，并且有相关的行业知识。对不合格的、未尽到勤勉义务的董事，也要及时解除职务，即国有独资公司要建立一套完善的任免制度。

对于董事的任命，我国《公司法》中仅规定了不得担任董事的情形，这也适用于一般的有限责任公司；但国有独资公司毕竟把握着国有资产，一些公司还关系影响民生的特殊行业，对其决策机关成员的要求理应高于仅为盈利的一般有限责任公司。实践中有国有独资公司会考察董事的政治素养，将是否服从党和政府政策作为条件，但很少对董事的专业知识、能力作出要求。笔者认为，应当要求部分董事必须具备公司所在行业的专业知识或基层实践经验、了解相关法律法规的规定，将专业人员的意见纳入决策中，以避免出现“外行指导内行”的现象。[①] 对于董事职位的免除，部分董事自身能

---

① 参见徐念沙：《国有独资公司治理结构的法律分析》，中国政法大学2003年硕士学位论文。

力不足，对公司贡献很小，若在没有犯错的情况下得以长时间留在董事会中，将不利于发挥董事会的作用。因此，国有独资公司需要建立考核评价机制，对各个董事定期进行考核，依其表现与能力进行人员更新。

（二）建立有效监督机制

实践中，国有独资公司的监事会地位相对较低，权力范围较小，监事会所代表的利益方也不明确，在监督权力无法实行时难以得到相应的救济，实际发挥的监督作用较小。

党的十八大以来，《关于在深化国有企业改革中坚持党的领导加强党的建设的若干意见》《关于扎实推动国有企业党建工作要求写入公司章程的通知》《关于进一步完善国有企业法人治理结构的指导意见》《中国共产党国有企业基层组织工作条例（试行）》等文件要求国有独资企业将党建工作写入公司章程，把党的领导和完善公司治理结构相结合。国有独资公司因其性质由党委（党组）主导进行监督，也能确保党的领导在市场中发挥作用。

（三）发挥职工参与作用

职工在生产、运营的一线工作，他们更加了解公司日常经营的情况和可能存在的问题，比管理层更能注意到细节问题。《公司法》已经规定董事会与监事会中必须有职工代表成员。在选举职工董事、职工监事时，要考虑所选人员是否属一线的基层员工。如果是较高级的管理人员，会淡化职工董事、监事参与决策和监督的意义，因为基层员工更能够代表公司大部分成员的利益，他们对基层状况也更有体验。职工代表大会在选举时要严格按照民主程序进行，而选举产生的职工代表必须具备相应水平的素质，才能提出有价值的意见。国有独资公司要加强对职工的福利保障，让职工更加积极地参与到公司管理中来。

（四）建立完整的评估机制、激励机制与严格追责体系

建立完整的评估机制、激励机制与严格追责体系，对于国有独资公司治理结构的优化是必不可少的。定期对董事会、监事会进行评估，了解他们的

工作成果，考核他们是否尽到勤勉、忠实义务，并对成员作出相应的、适当的奖励与惩罚，才能保持董事会、监事会的高效，促进其发展。

对董事会、监事会的日常工作，应当定期从成员个人表现、公司运营状况等方面全面综合评价。在了解成员表现之后，对于表现良好、贡献突出的成员，要进行薪酬方面的奖励：可建立详细的标准，例如对成员表现进行排位，对不同阶层的人员给予不同程度的薪资涨幅；也可以进行精神奖励，例如评选优秀员工，创建荣誉榜等。对于没有尽到勤勉义务、出现重大过失而导致国有独资公司受损的员工，就要追责到个人，必须对其进行处罚，严重的应该解除其职务。

三、结语

基于国有独资公司的特殊性，优化国有独资公司的治理结构要坚持党的领导，以人民、国家的利益为出发点和落脚点，充分发挥国有独资公司在关系公共利益的行业中的作用，通过法规明确国有资产监督管理机构、董事会、监事会在公司治理中的权力与角色，划清国有资产监督管理机构与董事会的界限，减少政府部门的直接干预。同时，要增强职工代表的参与作用，建立完整的评估、奖励、追责体系，激励并约束管理层。必须重视国有独资公司对我国经济所起的作用，完善《公司法》相关规定，起草、出台治理国有独资公司的详细准则，才能做到优化其治理结构，实现国有资产保值、增值。

国有大型物业租赁的利益博弈与法律应对措施

广东合盛律师事务所　王重平

一、案情简介

2017年7月，广州市某市属国有企业集团批准该集团下属的广州市某宾馆（以下简称广州某宾馆）出租其名下位于广州市某区共约6000多平方米的洗衣房和部分办公室（以下简称租赁房屋），用途仅限于办公。

依照广州市人民政府办公厅《关于规范我市国有企业物业出租管理的指导意见》（穗府办函〔2017〕147号，现已失效）的规定，广州某宾馆按上级批准的出租方案在广州产权交易所公开挂牌招租，出租底价在报批之前已经通过资产评估的方式确定。公告期满，广州产权交易所组织公开竞价，经过数十轮竞价，最终广州市合银企业管理有限公司（以下简称广州合银）高价竞得。2017年8月，广州某宾馆与广州合银签署《房屋租赁合同》，广州某宾馆收到承租人支付的履约保证金之后交付租赁房屋，并签署《场地移交确认书》。

租赁房屋移交后，承租人严重违反《房屋租赁合同》的约定，在未依约提交施工图纸和政府审批文件、未依约取得出租人关于房屋装修施工的书面同意、未依约办理施工报建手续的情况下，围蔽租赁房屋全面装修。广州合银装修时破坏了租赁房屋的主体结构，拒绝恢复原状并在装修的后续施工过程中予以隐蔽。免租期于2017年11月结束后，广州合银持续拖欠出租人租金，经出租人屡次追索，仍拒绝支付。广州合银在未经消防验收合格的情况下，未经出租人同意变更房屋用途并公开招租，将租赁房屋间隔为小商铺之后转租给100多名次承租人用于毛纺织品、服装的零售批发经营。2018

年初，广州市某区公安分局、广州市城市管理综合执法局某分局对广州合银违法经营的行为分别进行了行政处罚。

鉴于广州合银一再严重违约且拒绝纠正违约行为，符合合同解除的条件，出租人于2018年5月10日向广州合银发出《解除房屋租赁合同的通知》。收到《解除房屋租赁合同的通知》，广州合银拒绝对承租的房屋恢复原状，拒绝归还租赁房屋，拒绝支付拖欠的租金和违约金。因此形成诉讼，当事人进入民事诉讼的博弈过程。该案一审、二审均支持了出租人的主要诉讼请求，其后案件进入强制执行阶段。强制执行案件已于2021年10月执行终结。

二、案件分析

表面上看，该案争议的焦点在于承租人是否已经严重违约并符合解约条件。实际上，双方当事人都非常清楚：承租人违约装修、长期拖欠巨额租金、非法经营等诸多行为均已严重违反合同的明确约定，已经构成根本性违约，完全符合合同和《民法典》关于解除合同的明确约定和法律规定。

笔者代理上述民事案件时，出租人曾对笔者抱怨：这是我们公开招租招来的麻烦。笔者问及原因，出租人答：曾经有两三家企业是出租人相当认可、有经验、有实力的企业，也事先邀请他们参加公开招租的竞标，但是架不住竞争者不理性地抬高价格。该案出租人委托资产评估机构评定的底价为月租金人民币96万元，承租人中标的月租金为人民币173万元。看到竞争者不理性的中标价格，出租人方面忧心忡忡，但在当前的法律框架和政策规定之下，出租人并无妥善解决方案。该案引发笔者思考的问题在于：为什么招租完成后短时间内出租人和承租人就发生了重大争议，并导致分歧无法有效管控，进而形成诉讼？

广州市人民政府办公厅《关于规范我市国有企业物业出租管理的指导意见》（穗府办函〔2017〕147号，现已失效）第5条“公开招租”第2款规定：“企业单次出租物业有下列情形之一的，应通过符合资质要求的产权交易机构进行公开招租：1. 位于广州市四区（越秀区、海珠区、荔湾区、天河区）内的房产（含地下建筑物）超过500平方米或土地超过1000平方米的物业。……”该案出租物业共6000多平方米，属于上述文件规定的应当公开招租的情形。广州市人民政府办公厅《关于规范我市国有企业物业出租管理的指导意见》（穗府办函〔2017〕147号，现已失效）在《关于规范我市国有企业物业出租管理的指导意见》（穗府办〔2011〕46号）的基础上修订而来，前者的重要目的之一就是希望通过产权交易所的公开程序阳光操作，消除国有企业物业租赁过程中暗箱操作、利益输送的问题。但是，参考工程项目招标程序而来的公开招租方式，不同程度地同时存在工程项目招标的围标串标、价高者得等弊端。

按照2017年修正的《招标投标法》及其实施条例的规定，评标标准和方法由招标人事先在招标文件中确定。《招标投标法》第41条规定："中标人的投标应当符合下列条件之一：（一）能够最大限度地满足招标文件中规定的各项综合评价标准；（二）能够满足招标文件的实质性要求，并且经评审的投标价格最低；但是投标价格低于成本的除外。"该案出租人在招标文件中确定的是常用的综合评标法：综合考虑承租人的经验和实力、租金水平、投资对租赁物业进行改善性的装修（包括更换新电梯、重装消防系统和设备等）等报价条件来进行评分。这也是招租人通常采取的保护自身利益的方式。一般而言，在承租人的经验和实力、承租后的改善性投资承诺等报价条件相当的情况下，租金高低是竞争最激烈的焦点，通常也在评标方式中被分配了更多的评标分数。该案承租人以超过底价近一倍的租金中标，过高的租金水平是引发其诸多违约行为的导火索。在当前法律法规、政策的框架之下，国有企业的经营管理者对企业负有勤勉尽责的义务，必须合理合法地为国有企业争取利益最大化。在物业招租时，国有企业的决策者能够拒绝综合评标法下的最高报价吗？出租人是否有防控这种风险的途径和方法？

三、法律风险分析

广州产权交易所严格按照其《公有物业出租交易操作规程（试行）》进行操作，交易过程并无瑕疵。现行的法律法规以及相关政策均无限制参与交易的竞标人抬高报价的规定。《招标投标法》第33条"投标人不得以低于成本的报价竞标，也不得以他人名义投标或者以其他方式弄虚作假，骗取中标”的规定，对于该案能够适用吗？该案是国有物业招租，评估的是租金的底价，高于此底价的报价应当有效。过高报价的风险，无论是商业风险还是法律风险，理论上主要由承租人负担。但是，一旦涉及民事诉讼，特别是涉及众多次承租人时，在现有法律框架下，法律风险和经济风险的现实分配情形发生了重大改变。

1. 民事诉讼实践中，该案的出租人难以申请先予执行，难以立即解除合同、收回场地，难以从根本上高效率地维护自身合法权益。

2. 对于承租人的非法经营，相关行政机关在处理过程中考虑到众多次承租人明显的维稳压力，采取温和渐进的措施符合行政机关的办事逻辑。

3. 承租人采用提出管辖权异议、申请司法鉴定和评估（装修工程款金额、合同履行后的可得利益等）、迫使法院公告送达等诉讼策略显著地拖延民事诉讼的进程。

4. 该案中，法院依职权追加次承租人为第三人。次承租人可以是无独立请求权的第三人，也可以是有独立请求权的第三人。如果有独立请求权第三人提出管辖权异议或者部分第三人需要公告送达，又大幅度地延长了民事诉讼的进程。

5. 诉讼时间的拖延、诉讼期间承租人的短期经营行为都将严重恶化案涉物业的商业环境和商业美誉度。

6. 面对承租人的破坏性装修、拖欠巨额租金和相关费用、非法经营和案涉物业严峻的安全生产风险，作为国有企业的出租人几乎没有妥协的可能性，与承租人达成和解的可能性微乎其微，因而被迫提起民事诉讼。尖锐的矛盾难以调和，法院在审理过程中十分谨慎：既要考虑法律的正确实施，也要考虑各方利益的合理平衡，还必须尽量避免安全生产风险和维稳风险。诉讼进程的长时间拖延已成定局。

原本有理有利的出租人在诉讼中处在了相当尴尬的境地：诉讼进程的拖延与尽快收回案涉场地的目的存在剧烈冲突；上级集团、国资监管机构的持续关注和督查令出租人如履薄冰；次承租人多数被承租人收取了大额的进场费、顶手费、装修费、综合服务费，案件审理过程中次承租人群情激奋、众口喧哗；特别是承租人将物业用途改作服装零售后带来的密集人流、物流与承租人消防设施不匹配、消防意识不到位引发的安全生产风险令出租人如芒在背。

四、律师办案心得

经案结复盘，笔者提供以下思路和应对措施供各方参考。

1. 在现有法律框架之下，当大型商厦、市场、场地等存在众多次承租人时，出租人在处理与承租人之间的纠纷时，宜将民事诉讼列为劣后的选项。如果迫不得已需要提起民事诉讼，则应有长期对抗、博弈的准备。

2. 应合理确定竞标者的资格条件，尽可能合法地动员有经验、有实力、有意向的竞标者参与竞标；尽可能合法地排除缺乏履约能力的竞标者。应高度关注竞标者的类似业绩和经营经验。

3. 在当前的法律框架下，要设计出比综合评标法更具有说服力的评标方法不大现实，可考虑替代的方法。

（1）要求承租人一次性支付数年的租金。多年前，热门商圈的商业物业租赁交易竞标十分激烈。笔者参与经办过一个大热商圈的综合性物业出租项目案件，出租人一次性收取了 3 年的高达数亿的租金，出租人的利益获得了较好的保护。

（2）要求承租人提供大额银行履约担保函，笔者经办的另外一个大型物业租赁案例中，承租人按出租人要求提供了大额银行履约担保函，银行担保的范围覆盖了数年的租金。后在租赁合同履行过程中，承租人因慑于银行承担履约担保责任后对自身信用评级的负面影响，在出租人的督促下不得不严格遵守合同约定，出租人的利益也获得了较好的保护。

近年来，线下实体店在电商冲击下哀鸿遍野，不少商业物业都在调整业态，努力维持人气，承租人往往不会接受上述比较严苛的条件。但是，即使将上述条件作适当调整，对出租人而言也是不错的选择。

4. 诉讼过程中尽可能避免法院追加次承租人作为第三人。第三人往往人数众多且利益分歧大，一旦第三人提出进场费、顶手费、装修费、综合服务费等各种名目的费用争议，或者转租期限超过出租人与承租人的合同期限的问题，法院通常会综合考量审判工作的法律效果和社会效果，最终将会显著拖慢诉讼进程，背离出租人尽快收回场地的初衷。

（注：该案为实际发生的案件，文章中当事人名称、时间和金额均作了调整。）

国有企业参与“一带一路”倡议中的法律风险

广信君达律师事务所　肖硕彬

自改革开放以来，我国在取得巨大成就的同时，也存在缺乏顶层设计、不注重改善国际发展环境等问题，迫切需要加强各方面改革开放措施的系统集成。在2013年10月召开的周边外交座谈会上，习近平总书记正式将“丝绸之路经济带”和打造“21世纪海上丝绸之路”两个倡议合并在一起，作为中国加强周边外交的重大战略指导。2015年3月，经国务院授权，国家发展和改革委员会、外交部和商务部共同发布了《推动共建丝绸之路经济带和21世纪海上丝绸之路的愿景与行动》，进一步提出倡议，明确指出要与沿线各国共建“丝绸之路经济带”和“21世纪海上丝绸之路”（以下简称“一带一路”）。截至2023年8月，我国已与152个国家、32个国际组织签署了200多份共建“一带一路”合作文件，“一带一路”的“朋友圈”正在不断扩大。中国企业对“一带一路”沿线国家投资达到500多亿美元，一系列重大项目落地开花，带动了各国经济发展，创造了大量就业机会。

从3家央企联手收购土耳其第三大码头，到中国石化海外延布炼厂项目，再到中国电建中标全球最大河道帕德玛大桥河道整治项目等，都能看出国有企业是中国“一带一路”倡议的重要实施主体。在“一带一路”倡议推进的过程中，面对沿线国家迥然不同的政治、文化和社会等因素构成的复杂营商环境，国有企业在经营活动中不可避免地面临一系列法律风险。在此背景下，及时、准确识别并有效规避法律风险，将成为国有企业成功参与“一带一路”倡议实施的必要条件。

一、国有企业参与“一带一路”倡议存在的法律风险

企业法律风险指在企业经营过程中，由于行为人的具体法律行为不规范而使得与企业所期望达到的目标相违背的法律不利后果发生的可能性。据此，国有企业参与“一带一路”倡议中的法律风险，是指国有企业在参与“一带一路”倡议中，由于企业或企业行为人的行为不符合相关规则而使得与企业所期望达到的目标不一致的法律后果发生的可能性。法律风险主要以法律因素为产生原因，以承担法律责任为后果，具有可预测及预防的特点。

（一）外资审查的法律风险

国有企业对外投资及合作时，审查外商资产情况是一个重要的环节。企业投资应当审查合作方的经营资质及范围、商业信誉、财产真实性等重要信息，充分了解对方应对法律风险的制度是否完善，是否存在对外承担重大债务的情形，以及合作后是否有能力承担相关风险等问题，而这需要进行大量的资料搜集和综合分析。但由于地域空间、审查途径、审查方式及审查权限等差异，国有企业参与“一带一路”倡议时在对外资审查的环节遭遇了重重障碍。

（二）环境问题的法律风险

随着国际环境法的日益完善和发展，国际投资中的环境保护问题正在不断凸显。国有企业对外直接投资在给东道国带来技术、资金以及更多就业机会的同时，也不可避免地会给东道国的环境带来影响。由于中国经济发展对资源的巨大需求，中国海外投资在一定程度上具有资源导向性。尽管按照“十三五”规划的指引，中国的海外投资产业结构正向多元化方向转型，但从当前国有企业在“一带一路”沿线国家的投资分布来看，石油、天然气、金属矿等重要资源的开采业、加工组装制造业、劳动密集型建筑和服务行业的投资仍占据较高比重。这些投资对东道国的环境影响较大，导致国有企业在经营这些项目时如果缺乏良好的环保意识，则很容易引发环境违法问题，

进而造成投资失败。

（三）劳工问题的法律风险

人权保护是国际法的重要内容之一。经过100多年的发展，人权保护已在世界上大多数国家和地区得到重视和普及，人权保护的内容也逐渐由传统的国际公法领域向国际投资法、国际贸易法等国际经济法领域渗透。“一带一路”建设中，劳工的人权保护是一个无法回避的法律问题，在一些双边或多边国际贸易投资协定中，已经有劳工方面的条款。劳工保护直接影响着参与“一带一路”建设企业的生存能力和国际竞争力，劳工问题一旦处理不当，很容易引发群体性事件，甚至造成项目延误及受到当地政府处罚等。妥善处理劳工问题，已经成为企业在东道国顺利开展经营活动的重要前提。

（四）知识产权法律风险

在企业走向海外的过程中，知识产权问题往往是绕不开的一个难题。高标准的知识产权保护是国际投资法律发展及国际投资实践的一个重要趋势。参与“一带一路”建设的企业应当高度关注东道国有关知识产权的法律规定，并进行动态追踪。很多国家对于知识产权的保护十分重视，一旦发生侵权，侵权者不仅需要赔偿知识产权所有人的实际损失，还要支付惩罚性赔偿。不同于填平性赔偿，惩罚性赔偿意在惩戒、威慑及预防，一旦发生，其数额要高出知识产权人所遭受的实际侵权损失数倍，显著提高了知识产权领域的侵权法律风险。

（五）争端解决机制风险

企业在经营活动中不可避免地面临各类经济争端。按照争议主体的不同，国有企业在海外投资中可能产生的投资争议，包括国有企业与东道国政府间的投资争议、国有企业与东道国投资者间的投资争议以及国有企业与东道国国内其他企业间的投资争议。首先，发生纠纷后，国有企业住派人员一般不配备既精通国际法律法规又懂得国际仲裁规则和程序的专业法律人员，因此难以在纠纷发生后及时搜集对本方有利的证据。其次，争端双方都希望选择熟悉的法律适用和诉讼程序，常见的是双方协议选择第三方调解或者诉诸国际仲裁机构，因此结果具有很大的不确定性。最后，判决或仲裁裁决生效后，其执行难以落实，需要采取一系列复杂的司法及外交手段，必然会耗费巨大的时间及诉讼成本。

二、国有企业参与“一带一路”倡议的法律风险管理的必要性

（一）加强法律风险管理是国有企业适应世界经济一体化的需要

随着世界经济一体化的发展和我国对外开放的深入，国有企业将面临更加激烈的市场竞争，从资本到技术，从管理理念到经营策略，无不受到跨国公司的挑战。当然，这也为企业完善自身、参与国际经济资源配置、分享全球化带来的利益提供了难得的机遇。在当今世界，合作与共赢不断取得认可。各国纷纷利用和平的环境，通过大力开展经济活动实现本国的利益。经济全球化趋势不断加强，区域经济一体化发展迅速，各国逐渐倾向于通过制定各方认可的贸易规则，规范各方的经济活动，在友好和平的氛围中最大限度地消除分歧，实现共赢。在这种前提下，国有企业进行对外投资，利用国际贸易规则显得格外重要。熟悉法律法规，防范法律风险，维护自身合法利益，积极参与竞争，实现最大经济效益，是对企业决策水平和经营能力的重要检验，更是企业参与国际竞争的必然要求。

（二）加强法律风险管理是保障国有资产安全的需要

我国国有企业的性质和地位决定了国有资产的安全事关国民经济的安全，必须予以足够的重视。据统计，国务院国有资产监督管理委员会成立后3年期间收到国有企业请求调处的重大法律纠纷案件221件，涉及中央企业110多家，直接涉案标的额达269亿元，间接涉案金额超过500亿元。这些法律案件的发生，都与国有企业内部决策体制不完善有关：在这些企业中，往往存在决策缺少制度约束和决策不民主现象；受企业旧有制度的影响，企业的有关经营活动多由主要负责人决定，从日常经营到重大投资并没有经过事先的风险评估和收益分析；一旦出现问题无法找到风险的源泉，导致企业陷入被动。据调查，出现法律纠纷的企业多数没有专职的法律顾问，只是在

纠纷发生后仓促应对，临时聘请律师参与案件处理；新加入的律师由于不熟悉企业经营活动，无法为企业提供充足的法律帮助。这些问题的存在，给企业的经营活动带来了风险，也为国有资产的安全埋下了隐患。为此国务院多次出台各种法律规范，要求企业加强法律风险的管理。在受访的地方企业中，也可以发现企业多将国有资产的流失作为风险防范的要点。企业的经营风险不仅来自市场和资本运作，同样也与法律有着千丝万缕的联系。应对法律风险需要专业的法律人员、完善的内部机制和科学的风险管理理念。

（三）加强法律风险防范机制建设是增强国有企业竞争力的需要

现阶段我国国有企业在人才、技术和资本方面都有了很大的发展，拥有对外投资的实力。参与国际市场竞争，也是“游戏规则”的竞争，其依靠的主要手段就是法律。现代社会中，法律是一国经济主权的屏障，也是各国参与经济交流的依据和标准。谁掌握了规则，谁就会在经济交往中占据主动。“无规则不成方圆”，国际投资离不开东道国法律、出资国法律和国际惯例的约束，企业只有在对外投资中遵守相关规则，熟悉各种制度，加强法律风险防范机制建设，才能充分利用有效的法律手段保护自己的合法权益，维护自己在国际经济活动中的有利地位。另外，建立健全国有企业法律风险防范机制，可以提高企业对外投资决策的科学性、准确性，使企业能够防患于未然。有关部门的统计显示，多数企业没有完善的法律风险防范机制，多采取“亡羊补牢”的方式，如此一来，遇到较大的法律风险，难免遭受不可估量的损失。国有企业对外投资的法律风险管理，应当以加强内部法律风险管理为重点，在企业内部建立科学的防范机制，科学预测、评估对外投资风险的等级和合作方的诚信度，预先制定风险应急机制。这是我国国有企业提高法律风险管理能力，强化自身素质必须解决的问题。

三、国有企业参与“一带一路”倡议的法律风险管理对策

（一）建立企业法律风险的管理制度

国有企业参与“一带一路”倡议应建立法律风险管理制度，设立独立的风险评估部门，重视合规性审查，提高对法律法规变动情况、项目信息及

市场情况的收集、处理和反馈能力。一方面，应加强合同管理，审查合同的内容、形式是否符合东道国的法律规定及国际惯例，条款有无遗漏，措辞是否准确严谨，合同条款的约定是否有利于本方等。另一方面，应加强投资活动过程中的法律监控，充分注意经营过程中可能产生的侵害和必须采取的应急方案，加强各部门间的信息共享和资源整合，对工作场所、财产、文件、客户信息等资源进行分类保护，对企业投资的整个流程全面掌控。

（二）加强对外投资的风险评估

国有企业在海外投资失败的原因大多是前期工作没有做到位。为此，企业在“走出去”前应当做好尽职调查，加强对投资国法律政策及投资环境的前期研究，对被投资主体或目标资产的法律问题进行调查，针对项目风险提前做好国别评估工作，并制定风险防范和应对预案，减少海外投资力度的盲从性和无目的性。首先，应依法审查评估自身及有关合作伙伴的资质，做到产权清晰、风险责任分担明确。其次，对投资项目及投资环境进行法律评估，制定科学的投资战略，预测成本回收效率，避免仓促上阵。最后，密切关注东道国的政策及法规变化，及时调整风险管理方案，减少风险的发生。

（三）实施“本土化”经营策略

为防范法律风险，“走出去”企业除了做到合规经营，还应借鉴国外跨国公司成功经验，加速实行“本土化”经营策略，重视企业社会责任。我国企业要想成功“走出去”，在国际市场站稳脚跟，把企业做大做强，就需要与当地的政治经济法律制度、文化传统和风俗习惯等相融合，走本土化发展路线，一方面，遵守当地法律，尊重当地社会风俗，履行劳动者权益保障，重视对当地人才，尤其是法律和公关方面的人才的使用；另一方面，充分融入当地社会，积极主动履行自身的企业社会责任，推进当地经济、社会的发展，如采取措施缓解当地贫困问题，致力于缓解当地环境问题等，以获得当地政府及居民对企业的接纳和认同，逐步实现海外投资企业的可持续发展。

（四）积极应对已发生的法律纠纷

诉讼环节是法律风险管理的最后一关，对企业具有重要的意义。在对外投资中，双方的解决争议的方式主要有寻求投资者本国的外交救济，请求东道国的法律救济，借助第三方或者国际仲裁机构的居中裁断。无论哪种方式，最基本的原则都是积极应对，据理力争。

首先，企业应积极主动提出协商解决，借助已有的合作协议展开对话，争取达成谅解，最大限度内给予让步，以保证投资活动的顺利进行。其次，企业可以向当地政府机构或者第三方提出请求，以协调各方利益，形成解决纠纷的最佳方案。最后，面对不可避免的法律纠纷时，企业要积极应对。很多案例证明，企业的积极应对是赢得国际诉讼的关键环节，很多证据和法律信息的搜集整理都应当及时、有效，以便为此后的法律诉讼做好充分的准备。同时，密切关注并明确法律事件的性质、双方的立场、争议的标的和事由，明确需要哪些部门协同处理，加强部门间的合作沟通，形成科学完善的危机处理体制。对于涉及诉讼的法律事件及时予以界定，控制在相应的范围之内，积极采取补救措施，评估造成的影响，防止风险继续扩大。此外，企业要对案件有正确预期，评估通过法律程序解决纠纷可能对双方造成的影响，明确诉讼目的是避免损失的扩大，实现海外投资的合法利益。企业应考虑一切积极因素，综合运用当地法律程序，寻求当地司法救济；力求通过最适当的诉讼途径和方法，以最合理的成本争取诉讼的主动，提出合理诉求维护企业的合法权益。

租赁合同纠纷仲裁实务

北京市盈科（广州）律师事务所　刘　艺

一、当事人基本情况及案由

申请人：B公司，涉案场地承租人

申请人委托代理人：范某某，广东某律师事务所律师

被申请人：A公司，涉案场地出租人

案由：租赁合同纠纷

二、案件基本情况

2010年7月29日，被申请人就广州某商业服务配套区北区对外竞投招租。2010年8月17日，被申请人向申请人发出《中选通知书》称，经广州某商业服务配套区北区招租评审委员会推荐，招租人确定申请人为广州某商业服务配套区北区招租项目的中选单位，中选价（北区租期首二年每平方米建筑面积的月租金）为145元。2010年8月23日，被申请人（出租人）与申请人（承租人）就租赁广州某商业服务配套区北区的有关事宜签订《广州某商业服务配套区北区租赁合同》（以下简称《租赁合同》）。2013年9月16日因申请人拖欠租金，被申请人向申请人发出《关于解除租赁合同的通知》。后申请人与被申请人就《租赁合同》的履行、解除等有关事宜无法达成一致，申请人2013年12月2日向广州市仲裁委员会提出仲裁申请，广州市仲裁委员会受理了该租赁合同纠纷。该案标的4.8亿元，案情重大复杂，争议标的大。

三、争议焦点

该案争议焦点围绕以下几个方面。

1. 关于合同的效力。

2. 关于合同履行过程中违约责任的认定。

（1）关于被申请人的行为是否构成违约。

①关于涉案场地的交付。

②关于报建责任以及报建问题是否影响合同的履行。

③关于报建过程中滥用审批权的问题。

（2）关于申请人的行为是否构成违约。

①关于租金的问题。

②关于统筹管理费的问题。

③关于银行履约保函的问题。

④关于履约保证金及水电周转金的问题。

四、双方意见或观点

（一）申请人的代理意见

申请人认为：第一，被申请人以欺诈、虚假陈述、违反诚实信用和公平原则的方式进行招标并签订《租赁合同》，构成根本性违约。第二，在履行《租赁合同》过程中，被申请人不仅没有履行法定的各项报建义务，也没有履行约定的义务（包括没有提供符合约定用途的场地，没有履行配合的义务），还利用合同的不公平条款欺骗胁迫并制造申请人违约的假象。申请人善意地履行合同义务，没有违约情形。第三，被申请人没有提供可以按照招标文件规划用途进行工程报建施工的场地。第四，在被申请人不履行法定义务的前提下，按被申请人的既定方式履行，申请人投入2亿多元进行更新改造，不仅无法达到租赁经营目的，还被要求支付1亿多元租金和违约金，足以证明《租赁合同》是一个精心设计的圈套和骗局。第五，被申请人应承担全部违约责任并赔偿申请人的损失。

基于此，申请人提出如下仲裁请求：（1）裁决被申请人退还申请人已缴纳的所谓租金 58, 625, 403. 5 元、资金管理服务费 633, 625 元和租赁保证金 12, 168, 581. 25 元；（2）裁决被申请人退还某银行依《履约保函》代付的 38, 331, 030. 94 元给申请人；（3）裁决被申请人赔偿或退还申请人依《租赁合同》约定向建×公司缴纳的物业管理费用 6, 290, 095. 48 元和水电周转金 100 万元；（4）裁决被申请人返还北区配电房搬迁改造工程费用 8, 218, 000 元给申请人；（5）裁决被申请人支付申请人更新改造工程费用 85, 770, 831. 28 元（预算）并承担由更新改造工程而产生的一切损失；（6）裁决被申请人赔偿申请人为租赁项目支出的经营管理费用和相关的财务费用 58, 806, 566. 54 元；（7）裁决被申请人向申请人支付违约金，相当于租赁保证金的 12, 168, 581. 25 元、相当于 9 个月免租期的租金 36, 505, 743. 75 元、相当于履约保函数额的 38, 331, 030 元和申请人已支付的租金和管理费，从支付之日起至偿还之日止，按每日 0. 3% 计算的违约金（暂计至 2013 年 9 月 30 日为 127, 070, 156. 42 元）；（8）裁决该案仲裁费由被申请人承担。

（二）被申请人的答辩意见

第一，关于被申请人是否采用欺诈手段与申请人签订合同。（1）申请人当庭确认《租赁合同》合法有效。（2）北区招租是通过公开竞投进行的。（3）北区产权证正在办理是客观事实。（4）北区产权证及有关图纸是申请人制订改造方案的依据。（5）《招租文件》的彩页没有虚假陈述。（6）《租赁合同》已经履行 3 年多。可见，被申请人所谓欺诈完全是无中生有。申请人在其律师团队参与北区项目之前，对项目条件和自身问题是清楚的，其履行合同态度是积极的，双方上百份的往来函件可以清楚地看到这点。申请人的律师团队参与（2013 年 4 月）后，就开始进行所谓不让施工的证据保全、发律师函要求被申请人退钱，直至根本违约。事实证明申请人的律师团队混淆概念、曲解合同，对正确履行合同极为有害，让申请人走向根本违约，牺牲合同双方的利益。

第二，关于改造更新是否需要办理行政审批许可手续。改造更新是二次装修，属于建设工程，北电房的拆除和重建更是属于新建工程，这些都需要规划报建、消防审批和施工许可。如何办理，责任在谁？（1）《租赁合同》

明确约定是申请人的责任。改造更新即二次装修由申请人承担费用和责任，申请人有义务征得业主同意，并报行政审批、取得合法手续。具体步骤为：申请人先将改造更新方案报被申请人，征得同意后，再报行政审批（包括规划报建、消防审批和施工许可等），最后竣工也要有合法手续，即行政部门验收。被申请人有配合义务，要出具书面同意和相关材料。（2）由承租人制定装修方案合法合理，也符合商业惯例。二次装修是根据承租人的使用需要进行的，商业惯例上也不可能由业主制定装修方案。（3）申请人明知报建报批程序是自己的责任，也在实际履行。（4）广州市规划和自然资源局已经批复同意对某商业展馆进行建筑设计调整。申请人依法报建报审，并无法律障碍。

第三，关于被申请人是否滥用审批权，阻碍施工。（1）申请人报的施工方案，被申请人均进行了及时正确的回复。（2）被申请人原则上同意施工方案，但一直要求先办理报建等合法手续再施工。（3）申请人一直在没有合法手续的情况下施工。申请人提交了很多关于施工审批的往来文件，双方的往来文件表明被申请人对申请人的函件均及时回应，回应的内容符合双方合同约定和法律法规的规定。被申请人向申请人复函的同时，还进行了大量的协调、协助和督促，引导申请人全面正确履行合同。

第四，关于建×公司是否阻止施工。（1）对于申请人的违法施工问题，被申请人不断发函要求尽快报建报审。申请人提交的证据（2012 年后被申请人给申请人的函件），基本都在提这个问题。（2）建×公司作为物业管理公司，也 3 次向申请人发函指出非法施工问题。（3）违法施工是违反行政法的行为。对于违法施工问题，不管是业主还是物业管理公司，都没有行政执法权。被申请人和建×公司除了向申请人发函敦促改正、整改外，无权也没有采取过强制措施。（4）申请人没有理睬被申请人和建×公司的发文制止，并不顾劝阻和敦促整改，擅自施工。（5）申请人的改造更新工程，建×公司均支持和积极协调。（6）建×公司不存在阻止申请人进场施工的问题。

第五，关于房屋的产权和使用功能是否影响合同履行。（1）北区物业取得了产权证。虽然有部分改扩建区域没有办理产权证，但都是合法建筑，完全具备使用条件。（2）北区房屋一直用于配套服务。北区的房屋原规划用途为办公、仓储等，一直为某商业展馆用于配套服务。根据合同约定的商业业态定位，要求北区经营者继续将房屋用于配套服务，并不一定要调整房屋使用功能。(3) 如果根据使用需要调整房屋使用功能，合同约定由申请人负责取得合法手续。(4) 根据广州市政府对某商业展馆的利用方案，广州市规划和自然资源局支持某商业展馆升级改造、调整使用功能。整个商业展馆商贸区的使用功能已经从会展批准调整为商贸、餐饮、办公。申请人最后的报建方案中，也涉及房屋功能调整，申请人后来也委托专业机构进行申报，只是未完成申报。(5) 合同约定由承租人进行装饰装修不违反法律规定。房屋的承租人根据使用需要，对房屋进行二次装修，是租赁经营的常态。法律尊重当事人对装饰装修权利义务的约定。(6) 房屋不能白用。根据最高人民法院《关于审理城镇房屋租赁合同纠纷案件具体应用法律若干问题的解释》，即便当事人违反房屋使用条件的强制性规定，也不一定影响房屋租赁合同效力；即便房屋租赁合同无效，一般也要参照合同约定的租金标准支付房屋占有使用费，即申请人占用了房屋，理应缴纳租金。

第六，关于北电房的问题，被申请人已向法院另行诉讼（已受理），要求申请人赔偿擅自施工拆毁北电房及有关连廊造成的损失，并交还迁移后的北电房设备设施。

第七，关于违约问题。申请人承租被申请人的物业，应当按照合同的约定缴纳租金。申请人拖欠租金，虽多次作出清偿计划和承诺，但并未履行，最终拖欠租金数额达到数千万元，经多次敦促仍不缴纳，导致合同目的不能实现，造成被申请人巨大的经济损失和不良的社会影响。被申请人通知申请人解除合同、收回租赁物业、追究违约责任，符合合同约定和法律规定。

综上所述，《租赁合同》合法有效，被申请人全面地履行了合同义务，行使合同解除权符合合同约定。申请人违约事实清楚，证据确实充分，申请人提出的请求无事实和法律依据，应予驳回。

五、代理结果和仲裁理由

（一）代理结果

广州仲裁委员会根据《仲裁法》第 43 条第 1 款及原《合同法》第 52 条、第 97 条、第 107 条的规定，作出裁决如下：

1. 对申请人的仲裁请求不予支持；

2. 该案仲裁费2,600,811元由申请人承担。

（二）仲裁理由

广州仲裁委员会认为，申请人提起仲裁申请的前提和依据是被申请人构成根本违约，而申请人主张被申请人构成根本违约的主要理由是：（1）以欺诈手段签订合同；（2）未交付符合合同约定用途的场地；（3）不配合报建；（4）滥用审批权。申请人的上述4点主张均未得到仲裁庭支持，仲裁庭认定被申请人不存在违约情形，而申请人逾期缴纳租金、管理费及未按合同约定提交银行履约保函的行为构成违约且导致《租赁合同》解除。申请人要求被申请人承担违约责任并退回租金等款项的前提并不存在，故仲裁庭对申请人的所有仲裁请求均不予支持。

此外，关于《履约保函》的保函金额38,331,030.94元及北区配电房搬迁改造工程费用的问题，仲裁理由如下。

第一，关于保函金额38,331,030.94元。该案中，由于申请人提供的关于保函金额38,331,030.94元的《特种转账贷方传票》是复印件且被申请人予以否认，故仲裁庭对《特种转账贷方传票》的真实性不予认定。为此，申请人另行提供了某银行的《〈履约保函〉赔付证明》，以此证明被申请人收到了保函索赔款38,331,030.94元。仲裁庭认为，由于认定保函金额38,331,030.94元最为重要的《特种转账贷方传票》缺乏原件，现仅凭某银行出具的《〈履约保函〉赔付证明》，仲裁庭难以判断被申请人是否收到某银行赔付的保函款38,331,030.94元。此外，即使被申请人已收到某银行赔付的保函款38,331,030.94元，该笔款项也应是申请人违约时被申请人向某银行索赔的保函款即某银行履行的担保责任。因此，申请人主张被申请人返还该笔款项，没有任何依据。但是，如被申请人已收到某银行赔付的保函款38,331,030.94元，申请人可以主张抵扣相应的租金。

第二，关于北区配电房搬迁改造工程费用。首先，由于被申请人就北区配电房问题已向广州市越秀区人民法院起诉，在该院作出民事裁定书后，被申请人又向广州市中级人民法院上诉，广州市中级人民法院于2014年7月

8日裁定驳回上诉，维持原裁定，理由为依据双方约定，北电房即使本身不属北区租赁物，其改造也属于双方当事人合同约定的事项之一，故双方当事人在北电房改造过程中是否有违约行为或侵权行为，均属于《租赁合同》履行过程中发生的争议，双方在《租赁合同》明确约定如发生争议，提请广州仲裁委员会予以裁决，故原审法院驳回被申请人的起诉并无不当。据此，广州仲裁委员会对北电房的改造更新享有管辖权。其次，广州市中级人民法院已认定北电房的改造属于双方合同约定的事项，那么根据《租赁合同》第27条关于“申请人自行承担改造更新工作的费用和责任”的约定，北区配电房搬迁改造工程费用应由申请人自行承担。关于这点，从申请人在《关于搬迁某商业展馆北区低压配电房的函》陈述的“北电房迁移工作及相关费用均由申请人承担”可以得到佐证。因此，即便仲裁庭对北电房的改造有管辖权，对申请人要求被申请人返还北区配电房搬迁改造工程费用8,218,000元，仲裁庭亦不予支持。

六、办案总结

该案标的4.8亿元，案情重大复杂，争议标的大，裁决书篇幅创下广州仲裁委员会历史记录。该案取得了全面胜诉，与广州市人民政府国有资产监督管理委员会的督促与指导息息相关，同时笔者从该案件的代理中总结出以下经验。

1. 从证据入手，形成完整证据链。

由于该案件案情重大且复杂，申请人共提供160项证据，对申请人提供的证据真实性、合法性及关联性的核实工作是否到位关系申请人的申请理由是否成立。因此，在办理此案时，对申请人提出的每一份证据，仔细推敲、反复论证，并搜集49项关键性证据，形成证据链，还原整个案件的法律事实。该案仲裁庭对申请人提供的证据大部分不予采信，对被申请人提出的证据及质证意见大部分予以采信。

2. 从租赁合同及相关法律法规出发，厘清双方权利义务。

该案的争议焦点之一在于，申请人或被申请人哪一方的行为构成违约行为，因此，厘清双方的权利义务极为重要。既要从租赁合同的约定出发，又要从与之相关的法律法规出发。

综上，办理民事案件，尤其是标的较大、案情复杂的案件，既需要办案律师有丰富的办案经验，把握案件的动向，又需要细致入微的调查与论证，掌握案件的每一个细节。

新形势下国有企业经营投资重大决策风险防范

北京金诚同达（广州）律师事务所　刘　祎

党的十八大以来，供给侧结构性改革逐步推进，国有企业面临经济结构优化升级，从要素驱动、投资驱动开始转向创新驱动的转型压力。党中央和国务院高度重视国有企业改革的依法有序推进，2016 年 8 月，国办发〔2016〕63 号《关于建立国有企业违规经营投资责任追究制度的意见》（以下简称《国企违规责任追究意见》）出台，进一步明确对资金管理、投资并购以及工程承包建设等 9 大方面 54 种情形的重大决策采取“终身追责制”。

一、“终身追责”让合法合规国企更具发展潜力

国有企业经营投资责任追究指国有企业经营管理有关人员违反国家法律法规和企业内部管理规定，未履行或未正确履行职责致使国有资产损失以及其他严重不良后果，应当追究其责任。① 《国企违规责任追究意见》要求“实行重大决策终身责任追究制度”，国有企业经营管理有关人员任职期间违反规定，未履行或未正确履行职责造成国有资产损失以及其他严重不良后果的，应当追究其相应责任；已调任其他岗位或退休的，应当纳入责任追究范围。也就是说，负责人无论是否已经离开国企，都要对其在职期间所作的重大经营投资决策承担责任。这一规定将有利于进一步遏制国企负责人在改革过程中可能涉及的违规经营、盲目投资、暗箱操作等风险，引导国企建立更严格、更规范的决策管理机制。

---

① 参见王春晖：《法治与合规：国有企业经营管理的永恒主题》，载《通信世界》2016 年第 26 期。

《国企违规责任追究意见》出台后，有学者和业内人士担心，“终身追责制度”一方面也许能管住国企负责人“拍脑袋”的风险决策，但另一方面也有可能助长“宁可错过也别犯错”的消极态度，绑住国企转型发展的手脚。通过综合分析相关规定，笔者观点如下。

其一，《国企违规责任追究意见》明确了集团管控、购销管理、工程承包建设、转让产权及上市公司股权和资产、固定资产投资、投资并购、改组改制、资金管理、风险管理9方面的违规经营投资情形，并设置了“其他违反规定，应当追究责任”的兜底性责任条款，针对近年来国企转型中经营投资涉及较为集中的问题，追责范围较为明确，损失认定方式、处理规则也比较明晰。责任追究的情形不仅涉及法律层面的责任，也涉及企业合规方面的责任，比如在风险管理方面，内控及风险管理制度缺失，内控流程存在重大缺陷或内部控制执行不力，对经营投资重大风险未能及时分析、识别、评估、预警和应对等情形均被列入追究责任的范围。

其二，国企运行需要遵循市场经济规律，《国企违规责任追究意见》追责的范围主要是违规行为。建立终身追责制度，并不是强求国企经营过程中的每笔投资都“稳赚不赔”，而是为了让国企的运营更加合法合规，更加遵循客观市场环境、行业周期变化的发展。《国企违规责任追究意见》有利于引导促进国有企业不断完善经营投资管理的决策制度和风险控制体系，保证每项重大决策都能够依法、依程序进行，该论证的举行论证、该招投标的招投标、该集体研究的集体研究，责任明晰、“终身追责”让合法合规的国有企业改革和转型有更大的市场空间与发展潜力。

其三，《国企违规责任追究意见》明确了责任追究处理方式，包括组织处理、扣减薪酬、禁入限制、纪律处分和移送司法机关等方式。其中“扣减和追索责任认定年度（含）前三年100%的任期激励收入并延期支付绩效年薪”等扣减薪酬的处理方式，体现的配套制度是“干得好”会对应获得可观的激励性报酬。从另一个层面上来看，《国企违规责任追究意见》不仅是制约权力的“笼子”，更是激励竞争的“鞭子”。激励和制约是一枚硬币的两面，好的企业管理是恰当的激励机制和制约机制共同作用的结果。《国企违规责任追究意见》的指引意义就在于，干得好、挣得多、有前途，干得差不仅挣得少还要“终身追责”，激励和制约相结合才能真正调动国企负责人积极性，国有资产才能真正拧上“安全阀”。①

二、“三大责任”客观公正界定违规经营投资责任

在我国经济社会快速发展中，国有经济发挥的重要作用无法替代，但不少国企中的权力集中、资金密集、资源富集、资产聚集部门和岗位客观存在决策效率较低、成本控制较弱、工程领域风险较高等问题，这些问题不可忽视。特别是部分国企因违规经营遭受重大损失，如中铝公司重大决策失误，违规投资参股煤炭企业并为其银行借款提供担保，导致形成近5亿元的连带偿债风险；个别企业甚至出现了职务犯罪，如工商银行神木支行、童某等国有公司企业人员滥用职权，引发全社会的高度关注。

在充分考虑尊重市场经济规律、合法合规经营投资的基础上，《国企违规责任追究意见》将经营投资责任根据国企经营管理有关人员的工作职责划分为三大责任：一是直接责任，指相关人员在其工作职责范围内，违反规定，未履行或未正确履行职责，对造成的资产损失或其他不良后果起决定性直接作用时应当承担的责任；二是主管责任，指相关人员在其直接主管（分管）工作职责范围内，违反规定，未履行或未正确履行职责，对造成的资产损失或不良后果应当承担的责任；三是领导责任，指主要负责人在其工作职责范围内，违反规定，未履行或未正确履行职责，对造成的资产损失或不良后果应当承担的责任。

在具体责任认定方面，各省（区）结合《国企违规责任追究意见》要求进一步明晰界定方法或标准。例如，广东省人民政府办公厅在转发《国企违规责任追究意见》的通知中提出，要准确界定责任，认真落实“三个区分”原则，在问题线索初核、审查以及审理过程中，准确把握定性量纪尺度，树立正确的执纪导向，客观公正界定违规经营投资责任。

又如，2017年3月，江苏省人民政府办公厅出台了《江苏省省属企业

---

① 参见洪乐风：《终身追责倒逼高管对国企“视如己出”》，载《京华时报》2016年8月26日版。

违规经营投资责任追究试行办法》，明确了企业负责人承担直接责任的 6 种情形，同时对资产损失程度标准予以量化，明确了“一般资产损失”“较大资产损失”“重大资产损失”的具体标准。其中，一般资产损失指单笔资产损失价值在 500 万元以下，或者占发生损失企业追索责任认定年度上年末资产 1% 以下；较大资产损失指单笔资产损失价值在 500 万元以上 1000 万元以下，或者占发生损失企业追索责任认定年度上年末资产 1% 以上 3% 以下；重大资产损失指单笔资产损失价值在 1000 万元以上，或者占发生损失企业追索责任认定年度上年末资产 3% 以上。此外，上述“以下”不含本数，“以上”含本数。

再如，2022 年 2 月，湖南省人民政府办公厅出台了《湖南省省属国有企业违规经营投资损失责任追究办法》，亦对资产损失认定标准予以明确，具体为资产损失按金额大小和影响程度划分为一般资产损失（单笔损失在 100 万元以下）、较大资产损失［单笔损失在 100 万元（含）以上 1000 万元以下］和重大资产损失［单笔损失在 1000 万元以上（含）］。损失金额虽未达上述标准，但损失后果严重，影响企业持续经营的，认定为重大资产损失。

在贯彻落实《国企违规责任追究意见》精神的基础上，各省（区）根据地方实际制定相关企业违规经营投资责任追究办法，通过加强精细化、规范化管理，防止国有资产流失，落实国有资本保值增值责任，促进国有企业重视投资管理体系的建立和健全。

三、损失认定依据引导国企完善经营投资风控体系

对国有企业经营投资发生的资产损失，《国企违规责任追究意见》明确，应当在调查核实的基础上，依据有关规定认定损失金额及影响。对于资产损失的金额及影响，可根据司法、行政机关出具的书面文件，具有相应资质的会计师事务所、资产评估机构、律师事务所等中介机构出具的专项审计、评估或鉴证报告，以及企业内部证明材料等进行综合研判认定。《国企违规责任追究意见》同时特别提出：“相关经营投资虽尚未形成事实损失，经中介机构评估在可预见未来将发生的损失，可以认定为或有资产损失。”

由此可见，司法、行政机关出具的书面文件等标准化、规范化的文书、文件可作为国企违规经营投资资产损失金额及影响认定的标准，也成为引导国有企业持续完善经营投资管理风控体系的参照。

在上述参照指引基础上，结合笔者多年实际工作经验，就新形势下国有企业经营投资重大决策风险防范提出一些建议。一是要形成动态关注和收集风险事件机制，日常工作中及时进行风险分类和评估，利用“风险分类树”梳理风险点，形成并持续完善标准化范本文件，着力把握重要环节、重要业务、重要风险。二是要在经营投资项目前期进行尽职调查和可行性分析论证，围绕核心的主业、贴合企业实际需求筛选项目，重大项目必须经过集体决策，必要时征询外部专家和社会公众意见，确保项目的科学合理性。三是在项目实施过程中重点加强管控，制定严格的项目推进计划，例如重大物资采购和工程项目必须实施严格的招投标制度，建设工程项目实施要建立以业主单位、施工单位、监理单位和行业主管部门为主体的多方质量保证体系等。四是要形成完善的重大经营投资项目评价管理体系，在项目可行性研究报告规定的达标达产期后一年内，开展项目绩效和影响评价、项目目标实现程度和持续能力评价，及时发现风险漏洞。

与此同时，国有企业的重大经营投资决策还需要建立在科学、合理、可操作的流程制度的基础上，通过推行信息化风险管理，进一步减少人为因素干扰和权力滥用。例如，通过资金信息化管理及时了解资金存量及资金支付情况，以“第三只眼睛”监督企业的资金支付。① 通过完善国有企业权力的制约和监督机制，真正实现决策公开在阳光下，切实保证国有企业经营投资有法可依、有据可循，稳步、快速、高效地实现创新驱动的全面转型。

---

① 参见张敏、郭纲：《管理国企工程领域风险的四条建议》，载《中国经济周刊》2016 年第 41 期。

国有企业担任普通合伙人的法律问题

广东金桥百信律师事务所　黄顺华

一、当事人基本情况

某市某建设投资集团有限公司（以下简称铁建投集团）系2017年设立的一家有限责任公司，主营业务为交通枢纽、铁路等城市交通基础设施的投资、建设和运营；该公司被纳入某市国资监管机构直接监管企业名单。该公司注册资本110亿元人民币，由某市人民政府作为唯一股东，出资100%，工商登记信息显示为国有独资公司。

某市某集团有限公司（以下简称建筑集团）系2013年设立的一家有限责任公司，主营业务为总承包、施工土木建筑工程等；该公司注册资本18亿元人民币，由某市国资监管机构作为唯一股东设立，为该市国资监管机构直接监管企业，工商登记信息显示为国有独资公司。

某市某投资集团有限公司（以下简称交建投集团）系2013年设立的一家有限责任公司，主营业务为投资，道路、隧道和桥梁工程建筑，市政公用工程施工等；该公司注册资本57亿元人民币，由某市国资监管机构作为唯一股东设立，为该市国资监管机构直接监管企业，工商登记信息显示为国有独资公司。

二、项目基本情况

2017年，根据某市人民政府和国资监管机构的文件精神，组建铁建投公司。为支持加快某市中心城市建设，铁建投公司会同承担准公益市政基础设施投资建设任务的市属重点国企建筑集团和交建投集团，联合各家金融机构，组建某市某发展产业投资基金。通过该基金放大国有资本功能，撬动社会资本，集聚各方资源，支持轨道交通、综合枢纽、港口、机场、高速公路、环保、土地储备等重点基础设施项目建设，推动城市发展。

三、问题的提出

2017 年 10 月，铁建投集团和交建投集团、建筑集团经过初步磋商，确定正式启动某市某发展产业投资基金组建事宜，并确定基金采取有限合伙企业的组织形式。就该有限合伙企业主体设立、架构搭建等相关事宜，铁建投集团聘请律师作为专项法律顾问，提供专项法律意见和建议，协助公司拟定解决方案并协助实施。

四、争议焦点

铁建投集团法务提出初步的设立方案，即由该 3 家公司作为股东，设立某市某发展产业投资基金管理有限公司（以下简称基金管理公司）作为有限合伙企业的普通合伙人（General Partner，GP），对有限合伙企业债务承担无限连带责任；该 3 家公司出资比例分别为 40%、30% 和 30%。基金管理公司对基金进行专业化管理，组建专门的投资委员会，对投资项目进行分析、管理和决策，控制风险。铁建投集团、交建投集团和建筑集团自身分别作为有限合伙企业的有限合伙人（Limited Partner，LP），对有限合伙企业债务以其认缴的出资额为限承担责任。基金管理公司、铁建投集团、交建投集团和建筑集团认缴比例分别为 0.2%、39.90%、29.95% 和 29.95%。

律师经过研究分析，建议重新考虑 GP 即基金管理公司的股权架构，即铁建投集团、交建投集团和建筑集团对基金管理公司的出资比例降至 49%，再由该 3 家公司各自选择一家非国有企业的公司作为合作方，该 3 家民营公司出资比例共 51%。由此，各方对基金管理公司的股权架构设计存在分歧。

五、各方理由与最终结果

铁建投集团法务认为应当采用铁建投集团、建筑集团和交建投集团作为全部股东设立基金管理公司的方式，理由如下。

1. 基金管理公司采取有限责任公司的组织形式，铁建投集团、建筑集团和交建投集团作为股东，只在认缴出资额内对基金管理公司债务承担责任，足以有效隔离基金管理公司作为 GP 承担无限责任的风险。

2. 实践中，普遍存在国有企业作为有限合伙企业 GP 的情形，比如“开元城市发展基金”的 GP 为开元城市发展基金管理公司，该公司股东均为国有企业；南京扬子江投资基金管理有限公司股东也系国有企业。

律师认为上述方案虽然实践中不少见，但在合法合规性方面存在风险，具体理由如下。

1.《合伙企业法》第 3 条规定：“国有独资公司、国有企业、上市公司以及公益性的事业单位、社会团体不得称为普通合伙人。”依据相关规范性文件，如铁建投集团、建筑集团和交建投集团作为基金管理公司全部股东，意味着基金管理公司为国有全资公司且必然被归入《合伙企业法》第 3 条中“国有企业”的范畴。

2. 由国有企业和民营企业共同设立基金管理公司，一方面可规避监管风险，另一方面可以通过协议安排等途径确保国有企业对基金管理公司的实际控制权。

经过讨论，铁建投集团采纳了律师的意见，并获得建筑集团和交建投集团的认可。三方经过协商，最终决定各自寻找合作多年的合作伙伴（民营公司），共同出资设立基金管理公司。

六、总结

该案例争论焦点其实就在于《合伙企业法》第 3 条中“国有企业”的界定标准，在这个问题上，我国目前立法并无非常明确的界定，各职能部门实践把握尺度也不一样，导致无所适从的局面。

关于“国有企业”界定标准，主要有以下几个方面的依据。

1. 原国家工商行政管理总局、国家统计局《关于划分企业登记注册类型的规定》（国统字〔1998〕200 号）第 3 条：“国有企业是指企业全部资产归国家所有，并按《中华人民共和国企业法人登记管理条例》规定登记注册的非公司制的经济组织。不包括有限责任公司中的国有独资公司。”根据该条规定，“国有企业”指国有股占比100%的企业，不包括国有控股企业和国有参股企业，也不包括有限责任公司中的国有独资公司。

2. 国家发展和改革委员会办公厅《股权投资企业备案指引》中的标准文本3.2“股权投资企业合伙协议指引”和标准文本8.2“股权投资管理企业合伙协议指引”规定，根据《合伙企业法》第3条规定，以及《股权投资企业的备案通知》第1条关于股权投资企业应当遵照公司法、合伙企业法有关规定设立的要求，国有独资公司、国有企业、上市公司以及公益性的事业单位不得成为股权投资企业的普通合伙人。本指引所称‘国有企业’，系指国有股权合计达到或超过50%的企业。根据这一规定，国有股权占比低于50%的不视为国有企业。

3. 全国人大常委会法制工作委员会对《合伙企业法》第3条的释义中提出：国有独资公司是指国家单独出资、由国务院或者地方人民政府授权本级人民政府国有资产监督管理机构履行出资人职责的有限责任公司。而国有企业的概念则较宽泛，可以理解为包括国有独资企业、国有控股企业和国有控股公司。

综合上述相关规定和表述，从制度层面上讲，暂且不论该等规定是否合理，至少从相关职能部门的规范性文件来看，对“国有企业”的界定存在不同的规定，该等文虽部分已经失效，但截止到目前也未有新的规范性文件对此问题予以明确。《合伙企业法》第3条中“国有企业”的内涵仍然处于一个模糊的状态，存在不少争议，因此，从尽可能降低合法合规的监管风险的角度出发，不妨尽量避免基金管理公司国有股占比超过或等于50%。

但应该说，铁建投集团法务人员提出的意见并非完全没有道理，实践中，国有企业担任有限合伙企业GP的例子不胜枚举，这种普遍现象必然有其存在的道理。从制度层面而言，之所以规定国有企业不能成为GP，是为了避免国有资产承担无限责任，从而有效进行风险隔离。由国有主体设立有限责任公司作为GP，已经可以起到风险隔离的效果，再强行禁止国有企业成为GP意义不大。如能对《合伙企业法》第3条进行修改，删除国有独资公司、国有企业不得成为普通合伙人的规定，则将大大避免实践中的各种困境。

国有独资公司托管方案法律争议及评析

北京市盈科（广州）律师事务所　习　宏

一、A 集团《托管方案》介绍

（一）A 集团基本情况及《托管方案》产生的背景

A 集团是国有资产授权经营企业集团公司，其直接投资的全资和控股企业有一家上市公司即 B 股份公司（控股），3 家全资非上市子公司即 D1 公司、D2 公司、D3 公司。根据 A 集团所在地市的政府国有资产监管部门要求，为提升 B 股份公司的运营效率，拟对 A 集团的管理模式进行改革，以推动企业创新发展，做优、做强、做大当地的龙头工业，并进一步明确：通过改革，进一步理顺 A 集团管理模式，精简管理层级，提高管理效率，即 A 集团只设立董事会、党委会、监事会等基本法人治理结构，不设经营层，由 B 股份公司管理；A 集团不设职能部门，其部门职能全部由 B 集团公司相关的部门管理；非上市资产（D1、D2、D3 公司）依法也委托 B 股份公司管理，签订托管经营协议，依上市公司规则披露。基于上述背景，拟推进 B 股份公司受托管理 A 集团全部非上市资产。

（二）《托管方案》的主要内容

1. 资产托管标的

B 股份公司拟托管的资产分为两部分，第一部分为 A 集团持有的股权资产，第二部分为 A 集团其他资产（含投资性房地产）。

（1）第一部分股权资产即 3 家全资非上市子公司其基本情况如下。

• D1 公司

成立期限：20 年。

注册资本：4500 万元。

主营业务：房地产、物业经营管理。公司拥有大量的房地产物业资源，土地面积达 33 万平方米，建筑面积达 39 万平方米。

• D2 公司

成立期限：15 年。

注册资本：1600 万元。

主营业务：作为 A 集团的资产管理公司，主要接管历史包袱沉重、亏损严重甚至资不抵债的非正常营运企业。累计管理非正常运营企业超过 120 家，实现销号或退出超过 75 家，依法处置各类资产超过 14 亿元，变现收入达 7.5 亿元，累计分流安置职工 5000 多人。

• D3 公司

成立期限：20 年。

注册资本：1800 万元。

主营业务：投资。系 A 集团的投资平台，持有 B 股份公司股票。

（2）D1、D2、D3 公司的主要财务数据如表 5－1 所示：

表 5－1　D1、D2、D3 公司的主要财务数据

企业名称		近一年主要财务数据（约数）单位：万元				托管股权比例
		总资产	总负债	净资产	净利润	
D1 公司	D1	190,000	略	27,000	1300	100%
D2 公司	D2（母公司报表）	110,000	略	45,000	150	100%
	D2（合并报表）	110,000	略	－50,000	－8000	100%
D3 公司	D3	120,000	略	39,000	1000	100%

（3）第二部分资产（除股权资产）合计 217,450,12 万元。其中，物业建筑面积过万平方米，集中在市区中心地段，主要为办公用途。

2. 职能调整内容

撤销 A 集团的所有职能部门（含董事会办公室、财务部、审计部），其董事会办公室、财务部、审计部的职能分别由 B 股份公司董事会办公室、财务部、审计部承接，其余部门职能由 B 股份公司对应的部门管理。

职能调整前，A 集团共设有 20 个职能部门，其中董事会办公室、财务部、审计部、资产管理部为 A 集团直属部门，除董事会办公室和财务部、审计部外，其他部门为 A 集团和 B 股份公司合署办公部门。

职能调整后，A 集团组织架构如图 5-1 所示。

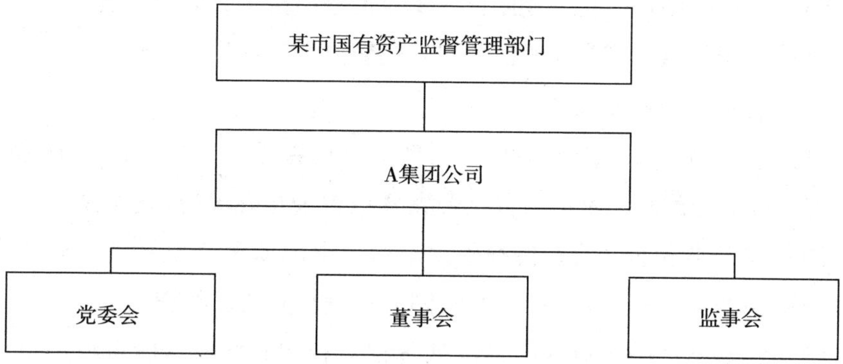

图 5-1　A 集团职能调整后组织架构

3. B 股份公司托管 A 集团的期限及起止发生的条件

（1）托管期限为 3 年，自托管协议生效之日起计算。

（2）托管协议生效条件：自 A、B 双方董事会根据各自的公司章程规定的内部决策权限批准且双方共同签字盖章之日起生效。3 年期限届满，如未出现托管协议应予终止托管经营的情形，则托管经营期限自动延续至各方一致同意终止之日。

（3）托管终止的条件

发生下列情形之一，托管经营期限即终止。

①托管资产的权属发生了改变：通过出售或增资等形式，托管资产所有权归属于 B 股份公司或其下属子公司或被第三方所收购。

②委托方终止托管：委托方 A 集团就托管终止提前 60 日书面通知受托方 B 股份公司。

③法律规定：法律、法规规定的托管经营行为应当终止的其他情形。

4. 受托方权利和义务

托管资产的日常经营管理权由B股份公司行使，具体如下。

（1）善意、审慎履行对托管资产的管理义务，不从事任何损害A集团及托管资产利益的行为。

（2）B股份公司不得擅自处置托管资产，不得在该托管资产上为他人设置任何权利。

（3）按双方约定，托管期限内，B股份公司按年收取管理费。

（4）在同等条件下，B股份公司对托管资产有优先购买权。

5. 委托方的权利和义务

（1）A集团有权知悉B股份公司如何行使管理权，当认为B股份公司的管理决策不合理时，A集团有权否决B股份公司做出的相应决策。

（2）当B股份公司在行使托管权过程中出现损害A集团或托管资产利益的行为及违反法律、法规时，A集团有权制止并要求纠正。

（3）托管资产的所有权、最终处置权、利润分配权等股东权利仍由A集团享有。

（4）托管资产的损益（含经常性损失）由A集团承担或享有。

（5）A集团继续承担原有债权债务。

（6）如托管资产业务和所在行业情况发生变化，在法律允许的前提下，A集团应本着有利于B股份公司的原则，对托管资产的托管安排及时优化及调整。

（7）按双方约定，托管期限内，A集团按年支付管理费。

但是，笔者注意到，《托管方案》的附件显示，A集团预备在托管后将某市国有资产监督管理部门授予A集团代为履行国有资产出资人职责的审批权限几乎全部交由B股份公司行使，权限范围涵盖了股权转让、受让，转让上市公司股份，增资行为，驰名商标处置，资产转让，国有资产评估管理以及部分国有土地资产处置和出租等事项的审核批准，这些有关委托方、受托方两方权利义务转移的内容似乎与上述《托管方案》正文有关受托方与委托方的权利与义务的内容有较大的差距。

6. 托管管理费

本次托管管理费确定遵循公平、合理原则，经双方协商，并结合受托管理资产的规模及资产性质，按托管资产经核定的资产总值的一定比例收取。具体有以下两个方案。

方案一：首年费用为经核算的首年A集团非上市资产总额的4.5‰，以后年度费用为上一年度费用×（1+CPI指数）。

方案二：首年费用为经核算的首年A集团非上市资产总额的1.5‰，以后年度费用为上一年度费用×（1+CPI指数）。

委托管理费每年支付一次（如委托管理时间不足完整自然年度，则按实际委托管理的时间占自然年度的比例计算），由A集团于每个管理年度结束后的6个月内向B股份公司支付完毕。逾期付款的，按银行同期贷款利息支付违约金。委托管理终止后6个月内，A集团需将委托管理费向B股份公司支付完毕。

7. 托管后机制运作设想

B股份公司受托管理标的资产后，行使对标的资产的经营权和管理权（包括行政审批权）；A集团只行使法律法规规定的必须由股东或所有人履行的权利和义务以及托管协议约定的权利与义务（见图5-2）。

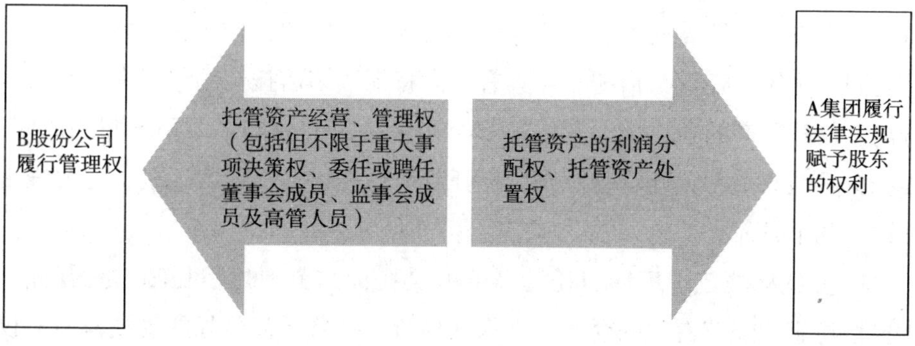

图5-2 托管后机制运作

二、A 集团《托管方案》产生的法律争议焦点

（一）法律定性争议

《托管方案》制作方认为，托管经营是一种委托代理关系，由委托方和受托方根据《托管方案》制作当时的法律规定订立委托合约，所体现的是委托代理关系。讨论中另一种说法认为托管经营是一种信托关系，其观点有以下两方面内容。其一，“托管经营”的受托人以自己名义对内行为，以被托管企业的名义而不是以委托人的名义对外行为，而委托代理关系下受托人以委托人名义对外行为；“托管经营”的受托人自行决定经营，而委托代理的受托人须按照委托人的意志实施经营。其二，按照《信托法》关于“信托关系”的规定，托管经营更符合信托关系的特征：托管的受托人接受委托并按自身意愿管理委托人的财产；信托受益人可以是受托人、委托人或者委托人以外的第三人，托管亦有受益人即委托人；托管要求受托人与委托人财产分离，这点亦符合《信托法》关于信托财产与属于受托人所有的财产相区别的规定。

笔者认为，从托管经营的本质、托管的关系、托管的特征和遵循的原则来看，托管经营与信托更为相近，它们都是资产经营权的暂时转移；两者都有三方当事人，即委托人、受托人和受益人，它们的委托人和受益人可以完全是同一主体；托管与信托一样具有三大特征，即信托契约、所有权与利益分离、信托财产的独立性，它们还都必须坚持三大原则，即预定契约原则、委托自主性原则和分开管理原则。但托管与信托也存在较大区别，主要表现在以下几个方面。

1. 受托标的范围不同，托管经营的受托标的范围比信托窄。托管标的主要指与企业经营有关的财产、产权或债权的托管。而信托的受托范围不仅包括与企业有关的财产、产权或债权，它还包括个人的财产、产权或债权。

2. 受托人不同。托管经营的受托人一般是具有托管能力的大型企业或企业集团，信托的受托人一般是信托投资公司等具有信托业务资格的信托专业机构。

3. 受托方式不同。托管的受托方式是托管方与委托方签订托管协议，

约定将委托方欲托管的资产或企业（公司）委托给托管方经营管理，委托方支付相应的托管费，该项托管费可约定为定期支付的定额管理费用或因托管经营而产生的利益的相应百分比。所以，托管侧重于对企业财产的委托管理，而信托侧重于对金融资产的委托管理，信托机构具有金融机构的性质。

因此，《托管方案》中所指的"委托管理"到底是"信托"还是"委托代理"，抑或其他法律关系，应当根据方案的内容以及方案要实现的目的来确定。之前在《托管方案》介绍中已明晰A集团预备在托管后，将某市国有资产监督管理部门授予其代为履行国有资产出资人职责的几乎全部的审批权限交由B股份公司行使，具体来说就是由B股份公司董事会审议批准。显然，B股份公司董事会不可能以A集团或A集团董事会的名义作出决策，这点明显不符合"委托代理"的法律特征。《托管方案》还宣示了本次托管的目的：做实做强上市公司，有利于资源的有效整合，符合上市公司长远发展计划。很明显，本次托管方案设计的受益方主要是B股份公司，B股份公司拟参与本次托管，其目的也显然不仅是获取托管费。委托代理的代理人则必须为实现委托人意志实施代理行为。由此，笔者不赞同关于《托管方案》的"委托管理"系"委托代理"性质的观点。

（二）托管的主体争议

《托管方案》明示未来的托管协议签约双方的委托方是A集团。对于A集团作为本次托管经营的委托方，笔者有些疑问。

B股份公司作为上市公司，其控股股东是A集团，事实上，B股份公司以及D1、D2、D3公司的国有产权登记证上显示的国有法人股持有单位也正是A集团。A集团是一家国有独资公司，由A集团所在地某市国有资产监督管理机构代为行使出资人职责。根据《公司法》第66条的规定，国有独资公司不设股东会，由国有资产监督管理机构行使股东会职权；国有资产监督管理机构可以授权公司董事会行使股东会的部分职权，决定公司的重大事项。可见，A集团经其唯一出资人国有资产监督管理机构的授权，可以代行股东部分职权。《企业国有资产监督管理暂行条例》第28条更是规定国有资产监督管理机构可以对具备条件的国有独资公司进行"国有资产授权经营”。显然，某市国有资产监督管理机构无论怎样都是A集团经营国有资产（包括投资入股B股份公司，D1、D2、D3公司）在法律形式上最直接的委托人，A集团是上述国有产权/资产的受托管理人。

《托管方案》称B股份公司受托管理标的资产后行使对标的资产的经营权和管理权（包括行政审批权），A集团仍保留行使股东或所有人的权利和义务以及托管协议定明的权利与义务。但实质上，这里所谓资产管理权包括行政审批权涵盖了《公司法》赋予股东的重大决策权，而这些股东权利直接源于某市国有资产监督管理部门的授权。那么，《托管方案》设计A集团作为企业全部国有资产包括D1、D2、D3公司股权在内的受托管理人，欲将其行使的受托管理权利包括所谓的“行政审批权”再次授予给另一个受托人B股份公司，在民法、信托法领域，这种行为均被称为“转委托”。根据《托管方案》制作时的法律对委托代理或委托合同的规定，转委托应当事先取得委托人的同意；事先没有取得委托人同意的，应当在事后得到委托人的追认，如果委托人不同意，则受托人对自己所转托的人的行为负民事责任。《信托法》第30条则规定：“受托人应当自己处理信托事务，但信托文件另有规定或者有不得已事由的，可以委托他人代为处理。受托人依法将信托事务委托他人代理的，应当对他人处理信托事务的行为承担责任。”因此，A集团将国有法人股的权利全部或部分转交由他人行使或者分割其法人股的权能，按照谨慎原则，应事先取得其原委托人即某市国有资产监督管理部门的同意，这种转委托关系的合法性须由原委托人某市国有资产监督管理部门来决定，而A集团作为受托人是没有权利不经国有资产监督管理部门同意即处分国有法人股或分割国有法人股权权能的。

《托管方案》中关于A集团机构职能调整议案预备只保留党委会、董事会、监事会，所有职能部门毫无例外地予以撤销，不作任何留守人员的安排。对此，参与讨论人员中也有不同的看法，其核心思维是：托管主要以实现资源优化配置和资产保值增值为目标，受托方接管的不仅是企业的资产，而且还要接收被托管企业的部分员工，不仅要顾及经济效益还要兼顾社会稳定。在具体运作过程中，要综合运用资金支持、专家管理、资产重组、技术引进、市场策划、资产出让等手段，对企业进行整顿与重组，使其适应市场经济发展与经济结构调整的需要，在调整中不断提高经济效益，以达到资产保值与增值目的。企业被进行托管经营后，为了实现托管经营目标，防止受托方对企业资产权益的损害，就有必要对受托方建立严格的监督机制和考核指标体系。从保护所有者权益和债权人利益以改善企业财务状况的角度出发，应把资本收益率、企业资本保值增值率、资产负债率、资本利润率等作为主要考核指标，并制定具体的考核测算办法。此外，还要建立一套严密的风险预警系统，加强对受托方的监督，委托方还要及时了解被托管企业经营状况，有权查询被托管经营企业的财务资料，以保证企业状况的真实性。要开展上述监督、测算、调查、考核、评价托管成果交接工作，无疑需要落实到具体的管理人员和专业人员去操作。若按照 A 集团职能机构调整议案，只剩“三会”成员，其中不乏兼职，那么上述本该由 A 集团这个委托人行使的权责，又如何付诸具体实施并进而实现呢？这确实是一个亟待解决的问题。

（三）托管的客体如何定位

讨论中有一种观点认为，托管客体应该是经营不善的亏损企业以及资不抵债或濒临破产的企业。这是一种公认的选择，这类企业的托管有利于借助外来力量的支持使原先已经或正在失去活力的企业重新获得生机，在实务中具有相当大的市场。但笔者认为，企业托管的客体也可以是经营较好的企业，从某种角度来看其意义更为深远。一方面，托管不仅有利于这些企业通过资产重组和再配置获得更好、更大的绩效，而且有利于符合国际标准的现代企业迅速形成，这在一定程度上是观念的突破。B 股份公司在境外和国内均为上市公司，具有先进的管理理念、较高的经营管理水平和丰富的市场经验，拥有相当资本实力和融资能力，B 股份公司受托管理 A 集团资产，可以把国际标准的现代企业管理理念带给被托管企业，旨在进一步提高国有资产的运营效率，有利于资源的调动和企业的整改，并有利于国有企业的中长期发展。另一方面，托管经营可以促使受托人 B 股份公司的产业结构发生改变，为将来的资产重组做好铺垫。正如《托管方案》所言：受托管理上市公司控股股东的非上市资产，有利于资源的有效整合，形成与上市资产的有效互动；有利于发挥集团整体平台效应与优势，符合上市公司长远发展计划，对公司及全体股东有积极影响。

（四）企业托管的信息如何披露

目前，接受委托、经营管理他人资产的上市公司在逐渐增多。上市公司的特点之一就是财务公开，因此，从这种意义上说，上市公司准确、及时地披露有关托管经营的信息非常必要。由于实践中上市公司发生的托管经营基本上都是与控股股东或关联企业达成的，属于关联交易，有关信息披露应该按照关联交易披露的规定进行。比如，由于托管收益的分配、托管费用的核算方法差别很大，因此，如果托管经营收入对上市公司利润影响重大，应该在报表附注中披露托管费用的定价政策、收付款方式及条件等，方便报表使用者了解交易的实质、企业对关联方的依赖程度，从而正确理解企业的财务状况和经营成果。

按照2021年修订的《公开发行证券的公司信息披露内容与格式准则第2号—年度报告的内容与格式》第55条的要求，上市公司若在报告期内发生或以前期间发生但延缓到报告期的，发生托管、承包、租赁其他公司资产或其他公司托管、承包、租赁上市公司资产的事项，且该事项为上市公司带来的损益额达到公司当年利润总额的10%以上时，公司应详细披露有关托管协议的主要内容，如有关资产的情况，涉及的金额、期限、损益及确定依据，等等。故只有将托管协议等披露清楚，年报信息才不至于对报表使用者产生误导。

（五）企业托管的程序问题

《托管方案》仅提到审批程序，却没有设计完整的托管流程，主要在于《托管方案》认为本次托管是“委托代理关系”，委托方与受托方也认为他们之间是“母子关系”，彼此知根知底，程序冗长复杂。笔者对此不敢苟同。

托管是企业产权制度改革的一种路径，是企业整顿、重组的重要实现形式，不可避免会涉及国有企业深层次的矛盾关系，涉及企业业务、资产和人员的剥离、劳动关系的解除等。事实上，若按照现有《托管方案》去实施，对A集团机构职能调整意味着一批A集团的员工将要与A集团解除劳动合同关系，部分员工将改换身份，由国有独资公司员工转变成国有控股公司员工。目前我国关于企业托管并没有专门的法律和行政法规加以规制，对于托管的法律性质、托管主体要求、托管效果的考评等在托管实践中争议不小，或各地差别较大。在此环境下，更应该抱着审慎的态度制作、完善、实施《托管方案》，以实现《托管方案》的目标。总结我国托管实践经验，概括托管经营的一般运作的流程如下。

1. 企业托管经营目标对象的选择

企业托管经营主体依据托管经营战略目的寻找、选择托管经营目标对象。委托方选择的目标对象是受托经营者，受托方选择的目标对象是被托管企业或资产。在选择企业托管经营目标对象的过程中，作为托管经营主体的委托方、受托方围绕法人财产权受让的动机是企业托管经营行为得以形成的基础。因此，在选择企业托管经营目标对象时，委托方、受托方都必须深入地了解和掌握对方托管经营的动因及要求，并以此为基础讨论确立托管经营协议。当然对于A集团和B股份公司来说是不存在这个问题的，二者应该彼此十分了解对方选择托管的动因和要求。

2. 企业托管经营前的准备

企业托管经营目标选择完成后到目标的确立之间有着大量的准备工作，具体内容主要包括以下几个方面。

（1）对托管经营目标的调查、研究。委托方主要对受托经营者的资信、经济能力、经营水平调查、研究；而受托方则对目标企业或资产的相关资料、环境、条件调查、研究。

（2）进行可行性论证。针对被托管企业或资产进行可行性论证的要点、内容是：资产及财务问题，生产经营状况及前景，技术装备状况，职工问题，外部环境因素问题，政策法律问题，经营及管理的问题，目标任务及决策的问题，等等。

（3）提交托管报告。通过论证确定托管主体后，双方各自拟就托管报告上交国有资产管理部门和企业主管部门。按有关规定，由国有资产管理部门负责审核批准。托管报告获准后，要在当地主要报刊上发布托管经营消息，并告知被托管企业的债权人、债务人、合同关系人，以便对正式托管经营企业的资产进行评估做准备。

（4）进行资产评估，制订托管经营方案。对被托管企业或资产的评估是托管经营的关键环节，是制定托管经营保值增值目标的依据，同时也是受托者制订托管经营方案的依据。托管经营方案由受托经营者制订，其主要内容是围绕保值增值目标提出托管经营期间的具体经营管理形式、方法、内容以及具体的行动举措。

（5）洽谈并签订托管经营协议。托管经营协议内容应包括被托管企业或资产名称，被托管企业或资产的评估方法及价值量，受托经营目标考核的模式或指标体系及方法，资产保值增值的目标及要求，受托经营的报酬形式及标准，托管经营的时间，托管经营主体双方的权利义务，双方约定的有关条款，托管经营考核与终结审计的方法，托管经营终结清算原则及方法，等等。

3. 企业托管经营行为的实施

托管经营协议签订生效后，托管经营主体双方以法人财产权的交付为起点进入托管经营行为的实施阶段。在整个行为过程中，托管经营主体双方应严格按照托管经营协议的要求开展托管经营活动。委托者通过有效的监督促使受托者正确合法地占有和使用法人财产权，并履行约定的义务，保证托管经营正常顺利地进行；受托经营者通过托管经营方案的实施保证托管经营协议的执行，通过托管经营过程中具体有效的决策和托管经营行为的实施确保资产保值增值目标的实现。

4. 企业托管经营的考核

企业托管经营的考核是以受托经营的截止日期为标准的。这一阶段的工作一方面是按照受托经营目标考核的模式或指标体系及方法，对受托经营行为结果进行考核；另一方面是对被托管企业或资产进行托管经营的终结审计评估，按照托管经营协议约定的受托经营报酬及标准进行资产清算，并完成被托管企业或资产由受托方向委托方的交接等。

三、对 A 集团资产托管提出的几点建议

（一）合理选择委托方式

就 A 集团现阶段状况而言，在完善《托管方案》时，可根据托管拟达到的目标来选择是进行整体托管、分层托管、部分托管，还是单项业务托管、债权债务托管等。在协商托管协议时，企业托管经营期间的经营责任和盈亏责任应协商主要由受托经营者承担，并以保证 A 集团利益为前提，根据企业的具体情况选择适当的委托方式。对于机构职能的调整，建议仍保留财务部或审计部门和董事会办公室，便于对《托管方案》实施、受托方托管经营情况的监督，托管经营效益的考核、总结，托管前资产、人员的盘点、交接和托管成果的接收。总的来说，托管方式的选择应遵循由浅入深、从易到难、循序渐进的原则，切不可操之过急。

（二）规范企业托管的操作程序

1. 在托管前一定要对 A 集团拟托管的资产进行评估，并以核定的净资产总额为企业国有资产保值增值的基础，这是真正体现托管收益与托管效益挂钩的方案。

2. A 集团与受托方在对托管经营目标、托管策略、风险责任、利益分配等合同条款达成一致的情况下，签订托管经营协议，协议期限一般以 3 年至 5 年为宜。鉴于目前托管方面的法律体系不够完善，在订立托管经营协议时应该明确合同各方对于托管前和托管后发生的债权债务如何承担。

3. 托管协议签署后，注意做好相关资产、人员的盘点、工作交割，制作好清单，办理好法定的变更登记或备案手续，这往往是比较容易忽略的一个环节。

（三）建立托管经营的激励、风险和约束机制

1. 建立有效的利益激励机制。通过合理设计托管协议，明确受托方的责任和权利，给予受托方最佳行为激励，同时明确将受托方的收入增长同企业资产的保值增值和经营业绩挂钩，使其承担经营的责任。

2. 建立企业托管经营的风险机制。建议与受托方约定，要其缴纳一定数量的风险金，风险金的数量要使受托方能够承担企业经营风险以及制约受托方经营行为，风险金的使用应与企业经营目标完成情况挂钩，按完成企业经营目标情况来抵补受托方的托管费用和分配收益。

3. 建立企业经营行为约束机制。A 集团有权要求受托方定期公布财务状况和经营成果，并有权要求会计事务所对其财务报表进行审计。对达不到经营目标以及弄虚作假或有违法违规现象的，A 集团有权终止托管。在托管经营期限届满以后，由托管双方组织中介机构对托管企业经营业绩、债权债务、资产保值增值情况进行全面审核，并按托管协议履行契约。

总之，企业托管为盘活国有资产，提高国有资产利用效率，从而提高国有企业经营业绩，实现国有资产保值增值另辟蹊径。发展并完善我国企业托管模式十分迫切，这是今后须加强研究并尽快取得成果的有关国有企业改革的一项重要课题。

如何判断国企工作人员是否属于刑法语境下的“国家工作人员”？

北京大成（广州）律师事务所　苏妍娴

一、当事人基本情况及案由

一审公诉机关：广东省广州市荔湾区人民检察院

二审公诉机关：广东省广州市人民检察院

被告人：陈某，广州市S社区服务发展有限公司（以下简称S社区公司）法定代表人

案由：陈某涉嫌受贿罪、挪用公款罪

二、案件基本情况

S社区公司于1994年由广州市某区人民政府S街道办事处出资成立。2003年2月，根据企业转制精神，S社区公司的经济性质由集体所有制变更为有限责任公司，工商登记显示公司股东为被告人陈某以及案外人欧某、叶某、邹某。2013年8月，经S社区公司全体股东讨论，一致同意被告人陈某及案外人欧某、叶某、邹某将全部股权转让给S社区服务中心，并将企业类型变更为有限责任公司（法人独资）。

被告人陈某自2002年12月起至2017年10月止在S社区公司任职，与该公司签订劳动合同，在此期间曾担任S街道办事处经济管理科负责人。2006年12月经S街道党政领导班子会议研究决定并由中共S街道工作委员会发文，聘任陈某为S社区公司经理；2014年3月经S街道党政领导班子会议研究决定，继续聘任陈某为S社区公司经理，任期3年；2016年12月

中共S街道工作委员会发文，不再续聘陈某担任经理和法定代表人。

2010年至2016年，在S社区公司受S街道办事处委托对相关物业及地块进行管理、经营期间，身为公司法定代表人、经理的被告人陈某利用职务之便，为朱某、潘某取得相关物业、地块的租赁权等提供便利，为此收受朱某、潘某贿赂的钱款483.5万元。对此，广州市荔湾区人民检察院指控陈某构成受贿罪。

2011年7月，被告人陈某在担任S街道下属的S社区公司法定代表人、经理期间，利用职务便利，安排财务人员将S社区公司向中国工商银行工业大道分行贷款中的100万元用于其私人控制的T公司注册验资，并于2011年9月至11月陆续将该笔款项还回S社区公司。对此，广州市荔湾区人民检察院指控陈某构成挪用公款罪。

三、争议焦点

1. 从集体企业改制而来的S社区公司是否属于《刑法》规定的国有企业？

2. 陈某是否属于“国家工作人员”？

四、双方意见或观点

（一）控方观点

公诉机关认为被告人陈某身为国家工作人员，利用职务上的便利挪用公款数额较大、归个人使用并进行营利活动，利用职务上的便利，非法收受他人财物数额特别巨大并为他人谋取利益，其行为已触犯《刑法》第384条第1款、第385条第1款、第386条、第383条第1款第3项之规定，犯罪事实清楚，证据确实充分，应当以受贿罪、挪用公款罪追究其刑事责任并数罪并罚。

（二）辩方观点

1. S社区公司不属于国有企业。S社区公司的设立资金源于欧某、叶某、邹某3位自然人，未有充分证据证明S街道对S社区公司进行过出资，“S社区公司由S街道出资设立”属事实认定错误。此外，S社区中心和S文化站两个事业单位均未对S社区公司进行出资，而且在未经得财政部门审核确认产权归属并依法核发《企业国有资产产权登记证》的情况下，事业单位所办企业S社区公司不属于《刑法》规定的国有企业。

2. 陈某不属于《刑法》第93条规定的国家工作人员，不符合受贿罪、挪用公款罪的主体要件。首先，S社区公司不属于《刑法》规定的国有企业，陈某也不属于《刑法》第93条规定的国家工作人员，“陈某属于国有企业中从事公务的人员”属事实认定错误。其次，由于陈某并不属于国家工作人员，其收受贿赂的行为定性为非国家工作人员受贿罪更准确。最后，陈某并不构成挪用公款罪，因为陈某并不属于国家工作人员，且公诉机关指控的挪用款项并非属于S社区公司所有。即便陈某行为构成犯罪，挪用资金时S社区公司为国有参股公司，构成挪用资金罪更准确。

五、审理结果和理由

广州市中级人民法院经审理后认定如下。

1. 关于S社区公司的性质认定问题。最高人民法院、最高人民检察院《关于办理国家出资企业中职务犯罪案件具体应用法律若干问题的意见》（以下简称《国资国企职务犯罪司法解释》）第7条“关于国家出资企业的界定”第2款规定：“是否属于国家出资企业不清楚的，应遵循‘谁投资，谁拥有产权’的原则进行界定。企业注册登记中的资金来源与实际出资不符的，应根据实际出资情况确定企业的性质。企业实际出资情况不清楚的，可以综合工商注册、分配形式、经营管理等因素确定企业性质。”该案中，各项证据能够相互印证，一致证实S社区公司变更工商登记后的股东（包括陈某在内）均根据S街道办事处的安排代为持股，均未实际出资，故并未改变S社区公司系广州市某区人民政府S街道办事处实际出资成立的事实。该案的确存在S社区公司工商登记的资金来源与实际出资不符的情况，依照《国资国企职务犯罪司法解释》的规定，可认定S社区公司属于国家出资企业中的国有独资公司。

2. 关于陈某是否属于《刑法》第93条规定的国家工作人员的问题。

《刑法》第93条第2款规定："国有公司、企业、事业单位、人民团体中从事公务的人员和国家机关、国有公司、企业、事业单位委派到非国有公司、企业、事业单位、社会团体从事公务的人员，以及其他依照法律从事公务的人员，以国家工作人员论。"该案中，结合各项证据可以证实陈某是经国家机关批准、任命的国有公司负责人，其管理职位与作为政府派出机关的S街道办事处的意志行为具有关联性和延续性；另从陈某的工作职责来看，其属于代表国家机关在S社区公司从事组织、领导、监督、经营、管理工作的人员，而非从事具体事务性活动的一般人员，依法应当认定为"从事公务"。故无论是从形式要件还是实质要件来看，陈某均属于《刑法》第93条第2款规定的国有公司中从事公务的人员，依法应以国家工作人员论。

综上分析，在案证据足以证实陈某属于《刑法》第93条第2款规定的国家工作人员，符合受贿罪、挪用公款罪的主体要件，对其涉案行为依法应以受贿罪、挪用公款罪定罪处罚。

六、办案总结

如何认定国企工作人员是否属于刑法语境下的"国家工作人员"？

根据《刑法》第93条的规定，国家工作人员是指国家机关中从事公务的人员。国有公司、企业、事业单位、人民团体中从事公务的人员和国家机关、国有公司、企业、事业单位委派到非国有公司、企业、事业单位、社会团体从事公务的人员，以及其他依照法律从事公务的人员，以国家工作人员论。可知，国家工作人员的重要认定标准之一是行为人的工作内容和性质是否属于"从事公务"。具体来说，根据2003年11月13日最高人民法院印发的《全国法院审理经济犯罪案件工作座谈会纪要》，从事公务指代表国家机关、国有公司、事业单位、人民团体等履行组织、领导、监督、管理等职责，公务主要表现为与职权相联系的公共事务以及监督、管理国有财产的职务活动。如国家机关工作人员依法履行职责，国有公司的董事、经理、监事、会计、出纳人员等管理、监督国有财产等活动，属于从事公务。那些不具备职权内容的劳务活动、技术服务工作，如售货员、售票员等所从事的工作，一般不认为是公务。

关于企业主体性质的认定，根据《国资国企职务犯罪司法解释》，国家出资企业包括国家出资的国有独资公司、国有独资企业，以及国有资本控股公司、国有资本参股公司。

那么，在国家出资企业即国企中工作就必然属于国家工作人员吗？根据《国资国企职务犯罪司法解释》，国有控股、参股公司及其分支机构中的工作人员，要经国家机关、国有公司、企业、事业单位提名、推荐、任命、批准，并在这些单位中从事公务。经负有管理、监督国有资产职责的组织批准或者研究决定，代表该组织在国有控股、参股公司及其分支机构中从事组织、领导、监督、经营、管理工作的人员，应当认定为国家工作人员。另外，根据最高人民法院《关于在国有资本控股、参股的股份有限公司中从事管理工作的人员利用职务便利非法占有本公司财物如何定罪问题的批复》，在国有资本控股、参股的股份有限公司中从事管理工作的人员，除受国家机关、国有公司、企业、事业单位委派从事公务的以外，不属于国家工作人员。因此，在国有控股、国有参股企业中从事管理工作，也未必属于国家工作人员。

综上所述，判断行为人是否属于刑法语境下的“国家工作人员”，首先，要甄别行为人所在公司、企业的类型是否属于“国有出资企业”，这种“出资”并非仅看工商登记的出资，而是看实际出资。其次，要判断该“国有出资企业”是国家独资还是国有控股、参股公司，如果是国有控股、参股公司，需要进一步判断行为人是否符合最高人民法院对“从事公务”的认定标准，如其是否经过负有管理、监督国有资产职责的组织批准或者研究决定，代表该组织在国有控股、参股公司及其分支机构中从事组织、领导、监督、经营、管理工作。最后，值得注意的是，国家出资企业中的国家工作人员在国家出资企业中持有个人股份或者同时接受非国有股东委托的，不影响其国家工作人员身份的认定。

应领导要求做出职务犯罪行为，行为人是主犯还是从犯？

北京大成（广州）律师事务所　苏妍娴

一、当事人基本情况及案由

公诉机关：广东省惠州市人民检察院

被告人：陈某，某县财政局党组书记、局长

案由：陈某涉嫌滥用职权罪

二、案件基本情况

2015 年至 2017 年，被告人陈某在担任某县财政局党组书记、局长期间，违反规定使用公款购买烟酒茶、名贵海产品等，用于某县财政局非正常公务支出，造成公共财产损失合计人民币 2,080,649.53 元。此外，陈某又按照时任某县县委书记邱某的要求，违反规定使用公款购买冬虫夏草，交给邱某支配使用，造成公共财产损失合计人民币 66.2 万元。

三、争议焦点

作为财政局局长，应县委书记要求，违反规定使用公款购买名贵礼品，用于非正常公务接待，造成公共财产损失，主犯是县委书记，还是局长？

四、双方意见或观点

（一）控方观点

公诉机关认为，被告人陈某身为国家工作人员，滥用职权致使国家利益遭受重大损失，情节特别严重，其行为触犯了《刑法》第 397 条的规定，犯罪事实清楚，证据确实、充分，应当以滥用职权罪追究其刑事责任。

（二）辩方观点

陈某使用公款购买虫草的行为应认定为从犯。该案系发生于某县不良的政治环境中，陈某购买虫草是时任县委书记邱某的要求，考虑到陈某购买海产品、烟酒茶均是用于公务支出以及当地的风俗、人情和现实状况，陈某在滥用职权犯罪中应认定为从犯。

五、审理结果和理由

惠州市中级人民法院经审理后认为：被告人陈某作为某县财政局的直接负责人，其审批同意违规使用公款购买名贵海产品、烟酒茶，对造成国家重大损失的后果起决定性作用，其不能认定为从犯，对辩护人关于陈某在滥用职权犯罪中是从犯的辩护意见不予采纳。

六、办案总结

根据《刑法》第 27 条之规定，在共同犯罪中起次要或者辅助作用的是从犯，对于从犯，应当从轻、减轻处罚或者免除处罚。我国《刑法》对于主、从犯的认定，是以其在共同犯罪中的地位和作用来区分的，这是一条普遍适用的原则，职务侵占犯罪也不例外。在职务犯罪的辩护领域，从犯之辩，意义重大。由于职务犯罪案件的犯罪金额通常都较大，如在共同犯罪中被认定为从犯，极有可能争取到减轻处罚，其量刑可争取降档处理。

在该案例中，滥用职权罪的刑期为两档，分别是 3 年以下有期徒刑或者拘役、3 年以上 7 年以下有期徒刑。滥用职权造成经济损失 150 万元以上的，属于情节特别严重，处 3 年以上 7 年以下有期徒刑。该案滥用职权造成的经济损失达 274 万余元，法定量刑在 3 年到 7 年之间。因此，在滥用职权的犯罪事实较为清楚的情况下，辩护人的辩护策略则重点放在被告人的犯罪地位方面，如被告人被认定为从犯，则可以争取减轻处罚，量刑在 3 年以下。

虽然上述案例中的行为人是公务员身份，但该事件若放在国有企业工作人员身上，依然面临同样的问题。在国有企业中，如行为人应领导的要求，做出了如滥用职权、玩忽职守等犯罪行为，行为人与领导构成共同犯罪，谁是主犯?

最高人民法院、最高人民检察院《关于办理渎职刑事案件适用法律若干问题的解释（一)》第5条指出，国家机关负责人员违法决定，或者指使、授意、强令其他国家机关工作人员违法履行职务或者不履行职务，构成《刑法》分则第九章规定的渎职犯罪的，应当依法追究刑事责任。以“集体研究”形式实施的渎职犯罪，应当依照《刑法》分则第九章的规定追究国家机关负有责任的人员的刑事责任。对于具体执行人员，应当在综合认定其行为性质、是否提出反对意见、危害结果大小等情节的基础上决定是否追究刑事责任和应当判处的刑罚。虽然以上规定针对国家机关工作人员，但也可从该规定中窥探出最高人民法院、最高人民检察院关于职务犯罪的共同犯罪中行为人身份地位的区分及认定思路。

在职务犯罪的共同犯罪中，行为人职务的高低并非区分共同犯罪主犯和从犯的要件。即使是职务低者，针对领导提出的明显违法的决定或命令，亦有拒绝执行的义务。如领导要求行为人执行的行为明显违法，行为人遵照执行、未提出反对意见，造成的危害结果达到相关罪名的立案条件，行为人则被认定为共同犯罪，而是否会被认定为主犯，要看行为人在该事件中是否享有直接的决策权及审批权。一般来说，只有在职权犯罪中起次要、辅助作用的行为人，才能被认定为从犯。例如，广东省高级人民法院2015年审理的国有公司人员滥用职权罪案。

2002年12月26日至2012年5月6日，经南航公司党委推荐，被告人余某友担任南航电商公司党总支书记、副总经理。自2011年起，余某友主持南航电商公司全面工作。2003年2月至2013年6月，被告人刘某东担任南航电商公司市场部经理助理，是南航电商公司订座系统配置号及工作号的主管理员，负责南航公司订座系统工作号（ICS 工作号）的管理和申请。2011年7月至8月，被告人孙某得知南航公司ICS工作号可以免费改签机票，遂要求余某友、刘某东为其提供南航公司ICS工作号用于改签客票谋利，余某友同意并要求刘某东办理。2011 年 10 月 8 日、11 月 2 日，经余某友审批同意，刘某东以南航电商公司名义申请 13 个南航公司 ICS 工作号并交给孙某使用。

关于余某友、刘某东行为定性问题，法院观点如下。根据《南航订座系统（ICS）工作号管理规定》《电子商务公司订座系统配置及工作号内部管理规定》和《关于南航 ICS 工作号使用的情况》，ICS 工作号只配发给南航公司内部各岗位，严禁失控；对 ICS 工作号的申请进行审核，严格把关；ICS 工作号不分配给代理人。余某友作为南航电商公司的负责人，其掌握 ICS 工作号审批权，明知作为票务代理的金达航公司不具备使用 ICS 工作号条件的情况下，仍要求刘某东为孙某申请办理 ICS 工作号，并通过办公自动化系统审批同意，为孙某等人改签客票赚取差价提供便利条件，客观上造成了南航公司经济损失 3, 863, 426 元，故余某友的行为应认定构成国有公司人员滥用职权罪。刘某东作为南航 ICS 工作号主管理员，负责南航电商公司的订座系统配置和工作号资源管理，其明知作为票务代理的金达航公司不具备使用 ICS 工作号条件的情况下，仍为孙某申请办理了 13 个 ICS 工作号，为孙某等人改签客票赚取差价提供了帮助，故刘某东的行为亦应认定构成国有公司人员滥用职权罪。余某友因滥用职权造成南航公司经济损失共计人民币 3, 863, 426 元，应以国有公司人员滥用职权罪判处其有期徒刑 7 年；刘某东是该案滥用职权罪的共犯，在案中起次要作用，是从犯，有自首情节，依法可以从轻处罚，应以国有公司人员滥用职权罪判处其有期徒刑 4 年。

回到陈某涉嫌滥用职权罪这一案件中，虽然陈某应县委书记邱某的要求使用公款购买冬虫夏草，但县委书记邱某本身对于财政局的公款使用并没有直接的决策权和审批权，县委书记邱某个人所提出的要求，不能直接影响财政局财政资金的使用。针对县委书记邱某提出的这一明显违法的要求，陈某具有提出反对意见的义务，但陈某没有提出反对意见，没有拒绝执行。从主观上看，如果陈某明确提出了反对意见，则陈某不存在犯罪的主观故意；从客观上看，如果陈某拒绝执行，该案亦不存在犯罪的客观行为。因此，分析整个犯罪过程，陈某才是此罪的实行犯。该案滥用职权的犯罪后果是陈某行使其决策权、审批权而直接导致的，并非县委书记邱某的要求所致，因此，陈某在该案的犯罪中起的是主要作用，不能认定为从犯。

案例数据显示，职务犯罪案件中，行为人的犯罪动机往往源于上级领导的明示或者默示，在国有企业中，如国有企业工作人员顺应领导的要求，做出了如滥用职权、玩忽职守等犯罪行为，作为辩护律师，应辩证判断行为人在共同犯罪中起到的作用，结合其主观意识、客观行为以及是否具有决策权、审批权等多方面，来区分其在职务犯罪中的犯罪地位，认真分析其是属于共同犯罪的主犯还是从犯，尽最大可能为被告人争取到最轻的量刑结果。

国有集体企业提前退休职工的劳动纠纷问题

广东誉理律师事务所　毕志标

一、当事人基本情况

一审原告（上诉人）：利某

一审被告（上诉人）：花都区某总公司（国有企业）、广州某监理有限公司（国有企业）

二、案件基本情况

利某在1988年10月至2014年3月均在广州某监理有限公司（原某化轻建材公司）工作，利某在1986年1月至2009年2月为其购买社保的单位是花都区某总公司，2009年3月至2014年3月为其购买社保的单位是广州某监理有限公司。花都区某总公司是广州某监理有限公司的主管公司，利某的实际用工单位是广州某监理有限公司。2014年3月，利某与广州某监理有限公司协商解除劳动关系，签订书面协议。利某于2017年5月25日向某区人力资源和社会保障局提交《领取基本养老保险待遇申请表》，该表类别属于特殊工种提前退休审批类，在该表“从事特殊工种情况”部分，利某填写“工种名称”为“危运”，“工种性质”为“特别繁重体力劳动”，“单位名称”为“花都区物资局”，“起始日期”为“1998年01月至2014年03月”。某区人力资源和社会保障局经审查后于2017年6月29日作出特殊工种提前退休审批决定，认为利某“从事的工种汽修、业务、经理助理、司机、业务员未分别列入花都区某总公司（广州某监理有限公司）所属物资系统（行业）可提前退休的特殊工种范围，故此，不同意办理特殊工种提前退休”。

利某不服某区人力资源和社会保障局作出的不同意办理提前退休决定，向铁路运输法院提起行政诉讼，在该行政诉讼过程中，利某通过信访手段，取得广州某监理有限公司2018年3月出具的《关于利某从事装卸搬运工作的证明》，内容有：“原职工利某于1998年—2014年入职广州某监理有限公司以来，一直从事仓储、装卸搬运、运输和押运工作，由于公司性质特殊，职工每天工作接触的都是易燃易爆物品，按照国家有关规定，凡接触易燃易爆品，必须持证上岗，利某是持双证职工，日常出入装卸搬运必须参与。”铁路运输法院于2018年4月10日作出（2017）粤7101行初3786号行政判决书，支持某区人力资源和社会保障局对利某不同意办理提前退休的决定。

利某还向法院提交自己的道路运输从业人员从业资格证，从业资格类别是：J-货运、W-危驾/押运。

审理中，法院发函向某区人力资源和社会保障局调查利某的工种能否提前退休、档案是否可以修改、提前退休的待遇如何等问题，某区人力资源和社会保障局回复：（1）物资行业只有人力装卸搬运工列为特殊工种；（2）特殊工种提前退休审批必须以原始档案资料为依据，后补的证明不能作为审批依据。

三、争议焦点

利某是否因不能提前退休而产生待遇损失；花都区某总公司、广州某监理有限公司应否赔偿利某未能提前退休的待遇损失。

四、双方意见或观点

利某主张1986年1月入职花都区某总公司，广州某监理有限公司是花都区某总公司的下属单位，二者属于混同用工。在职期间，利某主张其从事仓储、装卸搬运、运输、押运雷管等民用爆破器材工作，属于可以提前退休的工种。由于花都区某总公司、广州某监理有限公司没有在其档案中如实记载其工作岗位，使得其无法办理提前退休手续；按原告的工龄及工作岗位，原告退休可每月领取2800元的退休待遇，因此，利某认为花都区某总公司，广州某监理有限公司的过错导致利某不能办理提前退休手续，应当予以赔偿退休待遇损失。故利某要求花都区某总公司、广州某监理有限公司赔偿其退休待遇损失50,400元。

花都区某总公司、广州某监理有限公司主张利某的工种是否属于特殊工种应当由有关的劳动行政部门认定，属于劳动部门的行政职能范畴，单位无权干涉。利某的原始档案已明确记载其工种，劳动部门及法院已认定其工作内容不属于提前退休的范畴，企业不存在任何过错，利某不存在退休待遇损失问题，花都区某总公司、广州某监理有限公司不应当赔偿利某所谓的未能提前退休的待遇损失。

五、代理结果和裁判理由

一审法院驳回利某全部诉讼请求，二审维持原判，理由如下。利某申请提前退休，应符合特殊工种提前退休的条件。利某是广州某监理有限公司的员工，对其工作情况及相关表现，由广州某监理有限公司记载入其人事档案中。利某主张其工作内容属于可以提前退休的特殊工种，对此利某提交了广州某监理有限公司出具的证明及道路运输从业人员从业资格证作为证据，法院认为证明与利某的档案记载不相符，道路运输从业人员从业资格证也不能证明利某在职期间的工种。利某所从事的工种未经物资部门提出并经同级劳动部门审查同意列为特殊工种，其不能享受提前退休待遇，并非花都区某总公司、广州某监理有限公司的过错。

六、办案总结

广东省人力资源和社会保障厅《关于规范特殊工种提前退休审批工作有关问题的通知》（粤劳社〔2002〕136号）第3条规定："各级劳动保障部门要建立健全特殊工种登记管理制度。设有特殊工种的企业，要将特殊工种岗位、人员及其变动情况，定期向劳动保障部门报告登记，由地市级劳动保障部门备案。"该通知第4条规定："特殊工种提前退休仍应按国务院办公厅《关于进一步做好国有企业下岗职工基本生活保障和企业离退休人员养老金发放工作有关问题的通知》（国办发〔1999〕10号）以及劳动和社会保障部《关于制止和纠正违反国家规定办理企业职工提前退休有关问题的通知》(劳社部发〔1999〕8号)的规定，由各市劳动保障局审批。”该通知第5条规定：“在特殊工种提前退休的审核中，对没有原始档案或原始档案没有记载特殊工种工作经历的，不得作为提前退休依据。对曾经发生过弄虚作假骗取特殊工种提前退休的企业及职工，应在特殊工种管理档案中注明，进行重点监控。”我们国家对于办理特殊工种提前退休还是比较严格的，要求用人单位将特殊工种岗位、人员及其变动情况定期向人社部门报告登记，然后由人社部门予以备案。人社部门在特殊工种提前退休审核时也应严格把关，必须以原始档案记载的内容为准，防止存在事后补充资料，杜绝弄虚作假的情况出现。

早期国有企业职工工作内容多种多样，种类繁杂，职工档案中记载工作内容比较简单，可能无法全面反映职工的全部工作内容。这就会导致职工误认为其属于特殊工种，可申请提前退休。鉴于认定职工能否提前退休是由某区人力资源和社会保障局依法行使的行政权利，如果职工对某区人力资源和社会保障局认定其不能提前退休的决定有异议，下一步就会提出行政诉讼，在行政诉讼提起前或者审理中，职工会通过各种手段补充证据，类似该案涉及国有企业，职工会通过信访、找熟人等途径，要求国有企业出具一些有利于其诉讼的证明，有时还发生一些证明可能偏离事实、虚构事实的情况。

若最终职工无法办理提前退休，其就会把矛头指向国有企业，认为企业档案记载其工作内容不全或记载错误，企业当时也没有为其办理特殊工种审批等，将其不能提前退休归咎于企业，通过各种手段如信访以求达到提前退休目的，直至起诉企业索赔，引发国有企业诸多风险，不利于社会稳定。

为了保护国有企业和职工各方的合法权益，减少不必要的矛盾纠纷，建议国有企业应在职工原始档案如实详细记载其工作内容，对可能涉及特殊工种的职工，按照规定定期将特殊工种岗位、人员及其变动情况向当地人社部门报告备案，如果职工符合提前退休的条件，可以向人社部门申请按特殊工种提前退休处理。

通过该案例，我们可以抛砖引玉，思考对于国有企业尤其重要的是规范公章管理。因为国有企业的负责人经常变更，故出具书面证明类的材料需十分谨慎；又因为一些历史情况较难调查，故出具没有原始证据材料支撑的证明需要大量收集旁证，形成有一定证明力的证据链，否则随意出具证明，反而会导致企业承担不必要的责任或损失，造成国有（集体）资产流失。

国有企业改制过程中的职工安置问题

上海中联（广州）律师事务所　宋喜霞

一、国有企业改制的情形

《企业国有资产法》2009年5月1日施行第39条对企业改制进行了规定："本法所称企业改制是指：（一）国有独资企业改为国有独资公司；（二）国有独资企业、国有独资公司改为国有资本控股公司或者非国有资本控股公司；（三）国有资本控股公司改为非国有资本控股公司。"

二、国有企业改制职工安置涉及的相关问题

在国有企业改制过程中，职工安置工作存在的问题主要包括以下几个方面。

（一）职工安置人员分流问题

国有企业改制的职工安置，首先需要考虑的是安置职工的分流问题，不设置分流标准或者标准设置不合理都会引起纠纷，阻碍改制工作的进展。一般来说，可以根据企业实际情况，选择技能水平、业绩表现、年龄、学历等多种因素，合理设置权重，综合排序选定分流对象。

需要注意的是，根据《劳动合同法》等法律法规和相关政策规定，企业不得裁减以下人员：

1. 从事接触职业病危害作业的劳动者未进行离岗前职业健康检查，或者疑似职业病病人在诊断或者医学观察期间的；

2. 在本单位患职业病或者因工负伤并被确认丧失或者部分丧失劳动能

力的；

3. 患病或者非因工负伤，在规定的医疗期内的；

4. 女职工在孕期、产期、哺乳期的；

5. 在单位连续工作满 15 年，且距法定退休年龄不足 5 年的；

6. 法律、行政法规规定的其他情形。

此外，根据《劳动合同法》等法律法规和相关政策规定，裁减人员时，企业应当优先留用下列人员：

1. 与单位订立较长期限的固定期限劳动合同的；

2. 与单位订立无固定期限劳动合同的；

3. 家庭无其他就业人员，有需要扶养的老人或者未成年人的；

4. 烈士遗属、单位接收的由国家安排工作的退役军人等。

对于上述情形的人员，企业并非绝对不能分流，但应当审慎处理，在与其本人协商同意并妥善安置情况下，也可以解除劳动合同。

（二）国有企业改制职工安置补偿标准问题

与其他性质企业不同，国有企业向职工支付安置费可能导致国有资产的减少，因此，国有企业在制定补偿方案时需要警惕"国有资产流失"的红线，严防国有资产流失。同时，经济补偿是职工最为关心的问题，如果补偿标准设置得不合理，也会引起职工不满，进而阻碍改制的进展。

根据《劳动合同法》第 46 条的规定，国有企业应当对在改制中分流的职工给予经济补偿。《劳动合同法》第 47 条明确规定了经济补偿的计算："经济补偿按劳动者在本单位工作的年限，每满一年支付一个月的标准向劳动者支付。六个月以上不满一年的，按一年计算；不满六个月的，向劳动者支付半个月工资的经济补偿。劳动者月工资高于用人单位所在直辖市、设区的市级人民政府公布的本地区上年度职工月平均工资三倍的，向其支付经济补偿的标准按职工月平均工资三倍的数额支付，向其支付经济补偿的年限最高不超过十二年。月工资的计算标准为劳动者在劳动合同解除或者终止前十二个月的平均工资。"需要说明的是，劳动者的月工资按照劳动者的应得工资计算，包括计时工资或者计件工资以及奖金、津贴和补贴等货币性收入。劳动者在劳动合同解除或者终止前12个月的平均工资低于当地最低工资标准的，按照当地最低工资标准计算。劳动者工作不满12个月的，按照实际工作的月数计算平均工资。《劳动合同法》第47条的规定是法定标准，在实际操作中，为了激发职工积极性，更顺畅地推进分流工作，企业可以在前述法定标准的基础上设定更加灵活的安置补偿条件。

（三）国有企业改制职工安置的民主程序问题

国有企业安置分流职工与非国有企业裁员在民主程序上存在一定的区别，根据《劳动合同法》第4条第2款和第41条第1款的规定，二者都需要提前向工会或全体职工说明情况，听取工会或职工的意见。但对国有企业来说，除了民主协商外，职工安置分流方案还需经职工代表大会或职工大会审议通过，根据国务院办公厅《转发国资委关于进一步规范国有企业改制工作实施意见的通知》的规定，具体程序包括以下几个方面。

1. 制定职工安置方案。根据国务院办公厅《转发国资委关于进一步规范国有企业改制工作实施意见的通知》第1条的规定，国有企业改制需要制定职工安置方案。

2. 改制方案必须提交企业职工代表大会或职工大会审议，并按照有关规定和程序及时向广大职工群众公布。应当向广大职工群众讲清楚国家关于国有企业改革的方针政策和改制的规定，讲清楚改制的必要性、紧迫性以及企业的发展思路。在改制方案制订过程中要充分听取职工群众意见，深入细致地做好思想工作，争取广大职工群众对改制的理解和支持。

3. 国有企业实施改制前，原企业应当与投资者就职工安置费用、劳动关系接续等问题明确相关责任，并制订职工安置方案。职工安置方案必须经职工代表大会或职工大会审议通过，企业方可实施改制。职工安置方案必须及时向广大职工群众公布，其主要内容包括：企业的人员状况及分流安置意见；职工劳动合同的变更、解除及重新签订办法；解除劳动合同职工的经济补偿金支付办法；社会保险关系接续；拖欠职工的工资等债务和企业欠缴的社会保险费处理办法等。

4. 企业实施改制时必须向职工群众公布企业总资产、总负债、净资产、净利润等主要财务指标的财务审计、资产评估结果，接受职工群众的民主监督。

5. 改制为国有控股企业的，改制后企业继续履行改制前企业与留用的职工签订的劳动合同；留用的职工在改制前企业的工作年限应合并计算为在改制后企业的工作年限；原企业不得向继续留用的职工支付经济补偿金。改制为非国有企业的，要严格按照有关法律法规和政策处理好改制企业与职工的劳动关系。对企业改制时解除劳动合同且不再继续留用的职工，要支付经济补偿金。企业国有产权持有单位不得强迫职工将经济补偿金等费用用于对改制后企业的投资或借给改制后企业（包括改制企业的投资者）使用。

6. 企业改制时，对经确认的拖欠职工的工资、集资款、医疗费和挪用的职工住房公积金以及企业欠缴社会保险费，原则上要一次性付清。改制后的企业要按照有关规定及时为职工接续养老、失业、医疗、工伤、生育等各项社会保险关系，并按时为职工足额缴纳各种社会保险费。

（四）职工安置方案的实施工作步骤

1. 按照规定将职工安置方案提前 30 天向职工代表大会或全体职工通报，由职工代表大会或职工大会讨论通过并最终形成决定。

2. 将已经通过的职工安置方案及相关文件上报政府有关部门进行审批。

3. 在职工安置方案审批通过后，按照职工安置方案规定的时间、要求和程序与重新就业的职工签订变更或重新签订劳动合同；向终止或者解除劳动关系的职工发放经济补偿金，出具《终止或解除劳动关系证明书》等。

4. 协助企业办理重新就业职工的社保手续，以及未重新就业职工的档案移交手续和社保手续。

5. 与相关职工就解决其与企业的债权、债务问题进行沟通，签订并履行相应的协议书。

6. 将有关提取的经费移交给当地社保机构或改制企业。

三、国有企业改制职工安置的建议

综上所述，基于各个企业的特殊情况，不同企业在改制过程中所遇到的职工安置问题，有相同之处，亦有不同之处，因此，笔者建议各企业在改制过程中一定要结合企业的实际情况，充分考虑企业职工的切身利益，在听取职工意见的基础上，制订切实可行的职工安置方案，从而推进职工安置工作的顺利进行。

对国有企业员工持股制度的几点思考

广东卓信律师事务所　张　毅

一、员工持股制度在国企中的政策演变及其施行的必然性

（一）员工持股制度在国有企业领域的实施及其发展趋势

如要追溯我国国有企业员工持股制度，具体可以追溯至1992年国务院《批转国家体改委、国务院生产办关于股份制企业试点工作座谈会情况报告的通知》（国发〔1992〕23号）中的有关规定。此后，国务院又发布了一系列关于国有企业员工持股规范的相关文件，具体情况如表5－2所示。

表5－2　1992～2016年关于国有企业员工持股规范的文件

序号	时间	文件名称	涉及职工持股的主要内容
1	1992年	国务院《批转国家体改委、国务院生产办试点工作座谈会情况报告的通知》（国发〔1992〕23号）	对股份制企业内部职工持股进行了规范：如采用记名股权证形式、严格限定在本企业之内等
2	1994年	国务院《对外经贸股份有限公司内部职工持股试点暂行办法》的批复（国函〔1994〕54号）	1. 采取职工持股会的形式进行；2. 累计不得超过公司股本总额的10%；3. 不得转让、继承等
3	2008年	《关于规范国有企业职工持股、投资的意见》（国资发改革〔2008〕139号）	要求对之前不规范的职工持股实施清退，并同时对实行职工持股企业的企业范围、资金来源、持股方式、股份转让等作了限制，如职工入股原则限于持有本企业股权等

续表

序号	时间	文件名称	涉及职工持股的主要内容
4	2013 年 11 月	《中共中央关于全面深化改革若干重大问题的决定》	发展混合所有制经济，允许混合所有制经济实行员工持股
5	2015 年 9 月	中共中央、国务院《关于深化国有企业改革的指导意见》（中发〔2015〕22 号）	探索实行混合所有制企业员工持股，坚持试点先行，在取得经验基础上稳妥有序推进
6	2016 年 8 月	《关于国有控股混合所有制企业开展员工持股试点的意见》（国资发改革〔2016〕133 号）	确定试点规则，重点在于稳妥推进，严防国有资产流失和暗箱操作等行为

从表 5－2 可知，2008 年之前，国家政策层面对员工持股一直以来的态度是，在不断规范管理的情况下，有条件地鼓励员工持股，以激发员工的积极性；但是自 2008 年开始，国家政策对员工持股开始呈现出一种审慎的态度，《关于国有控股混合所有制企业开展员工持股试点的意见》（以下简称《混合制国企员工持股意见》）中也对员工持股做了诸多防范和限制。

因此，尽管国家十分希望能够通过员工持股制度实现调动员工工作积极性，建立员工利益与企业利益和国家利益的共同体，但是由于其在具体实施执行过程中未能使得员工持股发挥其正面积极作用，反而在一些情况下容易造成国有资产流失，因此国家及国资监管部门的政策规范变得审慎并增加限制。但是，我们不应因噎废食，而应从源头及制度上寻找造成前述结果的原因，并努力从源头上将员工持股制度纳入企业管理的积极轨道，为企业创造良好的经营和管理效益。

（二）员工持股制度对企业发展具有其他制度无可替代的优势

在民营企业领域，华为创造了员工持股与企业发展的奇迹，在国有企业领域，海螺集团①的发展，也体现了员工持股制度带来的巨大经济效益。总

① 参见安徽省盐业总公司改革与资产管理处：《海螺职工持股：改写企业发展速度》，载《中国盐业》2016 年第 10 期。

的来说，员工持股对企业的发展主要存在以下三方面的优势。

1. 空前激励人才的创造性和积极性。员工持股制度能够使员工在可预见的时间及空间内得到与其所付出劳动相适应的回报，使员工以“主人翁”的身份和态度立足于其本职工作中，对调动员工的积极性和创造性具有极大的作用。

2. 建立良好的工作氛围和企业文化，创建公司与员工的利益共同体。员工持股制度在一定程度上实现了公司与员工利益的捆绑机制，在激励员工充分发挥创造力，并营造了良好的工作氛围和优质的企业文化，使企业文化、企业效益与员工积极性三者形成一个良性循环，并相互促进。

3. 实现知识的资本化并加速知识向生产力的转化。员工持股制度，实际上是企业根据员工对企业的实际或预期贡献，对员工进行回报的一种方式，通过这种方式，建立起知识与企业资本的直接联系，实现知识的资本化，并加速知识向生产力的转化。

二、我国以往员工持股制度的实践工作中存在的问题

通过上文对我国改革开放以来在国有企业范围内实行员工持股的政策演变的分析可知，我国以往的实践工作，不仅未能依靠员工持股制度激发员工工作积极性，反而带来一系列国有资产流失等负面影响。那么，究竟是什么原因造成了这些负面影响呢？通过分析以往国有企业改革的成功及失败案例，并结合笔者实际参与的部分项目经验，笔者认为，造成上述局面的原因主要有以下几个方面。

（一）缺乏统一的准入及退出机制

就准入机制而言，通过分析前文所总结的国家政策以及各地关于国有企业员工持股的规范性文件，我们可以发现，无论是国家层面还是地区层面，一般仅在“面”的层次上对员工持股进行了规范和简单说明，却明显缺乏具体的实施标准（包括允许员工持股企业的具体范围以及允许持有企业股权的员工的准入门槛），这导致了员工持股在某种程度上成为一种“可以操作”的制度。

从另一个层面看，在2016年之前的政策及法律规定中，我们也未能见到其对员工应在何时、何种情况下退出持股以及如何退出持股作出明确规定，这就导致了存在一部分“已离职”员工仍然持有公司股权，从而达不到股权激励的效果。

（二）缺乏有效的考核、竞争机制及“激励性”

一方面，员工持有企业股权后即可直接以股东身份或通过持股机构取得分红及行使相应的股东权利。但是由于缺乏必要的监督及考核机制，员工的工作效益和对企业的贡献率与其持股及分红状况并不直接挂钩，从而导致员工持股制度丧失其“激励性”。

另一方面，由于部分国有企业所处行业的市场竞争并不充分，甚至处于垄断地位，这也导致员工缺乏竞争意识，员工持股制度的“激励性”在这些领域也未能真正发挥作用。

（三）员工持股会或持股机构性质不明易形成利益输送

在过去的国有企业改革以及员工持股制度的实践中，除直接持有本企业的股权外，还有一部分员工可能通过员工持股制度直接或间接地持有国有企业全资子公司的股权。由于该等企业一般从事与母公司主营业务相关的辅助性业务，从而可能出现通过关联交易等方式，形成利益输送链条。

（四）缺乏科学合理的操作模式及有效的制约机制

以往的实践中，员工往往缺乏自有资金入股，部分员工通过向企业借款或由企业为员工垫付款、提供借款担保等方式获得入股资金，并向企业承诺以后续分红进行偿还。在此情形下，员工几乎相当于“无偿”获得企业股权，缺乏相应的风险意识以及“利益共同体”的意识，从而对企业的发展状况并不充分关心，未能发挥真正的“主人翁”作用。

当然，由于缺乏明确以及具体的法律规定，以往的国有企业改革以及员工持股制度在实践中还存在其他弊病，但是笔者认为，前述四点为造成现状的主要原因，同时也建议作为国家以及企业在后续员工持股试点工作中予以重点关注的问题。

三、对规范员工持股制度的几点见解及看法

（一）关于国企内部实行员工持股制度的认识误区

1. 关于员工持股制度与公平性的问题

不少人认为，在国有企业内部实行员工持股，如采取现代许多上市公司所采用的期权制，或对该等满足持股条件的员工设置优惠条件，可能会破坏国有资产的“公有”性质，同时也可能造成对其他不满足持股条件的员工的不公平。

从目前的改革情况看来，《混合制国企员工持股意见》对此亦是采取了十分审慎的态度，如将员工持股制度限定在混合所有制企业范围内，并同时限制持股岗位以及持股方式，员工持股以新入股方式为主，以不减少现有国有资产存量为原则等。

笔者认为，这些问题的提出实际上是由于将“公平”等同于“平均”。该意见的做法，确实能够在一定程度上实现公平，但是实际上可能会造成对持股员工的“不公平”。笔者认为，公平的含义应当是“贡献与收益相适应”，一部分存量国有持股作为股权激励，或适当设置员工入股的优惠条件或时间效益，形成员工与企业的利益共同体，才能更好地激发员工的潜能，为企业带来活力，使企业能够创造出更高的效益，从而创造出更多的社会效益。

2. 关于员工持股制度与国有资产流失的问题

关于如何防范国有资产流失，不仅是困扰以往国有企业改革的重要问题，也仍然是今后员工持股制度逐步推行时需要防范和解决的重要问题。许多人在《混合制国企员工持股意见》出台后，对此问题表示担心。① 笔者认为，这是一个应当予以重视的问题，但绝不是一个无法解决的问题。

过去的国有企业改革之所以会造成国有资产流失，主要原因有二：其一

---

① 参见《专家：国企职工持股或致利益输送和国有资产流失》，载人民网 2014 年 5 月 18 日，http：//finance. people. com. cn/n/2014/0518/c1004－25031474. html。

是员工对企业的发展不关心，容易出现“坐吃山空”的局面；其二是关联企业之间利益输送，容易变相影响国有资产。笔者认为，这主要由于缺乏科学的准入机制以及有效的监管机制。只要以科学、合理的准入机制（如仅特定岗位及特定条件员工才允许入股）及监管机制（如规定持股机构不得从事持股以外的其他经营行为，落实责任制度等）落实员工持股制度，前述问题应能在一定限度上迎刃而解。①

（二）关于规范员工持股制度的几点建议

笔者认为，从现状来看，除部分国有企业因所处行业竞争不够充分甚至处于垄断地位而往往不具有实施员工持股制度的外部条件外，我国存在部分国有企业实行员工持股制度的必要性和可行性。对此，笔者建议可以从以下几方面着手，对目前在混合所有制国有企业内部实行员工持股制度进行进一步规范和管理。

1. 建立健全关于员工持股制度方面的法律规范，做到有法可依。除《混合制国企员工持股意见》以及各省（自治区、直辖市）据其出台的相应实施细则外，对员工持股制度的规定几乎是一片空白，这也将可能为今后政策的落实带来诸多不便之处。笔者认为，国家应当对该制度下的各项规范予以进一步细化，确保在建立制度的同时，亦存在明确的执行标准。

2. 员工持股应当限于本企业股权，且持股员工及其亲属均不得持有其他关联企业或辅助类企业股权。员工持股制度的主要目的在于建立员工与企业的利益共同体，如给予员工的股权并非本企业股权，则实际上无法达到该种目的。不仅如此，如员工或员工亲属同时成为关联企业或辅助类企业的股东，甚至可能形成利益输送。

3. 进一步明确持股员工所在岗位及条件，入股条件应存在适当优惠。《混合制国企员工持股意见》以及各省（自治区、直辖市）据其作出的实施细则对此已经有了部分规定，但仍存在“模糊”“面化”等特点，在后续的

---

① 参见《人民日报四问国企员工持股：会不会造成国资流失》，载中国网2016年8月19日，http：//finance. china. com. cn/news/cjpl/20160819/3867267. shtml。

工作中，仍应当建立起明确、公开的准入条件，以实现公平竞争，并确保其可执行性。

此外，《混合制国企员工持股意见》以及各省（自治区、直辖市）据其作出的实施细则均规定员工入股价格不得低于经核准或备案的每股净资产评估值，并同时规定试点企业、国有股东一般情况下不得向员工无偿赠与股份，不得向持股员工提供垫资、担保、借贷等财务资助等。尽管这一规定表面上保持了国有资产存量保持不变，但是实际上提高了员工持股的准入门槛，也使得这一制度的激励性大打折扣。实际上，笔者认为，参照上市公司期权制股权激励制度，将在员工满足一定条件的时候给予员工一定的入股优惠条件，不仅不会造成“不公平”，反而更加能够实现国有资产的保值增值。

4. 明确持股平台的性质及运作模式。《混合制国企员工持股意见》明确规定，员工可以通过持股平台的方式入股企业，并规定持股平台不得进行持股以外的经营行为。这一规定具有十分积极的意义，但是由于对持股平台的性质、成立条件、运作模式（管理制度及方式方法等）规定不清，也将增加此后落实这一制度的障碍，甚至可能使少数人把控持股平台，侵害持股员工利益。

5. 落实责任制度，规范关联交易，防止利益输送。规范关联交易，应当从交易方的选择方式、公允性的确定标准、关联交易的事后监控（公示的周期、方式等以及审计时机构的选择、审计结果的解读标准等）以及相关的法律责任等方面予以全面规范化，否则，如缺乏明确的执行标准，对于关联交易的规范将仅仅是一纸空文。

6. 明确退出机制，切实保障持股职工的合法权益。由于员工持股具有强烈的人身属性，因此，员工持股应当以其为该企业提供服务为前提，如其离开，一般情况下应随之退出。《混合制国企员工持股意见》及各省（自治区、直辖市）出台的相关实施细则虽然对此均作出了规定，但是由于对退出的条件、程序（尤其是在员工死亡、失踪等特殊情况下的程序）缺乏细化的规定，也可能会为后续工作带来执行上的困难。不仅如此，笔者认为，员工退出机制也应当体现“激励性”，除非存在明确法律规定，任何个人及企业均不得因员工离职侵害员工所持股权的权益，为员工维护其合法权益提供法律上的保障。

7. 实际上，员工持股制度的规范应当是一个完整的体系，以上意见主要为解决以往实践中的突出问题而设，除前述几点外，包括允许持股员工的招聘、员工持股与其他吸引优惠政策的关系、员工维权方式方法等都应当是后续立法应当予以规范的事项。

四、结论

不少人认为《混合制国企员工持股意见》所规定的试点面过窄、限制过多，实际上很难发挥员工持股制度的优越性，尤其是要求员工增资扩股等限制，实际上大大提高了员工入股企业的门槛。笔者认为，《混合制国企员工持股意见》所呈现出来的审慎态度确有“一朝被蛇咬，十年怕井绳”之嫌，但在现状中亦有其一定程度上的实操必要性，笔者认为，国有资产监管部门应会在今后的工作中，结合试点得来的宝贵经验，进一步优化员工获得股权的途径及条件，在增加制度的可行性的同时，寻找国有资产、持股员工及非持股员工最佳的相处模式，既要避免员工持股制度沦为侵吞国有资产的工具，也不能使持股员工的合法权益因国有资产的强势地位而受损。

承包合同无效情况下结算协议的效力及质保金退还的成就条件

广东广信君达律师事务所　肖硕彬

一、当事人和代理人基本情况及案由

上诉人（原审被告）：广东J公司

委托诉讼代理人：肖硕彬，广东广信君达律师事务所律师

委托诉讼代理人：陈丹键，广东广信君达律师事务所律师

被上诉人（原审原告）：湖北Y公司

二、案情简介

2010年3月30日，某国有企业广东J公司（甲方）与湖北Y公司（乙方）签订《内部承包合同（01）》，约定某公路部分路段工程交由湖北Y公司施工，工程范围和数量以工程量清单为准。乙方负责按附件《工程量清单》中的工程数量和综合单价表示的价款8000余万元，扣除乙方领用甲方材料后的金额，完成本工程的实施及缺陷修复等工作，其中，支付及最终结算按乙方实际完成并经甲方确认、业主、监理最终批复的工程数量乘以工程量清单综合单价并扣除乙方实际领用甲供材价款进行计算。《内部承包合同（01）》还约定：工程量清单中未填入单价或总额价的工程细目将不予支付，并认为该细目的价款已包括在工程量清单其他相应细目的单价或总额价中。最终结算的工程数量不超过决算审计部门审计核定的数量。一旦甲方和监理工程师根据规范、标准和有关要求等确定某项工程项目或细目在工程质量上（或外观质量上）存在缺陷或质量问题，将不予以计量支付，甲方有权要求

乙方将不符合要求的工程项目进行返工且在质量达到要求后才予以计量支付，由此造成的整改、返工或重做等发生的费用全部由乙方负责。每期的计量支付原则上根据乙方当月实际完工并经甲方、监理及业主确认计量合格工程量乘以合同清单单价确定完成额，扣除乙方实际领用甲供材的金额后确定当期计量金额并扣留相关款项后确定当期应付工程款。

关于质量保证金的约定是：每期支付时扣留当月计量工作量（含甲供材费用）的5%作为质量保证金，当质量保证金总额达到合同承包合同价的5%后，停止逐期扣留。在缺陷责任期满完成决算审计后无遗留问题，并双方办理结算且业主返还质量保证金后返还剩余部分；如工程质量评分未达到业主质量要求致使业主不予返还质量保证金时，则甲方相应不予返还乙方质量保证金。

乙方向甲方交纳1000万元合作保证金。约定工程的缺陷责任期为2年，质量保修期为5年。在缺陷责任期内，如业主发现任何工程存在不符合合同要求或缺陷要求甲方维修，乙方须在接到甲方口头通知后3天内派人在指定时间内自费更换或修补，否则甲方将另行安排有关工程更换或修补工作，所发生的一切费用将在乙方的保留金中扣除，并保留追诉的权利，同时，也不解除乙方对完工质量应负的全部责任和义务。双方同意签订两套合同规避违法分包的问题。

2010年4月2日，双方签订《合同签订备忘录》，主要约定了《内部承包合同（01）》作为双方施工过程中权利义务及内部计量、最终结算的依据。《内部承包合同（02）》为双方施工过程中支付及账务往来的依据。

2015年11月24日，双方签订了《结算协议书》及附件《合同结算书》，确定最终结算为56,579,143.2元，扣除质量保证金4,011,746.9元，欠付工程款465,037.4元。

2015年12月28日，双方签订《关于隧道队预结算炸药费扣款情况备忘》，确认广东J公司多扣隧道队208,830元。预结算后，广东J公司先后支付了35万元给湖北Y公司。

湖北Y公司一审的诉讼请求为：退还质保金4,011,746.9元，支付工程款323,867.4元。

一审法院判决《内部承包合同》因违反最高人民法院《关于审理建设工程施工合同纠纷案件适用法律问题的解释》第1条“建设工程施工合同具有下列情形之一的，应当根据合同法第五十二条第（五）项的规定，认定无效：（一）承包人未取得建筑施工企业资质或者超越资质等级的；……”规定而无效。[①] 但根据该司法解释第2条的规定，建设工程施工合同无效但建设工程经竣工验收合格，承包人请求参照合同约定支付工程价款的，法院应予支持。因缺陷责任期已届满且广东J公司未举证存在质量问题，故应向湖北Y公司支付其请求的欠付工程款323, 867. 4元及质保金4, 011, 746. 9元。

二审判决采纳了广东J公司代理律师的意见，认为涉案隧道工程的缺陷责任期虽已届满，但该隧道工程自交工投入通车使用至今的质量保修期尚未届满，且湖北Y公司未能提交证据证明其已与广东J公司办理了最终结算或广东J公司与业主就涉案工程已完成决算审计，也无法证明业主已返还广东J公司质量保证金，故涉案内部承包合同中约定的质量保证金给付条件未能成就。湖北Y公司主张广东J公司向其支付质量保证金，缺乏事实和法律依据，不予支持。广东J公司可待涉案内部承包合同约定的给付质量保证金条件成就后再向广东J公司另行主张质量保证金。一审判决广东J公司向湖北Y公司返还涉案隧道工程的质量保证金4, 011, 746. 9元不当，依法应予纠正。

三、争议焦点

该案的争议焦点有三：一是涉案内部承包合同是否合法有效；二是上诉人应否向被上诉人支付工程款323, 867. 4元；三是被上诉人请求返还质量保证金的条件是否成就。

---

① 该司法解释已失效，现规定为最高人民法院《关于审理建设工程施工合同纠纷案件适用法律问题的解释（一）》第1条：“建设工程施工合同具有下列情形之一的，应当依据民法典第一百五十三条第一款的规定，认定无效：（一）承包人未取得建筑业企业资质或者超越资质等级的；……”

四、双方主要意见

（一）广东J公司意见

1. 《内部承包合同》合法有效。湖北Y公司是广东J公司所设项目经理部领导下的内部承包单位，服从广东J公司的全面管理、协调与领导，不存在违法分包。

2. 一审法院认定广东J公司应支付拖欠工程款323,867.4元给湖北Y公司严重违背客观事实。（1）《合同结算书》中提及的欠付工程款为465,037.4元。广东J公司在签订结算书后共支付了35万元，因此，剩余欠付工程款应为115,037.4元。（2）一审判决支付的数额遗漏了最终验收的其他扣款项，对全案结算情况视而不见。J公司未与业主方作最终结算，项目亦未经审计部门审计，结算支付的条件未成就。

3. 即使承包合同无效，工程质量保证金的返还条件也应予以适用，但该条件诉讼时不具备。（1）未达到法定的退还条件。最高人民法院《关于审理建设工程施工合同纠纷案件适用法律问题的解释（二）》第8条第1款规定："有下列情形之一，承包人请求发包人返还工程质量保证金的，人民法院应予支持：（一）当事人约定的工程质量保证金返还期限届满。……"① 承包合同约定的返还期限未届满法定退还条件未达成。（2）未达到约定的退还条件。根据最高人民法院《关于审理建设工程施工合同纠纷案件适用法律问题的解释（二）》第11条规定，当事人就同一建设工程订立的数份建设工程施工合同均无效，但建设工程质量合格，一方当事人请求参照实际履行的合同结算建设工程价款的，法院应予支持。② 《内部承包合同》第4条第5款第1项约定在缺陷责任期满完成决算审计后无遗留问题，双方办理

---

① 该司法解释已失效，现规定为最高人民法院《关于审理建设工程施工合同纠纷案件适用法律问题的解释（一）》第17条："有下列情形之一，承包人请求发包人返还工程质量保证金的，人民法院应予支持：（一）当事人约定的工程质量保证金返还期限届满；……"

② 该司法解释已失效，现规定为最高人民法院《关于审理建设工程施工合同纠纷案件适用法律问题的解释（一）》第24条第1款："当事人就同一建设工程订立的数份建设工程施工合同均无效，但建设工程质量合格，一方当事人请求参照实际履行的合同关于工程价款的约定折价补偿承包人的，人民法院应予支持。"

结算，业主返还质量保证金后返还剩余部分。项目未“完成决算审计”，不符合约定返还的条件。

（二）湖北Y公司意见

1. 一审法院对合同定性是准确的，该案并非结算纠纷，是建设施工合同纠纷。

2. 一审法院认定事实清楚，判决结果正确。由于被上诉人不具备相应的资质，根据相关司法解释，涉案合同属无效合同，无效合同对双方没有约束力，但被上诉人仍然可以按照双方的工程量清单进行结算。

3. 涉案工程于2010年签订合同，2013年底完工后交付给上诉人，并已在2014年通车使用，双方亦于2015年11月24日签订（合同）结算协议书，后上诉人于2017年1月再付了15万元和20万元工程款。涉案内部承包合同约定两年的缺陷责任期现已届满，且目前工程没有质量问题，质保金也是工程款的一部分，故上诉人应当支付工程款的尾款和质保金。

五、裁判结果与理由

该案二审判决采纳了广东J公司的代理意见，法院认为：涉案隧道工程的缺陷责任期虽已届满，但该隧道工程自交工投入通车使用至今的质量保修期尚未届满，且被上诉人未能提交证据证明其已与上诉人办理了最终结算或上诉人与业主就涉案工程已完成决算审计，也无法证明业主已返还上诉人质量保证金，故涉案内部承包合同中约定的质量保证金给付条件未能成就。被上诉人主张上诉人向其支付质量保证金，缺乏事实和法律依据，法院不予支持。被上诉人可待涉案内部承包合同约定的给付质量保证金条件成就后再向上诉人另行主张质量保证金。一审判决上诉人向被上诉人返还涉案隧道工程的质量保证金4,011,746.9元不当，依法应予纠正。

六、办案小结

该案的疑难之处有以下两点。

1. 该案是否应参照《结算协议书》的结算及支付条件，即《结算协议书》及附件《合同结算书》是否独立有效。

上诉人与被上诉人签订的《内部承包合同》虽被一审法院认定为无效，但《结算协议书》及附件《合同结算书》并不因《内部承包合同》无效而当然无效，二者虽有关联，但仍是相互独立的合同，是双方于《内部承包合同》约定的工程交工后的结算协议，在性质上属于上诉人与被上诉人对双方之间债权债务关系的结算和清理，属于双方真实的意思表示，其协议内容并不违反法律法规的效力性强制性规定，故《结算协议书》《合同结算书》有效，能独立作为上诉人与被上诉人结算的依据。一审法院对《结算协议书》及附件《合同结算书》的效力以及约定的支付条件是否已经成就等基本事实仍未查清，导致其认定事实有误，适用法律错误。二审法院采纳代理律师意见，纠正了此错误，认定《结算协议书》及附件《合同结算书》"系当事人的真实意思表示，未违反法律规定，不具有无效或可撤销情形，故可作为该案的定案依据"。

2. 关于涉案工程结算及支付条件是否已具备。

上诉人与被上诉人签订的《内部承包合同》和《结算协议书》均约定，涉案工程合同价款最终按照上诉人与业主经审计机构审核的结果进行调整后作为双方结算价；《合同结算书》备注栏中对暂扣款的质量保证金约定结算支付条件是"缺陷责任期无遗留问题且业主支付后支付"，约定："本结算数量为预结算数量，若发生审计核减等，乙方（即被上诉人）承担相应的审计核减费用。"项目业主方于2019年5月30日转发的广东省交通集团有限公司的通知明确，委托的第三方审计单位于2019年6月10日起对涉案工程进行审计（此为政府行业主管部门开展竣工决算审计前的建设单位内部审计工作），尚未有相关审计结果，即案涉隧道工程目前未完成竣工验收，业主尚未与上诉人结算。因此《结算协议书》及《合同结算书》约定的暂扣款、工程款、质保金的结算、支付条件并未成就，涉案工程尚不具备合同约定的结算条件。

该案中，代理律师在《内部承包合同》被判定为无效的情况下，力证《内部承包合同》及《结算协议书》中关于质保金给付条件的约定应予适用且该条件在诉讼时仍未成就。该代理意见最终被二审法院接纳，保障了委托人在双方约定的质保金退还条件成就的情况下才退还质保金的权利。

某国企对外投资合同纠纷案例分析

广东广信君达律师事务所　肖硕彬

一、当事人和代理人基本情况及案由

原告：X公司

被告：G公司（国有控股公司）

案由：股权投资纠纷

二、案件基本情况

（一）签订增资协议

2011年9月14日，G公司（国有控股公司）与X公司签订了《增资协议书》，双方就X公司增资达成协议：G公司同意以4000万元为对价对X公司增资1万元注册资本，增资完成后G公司持有X公司约0.2%的股权；X公司承诺G公司完成增资后，将现金出资4000万元与G公司共同设立B公司，并以1万元的价格将其拥有的所有专利、非专利技术等所有资产转让给B公司。随后，G公司向X公司转账1000万元，记载用途为增资款。

（二）设立B公司

2011年10月25日，B公司设立登记，G公司、X公司分别持有该公司60%和40%的股份，在2011年10月31日前需分别出资1500万元和1000万元，完成第一期出资认购。此后，G公司、X公司第一期出资认购到位，双方均未再出资。2012年9月23日，B公司出资2000万元购买了L公司，拥有L公司100%的股权。

（三）签订变更投资主体协议及其补充协议

2013年9月16日，G公司、X公司、B公司与L公司签订《关于B公司某项目变更投资主体的框架协议》，该协议载明："截至协议签署之日，G公司已缴纳1000万元投资款，但X公司尚未办理增资的工商变更登记手续。""合同各方为优化股权结构，节约管理成本，整合优势资源，拟通过股权转让、增资等程序进行一系列股权调整，以达到G公司和X公司分别直接持有L公司60%和40%的股权，直接管理某项目之目的。""各方达成协议如下：1. B公司把技术专利以1万元的价格过户给X公司，X公司将其持有的B公司40%股权转让给G公司，本次股权转让完成后，B公司成为G公司的全资子公司。2. 关于X公司向G公司退回增资款：由于X公司尚未办理相关增资手续，G公司拟收回已向X公司缴纳的增资款，并解除G公司和X公司于2011年9月14日签订的《增资协议书》。上述程序完成后，G公司不再是X公司的股东。为实现上述目的，G公司和X公司需另行签订解除协议。上述过程中，X公司应于前述解除协议签订之日起5日内向G公司返还投资款1000万元，且G公司不再向X公司缴纳剩余3000万元增资款。3. 在上述相关股权转让及解除合同、退款等手续完成后，G公司和X公司拟分别向L公司进行增资。增资方式：G公司拟以货币不超过7500万元为限进行增资，X公司以专利等资产经评估、验资后进行增资。增资完成后，G公司持有L公司60%的股权，X公司持有L公司40%的股权。"

后G公司、X公司、B公司与L公司又签订《补充协议》，约定："1. 框架协议的第一条、第二条和第三条是一个整体，其中任何一条协议内容不能实际履行，整个框架协议及附带的法律性文件自动失效。2. 为了提高工作效率，降低工商变更风险，框架协议及将来拟按照框架协议之主旨内容及目的所签署的与本次股权调整相关的协议全部通过协议各方内部决策，并完成所涉及的工商变更所需全部材料后，协议各方启动办理相关的工商变更登记。"

（四）实施变更投资主体相应措施

2013 年 9 月 16 日，G 公司（甲方）、X 公司（乙方）、X 公司股东共同签订《增资协议书之解除协议》，约定同意自协议生效之日起解除 2011 年 9 月 14 日签订的《增资协议书》。自解除之日起，该协议不再对双方具有法律约束力，甲方免除乙方在协议项下的办理增资的工商变更登记手续的义务；乙方应自解除协议签订之日起 5 日内向 G 公司退还原投资款 1000 万元，且 G 公司不再向 X 公司缴纳剩余 3000 万元增资款。

2013 年 9 月 16 日，X 公司与 G 公司签订《股份转让协议》，X 公司拟将其认缴的 B 公司 4000 万元出资额（占目标公司股本总额的 40%）及全部相关权利、义务转让给 G 公司，定价依据为甲方向目标公司已缴纳的出资额，即股份转让总价为 1000 万元整。

随后，G 公司、X 公司签订《关于相关资金支付的补充协议》，约定：以《关于 B 公司某项目变更投资主体的框架协议》为基础，根据双方签署的《股份转让协议》，G 公司应实际支付 X 公司 1000 万元的股权转让款。以《框架协议》为基础，根据甲乙双方签署的《增资协议书之解除协议》，X 公司应实际退回 G 公司 1000 万元的增资款。根据上述协议，双方同意 G 公司应支付给 X 公司的 1000 万元，与 X 公司应支付给 G 公司的 1000 万元相互抵销，不实际发生资金支付行为。

后续，G 公司和 X 公司之间诉讼纠纷不断，双方丧失了信任和合作基础，公司股东会长期无法召开，公司经营陷入僵局。各方当事人也均认可股东利益受损，在此情况下，河南省高级人民法院作出民事判决，解散 B 公司。

（五）涉案诉请

后 X 公司向法院起诉，要求 G 公司向其缴纳增资款 3000 万元并赔偿损失。

三、双方意见或观点

X 公司认为，双方签订的《增资协议书》明确约定 G 公司向 X 公司缴纳4000万元增资款，到目前为止，G公司尚有增资款3000万元仍未缴纳。G公司未按增资协议全面履行增资义务，G公司不履行增资义务的违约行为，给X公司造成重大损失。

G公司认为，X公司未成功增资的原因在于X公司事先违约行为——X公司始终未变更股权，《增资协议书》仅是方向性的条款，没有具体性和可操作性，该协议无法执行，X公司以增资协议提出该案的诉请没有法律依据。

四、争议焦点及分析

1.《增资协议书》、《关于B公司某项目变更投资主体的框架协议》及其补充协议，《股份转让协议》《增资协议书之解除协议》《关于相关资金支付的补充协议》各项协议之间的关系如何界定？

G公司与X公司的股权关系实质分为两个阶段：第一阶段G公司与X公司签订《增资协议书》，成立B公司，各持有B公司60%、40%的股份，后B公司购买L公司，持有L公司100%的股份。第二阶段G公司、X公司、B公司、L公司签订《框架协议》，意将L公司由B公司持股100%转化为G公司、X公司各持股60%、40%。为实现这一目的，签订了其他多份协议。

总体来看，G公司与X公司等签订的多份协议的目的是X公司从B公司股权中退出，G公司和X公司向L公司增资并使L公司的股权由B公司100%持股变更为G公司与X公司按60%和40%持股，该数份协议是一个整体。

2. 增资协议是否已解除？X公司要求G公司向其增资3000万是否具有依据？G公司未向X公司缴纳增资款的行为是否构成违约？G公司是否需要向X公司赔偿损失？

《增资协议书》虽约定G公司以4000万元为对价对X公司增资，但双方后续签订了《增资协议书之解除协议》《关于B公司某项目变更投资主体的框架协议》等一系列文件。其中，《增资协议书之解除协议》明确约定解除《增资协议书》，G公司不再向X公司缴纳剩余3000万元增资款，各方放弃就增资协议书提出违约、要求赔偿。由此可知，双方协议变更投资方式，即从G公司增资入股X公司、合作成立B公司投资某项目，变更为G公司及X公司直接控股L公司投资某项目。

G公司明确其不再履行框架协议，即某项目变更投资主体的目的已无法实现，《增资协议书之解除协议》作为整体协议中的一部分亦自动失效，但这并不等同于自动恢复《增资协议书》的效力。

因X公司与G公司已协议变更合作投资方式，没有证据证明双方约定前述文件自动失效的情况下需继续履行增资义务，故X公司依据《增资协议书》要求G公司向其增资3000万元，缺乏合同依据。G公司未向X公司缴纳增资款的行为不构成违约，X公司以此为由主张赔偿损失，缺乏依据，不应得到支持。

五、裁判结果

判决驳回X公司全部诉讼请求。

六、办案总结

该案涉及的案件事实较为复杂，各方签订了多份协议，代理律师仔细研究了各方签署的协议，确认各协议签署之目的及关联性，以此为重要切入点。

股权投资类案件中，原告一般处于优势地位，被告要赢得诉讼是比较困难的。作为律师，在代理涉及公司的案件过程中，应研究公司所处的经济环境、公司的运营模式、发生纠纷的内在原因，并关注细节，通过对事实的综合把控取得对代理方有利的结果。

国有物业租赁合同纠纷实务

广东启源律师事务所　汤小花　周华梅

一、当事人基本情况及案由

原告：A 网络股份有限公司（以下简称 A 公司）

被告一：B 科技服务有限公司（以下简称 B 公司）

被告二：马某

案由：房屋租赁合同纠纷

二、案件基本情况

2017 年 12 月，原告 A 公司与被告 B 公司签订《房屋租赁合同》，将原告所有的位于广州市天河区珠江西路某单元房屋（以下简称该案房屋）租赁给被告 B 公司使用，房屋建筑面积共 1742.14 平方米。该《房屋租赁合同》主要约定如下。（1）该案房屋租赁期限共 10 年（120 个月），自 2017 年 12 月 16 日至 2027 年 12 月 15 日止；租赁期满，甲方有权收回出租楼层，乙方应将所租楼层如期交还甲方。（2）该案房屋租金按 180 元/月/平方米计算，每月租金为人民币 313,585.2 元；该案房屋租金按月支付，每期租金在当月 9 日前支付。（3）乙方在租赁期限内，因水、电、电话、网络、物业管理、停车所产生的费用，由乙方自行承担。（4）乙方同意根据所租楼层物业管理方的要求及标准，按时足额向其支付物业管理费、水电费等相关费用；乙方未按合同约定的时间向甲方交付租金，每逾期一天，乙方应按月租金的 0.3% 向甲方支付违约金；在租赁期内，乙方托欠租金一个月以上的，甲方有权终止合同并没收房屋押金，收回该房屋，由此而造成的甲方损失，乙方应予以赔偿。（5）乙方应在租期届满时将所租楼层交还甲方，否则除了按原租金计算乙方的占用费外，乙方还需承担每逾期一天以月租金1%计算的违约金，占用费和违约金计算至乙方搬离或甲方清场之日止。（6）甲、乙双方在履行合同过程中若发生争议，应协商解决。协商不成时，双方可向该案房屋所在地区的法院提起诉讼。

《房屋租赁合同》生效后，原告按照约定向被告B公司交付了该案房屋，并与被告B公司共同向该案房屋物业管理公司办理由被告B公司缴纳管理费用、水电费用的相关手续。

自2018年7月9日起，被告B公司一直未按照合同约定向原告支付租金。原告于2018年7月25日、2018年8月28日、2018年9月28日、2018年10月31日多次向被告B公司发送《缴纳租金通知书》，催缴租金。

原告于2018年11月1日当面通知两被告在2018年11月9日前搬离，并于2018年11月9日向被告B公司送达《律师函》，行使《房屋租赁合同》约定的合同解除权、没收房屋押金并要求其在限定期限内搬离该案房屋。但被告B公司一直没有支付租金等费用，且一直未搬离该案房屋。被告B公司注册资金未实缴到位，被告马某是B公司的股东及法定代表人，马某的实际出资仅为注册资金的2‰。

三、争议焦点

（1）被告B公司是否应支付逾期交还房屋的占用费及违约金。

（2）被告马某是否应当承担连带责任。

四、双方意见或观点

原告认为：（1）《租赁合同》第12.1条约定："乙方应在租期届满时将所租楼层交还甲方，否则除了按原租金计算乙方的占用费外，乙方还需承担每逾期一天以月租金1%计算的违约金，占用费和违约金计算至乙方搬离或甲方清场之日止；若乙方逾期搬离达20天，则视作乙方放弃房屋内的所有设备及财产，乙方同意甲方有权单方面清理场地及处置所有物品，由此发生的所有费用由乙方承担；同时乙方自愿承担由此产生的一切损失。"但涉案场地有很多比较贵重的红木家具，原告作为国有企业，碍于国有资产属性及处置流程，不方便自行处理，一直联系被告自行处理。场地占用的事实因被告怠于履行清退的义务而产生，应承担参照合同约定支付占用期间占用费的责任。被告在原告行使合同解除权后未及时搬离房屋，其行为性质与租期届满后未及时搬离一致，应参照《租赁合同》关于租期届满未及时搬离的约定承担违约责任。

（2）经原告调查了解，被告马某经常以其个人银行账户收取、支付本应由被告 B 公司收支的款项。被告马某作为公司法定代表人及股东，其个人的资产与被告 B 公司的公司资产互为所用、难以分辨，属于财产混同。被告马某滥用 B 公司法人独立地位，严重损害了原告利益。另外，被告 B 公司注册资金为认缴，被告马某实际出资仅为注册资金的 2‰，致使被告 B 公司实际无力承担相应的债务。最高人民法院《关于适用〈中华人民共和国公司法〉若干问题的规定（三）》第 13 条第 2 款规定："公司债权人请求未履行或者未全面履行出资义务的股东在未出资范围内对公司债务不能清偿的部分承担补充赔偿责任的，人民法院应予支持；……"据此，马某应当对被告 B 公司的上述债务承担连带清偿责任。

两被告均未答辩。

五、代理结果和裁判理由

（1）关于逾期交还房屋的占用费及违约金。被告 B 公司在合同解除后未及时交还涉案房屋，应参照合同约定支付占用期间占用费。若租赁期限届满未及时交还租赁物，还需支付相应的违约金，但该案系原告作为出租方以作为承租人的 B 公司拖欠租金等为由行使合同单方解除权，解除合同后 B 公司未办理涉案房屋交接手续，而并非双方约定的租期届满后未及时搬离，因此，《租赁合同》第 12.1 条约定的违约责任不适用于该案，原告关于违约金的诉请缺乏理据，不予支持。

（2）根据最高人民法院《关于适用〈中华人民共和国公司法〉若干问题的规定（三）》第 13 条第 2 款规定，该案中 B 公司企业信用信息公示报告显示马某作为公司法定代表人及股东应缴出资额 600 万元，实缴 2 万元，在此情况下原告要求马某对B公司上述债务承担责任，有事实及法律依据，马某应依法在其未出资的598万元范围内对B公司债务不能清偿的部分承担补充赔偿责任。

六、办案总结

（1）为实现国有资产保值增值，出租是盘活利用闲置资产较好的方式。但国有资产出租时，除应按照《国有资产评估管理办法》进行评估确定租金及按照国有资产出资管理相关规定程序执行外，还应当严格审核租赁合同本身是否完整和规范。租赁合同在签订履行过程中会遇到各种各样的问题，如承租人资信不良、财务状况较差等导致没有履约能力、拖欠租金、承租人擅自改变租赁用途、转租问题、租赁期内出售处置物业问题、装修添附资产所有权权属问题等，在签署租赁合同时均要有明确权利义务约定，并应有相对应的违约责任条款。在租赁合同发生纠纷时，合同的完整性和规范性将直接影响违约责任的承担。

（2）股东出资义务是指股东应按期足额缴纳其认缴出资额的义务，股东应未全面履行出资义务，若未按约定时间、约定数额缴纳出资款，均为未全面履行股东的出资义务。未全面履行出资义务的股东需承担下列责任：①补充出资责任，向公司缴纳出资；②向其他守约的股东承担违约责任；③在欠缴出资范围内，对公司债务不能清偿部分承担补充赔偿责任。在该案中，马某认缴出资额为600万元，实际仅缴纳2万元，可在与公司的纠纷诉讼中穿透股东，要求股东承担补充赔偿责任。

违反法律禁止性规定的租赁合同效力问题

广东正平天成律师事务所　周嘉芸

一、当事人和代理人基本情况及案由

原告：A 能源公司

委托代理人：周嘉芸，广东正平天成律师事务所律师

被告：B 汽车站

第三人：某市交通委员会（涉案土地使用单位）

案由：租赁合同纠纷案件

二、案件基本情况

2015 年 8 月 11 日某市发改委向包括第三人在内的单位和部门发出通知，通知称经某市政府同意，将对某市天然气加气站规划布点进行挑选，将在原《某市天然气（LNG）加气站发展规划》基础上新增 14 处天然气加气站布点，并要求各区投资主管部门高度重视，积极协调指挥项目单位加快推进相关工作进度。涉案租赁地块位于新增布点区域范围内，用地性质为交通设施用地，土地使用单位为该案第三人，被告受托为该地块的管理人。

2015 年 12 月 21 日被告委托某监理公司发布对外招租公告，公告明确告知位于 B 汽车站内的 C 号土地（以下简称租赁土地）的用途为液化天然气（Liquefied Natural Gas，LNG）加气站建设用地，项目名称为“B 汽车站二期 LNG 加气站建设用地出租项目”，招租形式为竞租（公开招投标方式）取得，并要求竞租人需要具备相关项目的经营资质等。原告依照要求参与了竞投，并最终中标。

2016年2月6日，原被告签订《场地使用合同》，合同约定被告提供面积约为5000平方米的租赁土地给原告有偿使用，并约定了场地使用费和合计租金；在租赁期限内，场地使用费每年环比递增5%；租赁期限自2016年2月1日起至2022年7月31日止，免租期6个月，由原告进行建设、经营LNG加气站项目。合同签订后原告依约缴纳了合同保证金人民币61.5万元及建设保证金人民币100万元。

2016年3月1日，原告基于《场地使用合同》及已确定的B汽车站二期LNG加气站项目，与案外人D能源公司签订了《股东合作协议书》，约定共同投资设立E能源公司，专门经营B汽车站二期LNG加气站项目。2016年3月1日，E能源公司正式登记设立，并于2016年3月10日开始对外办公营业。其后，原告在向有关部门申报B汽车站LNG项目的建设许可证过程中获知，涉案租赁土地的用地性质仍为交通设施用地，租赁土地使用单位（该案第三人）于2015年12月1日向某市发改委、国规委、法制办所发的《关于征求在交通用地建设LNG加气站意见的函》尚未获得批准，而根据《城市用地分类与规划建设用地标准》（GB50137—2011）规定加气站用地属于建设用地中的商业服务业设施用地，与租赁土地的用地性质不符，故涉案B汽车站LNG加气站项目无法批建及实施。

2016年6月15日，某市国土资源和规划委员会函复第三人，明确了B汽车站内的涉案租赁土地规划为对外交通用地。在交通用地上建设LNG加气站，涉及划拨用地转为经营性用地的问题，应由某市土地储备机构给予收储；涉及控规调整的，应在收储后再按程序开展相应的控规调整工作。由于租赁物土地为划拨用地，无法进行土地收储，故无法开展控规调整，进而无法办理加气站报建手续，加气站项目无法开展实施。

为此，原告在多次就《场地使用合同》的解除与被告协商无果的情况下，于2016年7月27日向被告发出了《解除场地使用合同通知》。其后，因双方无法就解除合同后的租赁保证金、建设保证金的返还及其他损失赔偿事宜达成一致，原告只能委托律师通过诉讼解决前述纠纷。原告向租赁土地所在地人民法院提起诉讼，请求：（1）依法判令原被告签订的《场地使用合同》无效；（2）依法判令被告返还原告合同保证金×××万元及建设保证金×××万元，（3）依法判令被告赔偿原告经济损失×××元；（4）依法判令被告承担该案全部诉讼费。

三、争议焦点

（一）原被告签订的《场地使用合同》是否无效

被告及第三人作为国有企事业单位应深谙相关土地使用的法律规定，在未依法申请获批改变原告租赁土地性质及用途的情况下，即对外发布竞租公告并与竞得人签订明确土地用途为商业的租赁合同，既违反了诚实信用原则，又违反了法律的禁止性规定，所签订的合同应认定为无效。

（二）合同无效的责任及后果由谁承担

被告明知涉案租赁土地使用性质为交通设施用地，在未经规划许可的情况下，即对外发布项目名称为“B汽车站二期LNG加气站建设用地出租项目”的竞租公告，应对该案合同无效的后果承担主要责任。因此，被告除应返还原告已交付的合同保证金人民币61.5万元及建设保证金人民币100万元外，还应赔偿原告为配合履行合同而造成的经济损失。

四、双方意见或观点

（一）原告意见

原告认为，涉案租赁物的土地使用性质为交通用地，而2012年1月1日起颁行实施的《城市用地分类与规划建设用地标准》（GB50137—2011）规定，加油、加气站用地属于建设用地中的商业服务业设施用地。2004年《土地管理法》第26条第1款规定：“经批准的土地利用总体规划的修改，须经原批准机关批准；未经批准，不得改变土地利用总体规划确定的土地用途。”[①] 故涉案租赁土地不属于可以建设LNG加气站的土地性质，原被告签订的《场地使用合同》已实际违反了《土地管理法》的禁止性规定。根据

---

① 现规定于《土地管理法》（2019年修正）第25条第1款。

《合同法》第 52 条第 5 项，违反法律、行政法规强制性规定的合同应属无效。[①]

同时，根据《合同法》第 58 条的规定，合同无效后因该合同取得的财产应当予以返还，有过错的一方应当赔偿对方因此所受到的损失，双方都有过错的，应当各自承担相应的责任。[②] 具体到该案，被告明知涉案租赁土地使用性质为交通设施用地，在未经规划许可的情况下，即对外发布项目名称为“B 汽车站二期 LNG 加气站建设用地出租项目”的竞租公告，应对该案合同无效的后果承担主要责任。因此，被告除应返还原告已交付的合同保证金人民币 61.5 万元及建设保证金人民币 100 万元外，还应赔偿原告为配合履行合同而造成的经济损失（包括但不限于招标代理费损失、E 能源公司办公用地租金损失、员工工资损失、差旅费等）。

（二）被告意见

被告认为：原告作为承租人有义务了解租赁物的使用用途，应自行承担租赁物不能正常使用的风险，被告同意解除合同并退回已收取的合同保证金人民币 61.5 万元，但不同意退回建设保证金人民币 100 万元及赔偿原告经济损失。

五、和解结果

原被告双方于法院正式立案受理前达成和解，被告退还合同保证金人民币 61.5 万元及建设保证金人民币 100 万元给原告，原告撤回起诉并放弃要求被告承担其他经济损失赔偿的权利。

六、办案总结

（1）该案案情并不复杂，涉案租赁土地的用地性质为交通设施用途，而《场地使用合同》却明确约定了涉案租赁土地将用于建设和经营 LNG 加

① 现规定于《民法典》第 153 条。
② 现规定于《民法典》第 157 条。

气站的商用用途，被告及第三人在未依法申请将涉案土地使用用途变更为商业用途及可用于 LNG 加气站项目的情况下，即对外发布竞租的招投标公告，在原告中选后又与之签订明确土地使用用途为商用的加气站项目的《场地使用合同》，所订立的合同因违反法律的禁止性规定而应归于无效。

（2）被告及第三人作为国有企事业单位应深谙相关土地使用的法律规定，在未依法申请获批改变原告租赁土地性质及用途的情况下，即对外发布竞租公告并与竞得人签订明确土地用途为商业的租赁合同，既违反了诚实信用原则，又违反了法律的禁止性规定，导致所签订的合同无效，故其应对合同的无效负主要责任，其作为过错方，在合同无效后，除应将收取的合同保证金及建设保证金如数返还原告外，还应承担原告为履行合同而支付的其他费用损失。另外，原告作为承租人对租赁物的土地使用性质负有审查义务，但因该案被告及第三人均为国有企事业单位，且租赁土地的取得方式为公开招投标方式竞得，竞租公告也已明确租赁土地将用于 LNG 加气站项目，还要求竞标人必须符合相关经营资质方可竞租，因此原告是基于对国有企事业单位的合理信赖原则而参与竞标并签署合同的，不能完全苛责原告未尽审慎注意义务。

（3）鉴于该案加气站尚未投入建设，原告除已付的合同保证金和建设保证金外，其他的经济损失主要是办公场地的租金损失和工资损失，且原告在得知项目无法报建及合同目的无法达到时，即及时停止了项目的有关运营，未造成较大损失。经过多次磋商，在被告同意全额退回合同保证金及建设保证金的情况下，原告为避免诉累及其他诉讼风险，放弃其他损失赔偿要求自愿与被告达成和解，不失为权衡利弊之后的明智抉择。

公路工程交工检测服务合同风险防控与审查

广东大篆律师事务所　周晶晶

高速公路经营企业作为国有大型企业，主要负责高速公路投资建设、运营养护及附属设施经营管理。笔者作为广东省高速公路有限公司法律顾问，承办了多宗高速公路及附属板块企业的诉讼和非诉法律服务。高速公路涉及的法律领域众多庞杂，逐步深入研究和完善各细分领域的研究与实务操作，进行系统梳理，是高速公路企业法律顾问应予重视的核心工作之一。本文是系列文章之一，重点对交工检测服务合同的风控进行分析建议，供企业和同行参考。

一、什么是交工检测

公路工程领域的合同在建设、设计、施工、监理等层面的风险审查研究已较为成熟，但是关于交工、竣工检测方面尤其是交工检测服务的合同风险研究目前仍较少。交工检测（本文所称交工检测均指公路工程交工检测服务）在整个公路建设施工工程流程中是不可或缺的一环，如何避免在该环节出现不必要的合同风险是值得工程项目各相关参与方关注的问题。探讨交工检测合同应先厘清交工检测的概念。在此不妨将交工与人们相对更为熟悉的竣工稍作比较。

《公路工程竣（交）工验收办法》第 4 条规定：“公路工程验收分为交工验收和竣工验收两个阶段。交工验收是检查施工合同的执行情况，评价工程质量是否符合技术标准及设计要求，是否可以移交下一阶段施工或是否满足通车要求，对各参建单位工作进行初步评价。竣工验收是综合评价工程建设成果，对工程质量、参建单位和建设项目进行综合评价。”由此可以窥见交工验收和竣工验收的区别。

交工验收是检查施工合同的执行情况，评价工程质量是否符合技术标准及设计要求，是否可以移交下一阶段施工或是否满足通车要求，对各参建单位工作进行初步评价。交工验收由项目法人负责。交工检测是工程进行交工验收的必备条件和必经环节。交工检测多数是工程完工后统一检测，但路基每一段完成后均要进行弯沉和压实度、边坡等方面的检测。交工验收合格后可以进行试运营。

竣工验收则是综合评价工程建设成果，对工程质量、参建单位和建设项目进行综合评价。公路建设项目和公路修复项目竣工后，应当按照国家有关规定进行验收；未经验收或者验收不合格的，不得交付使用。竣工验收由交通主管部门按项目管理权限负责。与交工检测、交工验收的关系一样，竣工检测也是工程进行竣工验收的必备条件和必经环节。

虽然交工验收与竣工验收在条件、责任主体和参加单位、时间、程序、具体工作内容、意义上有所区别，但两者在检测这一环节的相关规定基本是类似的（见《公路工程竣（交）工验收办法》《公路工程竣交工验收办法实施细则》等法规），均为质量监督机构按交通部规定的公路工程质量鉴定办法对工程实体质量进行检测，并出具检测意见。故对于下文就交工检测服务合同的分析，竣工检测相关合同亦可适当参考。

二、交工检测服务合同可能存在的风险及应对措施

根据《民法典》以及《民事案件案由规定》，交工检测服务合同本质上属于《民法典》第三编第二分编第十七章规定的“承揽合同”。委托检测机构进行检验的建设方可称为“定作人”，受委托的检测机构可称为“承揽人”，双方在《民法典》等相关法律法规的框架内意思自治、平等协商，签订交工检测服务合同。

虽然《民法典》第十七章已对包括交工检测服务合同在内的承揽合同作出规定和限制，但在以意思自治为主的私法领域，每一份具体的合同均有其特殊之处，仅凭《民法典》相关条文难以穷尽所有可能出现的情况。正因如此，实际商业交往中才出现了不少涉及交工检测服务合同的争议和

纠纷。

交工检测服务合同可能存在的风险通常与一般承揽合同类似，包括承揽人即检测机构缺乏相应资质，以及承揽标的、承揽方式、承揽质量、验收标准、结算付款条件、违约及解约情形、争议解决方式等事项约定不明确。基于交工检测服务合同所具有的工程领域性质，比如建设面积范围较大，原材料、机械、成果等种类繁多，同时其自有一套专业、系统的术语体系，因此该类合同除承揽合同常见风险外，亦可能存在其特有的风险点。例如，对于检测的作业范围或检测方式不清晰，导致定作人与承揽人产生纠纷。以下举两则案例以供参考。

案例一：（2014）鄂襄阳中民三终字第00453号民事判决书。

案例中原被告双方在检测合同中约定的检测范围在包含涉案6根工程桩的静载荷试验的基础上补充了“所有能够满足本工程验收需要的检测”，后被告拒付检测费用的主要理由为原告未完成全部检测工作。法院经审理认为，被告对于原告以其已完成全部工作之明示交付的工作成果在该案诉讼发生前始终没有提出异议，以及被告没有完全履行预付款付款义务，故宜由开发商暨定作人证明检测合同中约定的“所有能够满足本工程验收需要的检测”的具体范围和内容不仅限于其没有异议的原告已交付的工作成果所涵盖的工作，以及证明承揽人未完成已交付的工作成果所涵盖之工作外的其他工作出于不可归责于其的原因。因被告未能证明上述事项，在此情况下，被告依据检测合同付款方式条款提出未完成全部工作即不产生除预付款外的检测费付款义务之抗辩，缺乏充分事实依据，且系在长期拖欠预付款之情形下为之，有违诚信原则及公平原则，其该项抗辩不宜支持。

案例二：（2019）苏0282民初11955号民事判决书。

案件中原被告就案涉声屏障工程是否存在质量问题发生争议。被告认为，案涉声屏障工程存在质量问题，依据其公司与业主单位所签订的合同，对案涉工程的质量评定要求在90分以上，而案涉声屏障工程经过鉴定只有60分，存在质量问题。原告则认为，被告所提供的2018年的检测报告系因检测方式有误导致检测结论有误，2020年经过调整检测方式，已经得出案涉声屏障工程不存在质量问题；案涉声屏障工程始终不存在质量问题，即使存在质量问题也不应对抗约定的付款条款；案涉声屏障工程符合合同约定的质量标准，出现检测不合格的情况是因为检测机构的检测方式存在错误。后经原告主张，重新检测出具的检测报告已经全部合格。另外，原告并未对工程进行任何整改，仅告知检测单位调整检测方式，从而得出了质量合格的结论。法院认为，2020 年 6 月的检测报告可以证明案涉声屏障经复检后已不存在质量问题，被告对此亦予以认可，故案涉声屏障工程质量已合格。但从 2020 年 6 月的检测报告以及 2018 年 8 月的检测报告中可以看出，案涉声屏障工程在 2018 年当时确实存在一定的质量问题。原告称系检测机构检测方法有误导致，但未能举证证明。综上，法院认定自 2020 年 6 月 5 日案涉工程经复检质量合格。

从上述两则案例可看出，对于承揽人义务（检测范围、检测方式等）约定过于笼统可能导致双方对于检测工作是否完成产生争议，从而影响检测费用的支付。对于该等不明确的约定，定作人应在合理期限内向承揽人提出未完成检测工作的异议，并且通常至少需要承担具体证明承揽人未完成全部检测工作的举证责任。

为避免诸如上述争议，现根据交工检测服务合同性质特点归纳该类合同审查要点，以供参考。

1. 合同主体审查：根据《建设工程质量检测管理办法》等相关规定，交工检测机构应当具备相应的资质。

2. 承揽标的审查：重点审查包括检测工作范围在内的承揽标的的明确性，在不遗漏的情况下尽量明确化、特定化。

3. 承揽方式审查：重点审查相关检测设备的提供义务归属，是否允许转承揽（《公路工程竣（交）工验收办法实施细则》第 25 条第 2 款规定："质量监督机构可委托有相应资质的检测机构承担竣（交）工验收的检测工作。"），承揽时间是否明确且闭合。

4. 承揽质量审查：交工检测合同通常会约定检测依据，应审查该等依据的名称、发布单位、文号等是否明确。

5. 验收审查：合同应明确约定验收的标准（如第三方监督确认等）、验收方式、验收标准以及验收争议的处理规则等内容。

6. 结算付款审查：明确付款方式、款项支付进度及付款时间节点，明确承揽人的收款账户。同时，由于工程建设或交工验收参与主体较多，应明确定作人对于相关结算文件的有权确认人。

7. 违约条款审查：重点审查违约情形的全面性以及违约责任的明确性。

8. 解约条款审查：根据《民法典》定作人享有任意解除权（但同时可能面临赔偿责任），除此之外双方可约定若干解除合同的情形，对此应重点审查约定解除权的行使条件、后果及责任承担问题。

9. 争议解决方式审查：虽然交工检测服务合同本质上属于承揽合同，但基于其建设工程的属性，为避免出现涉及专属管辖的管辖权异议，约定管辖法院以工程所在地（不动产所在地、合同履行地）法院为宜。

笔者结合法律工作实务，对公路工程领域交工检测合同中遇到的一些风险及应对措施加以总结分享，并在此抛砖引玉，希望同业者有所借鉴，规范相关领域的操作，在保障工程质量的同时，防范可能出现的交工检测风险。

银团贷款合同风险防控与审查

广东大篆律师事务所　周晶晶

银团贷款服务对象多为有巨额资金需求的大中型企业、企业集团和国家重点建设项目。银团贷款的风险实质仍然是信用风险，但由于贷款金额大、时间周期长及成员复杂等银团所独有的特点，在包销、参加行和贷后管理方面的风险应当特别关注。笔者将结合高速公路建设中的银团贷款合同风险防控与审查实务经验，对此进行简要梳理分享。

一、银团贷款的概念

银团贷款指由两家或两家以上银行基于相同贷款条件，依据同一贷款合同，并由一家共同的代理行管理，按约定时间和比例，通过代理行向借款人提供的本外币贷款或授信业务。

参与银团贷款的银行均为银团成员。银团成员应按照“信息共享、独立审批、自主决策、风险自担”的原则自主确定各自授信行为，并按实际承担份额享有银团贷款项下相应的权利及履行相应的义务。按照在银团贷款中的职能和分工，银团成员通常分为牵头行、代理行和参加行等角色，也可根据实际规模与需要在银团内部增设副牵头行、联合牵头行等，并按照银团贷款合同履行相应职责。

与一般的金融借款合同业务相比，银团贷款具有如下特点。

1. 一致性。各参加行基于相同的贷款条件，签订同一份贷款合同。

2. 独立性。各参加行在牵头行提供的资料基础上，对贷款风险进行独立判断并作出决策。

3. 统一性。签署完贷款合同后，由代理行统一负责管理、处理与贷款合同有关的事项。

4. 比例共享原则。典型的比例共享可以体现在银团的提款和放款环节中，各贷款银行按照银团贷款合同约定的份额提供贷款资金，并按比例收取贷款本息。当然，比例共享原则在银团中还涉及其他方面，比如银团会议的表决等，这充分体现了银团中的公平原则——风险、收益和权利都是对等的。

二、银团贷款纠纷案件特点

得益于近年来国家大力发展基础设施建设的举措，银团贷款市场发展迅速，但作为一种筹资金额大、贷款风险分散、专业性强的资金借贷方式，随之而来的法律风险上升问题也日益凸显。银团贷款纠纷案件的主要特点如下。

1. 银团贷款纠纷案件当事人多

由于银团贷款借款金额巨大且借款期限较长，为降低银行风险，银团牵头行会要求借款人尽可能提供多的增信财产和担保主体，并且办理各项增信手续。通常情况下，银团贷款不仅包括借款人、保证人、抵押人、质押人、银团牵头行、代理行及参加行等当事人，还会有律师事务所、会计师事务所及财务顾问公司等中介机构参与其中。由此可见，一旦发生银团贷款纠纷，往往案件当事人会非常多。

2. 银团贷款纠纷案件合同文件多

银团贷款分为筹组阶段和叙做阶段，会形成一系列文件。具体如下。一是筹组阶段形成的前端文件，主要包括银团贷款委托书、银团贷款委托书复函、银团贷款费用函、贷款条件清单、保密承诺函、银团贷款承诺函、银团贷款邀请函及信息备忘录等文件。二是叙做阶段形成的贷款文件，主要包括银团贷款合同、保证合同、质押合同及质押合同等文件。上述文件只是银团贷款中最基本的文件资料，在重大银团贷款交易中，各方形成的文件将会更多。

3. 银团贷款纠纷案件争议问题多

虽然银团贷款法律关系与一般金融贷款合同关系无异，但因两家以上银行作为贷款人有特殊性，同时由于贷款金额大和贷款期限长，银团贷款纠纷案件中各方当事人对诉讼主体、银团费用、违约责任、担保责任、诉讼管辖等问题都会产生争议。

三、银团贷款合同特有风险及审查要点

银团贷款合同本质上属于借款合同中的信贷合同一类（另一类系民间借款合同）。一方面，我国目前对于借款合同（信贷合同）关系作出规定的条文主要集中于《民法典》《商业银行法》《贷款通则》等法律法规规章。另一方面，专门针对银团贷款制定的《银团贷款暂行办法》已于2012年失效，目前相关规范仅有原中国银行业监督管理委员会的部门规范性文件《银团贷款业务指引》（银监发〔2011〕85号）以及由中国银行业协会制定的各项行业规范。上述规范更多的是公法性质，主要规制银团贷款活动中贷款人即商业银行的行为，并不能全面地调整贷款人与借款人之间的私法关系，即便是带有私法性质的《民法典》，亦难以穷尽实践中可能出现的所有情况。因此，为避免在相关商业活动实践中出现不必要的纷争，对银团贷款合同可能存在风险的研究和审核，不论是对于贷款人还是借款人均必不可少。在草拟或审核银团贷款合同时，建议参考中国银行业协会发布的《银团贷款合同示范文本》（3.0版）。

除一般借款合同中常见的普遍性风险外，银团贷款合同基于其特殊性，存在一些特殊的法律风险。本文选取5种较为典型的风险进行说明。

1. 贷款人主体资质以及银团各参与人地位的确定

银团是指多家银行按一定的方式组织起来向借款人贷款的商务形式。在我国，银团只是一个法律概念，其并没有独立的法律地位。在银团贷款中，参加行是银团贷款的贷款主体。由于银团贷款合同牵涉多方当事人，签订合同时应审查银团组成情况和各贷款人资质，同时应确定代理行或牵头行，由此可在一定程度避免后续出现诉讼主体不适格的情况。

2. 收费项目审查

审查合同项下收费项目是否合法合规。根据《银团贷款业务指引》《银团贷款中间业务收费行为自律公约》等文件，贷款人可与借款人在贷款利

息之外依照相关法律法规及行业规范约定安排费、代理费、参加费、承销费或其他咨询服务费用，该部分费用不得冲抵贷款本金或利息。

3. 违约条款审查

在审查违约情形的全面性以及违约责任的明确性、是否约定罚息的计算方式之外，还应关注交叉违约条款，该条款是银团贷款合同中比较典型的特有条款。在交叉违约条款中通常约定借款人凡对其他债权人违约的，也将构成对本贷款人的违约。这是重要的预期违约处理手段，但在某些情况下可能损害借款人利益。因此在拟订合同时，借款人可通过对交叉违约条款下债务性质、债务数额的约定来限制交叉违约情形保持债权债务关系的平衡。

4. 争议解决方式及管辖条款审查

应确定仲裁或诉讼为争议解决方式。若选择管辖法院为贷款人所在地法院，应明确该贷款人为代理行或牵头行，或以具体贷款人名称确定所在地，由此可避免管辖权异议等问题。

5. 借款人对于银团会议决议的知情权

由于相关法律法规及行业规范并未明确要求银团会议决议在任何情况下均应通知借款人（《银团贷款业务指引》仅规定在追究借款人特定违约责任的情况下银团成员召开银团会议后应以书面方式通知借款人及其保证人），对于大部分银团会议决议借款人通常并不知晓（虽然银团会议更多的是协调银团内部各成员的关系和工作）。为保障借款人在银团会议决议涉及借款人权利义务时享有合理知情权，可在合同中作出相关约定，比如“如银团会议决议与借款人在相关融资文件项下的权利、义务有关，应书面通知借款人或提交一份有效银团会议决议原件”。

除上述5点风险之外，在审查银团贷款合同时，一般借款合同中普遍存在的风险亦应引起注意，例如陈述与保证（是否存在违约风险），提款先决条件（首次提款先决条件与每次提款先决条件），贷款用途（是否违反法律强制性规定），还款方式（本金、利息归还顺序是否清晰，贷款利率和罚息利率是否区分，利率是否合法，还款期限是否确定，是否约定主动/强制提前还款的情形），债权转让（转让额度及转让对象限制），担保/保证合同等从合同（担保、保证行为的形式、种类、期限是否合法有效），等等。

另外，借款人与银团中的某成员行签订优于其他成员行的受偿条件是否能够得到法律支持，最高人民法院作出的（2020）最高法民申 1759 号民事裁定书对这一问题作出否定性论证。在该案中，A 银行与借款人 Z 公司签订《最高额质押合同》，约定优于其他成员行的受偿条件，后 A 银行提起诉讼要求优先于其他成员行进行受偿。

该案法院裁判观点如下。《银团贷款业务指引》第 3 条规定，银团贷款是指由两家或两家以上银行基于相同贷款条件，依据同一贷款合同，按约定时间和比例，通过代理行向借款人提供的本外币贷款或授信业务。该规定提及了“相同贷款条件”，结合该案《银团贷款协议》《银行间协议》的整体内容来看，银团贷款具有“利益共享、风险分担”的特征。按照 A 银行的陈述，其与 C 公司签订的《最高额质押合同》使其相对于建行驻马店分行和工行驻马店分行享有更优越的受偿条件，该约定也与银团贷款的交易习惯相悖。同时，从上述条款的内容也不能必然得出 A 银行已将其与 C 公司签订《最高额质押合同》的情况告知其他成员行的结论。另外，《银行间协议》第 4 条第 10 款约定“对从借款人、担保人或其他方所取得的涉及银团贷款的有关文件、资料或信息，在不迟于取得该文件、资料或信息之日起三个工作日内将有关情况及时通知代理行，同时真实、完整和无保留地向代理行发送出有关资料和文件的原件或复印件”，而 A 银行亦无直接证据证明其已将其与 C 公司签订《最高额质押合同》的情况告知其他成员行，故其应当承担举证不能的法律后果。二审法院认为 A 银行对其基于质押担保取得的 1 亿元不享有优先受偿权，并依合同分摊条款的约定判定将该款项在银团成员行之间分摊并无明显不当。

可见，由该判决中法院确认银团贷款具有“相同贷款条件”的特点以及该案银团关于“利益共享、风险分担”的约定可知，某一成员行与借款人签订违背银团贷款特点及约定的协议时，不仅应当审查其是否违反强制性的规定，还应尽到告知其他成员行的义务，否则将面临协议无效的法律后果。

70年期水库承包合同的解除问题

广东法制盛邦律师事务所　江安生

一、当事人和代理人基本情况及案由

原告（上诉人）：（香港）某美投资有限公司（水库承包方，以下简称投资公司）

第一被告（被上诉人）：广州市某区水务局（水库发包方上级单位，以下简称区水务局）

第二被告（被上诉人）：广州市某区某坑水库管理所（水库发包方，以下简称水库管理所）

两被告共同委托代理人：江安生，江诚，广东法制盛邦律师事务所律师

案由：企业承包合同纠纷

二、案件基本情况

为引进港资，1996年5月7日发包方某市水利局及水库管理处与原告投资公司签订了《投资承包增城市某坑水库合同书》（以下简称水库承包合同），约定由投资公司承包某坑水库70年，投资公司每年固定缴纳水库管理处承包费20万元人民币，并依年递增；同时，投资公司还同意支付水库岸边土地征地费60万元，并承担广汕公路至水库坝基的简易公路修筑费约140万元。水库承包合同签订后，投资公司在水库边开发了大型房地产项目，还承包了水库周边的全部林地。某市水利局及水库管理处将某坑水库交给投资公司经营管理，投资公司在水库内开设了水上乐园、餐厅和水产养殖项目等。同时，某市水利局及水库管理处为加强配套建设，又先期垫资144

万余元将简易公路修筑完成交由投资公司使用。

随着房地产项目开发，投资公司资金发生困难，自2000年开始就拖欠承包费，其承诺的征地费和筑路费也未能支付。虽经水库管理所多方追索，投资公司历年也只缴纳少许承包费。累计至2018年底，投资公司共拖欠各项费用达600多万元。由于行政区划变更，某坑水库划归第一被告区水务局管理，在积极行政思想指导下，区水务局着手解决承包方长期欠费的历史遗留问题。2019年3月11日区水务局和水库管理所以投资公司拖欠费用已构成根本性违约为由，向投资公司发出《解除合同通知书》，通告自通知送达之次日起解除投资公司的《水库承包合同》。投资公司在收到《解除合同通知书》后不服，先向铁路运输法院提起行政诉讼，开庭后又撤诉。之后，投资公司向广州市中级人民法院提起确认《解除承包合同书》无效诉讼，被驳回诉讼请求；投资公司上诉至广东省高级人民法院，被驳回上诉；申诉到最高人民法院，仍被驳回。

三、该案争议焦点

区水务局和水库管理所于2019年3月11日向投资公司发出的《解除合同通知书》，依法是否无效。

四、双方意见或观点

（一）原告意见或观点

投资公司认为：第一，区水务局和水库管理所不是合格主体，《水库承包合同》是投资公司与某市水利局和水库管理处签订的，与第一被告、第二被告没有合同，也未与投资公司协商一致。第二，区水务局和水库管理所行使合同解除权已超过合理期限（3个月或1年），不再享有合同解除权，最多只能催收承包费。第三，投资公司少交承包费、未交征地费及筑路费有正当理由：其一，水库发生了环境污染，政府一直没有处理，承包方损失大，据此已与原水库管理负责人达成每年只交3万～5万元承包费的口头约定；其二，征地实际没有发生，不必支付征地费；其三，筑路费由发包方先垫付是事实，但《水库承包合同》约定修路前提是“在条件成熟的情况下”

实施，现条件还未成熟。第四，承包方所欠承包费、征地费、筑路费等，已有12年之久，已超过诉讼时效，依法应不予保护。

（二）被告意见或观点

区水务局认为，《水库承包合同》虽不是区水务局与投资公司所签，但根据国务院行政区划安排，已由区水务局承继原某市水利局行政职能，属合同主体合法变更，无须征得投资公司同意，区水务局有权替代原某市水利局，行使《水库承包合同》中发包方权利。由于投资公司交费是按年度连续交纳，任一年度交费发生逾期，发包方均享有解除权，投资公司最后一次交费是2018年7月30日，区水务局在2019年3月11日即行使解除权，没有超过合理期限1年。

水库管理所认为，《水库承包合同》发包方虽是水库管理处，但后已更名为水库管理所，并登记为某坑水库产权人；20多年来，其一直是某坑水库的管理者，投资公司也多次向更名后的水库管理所交纳承包费，一直认可水库管理所就是发包方。因城市发展确实造成某坑水库一定污染，其污染程度和原因很复杂，但污染并不是水库管理所造成的，且根据《水库承包合同》约定，投资公司作为承包方，是水库污染的防范责任主体。经召集历届水库管理负责人座谈，没有任何负责人可证明曾与投资公司达成过少交承包费的口头约定。2018年7月30日投资公司最后一次交费，但其并未声明该费是支付哪期或是何种性质费用，故投资公司所欠承包费、征地费、筑路费等，有些虽拖欠12年之久，但均没有超过诉讼时效，依法应予以保护。

五、代理结果和裁判理由

（一）代理结果

广州市中级人民法院认为，区水务局和水库管理所于2019年3月11日向原告（上诉人）投资公司发出的《解除合同通知书》依法有效，驳回投资公司的诉讼请求。投资公司提起上诉，广东省高级人民法院审理后，驳回上诉，维持一审判决，一审、二审诉讼费各37.66万元，由投资公司承担。投资公司又向最高人民法院申请再审，仍被驳回。

（二）裁判理由（综合一审、二审）

1. 根据已查明的事实可知，因机构改革，某市水利局及水库管理处相关职能及权利义务，分别由现在的区水务局和水库管理所承继，《水库承包合同》中某市水利局及水库管理处的权利义务，亦分别由区水务局和水库管理所概括承担，故根据国务院行政区划批复，现在的区水务局和水库管理所是《水库承包合同》的一方当事人。区水务局和水库管理所于 2017 年 2 月 28 日、2018 年 6 月 21 日、2018 年 8 月 15 日 3 次向投资公司发出的催缴函中，均已告知投资公司《水库承包合同》的主体，已由某市水利局及水库管理处变更为现在的区水务局和水库管理所。投资公司对上述函件复函中区水务局和水库管理所作为《水库承包合同》的主体身份均未提出异议。同时，投资公司还向区水务局和水库管理所支付了拖欠费用 10 万元。由此表明，投资公司已认可现在的区水务局和水库管理所作为《水库承包合同》的一方当事人。因此，投资公司否认现在的区水务局和水库管理所作为《水库承包合同》的主体身份，没有事实依据。

2. 投资公司虽是中国香港地区设立的公司，但该案承包行为发生在中国内地，故根据《涉外民事关系法律适用法》第 3 条、第 41 条规定，该案应适用中国内地法律。据此，根据该案诉讼当时尚在有效实施的《合同法》第 8 条、第 60 条、第 93 条、第 96 条规定，该案《水库承包合同》合法有效，投资公司应依《水库承包合同》约定，按时足额支付承包费。但自 2000 年起投资公司未足额支付承包费，违反了《水库承包合同》的约定，构成违约。投资公司抗辩称水库水质受到污染导致无法正常经营，故其与水库管理所于 2000 年前后达成口头协议减免每年的承包费，但《水库承包合同》中并未约定有水质受到污染可以减免承包费的条款，投资公司亦未能提供证据证明与水库管理所达成减免承包费的口头协议，且在区水务局、水库管理所催缴承包费时，投资公司亦未提出与水库管理所达成减免承包费的口头协议。故投资公司的抗辩主张没有事实依据。同时，投资公司未提交证据证明区水库水质污染是违反《水库承包合同》约定造成，亦未提交证据证明区水务局或水库管理所因水库水质污染而造成其无法正常经营情形。因此，投资公司以水库水质污染为由拒付承包费的抗辩主张，亦没有事实依据。

3. 投资公司自2000年起未按时足额支付承包费，且超过3个月，根据《水库承包合同》第7条第4款约定，区水务局及水库管理所有权解除合同。区水务局及水库管理所于2019年3月11日发出的《解除合同通知书》符合合同约定和法律规定。投资公司上诉辩称，区水务局及水库管理所发出的《解除合同通知书》已超过了合同解除权的期限。水务局及水库管理所与投资公司之间就缴纳承包费问题已多次函件往来，投资公司于2018年8月21日仍就该问题函复区水务局及水库管理所。此后，区水务局及水库管理所未再向投资公司催缴，投资公司亦未补足所欠承包费。区水务局及水库管理所于2019年3月11日发出《解除合同通知书》，不存在经催告后未在合理期限内行使解除权的情形。故水务局及水库管理所于2019年3月11日发出《解除合同通知书》未超过行使合同解除权的期限。投资公司关于水务局及水库管理所超过合同解除权期限的上诉主张，没有法律依据。

六、办案总结

该案是一个承包方恶意拖欠承包费的典型案例。发包方在承包方根本性违约情况下，应采取何种方式解除期限长达70年的《水库承包合同》是当事人区水务局和水库管理所要考虑的首要问题。由于承包方是中国香港地区的公司，某坑水库又比较偏僻，为吸纳投资，作为原发包方的某市水利局和水库管理处不得不对投资公司过于妥协和消极，未依法和依合同约定主张权利，放任其长期拖欠承包费用，直到政府重新区划到某区水务局后，区水务局在积极行政和践行职责前提下，才迅速采取法律行动。

该案承包方已长期拖欠费用，根据承包合同约定已构成根本性违约，发包方完全有权依约定解除合同，此谓合同约定解除权。根据我国原《合同法》规定，合同约定解除权必须在合理期限内行使，否则将丧失解除权。该案承包方已拖欠费用达12年之久，发包方若未能及时主张权利，则会超过诉讼时效或丧失合同解除权。但由于合同承包费分年缴纳，同时承包方最后一次缴费又发生在发出《解除合同通知书》之前一年内，故根据我国原

《民法通则》规定，发包方既没有丧失诉讼时效，也没有超过行使合同解除权的合理期限。

综上，区水务局及水库管理所发出《解除合同通知书》的法律效力得到了我国法院的依法支持。此外，发包方以通知形式解除承包合同，由承包方去积极诉讼，发包方最后胜诉还可免除诉讼费。

市政工程建设结算纠纷的成因与对策

广东合富律师事务所　王美富

市政建设工程结算纠纷一直是建设工程施工合同纠纷中的重要纠纷类型。截至 2021 年 3 月 10 日，笔者以“建设工程施工合同纠纷”和“结算”为关键词，共检索到 401, 593 篇裁判文书。随着我国基础建设力量的不断提升，建设工程结算纠纷的案件数量一直呈现上升趋势。尤其是在新冠疫情影响下，许多市政基础设施建设工程出于种种原因陷入结算纠纷。

我国对于市政建设工程结算纠纷一直十分重视，形成了较为系统的立法体系。1991 年 9 月 7 日，国务院原生产办公室与中国人民银行发布了《关于在全国范围内清理固定资产投资项目拖欠款的实施办法》；1992 年 3 月 23 日，原建设部发布了《关于进一步抓紧清理拖欠工程款的通知》；1996 年 6 月 4 日，原建设部、原国家计划委员会、财政部联合发布了《关于严格禁止在工程建设中带资承包的通知》（已于 2006 年 1 月 4 日被废止）；1997 年 11 月 1 日发布了《建筑法》（该法于 2019 年 4 月 23 日修正）；1999 年 8 月 30 日发布《招标投标法》（该法于 2017 年 12 月 27 日修正）；2003 年 11 月 22 日，国务院办公厅发布《关于切实解决建设领域拖欠工程款问题的通知》（已于 2015 年 11 月 27 日被废止）；2004 年 1 月 3 日，原建设部、财政部、原劳动和社会保障部等 8 部委发布了《关于贯彻〈国务院办公厅关于切实解决建设领域拖欠工程款问题的通知〉的实施意见》；2004 年 10 月 20 日，财政部、原建设部发布了《建设工程价款结算暂行办法》；2020 年 12 月 29 日，最高人民法院发布《关于审理建设工程施工合同纠纷案件适用法律问题的解释（一）》，在司法方面对建设工程结算纠纷作出进一步规定。以上提到的部分法律法规随着我国经济建设的不断发展，为适应出现的新情况而历经修改或废止。从我国发布的有关建设工程结算法律规定和相关政府文件的出台时间段跨度大、持续时间长可以看出，我国长期以来一直十分重视建设工程结算纠纷；但出于种种原因，建设工程结算纠纷仍然是个难以根治的社会问题。

面对建设工程结算纠纷这一难题，笔者暂时无法提出有效的根治方案，但希望通过本文对这一疑难问题的成因类型进行分析，探寻相应的解决之道。

一、建设工程结算的概述

根据财政部、原建设部 2004 年发布的《建设工程价款结算暂行办法》第 3 条规定，建设工程价款结算是指对建设工程的发承包合同价款进行约定和依据合同约定进行工程预付款、工程进度款、工程竣工价款结算的活动。

众所周知，建设工程由于施工周期长，使用资金大，雇佣工人多，相较于其他社会活动而言对社会影响更为深刻，有些建设工程发生纠纷却又处理不妥，甚至引起巨大的社会反响，引发社会问题。因此，及时解决建设工程结算的问题对于发展国内国际经济双循环，维护社会稳定均具有十分重大的意义。

二、建设工程结算纠纷的常见类型

建设工程结算纠纷的主要类型如下。

1. 工程量引发的纠纷

建设工程的工程量纠纷一般指由变更签证引起的工程量调整纠纷。理论上工程量的调整需要先由承包方提出书面变更签证申请，再由发包方和监理公司同意，才最终确认调整内容。但在实际施工中，仍有许多市政基础建设工程在建设工程施工合同生效后调整工程量，以及对隐蔽工程施工的详细数据出于种种原因未作出三方（发包方、承包方以及监理公司）签证记录，后在申请结算中承包方仅将自身施工日记作为结算依据；发包方此时对承包方实际工程量提出异议，由此产生工程量纠纷。

2. 建筑材料引发的纠纷

市政基础设施建设工程招投标时对工程主要建筑材料品质都会有所要求

或承诺，但由于建筑材料市场供求关系的影响，使一些承包方因成本问题等转而采用合同约定外的其他建筑材料，从而引起结算纠纷。2020 年下半年，国内和国际渐渐从新冠疫情影响下走出，国际建材市场剧烈变动，建筑材料如钢材、铁矿石价格大幅度上涨，铁矿石价格涨幅甚至达到 76%。承包方进行建设工程投标时一般只考虑了 5% 的价格上涨幅度，最多不会超过 10%。面对如此高的涨幅，如果发包方与承包方未能达成一致（如适当提高工程款或者同意工程延期等待建材市场价格回落），许多承包方就只能通过寻找低品质的替代品以降低成本压力，由此引发建设工程结算纠纷。

3. 竣工决算时间引发的纠纷

在实践中，在签署建设工程施工合同之前，承包方一般会提交一份预算报告，工程竣工后再由承包方提出决算报告，然后报经发包方审核，达成一致后由发包方支付。承包方提交决算报告的前提是工程“竣工”。“竣工”这一概念在建设工程领域本来是一个无争议的技术概念，即建设工程施工合同项下的工程量已全部完成；但在实际执行的过程中“竣工”的含义，比建设工程施工合同的“竣工”要复杂得多。例如，土建工程的工程内容只包括外围框架工程，但商品房买卖合同中，即便最低要求的“竣工”，除外围框架结构外，还必须包括内装修。若建设工程中采用综合验收的标准，情况则更为复杂。除上述要求外，还包括小区配置及消防验收等。现实中许多承包方为了承揽业务，对发包方在建设工程施工合同中设定的“竣工”概念陷阱未充分沟通。因此即便承包方认为合同约定的工程量已履行完毕，有时发包方也会根据建设工程施工合同中约定的“竣工”概念，认定整个建设工程并未完全“竣工”，拒收承包方的决算报告并拒付工程款，由此引发建设工程结算纠纷。

4. 总包与分包引发的纠纷

随着我国社会主义市场经济不断发展壮大，社会分工也相应随着市场经济的不断发展越来越细致，一个大型建设工程，尤其是一个大型的市政基础设施建设工程，很难由总承包单位单独完成，而且总承包单位对一些需要大量人力的劳务作业无法独立完成。因此，总承包单位在承包建设项目后，一般会在经发包方同意后，将其中的一部分专业工程和劳务作业分包给相应的分包单位。建设工程项目完工后，如果发包方能够结算全额工程款，则发生结算纠纷的可能性相对较小；如果发包方因种种原因只进行了部分结算，则很容易造成总承包单位与分包单位的纠纷。总承包单位与分包单位之间除工程款结算外，还存在其他费用结算问题，例如管理费结算问题等。同时，在实际中有些发包方会参与指定或者暗示总承包单位选择特定的分包单位，引起的建设工程结算纠纷会更复杂。由于这类纠纷在建设工程领域非常普遍，无论是国务院颁布的《建设工程质量管理条例》还是最高人民法院颁布的《关于审理建设工程施工合同纠纷案件适用法律问题的解释（一）》均对此类问题作出相应的规定。

5. 发票引发的纠纷

在绝大部分市政基础设施建设工程中，都会约定建设工程采用分期付款的付款方式，而相对的建设工程的成本核算需要等到工程竣工后才能进行。然而，少数发包方由于管理不规范、人事变动等在分期付款时可能未向承包方或分包方立即索取已支付工程款的发票。某些承包方，特别是一些存在挂靠性质的临时施工队，为偷逃税收，有时候会以未收到全额工程款为由，拒绝开具相对应收款金额的税收发票。当全额发票应付的税款超过剩余工程款时，这种纠纷发生的可能性更大。

6. 建设工程施工合同尾款引发的纠纷

大部分的建设工程都会约定竣工移交后，承包方需要按照合同要求在至少一年内提供保修服务。为了保证承包方履行保修义务，发包方一般会在建设工程施工合同中约定竣工交付后支付95%工程款，余下5%工程款留待约定的保修期满后再行支付。当然，一些建设工程施工合同会约定先支付全部工程款，但需由承包方另行出具5%工程款的银行保函加以保证。实践中承包方不一定能够在保修期内适当履行保修义务，如果没有履行相应的义务，则发包方和承包方很有可能因建设工程施工合同尾款产生纠纷。

7. 合同违约引发的纠纷

无论是承包方逾期竣工交付、建设质量不合格，还是发包方未能按合同约定提供进场施工条件（如施工现场未能通水、通电、通路等）、中期擅改设计、未按约定支付进度款等行为造成停工、窝工等，一般情况下最终都会以违约金的形式反馈到工程款的结算中。有些建设工程施工合同条款对双方的违约责任约定不清，由此引起合同违约纠纷，这在建设工程结算纠纷中应该是比较常见的类型之一。

8. “阴阳合同”引发的纠纷

“阴阳合同”在建设工程领域可以说是半公开的秘密。一些实力雄厚的建设工程发包方会利用其在签约中所处的优势地位，就其负责的建设工程除与承包方公开签订一份建设工程施工合同（“阳合同”），又半强迫地与承包方签订另一份在工程价款、工期、付款方式等方面内容与“阳合同”不一致且有利于发包方的建设工程施工合同，即所谓“阴合同”。进入工程结算阶段，究竟以哪一份建设工程施工合同作为结算标准成为争议焦点。按照《民法典》中的原理，应该认定“阴合同”为建设工程结算标准（因为“阴合同”签订时间在后，应视为对“阳合同”的变更）；按照《招投标法》，应该认定“阳合同”为建设工程结算标准，因为该合同系公平竞争的招投标结果。最高人民法院在2020年12月29日颁布的《关于审理建设工程施工合同纠纷案件适用法律问题的解释（一）》第22条①明确规定了“阴阳合同”问题，规定中确定了以“阳合同”作为建设工程结算标准。

9. 合同约定结算价款显失公平引发的纠纷

出于某些特殊原因，有时发包方与承包方会在建设工程施工合同中约定比市场价更高的工程款，但在施工期间发包方负责人更换，对早先的内幕交易并不知情或者出于某些原因选择装糊涂，那么新的发包方负责人很有可能在工程竣工后，对承包方提出的决算报告提出合理的质疑，由此引发建设工程结算纠纷。笔者曾经代理过某国有企业的工程款结算纠纷中，发包方与承包方在合同约定使用财审方式确定合同最终结算价；但承包方提交的工程决算价与财审评估的工程结算价存在不小差距，故承包方一直对财审价格不予认可，工程结算一直没办法完成，最终只能通过诉讼途径解决纠纷。后来法

① 最高人民法院《关于审理建设工程施工合同纠纷案件适用法律问题的解释（一）》第22条规定：“当事人签订的建设工程施工合同与招标文件、投标文件、中标通知书载明的工程范围、建设工期、工程质量、工程价款不一致，一方当事人请求将招标文件、投标文件、中标通知书作为结算工程价款的依据的，人民法院应予支持。”

院摇珠确定的中介鉴定机构重新审核评估，最终确定的项目工程结算价比承包方提交的工程决算价款低了将近20%。

10. 赶工奖励引发的纠纷

很多建设工程施工项目为了提高承包方的积极性，发包方和承包方会在合同中约定如果承包方或分包方能够提前完成建设工程，发包方应该按日给予一定的赶工奖励。在某些市政基础设施工程项目中，由于时间紧、任务重，为了进一步激发承包方和工人的积极性，合同一般会约定较为丰厚的赶工奖励；但在实际情况中，赶工奖励一般由承包方提出申请，而经发包方层层审批通过后，最后拨付承包方。由于相应的审批过程完全是发包方内部操作，承包方一般并不持有相关赶工奖励审批文件。发包方有时在支付赶工奖励后，为便于开展核算、摊销成本，会要求承包方开具工程款发票，但有的发包方缺乏诚信精神，事后将赶工奖励计入工程结算款中，而承包方可能因没有赶工奖励的内部审批表格，最多只持有复印件，而无法向法庭举证。

三、建设工程结算纠纷的对策

（一）健全完善建设工程结算的相关制度和体系

1. 建立健全市政基础设施建设工程保证金制度

在一些市政基础设施建设工程中，有关政府部门在审批固定资产投资计划和其项目批文时，可以在审查发包方投资计划来源陈述的可行性外，根据实际情况要求发包方提供项目暂估金额一定比例的保证金。这一保证金可以存入有关政府部门专门在特定银行开具的账户，也可以提供相应金额的银行保函。同时可以规定这一保证金必须在市政基础设施工程竣工验收合格，且该工程项目的债权债务全部支付完毕（包括但不限于工程款、税金、拆迁补偿费等）后才能返还。

笔者在查看一些建设工程施工合同时发现有约定类似的保证金，但在现实的建设工程结算纠纷中，一般很难通过这类保证金推进建设工程结算纠纷解决。笔者建议通过相应的法律法规或政府规章规范市政基础设施项目保证制度，让市政基础设施项目保证金能够更加透明，发挥其保证项目竣工交付的作用，降低市政基础设施工程结算纠纷发生的概率，推动市政基础设施工程结算纠纷的解决。

2. 完善建设工程款优先受偿权制度

《民法典》第807条规定了建设工程施工合同的承包人拥有就工程的优先受偿权，但在已失效的最高人民法院《关于建设工程价款优先受偿权问题的批复》（法释〔2002〕16号）中将优先受偿权的范围限制于人员报酬、材料款等直接费用的狭小范围，同时将优先权行使期限限制设定为竣工或约定竣工后的6个月。随着时代发展，渐渐有一些观点认为优先受偿权规定得过于苛刻，不利于我国建设工程领域的健康发展。最高人民法院在广泛听取社会观点后，于2020年12月29日发布《关于审理建设工程施工合同纠纷案件适用法律问题的解释（一）》在第35～42条中详细规定了工程价款优先受偿权，不仅规定了优先受偿权的效力优先于抵押权和其他债权，还规定了主张优先受偿权的期限从竣工或约定竣工后的6个月变成自发包人应当给付建设工程价款之日起18个月；但对于优先受偿权的范围并未直接规定，只规定依照国务院有关行政主管部门关于建设工程价款范围的规定确定，且明确承包方就逾期支付建设工程价款的利息、违约金、损害赔偿金不具有优先受偿权。

虽然上述规定已经对建设工程优先受偿权的限制有所放宽，但仍然存在一定的改进空间，例如并未明确优先受偿权的范围，在实践中可能造成纠纷；优先受偿权的期限虽然已经从竣工或约定竣工的6个月延长至发包人应当给付建设工程价款之日起18个月，但实践中仍可能存在有些其他债务人的诉求没有提出的情况。因此建议在综合考虑各方的合法利益以及我国现实情况的基础上，明确优先受偿权的范围，同时考虑将主张优先受偿权的期限再适当给予延长，例如延长至与诉讼时效相同的3年。

3. 健全完善市政基础设施工程结算定额标准体系

在我国，由于不同地区、不同时期经济发展水平的不同，经济社会环境的复杂性、多变性以及各种结算标准的不断变动，市政基础设施工程结算定额标准不应生搬硬套、全部使用统一的标准，而是应当因地制宜、实事求是地采用适合当地的结算定额标准。同时，工程结算人员也要根据具体情况对定额标准进行相应调整，以适应我国不同地区的经济发展水平不同造成的建设工程结算情况差异。同时结算人员应根据申请结算的市政基础设施工程是否采用新工艺、引进新设备、应用新材料以及利用新技术，并根据上述提及的情况所造成的工程结算情况变化进行相应的定额调整，避免市政基础设施建设工程的造价失实。

简而言之，我国各地政府或有关部门应根据上述提及的内容，再结合当地的实际情况，建立健全市政基础设施工程结算定额标准体系，保证市政基础设施工程结算的准确性和经济性，降低市政基础设施工程发生结算纠纷的概率，更好地保护国有资产的稳定增长。

（二）灵活运用诉讼或仲裁方式推进建设工程结算纠纷解决

为进一步推进建设工程结算纠纷的解决，最高人民法院曾先后在2004年10月25日、2018年12月29日发布《关于审理建设工程施工合同纠纷案件适用法律问题的解释》《最高人民法院关于审理建设工程施工合同纠纷案件适用法律问题的解释（二）》。上述司法解释被废止后，最高人民法院于2020年12月29日发布了《关于审理建设工程施工合同纠纷案件适用法律问题的解释（一）》，根据我国发展形势的变化对审理建设工程施工合同纠纷作出进一步明确规定。广东省高级人民法院根据广东省自身实际情况，于2017年7月19日也曾发布《关于审理建设工程合同纠纷案件疑难问题的解答》（已于2021年1月1日被废止），确定了在广东省内进行建设工程合同纠纷诉讼或仲裁时适用的具体法律规则。

在发生建设工程结算纠纷时，若发包方和承包方无法通过协商解决纠纷，建议根据实际情况选择诉讼和仲裁的方式解决纠纷。虽然选择诉讼或仲裁方式会导致相应的成本增加，但在法院或仲裁委员会的庭审中，发包方和承包方能够充分地阐述自身观点，同时能够了解对方的立场，可能在此过程中，双方能够找到一个均可以接受的平衡点，进而解决双方的结算纠纷。即使双方的观点无法达成一致，双方当事人可以申请法院通过司法鉴定的方式确定工程价款。

法院通过公平公正的方式选择具有资质的鉴定评估单位对建设工程进行司法评估之后，发包方和承包方可以将司法鉴定确定的建设工程款作为建设工程最终结算价，从而推进建设工程结算纠纷的解决。但需要注意法院在选择司法鉴定机构时应该遵循公开公平公正的原则，而且选择的司法鉴定机构也应该是无利益冲突的第三方鉴定机构，否则丧失的不仅是鉴定机构的公信力，还是法院的公信力，甚至会影响我国司法的公信力。因此无论是发包方还是承包方，在选择诉讼或仲裁途径解决结算纠纷时，均应遵守法律规定的相关司法程序，这样才能顺利推进建设工程纠纷的解决。

（三）建立完善的建设工程中期预警体制

建设工程结算纠纷，尤其是市政基础设施建设工程的结算纠纷，一般都会具有金额巨大，招用工人多，社会影响深远等特点。该类纠纷一旦激化，无论是对发包方、承包方、工人还是当地政府，都会造成难以估量的巨大影响。为了保证重大市政基础设施建设项目的顺利进行，维护社会稳定，笔者建议根据实际情况，在一些重大的市政基础设施建设项目中，由有关部门牵头建立建设工程中期预警体制。

当工程完成至建设施工合同约定的50%时，可以聘请一些利益无关方作为中介机构，如聘请监理公司、律师、会计师等组成建设工程中期审查小组，对建设工程施工合同的履行情况进行审查，包括但不限于以下内容。

1. 审查施工主体。审查是否存在挂靠、转包、非法分包的行为。

2. 审查施工设计。审查承包方是否按照审定的设计进行施工。

3. 审查施工进度。审查是否按照建设工程施工合同约定的进度施工。

4. 审查投资债权债务进度。审查发包方是否已按照建设工程施工合同约定支付工程款或其他费用。

5. 审查建设工程项目的合法性。审查建设工程履行过程中，是否存在违法违规情形等。

6. 审查会计事务。审查建设工程项目中有关工程票据是否齐备，是否已经根据政府要求足额支付相关税收。

通过上述审查，如果未发现市政基础设施建设工程中存在问题，可以继续建设；如果审查发现问题，由审查小组告知有关各方，出现问题的一方应立即采取相应的整改措施。同时，另一方有权根据实际情况在合理期限内提出不安抗辩，要求对方在澄清误解或提供履约担保后再继续履行合同。例如，通过审查，发现发包方的市政基础设施建设资金出现缺口，可以立即通知发包方与承包方，发包方可以选择出示建设资金保证文件；若发包方并未提供相关的支付保证文件，承包方可以提出不安抗辩并要求中止履行，直到发包方提供相应支付保证。如发包方一直未予提供相应的保证文件，承包方可以考虑通过解除合同、寻求政府有关部门协助等方式维护自身权益。通过建设工程中期预警机制，可以降低市政基础设施建设工程出现结算纠纷的概率，更好地维护国有资产的安全。

建设工程合同纠纷实务

广东合富律师事务所　王美富

一、当事人基本情况及案由

原告：广州市甲公司（某国有控股公司以下简称甲公司）

被告：深圳市乙公司（以下简称乙公司）

第三人：广州市丙局（以下简称丙局）

案由：建设工程合同纠纷

二、案件的基本情况

乙公司参加投标，并被确定为广州市丁局（以下简称丁局）A工程施工的中标单位，中标总造价为10,037,330元。

2005年7月25日，丁局（建设单位，发包人）与乙公司（施工单位，承包人）签订了《建设工程施工合同》，约定如下内容。（1）工程概况。工程名称为A工程施工。工程地点在广州市××医院至×××河段。资金来源为城建资金。（2）工程承包范围及承包方式。承包范围为招标文件施工图纸。承包方式为包工、包料、包工期、包质量、包安全、包文明施工。（3）合同工期。2005年6月25日计划开工，以开工令为准。竣工日期为2005年10月31日，以开工令为准，工期予以顺延。合同总工期128天。（4）合同价款。鉴于发包人拟修建A工程，并通过2005年7月12日的中标通知书接受了承包商以10,037,330元为本工程施工、完工和修补缺陷所做的投标，为此双方达成协议。该合同《合同专用条款》第6条约定合同价款与支付，第23.2条约定本合同价款通过招标方式确定，并采用下列合同形式：固定单价（综合单价）+合价包干措施费+规费+税金合同。该合同项目的结算造价以广州市戊局（以下简称戊局）审核后的工程结算价为该合同项目的最终结算造价。该合同第26.1条约定工程款（进度款）支付的方式和时间：工程款（进度款）按月支付，承包人的工程量报表及计量支付证书经现场工程师确认后，发包人按照《广州市市本级基本建设项目财政性资金集中支付实施办法》，在扣除相应预付款后支付当期进度款，已完成工程量达到或超过扣除了招标人预留金后的合同承包价时，发包人可付至合同价的80%。该合同第26.3条约定工程结算经市财政部门审核后，发包人按照《广州市市本级基本建设项目财政性资金集中支付实施办法》支付结算款，结算款付至结算价的95%，结算价的5%作为工程质量保修金，保修期满并取得工程保修责任期终止证书后，按上述办法向承包人支付工程结算余款（无息）。该合同第26.4条约定根据穗建企纪〔1998〕82号会议纪要的精神，关于工程项目劳保金收拨的事宜规定如下。（1）收拨范围：所有工程项目的国内承包人，一律参加广州市建设项目劳保金行业管理，执行穗府办〔1995〕92号文件规定。（2）收拨标准：统一执行广州市基本建设定额站的有关定额标准。目前工程项目劳保金统收费率按穗建劳办〔2002〕13号文件规定执行，将随广州市政府颁布的计费标准调整而调整。（3）具体操作办法：一是合同签订后，所有工程项目的劳保金的收拨都以中标总造价为计算依据，由发包人代交、代缴，从第一次进度款计价支付时起分4次等额扣回；二是对经核准须交20%调剂金的项目，可一次性收缴入行业调剂账户，并视作已结算，不再拨付该项目劳保金给承包人；等等。上述合同签订后，乙公司依照合同约定进行了工程施工。工程完工后已验收合格并已投入使用。

根据广州市人民政府办公厅发布的相关规范性文件，从2008年1月15日起，丁局原涉水管理职能划归丙局行使。国有控股的甲公司提交丙局穗水财务〔××××〕××号《关于变更××××合同主体的通知》，该通知的主要内容为：经该局研究决定，由甲公司代为行使污水治理工程项目业主职能管理项目建设，为此，原由丁局签订的污水治理工程项目主体变更为甲公司，请甲公司与合同承建单位签订补充协议变更合同主体，并履行合同权利和义务。该案审理过程中，各方当事人确认甲公司并未与乙公司签订补充协议变更合同主体。

甲公司提交的《开工报告》和《工程竣工验收报告》，涉案工程批准开工日期为2005年8月18日，验收日期为2007年6月13日。《工程竣工验收报告》中载明的建设单位为甲公司。甲公司提交的《工程项目结算书》和《工程结算资料》载明，工程建设单位为丁局，项目管理单位为甲公司，承包人为乙公司。《工程项目结算书》中的工程项目结算概况表中载明，承包人乙公司报送结算金额为9,891,285.20元，监理单位审核金额为9,706,872元，甲公司审核金额为7,090,964.10元。

2012年6月4日，甲公司向戊局提交《关于送审A工程施工合同结算的函》，主要内容为甲公司组织实施的A工程施工合同结算（初审价：7,090,964.10元）属治水资金安排项目，经广州己集团同意，现委托戊局进行评审。戊局接受评审申请后，委托广州庚公司进行评审，并送广州市辛中心复核，经过广州市辛中心的复核，评审金额为6,679,663.62元，并已出完成函。由于施工单位乙公司不同意评审结果，评审工作不能完成，广州庚公司依据财政评审的有关规定对该项目申请退审，戊局于2015年1月12日同意撤销委托广州庚公司评审涉案工程施工结算的财政审查事项。评审退审后，涉案工程结算工作一直未能完成。

该案审理过程中，法院根据甲公司的申请，委托广州市壬公司对A工程的工程造价进行鉴定。广州市壬公司于2020年5月20日作出《司法鉴定意见书》，鉴定结论为：（1）鉴定《合同内清单》部分费用为6,498,042.67元；（2）鉴定设计变更部分费用为439,246.18元；（3）鉴定现场签证部分费用为276,690.11元。甲公司预交鉴定费69,711元。甲公司和乙公司对《司法鉴定意见书》的证据三性无异议，但对鉴定意见书中部分项目的计算有异议。针对双方当事人的异议，法院依法通知鉴定人出庭接受询问。经鉴定人听取各方异议并进行审查后，对上述《司法鉴定意见书》进行相应的调整，并出具补充鉴定意见。2020年5月29日，广州市壬公司作出《司法鉴定意见书（补充意见）》，鉴定结论为：（1）鉴定《合同内清单》部分费用为6,489,929.90元；（2）鉴定设计变更部分费用为456,924.28元；（3）鉴定现场签证部分费用为276,690.11元。

此外，甲公司主张发包方已向乙公司支付工程款8,022,523.07元，乙公司认为其仅收取了涉案工程的工程款合计7,715,671.44元，对于双方存在争议的款项是记账日期为2015年12月30日的劳保金305,134.83元和2015年12月31日的工程款1716.80元。对于该两笔款项，甲公司提交了2005年12月15日的财政直接支付凭证回单，显示付款人为戊局国库支付分局，收款人为乙公司，支付金额为1716.80元，付款用途为B系统（二期）—A工程—工程款。乙公司另提交了广州市某委员会办公室于2005年12月27日向丁局开具的发票，内容为交劳保金305,134.83元，乙公司对上述两份证据的真实性无异议。

三、争议焦点

1. 甲公司是否为该案的适格原告。
2. 该案工程结算造价的具体金额。
3. 乙公司实际已收取的工程款金额。
4. 该案诉讼是否已超过诉讼时效。

四、各方意见或观点

（一）原告诉讼请求

1. 请求法院判令乙公司向甲公司返还多付工程款1,342,859.45元；
2. 请求法院判令乙公司承担该案的诉讼费用。

（二）原告观点

1. 甲公司是该案适格的原告。

（1）根据《关于市丁局相关机构和人员编制划转市丙局的通知》《关于变更××××合同主体的通知》，丁局的水务管理职能转由丙局行使，丁局原签订的污水治理工程项目主体均变更为甲公司。

（2）A工程的开工报告、竣工验收报告以及工程施工过程中，甲公司均作为建设单位签字盖章确认相关文件，乙公司予以认可。

（3）A 工程的结算资料，乙公司是提交给甲公司进行审核后提交给戊局评审的。

（4）戊局出具的《关于撤销 A 工程施工结算评审委托的批复》抄送给甲公司，而非丙局。综上，甲公司是适格的原告。

2. 甲公司明确表示同意法院以摇珠的方式选定工程造价鉴定机构，对涉案工程进行造价鉴定。

3. 甲公司主张乙公司共收取了丁局五笔工程款，分别是 2, 620, 000 元、2, 345, 671. 44 元、305, 134. 83 元（劳保金）、1716. 8 元、2, 750, 000 元，共 8, 022, 523. 07 元。

4. 该案中双方并未完成结算，因此该案诉讼并未超过诉讼时效。

（三）被告观点

1. 在第一、第二、第三次庭审中乙公司主张甲公司不是该案的适格原告。根据《关于市丁局相关机构和人员编制划转市丙局的通知》，丁局的水务管理职能是转由丙局而非甲公司行使，且乙公司与甲公司从未签署任何关于合同主体变更的协议。在第四次庭审中，乙公司同意甲公司的诉讼主体资格。

2. 从甲公司提交的工程竣工验收报告的内容可以看出，其中注明竣工验收的时间是 2007 年 6 月 13 日，工程规模约 1200 米，工程造价约 1003 万元，第五项结论写到已按设计内容完成全部工作，符合设计要求，达到使用要求，验收合格，即证明乙公司已完成约 1003 万元的工程量。

3. 乙公司不同意戊局对涉案工程作出的评审结果，但乙公司明确表示同意法院以摇珠的方式选定工程造价鉴定机构，对涉案工程进行造价鉴定。

4. 甲公司提交的明细分类账无原件且是甲公司私人的单方记账的账簿，无法证明是否有发生实际的付款行为，甲公司应当提交转账的凭证。根据乙公司广州分公司的账目显示其中有两笔共 306, 851. 63 元未收到。

5. A 工程于 2007 年 6 月 13 日已竣工验收，该案的诉讼时效已过。

（四）第三人观点

甲公司为涉案项目的业主，具有该案的原告主体资格。

五、裁判结果和理由

（一）法院判决结果

1. 在判决生效之日起 3 日内，被告乙公司向原告甲公司退还工程款 798, 978. 78 元。

2. 驳回原告甲公司的其他诉讼请求。

（二）法院判决理由

1. 丁局与乙公司签署的《建设工程施工合同》是双方当事人真实意思表示，内容未违反法律行政法规的强制性规定，合法有效。因机构改革原因，丁局的职能划入丙局，故丁局在上述《建设工程施工合同》的权利义务由第三人市丙局承接。丙局经研究决定由甲公司代为行使污水治理工程项目业主职能管理项目建设，并要求甲公司与合同承建单位签订补充协议变更合同主体并履行合同义务。虽然甲公司此后并未与乙公司签署补充协议变更合同主体，但现乙公司在该案中明确表示其对甲公司依照《建设工程施工合同》提起诉讼并无异议，即认可甲公司的主体资格，应当视为丙局和乙公司协商一致变更甲公司为《建设工程施工合同》发包方。

2.《建设工程施工合同》约定合同项目的结算造价以戊局审核后的工程结算价为本合同项目的最终结算造价，甲公司已根据合同约定委托戊局对涉案工程进行评审并已出具完成函，但乙公司不同意评审结果导致评审工作不能完成，现甲公司在该案中申请对涉案工程造价进行鉴定，故鉴定机构评估认定的工程造价可作为双方工程结算价。广州市壬公司根据法院的委托于 2020 年 5 月 20 日作出《司法鉴定意见书》，因甲公司和乙公司均对该《司法鉴定意见书》提出异议，法院依法通知鉴定人出庭后，鉴定人对双方的部分异议予以采纳，并于 2020 年 5 月 29 日作出《司法鉴定意见书（补充意见）》，评定涉案工程造价合计 7, 223, 544. 29 元，法院对该鉴定结论予以采信。

3. 对于乙公司实际已收取的工程款的金额，甲公司主张发包方已向乙公司支付工程款 8, 022, 523. 07 元，乙公司认为其仅收取了涉案工程的工程款合计7,715,671.44元，对于双方存在争议的款项是记账日期为2015年12月30日的劳保金305,134.83元和2015年12月31日的工程款1716.80元，甲公司已经提交了财政直接支付凭证回单以及广州市某委员会办公室于2005年12月27日向丁局开具的涉案工程劳保金发票。根据《建设工程施工合同》合同专用条款第26.4条的关于劳保金由发包人代交、代缴的约定，法院确认上述劳保金305,134.83元应当视为已支付乙公司的工程款。据此，法院确认发包方已向乙公司支付工程款8,022,523.07元，故乙公司应当向甲公司退还工程款798,978.78元（8,022,523.07元减去7,223,544.29元），甲公司主张的超出部分法院不予支持。

4. 乙公司提出的诉讼时效抗辩意见，因双方在该案诉讼前并未结算，故甲公司提起该案诉讼并未超过诉讼时效，法院对乙公司的该项抗辩意见不予采纳。

六、办案总结

1. 在变更项目主体后应及时通过签订补充协议形式明确变更项目主体。

出于国企改制、机构改革等历史原因，为更好地行使政府城市建设职能，很多时候有关政府部门会根据实际情况颁发相应的文件，调整市政工程项目中的项目责任主体或发包主体。但由于合同具有相对性，在调整项目主体时若未及时签订补充协议，明确相应的项目主体信息，可能在履行合同过程中因合同主体不明确产生纠纷。

例如在上述案件中，广州市人民政府经研究后决定由广州市人民政府办公厅发布相关文件明确，从2008年1月15日起，丁局原涉水管理职能划归丙局行使。丙局研究后出具相应通知，决定由甲公司代为行使污水治理工程项目业主职能管理项目建设。据此，原由丁局签订的A工程项目实施主体变更为甲公司，此时甲公司应与合同承建单位签订补充协议变更合同主体，履行合同权利和义务。但在实际履行过程中，出于种种现实原因，甲公司在变更为A工程项目主体并实际履行合同后，并未与乙公司签订补充协议变更合同主体。

甲公司与乙公司因结算问题产生纠纷后，甲公司作为合同主体提起诉讼，乙公司在案件第一、第二、第三次开庭审理过程中，均以合同相对性为由主张甲公司不是案件的适格原告，直到甲公司提交了相关政府文件复印件等证据后，乙公司最终在第四次庭审中确认甲公司为案件的适格原告。如果该案中甲公司无法获取相关政府文件或相关文件因历史久远等问题无法找到，可能存在法院根据合同相对性原则，认定甲公司不是合同签订方，不具备原告资格的情况。

因此，为避免合同主体变更导致法律纠纷，国有企事业单位在根据政府有关规定变更项目主体后，应及时与合同相对方签订补充协议，明确各自的权利与义务，防止在产生法律纠纷后因诉讼主体资格的问题被法院认定不具备诉讼主体资格，既浪费司法资源，也存在国有资产流失的风险。

2. 建议考虑采用提起诉讼或申请的形式推进建设工程结算工作。

该案中合同工程属治水资金安排项目，甲公司经广州己集团同意，根据合同约定将工程提交戊局进行评审。但由于戊局评审结果与乙公司报送的结算金额相差较大，乙公司对戊局的评审结果不予同意，导致该项目的结算工作不能完成，使项目结算工作陷入僵局。

为推进项目结算工作的进行，甲公司向法院提起诉讼，并根据广东省高级人民法院《关于审理建设工程合同纠纷案件疑难问题的解答》（现已失效）第 11 条[①]的规定，在庭审中明确向法院申请进行工程造价的司法鉴定，乙公司也在庭审中同意由法院选定造价鉴定人对合同工程的结算造价进行评估。法院通过摇珠方式选定广州市壬公司作为造价鉴定人。最终法院确认鉴定人广州市壬公司的评估金额为项目工程最终结算价，甲公司和乙公司均予以认可，案件结算得以顺利推进。

因此，当某些特殊的项目工程出于历史原因无法推进工程结算时，国有企事业单位可通过选择提起诉讼或申请仲裁的方式，在庭审中向法院或仲裁委员会申请对项目工程进行工程造价司法鉴定，从而确定工程的最终结算

① 广东省高级人民法院《关于审理建设工程合同纠纷案件疑难问题的解答》第 11 条规定："当事人约定以审核、审计结果作为工程款结算的条件无法成就时如何处理：当事人约定以财政、审计等部门的审核、审计结果作为工程款结算依据的，按照约定处理。如果财政、审计等部门明确表示无法进行审核、审计或者无正当理由长期未出具审核、审计结论，经当事人申请，且符合具备进行司法鉴定条件的，人民法院可以通过司法鉴定方式确定工程价款。"

价，推进合同工程的结算工作。同时，法院应通过摇珠等方式确保在选择造价鉴定机构时公开公平公正，防止因选定的造价鉴定机构公正性、权威性不足引发纠纷，不仅延误工程结算，还影响我国司法的公正性。

3. 在申请司法鉴定时应考虑相关风险。

在该案中，乙公司报送的项目工程结算价为人民币 9,891,285.20 元，与甲公司已支付的工程款 8,022,523.07 元和戊局的评审价 6,679,663.62 元均存在巨大差价，因此对甲公司而言，可能存在乙公司在案件中提起反诉，要求甲公司按乙公司提供的结算价支付合同工程的剩余工程款及利息的风险。

若法院选定的造价鉴定人的鉴定结果高于甲公司已支付的工程款人民币 8,022,523.07 元，甲公司需根据鉴定结果支付余下未支付的工程款。因此，在建设工程结算案件中申请司法鉴定存在一定的风险，应谨慎选择适用。尤其是在一些历史遗留的结算案件当中，竣工资料、结算资料可能因保管不善等而不齐全，部分资料可能因历史久远而遗失，此时应根据实际情况谨慎选择适用司法鉴定方式，防止出现因司法鉴定的结果不符合预期反而需补足合同工程款的情况。

消防验收未通过的房屋租赁合同效力问题

——从一起国企房屋租赁合同纠纷案看消防验收对合同效力的影响

广东恒益律师事务所　李　鼎

一、当事人和代理人基本情况及案由

被告（反诉原告）：国企 SP 集团

委托代理人：李鼎、韩冰，广东恒益律师事务所律师

原告（反诉被告）：潘生（化名）

案由：房屋租赁合同纠纷

二、案件基本情况

2016 年 8 月 31 日，SP 集团与潘生签订《广州市房屋租赁合同》及《补充合同》（以下合称租赁合同），约定如下。

1. SP 集团将位于广州市荔湾区××大街××号××房的房产（以下简称租赁物业）出租给潘生作商业用途使用，租期自 2016 年 9 月 1 日起至 2022 年 8 月 31 日止。

2. 潘生应于每月的 10 日前支付当月租金。逾期支付租金的，每逾期一日应按当月租金金额的 0.3% 向 SP 集团支付违约金；拖欠租金一个月或以上的，SP 集团有权解除合同。

3. 潘生签订租赁合同前已经对租赁物业的现状（包括但不限于建筑物的结构、装修、装饰、水电设施、消防及安全防护设施等）已充分了解。

合同签订后，潘生交付了租赁保证金，接收了租赁物业并开始进行装修

施工、办理证照。但租赁物业装修后一直不能通过二次消防验收，潘生据此一直不支付租金，并致函 SP 集团向其反映：因租赁物业消防系统接入迟延、SP 集团迟延提供资料，导致潘生申报租赁物业二次消防验收迟延 6 个月，且消防部门对装修后的租赁物业进行二次消防验收时提出，消防部门备案留底的该物业《广州市公安消防局建设工程消防验收意见书》与 SP 集团提供给潘生递交消防部门的《广州市公安消防局建设工程消防验收意见书》内容不符，租赁物业未通过一次消防验收（竣工消防验收，下同），导致装修工程无法通过二次消防验收。潘生因此产生支付员工工资等额外支出费用及需聘专业消防公司完成消防工作等损失，且租赁物业至今不能投入使用，故向 SP 集团申请 21 个月的免租期，以继续履行合同。

SP 集团不同意潘生的免租方案，双方多次协商未果。2018 年 1 月 22 日，潘生向法院提起诉讼，以租赁物业没有通过一次消防验收导致无法通过二次消防验收为由，要求判决确认双方租赁合同无效，由 SP 集团退还租赁保证金并赔偿其损失。

我们接受委托后，经查阅，发现消防部门对潘生申报二次消防验收的书面反馈意见载明："建设单位提交的申请资料相关信息不准确、不一致，未按照消防设计文件施工建设，与设计文件严重不符。"对此，我们经分析认为：涉案物业具有合法产权证，足以证明已通过一次消防验收，且既往出租中承租人在装修后申报二次消防验收是合格的。潘生认为装修后二次消防验收未通过是一次消防验收未通过导致的，虽然消防部门的书面反馈确实载明"建设单位提交的申请资料相关信息不准确、不一致"，但该"申请资料"是否指租赁物业的一次消防验收资料没有充分证据证明，且书面反馈也反映潘生未按消防设计文件施工，这是导致二次消防验收不能通过的原因之一，因此其诉求确认合同无效没有依据，建议 SP 集团以潘生拖欠租金为由，反诉解除合同、没收保证金，并追缴欠租及违约金。SP 集团遂委托我们应诉并按此方案提起反诉。

三、争议焦点

1. 租赁物业未能通过二次消防验收的原因。

2. 消防验收未通过，租赁合同是否有效？

3. 合同终止履行，双方如何分担责任？

四、双方意见或观点

（一）原告（反诉被告）潘生的主张及理由

1. 租赁物业消防系统接入迟延、SP 集团迟延提供资料，导致潘生申报租赁物业二次消防验收迟延 6 个月，且 SP 集团提供的租赁物业《建筑工程消防验收合格意见书》与消防部门档案记载不一致，且该意见书未包括租赁物业已通过一次消防验收等情形，证明该租赁物业没有取得一次消防验收合格手续，这是导致租赁物业未通过二次消防验收并投入使用的原因。

2. 根据《消防法》等法律法规的规定，租赁物业依法必须经消防验收合格后才能投入使用，现租赁物业没有通过一次消防验收导致潘生无法办理装修后的二次消防验收，不能投入使用及开业经营。SP 集团将没有通过一次消防验收的租赁物业出租给潘生，违反了法律、行政法规的强制性规定，应认定租赁合同无效，且合同无效的责任应归于 SP 集团。

3. 租赁合同因 SP 集团被认定为无效，根据相关法律法规的规定，SP 集团应赔偿因此给潘生造成的装修投入等损失。

综上，潘生诉请法院确认合同无效，SP 集团退回保证金并赔偿装修费用等损失。

（二）被告（反诉原告）SP 集团的答辩及反诉

1. 租赁物业具有合法房产证，SP 集团也提供了租赁物业通过一次消防验收的《建筑工程消防验收合格意见书》。在既往出租中，承租方亦可以办理装修后的二次消防验收，这证明租赁物业经一次消防验收合格，可以投入使用。

潘生在装修后申报二次消防验收，消防部门书面反馈意见载明“建设单位提交的申请资料相关信息不准确、不一致，未按照消防设计文件施工建设，与设计文件严重不符”，而“建设单位”应理解为是装修施工人及二次消防申报人潘生而非 SP 集团，因此潘生提交资料不符合规定和未按照消防设计文件施工建设是导致不能通过二次消防验收的原因。潘生也未能提交其他证据证明，其不能通过二次消防验收的原因，是租赁物业未通过一次消防验收或消防验收资料与消防部门档案记载不一致等 SP 集团的原因导致的。

2. 涉案租赁合同是合法有效的。如上，租赁物业具有合法房产证，经一次消防验收合格，且既往承租人在装修后申报二次消防验收也是合格的，所以签订的租赁合同是合法有效的。

退一步而言，《消防法》规定的消防验收，属于对房屋使用条件的强制性规定。即使一次消防验收未通过，影响的是租赁物业能否实际使用，即租赁合同能否实际履行的问题，而非影响租赁合同效力并导致租赁合同无效的理由，故应驳回潘生确认合同无效的诉讼请求。

3. 潘生无合法理由而一直拒不交付租金，SP 集团有权依据租赁合同约定解除合同，并追究潘生违约责任。

综上，潘生拖欠租金无约定或法定依据，SP 集团反诉解除租赁合同并由潘生承担违约责任。

五、案件审理结果

（一）一审判决结果

广州市荔湾区人民法院一审判决认为：

1. 从消防部门书面反馈来看，租赁物业二次消防验收未通过的原因主要是建设单位未按消防设计文件施工建设。租赁物业已经办理合法产权登记，可初步认定已通过竣工消防验收，且既往出租中承租方亦可以办理装修后的二次消防验收，潘生主张租赁物业没有通过一次消防验收合格导致装修后未能通过二次消防验收，法院不予采纳。

2. 《消防法》规定租赁物业未通过消防验收不得投入使用，影响的是场地的使用及合同的履行，不影响合同效力。该案合同为双方真实意思表示，没有违反法律、行政法规的强制性规定，是合法有效的。

潘生不能证明租赁物业未通过二次消防验收，责任在于 SP 集团，故驳回其诉请确认合同无效的请求。在此情况下潘生拖欠租金已超过一个月，应承担违约责任，故判决租赁合同解除，SP 集团没收潘生保证金，并由潘生向 SP 集团支付拖欠的租金、违约金和合同解除后的占用费。

（二）二审判决结果

广州市中级人民法院二审判决认为：

1. 从租赁物业具备产权证，且在既往出租中承租方可以办理装修后的二次消防验收来看，该物业已经通过一次消防验收，且是能够通过二次消防验收的。

2. 经查，确实存在租赁物业消防系统接入迟延、SP 集团迟延提供资料等原因，导致潘生申报租赁物业二次消防验收迟延 6 个月的客观事实，故潘生在该期限内迟延交租不构成违约，不应支付违约金。

3. 潘生是租赁物业的承租人和实际使用人，以及申报二次消防验收的责任主体。对于消防部门书面反馈意见载明的二次消防验收不合格的原因是"建设单位提交的申请资料相关信息不准确、一致，未按照消防设计文件施工建设，与设计文件严重不符"，除提交的申请资料相关信息不准确、一致外，结合潘生庭审陈述，未按消防设计文件施工建设是租赁物业不能通过二次消防验收的主要原因。

综上，二审改判潘生减少支付因迟延支付 6 个月租金而产生的违约金（但该 6 个月租金仍应补足），驳回潘生其他上诉请求。

六、办案总结

综合广州两级法院司法裁判观点，对律师同行为国企房屋租赁纠纷提供争议解决法律服务，总结如下经验供参考借鉴。

1. 在租赁物业具有产权证的情况下，一般可以推定该物业已经通过一次消防验收。

2. 《消防法》第 13 条第 3 款规定："依法应当进行消防验收的建设工程，未经消防验收或者消防验收不合格的，禁止投入使用；其他建设工程经依法抽查不合格的，应当停止使用。"既往存在若干认定未通过一次消防验收租赁物业签订的租赁合同无效的司法判例。但参考最高人民法院部分司法判例的裁判观点［如（2018）最高法民申 871 号］，即使物业未通过一次消防验收，影响的只是物业的使用和合同的履行，不会影响合同效力，受影响的承租方可以据此解除合同而非确认合同无效。如符合合同有效的法律要件，法院倾向于确认合同有效，不会轻易判决合同无效。

3. 对于租赁物业不能通过装修后的二次消防验收的，法院会综合查明物业产权状况，物业使用的历史沿革，物业未能通过二次消防验收的具体原因，在此基础上再判定各方责任。

4. 国企对于企业名下的房屋等国有资产，肩负加强国有资产管理，防止国有资产流失，促进国有资产保值增值的重要任务。对于为国企提供物业法律服务的律师同行而言，应当以实现国有资产的保值增值为根本利益导向，建议在服务工作中注意以下几点：

（1）在为国企提供常年法律顾问服务等前端服务的过程中，应全面审查物业产权情况等基本情况，制作条纹清晰、内容完整、立场明确的物业租赁合同。

（2）在物业租赁合同的履行过程中，应根据国企客户的需求，协助客户审慎处理和应对合同履行中出现的问题和纠纷。

（3）在受国企客户委托，提供物业租赁合同纠纷争议解决等后端服务的过程中，应注意重点审查国企物业是否具备产权证、一次消防验收合格意见书，以及租赁物业不能通过二次消防验收并投入使用的原因。在此基础上，根据客户地位（出租人或承租人）的不同，评估提出解除合同、合同继续履行或确认合同无效的可行性和风险，进而选择不同的谈判策略或诉讼策略。尤其对于作为租赁物业装修工程建设主体和二次消防验收申报主体的承租方而言，如无充分证据证明物业不能通过二次消防验收的责任在于出租方，要慎重提起确认合同无效或解除合同的诉讼。

国有控股人寿保险股份有限公司
保险合同纠纷案例实务分析

广东金轮律师事务所　谭艳平

一、当事人和代理人基本情况及案由

原告：卢某某，女，1957 年 12 月 26 日出生，汉族，身份证住址广州市越秀区

委托代理人：×××，广东××律师事务所律师

被告：国有控股人寿保险股份有限公司，住所地广州市越秀区

负责人：刘某

委托代理人：谭艳平，广东金轮律师事务所律师

第三人：朱某某，男，1984 年 2 月 22 日出生，汉族，户籍地址广东省紫金县

案由：人身保险合同纠纷

二、案件基本情况

作为被告国有控股人寿保险股份有限公司的保险营销员，第三人朱某某利用其保险代理人身份，虚构被告有售“国寿金如意两全保险（分红型）”险种，且以存款 1 年享受 5 年每年返还 10% ~12% 利息的高额回报作为诱饵，诱骗原告卢某某购买该险种。基于与被告之前的合作和第三人的推荐，原告卢某某同意购买。2014 年 1 月 5 日，第三人朱某某自带 POS 机到原告卢某某处，原告卢某某在 POS 机上分几次共转账 15 万元，支付全额保险费用。第三人朱某某伪造保险批单以及被告印章，以被告的名义和原告签订

《国有控股人寿保险股份有限公司保险批单》。保单中约定，原告卢某某通过账户申请存款一年享受5年收益，每年按照12%（18,000元）返还，批单自2014年1月1日起生效。后来，原告卢某某因没有收回存款以及2014年、2015年的分红收益，向法院提起诉讼，并请求法院判令被告返还原告卢某某“国寿金如意两全保险（分红型）”本金以及利息；支付原告分红款36,000元；承担案件的诉讼费用。

三、争议焦点

该案的争议焦点是第三人朱某某向原告卢某某出具保险批单的行为是否构成表见代理。

四、双方意见或观点

（一）原告的主张

原告卢某某主张，第三人朱某某一直以来作为被告与原告间保险业务的代理人员，代表被告与原告签订保险批单属于表见代理行为，签订的批单是合法有效的。为此，原告还提交其在被告处投保国寿瑞盈两全保险的保险合同。

（二）被告的主张

被告质证认为，原告提交的证据不能证明该案合同是真实的。原告作为被告资深客户，对被告投保流程非常清楚，对非正常投保的流程应当注意。被告为证明其主张提交的证据如下：（1）交易结算单，拟证明被告收取保费的交易结算单商户名称为被告，该案中原告刷卡时看到所谓的保费不是被告收取，却仍然签名确认，并刷取几次，自身存在完全的过错。（2）原告向被告购买其他保险的个人保险投保单、人身保险投保提示书、电子投保确认单，拟证明在案发之前原告向被告购买过几份保险，原告知道向被告购买保险的流程、被告提供文件及收取保险费的方式，在此事件中，原告存在完全的过错。

五、代理结果和裁判理由

（一）代理结果

判决驳回原告的全部诉讼请求；由原告负担案件的受理费 4202 元。至此，为被告代理工作取得圆满的诉讼结果。

（二）裁判理由

根据该案诉讼当时尚有效实施的《合同法》第 49 条规定，行为人没有代理权、超越代理权或者代理权终止后以被代理人名义订立合同，相对人有理由相信行为人有代理权的，该代理行为有效。又根据该案诉讼当时尚有效实施的最高人民法院印发的《〈关于当前形势下审理民商事合同纠纷案件若干问题的指导意见〉的通知》第 13 条规定，《合同法》第 49 条规定的表见代理制度不仅要求代理人的无权代理行为在客观上形成具有代理权的表象，而且要求相对人在主观上善意且无过失地相信行为人有代理权。合同相对人主张构成表见代理的，应当承担举证责任，不仅应当举证证明代理行为存在诸如合同书、公章、印鉴等有权代理的客观表象形式要素，而且应当证明其善意且无过失地相信行为人具有代理权。在该案中，第三人朱某某向原告卢某某收取费用并向其出具批单，虽然第三人在实施上述行为时系被告保险公司的代理人员，但原告卢某某刷卡付款行为在前，取得批单在后。原告刷卡时，并未有保险公司出具的足以使原告卢某某确信保险行为的凭证。而原告卢某某分五次刷卡支付款项，理应发现其付款的对手商户并非被告保险公司，且原告卢某某付款的对手商户“hx 电器”显然无法与保险公司形成关联性，而原告卢某某对此并未质疑并进一步向被告核实。上述情况足以印证原告在购买保险过程中未尽到审慎的注意义务。原告卢某某自身存在过失，致使其相信第三人具有代理权。故对原告关于第三人的行为构成表见代理的主张，法院不予采纳。

六、办案总结

无权代理行为要构成表见代理，必须具备以下两个要件，①表见事由：

比如行为人持被代理人的代理授权书、介绍信、工作证、合同书、公章、印鉴等，足以使相对人相信行为人享有代理权；②相对人主观上是善意且无过失的，尽到注意义务。该案原告不仅要对表见事由承担证明责任，也要对自己是善意无过错的承担证明责任。当原告无法举证证明自己无过错时，要承担举证不能的败诉风险。

在商业往来中，即使双方当事人已经有过多次合作，但依然要尽到自己的注意义务。对于相对人不符合交易习惯的行为，一定要谨慎对待，使自己的利益得到最大的保护。

国有建设项目用地风险及防范

——以某宅基地使用权侵权纠纷为例

广东金轮律师事务所　谭艳平

一、当事人和代理人基本情况及案由

上诉人（原审原告）：张三，男，1967年1月5日出生，汉族，住广东省广州市番禺区

上诉人（原审原告）：李四，女，1944年4月11日出生，汉族，住广东省广州市番禺区

两上诉人共同委托诉讼代理人：×××，北京××律师事务所律师

被上诉人（原审被告）：A公司，住所地广东省广州市海珠区

法定代表人：王五

委托诉讼代理人：×××，广东××律师事务所律师

委托诉讼代理人：×××，广东××律师事务所实习人员

案由：侵权责任纠纷

二、案件基本情况

该案上诉人张三、李四于2012年11月12日获得坐落于广州市南沙区××镇××路××街××号房屋的房地产权证。该证载明：房地产权属人为张三与李四（各1/2份额），房屋坐落于广州市南沙区××镇××路××街××号，房屋结构混合，层数一层，建筑面积50.41平方米，土地性质为集体，该集体土地为B经济联合社所有。张三、李四在使用该房屋过程中，于2013年5月将上述房屋拆除，在没有取得建设房屋相关部门审查批准的

情况下，在原址上进行重建。2013 年 12 月 11 日，建成三层半的房屋，重建房屋没有取得房地产权证。

2017 年 9 月 12 日，被上诉人 A 公司与 C 土地开发中心签订了《广州市某某南沙区征（借）地及房屋征收工作合同》，由 A 公司委托 C 土地开发中心组织实施建设用地范围内的征地、借地房屋征收、房屋临迁安置绿化及补偿等工作。

2017 年 12 月 25 日，C 土地开发中心（甲方）因建设施工需要，与 B 经济联合社（乙方）、D 土地征收与补偿工作办公室（丙方）签订了《广州市某某项目 2#中间风井借用土地协议书》，由甲、丙方负责广州市某某项目的征借地工作。因广州市某某项目 2#中间风井工程建设需要，须临时借用乙方面积为 59, 796 平方米（折合 89. 694 亩）的土地。甲、乙、丙方盖章确认的某某项目（二号井）细沥村交地红线图显示，张三、李四的涉案房屋处于本次移交的 89. 694 亩土地的范围内。在 2019 年 7 月 9 日，张三、李四重建房屋被强制拆除。

张三、李四上诉认为其因 B 经济联合社未收回宅基地而自始至终拥有宅基地使用权，而 A 公司占用其宅基地构成侵权。遂向二审法院提出上诉，请求撤销一审法院作出的民事判决，改判支持张三、李四的诉讼请求，以及请求由被上诉人 A 公司承担一审、二审案件受理费。

三、争议焦点

该案的争议焦点是 A 公司是否侵犯张三、李四的宅基地使用权。

四、双方意见或者观点

（一）上诉人的主张

1. 上诉人张三、李四自始至终拥有合法的宅基地使用权。所在的村委会未经过法定程序收回张三、李四的宅基地。村委会对张三占有并使用涉案宅基地是认可的，不能因张三翻建的房屋未获得建设规划手续就否定其合法拥有宅基地使用权，故案外人 B 经济联合社把张三、李四拥有合法宅基地使用权的土地借用给 A 公司的行为无效。A 公司占用张三、李四的宅基地没有事实与法律依据，应当依法返还并恢复原状。

2. 上诉人张三、李四拥有合法的宅基地使用权，系用益物权人，案外人 B 经济联合社无权处分张三、李四的宅基地所占用的土地。A 公司与 B 经济联合社签订的《广州市某某项目 2#中间风井借用土地协议书》涉及涉案宅基地的部分应当依法无效。A 公司无权占用张三、李四的宅基地，其应依法予以返还并恢复原状。

3. 上诉人张三、李四提交了 A 公司占用其土地的相关照片。A 公司占用张三、李四宅基地、侵犯宅基地使用权的事实是存在的。至今为止，违法占用的行为依然存在。原审认定张三、李四未提交 A 公司在借用土地期间侵犯宅基地使用权的事实和依据是错误的。

（二）被上诉人的主张

被上诉人 A 公司辩称，A 公司依照《土地管理法》第 57 条规定，经过合法审批程序取得涉案土地作为临时使用土地，且该临时使用土地期限处于有效期限内，不存在非法占用张三、李四宅基地的情形。张三、李四上诉主张缺乏事实与法律依据，原审认定事实清楚，适用法律正确，请求驳回上诉，维持原判。

五、代理结果和裁判理由

（一）一审代理结果和裁判理由

1. 代理结果

驳回原告张三、李四的全部诉讼请求。

2. 裁判理由

一审法院认为，张三、李四在 2013 年 5 月将房地产权证上记载的房屋拆除后，并没有依法利用该土地建造住宅及其附属设施。而案外人 B 经济联合社（涉案房屋宅基地的所有人）在张三、李四房屋的物权已经消灭的情况下将张三、李四曾拥有宅基地使用权的土地借用给 A 公司，其行为符合所有权人对自己的不动产或者动产，依法享有占有、使用、收益和处分的权利的法律规定。A 公司依《广州市某某项目 2#中间风井借用土地协议书》

的约定，在办理土地移交手续后按相关报批手续使用土地，并不构成对张三、李四宅基地使用权的侵权，张三、李四未能提供A公司在借用土地期间侵犯其宅基地使用权的事实和证据，因此张三、李四请求A公司返还其房屋所占的土地，并恢复土地原状的事实和证据不足，原审法院不予支持。

（二）二审代理结果和裁判理由

1. 代理结果

二审法院接受了被上诉人代理人的意见，驳回上诉，维持原判；由上诉人张三、李四负担受理费100元。

2. 裁判理由

二审法院认为，被上诉人A公司根据有关政府部门出具的穗南开国规〔2018〕××号《关于临时使用土地的复函》《关于广州某某项目风井临时用地延期的批复》及穗建审批函〔2017〕××××号复函，临时占有使用包括涉案宅基地在内的相关土地，符合相关法律规定。张三、李四上诉主张A公司占用其宅基地构成侵权，但其没有对A公司占有涉案宅基地具有过错或违法性提供证据证明，应承担举证不能的法律后果。故对于张三、李四认为A公司侵犯其宅基地使用权的主张，缺乏事实及法律依据，不能成立，二审法院不予支持。

对于B经济联合社是否存在侵犯张三、李四的宅基地使用权的事实，属于宅基地所有权人与宅基地使用权人之间的纠纷，涉及涉案宅基地是否符合回收条件和法定程序等法律事项，与该案不属于同一法律关系。由于上诉人张三、李四在该案中未对B经济联合社主张权利，故二审法院对此不予以调处，张三、李四可另循合法途径解决。由于B经济联合社是否存在侵犯张三、李四的宅基地使用权的事实只发生在宅基地所有权人与宅基地使用权人之间，其法律后果的范围仅及于集体组织内部，可以由集体组织内部解决，对案件实体处理并不构成影响。

六、办案总结

相对而言，二审法院的判决更严谨、更有说服力。针对该案诉求和焦点，二审法院直接认可A公司行为的合法性，对宅基地所有权人、宅基地使用权人行为的合法性在该案中不予处理。张三、李四如果认为自己合法享有涉案宅基地的使用权，可以另案起诉B经济联合社，要求其赔偿自己的损失。

附：其他类似案例

1. A公司、B公司等侵权责任纠纷民事二审民事判决书，（2021）粤14民终1906号

根据《土地管理法》第57条规定，A公司于2021年3月26日向某县自然资源局提出办理临时用地的申请，并与被用地单位某县土地开发整理中心签订了《临时使用土地合同书》。2021年5月27日，某县人民政府办公室下发了《县政府常务会议决定事项通知书》，载明某县政府常务会议同意县自然资源局为A公司办理临时用地手续。2021年5月31日，某县自然资源局出具《某县自然资源局关于A公司仁居稀土矿临时用地的批复》，同意A公司临时使用48,226平方米土地用于搭建临时工棚、临时堆场积工艺流程池；临时用地期限为两年，自批准之日起计算。据此，自2021年5月31日起，A公司已合法取得了涉案土地的临时用地使用权。现案涉土地尚在临时使用期限内，故对B经济联合社要求A公司停止占用土地、拆除房屋设施建设、恢复耕地原状的诉请不予支持。

2. 张三、A公司侵权责任纠纷二审民事判决书，（2020）黑06民终2216号

该案主要争议焦点为A公司使用张三土地是否侵犯了张三的权利。根据《土地管理法》第25条“经批准的土地利用总体规划的修改，须经原批准机关批准；未经批准，不得改变土地利用总体规划确定的土地用途。经国务院批准的大型能源、交通、水利等基础设施建设用地，需要改变土地利用总体规划的，根据国务院的批准文件修改土地利用总体规划。经省、自治区、直辖市人民政府批准的能源、交通、水利等基础设施建设用地，需要改变土地利用总体规划的，属于省级人民政府土地利用总体规划批准权限内的，根据省级人民政府的批准文件修改土地利用总体规划。”和《基本农田

保护条例》第 15 条“基本农田保护区经依法划定后，任何单位和个人不得改变或者占用。国家能源、交通、水利、军事设施等重点建设项目选址确实无法避开基本农田保护区，需要占用基本农田，涉及农用地转用或者征收土地的，必须经国务院批准。”的规定，在保护基本农田的同时，做好矿产资源勘查和开发利用，仍是法律和政策所允许的。如因能源建设项目需要确需征用基本农田的，应当依法办理审批手续，并依法及时足额支付补偿费。案涉土地为基本农田，A 公司因油气资源开发、钻井及配套设施建设用地需要，由 B 县国土资源局于 2019 年 4 月 30 日按临时用地批准使用，办理了临时用地许可手续，与 B 县某村民委员会签订了临时使用土地合同。A 公司在支付了临时土地使用补偿费的情况下，使用张三土地，符合《土地管理法》第 57 条规定。案涉土地尚在临时使用期限内，且 A 公司已经就包括案涉土地在内的征地向 B 县国土资源局支付了永久征地补偿，并陈述农用地转用和永久征地审批手续正在办理中。A 公司使用张三的土地符合法律和政策规定，张三主张 A 公司强行占用其土地的意见不能成立。

3. 张三与 A 公司财产损害赔偿纠纷一审民事判决书，（2021）渝 0112 民初 21877 号

法院认为，原告作为案涉林地的使用权人以及林木的所有权人，其对林地、林木的合法权利受法律保护，由于原告提起该案诉讼的理由并不是案涉林地使用权或林木所有权的权属争议，故被告关于该案不属于民事案件受案范围的抗辩理由不能成立（此为法院观点，笔者也认为，如果属于因为部分的权属争议，则可能属于行政诉讼立案范围，既然不是，被告抗辩的“不属于民事案件受案范围”的理由不能成立）。该案作为一般侵权责任纠纷，侵权责任的成立必须具备主观过错、违法行为、损害事实、违法行为与损害事实之间存在因果关系四个要件。根据《森林法》第 38 条、《土地管理法》第 57 条规定，在该案中，黄草峡储气库先导试验工程的建设与运营具有社会公益性，该工程建设需要临时占用林地，林业主管部门核发了使用林地审核同意书，被告 A 公司与 B 村村委会签订补偿协议并按相应标准支付了案涉林地的补偿费用，被告 A 公司进入案涉林地施工并无不当。现案涉林地的施工已结束，管沟回填及地貌恢复经 B 村村委会、某县人民政府

验收合格，其施工行为亦无不当。而原告主张的损失系尚未开发建设景区的损失，也未举示证据证明被告的施工行为对其林地、林木造成实质的侵害，因此原告主张的诉讼请求不能成立，法院不予支持。

论国有管道压覆矿产资源的赔偿

——以某国企物权保护纠纷案为例

广东连越律师事务所　彭　平

一、当事人和代理人基本情况及案由

原告：贵州某能源集团有限公司

被告：中国石化某有限公司华南分公司

委托代理人：王浩，广东连越律师事务所律师

委托代理人：彭平，广东连越律师事务所律师

案由：物权保护纠纷

二、案件基本情况

被告是国有企业，2013 年，被告在获得政府规划审批后修建输油管道。在途经原告的双田煤矿时，该煤矿当时处于停产状态，被告寻找不到采矿权人，无法商谈补偿，为赶工期，保障西南地区成品油市场稳定供应，遂在向国土部门递交保证依法补偿承诺函后进行施工。2018 年，原告以输油管道穿越双田煤矿导致其无法开采，由此造成其损失（含可得利益）1 亿元（最终以司法鉴定结论确定）为由向贵州省高级人民法院提起诉讼要求被告赔偿。

在诉讼过程中，原告就输油管道是否压覆双田煤矿矿产资源向法院提出进行司法鉴定申请。

鉴定机构的鉴定结论为：输油管道压覆双田煤矿，在 +1200 ~ +600m 准采标高内，压覆双田煤矿 8 号煤层 46 万吨，压覆 13 号煤层 41 万吨，压

覆7号煤层34万吨，压覆10号煤层100万吨，合计压覆资源量221万吨。

三、争议焦点

1. 原告是否享有采矿权，是否具有原告主体资格。
2. 被告的项目是否压覆原告煤矿，如果压覆，压覆数量如何计算。
3. 被告应如何补（赔）偿原告损失。

四、双方意见或代理观点

（一）原告的意见

原告认为，被告修建的输油管道通过并压覆原告的双田煤矿，直接导致原告可开采资源量降低，遂起诉要求被告支付压覆矿产资源赔偿款1亿元（最终以司法鉴定结论确定），并承担该案的诉讼费用。

（二）被告代理的意见

作为被告代理人，我们认为，由于被告在原告矿区内修建输油管道，未向原告（采矿权人）支付补偿款，被告输油管道构成对煤矿的压覆，这是毋庸置疑的。该案核心焦点是压覆的数量多少以及是否赔偿可得利益问题。关于上述核心焦点，我们的主要代理意见如下。

1. 原告在采矿许可证有效期满后无权开采。

由于原告的采矿许可证在2018年12月底有效期满后未依法办理延续手续。依照《矿产资源开采登记管理办法》第7条“……采矿许可证有效期满，需要继续采矿的，采矿权人应当在采矿许可证有效期届满的30日前，到登记管理机关办理延续登记手续。采矿权人逾期不办理延续登记手续的，采矿许可证自行废止”、《贵州省矿产资源管理条例》第33条“勘查许可证、采矿许可证有效期满未办理延续手续仍进行矿产资源勘查、开采工作的，按无证勘查、开采矿产资源处理”和第34条第1款“无勘查许可证和采矿许可证，勘查、开采矿产资源的，责令停止违法行为，没收违法采出的矿产品和违法所得，可并处1万元以上10万元以下的罚款；拒不停止违法行为，情节严重的，依法予以取缔”的规定，自2019年1月1日起原告无权再采矿，且原告陈述自2013年开始一直没有开采。我们认为，即使计算压覆及赔偿，也应当按照比例原则，不宜将压覆部分煤炭的损失全部判决由被告赔偿或补偿。

2. 压覆矿产资源补偿适用的法律规定问题。

《国土资源部关于进一步做好建设项目压覆重要矿产资源审批管理工作的通知》（国土资发〔2010〕137号）（以下简称国土资源部137号文）第4条第3项对建设项目压覆已设置矿业权矿产资源的补偿作出专门规定，该案应当按照国土资源部137号文第4条第3项规定计算补偿数额。

国土资源部137号文第4条第3项规定："建设项目压覆已设置矿业权矿产资源的……补偿的范围原则上应包括：1. 矿业权人被压覆资源储量在当前市场条件下所应缴的价款（无偿取得的除外）；2. 所压覆的矿产资源分担的勘查投资、已建的开采设施投入和搬迁相应设施等直接损失。"根据上述规定，法律并不支持原告的可得利益损失，原告诉讼请求中关于可得利益损失部分依法不能获得支持。

3. 鉴定意见书错误。

（1）鉴定机构对7号和10号煤层所作的压覆鉴定是错误的。

原告采矿许可证登记内容显示，原告作为采矿权人，仅有8号、13号煤层的开采权，没有7号和10号煤层开采权。因此，鉴定意见书中载明的压覆数量不应包括7号和10号煤层。

（2）未将双田煤矿中硫分>3%的原煤从压覆量中剔除。

为控制二氧化硫排放，保护生态环境，保障人体健康，国家从2001年即开始禁止开采硫分>3%的原煤。

原国家环保总局、原国家经贸委、科技部2002年1月30日发布的《燃煤二氧化硫排放污染防治技术政策》第1.3条明确规定"本技术政策适用于煤炭开采"，第3.1条明确规定："各地不得新建煤层含硫份大于3%的矿井。对现有硫份大于3%的高硫小煤矿，应予关闭。对现有硫份大于3%的高硫大煤矿，近期实行限产，到2005年仍未采取有效降硫措施、或无法定点供应安装有脱硫设施并达到污染物排放标准的用户的，应予关闭。"

原国家环保总局、原国土资源部、原卫生部2005年9月7日发布的

《矿山生态环境保护与污染防治技术政策》（环发〔2005〕109号）“二、矿产资源开发规划与设计”中的“（一）禁止的矿产资源开发活动”第6项规定“禁止新建煤层含硫量大于3%的煤矿”。

综上，硫份>3%的原煤属于国家禁止开采资源，应将禁止开采的硫份>3%的原煤从压覆量中剔除后计算压覆量。在鉴定意见书中，该案双田煤矿中含硫量>3%的原煤大约占比44%，应将该部分原煤从压覆量中剔除。

（3）未公允计算并列出各类煤柱、成品油管道单独和共同压覆比例划分。

法院、鉴定公司、原被告四方参加双田煤矿鉴定现场勘查时，发现矿区内有大量的村寨，还有公路，现场即可以看到管道沿着公路、村寨铺设，距离公路、河流、断层、村寨均小于20米。双田煤矿内公路边还有电网设施设备。

如果构成压覆，不仅成品油管道压覆，村寨、道路、河流、断层、电网设施设备均压覆双田煤矿，且成品油管道和村寨、道路、河流、断层、电网设施设备紧挨在一起压覆。

从采矿角度分析，公路、河流、断层、村寨、电网设施设备均要留设煤柱，鉴定意见书没有公允地计算并列出各种煤柱，没有计算成品油单独压覆量、共同压覆量，没有进行比例区分和计算，对被告严重不公平。

五、代理结果和裁判理由

根据国土资源部137号文的规定，原告仅仅存在被压覆资源储量在当前市场条件下所应得的价款部分直接损失，并不存在所压覆的矿产资源分担的勘查投资、已建的开采设施投入和搬迁相应设施等直接损失，原告主张的预期利润损失也没有法律依据。经多番交涉，法院最终按照国土资源部137号文的规定判决被告赔偿原告1139万元损失，未支持原告预期利润损失请求。

六、办案总结

在该案中，被告的输油管道压覆了原告的煤矿矿区，原告起诉要求赔偿其可得利益损失1亿元，我们引导法院适用国土资源部137号文，最终法院未支持原告预期利润损失请求，案件较好地实现被告诉讼目标，维护了国有企业合法权益。但一审判决未能就原告的采矿许可证在 2018 年底失效后对损失比例的分担问题，共同压覆比例分担问题，剔除含硫量 > 3% 的原煤问题作出认定，亦没有查明该案是否需要做压覆处理，没有查明做压覆处理后被告依照《石油天然气管道保护法》第 30 条、第 35 条、第 36 条规定采取管道保护措施后再确定压覆数量问题等。

论国有企业在侵权诉讼中的应对

——以某国企财产损害赔偿纠纷为例

广东连越律师事务所　彭　平

一、当事人和代理人基本情况及案由

上诉人（原审原告）：富宁县某石料场（以下简称石料场）

被上诉人（原审被告）：中国石化某有限公司华南分公司（以下简称华南分公司）

委托代理人：王浩，广东连越律师事务所执业律师

委托代理人：彭平，广东连越律师事务所执业律师

案由：财产损害赔偿纠纷

二、案件基本情况

石料场于2011年3月取得安全生产许可证，有效期自2011年3月8日起至2013年4月7日止，2013年4月23日取得采矿许可证。

2011年11月，华南分公司输油管道工程线路走向获得当地政府批准，2012年华南分公司就输油管道进行铺设。2012年9月，市、县两级国土局（已变更）在《土地勘测定界技术报告书》中认定“输油管道工程建设用地勘测定界成果资料齐全，作业方法正确，土地权属清楚，无争议，地类划分正确”。

2015年3月，富宁县安监局作出批复，以输油管道贯穿矿区，矿区不再具备安全生产条件为由，不同意石料场进行矿山基础设施及设备改造。

2016年，石料场以输油管道贯穿矿区导致其无法继续经营为由提起诉

讼，要求赔偿其 1100 万元损失。

三、争议焦点

1. 华南分公司铺设输油管道的行为是否对石料场构成侵权。
2. 石料场的损失赔偿主张是否有事实和法律依据。

四、双方意见或代理观点

（一）石料场的意见

石料场以 2015 年 3 月安监局作出的批复为依据，主张华南分公司输油管道埋设在石料场安全警戒范围内，导致其无法继续生产经营，必须永久关闭，给石料场造成极大损失，应由华南分公司予以赔偿。

（二）华南分公司代理意见

我们在代理该案后，进行了充分的论证和分析。该案为石油管道铺设与石油管道附近区域矿产开采之间冲突引发的侵权纠纷案件。《民法典》第 1165 条第 1 款规定，“行为人因过错侵害他人民事权益造成损害的，应当承担侵权责任”，即侵权责任的四个构成要件是：违法行为、损害事实、因果关系、主观过错。石料场认为华南分公司修建的管道贯穿其矿区，致其开采工作受到严重影响，故诉请华南分公司赔偿经济损失 1100 万元。石料场是按照一般侵权起诉，应就过错、违法行为、因果关系和损害事实四要件进行举证。华南分公司重点是根据侵权责任四要件展开抗辩，否定侵权责任的构成。

我们认为，石料场起诉华南分公司侵权的关键证据是安监局的批复，批复认定输油管道贯穿矿区，矿区不再具备安全生产条件。该批复是政府文件，且内容上已经作出输油管道贯穿石料场矿区的认定，明显对华南分公司不利。如何使用证据击破安监局批复的证明力，说服法官不采信安监局批复处理案件则是该案胜负关键点。

我们询问了华南分公司该项目的人员并到案件所涉现场查勘，发现管道距离矿区边界尚有一段距离，即安监局作出的批复中管道贯穿矿区之定性是错误的。为推翻该政府文书的证明力，我们首先建议华南分公司提起行政诉讼撤销安监局批复，但华南分公司考虑到后续项目的履行，并未同意通过行政诉讼解决问题；后来在查阅管道建设审批文件时，我们发现原国土局作出的《土地勘测定界技术报告书》认定“输油管道工程建设用地勘测定界成果资料齐全，作业方法正确，土地权属清楚，无争议，地类划分正确”，于是我们以原国土局认为管道用地没有权属纠纷将《土地勘测定界技术报告书》作为反证用以推翻安监局批复的效力，并以司法鉴定书描述管道距离矿区边界150米为由主张管道并未穿越矿区，不构成侵权，原一审法院并未采纳，判决华南分公司败诉。在二审上诉过程中，我们紧紧围绕管道未贯穿矿区这一主题，引起二审法院的重视，为此二审法院要求鉴定人员参加庭审进行查明，鉴定人员当庭答复管道距离矿区边界尚有150米距离，二审法院最终以一审未能查明事实将该案发回重审。

重审一审时，石料场继续主张管道穿越矿区。我们推动法院组织现场勘测，最终原国土局测绘部门勘测结果为管道距离矿区最近一个拐点坐标80.98米，且在法院后续的询问笔录中，安监局明确其作出批复时并未到现场勘查。最终通过《土地勘测定界技术报告书》、司法鉴定书、二审庭审笔录、一审法院重审现场勘测记录、安监局在一审法院重审的询问笔录等一系列反证成功推翻安监局批复之证明力，法院最终判决华南分公司不构成侵权，从而驳回石料场的诉讼请求，案件结果实现反转。

五、代理结果和裁判理由

原一审：2018年8月，一审法院认定华南分公司铺设输油管道构成侵权，根据鉴定结果判决华南分公司赔偿石料场750万元。

原二审：2019年7月，二审法院以认定基本事实不清，证据不足为由裁定撤销原一审判决，发回重审。

重审一审：为查明案件事实，重审一审法院组织双方当事人进行了现场勘测，测量显示输油管道并未贯穿石料场矿区，输油管道距离矿区最近一个拐点坐标尚有80.98米。

2019年12月，重审一审法院认定石料场未就其主张华南分公司存在侵权的四要件加以举证证实，应承担举证不能的法律后果，判决驳回石料场诉讼请求。

重审二审：2020 年 9 月，重审二审法院认定石料场并未就华南分公司主观存在过错进行举证证明，未能举证证明华南分公司系在其安全警戒范围内铺设输油管道存在侵权行为而导致石料场受到损害的事实，判决驳回上诉，维持原判。

六、办案总结

该案为侵权纠纷，因果关系是侵权责任要件中必不可少的客观要件，其肩负着于加害人的行为与受害人的损失间寻找桥梁的作用，为损害由受害人向加害人移转提供正当化的理由，弄清楚因果关系不仅是为了还原案件事实真相，也是为了认定被告侵权行为与原告损害结果之间是否存在因果关系，即被告的侵权行为是否成立。在具体案件中，代理人要结合各种因素，综合考虑，灵活运用以期实现维护当事人合法权益的目标。

某国有企业租赁合同纠纷实务分析

广东岭南律师事务所　严洁明

一、当事人和代理人基本情况及案由

原告：A 物业有限公司

委托代理人：严洁明，广东岭南律师事务所律师

被告：B 有限公司

案由：租赁合同纠纷

二、案件基本情况

2010 年 4 月 23 日，C 市某区土地开发中心作为甲方，A 物业有限公司作为乙方，签订《土地及地上建筑物移交协议》，约定根据《区长办公会议纪要》的精神，甲方在接收 C 市原某电厂厂区内的土地及地上建筑物后移交乙方使用，就用地事宜确认如下：某电厂厂区内土地总面积约 171 亩，其中有证土地面积 142.01 亩；移交管理后，由该土地及地上建筑物产生的收益归乙方享有，土地及地上建筑物损坏、灭失的风险也由乙方承担。

2010 年 5 月 8 日，A 物业有限公司作为甲方（出租方），B 有限公司作为乙方（承租方），签订《物业租赁合同》，合同约定，乙方向甲方承租的物业为原某电厂厂区内土地及旧厂房（以下简称涉讼物业），甲方按现状整体出租给乙方使用，乙方对该物业的基本情况已有充分的了解；该物业占地约 171 亩，乙方同意按现状承租该物业；乙方承租该物业后，在限期内对物业进行装饰改造及加建；该物业的租赁期限为 2010 年 5 月 8 日至 2020 年 12 月 31 日；2010 年 12 月 31 日及之前为乙方对该物业的装饰改造及试营运期，

甲方同意免收乙方租金，自2011年1月1日起，每3个月的租金为750,000元；由于实施装饰改造工作的时间紧迫，甲方同意先垫资30,000,000元给乙方用于专项实施装饰改造工作，乙方须于2011年1月1日起，在每3个月的第10日前向甲方返还750,000元，直至还清垫资款30,000,000元为止，如乙方按时返还，甲方将不计收利息，否则，从逾期之日起，乙方需按照中国人民银行公布的同期最高贷款利率，就已到期未返还的垫资款向甲方支付利息；乙方须于该合同签订当天向甲方支付租赁押金500,000元及水电费保证金200,000元和员工工资保证金300,000元，如出现合同第9条约定的情形时，由甲方无息退回该租赁保证金；租赁期间，如出现该物业或其所附着的土地被国家收回，甲、乙双方可就受影响部分提前解除租赁关系，双方均须承认和服从，且不属于任何一方违约，甲方须提前30天通知乙方，有关单位所支付的属于该物业、非由乙方投入的配套设施部分及租赁收入损失的补偿属甲方所有，属于补偿乙方的投资和/或营运损失的补偿属乙方所有（第9条）；如逾期支付租金，每逾期1天，须按所欠租金总额的万分之二向甲方支付违约金；如逾期超过60天仍未付清租金，且后经甲方两次书面通知仍未纠正，甲方有权提前解除该合同，租赁押金不予退回，水电费保证金和员工工资保证金在乙方付清水电费和员工工资后，无息退回给乙方。该合同无论以何种原因被解除，乙方均须将该物业及设施完好地并可正常使用地移交甲方；解除合同的移交手续必须在合同解除之日起60天内完成，否则，乙方仍需按合同解除日的双倍日租金单价向甲方支付使用费直至移交完毕之日止。

合同签订后，A物业有限公司依照合同约定向B有限公司支付装修垫资款。至2010年9月20日，A物业有限公司已向B有限公司付清3000万元装修垫资款。

自2011年1月开始，B有限公司拖欠涉讼物业的使用费且未依约返还垫资款。为维护自身权益，2011年4月13日、2011年7月25日、2013年3月12日，A物业有限公司向B有限公司多次发出律师函，催收租金、违约金和垫资款。

2013年7月25日，C市某区人民政府办公室向D有限公司（以下简称

D 公司）作出某府办函〔2013〕×××号《对 D 有限公司关于建设某通信级塑料光纤产业基地项目的进展情况和请示的批复》，表示同意 D 公司租赁 A 物业有限公司位于 F 镇原某电厂的两栋厂房。

2013 年 7 月 26 日，A 物业有限公司向 B 有限公司发出某某函载明，根据上述批复的精神，A 物业有限公司将收回 B 有限公司位于 G 国际城（原某电厂）的部分物业交由 D 公司用于建设某通信级塑料光纤产业基地项目，请 B 有限公司协助相关交接工作。

2013 年 7 月 29 日，A 物业有限公司作为出租方，D 公司作为承租方，签订《租赁合同》，约定 A 物业有限公司将位于 C 市某区 F 镇佛年路 99 号土地上的 1 号厂房 3384 平方米，2 号厂房 2294 平方米按现状出租给 D 公司使用，A 物业有限公司须于 2013 年 10 月 1 日前将该财产全部交付 D 公司使用。

2013 年 7 月 30 日，A 物业有限公司收回涉讼物业中 G 国际城 E、F 座厂房，涉讼物业的其余部分仍由 B 有限公司使用。

2013 年 12 月 3 日，A 物业有限公司向 B 有限公司发出两份催款通知书。B 有限公司签收了两份通知书，并手写注明“租金确认，但违约金未确认”“垫资款确认，但还款利息未确认”。

2013 年 12 月 31 日，A 物业有限公司向 B 有限公司邮寄律师函，再次催收 2011 年 1 月 1 日至 2013 年 11 月 30 日的租金 8, 750, 000 元及逾期付款违约金 1, 009, 550 元、装修改造垫资款 8, 750, 000 元及逾期付款利息 1, 089, 300 元。该邮件已妥投。

三、争议焦点

1. A 物业有限公司向 B 有限公司交付的土地及房屋是否符合合同约定。

2. B 有限公司支付租金的标准问题。

3. B 有限公司对 G 国际城 E、F 座厂房的投入应否由 A 物业有限公司补偿的问题。

四、双方意见或观点

（1）关于 A 物业有限公司是否已向 B 有限公司交付符合《物业租赁合

同》约定的物业的问题。A 物业有限公司主张，涉讼物业包括土地及地上房屋，用地面积合计约 171 亩，其中 142.01 亩已核发国有土地使用权证，其余部分约 15 亩未核发土地使用权证。A 物业有限公司已于签订《物业租赁合同》当天将涉诉物整体移交给 B 有限公司。B 有限公司接收物业后，从未向 A 物业有限公司提出过面积异议。为证明其已提供了符合合同约定的租赁物给 B 有限公司使用，A 物业有限公司提交了土地附图及照片予以证实。

B 有限公司不确认 A 物业有限公司所称将涉讼的土地及地上房屋整体出租给 B 有限公司。B 有限公司认为，根据《物业租赁合同》约定，B 有限公司主要是承租土地，原来地上只有一小部分建筑物，大部分建筑物是由 B 有限公司后期投资建设；A 物业有限公司虽然于《物业租赁合同》签订当天向 B 有限公司移交了涉讼物业，但在其交付的土地中已核发土地证的土地面积为 142.01 亩，未核发土地证的土地面积仅 6.8 亩，合计仅约 148.81 亩，A 物业有限公司并未按合同约定将 171 亩土地全部交付 B 有限公司使用；交付时因某区政府希望 B 有限公司建设 G 国际城，工期紧张，故双方未对涉讼物业进行实地丈量。

（2）关于租金的计算标准。A 物业有限公司主张其已将《物业租赁合同》约定的涉讼物业交付 B 有限公司使用，按合同约定应按涉讼物业整体计租，而非按面积计租；租赁期内 G 国际城 E、F 座厂房被政府决定收回，依照合同约定 A 物业有限公司有权提前解除该部分的租赁合同关系，因 B 有限公司对于 A 物业有限公司收回 G 国际城 E、F 座厂房并无异议，故应视为双方同意变更合同标的物，因此 G 国际城 E、F 座厂房收回后仍应按照《物业租赁合同》约定整体计租，即每 3 个月租金 750,000 元。

B 有限公司则主张，A 物业有限公司交付的物业中有土地使用权证的面积仅 142.01 亩，并非合同约定的 171 亩，短缺的约 29 亩应相应减少租金；G 国际城 E、F 座厂房被 A 物业有限公司收回后不应继续计算租金，故自 2013 年 8 月起的租金还应扣除 G 国际城 E、F 座厂房的面积 22 亩（含分摊部分）对应的租金。

（3）关于 B 有限公司对 G 国际城 E、F 座厂房的投入应否由 A 物业有限公司补偿的问题。B 有限公司主张，其为 G 国际城投入配套园林绿化费用19,105,230.32元，E、F座厂房占地面积22亩，应分摊2,824,508元（22亩/148.81亩×19,105,230.32元）的园林绿化费用；另外，B有限公司为E、F座厂房投入1,782,872.49元改造费用；现G国际城E、F座厂房被A物业有限公司收回，B有限公司不能取得承租权，故A物业有限公司应向B有限公司补偿前述投入款项共4,607,380.49元（2,824,508元+1,782,872.49元）。为证明其对G国际城E、F座厂房改造投入的款项金额以及其对G国际城整体园林绿化及道路改造工程投入的金额，B有限公司提交了工程施工合同、签证单、结算文件、图纸、付款发票等证据予以证实。

A物业有限公司对B有限公司提交的证据全部不予确认，认为不能证明其对G国际城E、F座厂房的固定投入金额；且根据《物业租赁合同》约定，因B有限公司违约导致合同解除的，B有限公司对涉讼物业的固定投入无偿归A物业有限公司所有，现B有限公司拖欠租金已构成违约，A物业有限公司可要求解除合同且无须对B有限公司对G国际城E、F座厂房的投入作出任何赔偿。

五、代理结果和裁判理由

法院对上述焦点作出以下回应。

（1）关于B有限公司上诉主张A物业有限公司交付的租赁物业面积与约定不符的问题。因涉讼土地由C市某区土地开发中心移交给A物业有限公司使用，对土地总面积确认为约171亩。随后，A物业有限公司与B有限公司签订《物业租赁合同》，将前述涉讼物业按现状整体出租给B有限公司，并明确约定租赁物业占地约171亩。该面积仅为约数，A物业有限公司现主张涉讼物业占地面积短缺的14亩土地，较之于171亩这个约数，属于合理短缺范围；且合同约定B有限公司同意按现状承租该物业，并附有物业位置的附图；合同还约定，因该物业的土地性质，可能增加B有限公司经营项目的难度和风险。由此推知，B有限公司对涉讼物业的现状，包括位置、面积及土地性质情况均清楚知悉且同意按现状承租。B有限公司在签订合同前未对涉讼物业的面积作核实确认，同意按现状承租后又拒交租金，缺乏正当理由。另外，B有限公司在诉前即在合同履行多年期间并未对涉讼物业的面积提出异议，并且，A 物业有限公司于 2013 年 12 月 3 日发出催款通知书，B 有限公司对此进行签收并手写注明“租金确认，但违约金未确认”，表明其对租金金额无异议，亦证明其对 A 物业有限公司出租的物业面积并无异议。现 B 有限公司又对出租土地面积及租金标准提起异议，与前述内容相悖。因 B 有限公司欠付租金及拖延返还投资款，一审法院认定 B 有限公司构成违约，应依约承担违约责任，合法有据。

（2）关于 B 有限公司上诉主张 A 物业有限公司应向其补偿 G 国际城 E、F 座厂房装修投入和公共分摊装修款的问题。如前文所述，因 B 有限公司存在违约，A 物业有限公司依约有权解除合同，B 有限公司投入的固定装修设施无偿属 A 物业有限公司所有。依照《物业租赁合同》约定，如物业或其所附着的土地被国家收回的，双方可就受影响部分提前解除租赁关系，双方均须承认和服从，且不属于任何一方违约，有关单位所支付的属于承租方投资营运损失的补偿属 B 有限公司所有。因此，无论 A 物业有限公司是以 B 有限公司违约为由要求提前解除该部分租赁合同关系，或是 G 国际城 E、F 座厂房是以政府收回的形式另行出租，A 物业有限公司均无须承担 B 有限公司投入的 G 国际城 E、F 座厂房的装修改造损失。B 有限公司亦无权要求 A 物业有限公司补偿其对 G 国际城 E、F 座厂房的投入及 G 国际城 E、F 座厂房应分摊的公共投入损失。

（3）B 有限公司上诉主张应对 E、F 座厂房套内面积进行测绘并以其与公摊面积之和作为扣减租金的依据。因 B 有限公司欠租违约，A 物业有限公司收回场地另行出租以减少损失扩大，并无不妥。对于租金减少的问题，因如前文所述，双方《物业租赁合同》约定按现状整体出租计租，并非按承租面积计租。A 物业有限公司另行将 E、F 座厂房出租收益作为扣减租金的标准，并无不妥。B 有限公司请求按套内面积及分摊面积之和作为扣减租金的依据，于法无据。

六、办案总结

（一）代理的案件背景

为构建某某文明村，根据“某府十五届”×××次〔2010〕××号

《区政府常务会议纪要》的精神，B有限公司（乙方）承租A物业有限公司（甲方）的物业，并要在限期内对物业进行装饰改造及加建，并将经营博物馆、G广场、G食品嘉年华、G文化街和演艺主题餐厅、餐厅旅业等。乙方应于某某运动会举行之前投入营运以配合某某运动会的举行。由于实施装饰改造工作的时间紧迫，甲方同意先垫资3000万元给乙方用于专项实施改造工作。合同签订后，甲方按照合同约定交付了物业并向乙方支付了装修改造垫资款3000万元，但乙方没有按照合同的约定向甲方支付租金、返还垫资款。乙方的违约行为，造成国有资产的严重损失。

（二）办案思路

如何让乙方确认租赁物的面积为《物业租赁公司》约定的面积？

1. 涉讼物业包括土地及地上房屋，用地面积约171亩，其中142.01亩已核发国有土地使用权证，其余部分未核发土地使用权证。双方签订的《物业租赁合同》约定涉讼物业占地约171亩，该面积仅为约数，同时合同约定乙方同意按现状承租该物业，并有物业位置的附图；合同还约定，因该物业的土地性质，可能增加乙方经营项目的难度与风险。由此可见，甲方已将涉案物业的情况如实披露，不存在任何隐瞒，且乙方在签订合同前至甲方起诉前，从未对涉讼面积问题提出异议。

2. 为了进一步印证，乙方同意按涉案物业的面积标准缴纳租金，代理人建议甲方向乙方发出催款通知书，乙方签收并手写注明“租金确认，但违约金未确认”，表明乙方对拖欠的租金金额并无异议，佐证了其对甲方出租的物业面积并无异议。

3. 根据诚实信用原则，民事关系当事人不能伪造事实损害他人利益，同时，当事人应当信守承诺，不得反悔。乙方在订立合同时明确接收现有物业，在违约之后又主张面积与合同不符而减免租金，其出尔反尔，违反了诚实信用原则。

明显不利公司利益的决议程序及合同问题

广东国鼎律师事务所　刁梓荣

一、当事人和代理人基本情况及案由

原告：罗某某

被告：广州市 A 电器有限公司（集体企业）

委托代理人：刁梓荣，时任广东瑞迪安律师事务所律师

案由：民间借贷合同纠纷

二、案件基本情况

广州市 A 电器有限公司为集体企业，在 2010 年企业转型期间，原主要负责人钟某某在 2014 年被刑事拘留（法院判决贪污、受贿罪生效），其间钟某某占有公司 92% 的股份，股东罗某某等 8 人占其余 8% 的股份。92% 的股份在 2019 年被拍卖，其他公司一起购买了罗某某的股权，成为新的大股东入驻该公司。新股东入驻后，原来的小股东到广州市白云区人民法院起诉广州市 A 电器有限公司，称当时借贷经营公司期间，他借款给广州市 A 电器有限公司共计 260 万元用于周转，月息 2%。现在公司还拖欠本金和利息，要求支付完毕。

三、争议焦点

原被告之间的《借款协议书》是否存在法律上的效力。

四、双方意见或观点

（一）原告观点：借款有效，请求应该支持

1. 在公司因无法从银行借贷导致生产资金紧缺的情况下，通过集资筹措是积极自救的唯一办法，具有多次组织、连续性、公开性的特征。被告通过集资方式达到了维持公司生存、维持员工稳定的目的和结果，其明显是借款行为最为有利的一方。

2. 被告公司在省检察院履行监管职责后，于2010年12月确定由公司经营班子取代临时股东会负责公司经营管理事务，“临时股东会”不再存在后，经公司经营班子研究作出的集资决议是“符合程序”和“具有合法性”的，认定“合同无效”是违背事实与法律的。

3. 作为民间借贷，月息2%属于受法律保护的范围，并不属于“高利贷”，公司此前基于缓解资金困局进行的几次集资一直都按此支付利息，而且后来也获得了新股东的认可并实际作出了给付行为，认为上诉人“存在利益输送”属于无中生有和判断失当。

4. 在被告公司没有提供任何财产抵押担保的情况下甘愿冒着风险去出借个人资金给企业作流动资金使用，其行为难能可贵，且公司在缺乏外来资金支持的情况下能坚持到股权转让而未出现停工停产、解雇员工情形，足以反映被告公司已是涉案借款行为的实际受益人，法庭对此应当给予上诉人正面评价。若要返还已付利息，则明显会出现一方受益而另一方受损的结果，一审作出不当判决将是对善良行为的无情打击，并因此对上诉人的名声造成严重伤害。

（二）被告观点：借款合同无效，应当返还已经支付的利息

1. 原告及其他高管属于《公司法》（2018年修正）第148条、第216条规定的严禁关联交易人，因此其和公司签订的《借款协议书》依法归于无效。《公司法》（2018年修正）第216条规定，关联关系，是指公司控股股东、实际控制人、董事、监事、高级管理人员与其直接或者间接控制的企业之间的关系，以及可能导致公司利益转移的其他关系。第148条规定，董

事、高级管理人员不得有下列行为：违反公司章程的规定或者未经股东会、股东大会同意，与本公司订立合同或者进行交易。《公司法》为全国人大通过的法律，第148条、第216条属于法律强制性规定。原告的行为明显违反法律禁止性规定，依法归于无效，不受法律保护。

2. 原告辩称的已经获得珠海市中级人民法院（以下简称珠海中院）同意、省检察院同意没有任何证据证明。原告提交反驳意见称公司集资得到珠海中院的同意，但没有任何证据证明，且原告自己陈述，珠海中院的经办法官，只是要求保证公司维持正常状态，并不是同意其集资的事实，更不存在同意其关联交易的事实。

3. 借款决议程序不合法。依照公司章程应该召开股东会却没有召开正式的股东会。隐瞒省检察院、珠海中院的监管，“利用现金的形式支付高息”逃避监管，且只召开了一个所谓的“班子会议”，明显属于严重违反程序、违反法律的行为。

当时公司处于监管特殊时期，依照公司章程以及《公司法》的规定：“重大决议、弥补亏损的方案、经营方案需要股东大会的决议通过”（或者广东省人民检察院的批准），否则，属于《合同法》第52条规定的违反法律法规强制性的情形，该借款合同归于无效。

4. 原告等人心存恶意，非法侵吞公司资产。出借资金纯属为个人谋取利益。在公司不存在需要借款的前提，原告等人作为公司的高管明知公司存在巨大亏损的情况下，还高息出借资金给公司经营，其目的不是为了公司利益，而是为了谋取个人私利，获得高额利息。年化24%是任何制造业都难以达到的利润率，原告等人不可能不知道，高息出借就是加速公司亏损，其目的是使用隐蔽的手段套取公司的资金。

五、裁判结果

一审白云区人民法院认为：双方签订的借款合同无效，一是原告属于公司的股东和财务负责人，属于《公司法》规定的严禁关联交易人员，在签订《借款协议书》时没有召开股东会，也没有向当时的监管单位省检察院和珠海中院报批，程序上不合法。二是没有证据证明公司借款的急迫性和利益性，公司银行流水尚有结余，年化24%的高息，公司未必存在利益，难以避免原告利用自身优势进行利益输送。

一审判决：合同无效，返还本金，利息部分按照年化6%支付。

原告不服一审判决，在上诉中，被告不服合同无效还需支付6%的利息，也在上诉中。

六、办案总结

根据《公司法》（2018年修正）第216条第1项［《公司法》（2023年修订）第265条第1项］规定，“高级管理人员”是指公司的经理、副经理、财务负责人，上市公司董事会秘书和公司章程规定的其他人员。

在涉及公司的关联交易中，需要重视公司利益和决策的程序。尤其是在国有企业、集体企业和股东利益相对分离，高管利益相对分离的状态下，极易被认为存在利益输送，甚至违法犯罪。故在程序上和实质上要做好前期的基础工作，否则将导致合同无效。

（一）实体方面，有关的合同或决策是否绝对有利于公司，如果公司不受益，无须再谈程序合法的问题。

《公司法》（2023年修订）第179条及第180条规定，董事、监事、高级管理人员应当遵守法律、行政法规和公司章程，对公司负有忠实义务和勤勉义务。这个属于公司利益优先原则，具体到国有企业，根据《企业国有资产法》第44条的规定，国有独资企业、国有独资公司、国有资本控股公司不得无偿向关联方提供资金、商品、服务或者其他资产，不得以不公平的价格与关联方进行交易。由此，“无偿提供”“不公平价格”被认定为是不利于公司的行为，属于严格禁止行为。

另需要注意的是，如果无偿提供货物、资金给予企业使用则属于可以交易的行为，但是仍旧需要程序上的合法。

（二）程序方面，股东会审核或者出资人批准，不仅具有识别对公司是否有利的真伪，还具有监督的作用，否则程序不合法，直接导致交易的不合法。

《公司法》（2023年修订）第182条第1款规定，董事、监事、高级管理人员，直接或者间接与本公司订立合同或者进行交易，应当就与订立合同或者进行交易有关的事项向董事会或者股东会报告，并按照公司章程的规定经董事会或者股东会决议通过。其第186条规定，违反上述规定所得的收入应当归公司所有。从上述法律规定来看，尽管法律没有明确禁止公司高级管理人员与公司订立合同进行交易的行为，但明确规定上述交易行为应当具备合法的程序，防止公司高管利用自身的优势地位通过自我交易损害公司或股东的利益。

具体到国有企业，要注意以下两类企业的程序合法性。

1. 国有独资企业、国有独资公司在进行下列行为之前，应取得履行出资人职责的机构同意：

（1）与关联方订立财产转让、借款的协议；

（2）为关联方提供担保；

（3）与关联方共同出资设立企业，或者向董事、监事、高级管理人员或者其近亲属所有或者实际控制的企业投资。

2. 国有资本控股公司、国有资本参股公司与关联方的交易，依照《公司法》和有关行政法规以及公司章程的规定，由公司股东会或者董事会决定。由公司股东会决定的，履行出资人职责的机构委派的股东代表参加国有资本控股公司、国有资本参股公司召开的股东会会议，应当按照委派机构的指示提出提案、发表意见、行使表决权，并将其履行职责的情况和结果及时报告委派机构。

公司董事会对公司与关联方的交易作出决议时，该交易涉及的董事不得行使表决权，也不得代理其他董事行使表决权。

综合上述，涉及关联交易的，需对公司有利和程序合法才能具有交易的合法性、合同的有效性。否则，在民事上导致合同无效，行政、党纪上还要接受处分，甚至也有可能承担刑事责任。

个人挂靠国有房地产公司进行房地产开发的风险

广东誉理律师事务所　毕志标

一、当事人基本情况

一审原告（被上诉人）：广州市花都区某房地产综合开发公司（国有企业，以下简称某房地产公司）

一审被告（上诉人）：广州市花都区某发展有限公司（以下简称某发展公司）、某建设集团有限公司（以下简称某集团公司）、林甲、林乙

二、案件基本情况

1993年5月，某房地产公司与原某县国土局签订《国有土地使用权出让合同》，某房地产公司受让位于狮岭镇的某地块，面积为20亩，出让年限为70年。同年，该地块办理建设用地规划许可证，用地性质为商住。该土地分别于2002年、2003年办理国有土地使用权证。

1993年7月至2014年1月，该20亩土地使用权又经5次转手，最后一次转让是：某集团公司、林甲、林乙与转让方黄某、常某签订关于案涉地块土地使用权转让的合同，即《个人财产转让协议书》和《个人财产转让协议书补充协议》，最终由某集团公司受让案涉地块土地使用权。

2014年1月10日，林乙、林甲代表某集团公司与某房地产公司、某发展公司签订《挂靠合同》，约定某集团公司挂靠某房地产公司对该20亩土地上的“海逸苑”项目进行建设开发，已完成修建性详细规划的审批，并办理了国有建设用地规划许可证，该项目土地权属登记在某房地产公司名下。某房地产公司同意某集团公司在不违反法律法规和该合同约定的前提

下，以某房地产公司名义对该项目进行开发、建设、销售，某集团公司须向某房地产公司支付挂靠管理费每平方米 20 元，某房地产公司提供开发建设所需的有效资质，按照国家开发商品房的程序，协助办理房地产开发、报建、施工、办房产证等一切手续，某房地产公司协助办理该项目有关的立项、规划、施工报批手续。某集团公司负责工程的招标、投资、开发、施工、销售、收款以及宣传。除上述以外，因该项目开发经营所产生的其他一切费用、有关法律责任及相关的经济纠纷均由某集团公司负责。

各方一致确认某房地产公司一直协助某集团公司办理土地的调规手续（由住宅用地调整为商业用地），案涉地块现已交付某集团公司使用，目前处于空置未开发状态。某集团公司因资金周转需要，以案涉土地作为抵押物，向银行办理抵押贷款，现在该贷款已经逾期。

三、争议焦点

当事人签订的《挂靠合同》是否有效?

四、双方意见或观点

某发展公司、某集团公司、林甲、林乙认为：《挂靠合同》为有效合同，因涉案 20 亩土地一直登记在某房地产公司名下，无法过户，致使其后的一系列受让方均无法对案涉建设用地进行开发。为了解决无法过户的问题，某房地产公司与各受让方之间产生了一种特殊的合作合同关系，即体现为《挂靠合同》。某房地产公司在履行《挂靠合同》过程中并非单纯提供其开发资质并收取挂靠费，其核心是某房地产公司提供土地使用权，某集团公司则出资建设，从而形成合作开发关系。因此，相较之下，某房地产公司提供其开发资质是附带性质的。

根据最高人民法院《关于审理涉及国有土地使用权合同纠纷案件适用法律问题的解释》第 15 条规定，因某房地产公司具备开发资质，故《挂靠合同》有效。即使按照上述解释第 24 条规定，认定为属于土地使用权转让合同，案涉《挂靠合同》亦应有效。

某发展公司、某集团公司、林甲和林乙还向法院提交如下一份（2020）

粤01民初378号生效民事判决书，证明法院已判决某集团公司、林甲、林乙与上一手转让方黄某、常某之间关于案涉地块土地使用权转让的合同，即《个人财产转让协议书》和《个人财产转让协议书补充协议》有效，以证明案涉《挂靠合同》属于有效合同。

某房地产公司认为，某集团公司没有房地产开发资质，不能进行房地产开发。案涉的《挂靠合同》中的甲方即某房地产公司仅需出具资质，需要承担的义务为协助办理开发过程中需要的手续，获得的对价为固定的挂靠费，并不承担开发经营的风险亦不享有开发经营的收益，故案涉合同的实质并非合资合作开发房地产，而是不具有房地产开发资质的某集团公司借用某房地产公司的资质开发房地产，借用资质挂靠开发本身系规避法律的行为，不为法律所允许。因此，案涉《挂靠合同》因违反了法律法规的强制性规定而无效。

五、代理结果和裁判理由

一审法院认定《挂靠合同》无效，二审维持原判。理由：《挂靠合同》约定某房地产公司仅出具资质，获得的对价为固定的挂靠费，并不承担开发经营的风险亦不享有开发经营的收益。案涉《挂靠合同》实质上属于某房地产公司出借资质的合同，并非合资合作开发房地产。从事房地产开发经营应具备相应条件，房地产开发经营资质的取得属于行政许可范畴，该资质是市场准入的资格。而案涉《挂靠合同》约定某房地产公司出借资质，不参与任何开发活动，而借用人不具备开发能力，这种借用资质开发房地产的行为模式与双方均无资质而开发房地产的行为模式并无任何差异，且上述合同约定既不符合行政法精神，也有害公众安全。因此，法院认定《挂靠合同》无效。

六、办案总结

最高人民法院《关于审理涉及国有土地使用权合同纠纷案件适用法律问题的解释》（法释〔2020〕17号）第12条规定："本解释所称的合作开发房地产合同，是指当事人订立的以提供出让土地使用权、资金等作为共同投资，共享利润、共担风险合作开发房地产为基本内容的合同。”该条是合作开发房地产合同的定义，从该条可以看出，合作开发房地产合同是以合作方共同投资，共享利润、共担风险作为基础的，上述《挂靠合同》约定某房地产公司仅出具资质，收取固定挂靠费，没有共担风险或共享利润，不符合合作开发房地产合同的特征。

另外，《城市房地产开发经营管理条例》第 9 条规定：“房地产开发主管部门应当根据房地产开发企业的资产、专业技术人员和开发经营业绩等，对备案的房地产开发企业核定资质等级。房地产开发企业应当按照核定的资质等级，承担相应的房地产开发项目……”可见，从事房地产开发经营应具备资质，该资质是市场准入的资格。《民法典》第 153 条规定：“违反法律、行政法规的强制性规定的民事法律行为无效……”由此，法院认定《挂靠合同》无效，即认为房地产开发需要具备相应资质属于法律、行政法规的强制性规定。

该案的引发是由于国有企业某房地产公司在例行巡查中，发现其名下土地被用于为私营企业作抵押担保，被下令整改。某房地产公司一直认为该土地开发与自己无关，所有的投资均由对方出资，自己只是收取每平方米 20 元的挂靠管理费，没有风险，并一直按照对方要求以土地权属人的身份办理相应的房地产开发手续。各方当事人在履行挂靠合同的过程中，其实并没有产生分歧和争议，由于国有企业被要求整改，各方对整改方案协商不成而导致该案诉讼。该案审结后，估计各方将围绕案涉土地及相关财产问题，还有后续的诉讼要进行。

需要注意的是，基于历史原因，在二十世纪八九十年代，民营企业或个人挂靠有资质的国有企业开发房地产项目的情况普遍存在，大部分挂靠合同都是国有企业仅出具资质，收取固定挂靠费或对建设项目进行分成收益，但有些项目因各种原因导致开发停滞、项目被查封，挂靠人与国有企业产生纠纷。即使类似本案各方当事人情况，在各方没有争议的情况下，国有企业被巡查要求整改，按照现在的整改要求，国有企业必须有整改意见和措施，最终的整改方式可能就是通过法律诉讼来完成整改任务。根据上述判决，此类合同均有被认定为无效的风险。《民法典》第 157 条规定：“民事法律行为无效、被撤销或者确定不发生效力后，行为人因该行为取得的财产，应当予以返还；不能返还或者没有必要返还的，应当折价补偿。有过错的一方应当赔偿对方由此所受到的损失；各方都有过错的，应当各自承担相应的责任。法律另有规定的，依照其规定。”合同无效被认定为无效后，国有企业因出具资质所取得的财产，应予以返还或折价补偿，造成损失的，可能还需承担相应的责任，极有可能导致国有资产流失。

招投标存在瑕疵、违规是否必然导致合同无效

广东秉甲律师事务所　翁一鸣

一、当事人和代理人基本情况及案由

原告：广东某高校

委托代理人：翁一鸣，时任广东纵横天正律师事务所律师

被告：贵港某公司

案由：建设合同纠纷

二、案件基本情况

2012年，广东某高校经发改委批准，以其拥有使用权的土地招标建设一栋大楼；中标单位负责全资承建并在一定期限内拥有大楼的承包经营管理权，但每年需向广东某高校交纳承包费，且到期后交还大楼的经营管理权。贵港某公司中标，与广东某高校签订了涉案大楼项目的合作建设合同，合同总金额为人民币2.6亿元（该金额远远低于贵港某公司投标文件中3.4亿元人民币的报价）。

2014年8月12日，项目开始正式施工。2016年，大楼主体基本完工。后因贵港某公司自身原因申请两次延期施工，但仍未能如期完工甚至处于停工状态。其间，贵港某公司因拖欠农民工工资、工程款等问题被投诉。鉴于此，广东某高校对项目进行专项审计，发现项目中存在的各种违规问题：（1）当初招投标时，贵港某公司使用违法违规手段中标；（2）签订的合作建设合同，合同总金额远远低于贵港某公司投标时报价函的报价，且合同中约定的条款未全面保护广东某高校的权益，显失公平；（3）建设过程中，

贵港某公司与广东某高校某些高管擅自更改涉案大楼的构建、功能，存在违背发改委批建大楼的初衷的情况。

2018 年，广东某高校以贵港某公司在合作建设项目招投标中存在违法行为，中标结果无效为由提起民事诉讼，要求确认双方签订的合作建设合同无效。

三、争议焦点

1. 合作建设合同是否存在无效的情形。
2. 涉案合同是否存在履行障碍。

四、双方意见或观点

（一）广东某高校的观点

贵港某公司股东及法定代表人在招、投标前多次向广东某高校原领导请吃、送礼，利益输送，利用关系合谋取得本项目，其行为违反了《招标投标法》第 17 条、第 18 条、第 32 条、第 44 条、第 53 条等规定，涉案合同属于《合同法》第 52 条第 5 项“违反法律、行政法规的强制性规定”的情形，应属无效。签订的合作建设合同，未对合同中涉及重要投资部分进行评估，导致合同金额远远低于实际金额，明显有失公允；建设过程中，贵港某公司与广东某高校某些高管擅自更改涉案大楼的构建、功能，存在违背发改委批建大楼的初衷的情况。

涉案协议存在履行障碍，按照施工管理规定，施工许可证只能延期两次，涉案项目已经申请了两次延期，室内装修、弱电、绿化等仍没有完成；涉案工程属于禁止建设楼堂馆所的范围，已接到上级部门的禁止通知。

（二）广东某高校提交证据

（1）广东省教育厅复函，拟证明本项目立项的初衷；（2）某市规划局《关于同意修建详细规划的复函》，拟证明规划部门同意修建详细规划调整方案；（3）报价函，拟证明合同约定的投资总额与报价不符，且承诺报价函作为合同的必要组成部分，不会在合同中变更；（4）招商评审报告，拟证明通过资格预审的投标人不足3个，违反规定；（5）合同，拟证明合同内容与报价函不符，合同条款存在严重的法律风险，对国有资产极为不利；（6）中共某省委教育工委《关于印发巡察反馈意见的通知》，拟证明上级部门在巡察过程中发现项目存在严重问题，要求限期整改；（7）审计报告，拟证明项目存在违规行为；（8）土地价格咨询报告，拟证明本项目土地价值、应支付土地管理费价格远远偏离正常价值，造成国有资产严重损失；（9）谈话笔录，拟证明经上级部门调查证实贵港某公司通过请客吃饭、送钱送礼等违法手段拉拢主要领导而中标本项目。

（三）广东某高校对贵港某公司的证据进行质证

对证据（1）真实性予以认可，关联性不予认可，在纪委调查前，双方早已认识，该招商文件明显对广东某高校不利。对证据（2）真实性予以认可，关联性不予认可，纪委调查结果显示贵港某公司买通原领导和评审委员会作出对其有利的决定，因此该中标无效。对证据（3）真实性予以认可，关联性不予认可，省发改委核准批复本项目是因为不清楚双方恶意串通的情节，双方串通是在纪委介入调查后才清楚的。对证据（4）真实性予以认可，关联性不予认可，本项目本身是合法的，但是贵港某公司采用非法手段导致中标及签约无效。对证据（5）真实性予以认可，关联性不予认可，认为如何履行合同与合同效力无关，并且合同履行才刚刚开始，经营期尚未开始，合同的主要权利义务尚未履行。

（四）贵港某公司的观点

本项目招商合法，不存在请吃、送礼，利益输送的行为以获得项目中标，在整个招商过程中双方交往属于常态化的人情往来，在交往过程中没有损坏国家利益的行为。本项目面对社会公开招商，合作方式、条件等均经过不同部门、不同机关核实批准，不存在损害国家利益的情形。涉案合同不存在法律上的履行障碍，涉案主体工程验收后可以重新申请施工许可证，且主体土建工程施工已经验收。

（五）贵港某公司提交证据

（1）本项目投资人招商公告，拟证明管理费为310万元/年，投入2.6亿元等均是之前提出的合作条件；（2）投资人中选通知书，拟证明贵港某公司是中标项目投资人；（3）关于本项目核准的批复，拟证明本项目合同经发改委依法确认，明确由贵港某公司投资；（4）施工许可证，拟证明本项目已依法取得合法建设手续，依法施工；（5）项目工程照片，拟证明主体结构部分已竣工，合同大部分已履行完毕。

（六）贵港某公司对广东某高校的证据进行质证

对证据（1）真实性没有异议，亦证明本项目的初衷为力争尽快建成投入使用。对证据（2）的真实性没有异议，该复函证明广东某高校需在3年内完成相关手续。对证据（3）的真实性认可，报价函中载明项目总投资额为3.4129亿元与合同预算2.6亿元并不冲突。证据（4）恰恰证明贵港某公司的评分最高。对证据（5）真实性没有异议，但并不能证明合同条款存在法律风险以及对国有资产存在不利。对证据（6）真实性没有异议，但认为与该案没有关联。对证据（7）真实性没有异议，认为广东某高校不属于省教育厅的直属事业单位，不属于前述规定的党政机关，所以本项目不属于楼堂馆所禁止建设范围。对证据（8）真实性没有异议，但认为广东某高校单方委托土地评估确定的价值不客观。对证据（9）真实性没有异议，但认为对其处分和该案没有关联，不存在通过非法手段取得本项目的情形。

五、代理结果和裁判理由

一审法院：确认合同有效。法院认为，涉案双方合作本身存在一定背景。本项目在广东某高校之前招商不成的情况下，再次启动招商活动，当时双方相关人员尚不存在利益交集，此后，该项目经省发展和改革委员会批准为某省面向民间投资招标重大项目之一。而广东某高校在本项目招商过程中，向四个公司发出招商邀请函，而其中两家公司未能完全按规范要求提交报价函，因此评审委员会向广东某高校推荐贵港某公司及另外一家公司并无不妥。而广东某高校经讨论选定贵港某公司作为本项目投资人，并与其签订了涉案合同，完全符合广东某高校招商文件的要求。

另外，依照广东某高校招商文件公布的招商程序要求，本项目招商程序为“评审委员会对投资人提交的评审文件进行评价和比较。采用综合评分方式，由评审委员会在投资人中评选出候选投资人，并向招商人推荐，经招商人与候选投资人谈判后，确定中选投资人，并签订合作合同”“没通过符合性审查的投资人不能参加下阶段的评审。当通过符合性审查的投资人只有一家时，招商人将直接与投资人进行合作谈判”等，并且本项目投资人招商并非《招标投标法》规定的强制招标投标的项目。因此，考虑到合同已实际履行且贵港某公司工程延期不构成根本违约，也不存在履行障碍，为稳定交易及维护双方合法权益，认为广东某高校主张涉案合同因违反法律规定而无效不能成立，判令双方继续履行合同。

二审法院：在法官及代理人的积极调解下，促成双方达成和解。

贵港某公司按照中标时承诺的投入总金额3.4亿元人民币向广东某高校补足尚应投入的8000万元人民币，合同继续履行。

六、办案总结

在项目招投标、签订合作建设合同、建设过程中均存在违反招投标要求、违规等瑕疵，在一审诉讼中，从广东某高校的要求可见，其只是单纯想通过诉讼否定合同的效力，达到拨乱反正的目的。在面对一审不利结果的情况下，快速反应，重新制定上诉的诉讼策略，在二审程序中，努力说服法官，协助积极主持调解，并提出多种客观、公允的解决方案，逐渐缩小双方的分歧，最终达成了和解，为广东某高校挽回了上亿元的损失。

出资瑕疵担保责任案例实务分析

广东广信君达律师事务所　陈冠星

一、当事人和代理人基本情况及案由

原告：广州市某国企影音公司

被告：广州市某行政主管部门

代理人：苏东海，陈冠星，广东广信君达律师事务所律师

案由：出资瑕疵担保纠纷

二、基本案情

原告是1984年10月3日成立的全民所有制企业，并取得经工商管理部门核发的企业法人营业执照，上级主管部门为被告。

1992年4月2日，原告向被告提出关于变更注册资金的申请，载明：随着业务的不断发展，公司的固有资金积累越来越多，经相关部门验资证明，公司现实有资本金973万元；固有资金为1276万元，与原有注册资金91万元不符，现申请办理变更注册资金手续，请给予批准为盼。被告于1993年4月3日同意原告提出的上述申请。同日，原告也向工商管理部门提交企业法人申请变更登记注册书，申请将注册资本由原来的91万元变更为520万元。1992年4月6日，原告的注册资金已变更为520万元。

根据2005年11月18日相关行政部门颁发的企业国有资产产权登记证记载，原告的出资人为某市政府；原告的上述增资是由其生产发展资金转增而成，在其1993年的企业法人年检报告书中的出资者名称一栏已写明为自筹资金。

因经营管理不善，原告进入破产清算程序。2012 年 11 月 15 日，广州市中级人民法院作出民事裁定书及指定（债务人）管理人决定书，裁定受理原告的破产清算申请，为原告指定了破产管理人。另外，原告的职工代表在 2014 年 6 月 25 日的第二次债权人会议中也曾表示 429 万元增资款系由原告自身生产发展资金转增而成。后原告的管理人提起本次诉讼，要求被告承担原告的出资瑕疵责任。

三、该案争议焦点

1. 该行政主管部门是否为原告影音公司的开办单位，是否需要承担出资责任；

2. 原告影音公司注册资本从 91 万元增加到 520 万元是否存在出资不到位的情形。

四、被告代理意见

被告并非直接批准开办原告的单位，被告只是呈报单位，并无直接批准的权力，相关证据表明开办原告的是其他行政部门。故被告不具有对原告进行出资的义务，且没有任何证据证明原告的出资存在不到位的情况。

1. 根据最高人民法院《关于行政单位或企业单位开办的企业倒闭后债务由谁承担的批复》的规定，行政单位（包括党政机关及其所属序列的事业单位及其干部）开办的企业、公司停办后，凡符合《关于进一步制止党政机关和党政干部经商办企业的规定》第 6 条和《关于要进一步清理和整顿各类公司的通知》第 3 条第 1 款规定的，应由直接批准的业务主管部门负责清理，企业、公司所负债务先由企业、公司的财产清偿，不足部分由直接批准开办企业的业务主管部门或者由开办公司的呈报单位负责清偿。

2. 原告的工商登记档案显示，原告的开办单位及批准机关为其他行政部门，而原告当庭提交的所有证据也表明具有批准开办权的主管业务部门不是被告。

3. 被告作为呈报单位无须承担任何责任。国发〔1985〕102 号文件《国务院关于进一步清理和整顿公司的通知》第 3 条第 1 款规定：“……呈报单位和各级人民政府、各有关部门，要对成立公司进行认真审核，因审核不当而造成严重后果的，要承担经济、法律责任。”由此可见，呈报单位的审核责任在于公司成立阶段。在该案中，被告在原告成立之时已经进行认真审核，原告承认其成立之初的注册资金验资到位，没有异议。没有证据证明被告在原告成立之初没有尽责审核而导致严重后果，故主张被告承担呈报单位对公司成立审核不严的责任也没有依据。

4. 原告的注册资本从91万元增加到520万元时出资已到位。原告声称在破产清算过程中未发现在转增资本时的验资报告等证明文件，就认定有429万元的注册资本“未实际履行到位”，但被告举出抗辩证据证实工商查档资料中有原告1993年的年检报告书，其中“投资者出资情况一栏”分别为“出资者名称：自筹资金”；“出资额（应投）：520万”；“出资额（实投）：520万”；“欠投原因：无”。同时，根据第二次债权人会议纪要，原告的留守人员承认注册资本增加是由生产发展基金转增的，这属于原告的工作人员的承认。

5. 验资报告不是证实出资已经到位的唯一证据，在司法实践中，对于虽缺乏验资报告但有其他证据证明的，同样能够证实出资到位。不能仅以“没有验资报告”就认定“出资不到位”。

6. 原告1990年、1991年、1992年的工商登记资料显示，当时原告实有资本金和国有资金都远超后来的520万元注册资本，证明原告当时是有足够的自有资金转增资本的。

7. 现原告的留守人员在债权人会议上也确认了注册资本是由生产发展基金转增而来；同时原告在呈报增加注册资本的文件中也自认其资产已经市财政局及国资委验资证明，因此不存在资金不到位的情况。

五、判决结果

最终，法院认为原告无证据证明被告对于涉案增加的注册资本429万元负有出资义务，被告并非原告的开办单位及出资单位，公司盈亏自负，被告不参与公司盈利分红，亦不承担公司亏损及出资不实责任。况且该案并无任何证据证明原告存在出资不到位的情况，且被告提交的原告工商资料显示，原告增加注册资本429万元系由其自筹资金出资，原告的职工代表也陈述涉案增资额429万元系其自有生产资金转增而成，故原告要求被告补缴注册资本金额429万元并在该范围内对原告债务承担清偿责任的诉讼请求依据不足，判决驳回原告全部诉讼请求。

六、办案总结及案例评析

该案涉及行政法、公司法、民事诉讼法的法律条文和实务经验的交叉运用以及对涉及历史遗留问题的国有企业的法律问题进行处理，案情及法律关系均较为复杂。

该案的背景是一个在20世纪80年代成立的全民所有制企业，通过资本的不断积累和发展，在20世纪90年代初通过将自身的生产发展资金转增为注册资本，从而完成注册资本的增资，但由于经营不善以及民企和外企等其他类型企业的不断冲击，最终导致企业破产。

企业进行破产清算本来就涉及非常复杂的法律流程，如果该企业是国企的话，涉及的法律关系和法律主体就更加广泛了。例如，在该案中，在破产管理人接手国企后，借国企在增加注册资本时未提交增资验资报告等理由，企图使作为国企的上级行政主管部门对注册资本的差额部分承担出资瑕疵责任，就涉及行政主管部门是否需要对下级企业承担公司法所规定的出资责任了。

行政法和公司法明显是不同范畴的两部法律，行政主管部门履行的仅仅是行政职能，对企业的经营管理并未实际参与，也不可能参与企业的盈亏分配等，这与股东或出资人之于企业的权利和义务是不同的。股东对企业享有股东权利，承担股东义务，如股东出资不到位，则股东需要向企业补足出资，同时需要向其他股东承担违约责任，并限制其股东权利的行使，如企业破产，则企业的债权人也可向未足额出资的股东主张相关法律责任。

由此可见，行政主管部门与出资人或股东是两种具有不同法律地位的主体，在涉及企业经营管理的法律问题上，应当谨慎对待，加以区分开来，只有这样才能正确运用相关法律法规，维护当事人的合法权益不受侵害。

该案还涉及在不同历史时期之下的行政机关开办或管理国有企业是否应

该承担出资瑕疵责任的法律适用问题。

因该国企影音公司成立于20世纪80年代，当时“官办企业”的情况普遍存在，对出资不到位的规定错落在最高人民法院的司法答复、国务院的规范性文件中。在选择法律适用的时候，应当在研读案情后仔细甄别，并根据中共中央、国务院《关于进一步制止党政机关和党政干部经商、办企业的规定》（1986年）、国务院《关于进一步清理和整顿公司的通知》（1985年）及最高人民法院经济审判庭《关于区公所开办的企业倒闭后能否由县政府承担连带责任问题的复函》［1989年9月5日，（89）法经函字第24号］等规定得出结论，即行政主管部门应否承担出资责任，关键在于行政主管部门在国企成立过程中的角色，如是开办单位，根据中共中央、国务院《关于进一步制止党政机关和党政干部经商、办企业的规定》第6条的规定，应当承担连带责任；如仅是审核单位且审核不当，则应根据国务院《关于进一步清理和整顿公司的通知》第3条的规定承担经济、法律责任，如仅是审核单位或主管部门，且并无审核不当情形，则无须承担经济责任。

某国有控股银行保证合同纠纷案实务分析

王孟荣

一、当事人基本情况

原告：某银行股份有限公司A支行

被告：上海B房地产有限公司

被告：陈某

二、案情简介

2007年8月29日，某银行股份有限公司A支行（以下简称A支行）与陈某、上海B房地产有限公司（以下简称B公司）签订《个人贷款合同（抵押、保证）》，约定陈某向A支行借款37万元用于购房。陈某以坐落于上海市青浦区的某房屋作为抵押物提供担保。B公司自愿为陈某在贷款合同项下所产生的全部债务向A支行提供阶段性连带责任保证，保证期间从合同签署之日起至抵押人就抵押物有效设定抵押，且相关抵押物权利证明及设定抵押的相关文件交付贷款人正式执管之日止。B公司作为保证人在合同上盖章。合同签订后，A支行和陈某于2007年9月12日办理了预售商品房抵押预告登记手续，A支行于同日发放贷款。

2010年12月28日，陈某因商品房预售合同纠纷向上海市青浦区人民法院（以下简称青浦区法院）起诉B公司。青浦区法院判决其商品房预售合同无效，贷款合同一并予以解除。同时判决陈某归还A支行借款本金355,672.35元及截至2011年3月29日的利息。陈某不服该判决提起上诉，上海市第二中级人民法院（以下简称上海二中院）驳回上诉，维持原判。

陈某向A支行归还贷款820.09元之后，没有再履行判决。

其后，A支行向青浦区法院提起诉讼，要求陈某偿付利息和律师费，B公司连带清偿借款本金、利息和律师费，并且要求其在抵押物处分时享有优先受偿权，不足部分由陈某和B公司连带清偿。

青浦区法院于2012年5月30日判决A支行可以行使抵押权，同时在陈某提供的抵押物不足以清偿全部债务时，由B公司对不足部分承担连带清偿责任。B公司承担保证责任后，有权向陈某追偿。另外，判决陈某偿付A支行部分律师代理费和利息。

A支行、B公司均不服一审判决，向上海二中院提起上诉。

三、争议焦点

1. 上诉人A支行对涉案房产能否行使抵押权；
2. 上诉人B公司在该案中是否承担法律责任；
3. A支行主张的利息、逾期利息及律师费是否应予支持。

四、双方的意见和观点

A支行认为：（1）B公司是贷款的实际使用人，与陈某构成共同侵权，应与陈某共同向A支行承担连带清偿责任，不应适用“先物的担保，后人的担保”的原则。（2）根据贷款合同约定，债权人为实现债权所支出的律师费应由债务人承担，保证人承担担保责任。（3）A支行有权向被上诉人陈某及B公司主张逾期还款利息。

B公司认为：（1）上诉人A支行与被上诉人陈某的贷款合同已解除，B公司不应承担保证责任，且A支行并非善意，其抵押权不应受到保护。（2）生效判决认定房屋预售合同无效，系争房屋归B公司所有。（3）A支行支付的律师费不应由其承担。

陈某认为：（1）上诉人A支行要求其还款是合理的，且认可A支行主张的利息，但其无力还款。（2）律师费不是合理支出，不应由其承担。（3）系争房屋是其购买的，抵押权行使后超出债权部分应归其所有。

五、案件判决结果和理由

上海二中院二审认为：

1. 关于第一个争议焦点：A支行对涉案房产能否行使抵押权。

上海二中院认为，系争房产上设定的抵押预告登记，与抵押权设立登记具有不同的法律性质和法律效力。根据《物权法》等相关法律法规的规定，预告登记后，未经预告登记的权利人同意，处分该不动产的，不发生物权效力。预告登记后，债权消灭或者自能够进行不动产登记之日起3个月内未申请登记的，预告登记失效，即抵押权预告登记所登记的并非现实的抵押权，而是将来发生抵押权变动的请求权，该请求权具有排他效力。因此，A支行作为系争房屋抵押权预告登记的权利人，在未办理房屋抵押权设立登记之前，其享有的是当抵押登记条件成就或约定期限届满时对系争房屋办理抵押权登记的请求权，并可排他性地对抗他人针对系争房屋的处分，但并非对系争房屋享有现实抵押权，一审判决对A支行有权行使抵押权的认定有误，应予纠正。

2. 关于第二个争议焦点：B公司在该案中是否承担法律责任。

上海二中院认为，根据最高人民法院《关于适用〈中华人民共和国担保法〉若干问题的解释》第10条的规定，B公司提供阶段性连带保证的主合同为系争贷款合同，现主合同虽被解除，但在B公司与A支行未在保证合同中另有约定的情况下，保证人B公司仍应对债务人的相关民事责任承担连带清偿的保证责任。而所谓阶段性连带保证，其本意就是让房产开发商为借款人在该阶段内（自贷款合同签署之日起至抵押有效设定，相关权利证明文件交付银行执管之日止）向银行履行还款义务提供保证，亦为银行获得安全的房屋抵押担保的等待过程提供保证。一旦房屋抵押设定成功，该阶段性保证的任务就算完成，即阶段性保证期限届满之时即是银行获得借款人的房屋抵押担保之时。在该案抵押预告登记未变更为抵押权设立登记之前，根据物权法定原则，A支行就抵押房屋处分并优先受偿的权利在行使要件上有所欠缺，即B公司提供的阶段性连带保证的期限届满条件未成就，且该期限届满条件的未成就并非A支行造成，而是B公司与陈某恶意串通，以商品房买卖为名，行B公司融资之实，损害了A支行的利益，危及银行贷款安全，陈某与B公司具有明显过错。因此，B公司应对陈某因贷款合同所产生的所有债务承担连带清偿责任。

3. 关于第三个争议焦点：A支行主张的利息、逾期利息及律师费是否应予支持。

上海二中院认为，A支行在该案中对被上诉人陈某主张的利息与另案生效判决存在部分期间的重叠，故该案对A支行向陈某主张的利息，计算重复部分不予支持，该案中陈某应付的利息应自2011年3月30日起算。对于A支行主张的律师费，其作为第三人申请参加另案诉讼的审理，由此产生的律师费不能在该案中予以主张。至于A支行主张因该案保证合同诉讼所产生的律师费，一审法院已阐明了支持的理由，并无不当。

据此，上海二中院二审撤销了青浦区法院关于A支行有权行使抵押权，在陈某提供的抵押物不足清偿全部债务时，B公司对不足部分承担连带清偿责任的判决，改判为由B公司与陈某连带清偿购房本金、利息和律师费；维持了青浦区法院偿付部分律师费的判决。

六、案例启示

该案给我们的启示是：抵押权预告登记不等于抵押登记。

自2007年10月1日起实施的《物权法》对预告登记制度作出了规定，该法第20条第1款规定："当事人签订买卖房屋或者其他不动产物权的协议，为保障将来实现物权，按照约定可以向登记机构申请预告登记。预告登记后，未经预告登记的权利人同意，处分该不动产的，不发生物权效力。"第2款规定："预告登记后，债权消灭或者自能够进行不动产登记之日起三个月内未申请登记的，预告登记失效。"根据该条规定，预告登记后，未经预告登记的权利人同意，处分该不动产的，不发生物权效力。预告登记后，债权消灭或者自能够进行不动产登记之日起3个月内未申请登记的，预告登记失效。上述案例进一步释明：不动产抵押权预告登记并未使权利人获得现实的抵押权，而是就不动产抵押物设立抵押权的一种预先的排他性保全。在不动产抵押权设立登记无法完成时，不能对不动产抵押物行使抵押权。

房地产合作开发合同的背后

——国家利益与个人利益的博弈

广东连越律师事务所　李惠炫

一、当事人基本情况及案由

原告：A 公司、B 公司

被告：C 房地产公司（以下简称 C 公司）

案由：土地使用权转让合同纠纷

二、案件基本情况

1999 年 10 月 5 日，A 公司与 × × 开发公司（以下简称电力公司）签订了关于 A 公司受让电力公司位于 × × 区 × × 路 8679 平方米土地（以下简称该地块）的《土地使用权转让协议》（该地块使用权于 1998 年 9 月由电力公司从 C 公司处受让所得，尚未办理土地使用权的过户手续）。1999 年 10 月 23 日，A 公司与 C 公司签订了《土地使用权转让协议书》，约定 C 公司将该地块的土地使用权按 1430 元每平方米的价格，合计 12, 410, 970 元转让给 A 公司。2004 年 7 月 23 日，A 公司、C 公司及电力公司三方共同签订了补充协议书，约定电力公司受让 C 公司该地块的土地使用权。由于政策及经营范围限制，不能办理土地使用权的过户手续，电力公司退出，不再行使对该地块的开发、转让及其他相关权利，改由 A 公司与 C 公司以合作、挂靠方式进行开发。电力公司已支付 C 公司的购地款 12, 410, 970 元由 A 公司退还给电力公司。A 公司于 2005 年 6 月 9、15、21 日分别向电力公司支付 5, 600, 000 元、5, 000, 000 元、1, 810, 970 元，合计 12, 410, 970 元。

2003 年 8 月 6 日，A 公司与 B 公司签订了《土地使用权转让协议书》，双方约定 A 公司将该地块的土地使用权以每平方米 1700 元的价格，合计 14,862,080 元，转让 70% 土地使用权权益给 B 公司。由 A、B 公司共同对该地块挂靠 C 公司进行开发，按各自所占比例共担盈亏。

2004 年 11 月 16 日，A、B 公司与 C 公司签订了《合作开发××酒店协议书》，确认 A、B 公司是该地块的实际使用人；C 公司同意以其名义由 A、B 公司共同投资开发该项目；该项目所有投入均由 A、B 公司共同投资，C 公司不参与投资、经营管理决策、利润分配；同时约定 C 公司应积极配合 A、B 公司办理该地块的土地使用权及地上建筑物所有权的过户登记手续，所需一切费用由 A、B 公司共同承担。

2011 年 4 月 1 日，A、B 公司与 C 公司专门就挂靠管理费问题签订了《缴交挂靠管理费协议》，A、B 公司按约已先后向 C 公司共缴交 192 万元人民币挂靠费。A、B 公司在签订了以上多份合同后共同投资开发该地块，包括设计费、主体、外墙工程、地下室工程、设备安装等，A、B 公司合计对该地块投资 7470.386322 万元。目前，该地块项目各项工程已建成完工并以 C 公司的名义取得建设工程规划验收合格证，处于办证过户状态。

C 公司是某区的国有企业。按照《××区区属企业重大经济事项管理暂行办法》（2009 年 5 月）的规定，以下事项为审核事项：（1）对下列重大事项，由区国资局审核后上报区政府审批：……⑦区属企业及重要子公司的重大资产处置（重大资产处置是指企业整体对外租赁和涉及的资产总额占公司总资产的 5% 以上或 1000 万元以上的资产处置）。涉案标的物的资产价值已远远超过 1000 万元。

A、B 公司的共同诉请为确认对该地块享有土地使用权并要求 C 公司协助办理上述土地的使用权及地上建筑物过户手续。

三、争议焦点

1. A、B 公司与 C 公司签订的《合作开发××酒店协议书》的法律效力问题；

2. 如办理该地块的过户手续是否需经当地国有资产监督管理部门的同意。

四、双方代理观点

（一）原告的代理观点

1. A、B公司与C公司签订的《合作开发××酒店协议书》是合同双方的真实意思表示，内容合法有效。

2. 《企业国有资产监督管理暂行条例》（以下简称《企业国资监督暂行条例》）第33条规定："所出资企业中的国有独资企业、国有独资公司的重大资产处置，需由国有资产监督管理机构批准的，依照有关规定执行。"上述规定只是程序上的设定，而且没有列明哪些事项属于重大事项。再有，《企业国资监督暂行条例》对于国有资产监督管理机构的职责的规定仅限于第13条第6项，国有资产监督管理机构没有权限和职责对国有企业的资产转让进行监督和管理。因此，涉案地块的转让无须以取得当地国有资产监督管理机构的同意为前提。

3. 2009年5月1日施行的《企业国有资产法》对该案没有追溯力。

（二）被告的代理观点

1. 《合作开发××酒店协议书》是名为合作开发、实为土地使用权转让的合同，是无效合同，不受法律保护。

1999年10月5日A公司与电力公司签订的《土地使用权转让协议》、1999年10月23日A公司与C公司签订的《土地使用权转让协议书》、2003年8月6日A公司与B公司签订的《土地使用权转让协议书》以及2004年7月23日A公司、C公司及电力公司三方共同签订的补充协议书等一系列协议，均清晰表明A公司在以支付人民币12,410,970元为条件从电力公司处受让该地块的土地使用权之后，再以每平方米1700元的价格合计14,862,080元转让该地块70%的土地使用权权益给B公司，由A、B公司共同进行开发，按各自所占比例共担盈亏。上述协议书指向的均是土地使用权的转让而不是在该地块上的投资开发与利润分成。因此，即便A、B公司与C公司签订《合作开发××酒店协议书》在名称上使用貌似合法的合作开发形式也不能掩盖A、B公司与C公司三方的土地使用权转让的真实目的和意图。

20世纪后，随着我国社会经济的迅速发展特别是第三产业，房地产的不断升温，进行土地开发已成为一夜暴富的快速捷径。20世纪90年代末的土地价值与21世纪初的土地价值以及土地衍生的经济效益相比更是不可同日而语。A、B公司深谙此道理，于是，在2011年4月1日A、B公司与C公司专门就挂靠管理费问题签订了《缴交挂靠管理费协议》，A、B公司以缴纳192万元挂靠费作为一种形式的“土地价值补偿”。但是，192万元不足以充分反映涉案地块的真正市场价值的差额部分，如果继续按照原有转让价格继续履行合同，必然导致国有资产的流失，最终损害国家利益。因此，根据《合同法》第52条第2项、第3项规定，《合作开发××酒店协议书》是无效合同，自合同订立之日起自始无效。

2.《企业国资监督暂行条例》和《企业国有资产法》都将“建立健全的国有资产保值增值制度、防止国有资产流失”作为国有资产监督管理机构的重要职责之一。而且，《企业国资监督暂行条例》第33条已规定国有企业的重大资产处置需由国有资产监督管理机构批准。虽然未对何谓“重大资产”作明晰的规定，但不能采取放任的态度来看待问题。再有，该案的争议重点之一是现在的涉案地块能否过户、如何过户，因该行为尚未发生，所以法庭应以行为发生时的法律法规和政策等相关规定作为该案的适用依据。因此，根据《企业国资监督暂行条例》和《企业国有资产法》，以及《××区区属企业重大经济事项管理暂行办法》（2009年3月）等相关规定，如需办理涉案地块的过户手续，应当取得当地国有资产监督管理机构的审批同意并且采用公开拍卖方式予以转让，而不能直接判令该地块的土地使用权从C公司过户至A、B公司。

五、裁判结果

一审法院认为，两原告与被告所签订的《合作开发××酒店协议书》，名为合作、实为土地使用权的转让，从该合同可确认该案属建设用地使用权转让合同纠纷。《企业国资监督暂行条例》第33条规定：“所出资企业中的国有独资企业、国有独资公司的重大资产处置，需由国有资产监督管理机构批准的，依照有关规定执行。”因C公司为国有企业，C公司重大资产（涉案土地使用权）的处置，应由国有资产监督管理局审批。故法院在审理过程中，发函至当地国有资产监督管理局征询意见，该局针对涉案土地使用权的转让作出“同意按照相关政策和法律法规的规定办理”的答复，法院认为该答复并不明确。由于有审批权的行政管理部门不作明确审批意见，不属于人民法院受理民事诉讼的范围，原、被告应另循法律途径处理。故此，驳回两原告的起诉。原、被告双方均无上诉。

六、办案总结

在20世纪90年代期间，许多国有企业通过协议转让方式以极为低廉的价格转让国有土地，致使国有资产严重流失。由于受制于当时国家对房地产开发政策和经营资质的限制，大多数土地受让方采取名义上为合作开发或挂靠开发、实为土地使用权转让等形式签订相关合同文书来规避当时的政策，使土地受让方既可以逃避土地使用权转让所应缴纳的税费，又可以直接获取巨额的收益。目前，如同该案的情况还相对较多，可以说是历史遗漏问题。其实，就该案案情而言并不复杂，代理工作重点在于能否做到保护国有资产不再流失。在该案中，被告代理律师注意到在2004年签订《合作开发××酒店协议书》的时候，《企业国资监督暂行条例》确实没有列明重大事项的具体情形，而且当时地方人民政府和国有资产监督管理机构尚未出台明确规定哪些事项须办理审批、哪些事项须办理备案以及国有企业负责人的考核制度等文件。同时，被告代理律师搜集了我国关于国有企业资产方面相关法律法规的立法过程和变化，来阐述我国对保护国有资产的立法精神、立场和态度，谨此希望一审法院持谨慎态度，不应因当时法制的不健全或政策的滞后而令国家利益再次受到损害、国有资产再次流失。最终，一审法院采纳了被告代理律师的这一观点引用《企业国资监督暂行条例》第33条规定，认为涉案地块的过户仍需以取得国有资产监督管理机构的同意为前置条件。不过遗憾的是一审法院没有认定《合作开发××酒店协议书》为无效合同，认为没有取得国有资产监督管理机构的同意不属于无效合同之情形。

从目前来看，A、B 公司若想取得该地块的土地使用权，通过公开拍卖、参与竞投方式已是唯一的途径和方式，别无他法，A、B 公司不应再抱幻想。至于 A、B 公司已投入的资金可以进行资产评估予以确认和补偿。

公有住房承租权相关问题探讨

北京市炜衡（广州）律师事务所　符　瑜

一、案例一：甲、乙、丙、丁与A房管所、戊用益物权确认纠纷一案

（一）案情

戊共有兄妹7人，分别为大哥甲、二哥己（已去世）、三哥庚（2010年去世，育有一子刘某、一女丙）、四哥辛、五哥壬（2000年去世，育有一女丁）、姐姐乙。1980年，A房管所将B市C区某小区3单元1号房屋（面积为42.12平方米）作为拆迁安置公房分配给张三、李四夫妇，戊随父母在此房居住，房屋租金以李四的名义交纳。1982年年底，戊结婚，将户籍迁出。1986年，张三去世，戊搬回居住照顾母亲李四。1997年，戊离异后，将户籍迁回，与母亲李四在该房中共同生活。2000年，李四去世后，戊继续在此房中居住并做生意，仍以李四的名义交纳房租。2012年10月11日，戊和大哥甲、二哥己之妻曹某、三哥庚之子刘某、四哥辛五人一起到A房管所，申请将其母李四租住的B市C区某小区3单元1号公房租赁证变更到戊名下，并写下具结书一份，内容："我叫戊，住B市C区某小区3单元1号，母亲李四、父亲张三都已去世。我们兄妹五人大哥甲、二哥己（已去世）、三哥庚（已去世）、四哥辛经商量同意将该房屋过户到戊名下，今后如发生过户后房屋租赁权纠纷，本人愿承担一切法律责任与房管所无关。"戊在该具结书上签名并按指印，甲、曹某、刘某、辛均在该具结书上签字同意并签名按指印。后经A房管所审查，同意于2012年12月将原承租人李四名下的房屋租赁证变更到戊名下，同时收取戊变更费5000元。A房管所依据内部规定，未将已更名后新的房屋租赁证发给戊本人，该证一直在所里

滞留。2012年12月4日，戊与A房管所签订了一份B市直管非住宅房屋租赁协议书，期限自2012年12月4日起到2013年12月4日止，协议期满双方未签订新的协议。戊在2014年1月仍向A房管所交纳了房租。2013年12月11日，A房管所以2012年10月11日给戊办理更名房屋租赁证时戊隐瞒家中成员事实，壬、乙没有全部到场签字为由单方解除了2012年10月11日双方所签订的已更名为戊的房屋租赁证，即将已更名过的房屋又更名到其已去世母亲李四的名下。2014年2月10日，戊以A房管所为被告诉至B市C区法院，要求确认双方存在租赁关系，戊为涉诉房屋的承租人。B市C区法院于2014年3月18日作出（2014）民初字第145号民事判决书，判决：戊与A房管所之间存在租赁关系，涉诉房屋的承租人为戊。A房管所依据该生效判决将承租人重新变更为戊，并与戊重新签订了非住宅房屋租赁协议书。另查明，2014年4月，C区人民政府将涉诉房屋征收，戊作为涉诉房屋承租人领取了该房屋（房屋面积为42.12平方米）的住改非征收补偿款568,190.38元。

（二）裁判结果

二审法院认为，该案公房租赁权是原租赁人李四被拆迁安置所取得，与普通房屋租赁性质不尽相同，李四对该案公租房享有用益物权。李四夫妇去世后，其子女对李四享有的权益均有权共同享有，房屋产生利益的，其子女亦有权共同分享。B市C区人民法院作出的（2014）民初字第145号民事判决书虽然确认李四子女之一戊与该案公房所有人之间存在租赁关系，戊为公房承租人，但戊公房租赁关系的成立及公房租赁权的取得，均是在其母亲李四原公房租赁关系及公房租赁权的基础条件之上建立的，两者是相互联系密不可分的承继关系，且上述判决书并未排除李四夫妇其他子女对该案公租房应享有的权益。二审戊提交2009年7月24日辛、庚放弃该案公房承租权的申请，由于无其他相关证据证实申请书内容的真实性，法院不予采信。故戊上诉称其为该案公房唯一租赁人，征收补偿款应由其一人所有的上诉理由不能成立，法院不予支持。

二审判决为驳回上诉，维持原判。

二、案例二：殷甲与殷乙等继承纠纷一案

（一）案情

殷甲向一审法院起诉请求：（1）请求依法判令对位于D市城区3号的房产（房屋面积约60平方米）的拆迁款进行遗产分割；（2）请求依法判令殷甲按照法定继承方式继承其父母全部遗产的相应份额，包括但不限于存款、家具等全部财产。

一审法院认定事实：殷父于1972年去世，母亲郝某于1998年12月3日去世。殷、郝夫妇生育五个子女，即殷甲与殷乙等。郝某生前承租D市城区3号房屋，殷乙与郝某共同居住。郝某去世后，殷乙继续在上述房屋居住并交纳房屋租金。

2011年6月19日，殷甲在声明上签名，该声明主要内容如下：D市城区3号房屋是母亲郝某生前承租的房屋，并与殷乙居住在这里。母亲去世后，该房屋一直是殷乙继续居住并交纳房屋租金，殷甲与其他子女都同意由殷乙承租该房屋。若D市城区3号房屋日后由于拆迁、改造等任何原因需要将殷乙由房屋承租人变更为房屋产权人，殷甲与其他子女也无任何异议。殷甲自愿书写此声明，以上是殷甲真实意思表示。该声明一式叁份，分别由殷乙、国有资产监督管理委员会建材机关服务中心、D市基础设施投资有限责任公司各执壹份。2011年6月25日、7月14日、7月15日，其他子女分别在与上述主要内容相同的声明上签名。

2011年7月27日，甲方D市房地产开发有限公司、D市基础设施投资有限责任公司（拆迁人）与乙方郝某（故）、殷乙（被拆迁人）签订《D市住宅房屋拆迁货币补偿协议》，协议约定，乙方被拆迁房屋位于D市城区3号，建筑面积62.78平方米；乙方自愿放弃就地安置拆迁补偿方式，自愿选择货币补偿的拆迁补偿方式；经评估，被拆迁房屋评估价款为2,638,975.00元；奖励及补助费用共计749,853.48元（含提前搬家奖励费，重点工程奖励费，签约配合奖，项目支持奖，搬家补助费，空调、电话等移机费，物业费补助，停车泊位补助费及周转费）；甲方应向乙方支付人民币共计3,388,828.48元。同日，甲方D市房地产开发有限公司、D市基

础设施投资有限责任公司（拆迁人）与乙方郝某（故）、殷乙（被拆迁人）签订《D市住宅房屋拆迁货币补偿协议补充协议》，协议约定，因乙方自愿放弃就地安置拆迁补偿方式，甲方向乙方提供房屋补贴，计算标准为：被拆迁房屋建筑面积×0.5×41.75元/平方米，共计人民币1310.38元。上述款项已由殷乙领取。

一审法院认为：《继承法》规定，继承从被继承人死亡时开始。遗产是公民死亡时遗留的个人合法财产。郝某生前承租的D市城区3号房屋系公房，原承租人享有的公房承租权并不属于法律规定的公民可继承的财产范围。郝某去世后，其继承人对涉案房屋并不享有继承权。涉案房屋由殷乙继续居住，因此涉案房屋承租人变更为殷乙符合公房管理规定。殷乙其他子女所作声明是基于变更承租人的程序要求，声明的内容明确，作为完全行为能力人，殷甲主张该声明不是其真实意思表示的陈述，未向法院提供充分证据，法院不予采信。涉案房屋因拆迁，殷乙作为被拆迁人签订货币补偿协议及补充协议，协议标的不属于郝某的遗产，殷甲要求继承，缺乏事实和法律依据。殷甲据此主张遗产继承，证据不足，法院不予支持。判决：驳回殷甲之诉讼请求。

二审中，当事人没有提交新证据。法院对一审查明的事实予以确认。

（二）裁判结果

二审法院认为：该案的争议焦点之一为诉争拆迁款是否为郝某之遗产。

关于该争议焦点，《继承法》规定，继承从被继承人死亡时开始。遗产是公民死亡时遗留的个人合法财产。郝某生前承租的D市城区3号房系公房，原承租人享有的公房承租权属于使用权而非所有权，因承租权不能继承，故涉案房屋不属于郝某之遗产范围，该案诉争拆迁款系涉案房屋的财产转化形式，自然亦非郝某之遗产。殷甲关于公房承租权中体现的财产性权益属于遗产范围的主张无法律依据，法院不予采纳。

基于以上意见，诉争拆迁款非郝某之遗产，故殷甲依照继承法律关系请求对诉争拆迁款进行分割，法院不予支持。殷甲可按照正确的请求权基础另行主张。原审法院判决认定事实基本清楚，适用法律正确，法院予以维持。综上，二审法院驳回上诉，维持原判。

三、案件评析

上述两个案件均涉及公有住房承租权能否继承的问题。公有住房也称公房，国有住宅。它是指由国家以及国有企业、事业单位投资兴建、销售的住宅，在住宅未出售之前，住宅的产权（拥有权、占有权、处分权、收益权）归国家所有。居民租用的公有住房，按房改政策分为两大类：一类是可售公有住房，另一类是不可售公有住房，上述两类房均为使用权房。公有住宅主要由本地政府建设，主要向本城市居民出租出售；由企业建设的住宅，向本企业职工出租出售。公房随着出售而变为私房。

（一）公有住房承租权的法律性质界定

有观点认为，公有住房承租权应当是一种物化的债权。该种观点认为，公有住房的承租权与普通房屋承租权在实质上存在很大的区别，公有住房承租权具备独立的财产性质。公有住房的承租人享有除所有权以外的其他一切权利，对公有住房拥有实际控制与支配的权利，可以转租、转让并获得差价。对公有住房进行拆迁，承租人可以直接获得拆迁安置。因此，公有住房承租权是一种可以直接获得独立财产补偿的权利形式；公有住房的承租人具有实际上的处分权，其在性质上与物权中的用益物权相似，故公有住房承租权应当归为一种呈现出用益物权性质的债权，即一种物权化了的债权。案例一参考了该种观点。

笔者认为，公有住房承租权属于使用权，而非所有权，更不具有物权属性。首先，在实践中，公有住房承租人是依照租赁双方所签订的合同约定对公有住房享有使用权利，并不能转租和转让；其次，现行的《国有土地上房屋征收与补偿条例》规定，为了公共利益的需要，征收国有土地上单位、个人的房屋，应当对被征收房屋所有权人给予公平补偿。可见，如果对公有住房进行征收，则该补偿仅针对于房屋所有权人。随着现行法律法规规定的规范化，公有住房的承租权仅仅体现的是对房屋的使用权，并未体现财产补偿的权利形式。

（二）公有住房承租权能否继承的问题

有观点认为：公有住房承租权有明显的物权特征，与用益物权相似，承租人作为权利人有权更完整地行使其权利并受到法律保护，这些法律行为包括转租、转让，当然也应当包括继承。从公有住房管理模式的发展进程看，住房制度改革使公有住房承租权取得方式发生了质的变化。一是允许公有住房承租权通过有偿交换的方式，实现其交换价值。二是公有住房的承租权在一定条件下可以购买。这即认可了公有住房承租权可以作为一项财产权利。因此，随着市场发展及住房制度的改革，公有住房承租权的性质已经发生了转变，从计划经济时期简单的福利待遇载体，转变为在市场经济条件下，具备商品交换的标的物，其财产性得到了充分的肯定。三是公有住房承租权在拆迁过程中可获得补偿。公有住房在拆迁时，其承租人是符合补偿标准的。这也承认了公房承租权具有财产性，而可继承是财产性的重要表现。

笔者认为，《民法典》规定，继承从被继承人死亡时开始，遗产是自然人死亡时遗留的个人合法财产。财产所有权是指所有人依法对自己的财产享有占有、使用、收益和处分的权利。因此，按照现行法律规定，承租人享有的公房承租权属于使用权而非所有权，因承租权不属于财产，不能继承，故公有住房承租权不属于遗产范围。

四、总结

综上案例分析，我们可以看到，对于公有住房的承租权是否能继承的问题在司法实践中存在一定的差异性，这种差异性体现在司法机关对该等承租权的理论认知不同。具体到笔者的工作实践而言，为保障公有住房承租人的权利，应该就公有住房租赁双方所签订的租赁合同予以考察。比如，有部分国有企业在给职工提供宿舍住房时会约定在承租人身故后，为保障其子女的福利待遇，可以由其子女继续承租等类似条款，即作为合同的一种约定条件来保障承租人子女对公有住房的承租权。

对公有房不定期租赁关系的思考

——从一起公有房不定期租赁关系案例谈起

北京市炜衡（广州）律师事务所　符　瑜

一、案例：A 公司和 B 所诉 C 公司及第三人甲等租赁合同纠纷案

（一）案情

一审法院认定事实：1999 年 7 月 15 日，A 公司（出租人甲方）与丙厂（承租人乙方）签订《广州市房地产（非住宅）租赁契约》，约定甲方同意将坐落在广州市某区某街 D 号全部的房屋出租给乙方作厂房使用，建筑面积 67.84 平方米；租赁期限从 1999 年 4 月 1 日起至 2001 年 3 月 30 日止，月租金 269.5 元；租金按月结算，由乙方在每单月的第 8—18 日前缴付本期租金给甲方；乙方保证不改变房屋用途和闲置承租房屋，将房屋转租、转让、分租等。

2014 年 11 月 3 日，C 公司与第三人乙签订《C 公司职工宿舍租赁合同》，约定 C 公司将广州市某区某街 D 号 102 房出租给乙作职工宿舍，租赁期限自 2014 年 7 月 1 日起至 2016 年 6 月 30 日止，住房租金按“广州市民用公房住宅租金”标准计租，月租金 48.5 元；同户型直系亲属名单处记载有该案第三人甲等。

2014 年 11 月 19 日，C 公司与丁签订《C 公司职工宿舍租赁合同》，约定 C 公司将广州市某区某街 D 号 103 房出租给丁作职工宿舍，租赁期限自 2014 年 7 月 1 日起至 2016 年 6 月 30 日止，住房租金按“广州市民用公房住宅租金”标准计租，月租金 28.6 元；同户型直系亲属名单处记载有该案第

三人庚、己等。

2014 年 12 月 10 日，C 公司与第三人戊签订《C 公司职工宿舍租赁合同》，约定 C 公司将广州市某区某街 D 号 101 房出租给戊作职工宿舍，租赁期限自 2014 年 7 月 1 日起至 2016 年 6 月 30 日止，住房租金按“广州市民用公房住宅租金”标准计租，月租金 36.4 元；

据 2016 年 7 月 7 日的商事登记信息记载，丙厂为全民所有制分支机构（非法人），于 2011 年 3 月 28 日注销。

C 公司于 2012 年 12 月 14 日成立。

据日期为 2016 年 12 月 2 日的个人名下房地产登记情况查询证明记载，第三人戊名下在广州市行政区域范围内无房地产情况记录。

据日期为 2016 年 12 月 6 日的个人名下房地产登记情况查询证明记载，第三人己、甲、乙名下在广州市行政区域范围内无房地产情况记录。

据日期为 2016 年 12 月 6 日的个人名下房地产登记情况查询证明记载，第三人庚与辛名下有黄埔区某街某号 1114 房，性质为经济适用房，建筑面积为 49.04 平方米。

据日期为 2016 年 12 月 9 日的个人名下房地产登记情况查询证明记载，第三人壬名下有海珠区某街 12 号 604 房住宅，建筑面积为 53.78 平方米；第三人壬与第三人癸两人名下有黄埔区某街某号 2804 办公商品房，建筑面积为 101.03 平方米。

一审诉讼中，A 公司、B 所、C 公司均确认涉案房屋由 C 公司以支票形式按每月 269.5 元的标准向 A 公司缴纳租金至 2016 年 4 月。

一审法院认为：A 公司与丙厂签订的《广州市房地产（非住宅）租赁契约》租赁期限届满，后 C 公司自认涉案房屋由其接管后与部分第三人签订租赁合同，C 公司按照每月 269.5 元的标准向 A 公司缴纳租金至 2016 年 4 月，可见 A 公司、C 公司双方形成不定期租赁关系。根据《合同法》的相关规定，对于不定期租赁关系，出租人有权随时解除，故 A 公司、B 所要求解除 A 公司与 C 公司之间的租赁关系并收回涉案房屋的诉讼请求一审法院予以支持。判决：（1）解除原告 A 公司与被告 C 公司之间关于广州市 D 号房屋的租赁关系；（2）第三人甲、乙、庚、己、壬、癸、戊在该判决生效之日起 6 个月内搬出广州市 D 号房屋，被告与上述第三人将该房屋腾空后交还给两原告；（3）被告在该判决生效之日起 15 日内，按每月 269.5 元的标准向原告支付从 2016 年 5 月 1 日起至交还房屋之日止的房屋使用费。

二审中，该案第三人戊提交了以下新证据：（1）戊向 C 公司提交的报告，拟证明其与 C 公司的租赁关系是多年形成的，出现该案纠纷之后，其向 C 公司提出意见要求 C 公司继续维持租赁关系；（2）户口本，拟证明戊有独立户口，有资格作为公房承租者承租使用公房；（3）戊的祖母向居委会提供的报告，拟证明戊与其一直居住在涉案房屋。

二审法院对一审查明的事实予以确认。在二审中，C 公司与 B 所、A 公司均确认：涉案某区某街 D 号房屋分割为四间房屋，除了涉案 101 房、102 房、103 房外，还有 104 房，现空置无人使用过，C 公司称，假如我方已经与 A 公司解除租赁关系，愿意将 104 房交还给 A 公司和 B 所。

戊称：壬、癸夫妇除了戊之外没有其他子女，现壬名下的房屋由壬、癸夫妇自行居住。戊至今未婚。

（二）裁判结果

二审法院认为：虽然 A 公司与原丙厂于 1999 年 7 月 15 日签订的合同约定涉案房屋的租赁用途为“作厂房使用”，但根据该案的证据，原丙厂并没有将该房屋作为厂房使用，而是作为职工宿舍分租给职工使用。该案各第三人本人或亲属为丙厂的职工并由此入住涉案房屋，并按广州市民用公房住宅租金表标准缴纳租金，至该案诉讼止已达 17 年，在此期间，作为出租人的 A 公司和作为涉案房产的管理部门 B 所，均从未对此提出异议。故涉案房屋是具有福利性质的公房租赁。鉴于此，A 公司和 B 所以 C 公司擅自改变房屋用途为由要求解除某区某街 D 号全部房屋的租赁关系，缺乏依据，应不予支持。

《广东省公有房产管理办法》第 11 条规定，“住宅分配的对象，主要是无房户、危房户、拥挤户以及按政策应优先照顾的住户，各单位对住宅分配要实行民主分房，接受群众监督。”该案查明，甲乙在本市行政区域范围内无房地产情况记录，甲乙无搬迁去向，故 A 公司 B 所要求其交还居住的某区某街D号102房不具备条件，法院不予支持。关于戊所居住的某区某街D号101房，戊并非原丙厂的职工，不能享受原丙厂职工的待遇，虽然其在广州市本市行政区域范围内无房地产情况记录，但戊并未结婚成家，其父母壬、癸在本市有两套房产，故戊具备搬迁条件。因此，A公司B所要求戊交还其居住的某区某街D号101房，应予以支持。至于戊二审提交的证据，并不足以证实其有权继续租赁涉案房屋，法院不予采纳。

基于以上意见，C公司、甲的部分上诉理由成立，应予以支持，戊的上诉理由不能成立，应予驳回。一审判决认定事实清楚，但适用法律错误，导致部分处理结果不当，法院予以改判，依照《民事诉讼法》第170条第1款第1项规定，判决如下。

1. 变更原审民事判决第1项为：解除A公司与C公司之间关于广州市某区某街D号101房、103房、104房的租赁关系；

2. 庚、己和壬、癸、戊在该判决生效之日起6个月内分别搬出广州市某区某街D号103房、101房，并与C公司将广州市某区某街D号103房、101房、104房腾空交还给A公司、B所；

3. 变更原审民事判决第3项为：C公司在该判决生效之日起15日内，按每月269.5元的标准向A公司支付从2016年5月1日起至该判决生效之日止的房屋使用费。

4. 驳回A公司、B所其他的诉讼请求。

二、案件评析

上述案例是笔者近期办理的一个较为典型的案例。经过查阅专著和案例，笔者发现此类公产房案例较多，但因为不同法官认知不同，以及法律及法规规定不清，导致案件分歧也较大。综合各类案例和专著的意见，笔者建议从以下几个方面分析，方可作出相应的判断和裁判。

1. 应界定案涉房屋是否为公产房性质。

一般而言，公有房屋，从所有权层面应属于国有资产，一般由各市国有资源和房屋管理局创办的事业单位法人，作为房屋的公产管理人，依照各市国土资源和房屋管理局的授权行使与公产承租人订立公产租赁合同、收取公产租金、维修公产房屋等职权。[①] 公产房主要分为三类：直管房、自管产、军产。所谓公产房，是相对于所有权属于个人的私有住房而言的，一般个人只有承租权而没有所有权。公产房使用者在法律允许范围内，对公有房屋享有占有使用收益和有限制处分的权利。[②]

公产房是在中国特殊体制下遗留下来的产物，公产房的使用权和承租权，与我国传统福利住房分配政策和计划经济体制密切相关，它是政府对劳动者广泛实行的变相工资分配方式。在住房制度改革以前，取得公房使用权的承租人，必须符合一定的条件，一般要求是在国家机关或者企事业单位工作，其工作达到一定的年限，组织上就会根据其工龄长短、职务高低、工作业绩大小、家庭人口等诸多因素，确定分配给其家庭一定面积的房屋，并建立起职工与国家或单位之间的房屋租赁关系。公产房的使用权实际上隐含了价值，是职工多年工资中住房消费的补偿，也是劳动力价值的组成部分。[③]

由于目前法律对公产房使用权的性质界定不清，纠纷的解决缺乏统一的法律规范和裁判标准，不同地区法院对于该类案件的处理方式差异很大，故当事人权益不能得到及时有效保护。

2. 公产房租赁关系是否为平等民事主体间的租赁关系。

（1）该案事实发生时施行的《民法总则》第 2 条规定，民法调整平等主体的自然人、法人和非法人组织之间的人身关系和财产关系。从租赁关系的形成上来看，平等民事主体间的租赁关系的建立源于出租人和承租人就租赁物达成了一致的意思表示。换言之，平等民事主体间的租赁关系的建立是因为出租人有出租的意向，承租人有承租的意向，双方就租赁事项达成一致意思表示，租赁关系即告成立。也就是说，就特定的出租物，出租人是特定的，而承租人是不特定的，只要承租人就租赁事项与出租人达成一致意思表

---

① 天津劝业场（集团）股份有限公司诉天津市房产总公司案，天津市和平区人民法院（2014）和民二初字第 0084 号民事裁定书。

② 李超编著：《公产房纠纷裁判思路与法律适用》，中国法制出版社 2016 年版。

③ 陈慧：《公有住房使用权有偿转让的法律问题探讨》，载全国法院系统第十届学术讨论会论文评选委员会编选：《当前民事经济审判疑难问题研究》，人民法院出版社 1998 年版，第 5 页。

示，就能建立租赁关系。[①]

但是公产房屋租赁关系的确立却是源于公产承租人对该公产房屋享有承租权。也就是说，公房的承租人必须具有规定的条件或相应的身份关系（职工或者职工家属等）才享有承租权，方能与公产房所有人或其管理人建立公产房承租关系。在公产房租赁关系中，不仅公产房出租人是特定的公产管理单位，公产房承租人也是特定的，只有特定的享有该房屋承租权的人或法人才能有权承租公产房屋。

（2）从租赁价格上看，在平等民事主体间的租赁关系中，由出租人和承租人协商确定房屋的租赁价格，其遵循的是市场行为中“价高者得”的基本原则。而在公产房屋租赁关系中，租赁价格的确定是由公产房管理人按照政府部门的相关政策文件来确定，租赁价格较市场价格相对较低，体现的是政府的福利补贴规定。相反的，若不享有承租权的自然人或法人，即使出价较高，也无法与公产房管理人达成租赁关系。

（3）一般情况下，承租人不能将公产房转租给他人。

在平等民事主体间的租赁关系中，经过出租人同意，承租人是可以将房产转租给他人的，但是在公产房租赁关系中，如前所述，由于承租人必须是具有特定条件（满足工龄、职位等要求）才能承租公产房，因此是不可以转租给他人的，这也是区别于一般的平等民事主体间租赁关系的主要特点。

综上所述，公产房屋租赁关系与平等民事主体间的一般房屋租赁关系有着较大区别，不能简单用一般民事法律的原则和制度来规范。

3. 是否能适用该案事实发生时施行的《合同法》裁判解除公产房不定期租赁合同。

首先，公产房是按照当时的福利住房政策予以分配，是有条件地供给国家机关企事业单位职工和家属居住的保障性住房，具有一定的历史性，是历史遗留问题。若按照现行合同法规定判令解除，比如在本文所引用的案例中一审判决机械性地引用现行合同法规定判决，明显属于法律适用错误。

---

① 天津劝业场（集团）股份有限公司诉天津市房产总公司案，天津市和平区人民法院（2014）和民二初字第0084号民事裁定书。

其次，就本文所引用的案例而言，作为涉诉公产房屋的公产房管理人，案件中的原告对公产房屋租赁的确定是依据政府相关授权文件。该行为体现的是公产房管理人代表行政机关对国有资产的管理，该行为系行政管理的范畴，并非能够通过民事法律规范予以调整。因此，无论案件中涉讼公产房屋的用途是否为住宅，该原告也不能通过民事诉讼要求法院依据现行合同法规定解除不定期租赁关系。笔者认为，原告对于该案纠纷不享有民事诉权，依照《民事诉讼法》第 119 条、第 154 条的规定，应驳回原告的起诉。

总结：应做好法律解释工作，妥善解决公产房纠纷

有学者认为，公产房的承租权（或者称使用权）具有迥异于一般私有房屋租赁使用权的性质，其所具有的永续性、支配性、可转让等特征，使其在性质上更接近于物权而非债权。实则，公产房使用权是一项具有财产价值的财产权，不可否认在立法上承认公房使用权的物权性质是最佳的解决方案，但在目前法律框架下，做好法律解释工作才是处理公产房纠纷的当务之急。①

笔者认为，目前并无明确的法律规定解决公产房纠纷，由于各地立法不一致，地方法院的判决皆充分体现了当地的政府政策特点，因此判决各不相同。具体到广东省行政区域范围而言，目前仅有《广东省公有房产管理办法》《广州市已购公有住房上市规定》等屈指可数的地方法规、规定予以参考，但是不排除在之后所产生的一些公有房纠纷，存在无据可依的情况。立法上的空白，恰恰是导致纠纷产生的源头，加上地方政府机构房管部门工作人员对法律法规认识不足，随意滥用政策清退公有房（特别是国有企事业单位承租后转让给职工的自管房），直接将该等住户和共同居住人员推向社会，但是，其并未注意到，其所承担的社会责任是保障人民的基本住房权利，其行为使得第三人的居住权利没有得到保障，也损害了房管部门作为保障民生的行政部门的形象。笔者建议，就此类公房纠纷，应本着为民解忧的原则，分清轻重缓急，对群众做好法律解释工作，通过劝说和调解等方式，安置承租人和同住人员，避免问题进一步激化。

---

① 李超编著：《公产房纠纷裁判思路与法律适用》，中国法制出版社 2016 年版。

国有工程企业合规管理创新实践

中国能源建设集团广东省
电力设计研究院有限公司　李林蔚

2020 年，某国有工程企业完成了合规管理体系建设，2021 年合规管理体系正式运行。2022 年 8 月，国务院国有资产管理委员会发布《中央企业合规管理办法》，该国有工程企业的合规管理体系与该办法中的原则和规定相契合，为企业科学、规范的深化合规管理奠定了扎实的基础。回顾该国有工程企业的合规管理体系建设之路，该企业作为一家国际业务多元化发展的公司，在合规管理体系建设中，没有盲目选择参照外企“照猫画虎”，也非仅将其作为政治任务开展“形式建设”。在避免水土不服和减少对现有管理方式冲击影响的平衡中，该企业深入论证分析，探索出了适合中国国有工程企业特点、有益于企业稳健发展的合规管理创新之路。

一、结合企业战略找准合规管理定位

在开展合规管理体系建设之前，该企业通过充分调研，了解到合规管理的两大误区在于：一是针对企业运营的方方面面，发布大量合规管理制度文件，但却不符合企业经营生产实际，限制了企业的发展，导致“合规过度”；二是仅将其作为政治任务完成，未真正从提升企业治理水平、可持续发展的角度开展合规管理，仅完成合规管理体系的形式建设，导致“合规不足”。

对于中国的国有工程企业，需充分认识到，合规是开展国际化经营、融入全球化发展的必然选择。该企业结合公司发展战略，找准合规管理三大定位：（1）针对性。在全面合规管理的基础上，结合企业现在或未来国际业务可能涉及的领域，重点聚焦企业合规风险的雷区。（2）有效性。按照国际通行准则高标准开展合规管理，建设能有效防范合规风险发生、有效应对合规风险的合规管理体系。（3）可操作性。与企业现有业务管理制度深度融合，避免脱离实际、制度空设、形式主义、削减效率。

二、从五个维度清晰界定合规管理职责

一般而言，企业是在原有组织结构的基础上，进一步明确各部门的合规管理职责。对很多企业而言，虽然“人人合规”“事事合规”的理念已经明确，但是在合规管理职责的界定上，却较为模糊，甚至出现认为合规管理就是企业法律事务部门的职责的错误观念。当前，2022 年 8 月最新发布的《中央企业合规管理办法》已明确业务及职能部门承担合规管理主体责任，但该企业是在 2020 年建立合规管理体系的，理顺合规管理的思路并非易事。最终，该企业在公司主要负责人的高度重视和清晰领导下，从以下五个维度对企业内设各部门的合规管理职责进行了界定。

一是决策维度，该企业设置合规管理委员会，作为合规管理工作的决策机构，主要负责人履行合规管理第一责任人职责；二是合规专项管理维度，具有职能管理职责的各部门均是合规专项管理部门，比如财务部门，负责财务职能管理范围内的合规管理，包括合规审查、合规风险识别、合规风险应对等；三是合规执行主体维度，市场开发、生产执行的各个部门是经营生产的合规执行主体，履行经营生产合规义务，与此同时，职能管理部门也是自身管理行为的合规执行主体；四是合规牵头组织维度，法律事务机构是合规管理的牵头部门，在总法律顾问的领导下，牵头组织开展合规工作组的各项工作；五是合规监督评价维度，纪检部门（审计部门）是合规管理监督评价工作的牵头部门，负责组织开展合规管理体系监督评价工作。

三、创新搭建三级合规管理制度体系

在通行的合规管理中，企业的合规管理制度包括合规行为规范、合规管理办法以及操作流程或工具文件等，这些文件都是围绕合规管理而新设的。在不少企业中，这些新设的文件与企业原有的业务管理制度往往是“各行

其道”。为了实现合规管理与企业原有的业务管理制度衔接，该企业创新性地搭建了三级合规管理制度体系（如图5－3所示）。

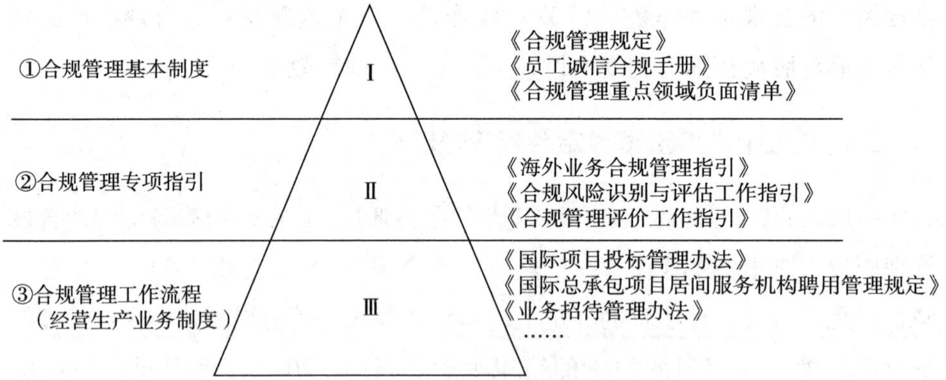

图5－3　三级合规管理制度体系框架图

第一级：合规管理基本制度是企业合规管理体系中的纲领性文件，具有明确公司合规目标方向，确定合规管理依据和原则，对外展示合规立场和态度的特点。一般包括合规管理规定、员工诚信合规手册等。

第二级：合规管理专项指引是指针对特定的合规管理重点领域、重点环节制定的合规管理专项文件，适用于公司在特定领域或环节的业务活动或管理活动。一般包括海外业务合规管理指引、合规风险识别与评估工作指引等。

第三级：合规管理工作流程主要来源于企业的经营生产业务制度，经营生产业务制度是保障企业依法合规运行的基础。一般包括企业投标管理、居间服务机构聘用管理、合同审批管理、业务招待管理等。

以上三级制度体系建立后，还将结合外部监管法规变化情况、内部合规风险评估开展情况，以及公司业务发展实际情况，持续进行改进和完善，及时将外部合规新要求转化为内部规章制度，确保合规管理的及时性、准确性和有效性。

四、打破常规实现合规管理与业务管理的融合

虽然，企业都知道要避免形成合规和业务“两张皮”现象，但是如何

探索出合规管理和业务管理的融合之路，却是一个管理难题。通常，对于没有被制裁，没有“摘帽”要求的企业，完成上述图5－3中的第一、第二层级文件后，就完成了合规管理的体系建设，而不会深入企业原有的业务流程制度中进行梳理和修改。

该企业认为，国有工程企业要想实现合规管理与业务管理的融合，则需要跳脱常规建设模式，深入现有经营生产业务中进行全面合规风险评估，根据评估出的合规风险和缺陷，开展业务制度的改进和升版，将合规管理的要求内化至经营生产各业务制度与流程中。这样一来，合规管理与公司原有的管理体系相辅相成，实现了合规制度和业务制度的融合，避免仅印发一系列“口号”式的“纸面文件”。该企业在合规管理体系的建设过程中，针对投标管理、招待管理、海外捐赠等二十余项业务管理制度进行了升版和完善，将合规的规则嵌入了各流程环节，进一步提升了合规管理的可操作性。

五、在合规管理运行机制中贯穿“四位一体”理念

《中央企业合规管理办法》明确，中央企业应当结合实际建立健全合规管理与法务管理、内部控制、风险管理等协同运作机制，加强统筹协调，避免交叉重复，提高管理效能。对于大多数工程企业而言，在开展合规体系建设之前，已经建立了内控体系和全面风险管理体系，同时企业的法律管理也有一套成熟的工作机制。因此，探索建立内控、风险管理、合规以及法律“四位一体”大风险防控体系，是国有工程企业进行合规管理的必修课。

该企业将“四位一体”大风控体系建设作为长期的工作规划，逐步推进，在确保各个职能体系独立运转的基础上，将其统一在法治建设的框架内，逐步实现体制协同、体系协同、机制协同和岗位协同：体制协同是指各项职能在组织领导和责任划分方面建立的协同关系，主要解决各项职能在公司治理和职能管理中的定位问题；体系协同是指各项职能在管理理念、机构设置、职责划分、方法工具、人员配置等管理要素方面建立的协同关系；机制协同是指各项职能在工作事项、规则、程序、标准、评价等方面建立有机联系和高效运转的工作方式，把属性类同、高度关联的工作事项一次完成，最大限度地避免工作重复、交叉，使各项职能高质量服务保障业务发展；岗

位协同是指各项职能在岗位上职责明确、相互配合，实现工作有序开展，面向业务快速、高效响应，达到节约信息传递与沟通成本，提高工作效率、提升工作质量的效果。

以合规风险识别与评估为例，该企业明确合规风险管理是全面风险管理的组成部分，根据已有的全面风险管理工作要求，结合合规管理的重点领域、重点环节和重点人员，特别是合规管理重点领域负面清单的要求，常态化地开展内外部合规风险识别与评估工作。同时，该企业结合年度全面风险评估的计划，同步开展年度合规风险评估工作，避免管理行为的重复，并统一风险评估的标准（可能性、影响程度等），将合规风险评估情况纳入企业全面风险管理报告的编制内容。

再比如，在合规审查与决策环节，该企业明确合规审查是重要规章制度制定、重大事项决策、重要合同签订等重大经营生产管理行为的必要程序，未经合规审查不得实施。与此同时，规章制度、重要决策、经济合同的法律审核，也是企业三项法律审核的硬性要求。因此，合规审查与法律审查在一定程度上重合，又在一定程度上必须予以区分。对于日常性的合规审查，由合规专项管理部门对其职责范围内的会议议案、业务开展及其他日常性管理事项进行合规性审查；对于企业重要决策事项，在开展全面风险评估及事项审查时，应同步组织开展合规审查，相关部门按职能分工做好配合工作，此时法律审查是合规审查的重点内容。

完成合规管理体系建设的创新实践，仅仅是企业合规管理迈出的第一步。企业还需持续对体系进行完善改进，并持续开展合规培训、文化宣传等工作，让“合规经营、规范管理、守法诚信”的文化伴随和见证企业的持续健康高质量发展。

第六章　国有企业解散与清算

浅谈国有资产监督管理委员会在国有企业破产重整中的地位和作用

——以国有资产监督管理为视角

广东君信经纶君厚律师事务所　李伟年

一、问题的提出

国有企业是维持我国中国特色社会主义市场经济公有制主体地位的必然要求，是国家维护经济命脉不受他人牵制的重要保证。在改革开放的长河中，国有企业发挥了中国特色市场经济中流砥柱的关键作用，承担了大量的社会责任和经营风险，也为我国企业在市场经济萌芽阶段对抗跨国公司和完成对外创收方面打下了坚实的基础。

然而随着中国特色社会主义市场经济的进一步发展和民营企业的成长壮大，部分国有企业在盈利创收方面不再具有优势。部分国企因多种原因逐渐债务缠身，陷入资不抵债的泥潭。从 2015 年至今，经营不善的国有企业进入破产清算或重整程序已经屡见不鲜。从第二重型机械集团公司到川化股份、从云南煤化到华晨集团，帮助陷入危机的国有企业实现市场退出或重生成为维护市场经济健康发展的必然要求。

2018 年 9 月 13 日，中共中央办公厅、国务院办公厅印发了《关于加强国有企业资产负债约束的指导意见》，指出要充分发挥企业破产在解决债务矛盾、公平保障各方权利、优化资源配置等方面的重要作用。对符合破产条件但仍有发展前景的子企业，支持债权人和国有企业按照法院破产重整程序或自主协商对企业进行债务重组，坚决防止“大而不能倒”，防止风险累积形成系统性风险。

相较于民营企业破产重整的简洁明了，国有企业破产重整必须考虑其作为国有企业的特殊性质：已经进入破产重整的国有企业是否还应视为拥有国有资产的主体，是否应当接受国有资产监督管理机构的监督管理？作为国有资产监督管理机构的国资委在破产重整程序中，又应当发挥什么样的作用？关于这个问题，学界有两种不同的意见。

二、关于国有企业破产重整的两种观点

第一种观点认为，《企业国有资产法》第 2 条规定，国有资产是指国家对企业各种形式的出资所形成的权益。国有企业已经进入了破产重整程序，意味着国有企业存在《破产法》规定的不能清偿到期债务的情形，并且资产不足以清偿全部债务或者明显缺乏清偿能力，或者有明显丧失清偿能力可能的情形。在此情况下，应当认定国有企业的资产已经为负，不再存在国有资产流失的风险，因此不再需要国有资产监督机构的介入。如果一味强调对国有资产流失的监管，反而容易导致破产重整陷入“有债还不上，有资进不来”的尴尬局面。在国有企业已经资不抵债的情况下，如果有民营企业愿意接收国有企业的剩余资产和债务，带入新的流动资金和技术、管理方式和经营理念，重新盘活已经病入膏肓的国有企业，就不应再加以不必要的限制。

第二种观点认为，国有企业进入破产重整程序并不意味着已经没有国有资产可以流失。一方面，不论是破产清算还是重整程序，都需要管理人对破产企业的证照、财产、债权债务进行全面的调查审计和接管；在破产清算和重整的过程中，完全有发现隐藏财产、否定申报债权的情形。未经人民法院依法宣告破产，该企业资产是否已经归零就仍然是一个未知数。只要不能确定已经无国有资产可以流失，就依然有监管的必要。

笔者同意第二种观点，即国有企业破产重整应上报国资委，由国资委优先行使职能。

首先，《破产法》对于进入破产重整程序的规定较为宽松，并不要求已经明显丧失了清偿能力，而是仅需存在明显丧失清偿能力的可能。债权人对债务人的资产和财务状况很难有全面、准确的了解，债权人只能站在自己的

角度看能否实现到期债权。这也就意味着，一部分陷入暂时性经营困难的国有企业也可能依法进入破产重整程序。破产重整后，国有企业的企业性质往往会发生改变，成为民营企业或混合所有制企业；如果破产重整的国有企业仍然有具有价值的资产未经合理处置，则会构成国有资产的流失。

其次，即使国有企业实质上已经没有资产可以分配，也不意味着由民营资本进场进行破产重整是最为妥当的选择。作为国有资产的重要组成部分，国有企业往往拥有相较于私企更为重要的经济地位，承担相较于私企更为沉重的社会责任。国有企业在进行科技研发、基础建设、就业保障、公益活动等方面发挥着私营企业不可替代的显著作用，因此在同等情况下进行破产重整，应优先考虑由国有资本进行出资。

加强监管和激发活力并不是必然矛盾的，二者可以实现有机结合和对立统一。在实践中，承担国有资产监督和管理职能的机构主要为国资委，根据国务院授权，依法履行监督企业国有资产保值增值、指导推进国有企业改革重组等职能。国有企业的破产重整，应当上报国资委，以避免国有资产流失的风险。

三、国资委参与破产重整的作用

破产重整的过程相对繁复，持续时间从数月至数年不等，程序涉及受理申请、财产调查、债权认定、制定重整方案、推动执行等诸多方面。对于如何充分发挥国资委的管理和监督作用，保障国有企业生存发展，减少破产程序中的违法违规现象，制度设计至关重要。

首先是破产案件的受理阶段：国资委作为国企出资人的代表，应当对国有企业的前期审计、破产费用的落实、债权债务清册进行审查监管，监督国有企业实际控制人是否违法，调查企业和实际控制人的破产责任。

其次是破产案件的重整阶段：根据我国破产企业重整实践，选定投资人的方式包括但不限于：（1）债务人自行寻找投资人；（2）由政府部门、债权人等主体推荐意向投资人；（3）公开招募重整投资人。国资委在重整阶段应当充分发挥其出资人作用，充分通知和寻找有意向的投资人，推动破产重整向最有利于国有企业的方向前进。

与此同时，国资委的介入也是有边界的，对国有资产的监督管理并不意味着可以对抗破产重整相关法律规范。不论采取哪种方式，最终都需要经过债权人会议的通过，确保重整投资人选定的公开性。与此同时，还要综合考虑破产企业的劳动者权益保护、剩余运营价值的维持、环境和生产资源保护等多种因素。在国有企业破产重整程序中，应当以实事求是为原则，在没有合适的国有资本入场的情况下，积极接纳民营资本和混合所有制资本，尽可能挽救企业的残留价值，为中国特色社会主义市场经济的发展注入活力。

四、结语

在当前的经济环境和社会背景下，国有企业的破产是必然会发生的现象。如何用最小的成本保障国有企业破产重整能够成为真正的拯救和退出机制，而非民营资本侵吞公共财富的手段，成为现阶段重整程序设计的重要难题。

而国资委的介入，能够有效发挥其国有资产监督管理的职能和经验，避免国有资产低价流失；同时支持国有资源跨地区、跨行业实现联合突围，让国有资产从产能过剩、同质化竞争突出的领域转移至急需资源的其他领域，实现经济结构的整体优化。在破产重整程序中充分发挥国资委的作用，是实现国有资产保值增值、推进经济社会发展的必然要求。

浅议国有企业投资有限合伙企业退出时的进场交易问题

北京大成（广州）律师事务所　倪洁云　陈结怡

有限合伙企业因其灵活的利润分配政策、税负穿透等优势，在资本运营领域备受投资人青睐，国有企业通过有限合伙企业进行股权投资成为一大趋势，而随着投资项目退出期的到来，如何合规完成投资退出成为热点问题。基于国资监管的复杂性，本文选取其中一点进行浅议：国有企业通过有限合伙企业对非上市公司进行股权投资后转让退出是否需要进场交易问题，包括国有企业以转让财产份额形式从合伙企业退出，以及通过国有企业所投资合伙企业转让所持投资股权退出两种退出路径。

一、问题缘起：国有产权转让进场交易的原则性规定

笔者理解，在现行国资交易监管体系下，关于国有产权转让进场交易的原则性规定主要依据《企业国有资产法》（中华人民共和国主席令第五号，2009 年 5 月 1 日实施）、《企业国有资产交易监督管理办法》（国务院国有资产监督管理委员会、中华人民共和国财政部令第 32 号，2016 年 6 月 24 日实施，以下简称 32 号令）之规定，具体如下。

1.《企业国有资产法》第 54 条第 1 款、第 2 款规定："国有资产转让应当遵循等价有偿和公开、公平、公正的原则。除按照国家规定可以直接协议转让的以外，国有资产转让应当在依法设立的产权交易场所公开进行。转让方应当如实披露有关信息，征集受让方；征集产生的受让方为两个以上的，转让应当采用公开竞价的交易方式。"

2. 32 号令第 2 条规定："企业国有资产交易应当遵守国家法律法规和政策规定，有利于国有经济布局和结构调整优化，充分发挥市场配置资源作用，遵循等价有偿和公开公平公正的原则，在依法设立的产权交易机构中公开进行，国家法律法规另有规定的从其规定。"

以上两条规定明确了国有资产转让进场公开交易的原则性要求。其中《企业国有资产法》属于法律层级规定，32 号令是以《企业国有资产法》为依据之一的部门规章。

二、国有企业转让有限合伙企业财产份额是否需要进场交易

讨论国有企业转让有限合伙企业财产份额是否需要进场交易的问题，实质是讨论合伙企业财产份额是否属于《企业国有资产法》所指国有资产、是否属于 32 号令中的企业产权问题。

（一）《企业国有资产法》及 32 号令的适用范围

《企业国有资产法》第 2 条规定："本法所称企业国有资产（以下称国有资产），是指国家对企业各种形式的出资所形成的权益。"

32 号令第 3 条规定："本办法所称企业国有资产交易行为包括：（一）履行出资人职责的机构、国有及国有控股企业、国有实际控制企业转让其对企业各种形式出资所形成权益的行为（以下称企业产权转让）；（二）国有及国有控股企业、国有实际控制企业增加资本的行为（以下称企业增资），政府以增加资本金方式对国家出资企业的投入除外；（三）国有及国有控股企业、国有实际控制企业的重大资产转让行为（以下称企业资产转让）。"

在上述规定中，《企业国有资产法》使用的表述为"对企业各种形式的出资所形成的权益"，32 号令使用的表述为"对企业各种形式出资所形成权益"，而根据一般理解，"企业"一词包括合伙企业，即从字面含义上来看，前述规定并未明确排除合伙企业的适用。

（二）对国务院国有资产监督管理委员会咨询回复之分析

国务院国有资产监督管理委员会（以下简称国务院国资委）于 2019 年

5 月 24 日在其官方网站以书面回复留言的形式回复称：32 号令“适用范围是依据《中华人民共和国公司法》设立的公司制企业。国有企业转让有限合伙企业份额的监督管理另行规定”①。

基于此，有观点认为，按照上述回复，国有企业转让有限合伙企业份额当然不应当适用 32 号令进场公开交易的原则性规定。

笔者对此有不同意见。首先，诚如国务院国资委在回复中表明，该回复“仅供参考”，并非正式具有法律效力的文件；其次，该回复仅表明 32 号令的适用范围是公司制企业，国有企业转让有限合伙企业份额的监督管理另行规定，但并未表明排除国有企业转让有限合伙企业份额适用进场公开交易的原则性规定的意思，也未制定或指明针对国有企业转让有限合伙企业份额的监管规定。

（三）《有限合伙企业国有权益登记暂行规定》（国资发产权规〔2020〕2 号）带来的思考

2020 年 1 月 3 日，国务院国资委颁布实施《有限合伙企业国有权益登记暂行规定》，该规定直接援引《企业国有资产法》作为制定依据之一，有限合伙企业国有权益适用《企业国有资产法》之规定自不待言。

《有限合伙企业国有权益登记暂行规定》第 2 条规定：“本规定所称有限合伙企业国有权益登记，是指国有资产监督管理机构对本级人民政府授权履行出资人职责的国家出资企业（不含国有资本参股公司，下同）及其拥有实际控制权的各级子企业（以下统称出资企业）对有限合伙企业出资所形成的权益及其分布状况进行登记的行为。前款所称拥有实际控制权，是指国家出资企业直接或间接合计持股比例超过 50%，或者持股比例虽然未超过 50%，但为第一大股东，并通过股东协议、公司章程、董事会决议或者其他协议安排能够实际支配企业行为的情形。”

《有限合伙企业国有权益登记暂行规定》对“实际控制权”的认定标准

① 《国有企业转让有限合伙企业财产份额是否适用 32 号文?》，载国务院国有资产监督管理委员会官网 2019 年 5 月 27 日，http：//www. sasac. gov. cn/n2588040/n2590387/c11349294/content. html。

与32号令第4条第3款、第4款规定近似，该规定印证了国务院国资委认可国有企业“对有限合伙企业出资所形成的权益”亦属于国有产权的形式。

（四）小结

笔者认为，国务院国资委曾作出的上述回复和《有限合伙企业国有权益登记暂行规定》的颁布，表明国务院国资委就国有企业投资有限合伙企业这一领域完善监管规定的态度和趋势。但在国务院国资委未出具正式文件之前，笔者倾向于应结合规范企业国有资产交易行为、加强企业国有资产交易监督管理、防止国有资产流失的立法目的，以及基于审慎性原则，就国有企业转让有限合伙企业财产份额仍应参照适用《企业国有资产法》和32号令进场公开交易的原则性规定。

三、国有性质合伙企业转让所持投资股权是否需要进场交易

目前国资监管尚未对国有企业的定义进行统一界定，不同的国资监管规则对国有企业的定义不同，在本文框架下，只限于《企业国有资产法》及32号令的认定标准。

讨论国有性质合伙企业转让所持投资股权是否需要进场交易的问题，实质是讨论国有企业投资的合伙企业是否适用《企业国有资产法》、32号令的问题。

（一）国有性质的认定标准

1.《企业国有资产法》关于“国家出资企业”的规定。

第5条规定：“本法所称国家出资企业，是指国家出资的国有独资企业、国有独资公司，以及国有资本控股公司、国有资本参股公司。”

该规定使用的表述为“国家出资企业”，而未直接使用“国有企业”的概念；而且，该规定中对国有性质的识别简单描述为“国家出资”，未进行进一步的细化，对该等“国家出资企业”下属企业是否属于“国家出资企业”并不明确。从审慎角度来看，“国家出资企业”下属企业仍应按国有企业口径进行监管，但在《企业国有资产法》第二章履行出资人职责的机构

及第四章国家出资企业管理者的选择与考核等行文表述中，以国有资产监督管理机构、被授权其他部门或机构作为履行出资人职责的机构，并规定了履行出资人职责的机构对“国家出资企业”的一系列直接权利、职责。而履行出资人职责的机构并不是“国家出资企业”下属企业的直接股东，不具备直接管理的依据，也与实践中履行出资人职责的机构一般只管理对应级别的国有企业的实践不符。

因此，笔者倾向认为《企业国有资产法》第 5 条所规定的“国家出资企业”并不等同于对国有企业的定义。

2. 32 号令关于“国有及国有控股企业、国有实际控制企业”的规定。

32 号令第 4 条规定：“本办法所称国有及国有控股企业、国有实际控制企业包括：（一）政府部门、机构、事业单位出资设立的国有独资企业（公司），以及上述单位、企业直接或间接合计持股为 100% 的国有全资企业；（二）本条第（一）款所列单位、企业单独或共同出资，合计拥有产（股）权比例超过 50%，且其中之一为最大股东的企业；（三）本条第（一）、（二）款所列企业对外出资，拥有股权比例超过 50% 的各级子企业；（四）政府部门、机构、事业单位、单一国有及国有控股企业直接或间接持股比例未超过 50%，但为第一大股东，并且通过股东协议、公司章程、董事会决议或者其他协议安排能够对其实际支配的企业。”

上述规定对国有企业作出了较为明确的界定，表述中采用的措辞为“持股”“股东”，但并未直接使用“公司”一词，而是使用“企业”一词，又为将合伙企业纳入监管范围留下空间。

3. 《有限合伙企业国有权益登记暂行规定》对合伙企业中国有权益作出明确规定。

如前所述，《有限合伙企业国有权益登记暂行规定》已明确国有企业“对有限合伙企业出资所形成的权益”的国有性质。虽然该规定尚未对合伙企业本身是否属于国有企业、含国有权益的合伙企业对外投资形成的股权（产权）性质的认定及交易监管规定予以明确，但合伙企业国有权益的认定为合伙企业的国有性质认定提供了进一步的支撑。

（二）对国务院国资委咨询回复之分析

对于合伙企业国有属性的认定，国务院国资委于 2018 年 12 月 29 日官网曾对咨询问题："有家合伙企业，有两个合伙人，A 认缴出资额为 60，B（国有控股企业）认缴出资额为 40，A 未实缴出资到位，B 实缴到位了，合伙协议里约定按照实缴出资额享有相应的股东权益。问题：是否可以认定 B 为第一大股东？"作出如下回复："《企业国有资产交易监督管理办法》（国资委财政部令第 32 号）第 4 条是针对公司制企业中的国有及国有控股、国有实际控制等情形进行分类，合伙企业中合伙人的权益和义务应以合伙协议中的约定为依据。"①

基于此，有观点认为，按照上述回复，合伙企业应不适用 32 号令。

笔者对此有不同意见。首先，如上文分析，国务院国资委的回复并非正式具有法律效力的文件；其次，该回复仅是因 32 号令表述中采用的措辞为"持股""股东"，与合伙企业不吻合，因此合伙企业无法适用 32 号令第 4 条的判断标准，但并未表明排除合伙企业适用 32 号令的意思。

（三）小结

经过上述分析可知，合伙企业的国有权益识别和认定已具备相应的规定支撑，因此，从贯彻立法目的的角度及审慎监管的原则出发，对国有性质合伙企业转让所持投资股权事宜仍应参照 32 号令规定履行有关交易程序。

四、依据交易双方性质适用的例外性规定

（一）32 号令第 63 条的例外规定

32 号令第 63 条规定："金融、文化类国家出资企业的国有资产交易和上市公司的国有股权转让等行为，国家另有规定的，依照其规定。"

此条规定的适用受交易标的企业自身的行业类型以及是否为上市公司影

① 丁女士：《对〈企业国有资产交易监督管理办法〉理解》，载国务院国有资产监督管理委员会官网 2018 年 12 月 29 日，http：//www. sasac. gov. cn/n2588040/n2590387/c10126551/content. html。

响，在此不展开讨论。

（二）32号令第66条的例外规定

32号令第66条规定："政府设立的各类股权投资基金投资形成企业产（股）权对外转让，按照有关法律法规规定执行。"

此条规定适用于政府投资基金，笔者认为此规定对目前国有私募基金的退出具有极大的借鉴意义。

《政府投资基金暂行管理办法》（财预〔2015〕210号）对政府投资基金的退出主要规定为：第19条："政府投资基金中的政府出资部分一般应在投资基金存续期满后退出，存续期未满如达到预期目标，可通过股权回购机制等方式适时退出。"第21条："政府出资从投资基金退出时，应当按照章程约定的条件退出；章程中没有约定的，应聘请具备资质的资产评估机构对出资权益进行评估，作为确定投资基金退出价格的依据。"

上述规定允许在产业基金中政府出资部分的退出通过股权回购实现，可见未要求以进场交易为必要程序，而对交易的条件规定可以依据事先确定的条件退出而不履行评估程序，没有约定时以评估价格为确定价格的依据。上述规定为政府投资基金转让被投企业产（股）权不适用进场交易原则提供了制度依据。

国有私募基金投资退出最大的痛处就是是否需要进场交易的问题。由于国有资产交易监管规定的程序较多，一系列流程拖延了交易的周期，使国有资金无法及时完成退出，也降低了市场主体的交易意愿；而进场交易的原则使国有私募基金投资时预设的特殊安排条款无法落地，比如回购权、共同出售权、拖售权等投资人的特别权利，限于交易价格需要根据评估结果确定的要求，前述特殊安排条款的交易价格无法锁定，而公开交易又使交易对手无法锁定，这些都对国有私募基金的投资和退出造成了障碍。

笔者认为，从结合投资需求和健全退出机制的角度来看，应为国有私募投资基金通过行使投资人特别权利转让被投企业产（股）权完成退出创设制度空间，比如允许事前约定退出方式且已经国资监管程序审批或备案的，在实施时可从其约定执行。

（三）非公开协议转让的适用

32 号令第 31 条规定了非公开协议转让的适用情形："以下情形的产权转让可以采取非公开协议转让方式：（一）涉及主业处于关系国家安全、国民经济命脉的重要行业和关键领域企业的重组整合，对受让方有特殊要求，企业产权需要在国有及国有控股企业之间转让的，经国资监管机构批准，可以采取非公开协议转让方式；（二）同一国家出资企业及其各级控股企业或实际控制企业之间因实施内部重组整合进行产权转让的，经该国家出资企业审议决策，可以采取非公开协议转让方式。"

依据上述规定，无论是国有企业转让有限合伙企业财产份额，还是在国有性质合伙企业转让所持投资股权，均有采用非公开协议转让形式完成交易的空间。

（四）无偿划转的适用

《企业国有产权无偿划转管理暂行办法》第 2 条第 1 款对无偿划转作出定义："本办法所称企业国有产权无偿划转，是指企业国有产权在政府机构、事业单位、国有独资企业、国有独资公司之间的无偿转移。"

依据上述规定，国有企业转让有限合伙企业财产份额时有采用无偿划转方式的空间，当然，在该有限合伙企业作为私募基金时，采用无偿划转方式可能违背私募基金投资人自有资金投资原则，但此处不作延伸。

而在国有性质合伙企业转让所持投资股权情形下，由于国有性质合伙企业不符合"政府机构、事业单位、国有独资企业、国有独资公司"之性质，无法采用无偿划转方式。

五、总结

目前对国有企业以转让财产份额形式从合伙企业退出，以及通过国有企业所投资合伙企业转让所持投资股权退出，两种退出路径是否需要进场交易并无明确规定，但基于国有资产交易的立法原则和国资监管的审慎性原则，笔者认为在无明确的"另行规定"情况下，仍应参照适用《企业国有资产法》和32号令进场公开交易的原则性规定。从结合投资需求和健全退出机制的角度来看，应为国有私募投资基金通过行使投资人特别权利转让被投企业产（股）权完成退出创设制度空间，比如允许事前约定退出方式且已经国资监管程序审批或备案的，在实施时可从其约定执行。

国有企业参与投资破产重整企业的角色定位、风险及对策

——以粤西某市房地产开发有限公司破产重整案为例

北京市盈科（广州）律师事务所　习　宏

一、国有企业投资破产重整企业的案例简介

注册于广东粤西某地级市的A公司成立于2000年10月，注册资本5010万元，是一家集房地产开发销售、建筑材料销售于一体的企业。A公司深耕当地房地产行业20年，曾经成功开发建设多个房地产项目，在当地享有较高的知名度，并获得房地产开发企业二级资质。其名下正在开发和尚未开发的在建工程建筑面积超过30万平方米、存量土地面积超过20万平方米，尚有争议的土地面积十几万平方米，且上述房地产项目基本位于该地级市的核心地段，可以说，A公司占据了当地极好的房地产资源。然而，由于A公司控股股东及实际控制人旗下关联公司众多，营业涉及房地产、能源开发、矿产开发、农业发展等多个领域，公司内部管理混乱，资金被挪用，资金链断裂，导致其开发的某广场项目多年都没法达到交楼条件，致使购房户多次到政府上访。特别是自2018年以来，广场项目工程陷入全面停工状态，购房户、拆迁户、农民工等群体逢节必访，引发了较为突出的社会矛盾。A公司也曾试图通过债务重整、第三方入股等方式自救，但均告失败，迫于压力遂向当地市中级人民法院（以下简称市中院）申请破产重整。与A公司同属于相同实际控制人控制的某实业发展公司（以下简称B公司）也因同样原因资不抵债，其中包括其开发的某小区二期尚未交楼的购房户债权也无法清偿，于是，B公司与A公司同时向市中院申请破产重整。市中院综合

各种因素认为该两家公司实施的项目占据市内核心地段，债权人群体上访影响当地维稳，考虑A、B公司在当地的商誉和房地产开发土地储存资源巨大，具有重整价值，于2019年1月31日受理了两家公司的破产重整申请，并分别指定当地某律师事务所、某会计师事务所分别担任两家公司管理人。2019年2月20日，市中院决定准许A、B公司在管理人的监督下自行管理财产和营业事务。

鉴于A、B公司破产重整案涉及购房户、拆迁户、农民工的根本利益，关系到当地城市建设的顺利推进，而且案件涉及债权人及利益相关人的范围广、矛盾复杂、社会关注度较高，稍处理不慎可能影响社会稳定，甚至导致群体性事件的爆发。当地地方党委、政府和法院非常重视，在进入破产重整程序之前就确定了“法院主持、政法委指导、政府支持、依法化解”的基本原则，并指令市住建局、市规划和自然资源局设定联络人，协调、支持管理人开展各方面工作。

截至2019年年底，向A公司管理人申报债权的债权人数2240人，申报债权总额近68亿元；向B公司管理人申报债权的债权人数457人，申报债权总额约51亿元。其中，广西某发展有限公司（以下简称甲公司）为上述两破产企业最大的债权人，分别向两公司管理人申报债权28亿元，其申报的债权数额分别占有两家公司债权总数几乎一半，为A、B两家公司破产重整案件（以下简称A、B重整案）的债权人会议主席。工商登记资料显示，甲公司是广西最大国企某集团公司的全资子公司，其经营范围主要有：土地开发、房地产开发经营；对仓储、物流、房地产、园区建设、汽车市场、矿业的投资等。

据了解，甲公司起先是打算要求管理人直接处置A、B公司抵押给甲公司的担保物，以便尽快实现其债权。甲公司在2019年10月聘请由北京市盈科律师事务所律师组建的专项法律顾问团（以下简称顾问律师）并委托顾问律师全程代理其处理在A、B重整案中的法律事务。经顾问律师的尽职调查、分析论证，考虑A、B重整案中存在众多的购房户（消费者）债权、工程款债权、职工债权等超级优先权，还有税务债权、金融机构担保优先权，整个债权结构较为复杂，加之抵押给甲公司的有效担保物初评价值并不能全额覆盖其债权，经甲公司初步测算，如果按照破产清算程序清偿，其能够获得清偿的债权比例不会超过20%，换言之，作为一家国企，甲公司在破产清算的程序下势必会产生国有资产的巨额损失。鉴于此，顾问律师提出了让甲公司以投资人身份参与A、B公司重整的建议方案，一方面，可发挥甲公司在A、B重整案中最大债权人的表决优势和强大的资金实力，另一方面，也是基于甲公司在房地产开发、仓储物流和房地产、酒店投资方面均具有丰富的经营和业务管理经验，甲公司作为重整投资方最符合实际情况，也最具有主观能动性和可操作性。但是随着A、B重整案的深入，管理人对债务人的债权审核工作和资产评估工作迟迟没能完成，A、B公司债权申报数也越来越多，金额越来越大，甲公司的国资主管部门对作为国有企业的甲公司以投资方参与重整也开始变得谨慎。那么如果甲公司同时以投资方身份参与A、B公司重整，是否具有可行性和操作性？会产生哪些风险？面临哪些问题？如何解决这些问题，保证国有资产的安全，推进重整顺利进行？本文将根据这个案例来探讨以上法律问题。

二、国有企业以投资方身份参与重整的可行性和操作性

（一）国有企业作为重整投资方的合法性分析

本文中的“国有企业”包括了国有独资企业、国有独资公司、国有控股公司及它们的全资子企业或子公司。国有企业能否作为重整投资方，判断标准主要依据应为相关法律规定有无禁止性规定。法律对于国有企业作为破产重整投资方没有相关法律规定，但《国务院关于国有企业发展混合所有制经济的意见》第13条规定：“鼓励国有资本以多种方式入股非国有企业……鼓励国有企业通过投资入股、联合投资、并购重组等多种方式，与非国有企业进行股权融合、战略合作、资源整合，发展混合所有制经济。支持国有资本与非国有资本共同设立股权投资基金，参与企业改制重组。”由此可见，国有企业投资入股非国有企业是受到相关法规鼓励的。而《企业破产法》及相关司法解释也未对破产重整程序中的战略投资方性质作出强制性规定，所以，国有企业作为重整投资方并不违反相关法律法规的规定。

（二）国有企业作为重整投资方的实务操作

1. 国有企业作为重整投资方的决策和审批程序

国有企业作为重整投资方虽然具有可行性，但《企业国有资产法》第30条规定："国家出资企业合并、分立、改制、上市，增加或者减少注册资本，发行债券，进行重大投资，为他人提供大额担保，转让重大财产，进行大额捐赠，分配利润，以及解散、申请破产等重大事项，应当遵守法律、行政法规以及企业章程的规定，不得损害出资人和债权人的权益。"第33条规定："国有资本控股公司、国有资本参股公司有本法第三十条所列事项的，依照法律、行政法规以及公司章程的规定，由公司股东会、股东大会或者董事会决定……"第34条第1款规定："重要的国有独资企业、国有独资公司、国有资本控股公司的合并、分立、解散、申请破产以及法律、行政法规和本级人民政府规定应当由履行出资人职责的机构报经本级人民政府批准的重大事项，履行出资人职责的机构在作出决定或者向其委派参加国有资本控股公司股东会会议、股东大会会议的股东代表作出指示前，应当报请本级人民政府批准。"根据以上规定可知，为防止国有资产流失，实现国有资产保值增值，法条对于国有企业合并、重大投资、重大财产转让等方面有着较为严格的规定。国有企业在进行上述重大事项时，应遵循有关法律规定和公司章程所规定的决策和审批程序，或经国有公司股东会或董事会决定；或经履行出资人职责的机构决定；或报经本级人民政府批准。《企业国有资产评估管理暂行办法》第6条第10项规定，国有企业收购非国有单位的资产应当对相关资产进行评估。结合前述规定，国有企业在实施上述重大事项的过程中还需要就并购、转让、投资（包括收购非国有单位的资产）事项涉及的重大资产依法评估以及经招拍挂程序等。同时，根据《企业国有资产监督管理暂行条例》的规定，国有企业在进行上述重大事项时，相关评估事项应报国有资产监督管理机构核准或备案。

按照甲公司股权结构、公司章程以及甲公司所在广西壮族自治区国资监管部门权力下放清单指引，A、B重整案的投资计划、重整计划等方案应由甲公司国有资本出资人广西某集团公司决定，并报广西壮族自治区国资监管部门备案；计划涉及资产或破产企业股权受让的，涉及的资产或股权须经依法评估。

2. 国有企业作为破产重整投资方的投资方式

国有企业作为重整投资方必定要涉及破产重整企业的股权调整问题，而目前我国《企业破产法》及相关司法解释对股权调整的内容、标准、方式等都没有作详细的规定。实务中，国有企业投资根据其投资目的，一般分为战略性投资和财务性投资。

（1）战略性投资

战略性投资主要是国有企业通过投资取得破产重整企业的公司股权，以获得长期收益，其最终结果是公司的原股东（或原出资人）和重整投资人之间的权益调整。实务中，投资人取得破产重整企业股权的途径主要有以下三种：一是债转股。债转股投资顾名思义即是将国有企业的债权转化为重整后企业的股权，这里可能是为重整而设立的项目公司股权，也可能是重整企业的股权，总之是一种债务重组行为。债转股后，可以缓解破产重整企业高额存量的债务，国有企业不再或减少对破产企业享有的债权，并成为重整企业或重整项目公司的股东。债转股通常适用于投资人本身作为重整企业的债权人，如在A、B重整案中甲公司本身也是A、B公司的最大债权人，就可以直接通过债转股取得A、B公司或A、B公司重整项目公司股权。还有一种就是通过收购债权、代为清偿等方式取得重整企业债权的情况。二是增资扩股。增资扩股投资是指国有企业将新的资本金、实物或者知识产权投入破产企业中，取得重整后企业的股权，同时增加重整企业的注册资本。增资扩股通常适用于上市公司的破产重整，比如国有企业可以战略投资人身份通过定向增发入股上市公司参与重整。三是股权转让，即破产重整企业原股东（或原出资人）削减自身权益，在管理人的统筹协调下将该部分股权（通常价格较低）协议转让给国有投资人，抑或原股东作为被执行人，国有投资人通过司法拍卖竞拍取得其持有的股权。

（2）财务性投资

财务性投资是指投资人为破产重整企业提供资金并获得资金回报的投资方式。实务中，投资人财务性投资的方式亦可分为三种：一是债权类投资。

投资人以较低价格收购重整企业其他债权人的债权，然后按照重整计划受偿，以期获得较高的清偿比例。当投资人通过债权投资成为主要债权人时，可以通过行使债权人的表决权来影响甚至决定重整中的重大问题，以推动重整程序的进程。如资产管理公司（Asset Management Corporation，AMC）通常采取这样的方式来参与重整。二是资产类投资。由于企业进入破产程序，资产价值往往被低估，投资人很可能通过竞拍，以极为优惠的条件购得重整企业相关资产。国有投资企业特别是国有 AMC 经常运用这样的投资方式。三是为重整企业或重整方提供融资。根据破产法规定，企业重整期间的新增融资，可作为共益债权优先受偿，且允许设立担保，一定程度上保障了资金安全。如在 A、B 重整案中，广场项目属于在建工程，一度全面停工，根据 A 公司初步测算，住宅区部分如复工继续建设至交楼标准，大约还需要 2 亿元。一旦交楼将大大缓解当地因购房户和农民工多次上访而产生的维稳压力，给予复工融资的投资方可以就其融资部分设定担保，并且用于复工的融资属于共益债权，享有广场项目优先受偿权，故而当地政府也非常希望甲公司以投资人身份参与重整，并期望其首先能够提供 2 亿元的复工建设费的融资，作为甲公司表明其参与重整的诚意。倘若甲公司接受并同意提供此 2 亿元融资，则 2 亿元属于共益债权，享有广场项目收益上的优先受偿权。

在 A、B 重整案中，甲公司也曾设想过直接受让破产企业的股权，利用破产企业的资质、商誉和当地人脉资源继续开发 A、B 公司尚未完成的开发项目，从中获取收益用于清偿其债权。但顾问律师考虑到破产企业的关联关系和债权债务结构太复杂，如果直接受让破产企业的股权恐难以防范如或然债务的风险，同时考虑甲公司自身主要经营范围也有房地产开发业务且有开发的实务经验，顾问律师遂建议甲公司采取“出售式重整方式”，即与破产企业原股东、其他投资人设立项目公司，将破产企业优质的资产和主营业务转让到项目公司中继续经营，隔离 A、B 公司的或然债务，A、B 公司转让其资产和主营事业所得价款可用于清偿其债务，且 A、B 公司将按照法定程序予以破产清算直至注销。

三、国有企业作为投资方在参与重整过程中面临的风险

对国有企业投资人而言，不论是战略性投资还是财务性投资，都是以获

取投资收益来实现国有资产的保值增值，在期望获得较高收益的同时，必然也面临着相对较高的投资风险。

（一）未申报债权的风险

根据《企业破产法》第92条的规定，债权人未依照该法规定申报债权的，在重整计划执行期间不得行使权利；在重整计划执行完毕后，未申报的债权人可以按照重整计划规定的同类债权的清偿条件行使权利。这就使得有些债权人在资金实力强劲的国有企业入主破产企业的情况下，故意“潜伏在水下”，不申报或者少申报债权，以拉高债权清偿率，在重整计划实施完毕后又冒出来要求按照重整计划约定的比例进行清偿，使得重整投资人的实际投入增加，由此给国有投资人带来风险。特别是对于战略性投资而言，这种“潜伏在水下”的破产重整企业的隐性债务及或有债务必然影响投资成本测算和未来收益。像A、B公司这样关联关系复杂及信用丧失的民营公司，隐性债务及或有债务的风险存在概率很高，这也是管理人声称该案债权审核和审计工作一度迟迟没有结果的主要原因。

（二）行政监管和审批的风险

破产重整涉及主体众多，除了私权主体，还涉及司法、税务、行政等公权主体，这就决定了破产重整计划的执行会因破产重整企业的行业属性、企业性质等因素受到行政审批监管。如重整期间税收的征收和调整；如上市公司的定向增发，须经中国证券监督管理委员会审批；破产企业重整涉及国有股份处置的或重整投资涉及国有企业对外投资的，须经各自履行国有企业出资人职责的机构或国资监管部门的审批；再例如，有的烂尾房地产项目需要重新调整规划才能满足资产重组的需要，而规划调整不仅需要依法获得已购房户债权人的通过，而且需要经过房地产行政规划部门的审批。上述事项如果不能获得行政管理部门批准通过，破产重整计划草案即使经债权人会议表决通过、人民法院批准实施，重整计划亦将难以得到有效实施，就有可能导致重整计划失败。而这种风险是国有企业参与重整投资所不可控的。

（三）部分资产不能及时变现的风险

在重整计划方案中，管理人一般将债务人账面上的应收账款作为资产打包交予重整投资方进行处置。但是这些应收账款大多账龄较长，实际收回的可能性较小，国有企业如参与重整投资要注意相应的投资成本。此外，在房地产开发企业重整案件的重整计划执行阶段，管理人向重整投资方移交破产重整企业或重整项目后，因部分房屋或项目涉及的资产存在权属争议，也会影响此类资产的处置变现或开发经营，造成国有企业投资成本的压力。

（四）重整失败的风险

根据《企业破产法》的相关规定，一旦破产重整失败，就必然转入破产清算程序。在破产清算程序中，破产企业原股东的股权是属于劣后债权的。国有企业在破产企业进入破产重整计划执行阶段后向破产企业注入资金，同时获得破产企业股权，国有投资人就成为破产企业新的股东，享有股东权利。一旦破产重整失败，按照《企业破产法》中债务人的出资人股权劣后受偿的规定，重整投资人出资将沦为劣后债权，很难从破产清算程序中获得补偿。由此可见，重整失败的风险是客观存在的。

（五）后期经营风险

后期经营风险包括重整项目行政审批、竣工验收、房屋销售、物业管理、政策变化等带来的企业经营风险，还包括在后续经营期间可能存在税务成本风险，如已销售及未来房地产开发完成销售的环节，存在土地增值税、企业所得税、土地使用税等整体汇算清缴的成本风险。

企业破产重整的重要意义就是能够使破产企业的主营事业和主要资产得以继续经营、盘活，相关合同得以继续履行，企业员工的工资和社会保险得以获得继续支付和保障，最终起到稳定社会、繁荣经济的作用。作为参与重整投资的国有企业，整个社会对其社会责任承担的要求更高，但如前所述，其参与重整的同时需要面对诸多投资中及投资后的经营风险，面临市场竞争、恢复重整企业信誉、重新融资、地方政府扶植政策落实不到位风险等，这些风险均使国有投资人较难准确估量破产重整投资的收益，难以确定国有资产（资金）是否能够在投资中得到保值增值，进而对投资破产重整企业持慎重态度。

四、国有企业自身在重整投资中容易产生的常见问题

破产企业已经严重资不抵债，且重整周期长，不确定性因素较多，国有企业作为重整投资方肯定会面临诸多风险。此外，国有企业自身在破产重整投资实务中也时常出现问题，进而有可能导致国有企业投资出现亏损、国有资产流失，甚至可能影响整个破产重整的成败。具体来说常见的实务问题有以下几点。

1. 在投资重整企业前未开展充分的尽职调查，造成盲目投资

国有企业在进行普通对外投资时，一般不会遗漏对被投资对象进行详细的尽职调查这一环节，在全面地了解被投资企业的出资、资产、负债、经营、涉诉、劳动人事等情况后，做出正确的投资选择。但是，在破产实务中，基于管理人已经将企业的基本情况做了尽职调查，某些国有企业可能会将管理人尽职调查的结果视为其最终选择投资的依据，从而忽略自行开展尽职调查的重要性，也没有对市场情况、国家政策等方面进行全面的调研与考虑，更没有结合国有企业的实际情况，就开始决策投资，最终的结果多会因盲目投资造成未能重整成功，并进而引发国有资产流失。

2. 国有投资人介入时间较晚且信息不对称导致投资失误的问题

国有投资人因决策审批效率较低，特别是在管理人对债务人的资产负债基本梳理完毕或较为清晰明确之前，很少介入预重整或破产重整前期阶段，很少直接与债务人企业接触，待管理人对外发布投资人招募公告后，这个时候一般来说企业的破产债权已经“一债会”审核确认，这可能会导致国有投资人获得的信息与其投资接收企业后获得的信息存在误差，而使其实际投资成本增加或者预期利润减少。此外，如果国有投资人并非原破产企业的债权人，其介入破产重整企业的时间也多会是在“一债会”之后，此时有可能大部分债权已经被管理人提请法院裁定确认，即使国有投资人对某一债权有异议，也没有提出异议的资格，从而使国有投资人可能要承担更多的投资

成本。

3. 对拟投资重整企业股权或资产没有依法开展评估产生利益输送问题

有不少国有企业都明白在转让国有资产过程中是需要严格依法对拟转让资产进行评估，并在评估报告经核准或备案后作为确定转让价格的参考依据。但也有不少国有企业在投资收购非国有单位股权或资产时，没有履行或忽略法定的评估程序，直接与被收购或被投资方协商定价，出现利益输送甚至国有资产（资金）对外投资损失。

甲公司在以往的投资项目中曾经发生过因投资项目未经法定评估而被项目负责人利用于利益输送，进而发生国有资产严重损失的情形，项目负责人虽然因触犯刑律已经受到法律制裁，但国有资产损失已难以弥补。为避免此种情形的发生，甲公司在其重整投资方案中也设定了对于A、B公司部分尚未开发的土地项目，先由当地政府收储再由甲公司按照评估价保底收购的条款。

4. 对所投资的破产重整企业接管和控制出现问题

企业之所以破产，其内部和外部一定存在特别严重的问题，所以重整的难度可能远远超过预期。而国有企业进行投资后，直接按照国有企业的那一套管理模式和经营方式进行接管、运营，交接前没有做出正确的评估和预测，没有对重整可能遇到的困难做好应对准备，这时往往会造成严重的“水土不服”，不仅影响整个重整程序，还会影响参与投资的国有企业自身的发展。

国有企业在投资破产重整企业或项目中如果因自身投资领域庞杂、投资层级过多、决策程序不规范导致对投资企业或项目控制力不强、监管不到位，有的仅派遣一名财务人员或财务总监，甚至不派遣人员、不参与管理，难以对所投资的重整企业或重整项目形成有效控制。

5. 重整中管理不规范问题

投资重整企业要面临着各方面的压力，可能每天都要处理繁杂的事务，要对各债权人进行安抚，涉及复工的要与施工方进行各方面的谈判，这些事情会大大占据国有企业精力。同时，重整投资方倘若与重整企业混在一起，又没有及时出具与重整企业管理相匹配的规章制度，那么极容易造成重整过程中或重整后企业管理混乱。

五、国有企业作为重整投资方的对策

（一）投资前要对破产重整企业进行充分的尽职调查

作为投资人，国有企业在正式参与投资招募前，应对重整企业自行安排充分、细致的尽职调查，在提交竞选文件之前应要求管理人充分披露重整企业的核心资产、投资价值、潜在风险及对于投资人的各项要求和条件，然后衡量自身经济实力、经营能力、承受能力及投资的价值。只有在充分调查之后，对投资过程中可能出现的变数做出合理的分析和判断，才能对是否投资做出正确的决定。

另外，如果存在合作投资或者共同投资的情况，还要对合作伙伴做基本的调查和了解，确保合作伙伴的资信能力和经营实力，必要时可以要求对方提供保证金或者先行支付一部分费用，尽可能地规避自身的风险。

在A、B重整案中，甲公司委托顾问律师开展的第一项工作就是尽职调查，顾问律师也正是基于尽职调查的结果才能为甲公司拟定投资建议方案。方案所设计的投资模式是前述的“出售式重整模式”，一方面，A、B公司的优质资产、主营业务和骨干人员在甲公司持股的项目公司接收后，得到盘活和继续经营，职工利益和就业得到保障，广场项目经复工后陆续竣工，解决了购房户、拆迁户及农民工的权益问题，转让优质资产的对价可以让银行债权得到较大维护，普通债权人得到相应比例受偿，实现了各方利益的最大化。另一方面，通过对A、B公司营业资产的出售，隔断了收购者与破产企业未申报债权、行政罚款、供水供电供气等原有债务的联系，保障其不受到在重整程序中未处置债权的继续追讨，避免重整的失败。A、B公司则可以在清算之后予以注销，摆脱未能清偿的债务负担，重整债权人也可以在清算中得到合理的清偿。

（二）规范投资前的审批程序

严格的审批是防范风险的第一道防线，而对破产重整企业的投资的审批要更加严格，必要时可以通过专家论证，对重整过程中的经济效益、可能存在的风险、如何管理破产重整企业等问题进行全面、系统的论证与评估，分析投资选择的可行性，只有经过严格的审批程序，需要统一决策，实施统一监控，才能发现问题，减小投资的盲目性和风险。

（三）做好对破产重整企业的对接和有效控制

管理人对于重整企业的情况非常清楚，在一般情况下还是重整计划方案的制定者，所以国有企业在投资重整企业时要与管理人进行良好的沟通和对接，认真听取管理人对重整后企业经营、管理、发展等的有关意见和建议，并向管理人了解重整可以继续聘用的破产企业原职工或工作人员情况、重整计划方案中经营方案的思路，便于后期执行和实施。同时，要与管理人做好有关破产重整企业重要的财务资料、尚未履行完毕的合同、企业的原始档案等交接工作，避免在交接过程中的遗失，与管理人做好交接工作有利于后期工作顺利开展。

对于破产重整企业或重整项目的投资，国有企业要分类管理风险，形成有效控制。国有企业根据所投资企业或项目的股权比例，防止三类失控风险：第一类是对于参股而不控股的重整项目公司，其风险在于大股东一股独大；第二类是对于控股的重整企业或项目公司，其风险在于内部人控制；第三类是各持50%的股权的重整项目公司，其风险在于公司僵局。国有企业在拟订投资计划时要善于利用作为投资人的决定优势、重整企业章程的修改或项目公司章程的制定、重整企业新的组织机构人员安排、投资协议的谈判等环节以防范上述风险；笔者建议倘若国有企业参与投资最好是控股重整企业或重整项目公司以规避失控风险的发生。

（四）建立对国有投资人参与重整各阶段的监督和投资信息及时披露体系

重整的成败不仅关系到各债权人利益、债务人利益和重整投资人自身的利益，重整的成功对法律和社会效应都有积极意义。由于国有企业拥有着巨大的权力，所以投资要谨慎，而在重整过程中建立完善的监督体系可以约束权力的行使。根据投资、收益、监督相统一的原则，履行国有企业出资人职责的机构，应加强国有企业对重整企业和项目的投资管理。一是投资必须按照《公司法》及国有企业章程规定的程序决策，确保国有投资人的权益；二是国有企业拟投资收购的重整企业股权或资产必须经有资质的中介机构依法评估，在评估价基础上确定交易价格；三是应做好重整企业投资资金的使用跟踪和监管；四是应做好重整企业投资、重整项目开发的审计和风险控制工作，强化事中控制和事前预防，强化效益管理，确保投资收益及时回收，保证投资过程中每一项经济活动都严格依法定程序进行；五是建立奖惩措施，对于隐瞒不报履行国有企业出资人职责机构或其他国资监管部门的，应追究企业法定代表人或国有产权代表的责任。

此外A、B重整案的破产企业原投资项目区域存在地区跨度比较大、设置点多的特点，甲公司本身也属于破产企业注册地之外的公司，且其投资开发项目分布也非常广泛，所以其对A、B公司重整项目的投资管理单靠信函、书面签约、电话传真沟通等传统通信手段，很难满足投资过程中及时反映的需求；甲公司投资重整项目的监督和信息披露也需要创新工作方式，故需要在重整项目投资管理和监督中采取信息化技术，实现财务信息以及销售、建设、供应等一体化发展，建立包括重整项目报表、信息、资金使用、计息、记账等及时管理体系；实现运用信息化手段查核问题、监督信息共享；实现重整投资信息的及时披露，进而实现社会监督。

（五）在重整计划方案中将国有资产保值增值进行明确

由于国有企业对外投资必须保证国有资产保值增值，所以在制作重整计划草案时专门将该项进行明确，不管重整企业后期如何经营、运转，都要保证国有资产的保值增值，保证国有投资人投入资金的专项用途，这样做投资计划审批起来也相对容易。

（六）国有企业要善于利用共益债务的优先性降低投资风险

共益债务是指在破产程序中基于全体债权人共同利益考量所负担的债务，或因对债务人财产的管理、变现、分配而产生的债务。《企业破产法》第42条列举了共益债务的六种类型，其中“为债务人继续营业而应支付的劳动报酬和社会保险费用以及由此产生的其他债务”，被视为重整借款属于共益债务的法律依据。2019 年最高人民法院《关于适用〈中华人民共和国企业破产法〉若干问题的规定（三）》第 2 条进一步明确了为债务企业继续营业提供的借款为共益债务性质的法律地位。处于重整阶段的 A、B 公司由于资金链断裂，其名下多个项目无法继续开发或启动开发，特别是关系到当地维稳的广场项目，急需要继续建设的资金，因此甲公司或其他投资人给予的借款能够提供债务企业所需要的资金来维持经营直到重整成功，甲公司采取这样的债权投资的方式，可以利用共益债务的优先性，有效降低投资的风险。

（七）在重整计划中规避《企业破产法》第 92 条第 2 款可能带来的隐性债务风险

在实践中，为了实现破产程序公平，债权人会议通常采取了“人数 + 债权额”的双重多数决，异议债权人同样要受到经过批准的重整计划的约束。根据《企业破产法》第 92 条第 1 款的规定，多数通过表决的重整计划应该优先于法定，那么该条第 2 款债权人在重整计划执行完毕后，可以按照重整计划规定的同类债权的清偿条件行使权利，就应该能够在重整计划中得到规避。因此，可以在重整计划中对该条款进行限制，从而减小国有企业参与投资的资金风险。

（八）加强与当地政府的沟通，重整投资如果能够得到当地政府的支持，取得当地政府政策优惠，则利于重整投资方案的实施成功

六、结语

目前，A、B 重整案最主要的还是甲公司作为重整投资方的确认，没有重整投资方就没有新的资金，重整就无法进行。A、B 重整案涉及的资金体量巨大，而民营企业实力有限，所以投资破产重整企业的可能性就更小。但国有企业投资有着严格的审批程序，决策效率又相对较低。本文根据真实案例对国有企业作为重整投资方的有关问题进行探讨，包括可能遇到的问题和面临的风险及解决途径，目的在于发现问题、解决问题，保证国有资产（资金）的安全和重整程序顺利推进。

在权力机构正常运转状态下公司僵局的司法认定与解散救济

广东固法律师事务所　汪　伟　沈嘉伟

一、典型意义

该案入选广东省高级人民法院服务保障粤港澳大湾区建设典型案例，对停产停业但权力机构仍在正常运转状态下的国有参股公司，人民法院仍认定发生僵局，依法判令公司解散，帮助国有股东顺利退出，保障国有股东合法权益。

二、当事人和代理人基本情况及案由

原告：某珠江码头公司

委托代理人：汪伟、沈嘉伟，广东固法律师事务所律师

被告：佛山某三港码头公司

第三人：某三水投资公司、佛山某三海公司、三水某贸易公司

案由：公司解散纠纷

三、案件基本情况

1992 年，隶属省国资委的香港企业某珠江码头公司（以下简称珠江公司）与其他内地企业股东共同合资设立佛山某三港码头公司（以下简称三港公司），主营佛山市三水区某某码头。2019 年 8 月，因码头无法通过环评审批手续，码头经营所需证书被海关收回，为防范国有企业合规经营风险和相关责任，珠江公司作为股东亦坚决不同意三港公司违规无证经营。在三港

公司被迫停业且再无恢复经营可能的情况下，为缩减成本，三港公司多次召开董事会会议对停产停业后续工作作出安排，包括安置遣散员工，处置公司闲置资产等。为防止股东权益减损，珠江公司尝试通过转让股权、决议解散等方式退出，均未果，遂提起诉讼请求解散三港公司。

四、争议焦点

公司虽面临合规风险而停产停业，但最高权力机构董事会仍能正常召开并作出决议，是否属于公司僵局，能否以此认定为《公司法》（2018 年修正）第 182 条①规定的“公司经营管理发生严重困难”之情形，从而判令公司解散。

五、双方意见或观点

（一）原告珠江公司观点

1. 三港公司主营码头无法办理环保验收手续，开展经营所必需的资质证照缺失，且无恢复可能，其主营业务开展发生严重障碍，经营发生严重困难；

2. 三港公司停产停业，无任何经营性收入，展业人员亦因遣散而不足，为维持公司存续状态，公司已连年亏损，如公司继续存续，其剩余价值、股东的可分配利益将进一步减损；

3. 珠江公司对内、对外转让股权以实现退出均未成功，提请公司董事会决议解散公司亦被否决，珠江公司穷尽其他救济途径均未能解决困境，三港公司合营目的无法实现。

（二）第三人三海公司观点

被告公司股东之一佛山某三海公司（以下简称三海公司）认为三港公司的现状不具备《公司法》第 182 条规定的解散条件，恳请驳回珠江公司诉讼请求。理由如下。

---

① 现规定于《公司法》（2023 年修订）第 231 条。

1. 公司经营管理发生严重困难的判断标准主要是以对公司组织机构的运行状态进行综合分析为依据，具体表现为公司的股东会或董事会的运转状态，即只要具有公司持续两年以上无法召开股东会或者股东大会，股东会或者股东大会持续两年无法形成决议以及一方股东已无法有效参与公司经营管理的情形之一时，才能认定公司经营管理发生严重困难。从珠江公司提交的证据可以看出，三港公司股东会或董事会的运转状态良好，一直能作出有效的管理决策，明显不存在内部障碍。因此，三港公司不存在“经营管理发生严重困难”的情形。

2. 三港公司仍有发展前途，可以在其他允许的地域办理所需证照，或与其他具备地域经营条件但不具备码头资质的经营主体合作经营，三港公司存在继续产生盈利收益的可能。

3. 三港公司虽有一定的亏损，但非处于资不抵债的状态，公司的内部运行状态良好，因此三港公司完全有能力继续经营。

六、代理结果和裁判理由

（一）代理结果

佛山市中级人民法院根据《公司法》第180条第5项、第182条规定，判决解散被告三港公司，各方均未上诉，判决已发生法律效力。

（二）判决理由

三港公司虽然能够正常召开董事会并作出决议，但会议内容均为如何在停业状态下尽量减少公司运营成本或者变卖公司资产。在公司已遣散大部分员工、无法营业达两年的情况下，董事会本应履行自身职责决定公司前途命运而不履行，仅决议缩减公司成本，无助于公司解困。董事会对公司重大事项议而不决，可以认定已形成公司僵局。三港公司环评不达标、证照被收回，不得继续经营，其存续将会蚕食股东的可分配利益，使股东利益遭受重大损失，珠江公司已穷尽其他途径无法纾困，故判决解散三港公司。

七、办案总结

（一）对《公司法》第182条的实务理解

在该案中，对于三港公司是否应当判令解散，人民法院仍是围绕《公司法》第182条规定的三个要件展开审查和论证，即公司经营管理是否发生严重困难？公司继续存续是否会使股东利益遭受重大损失？通过其他途径是否仍不能解决？经过该案，我们对其具体内涵和表现形式，有了更深层次的理解，试总结如下。

1. 对公司经营管理发生严重困难的认定，包含对外展业经营和内部决策管理两个层面。一方面，就对外展业经营而言，要考察公司对外开展业务是否存在客观困难或障碍；另一方面，就内部决策管理而言，不仅要看股东会或董事会等权力机构形式上的运行状态（能否召开会议，表决是否符合法定或约定比例，能否形成有效决议），更需要关注和判断权力机构决议的实质内容，是否有利于公司和股东。

具体至该案，主审法院明确指出，虽然三港公司仍能正常召开董事会，公司权力机构能够正常运行，但其所做的遣散大部分员工、降低公司存续损耗、试图通过出租场地换回部分收入以减轻损失的决议，对三港公司现状并未起到根本性改变的作用。三港公司停产停业长达两年，公司下一步发展方向是解散清算或是转型，才是公司最为紧迫和重要的问题，董事会对此议而不决，故最终认定三港公司经营管理已出现严重困难。

2. 公司继续存续会使股东利益遭受重大损失，显然，所谓股东利益损失，如能够以财务数据作为支撑，将极具说服力。在该案中，原告提交了三港公司近3年的财务报表，以此证明在停产停业状态下，公司连年亏损，如继续维系公司，所付出成本将进一步侵蚀公司剩余价值，减损股东的可分配利益。

3. 通过其他途径不能解决严重困难，我们可以理解为，其立法本意是促使原告在起诉解散公司之前穷尽各种手段尽力化解公司困境，换言之，解散公司必须是万不得已，如有其他选择，则仍应尝试。

在该案中，对于股东珠江公司而言，为维护自身利益，可优先对内或对外转让股权退出，次之提请董事会决议解散公司；对于三港公司而言，则应考虑重新办理经营资质或进行业务转型。但以上手段和措施均无法奏效，法院最终认定已穷尽其他途径无法解决公司经营管理发生的严重困难。

（二）诉请公司解散的“三步走”办案战略

1. 摸查公司现状，论证经营管理严重困难

提起诉讼的股东应对公司业务、人员、财务、资质等现状进行整体摸查，适时组织公司审计或清产核资工作，对公司“经营困难”程度予以掌握，搜集固定相关证据，以制订下一步工作计划。

2. 尊重客观事实，谋求新发展或及时止损

根据公司客观情况，制定相应的实施方案，或通过重整、转型等途径扭转局面，或通过停产停业、缩减运营成本减缓损失。

3. 穷尽内、外部手段，证实困境无法自行纾解

对内、对外穷尽一切合理方式而无法解决，证明事实上的决策僵局并尝试决议解散。其中，内部途径如申请召开股东会、行使知情权、行使质询建议权、协商内部股权转让，对外公告转让、请求公司收购股权等；外部途径则如请求行业协会或行政部门等第三方进行矛盾调解、股东提起知情权或股东权益受损责任之诉等。

公司注销仅形式清算，股东对公司债务承担连带清偿责任

广东金桥百信律师事务所　黄顺华　陈　洁

一、案情介绍

2014 年，广州市某民营企业甲公司（为代称，以下简称甲公司）因拖欠某国有控股公司的子公司乙公司（为代称，以下简称乙公司）租金、介质费、管理费等，而被乙公司诉至广州市荔湾区人民法院（以下简称荔湾法院），荔湾法院经审理后作出判决，判令甲公司向乙公司支付前述拖欠费用及利息。甲公司不服该一审判决，上诉至广州市中级人民法院（以下简称广州中院），最终广州中院驳回上诉，维持原判。

因甲公司未按照上述判决内容主动履行义务，乙公司于 2015 年 7 月 24 日向荔湾法院申请强制执行，后因没有发现甲公司有可供执行的财产，荔湾法院于 2015 年 12 月 24 日裁定终结本次执行。

2019 年 6 月 6 日，甲公司在国家企业信用信息网站上就注销事宜进行公告；2019 年 8 月 19 日，甲公司召开股东会作出解散决议，并向荔湾区市场监督管理局提交了注销登记申请书及清算报告等文件，其清算报告主要内容为“清算组于 2019 年 6 月 6 日开始对公司的资产、负债进行清算，现已清算完毕，具体情况如下：(1) 公司于 2019 年 6 月 6 日在国家企业信用信息公示系统（广东）上清算公告并债权人公告，清算组及债权人公告已超过 45 日……(4) 公司债权债务情况已经处理完毕……”；2019 年 8 月 20 日，荔湾区市场监督管理局核准了甲公司的注销登记。

2020 年 8 月 25 日，乙公司在得知甲公司注销后，向荔湾法院提起执行

异议，认为甲公司未经清算即注销，请求根据《最高人民法院关于民事执行中变更、追加当事人若干问题的规定》（以下简称《变更追加规定》）第21条规定“作为被执行人的公司，未经清算即办理注销登记，导致公司无法进行清算，申请执行人申请变更、追加有限责任公司的股东、股份有限公司的董事和控股股东为被执行人，对公司债务承担连带清偿责任的，人民法院应予支持”，追加甲公司的股东杨某、戴某为被执行人，对甲公司债务承担连带清偿责任。荔湾法院认为上述清算报告证明甲公司完成了清算，故于2020年10月13日作出裁定，驳回乙公司的异议请求。

乙公司不服该裁定，于2020年10月28日向荔湾法院提起执行异议之诉。

二、该案争议焦点

甲公司注销前是否进行了清算？

三、双方意见

（一）原告（乙公司）代理人主要意见

1. 根据《公司法》相关规定，公司清算应通知已知债权人、清理公司资产、编制资产负债表和财产清单、制定清算方案等，但杨某、戴某作为清算义务人并未举证履行了前述法定清算义务，故甲公司属于第21条规定的“未经清算即办理注销”情形，杨某、戴某应被追加为被执行人对甲公司的债务承担连带清偿责任；

2. 甲公司向工商部门提交的清算报告仅为办理注销手续时提交的形式性文件，并不属于法律意义上的清算报告，且内容虚假，并不能据此证明甲公司实际上进行了清算。

（二）被告（杨某、戴某）代理人意见

1. 杨某、戴某作为甲公司股东已履行实缴出资义务，不应在出资责任范围外再承担额外责任；

2. 杨某、戴某依法组成清算组对公司资产负债进行了清算并公告，制

定了清算报告，已依法履行了清算义务，不存在违法清算情形。

四、案件判决

荔湾法院审理后，于2020年12月18日作出判决，认为：杨某、戴某在甲公司对乙公司负有债务的情况下，对甲公司进行清算和注销，并在清算报告中确认债权债务已清理完毕。由于甲公司并没有提交清算报告详细内容，无法反映公司债权债务如何处理完毕。因此，该清算结论缺乏具体依据，清算和注销工商登记行为明显损害原告的合法权益。两被告并未举证其已严格按照《公司法》履行了公司清算义务，故其应被追加为被执行人，对前述判决确定的原甲公司对乙公司所负债务承担连带清偿责任。

上述判决现已生效。

五、办案总结

1. 形式清算不具有清算法律效果。在该案中，甲公司在注销时仅形式清算，即未对公司财产及债权债务进行实质清理，仅出具形式上的清算报告及债权申报公告登报以满足工商行政管理部门办理注销登记的要求，这种未实际进行财务清理的清算程序不应具有清算法律效果，应视为“未经清算”，可依据《变更追加规定》第21条规定直接在执行程序中追加股东为被执行人对公司债务承担连带清偿责任。

2. 与形式清算相对应的是实质清算，即公司确有对债权债务、资产等进行实际清理。虽然在该案中甲公司注销未通知债权人乙公司，但这与在实质清算中遗漏通知部分债权人的情形还是存在着本质不同。根据现行司法实践观点，对于已进行实质清算的公司，其清算法律效力不宜被否定，即实质清算不属于“未经清算”，因此，对于在实质清算中被遗漏通知的债权人而言，其恐将无法直接依据《变更追加规定》第21条规定直接追加股东为被执行人，而需考虑依据《公司法》（2018年修正）第189条第3款“清算组成员因故意或者重大过失给公司或者债权人造成损失的，应当承担赔偿责任”[①] 或《最高人民法院关于适用〈中华人民共和国公司法〉若干问题的规定（二）》第19条“有限责任公司的股东、股份有限公司的董事和控股股东，以及公司的实际控制人在公司解散后……未经依法清算，以虚假的清算报告骗取公司登记机关办理法人注销登记，债权人主张其对公司债务承担相应赔偿责任的，人民法院应依法予以支持”的规定，另行起诉相关人员承担赔偿责任。

① 现规定于《公司法》（2023年修订）第238条第2款。

某国有僵尸企业清算组成员与A公司债权转让合同及清算责任纠纷实务分析

广东连越律师事务所　林降雄　王　杨

一、当事人和代理人基本情况

上诉人：某国有僵尸企业清算组成员

委托代理人：林降雄、王杨，广东连越律师事务所律师

被上诉人：A公司

二、案件基本情况

2018年12月6日，A公司与B公司签订《单户债权转让确认书》，约定B公司向A公司转让对债务人某国有僵尸企业享有的债权，本金300万元，利息余额486万余元。随后B公司、A公司向该僵尸企业发出了相关债权转让的通知并刊登公告。2019年4月30日，该僵尸企业通过自行清算被核准注销。2019年7月24日，A公司起诉该国有僵尸企业清算组成员，因清算组成员在从事清算事务时，未按照法律法规履行清算义务，清算行为存在过错，给债权人造成损失，应当承担损害赔偿责任。一审法院经审理作出判决：（1）确认A公司的案涉债权；（2）清算组成员对该僵尸企业所欠A公司的债务承担赔偿责任。

清算组成员不服一审判决结果提起上诉，要求撤销一审第二项判决。

三、争议焦点

该案二审争议焦点为清算组成员在对某国有僵尸企业进行清算过程中是

否存在过错，而应对 A 公司受让的未受清偿的债权承担相应赔偿责任问题。

四、代理意见或观点

1. 一审判决关于确认债权的诉讼请求的认定存在程序错误。债权确认与清算组成员责任属于两个不同法律关系，一审法院不应在该案中对两个不同法律关系一并进行审理，若要一并审理，也应当追加债权转让的债务人、担保人、上一手债权出让人参与诉讼。

2. A 公司主张的清算组成员过错赔偿责任属侵权法律关系，一审法院未按侵权责任的四个构成要件进行审查。侵权责任具有四个构成要件：一是存在违法侵权行为，二是侵权行为造成了损害结果，三是行为与结果之间有因果关系，四是侵权人存在过错。

首先，关于是否存在侵权行为，在该案中清算组成员根据中央清理僵尸企业的文件精神和广东省国有资产管理委员会僵尸企业出清工作要求和安排作出清算注销的行为，是合法行为。

其次，清算组成员无法知晓债权人对被清算的企业存在已知债权。清算组成员作为国企的员工，只是履行工作职责，没有欺骗注销的主观恶意和过错，因此清算组成员不存在过错。同时，根据广州市东山区人民法院（2002）东法执字第 1657 号案件的执行情况可知该僵尸企业“严重亏损，暂停经营，工人解散，办公设备、账册等财产已被海珠区法院、黄埔区法院所查封，确无偿还能力”。故该企业的账册是被法院查封的，并非保存在该僵尸企业或清算组成员处，清算组成员基于政策的要求对该僵尸企业进行清算注销，是响应该政策进行的，并不存在过错。故不能认定清算组成员存在过错。

再次，A 公司受让的涉案债权在受让时已经属于不能执行状态，因此其无法受偿的结果早已存在，与清算组成员的行为没有关系，不存在损害结果。

最后，从过错与结果之间的因果关系的角度来分析，清算结果与 A 公司的债权是否实现，不存在因果关系。即使在 2002 年的执行中，A 公司受让的债权也是不能执行到可执行财产的，并且当时的执行结果已经载明该僵尸企业已经“严重亏损，暂停经营，工人解散，办公设备、账册等财产已被海珠区法院、黄埔区法院所查封，确无偿还能力”。在2002年至2019年，该僵尸企业并没有再进行营业。在本次清算中，没有任何股东或第三方从清算中分配了公司财产，清算组成员未接收任何公司财产，未能核查到任何公司财产，公司客观上早已不存在任何资产可供偿还债务。因此，是否进行清算注销与A公司受让的债权不能得到实现没有因果关系。所谓A公司受让债权不能清偿与清算注销行为没有因果关系，即即使被注销企业没有被注销，A公司的债权一样得不到清偿。

3. 一审判决适用法律错误。该僵尸企业虽被登记为有限责任公司，但实际为全民所有制企业广东省某国企的全资子公司，应认定为全民所有制企业，其解散不适用公司法的规定。而关于全民所有制企业的开办方或投资方如何承担清算义务并没有法律规定，不应以《公司法》的规定要求上诉人进行赔偿。

4. 一审法院将“转让效力及于债务人”与“债权属于债务人已知债权”概念混同，即便原审判决根据A公司与B公司于《南方都市报》发布的公告，认定B公司已经通过公告的方式履行了通知义务，但该行为亦仅用于该债务转让的效力及于该僵尸企业。而鉴于登报公告的不确定性，不能以此认定该僵尸企业已经实际知悉该转让事宜，并直接认定被上诉人属于该僵尸企业的已知债权人。因此，该僵尸企业在清算时，并未实际掌握被上诉人的债权情况，清算组通过登报通知申报债权，已完成了通知义务。故一审判决认定被上诉人是该僵尸企业的已知债权人，并以此认定在该僵尸企业清算时，清算组需另行书面通知是错误的。

5. 该僵尸企业的股东未能向清算组提供账册，清算组成员因此未能向债权人发出书面清算通知，如果认为存在侵权行为，那么股东和清算组成员属共同侵权，该案属必要共同诉讼。在A公司在一审中明确不主张股东承担责任的情况下，依法应驳回其要求清算组成员承担责任的主张。一审仅对清算组成员责任进行审理并作出判决，属程序违法。

6. 根据《全国法院民商事审判工作会议纪要》的规定，在该案中不应由上诉人承担清算义务人责任。实践中出现了一些职业债权人，在从其他债权人处大批量超低价收购僵尸企业的“陈年旧账”后，对批量僵尸企业提起强制清算之诉，在获得人民法院对公司主要财产、账册、重要文件等灭失的认定后，根据《最高人民法院关于适用〈中华人民共和国公司法〉若干问题的规定（二）》第18条第2款的规定，请求有限责任公司的股东对公司债务承担连带清偿责任。该案中的被上诉人就是职业的债权人，大批量超低价收购僵尸企业的陈年旧账，利用清理僵尸企业政策的便利，在明知被清算的企业没有账册的情况下主张权利，法院不应该支持其不诚信的行为，利用国有企业的管理漏洞，获得巨额的不当利益。

综上，该僵尸企业已被列为僵尸企业，没有任何财产可供执行，按政府要求被清算注销后，一审判决认定清算组成员的清算行为造成A公司的债权无法实现，加重清算组成员的责任，属认定事实错误，请求二审查清事实后依法予以改判。

五、代理结果和裁判理由

基于清算人损害赔偿责任属于民事侵权责任，现有证据不足以认定清算组成员对于未向被上诉人A公司发出书面通知存在故意或重大过失问题，也不能证明被上诉人A公司的债权未受清偿与清算组的该项过失之间存在因果关系。因此，二审法院撤销原审民事判决书第二项，驳回A公司的其他诉讼请求。

六、办案总结

1. 清算人损害赔偿责任在性质上属于民事侵权责任，归责原则是过错责任原则，应具备一般侵权民事责任的构成要件，包括行为违法性、损害事实、因果关系和主观过错四个方面。具体说来，一是清算人对已知债权人未依法履行书面通知义务导致债权人未及时申报债权而未获清偿；二是因清算人的侵权行为造成了债权人的实际损失；三是清算人的侵权行为是造成被清算公司或债权人实际损失的直接原因，即因为清算人作为或不作为的侵权行为直接导致了债权人的债权不能实现或者不能完全实现，或清算人不履行或不正确履行清算义务造成公司的财产减少，从而间接损害了债权人的利益；

四是清算人对其侵权行为具有过错，包括故意或过失两种形态，即明知或应知不该为而为之或应为而不为。故在该案中，清算组成员虽然存在未书面通知债权人的行为，但现有证据既不足以证明清算组成员对此存在过错或重大过失，也不能证明A公司的债权未受清偿与清算组的该项过失之间存在因果关系，因此从侵权责任的四个构成要件来看，清算组成员未构成侵权，不应承担损害赔偿责任。

2. 在司法实践中，要求清算组成员承担损害赔偿责任是比较少见的情况，一般是主张清算义务人、公司股东因未依法履行或者怠于履行清算义务，导致公司财产贬值、流失、毁损或灭失，并直接导致债权人的债权不能实现或不能完全实现；或者导致公司主要财产、账册、重要文件等灭失，已无法按照法律规定的程序对公司的债权债务进行正常的清理，进而造成公司的财产和负债范围无法确定，债权人的债权无法得以清偿，因而主张其对公司债务承担连带清偿责任。如果要求清算组成员承担责任，应当从清算组成员的主体、履职性质和承债能力等方面进行考虑。首先，如果清算组成员是个人，则就个人承担的过错侵权责任应该从严认定。其次，应当考虑其行为是否属于职务行为，职务行为造成的相关法律后果应考虑由其用人单位承担。最后，不宜将企业责任归责于个人承担，除非个人存在侵占、侵权等故意或重大过失行为。

3. 在该案二审中，代理人以前述分析的侵权责任构成要件论述作为主要代理意见，并结合该僵尸企业的企业性质、实际经营情况，清算组成员的履职行为等方面发表意见，最终推动二审法院依法改判，驳回A公司要求清算组成员承担损害赔偿责任的诉讼请求。

国有企业破产清算程序中的公有住房处置所涉法律问题

广东连越律师事务所　张　亮

公有住房，又称公房，根据《广东省公有房产管理办法》规定，公房是指依法收归国有和国家、地方、企业投资建购的全民所有制的房屋。此外，亦可理解为由国家以及国有企业、事业单位为了解决本单位职工住房困难而投资兴建的住宅房屋。本文所指公房，主要指未办理房改手续、由国有企业以极低租金出租给其职工、带有极强福利色彩的公有住房。出租给职工使用的公有住房的权属虽归国家、集团或国有企业、事业单位所有，但是其使用权却属于相关国有企业职工及其家庭，即公有住房具有明显的福利性，主要用于保障国有企业职工的居住权。公有住房所有人与承租人之间的租赁关系，实质上成为一种长期存续的且带有福利性质、社会保障性质的“永租关系”。①

但是，当国有企业面临破产清算时，国有企业所有的相关房产将会面临拍卖出售，即权属国有企业的公有住房也应当受到相关的处置。在此情况下，是否仍需保障承租人的房屋使用权，以及如何保障其合法权益，现有的法律、法规、政策等只有原则性规定，并没有具体操作办法。公房处置不仅要在充分保障债权人的合法权益的情况下处置得当，还需维护职工的切身利益以保证社会稳定。笔者曾提供多起国有企业公有房屋在政府征收、清算、执行程序中的法律服务工作，对有关法律程序涉及公有房屋处置所引发的相

① 高兴：《上海市公有住房制度历史沿革及涉诉若干问题的处理》，载刘云生主编：《中国不动产法研究》（第5卷），法律出版社2010年版，第96页。

关法律问题进行了相应研究。

一、公有住房是否为破产财产

在讨论破产清算阶段如何处置公有住房前，应先就何种公有住房为国有企业破产清算程序中可处置的财产进行明确界定。目前，国有企业公有住房的所有权状况大体可分为两种：一种是已进行了住房制度改革，职工购买了住房，而因此拥有住房的部分或全部所有权；另一种是尚未进行住房制度改革，或者职工没有购买住房，职工住房的所有权仍全部由企业拥有。[①] 这两种公有住房最大的区别就是产权归属。

（一）产权归属为国有企业的公有住房

《企业破产法》第 30 条规定："破产申请受理时属于债务人的全部财产，以及破产申请受理后至破产程序终结前债务人取得的财产，为债务人财产。"

最高人民法院《关于适用〈中华人民共和国企业破产法〉若干问题的规定（二）》第 1 条规定："除债务人所有的货币、实物外，债务人依法享有的可以用货币估价并可以依法转让的债权、股权、知识产权、用益物权等财产和财产权益，人民法院均应认定为债务人财产。"

《民法典》第 209 条规定："不动产物权的设立、变更、转让和消灭，经依法登记，发生效力；未经登记，不发生效力，但是法律另有规定的除外。"

从上述规定来看，当企业破产时，尚未进行住房制度改革或者职工没有购买、所有权仍属于企业的公有住房，按照我国《民法典》及物权登记公示制度有关规定，该财产的物权归属于企业，完全应该列入破产财产。否则，如企业名下的房产不划归破产财产，不仅缺乏法律依据，而且将严重损害债权人的利益。当企业清算完毕被注销后，如其名下的公有住房因未列入

---

① 薛峰、李玉斌：《涉公有住房若干法律问题的调查研究——从司法角度考察》，载《东岳论丛》2013 年第 12 期。

破产财产而不予处置，则该房产后续的产权归属、处置也将会面临各种复杂的法律问题。

（二）经过房改政策已由职工购买的公有住房

《国务院关于继续积极稳妥地进行城镇住房制度改革的通知》（1991 年 6 月 7 日）规定：职工按市场价格购买的公有住房，购房后拥有全部产权，职工购买公有住房，在国家规定住房面积以内，实行标准价，购房后拥有部分产权，可以继承和出售；超过国家规定住房标准的部分，按市场价计价。该文件已经失效，但可作为参考。

国务院办公厅转发的《国务院住房制度改革领导小组关于全面推进城镇住房制度改革的意见》（1991 年 11 月 23 日）进一步明确：职工购买公有住房，在国家规定标准面积内实行标准价。购房后拥有部分产权，即占有权和使用权、有限处分权和收益权，可以继承，可以在购房 5 年以后进入市场出售或出租，原产权单位有优先购买权和租用权，售房收入扣除有关税费后所得收益，按政府、单位、个人的产权比例进行分配。

可见，我国的相关规定已经十分明确，职工根据国家和市人民政府有关城镇住房制度改革政策的规定，按照成本价和标准价购买的公有住房，应当视为已购公有住房。由于公有住房进行销售后就进入了私有领域，已由职工购买的公有住房，在购房后即拥有全部产权，不再属于国有企业所有，当然不可被列入破产财产。

（三）小结

当国有企业破产时，公有住房是否为破产财产，要依据该住房的产权而定。所有权全部属于企业的，必定构成破产财产；所有权部分属于企业的，属于企业的所有权部分构成破产财产；所有权全部不属于企业和不属于企业的部分，不构成破产财产。同时，在处理作为破产财产的公有住房时，还应该考虑职工的优先购买权和优先租赁权。

二、公有住房的处置办法

（一）公有住房处置的相关法律法规规定

在企业清算阶段，处理企业所有的不动产最常见的处理方法就是对其进行估价、拍卖，尽量做到利益最大化，以变现偿还企业债务。但对于国有破产企业的公有住房来说，由于其特有的福利性质及极强的政策指导，并不可以进行简单的拍卖处理，仅以利益最大化为唯一处理原则。

2002 年 7 月 18 日，最高人民法院审判委员会通过的最高人民法院《关于审理企业破产案件若干问题的规定》第 81 条明确规定："破产企业的职工住房，已经签订合同、交付房款，进行房改给个人的，不属于破产财产。未进行房改的，可由清算组向有关部门申请办理房改事项，向职工出售。按照国家规定不具备房改条件，或者职工在房改中不购买住房的，由清算组根据实际情况处理。"该司法解释至今仍然有效，并未被废止，在现行《企业破产法》及相关司法解释未对有关问题作出进一步规定之前，依然具有指导意义。

按照以上文件的相关规定，破产企业对公有住房的管理应按照上述有关规定，区别不同情况，采取不同方法，以稳妥处置公有住房问题。

（二）公有住房的具体处置方法

1. 对已出售的公有住房予以确权

在房改的大潮中，许多职工都积极响应国家政策，进行房改，签订买卖合同并向企业支付房款，以取得该住房的所有权。但是，在企业改制时，仍会有部分员工出现已交清房款，但尚未办理完房改手续，或者还未办理过户更名的情况。

河南省经贸委制定的《关于深化国有企业产权制度改革的意见（试行）》第 11 条"房产的处理"规定：职工住房不列入评估范围，其水、电等公共设施改造后移交相关部门。企业改制时对凡交清购房款、但尚未办理完房改手续的职工，由房改、房管、国土资源部门办理有关手续，发放房产证和土地使用证。改制企业欠缴职工的住房公积金视为欠发工资处理。虽该意见并非全国性的指导意见，但其相关的公有住房处理政策是值得各地政府予以借鉴、参考的。

同时，根据我国现行的房改政策，职工出钱购买的住房，产权应当归职工所有。因此，对于破产企业的职工住房，若企业已经和职工签订合同，并给职工办理房改手续的，在职工交付房款后，住房即属职工个人所有，不属于企业的破产财产。而且，公有住房所占土地以及应分摊的相应的土地使用权，可按照国家有关商品房买卖、房改房土地登记的规定，直接确权给职工。公有住房原是划拨性质的土地的，仍保留划拨性质；原是出让的土地的，亦可直接办理土地转让手续。

2. 未出售的公有住房的处置

（1）可出售的公有住房应优先向职工进行出售

最高人民法院《关于审理企业破产案件若干问题的规定》第 81 条规定："……未进行房改的，可由清算组向有关部门申请办理房改事项，向职工出售。按照国家规定不具备房改条件，或者职工在房改中不购买住房的，由清算组根据实际情况处理。"

房改是部分国有企业职工应当享有的福利性政策优惠，不可因为企业的破产清算事宜而轻易地取消相关职工享受优惠的权利。在企业宣告破产时尚未进行房改，这就意味着职工可以享受的住房房改优惠政策尚未享受。因此，在职工完全自愿的情况下，即使处于破产清算程序中，仍然要推进公有住房的出售和房改的工作。

企业被宣告破产后，虽已不具备进行房改的主体资格，并已难以为职工办理相应的房改手续，但破产管理人仍可代替破产企业向当地住房制度改革领导组、房改办等有关部门申请办理房改事项，并按房改优惠政策向破产企业的职工出售相关公有住房。

目前，住房仍然是城镇居民亟须解决的主要困难之一，而住房是下岗职工生存的主要的物质条件，《国务院关于深化城镇住房制度改革的决定》（国发〔1994〕43 号文，现已失效）规定，成本价应包括住房的征地和拆迁补偿费、勘察设计和前期工程费、建安工程费、住宅小区基础设施建设费、管理费、贷款利息和税金等 7 项因素，在企业破产时管理人可结合房改优惠政策向破产企业的职工出售住房。

（2）优先向职工予以租赁

至于不具备房改条件的、无法出售的公有住房，包括平房，筒子楼，简易房，危险房，违章建筑和近期需要拆除的住房，具有历史纪念意义的住房，党政、科研机关及大专院校内与机关、办公不可分割的住房、不可售军产房等房屋，[①] 破产国有企业仍可将该类公有住房继续出租给原有承租户，并按照相关规定收取租金。

三、可出售公有住房的公开拍卖、出售事宜

作为相关房屋的所有权人，本可对该住房进行任意处置，现企业已到无法续存阶段，为偿还债务，应当将可出售的房产进行出售，以清偿债务。但是公有住房的承租人往往是真正的房屋占有人及使用人，故破产企业在对该部分公有住房进行拍卖及向第三人出售的过程中，将可能受到承租人、使用人的重重阻挠。

在国有企业的破产清算实际操作中，因有关房产的租金远低于市场租金，但房产售价却与市场售价无任何实质性差别，因此，大量公有住房承租人并不愿意继续购买原承租房屋而希望继续以原公房租金标准继续承租，为能顺利完成清算事宜，破产企业将面临将该部分公有住房进行公开拍卖、出售事宜。部分原承租户亦会要求破产企业在公有住房被拍卖或出售给第三人后予以他们相关的弃租补偿或购房补贴，以此补偿他们失去使用公有住房的权利及福利。那么对于公有住房能否公开拍卖出售，以及当公有住房被拍卖或出售给第三人后，破产企业需不需要向原承租户给予相关的补偿、补贴，笔者将会在下文谈论这两个问题。

（一）在破产清算过程中，公有住房能否拍卖

公有住房的承租人与公有住房的所有权人之间存在房屋租赁关系，是一

① 曾国安、胡晶晶、张河水：《中国城镇住房保障制度改革和创新的基本构想》，载《黑龙江社会科学》2012 年第 1 期。

种合同关系（但该种合同关系又与市场化租赁关系有所区别，最高人民法院《关于审理城镇房屋租赁合同纠纷案件具体应用法律若干问题的解释》第1条第3款即明确规定："当事人依照国家福利政策租赁公有住房、廉租住房、经济适用住房产生的纠纷案件，不适用本解释。"），承租人基于其债权请求权仅能要求所有权人履行租赁合同义务，而所有权人对其公有住房享有占有、使用、处分、收益的权利。承租人不能以其因租赁合同形成的债权请求权对抗所有权人所享有的物权。在本文的第一部分，笔者已对可归入破产财产的公有住房进行描述及界定。

不过，由于公有住房的福利性质及政策性质，其虽为破产财产，但能否将其拍卖变现以偿还债务，却一直颇有争议。鉴于我国在此方面一直缺乏统一、明确的立法规定，故现在各地的司法情况、实际情况都不尽相同。

1. 公有住房可被拍卖予以清偿破产债务

福建省人民政府办公厅转发的《关于机关事业单位剩余公有住房的处理意见》第2条第5项规定："除上述规定外的剩余住房，以竞价拍卖方式出售。其基准价格可由具有房地产价格评估资质的中介机构进行评估后经当地房改部门和财政部门核准；也可由房改部门根据当地房地产交易管理部门公布的各地段各类住宅市场交易的指导价（或参照当地各地段房改市场价）结合成新折扣和朝向、楼层调节系数计算。竞价拍卖出售公有住房可先在机关事业单位的申购职工中进行，再面向社会出售……"

杭州市人民政府为积极支持企业改革脱困，减轻国有企业的负担，出台了《关于认真做好市属破产、拍卖企业职工住房接收工作的通知》，第2条规定："市属企业依法实施破产或经批准进行拍卖时，其职工住房移交市、区房管部门接收，按以下程序进行：1. 由破产、拍卖企业分别按房改房和单位自管房两种类型、按房屋所在区分别列出移交住房清册，并整理好全部房产资料（包括单位自管房产权证、房屋图纸、测绘资料、住户租赁手册等）后，到市房管局房产政策处办理账面移交手续……3. 破产、拍卖企业持局房政处通知单和移交清册、租赁手册、测绘成果等资料到辖区房管局办理住房实物交接，包括资料交接、房屋验收、公用设施的交接和拨付一次性简易维修资金……4. 破产、拍卖企业已出售给职工的房改房，其公共部位的维修按现行政策和规定办理，由辖区房管部门负责……”

而在山东省文登市，烟草公司文登市分公司就对相关的公有住房予以公开拍卖，其按照遵循市场经济规律、盘活闲置资产原则，对 28 套公有住房进行公开拍卖。

2. 公有住房不可被拍卖予以清偿破产债务

但是，在破产清算程序中，拍卖可能意味着剥夺职工的居住权或生存条件，其通过对破产财产的处理和分配，将原属于企业的所有权转移给其他人，原来的居住关系很难维持不变。公有住房进行拍卖将难以保障原有职工应享有的福利政策。因此，多地法院都因以下缘由不支持企业破产时拍卖公有房屋。

首先，现行规定缺乏可操作性，执行中法律适用难。《民事诉讼法》、最高人民法院《关于人民法院民事执行中查封、扣押、冻结财产的规定》对强制迁出房屋或者强制退出土地的执行程序进行了简要规定。但对如何解决执行后被执行人的居住问题规定不明，司法实务中对于如何界定执行后安置标准等一系列问题均找不到可以适用的规定。

其次，被执行人抵触情绪大，强制执行实施难。涉及公有房产执行案件的被执行人多为自然人，如房屋被执行，被执行人及其家属就失去了唯一的住所，被执行人往往无力承担另行购买住房的高额费用，将可能长期陷于“居无定所”的窘境，故其不愿配合法院执行。

最后，财产混同，财产界定难。特别是在公有房屋租赁、执行案件中，有的被执行人在使用房屋过程中对房屋进行了装修或添置了设施，但双方在合同中对此约定不明，或者在审判阶段未对该问题作出处理，将会对此后的执行带来非常大的阻碍。因该问题涉及当事人实体权利，在执行程序中法院无权作出处理认定。而且，案件当事人往往牵涉非常复杂的矛盾纠纷，双方积怨很深，被执行人有时拒不履行判决确定的义务，或者被执行人时常以自杀、自焚相威胁或者采取暴力对抗法院执行的过激举动。

3. 小结

由于公有房屋使用权的现实存在与法律的不规范性之间矛盾重重，特别是在住房制度改革、公有房屋出售、置换等政策调整之后，司法实务中对公有房屋使用权的认识不一，涉公有房屋使用权执行问题比较突出，法官执行无所适从。所以，虽然我国个别地区已出台相关条例支持公房拍卖事宜，但是也有不少地方法院根本不支持公有房屋的拍卖，一旦拍卖引起社会不稳、加剧当事人双方矛盾，法院将难以调解，执行难度十分大。

如何正确处置公有房屋案件已经成为社会必须面对的难题之一，我国推进公有住房的处置的立法现已是势在必行。立法不明而司法实践混乱的现象，也将会在明确的立法规定出台后得到根本性的缓解。

（二）公有住房被拍卖、出售给第三人后，是否需要向原承租人给予弃租补偿、购房补贴

最高人民法院《关于人民法院民事执行中拍卖、变卖财产的规定》第28条第2款规定："拍卖财产上原有的租赁权及其他用益物权，不因拍卖而消灭，但该权利继续存在于拍卖财产上，对在先的担保物权或者其他优先受偿权的实现有影响的，人民法院应当依法将其除去后进行拍卖。"且根据《民法典》中"买卖不破租赁"的相关规定，公有住房的承租人可以要求拍卖后涉案房产的新产权人继续履行先前的房屋租赁合同。

借鉴上述相关规定，在破产清算程序中的公有住房被拍卖后，原承租人也可以要求拍卖、出售后的新产权人继续履行相关的房屋租赁合同。

同时，《广东省公有房产管理办法》《广州市房屋租赁管理规定》等有关公有住房、租赁的法规、规章，并没有明确规定公有住房的产权单位应无条件保障承租人的住房权益。换言之，并没有相关法律法规规定公有住房在破产清算过程中被拍卖后，国有企业需对承租职工进行相应补偿或提供替代性房产安置承租职工。与此同时，亦无相关法律法规规定国有企业应向有关公有住房承租人承担任何弃租补偿或置换房产的义务。

值得指出的是，公有住房是国有企业提供给职工的福利性住房。公有住房一旦被拍卖后，将有可能对承租职工的个人利益造成一定的影响，例如新的买受人在租赁期限到期后不再同意续租或要求提高租金等。有鉴于此，国有企业在依法依规的前提下，仍可循相关法律途径作出安置方案，以尽可能消除相关不良影响、维护社会秩序的稳定，但有关方案的制定、实施等均应

遵循国有资产监管的相关法律法规。

总言之，在解决国有企业在破产清算过程中的公有住房处置问题时，须密切结合实际情况，争取双赢局面。同时，国家仍要尽快出台公有住房处置的相关法律法规及细则，规范各方的具体做法，终止乱象，并且深入分析国有企业公有住房制度改制的各种历史遗留问题，找到历史遗留问题的症结及根源所在，解决历史遗留问题，这样才能从根本上解决公有住房的处置问题。

基金结构合伙企业解散清算及相关事宜

北京大成（广州）律师事务所　倪洁云　李真子　吕思慧

一、当事人基本情况

当事人：广东 HGY 投资有限公司（以下简称 HGY）

对方当事人：刘某、江某等 5 名员工，新余市 HX 投资中心（有限合伙）（以下简称 HX）

二、案件基本情况

各主体关系图如图 6－1 所示：

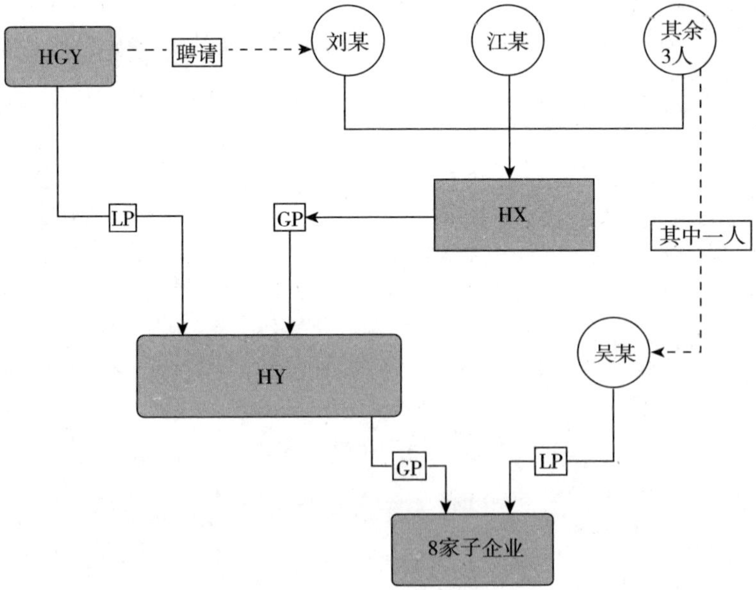

图 6－1　本案各主体关系

事实1：2015年7月至2015年8月，HGY聘请刘某、江某组建基金公司。

2015年7月，HGY聘请刘某负责组建基金公司。HGY与刘某于2015年7月2日签订备忘录，约定刘某的薪酬在新设基金公司发放，具体的薪酬体系制度及持股制度在拟定方案获批后执行。在新基金公司设立并有项目收益支持基金公司正常动作前，由HGY参照公司副总经理薪酬待遇代发；并于2015年8月4日签订劳动合同，约定刘某职务为副总经理，工资额为23,300元/月，合同期限至2015年12月31日。

2015年10月，HGY聘请江某负责组建基金公司，入职通知书约定工资为15,000元/月，劳动合同由组建的基金公司与其签订。

事实2：刘某、江某等5人成立HX，并组建基金公司HY

刘某及江某入职后，与其余3人在江西成立HX，并以HX作为普通合伙人，HGY作为有限合伙人，成立广州HY基金管理中心（有限合伙）（以下简称HY），由刘某作为HY的执行事务合伙人委派代表。

2016年1月，HY完成设立的工商登记手续并取得营业执照，其中HGY实缴资本600万元，HX实缴资本0元。根据HGY与HX签订的合伙协议，HX认缴出资额为400万元，首期出资120万元，将于2016年6月30日前缴纳，剩余出资将于2017年12月31日前缴足。

事实3：HY设立后，与刘某、江某签订高额工资的劳动合同

HY设立后，刘某代表HY与其签订劳动合同（合同期限从2016年1月1日起），约定工资为58,333元/月；与江某签订劳动合同，约定工资为41,666元/月。

事实4：HY设立后，作为普通合伙人设立了8家子企业。

HY作为普通合伙人、吴某（HY员工）作为有限合伙人在江西成立8家有限合伙企业（实缴资本均为0元）。

事实5：2016年4月，HGY与HX签订协议，同意解散清算HY。

2016年4月28日，HGY与HX签订《终止原合伙协议的补充协议》，同意解除原合伙协议并解散清算HY。但由于HX不配合，截至2016年7月仍无法成立清算组。另外，HY及下属8家合伙企业的营业执照、公章、财

务专用章，9 名员工的劳动合同均由 HGY 与 HX 共管在银行保险柜中。

事实 6：2016 年 6 月，刘某、江某等 5 人提起劳动仲裁。

2016 年 6 月，刘某、江某等 5 人基于其与 HY、HGY 的劳动合同申请仲裁，并将 HGY 列为第三人。仲裁请求涉及：(1) 未支付的工资；(2) 违法解除劳动关系赔偿金；(3) 业务招待费（公务营销费用）；(4) 应补发公积金。

事实 7：2016 年 7 月，HGY 向法院提交申请要求解散清算 HY。

2016 年 7 月 1 日，HGY 向黄埔法院提交申请，要求法院解散清算 HY。

三、策略研究

在了解案件的基本事实情况后，代理律师开始思考处理这个案件的策略。该案的问题可以区分成关于合伙企业解散清算和劳动纠纷两部分。

（一）合伙企业的解散清算纠纷

关于合伙企业的解散清算，规定在《合伙企业法》第四章中，第 85 条规定了应当解散清算的七种情形。[①] 根据事实 5，该案应当适用“全体合伙人决定解散”的情形。

该案的情况又有特殊之处，因为并非所有的合伙人都完成了全部实缴，在此情况下，清算时能否要求未完成实缴的合伙人 HX 承担补缴的义务，合伙企业法中并未有明确的规定。代理律师认为，在此情况下公司法的类似的规定是具有参考价值的。

那么另一个问题又出现了，要求 HX 承担补缴义务能否在清算程序中解决？这首先要解决：清算人能否追缴？追究未出资到位的主体是合伙人还是合伙企业？法律规定“合伙人未履行出资义务时，应向其他合伙人承担违约责任”，按照该规定追缴出资应以 HGY 为主体。而 HGY 与 HX 之间的合

---

① 《合伙企业法》第 85 条规定：“合伙企业有下列情形之一的，应当解散：(一) 合伙期限届满，合伙人决定不再经营；(二) 合伙协议约定的解散事由出现；(三) 全体合伙人决定解散；(四) 合伙人已不具备法定人数满三十天；(五) 合伙协议约定的合伙目的已经实现或者无法实现；(六) 依法被吊销营业执照、责令关闭或者被撤销；(七) 法律、行政法规规定的其他原因。”

伙是基于其签订的合伙协议，合伙协议中约定争议解决的途径为仲裁，故关于追缴出资问题，可能面临无法在清算程序中解决而需要另行申请仲裁的风险，而且根据《终止原合伙协议的补充协议》原合伙协议已经终止，合伙人还能依据原合伙协议追究未实缴出资的责任吗？

（二）劳动纠纷

劳动纠纷主要是因为事实 3 中刘某、江某所签订的劳动合同工资额远高于事实 1 中签订的劳动合同。对于刘某、江某通过此手段领取的高于事实 1 中签订的劳动合同约定金额部分的工资，HGY 及清算人是否可要求其返还，并追究其刑事责任？

对 HGY 不利的是，大多数劳动案件的举证责任都归于用人单位一方。对于工资标准的问题，在该案中，劳动仲裁委不一定会支持根据合伙企业法及相关的利益分析得出的“这是利用职务便利私自调整了工资，这种调整已超出其权限，应属无效”的观点，而有可能认为有双方签订的劳动合同及发放工资的记录便应当认可该等调整。而关于对方要求支付的业务费用，如对方能举证证明业务费用的实际发生，并且该费用是用于业务的发展需要，仲裁委有支持的可能性。公积金的补发，不属于仲裁受理范围。

至于对方提出要求支付终止劳动合同的经济赔偿金，如 HY 已进入了法定的终止程序，需支付的是终止劳动合同的经济补偿金而非经济赔偿金，且职工工资、社会保险费用、法定补偿金的支付应当由清算人在清算程序中分配。故进入清算程序对我方是有利的，我方应当在法院受理清算后，马上向劳动仲裁委员会申请中止审理劳动仲裁。

综上所述，该案的处理方案可以总结为：

1. 向法院申请解散清算或指定清算人；

2. 在法院受理解散清算或指定清算人的申请后，凭法院的受理文件向劳动仲裁委提出中止审理。

3. 要求对方返还已支付工资的多支付部分，并以追究其刑事责任为谈判条件之一，尽量寻求和解，达到用更少的时间挽回这部分损失的目的。

4. 争取在清算程序中追缴 HX 尚未缴纳的出资。

在采取以上途径后，与刘某、江某等人谈判，通过谈判了解他们的真实意图，寻求最快捷、最节省成本、大家都能接受的和解方案，以顺利解决纠纷。

四、争议焦点

该案的争议焦点归纳如下。

1. 上述事实是否符合解散 HY 及其下属 8 家合伙企业的条件？

2. 若解散清算 HY，能否向 HX 追缴其应缴未缴的出资？若可以追缴，谁是追缴的权利人？应当通过什么途径去追缴？

3. 能否追究刘某、江某等人的责任（包括民事责任、刑事责任），赔偿 HY 损失？

4. 劳动仲裁是否应当中止及其他涉及事宜：

（1）劳动仲裁是否应当中止？

（2）刘某、江某的工资应当以什么标准计算？

（3）HY 是否应当向其支付业务费用？

（4）HY 是否应当向刘某、江某等 5 人支付违法解除劳动关系赔偿金？

（5）HY 是否应当补发公积金？

五、双方意见或观点

对方观点：

1. 关于合伙企业清算的争议焦点，对方在听证会上表示同意法院强制清算，并强调按照当时实缴出资比例承担责任，即对方不需要承担任何后果。

2. 关于劳动仲裁的争议焦点，对方认为：刘某、江某的工资应当以事实 3 中所签订的劳动合同所载标准支付，即按照 58,333 元/月的标准向刘某支付工资；按照 41,666 元/月的标准向江某支付工资。HY 应当向刘某、江某等 5 人支付业务费用、违法解除劳动关系赔偿金，并补发公积金。

另外，对方不同意我方向劳动仲裁委员会提出的中止审理申请。

3. 关于追缴应缴未缴的出资的争议焦点，对方认为无须再实缴。

我方观点：

1. 上述事实是否符合解散HY及其下属8家合伙企业的条件？

（1）《合伙企业法》第85条规定："合伙企业有下列情形之一的，应当解散：……（三）全体合伙人决定解散……"

根据事实5，现HY全体合伙人已达成协议决定解散，故HY应当解散。HY下属合伙企业作为HY的财产属于清算范围，由清算人决定处置方式。

（2）《合伙企业法》第86条规定："合伙企业解散，应当由清算人进行清算。清算人由全体合伙人担任；经全体合伙人过半数同意，可以自合伙企业解散事由出现后十五日内指定一个或者数个合伙人，或者委托第三人，担任清算人。自合伙企业解散事由出现之日起十五日内未确定清算人的，合伙人或者其他利害关系人可以申请人民法院指定清算人。"

根据事实5，双方在签订解散协议后，并未在15日内确定清算人，HGY可以申请人民法院指定清算人。

2. 若解散清算HY，能否向HX追缴其应缴未缴的出资？

HY解散时，HX认缴未缴的出资共400万元。双方签署解除合同、作出解散决定时，HX的第一期出资缴纳期限仍未届满；清算开始时，HY的第一期出资缴纳期限已经届满，但剩余出资的缴纳期限尚未届满。关于合伙企业解散时，合伙人尚未缴纳的出资应如何处理没有法律规定，但《最高人民法院关于适用〈中华人民共和国公司法〉若干问题的规定（二）》第22条第1款规定："公司解散时，股东尚未缴纳的出资均应作为清算财产。股东尚未缴纳的出资，包括到期应缴未缴的出资，以及依照公司法第二十六条和第八十条的规定分期缴纳尚未届满缴纳期限的出资。"具有参考作用。

3. 能否追究刘某、江某等人的责任，赔偿HY损失？

HX为HY的执行事务合伙人，而刘某、江某等人作为HX的合伙人，利用职务上的便利，私自签署高额工资的劳动合同，侵占企业财产，可采取民事和刑事两种途径予以追究其法律责任。

（1）民事途径

《合伙企业法》第96条规定："合伙人执行合伙事务，或者合伙企业从业人员利用职务上的便利，将应当归合伙企业的利益据为己有的，或者采取其他手段侵占合伙企业财产的，应当将该利益和财产退还合伙企业；给合伙企业或者其他合伙人造成损失的，依法承担赔偿责任。”清算人或 HGY 可据此要求刘某、江某将非法取得的利益和财产退还 HY 或 HY 不用支付该非法工资。

（2）刑事途径

可以刘某、江某等人涉嫌职务侵占罪[①]，非法经营同类营业罪[②]，国有公司、企业、事业单位人员失职罪，国有公司、企业、事业单位人员滥用职权罪[③]向公安机关报案。

4. 劳动仲裁是否应当中止及其他涉及事宜。

（1）劳动仲裁是否应当中止

根据《劳动人事争议仲裁办案规则》（2009 年）第 46 条的规定，因出现案件处理依据不明确而请示有关机构……，经仲裁委员会主任批准，可以中止案件审理，并书面通知当事人。中止审理的客观情形消除后，仲裁庭应当恢复审理。

根据事实 7，法院在受理解散清算的申请之后，在没有审理结束之前，劳动仲裁案件处理依据是不明确的，可据此要求对方提出的劳动仲裁案件中止审理。

---

① 职务侵占罪：《刑法》（2015 年修正）第 271 条规定，公司、企业或者其他单位的人员，利用职务上的便利，将本单位财物非法占为己有，数额较大的，处 5 年以下有期徒刑或者拘役；数额巨大的，处 5 年以上有期徒刑，可以并处没收财产。国有公司、企业或者其他国有单位中从事公务的人员和国有公司、企业或者其他国有单位委派到非国有公司、企业以及其他单位从事公务的人员有前款行为的，依照该法第 382 条、第 283 条的规定定罪处罚。

② 非法经营同类营业罪：《刑法》（2015 年修正）第 165 条规定，国有公司、企业的董事、经理利用职务便利，自己经营或者为他人经营与其所任职公司、企业同类的营业，获取非法利益，数额巨大的，处 3 年以下有期徒刑或者拘役，并处或者单处罚金；数额特别巨大的，处 3 年以上 7 年以下有期徒刑，并处罚金。

③ 国有公司、企业、事业单位人员失职罪，国有公司、企业、事业单位人员滥用职权罪：《刑法》（2015 年修正）第 168 条规定，国有公司、企业的工作人员，由于严重不负责任或者滥用职权，造成国有公司、企业破产或者严重损失，致使国家利益遭受重大损失的，处 3 年以下有期徒刑或者拘役；致使国家利益遭受特别重大损失的，处 3 年以上 7 年以下有期徒刑。国有事业单位的工作人员有前款行为，致使国家利益遭受重大损失的，依照前款的规定处罚。国有公司、企业、事业单位的工作人员，徇私舞弊，犯前两款罪的，依照第 1 款的规定从重处罚。

（2）关于刘某、江某的工资应当以什么标准计算

根据事实 1，HGY 与刘某签订的劳动合同约定刘某职务为副总经理，又明确约定了工资额为 23,300 元/月。

根据《合伙企业法》第 67 条的规定，有限合伙企业由普通合伙人执行合伙事务。执行事务合伙人可以要求在合伙协议中确定执行事务的报酬及报酬提取方式。执行合伙事务的普通合伙人可以提出给予报酬的要求，但必须经全体合伙人同意，由合伙协议对执行事务的报酬及报酬提取方式加以确定。而刘某作为委派代表，其报酬及报酬提取方式应由合伙协议确定，其无权自己与自己约定薪酬水平，又因合伙协议对此并无约定，故刘某不应在 HY 领取报酬。

刘某、江某的报酬是其履行了为 HGY 组建基金公司这一职责的对价，应按照与 HGY 的约定支付。纵观整个时间线，刘某、江某在 HY 中的工作，实际上是基于 HGY 的聘请，是在履行与 HGY 约定的职责，故应以 HGY 与刘某、江某签订的备忘录、劳动合同、入职通知书中的约定为标准计算刘某、江某的工资。

刘某与江某同为 HX 的合伙人，合伙企业是基于人合而设立，因此合伙人之间均具有良好的关系，甚至于有共同一致的利益，基于该工资的调整明显违反常理，也严重损害合伙人的利益，可以合理推断，双方具有《合同法》第 52 条第 2 项、第 3 项规定的情形：恶意串通，损害国家、集体或者第三人利益；以合法形式掩盖非法目的。因此该薪酬的约定无效，不应作为工资调整的依据。

（3）HY 是否应当向刘某、江某支付业务费用

关于刘某、江某支付业务费用的仲裁请求，该权利既非法定，在已签订的劳动合同和备忘录中也无体现，于法无据，不应获得支持。

（4）HY 是否应当向刘某、江某等 5 人支付违法解除劳动关系赔偿金

根据《劳动合同法》第 87 条的规定，HY 违反该法规定解除或者终止劳动合同的，应当依照该法第 47 条规定的经济补偿标准的二倍向劳动者支付赔偿金。

而在该案中，HY 属于《劳动合同法》第 44 条第 5 项规定的情形，即

用人单位被吊销营业执照、责令关闭、撤销或者用人单位决定提前解散的情形，因该情形终止劳动合同，并不属于违法终止。

基于企业已无存续的合理性且已申请清算之事实，如 HY 已履行了法定的终止程序，需支付的是经济补偿金而非经济赔偿金。

（5）HY 是否应当补发公积金

根据《广东省高级人民法院、广东省劳动争议仲裁委员会关于适用〈劳动争议调解仲裁法〉、〈劳动合同法〉若干问题的指导意见》（已失效）第 3 条“劳动者与用人单位因住房公积金产生的争议，不作劳动争议处理。”的规定可知，关于裁决刘某、江某应补发公积金的仲裁请求，非劳动仲裁受理范围。

六、代理结果

1. 法院准许对 HY 进行清算，并指定了清算人。

我方向法院递交了清算申请后，法院依法受理了该等申请。经过听证程序后，法院于 2016 年 9 月 27 日出具了民事裁定书，裁定受理 HGY 对 HY 的清算申请。根据该裁定书，法院经审理认为，《合伙企业法》第 85 条规定：“合伙企业有下列情形之一的，应当解散：……（三）全体合伙人决定解散……”第 86 条规定：“合伙企业解散，应当由清算人进行清算。清算人由全体合伙人担任；经全体合伙人过半数同意，可以自合伙企业解散事由出现后十五日内指定一个或者数个合伙人，或者委托第三人，担任清算人。自合伙企业解散事由出现之日起十五日内未确定清算人的，合伙人或者其他利害关系人可以申请人民法院指定清算人。”HGY 和 HX 同意解散双方设立的 HY，但双方在签订解散协议后，并未在 15 日内确定清算人，现 HGY 向法院申请对 HY 进行清算，第三人 HX 对清算没有意见，同意由法院委托第三方作为清算人。法院认为，HGY 申请对 HY 进行清算，符合法律的规定，法院予以准许。

2. 劳动案件历经仲裁、一审、二审，驳回了刘某、江某大部分的请求。

我方在收到听证程序的传票后，马上以法院已受理我方清算申请为由向劳动仲裁委递交中止审理 5 宗劳动仲裁案的申请。2016 年 9 月 21 日，劳动仲裁委根据《劳动人事争议仲裁办案规则》（2009 年）第 46 条[①]的规定，作出中止审理的决定。后劳动案件历经仲裁、一审、二审，驳回了刘某、江某大部分的请求。

3. 对于追缴出资问题，一审法院支持了清算人的全部诉讼请求，二审法院改判驳回了清算人的全部诉讼请求。

清算人接管 HY 后提起诉讼，要求 HX 缴纳出资 400 万元。一审法院支持了清算人的全部诉讼请求，二审法院改判驳回了清算人的全部诉讼请求。二审法院的主要理由包括：在普通合伙人未依约履行出资义务的情况下，其法律责任与法律后果均有别于有限合伙人，并不负有对合伙企业的法定补缴义务，而是应当对其他出资的合伙人承担违约责任，因此 HY 并非追缴出资的适格主体。此外，在清算程序中进行债权申报的债权人，只有刘某、江某等 5 人。

七、关于该案的总结及思考

该案对于基金合伙企业的解散清算及相关事宜的解决有很大的启示。在该案中除因合伙人不配合而导致在解散事由出现 15 日内未确定清算人之外，还出现了很多其他阻碍，如刘某、江某等员工提出的劳动仲裁，以及 HX 应缴未缴的出资。这些障碍都将损害合伙企业的利益，同时也拖延了清算的时间，损害合伙人的利益。

结合该案的启示，笔者认为在处理合伙企业解散清算问题时有以下问题值得关注。

1. 关于清算人的确定。

根据《合伙企业法》第 86 条[②]规定，清算人的确定可以基于合伙人的

---

① 《劳动人事争议仲裁办案规则》（2009 年）第 46 条规定，因出现案件处理依据不明确而请示有关机构，或者案件处理需要等待工伤认定、伤残等级鉴定、司法鉴定结论，公告送达以及其他需要中止仲裁审理的客观情形，经仲裁委员会主任批准，可以中止案件审理，并书面通知当事人。中止审理的客观情形消除后，仲裁庭应当恢复审理。

② 《合伙企业法》第 86 条规定："合伙企业解散，应当由清算人进行清算。清算人由全体合伙人担任；经全体合伙人过半数同意，可以自合伙企业解散事由出现后十五日内指定一个或者数个合伙人，或者委托第三人，担任清算人。自合伙企业解散事由出现之日起十五日内未确定清算人的，合伙人或者其他利害关系人可以申请人民法院指定清算人。"

合意，在合伙人拒不配合，无法确定清算人的情形下，其余合伙人或者其他利害关系人可以申请人民法院指定清算人。

2. 可以申请中止审理与合伙企业有关的仲裁或诉讼。

该案中的劳动仲裁，一方面，有可能会拖延清算程序时间，另一方面，如果劳动仲裁支持了刘某和江某的请求，则有可能造成合伙企业财产的流失。因此，面对这种情形，如与合伙企业有关的仲裁或诉讼继续审理确实将损害己方的利益，可以根据《民事诉讼法》第150条[①]和特别法中关于中止审理的相关规定申请中止仲裁或诉讼。

3. 对于应缴未缴的出资应进行追缴并作为清算财产。

在进行解散清算中，清理合伙企业财产是非常重要的一环，追缴应缴未缴的出资有利于保护其他已缴足出资合伙人及债权人的利益。

（1）各方合伙人达成清算意见时，如存在尚未实缴的出资，不应约定解除或终止原合伙协议，或者对未实缴出资做出约定处理。

（2）如该案，在各合伙人已经签署协议解除原合伙协议、作出解散决定，但未对尚未实缴的出资做出处理约定情况下，仍然应要求清算人追缴未实缴出资，虽然该案二审法院驳回追缴出资的诉讼请求，但笔者认为二审法院的判决及判决理由仍值得商榷，不符合法理。

结合该案案情分析，笔者认为未完成实缴的合伙人HX应当承担补缴的义务。理由如下。

①普通合伙人出资义务发生的时间点。

认缴出资的意义，并不是在认缴期限届满时才产生了一个出资的义务，而是将认缴出资的义务的履行从一个时间点（设立时）变成了一个期限。这个期限从合伙企业设立开始，到合伙人约定的时间点结束。期限内，合伙人时时刻刻都有出资的义务，只不过是在期限结束的时间点后还不履行出资义务才会产生不利后果，需要负担除了出资以外的其他责任。

---

① 《民事诉讼法》（2012年修正）第150条规定，有下列情形之一的，中止诉讼：（1）一方当事人死亡，需要等待继承人表明是否参加诉讼的；（2）一方当事人丧失诉讼行为能力，尚未确定法定代理人的；（3）作为一方当事人的法人或者其他组织终止，尚未确定权利义务承受人的；（4）一方当事人因不可抗拒的事由，不能参加诉讼的；（5）该案必须以另一案的审理结果为依据，而另一案尚未审结的；（6）其他应当中止诉讼的情形。中止诉讼的原因消除后，恢复诉讼。

笔者认为：认缴期限届满是承担未履行出资义务的责任的前提，不是产生出资义务的前提；出资义务的产生来自合伙企业设立这一行为。

②享有出资期限利益的前提。

在认缴制下，合伙企业清算时，合伙人还能享受出资义务的期限利益吗？纵然法律并未就该问题有明确的规定，但我们可以通过法律对公司的规制，对立法者态度管窥一二。

在某些情形下，公司的股东将丧失期限利益：

A. 人民法院受理公司破产申请的。根据《企业破产法》第35条的规定，人民法院受理破产申请后，债务人的出资人尚未完全履行出资义务的，管理人应当要求该出资人缴纳所认缴的出资，而不受出资期限的限制。

B. 公司依法解散的。最高人民法院《关于适用〈中华人民共和国公司法〉若干问题的规定（二）》规定，公司解散时股东尚未缴纳的出资，无论是到期应缴未缴的出资，还是尚未届满缴纳期限的出资，均应作为清算财产。

C. 执行案件中公司已具备破产原因但未申请破产的。《全国法院民商事审判工作会议纪要》第6条规定，公司作为被执行人的案件，人民法院穷尽执行措施无财产可供执行，已具备破产原因，但不申请破产的，未届出资期限的股东丧失期限利益。

D. 债务产生后公司延长股东出资期限的。《全国法院民商事审判工作会议纪要》第6条规定，在公司债务产生后，公司股东（大）会决议或以其他方式延长股东出资期限的，未届出资期限的股东丧失期限利益。

前两种情形与该案的关联性更大，《企业破产法》第135条规定，其他法律规定企业法人以外的组织的清算，属于破产清算的，参照适用该法规定的程序。据此，我国合伙企业破产制度得到确立。[①] 因此，合伙企业破产时，可以准用公司破产的规定，未届出资期限的合伙人将丧失期限利益。

可以看到，虽然在合伙企业的财产无法清偿外部债务时，有普通合伙人以其个人的财产负责的兜底制度，但立法者仍应重视合伙人的出资是否履行

① 王欣新、王斐民：《合伙企业破产的特殊性问题研究》，载《法商研究》2010年第2期。

的问题。一方面，普通合伙人需要以其个人财产偿还外部的债务，另一方面，未缴纳的出资也应该投入作为合伙企业的清算财产。立法者对认缴制下期限利益的理解，并没有因为组织的性质是公司抑或合伙企业而有所不同。

综上所述，我们认为合伙企业在解散时，未届出资期限的合伙人丧失未缴纳出资的期限利益，应当缴纳全部未缴出资。未完成实缴的合伙人 HX 应当承担补缴的义务。

（3）合伙协议的解除不能免除 HX 的出资义务

如前所述，出资义务的产生是来自合伙企业设立这一行为。合伙人之间在合伙协议中依据法律规定约定的缴纳出资期限，只是为未能按约定缴纳出资的合伙人设立一个开始承担违约责任的时间点。因而，合伙协议的解除，只是令宽限期限失效，宽限期限失效之后，出资义务的履行时间点，应为设立时。

因此，笔者认为，合伙协议的解除不能免除 HX 的出资义务。

（4）有权追缴 HX 出资的主体

在明确未完成实缴的合伙人 HX 应当承担补缴的义务之后，需要进一步明确谁有权追缴出资。根据《合伙企业法》第 20 条规定，合伙人的出资与以合伙企业名义取得的收益和依法取得的其他财产一同构成了合伙企业的财产。根据民法基本原理，清算时与合伙企业的财产利益相关的主体，包括合伙企业的清算人、合伙人以及合伙企业的债权人，都有可能成为有权追缴出资的主体。

①合伙企业的清算人是否有权追缴出资。

根据《合伙企业法》第 87 条，清算期间合伙企业的清算人有清理合伙企业财产、债权债务的职权。出资作为合伙企业财产的一部分，清算人当然有权作出处理。

因此，我们认为清算人有权要求未完成实缴的合伙人缴纳所认缴的出资。

②合伙人是否有权追缴出资。

《合伙企业法》第 103 条规定，合伙人违反合伙协议的，应当依法承担违约责任，也即，合伙人有权追缴出资。